JN429457

지역개발과 새마을운동론

-새마을운동의 발전전략-

신 윤 표 저

도서출판 대영문화사

머리말

새마을년대인 1970년대의 경우 산업화의 3대요소인 자본·기술·자원의 최빈국이었던 한국은 정부지원과 민주도의 지역사회개발운동으로 새마을운동을 시작하였던 바 근면·자조·협동의 실천을 통해 '우리도 한번 잘 살아보세'라는 온 민족공동체의 염원을 모았고 모두는 직분을 통해 가정·직장·사회가 총체적 변동관리의 역군이 되었으며 산업화와 민주화의 뿌리를 키웠던 것이다. 특히 국민통합(integration), 국민결속(solidarity), 국민일체(identity)를 아우르는 모터, 히터, 라이터의 역할을 해왔다고 생각된다.

새마을정신은 청지기의 마음이요, 의병정신이며 참으로의 농심(農心)이라고 본다. 이는 나누며 섬기는 이웃사랑을 실천으로 꽃피웠던 것이다.

이제는 우리의 새마을운동이 중국, 베트남, 콩고, 필리핀, 몽골, 아프리카 저개발국에도 지역개발·지역사회개발·지역복지공동체 가꾸기 모델로서 각광을 받고 있다. 지구촌시대인 지금 모든 지식과 정보의 공유사회로서의 선진화 사회를 만들기 위한 지역개발이론으로서의 새마을운동의 발전이론을 체계화함으로써 지역잠재력을 개발하며 지속가능한 환경과 복지개발을 위한 인적·물적 제도와 정보자원을 국가사회의 신성장 동력화 역할을 감당할 수 있는 이론모형 및 운동철학과 발전 미래전략으로 제시하는 바이다.

창조(創造), 개혁(改革), 통합(統合)의 해법(解法)과 그리고 지역과학이론을 통한 지속가능한 지역발전을 위한 이론과 실제를 접목한 책이 바로 「지역개발론」이며 새마을운동을 시작할 때에 그 이론서로서 「새마을운동의 발전전략」론을 출간한 바 있었다. 역사를 반추(反芻)하여 보면 1894년 갑오농민혁명 때에 신(信), 성(誠), 경(敬)의 삼사(三事)로 보국안민(輔國安民)하리라는 전봉준 훈장을 생각하게 된다.

애민정의아무실(愛民正義我無實)(백성사랑, 올바른 길, 무슨 허물이더냐) 위국단심유유지(爲國丹心唯有知)(나라 위한 일편단심 그 누가 알리) 바로 이 마음으로 공학정진(攻學精進)하도록 항상 새 힘을 주시는 주님의 은혜로 필을 들게 되었다.

우리 사회는 밑으로부터의 민중혁명이라 할 수 있는 갑오농민혁명 이후 총합적 시민혁명은 없었으나 일제 암흑기와 이데올로기의 전쟁, 그리고 가난과 무지의 질곡사를 이기고 산업화와 민주화시대를 우리 힘으로 만들면서 선진일류국가로의 도약을 향한 새마을운동의 부활을 모색할 때이다.

21세기형 사회변동의 양상 속에서 유비쿼터스 사회에 직면하여 미래로, 세계로의 도전과 응전이라는 새로운 과제를 갖게 되었으며 이제는 믿음(신뢰), 소망(비전), 사랑, 삼위일체적 융합원력이라고 할 수 있는 인간자본(Human capital)과 사회적 자본(Social Capital) 확충이 양적 성장과 질적 발전을 위한 동력으로 대두되었다고 본다.

특히 ① 연결(network)과 협력이 절실한 상관사회 ② 공동창조와 균형조화의식시대 ③ 정(正), 반(反) 합(合)의 지역 사회공동체시대 ④ 수평문화와 수평적 사고의 실천이 요구되는 시대 ⑤ 참여민주주의(Participatory Democracy)시대 ⑥ 다중선택(multiple option)자유와 다원주의 시대 ⑦ 상반상보(相反相補)의 상생시대(non-zero sum game, only plus sum game)로 특정지워지는 오늘날 같은 세계문화사적 전형기(轉型期)에서는 한국의 새마을운동이야말로 중국에서 한참인 신농촌운동과 같이 개발과 보존의 조화, 지속가능한 지역발전, 거점개발방식의 불균형성장에서 균형성장으로의 기본개발모형이 될 수 있으며 개발도상국(Developing country)의 압축성장을 위한 이상모형이라고 할 수 있다.

필자는 실사구시(實事求是)의 평화생명산업학문을 위한 열정 속에 사명과 소명을 안고 좁은 길을 걸어온 광야시대를 지나 이제는 「마른 잎은 새봄에 싹트는 뿌리로 돌아가야 한다는」 마음과 「심장의 더운 피가 식을 때까지 즐거이 이 강토에 씨를 뿌리리」 「눈물로 씨를 뿌리면 기쁨으로 단을 거두리로다」의 한 마음으로 도덕적 해이, 물질만능주의 소용돌이 장을 벗어나 平和·生命·文化·科學運動中心의 새마을운동 復活을 위한 지역과학이론을 「지역개발과 새마을운동론」이라는 이름으로 출간하는 바이다. 큰 틀로 본서의 내용을 정리한다면 첫째, 추진주체는 지역주민이고 지원체제는 정부로서 도시화 과정과 지방자치시대를 열기 위한 농촌개발과 도시개발을 포함한 지역 개발이론을 생활정주권(生活定住圈, human settlements) 이론을 중심으로 정치, 경제, 사회, 문화, 환경이 다른 여러 나라의 각기 다른 상황을 조합하여 연합학문적접근(interdisciplinary approach)으로 체계화 하였다.

둘째, 한국고유의 개발철학으로 내려오는 두레, 품앗이, 계(契), 보(寶), 향약(鄕約)정신을 중심한 농촌사회공동체이론을 다른 나라에서도 이를 응용할 수 있도록 이상적 「지역개발종합전략모형」으로 이론화하는 데에 초점을 두었다.

셋째, 민주적 시장경제지향, 보편적 세계주의의 구현, 창조적 지식기반국가의 건설, 산업관계적 신노사문화의 창출과 화해협력시대의 개발모형 및 지식과학기술교육입국의 창조를 통한 「지역사회부흥운동」, 참 좋은 세상을 만드는 운동을 꿈꾸면서 학문적 이론 접근으로 논리를 전개하였다.

특히 새마을운동의 과제선정에서 주안점을 둔 내용은 운동과 사업성을 전제로 개인과 가정, 지역사회공동체발전을 위한 그 목표와 방향, 그리고 정책기획을 할 때에 있어서의 문제는 모든 면에서 사람이 하는 일이기에 지도자와 주민 다같이 제2의 건국운동이라고 생각하고 정신혁명을 통한 새로운 평화민주시민정신으로 사회구원, 문화사구원 문제까지를 포함한 사회발전의 기본을 바로 세우는 일이 중요하다고 보았다.

이를 위한 중점과제를 정리하면 다음과 같다.

① 의로운 열정과 능력을 갖고 인간과 인력으로서의 사람교육중시

② 비전과 실천력을 갖춘 헌신적 지도자와 주민의 참여 확대

③ 빛과 소금의 정체성을 생활을 통해 이웃사랑으로 보이는 청지기적 삶을 살 수 있는 시민이 되는 일

④ 섬기며 나누는 봉사의 삶을 통한 평화생명산업인력의 공동체 형성

⑤ 계층간·지역간·세대간의 조화와 균형발전을 통한 총화사회구현

⑥ 도덕과 윤리가 살아 숨쉬는 공동체 형성

⑦ 미래로, 세계로 사회를 새롭게, 인류에 희망을 주는 운동으로 승화발전시키는 일

⑧ 물질중심이 아닌 생명중심의 효도와 공경이 넘치는 행복을 가꾸고 나누며 안전하게 지켜가는 「행복 가 · 나 · 안」운동과 사업으로 전개할 일

⑨ 음란유흥과 중독 자살과 낙태, 테러, 불로소득의 문화를 사라지도록 하며 정의, 자유, 진리가 살아 있는 평화생명문화로 바꾸는 일을 중요도와 시급도의 우선순위로 하는 일을 중시

⑩ 고비용, 저효율의 제도적, 환경적, 인적자원활용의 걸림돌을 제거하고 외양과 형식 중심의 졸속 · 성과주의를 배격할 일

⑪ 모든 면에서 원칙과 게임룰이 투명한 사회건설과 양극화 사회를 거부하며 노동소멸, 종말시대가 올 수 있는 미래사회를 준비하는 과정이 필요함을 인식한 사업과 운동의 전개여야 한다고 생각하고 모든 이론과 실제의 접목을 도모하였다.

넷째, 운동과 사업이 융합된 새마을운동은 몇 가지 원칙과 원리가 살아 있어야 한다고 보았다. 그 중 4대원칙을 말한다면 근면 · 자조 · 협동 · 과학정신으로 실천원칙, 실질개혁원칙, 공동체 주민주체의 원칙 그리고 솔선수범원칙을 들 수 있으며 4대 원리는 영속의 원리(Continuity principle), 형편의 원리(Equilibrium principle), 협동의 원리(Cooperation principle), 조화의 원리(Compatibility principle)라고 생각하고 이를 기본개발철학으로 전개하였고, 새마을지도자의 리더십은 자기 먼저 실천, 근로, 희생, 양보, 준법, 똑바로 사는 일, 절제, 섬김, 협력, 인내, 화평, 나눔의 삶을 사는 21세기형 리더십이 되어야 한다는 논리로 전개하였다.

크게 도움이 되는 좋은 책을 쓰려고 하였으나 마음은 원이로되 능력이 모자라 항상 부족함만 느껴진다.

끝으로 "옳게 바르게! 같이 잘들 살아라"라는 마지막 말씀을 남기시고 언제나 흰옷을 입으시고 흰옷정신을 보여주시면서 사시다가 천국 가신 이순덕 나의 어머님께 삼가 이 책을 드리고 싶다.

나의 인생행로와 학문의 길에서 힘이 되신 모든 님들과 나의 가족, 친척, 한남대학, 모교, 나의 조국, 나의 민족에게도 끝없는 감사를 드린다. 대영문

화사 임춘환 사장님께도 감사드리며 오늘이 있도록 하여 주시고 영원히 지켜주실 오늘도 살아계시어 역사하시는 길이요 진리요 생명이신 주님께 감사와 영광을 드립니다.

참으로의 평화·생명·문화·과학운동이며 산업화와 민주화가 융합된 선진일류화운동으로서 제2의 건국운동으로 꽃피고 열매맺는 새마을운동의 부활을 통하여

2007. 8. 15.

참 해방과 독립의 나라, 통일된 조국만들기를 서원하면서
평화(Peace) 생명산업(Life Industry) 재단(피리재단)의 산실
牧洞科橋書齋에서
저자 申允杓 씀

차 례 CONTENTS

제 2 편 국토 및 지역개발의 구상과 현실

제 3 편 지역개발이론의 응용실제: 새마을운동의 이상모형구상

제 4 편 지역개발전략의 재검토: 새마을운동의 발전을 위한 개발행정적 접근

제 1 편

지역개발의 기초이론

제 1 장

지역개발이론의 신동향

제 1 절 지역개발과 지역사회개발의 인식

1. 지역의 개념

지역이란 토지적 관련성을 가진 장소의 개념으로서 지방·지구·지대라는 좁은 의미의 해석이 있을 수 있겠으나, 일반적으로 지역은 한 국가의 국토에 대응하는 개념[1)]으로서 광의로 이해되기도 한다.

따라서 가족이 살고, 이웃이 서로 같이 살고 있으며 생활의 터전이 되고 있는 토지·위치·거리 등으로 연결된 장소적 관계권이 되며 지역요소를 대별하면 자연적 요소와 인문적 요소가 있는데, 전자는 물리적 요소로서 기후·지형·토양·물 등과 생물적 요소로서 동식물·인류로 분류가 가능하며, 후자는 문화·인종·민족·인구·사회·경제·산업·정치 등 제요소로 분석된다.[2)] 그런데 이것은 지역의 형태적 성질면에서 본 요소의 구별이

1) 片山虎之介, 開發管理, 地方行政管理講座, 第一法規, 昭和 46年, pp. 1-4.

고, 지역개념은 그 내용과 형식에 의한 각기 다른 의의가 있을 수 있으나 학문적으로 지역에 관하여는 다음 3종의 개념이 있다고 본다.

① 균등지역

미국 지역학회에서는 균등지역을 동질성이라는 개념으로 규정하고 있다. 이는 단일사상지역으로서 제일성과 지역 내의 균등성을 강조하는 개념이다.

② 형식지역과 실질지역

전자는 균등지역의 내부를 행정상의 필요에 따라 나눈 지역으로서 도시계획지역과 같이 의도적으로 설정한 계획지구이며 각종의 지역개발계획이나 지역개발제도에 바탕을 둔 계획구성·제도구성이다. 그런데 후자와의 구별은 실제에 있어 도시화가 진행하는 범위에서 행정권역은 변경·분리·합병이 일어나므로 구별에 어려운 점이 있기도 하다.

③ 일반지역과 특수지역

이는 지리적 사상을 다른 사상으로부터 독립시켜 계통과학적으로 구별하는 개념이다. 예컨대, 건조한 분지나 열대우림기후지대는 기후형식으로 보아 특수지역으로 본다. 따라서 경작방식이나 생산방법과 종류, 문화구조 및 판매조직 등 지역에 따라 독특한 내용을 갖는다고 하겠다.

이상에서 문제를 본 바와 같이 지역구분의 원칙은 ① 지역과제에 대응한 구분, ② 집적의 대소에 의한 구분, ③ 타지역과의 교류, 자립적인 경제발전의 가능성을 포함한 광역적인 지역이냐 아니냐의 문제, ④ 현행 개발행정조직과 연관시켜 효율적인 지역구분이냐의 문제, ⑤ 발전단계에 있어 고차적이며 중·장기 종합개발목표에 타당한 구분이냐의 기준을 두고 지역을 개념규정할 수 있다.

2) 木內信藏, 地域概論, 東京大學出版會, 1972, pp. 94-103.

2. 지역구분

1) 자연지역구분과 인문지역구분

지역구분은 어떤 목적 어떤 모양의 형태(균등 · 결절(node) · 형식 등), 혹은 입지인자에 따라 지역을 구분하게 되겠으나 지형 · 기후 · 식물을 중심으로 분류해 보는 자연지역구분과 경제적 · 정치적 기초와 필요성, 즉 세계시장의존이나 지향의 문제와 영토 내 경제구조, 즉 인구밀도 · 농업집약적인 공업국 · 혼합경제 · 단조원료국(광 · 임 · 수산) · 농업식민지이냐 아니냐에 따른 구분인 인문지역구분이 있다.

이를 구체적으로 토지이용관계에 따라 농업지역 · 공업지역(공업중핵지역 · 공업화진행지역 · 지방적 공업지역 · 대도시주변지역 등) · 상업지역(상권, 서비스권 · 세력권, 영향지역, 항만의 후배지 등)과 문화지역(생활 · 민족 · 종교 · 민속 · 인종 등)으로 구분하기도 하며, 평야 · 고원 · 산지 · 사막 · 분지 · 해안 · 맥대 · 수도대 등의 조건에 따른 지리적 지역구분이 있다. 도시 인구 · 산업 · 사회 등의 통계가 필요할 때 특히 급격한 공업화 및 도시화에서 오는 여러 가지 폐해를 제거하고 장기에 걸친 고도성장의 산업기반을 마련하기 위하여서는 지역의 효율적인 이용과 국가종합 개발목표에 합법적인 개발관리가 요구된다. 가령 형태적으로 시가화의 범위를 결정하고 또는 인구집중지구를 선정하여 교외의 농촌으로부터 통근자의 매일도심왕복의 양과 질을 분석하기 위하여도 통계적 지역구분이 필요하다.

2) 정치 · 행정구분

이는 정치지리적인 차원에서 국가와 국가의 국경, 구성민족의 분포, 그의 생활권 또는 정치 · 군사 · 경제적 세력의 균형에 의한 구분을 말한다.

따라서 언어나 풍속 · 경제활동 · 인구밀도 · 작물의 분포 및 유통 관계, 군락의 모형으로 보아서 실질지역이나 형식지역을 같이 포함하여 정치 · 행정구분을 하고 있으나 일반적으로 다음 3가지로 분류한다.

첫째, 단위지역의 주민이 자기들의 생활권이며 주민의 능력과 필요도의 한계구역으로서 생산활동의 범위와 일치하는 지역 구분이다. 물론 이는 시대적인 변화에 따라 다르겠으나 중세에는 자치도시적 성격을 가졌다고 보며, 민주국가의 경우에는 자치적 영역으로 구분된 것이라고 하겠다.

둘째, 중앙정부의 정치 및 행정의 조정·통제를 위한 지역구분으로서 정치적 세력권이며 일종의 권력권이라고 하겠다. 이를 국가적 차원에서 볼 때는 자국이 지배하는 육지는 영토이며 이에 접속된 바다는 영해, 국경 외에 소유하고 있는 지배적 영향력의 범위는 식민지라고 하겠다.

셋째, 통치와 지역주민에 대한 봉사의 편의를 위하여 설치한 구획으로서 좁은 의미의 행정구이며 이는 행정수요, 예컨대 재정·건설·문화·산업·보안·통계·선거 등을 위한 관리통제업무의 관할영역이다.

3. 지역개발과 지역사회개발의 정의

1) 개념규정의 전제

현실세계를 이해하는 데 사용하는 도구는 개념이다. 이 개념이라는 지적도구를 사용하여 현실세계의 제현상을 비교하고 분석하여야 알 수 있기 때문에 개념이 명백히 규정되지 않는 경우에는 현상의 체계적 이해는 불가능하다고 본다.

그런데 개념은 어느 의미에서 이상적으로만 가능하다고 하겠다. 이렇게 이상적으로만 가능한 개념을 막스 베버(Max Weber)는 이상형이라 한다. 따라서 우리가 사용하는 개념은 모두 이상형적 성격을 지닌다. 가령 저개발국 또는 준개발국, 선진국이라 하여도 완전한 것은 존재하지 않으며 이런 개념들은 현실을 분석·비교·측정하기 위한 도구에 불과한 것이다. 이런 점에서 볼 때 개발이란 개념이 다양하게 이해되고 있는 것도 무리가 아닐 것이다.

미국의 행정학자 리그스(F. W. Riggs)는 개발이란 용어를 3가지로 구별하면서 넓은 의미의 개발을 변화로 보고 이것을 성장과 발전으로 분류하고

있다. 여기에서 성장은 양적 증가를 말하고, 후자인 발전은 질적 변화를 의미한다고 한다.[3]

이와 같이 양적인 성장과 질적인 변화를 합하여 발전(즉, development=growth+change)라고 하는데, 이의 기본개념으로서 ① 성과수준, ② 분화수준, ③ 통합수준 등을 들고 있다.

그런데 여기의 성과는 성장과 동의어이며 투입과 산출과의 관계, 즉 능률성 또는 생산성 문제를 의미하는 것이고 또 분화는 발전과 동의어로 보고 있으며, 통합이란 각 부분이 합해서 하나의 의미 있는 통일체를 이룩하는 것을 말하는 것이다.[4]

또한 개발의 개념을 ① 경제의 성장, ② 구조적 변화, ③ 개발계획의 삼위일체로 구성되는 복합개념이라고 리그스의 이론을 보충설명하는 학자도 있다.[5]

이상의 관점에서 볼 때 개발의 개념은 ① 물량의 성장, ② 질적인 주요변화, ③ 목적의식성을 가진 방향, ④ 기획의 4대요소를 내용으로 하는 것이라고 본다. 문제는 개발이란 의도와 목적에 따라 어느 일정 부문에 관한 개발을 연구하고 또 적용해야 되는 것이 아닌가 생각한다. 이와 같이 개발이란 대단히 함축성 있는 용어로서 공업화를 중심으로 한 각종 산업의 물량적 변화와 성장을 포함한 사회개조와 인간능력의 향상을 병행하여 물적·인적자원을 고도이용하고자 하는 사회전체적인 면을 고려한 개념[6]이라고 하겠다.

2) 지역개발의 개념

지역개발이란 『국토 내지 한 지방을 한계로 하여 토지를 비롯한 모든 천연자원을 최대한으로 이용하고 개발하며, 생활환경을 정비함으로써 지역주민의 소득과 복지를 향상하고자 하는 종합적이며 계획된 노력을 통칭하

3) Fred W. Riggs, 「Reflections on Development」, Honolulu Institute of Advanced Projects, E-W center Preliminary Draft, 1963, Part Ⅰ, pp. 8-9.
4) 박동서, 발전론서설, 박영사, 1965, pp. 29-240.
5) 이우현, 개발행정의 이론과 실제, 행정연구 제5호, 중앙공무원교육원, 1965, p. 61.
6) 신윤표, 지역개발의 과제, 중앙공무원교육원, 1973, pp. 3-4.

는 것이다』라고 개념규정을 하겠다. 그런데 일본지역개발센터에서 출간된 「일본의 지역개발」에서는 『지역개발이란 농업지역개발과 공장적지의 조성 등 대도시·농어촌 전 국토를 통한 한 나라의 경제정책과 사회정책을 구현하는 것이다』라고 하였다. 또 1965년 지방행정연수회 때 「기반행정 육성과 지역개발」이란 제목으로 발표된 자료에 의하면 『지역개발이란 생산요소의 지역별 최적결합 내지 배합에 의한 지역적 격차의 시정과 획일적 행정내용의 수준을 가능한 한 최대한으로 향상시키는 것』이라고 정의하였다.

그러나 지역개발이란 개발의 목적이 1지방 1지구 개발이냐 또는 개발의 주체·대상·수단이 국가적 입장이냐 지역적 입장이냐에 따라 다양한 내용을 지닌 것이므로 그 개념을 일의적으로 규정하기는 어려운 것이나 대체로 다음과 같은 내용을 구비한 것이 지역개발의 개념으로 본다.

첫째, 국토의 자연조건을 종합적으로 이용·개발 및 보전하며 산업입지와 생활환경의 적정화를 기하여[7] 지역 내 주민의 복지향상을 목적으로 하는 것이되 가령 소하천 가꾸기 하나를 했다고 지역개발을 했다고는 볼 수 없다. 즉, 소하천을 막아 노임사업으로서 주민의 소득을 증대하며 생산기반을 조성하고 농로를 내고 수해를 막는 것은 물론 발전을 함으로써 종합적이며 다목적적이어야 지역 개발이라 할 수 있다는 것이다.

둘째, 새마을운동의 경우 예컨대 공동 빨래터를 만들고 하수구를 개수할 경우 더러운 물이 흘러가는 개울을 위생적으로 처리하지 못하고 토관을 이용하지 않아 유입구에 오물이 들어갈 경우 인근 지역에는 농업공해, 즉 농업용수의 오염으로 각지의 벼에 피해를 줄 경우 농지의 황폐화를 초래한다.[8] 그러하기 때문에 개발의 궁극적 목적이 한 지역만의 진흥을 위한 것이 아니고 그것을 통해서 국가사회 전체의 발전에 기여할 수 있는 경우라야 하겠다.

셋째, 지역개발은 국가 또는 지방자치단체인 도·시·군 계획에 의한 적극적인 법적 뒷받침이 있어야 한다.

---

7) 건설부, 건설법령, 1973, 국토건설종합계획법(1963. 10. 14 법률 제1415호) 참조.
8) 井上和衛, 都市化と農業公害, 勞動科學硏究所, 昭和 46年, pp. 67-71.

넷째, 지역개발의 실시 주체가 국가(국토계획)이거나 지방자치단체(지방계획)가 주도적으로 지역종합개발의 모형을 제시해 주어야 한다.[9]

이상과 같은 조건에서 볼 수 있듯이 지역개발이란 면적으로 보면 면 이상의 지역범위에서 국토전반의 개발에 이르기까지 국토공간의 설계와 지역사회 개발을 포함한 보다 넓은 의미의 거시적 개발이란 개념으로 이해하여야 된다고 본다.

3) 지역사회개발의 개념

지역사회개발의 정의 또한 학자와 실무자들 간에 견해의 차이가 있다. 1958년 법령 제1384호로 공포된 지역사회개발 중앙위원회 규정 제1조를 보면 지역사회개발(CD)이란 『일정한 지역 내의 주민들이 생활의 개선과 향상을 위하여 집단적 또는 개별적 계획을 수립하고 실천·수행하는 사회개선사업』이라고 되어 있다. UN은 지역사회개발을 『지역 사회의 경제적·사회적·문화적 제조건을 개선하고 지역 사회를 국가의 생활에 통합하여 지역 사회가 국가의 발전에 공헌할 수 있도록 한다는 목적하에 주민 스스로의 노력이 정부당국의 노력과 결부되는 과정』[10]이라고 정의하고 있다.

파키스탄에서는 『지역의 농공업발전사업의 목적은 지역민의 공통적인 제문제를 해결 내지 감소시키는 방향에서 자조사업을 계획·추진하고 또한 지역민으로 하여금 그들의 공동목표에 도달하도록 지역민을 개별적 또는 집단적으로 돕는 데 있다. 그리고 지역민들에게 제공되는 원조의 형태는 지역 주민들이 최소의 외부원조를 가지고 조직화된 노력을 통하여 스스로 활동할 수 있도록 자신과 능력을 부여하는 형태이다』라고 하였다. 또한 산더스(I. T. Sanders) 교수는 지역사회개발이란 지역사회조직과 경제개발이 합하여진 단어[11]라고 하였다. 여기서 말하는 지역사회는 우리의 경우 자연

9) 林 忠雄 著, 地方開發事業團の解説, 帝國地方行政學會, 昭和 39年, pp. 17-20.

10) Public Administration Aspects of Community Development Programmes, United Nations Technical Assistance Programmes 1959, pp. 92-99.

11) Irwin T. Sanders, The Community, An Introduction to a Social System, N. Y. 1958, pp. 391-410에서 지역사회개발을 기할 수 있는 방법을 구체적으로 ① 도시와 산업발전 등 경제개발(ED), ② 보건 및 사회복지를 위한 지역사회조직화(CO), ③ 지역사회위원

지역으로서 동 정도의 소단위사회로 그 지역에 살고 있는 주민들에게 공통된 관심사를 해결하고 생활의 개선을 의미하는 것이다. 또한 쿠크(L. A. Cook)는 지역사회라는 것은 다음 사항을 구비하여야 한다고 하였다.[12] 즉, ① 주민의 집합체, ② 상접할 만한 범위에서의 생활, ③ 역사적인 유산의 계승, ④ 생활공동체의 존재, ⑤ 공통된 생활양식, ⑥ 지역결합의 의식, ⑦ 협동적 활동의 가능성 등이다.

이상의 개념정의들을 요약하면 지역 주민의 공통적인 관심사를 협동적으로 처리하여 나가는 사회적 집단이며, 그 범위는 기본적인 사회적 집단이라 할 수 있는 가정보다 큰 인간사회의 최소단위라고 할 수 있겠는데, 이 개념은 각국의 상황의 특성에 따라 다르다고 본다. 가령 인도에서 채택한 개념을 보면[13] 지역사회개발이란 공통된 일정지역을 기반으로 하는 주민들이 자기들의 필요와 그 달성가능성을 인식하고 자조적으로 ① 농업·가축업의 증진, ② 식수 및 관개용수의 준비, ③ 국도와 촌락을 연결하는 간선도로건설, ④ 교육·보건·위생시설, ⑤ 가내공업의 장려, ⑥ 농지개혁, ⑦ 농업협동조합과 신용조합의 설비 등의 성과를 거두기 위하여 지역사회개발을 하는데, 이는 도덕적·재정적·기술적인 후원을 받아서 이루어진다고 하였다. 이에 대하여 저자는 다음과 같이 개념을 규정한다.

첫째 일정한 지역 안에 소단위사회의 지역주민들이 그들의 공통욕구를 자주·자조적 노력에 의하여 해결하는 개발방법이다.[14]

둘째 지역주민이 인적·물적 제자원을 그들이 공동으로 투자하여 협동과 창의력에 의해 효율적으로 활용함으로써 잘 살기 운동을 전재하는 과정이다.

셋째, 주민의 자체재력으로 해결하지 못하는 사업에 한해서 외부의 최소한의 기술 및 행정·재정의 지원을 받아 지역공동사업의 목표와 생활향상

회의 인간관계위원회에 의한 집단계획(group project) 및 전국적 계획(national programs)을 지적하고 있다.

12) Lloyed Allen Cook, A Sociological Approach to Education, 1950, p. 88.

13) Community Development Programmes in Pakistan, India & Philippine team J. 1955.

14) 신윤표, 발전행정의 역할에 관한 연구, 「한국농촌지역사회의 개발을 중심으로」, 1967, 동대대학원, 석사학위논문, pp. 19-22.

을 달성하는 사회개선의 과정이다.

그러므로 지역사회개발은 지역개발의 부분이며 입체적인 면과 규모를 달리하는 것이라고 본다. 그러나 국가의 제자원을 기본으로 하는 사업으로서 국민 전체의 잘 살기 운동이며, 완전정부주도형의 개발이 아니고 민간주도형의 성격을 띤 측면이 강하여 민·관·도·농의 자발적이며, 능동적인 관여를 통한 보다 나은 정신적·물질적 생활의 향상을 위한 운동이라는 공통분모를 갖는다는 점을 인식해 두고, 다만 지역개발과 지역사회개발이 동일개념이 아님을 말하고자 한다.

제 2 절 지역사회개발사업의 특성

1. 서 설

1950년대 이후 세계는 개발연대에 들어오면서 신생개발도상국가들은 국가개발의 기반을 구축하기 위하여 단위지역사회에서부터 제시설을 갖추고 문맹자수를 줄이며 생산력을 증가시키고 질병을 막고 자본형성에 힘쓰는 등 국민생활의 질을 높이는 데 관심을 갖기 시작하였다. 이것은 곧 지역주민의 공통욕구이기도 한 바, 그 특성을 보면 다음과 같다.

2. 특 성

1) 지역사회의 제자원을 기반으로 한 사업

어느 한 지방의 일정 규모의 지역 안에서 대지를 비롯한 모든 천연자원과 인적·물적·제도적 및 정보자원을 최대한으로 이용·개발하고 생활환경을 정비하며 지역주민의 욕구문제를 계획·실천함으로써 주민의 경제적·사회적·문화적 복지증진을 가져오는 사업이므로 종합적이며 다목적적인 사업이어야 한다. 그리고 주민이 기술적·재정적으로 감당하기 어려운 사업을 추진할 경우에도 외부의 지원은 적을수록 좋으며 어디까지나 지역자원이 최대한 동원되고 지역주민의 능력범위 내에서 자율적으로 이루어져야 한다고 본다.

2) 지역주민 전체에 혜택을 주는 사업[15)]

단위지역의 모든 사업은 각각 독립적으로 이루어지나 가가호당 개별사업이라기보다는 지역 전체사업의 부문사업으로서 어떤 개인을 위한 사업이 아니며 전 지역주민을 위한 것이다. 그러므로 농로개설도 지역사회개발사업의 일환이나, 그 자체가 지역사회 개발사업의 전부는 아니다. 따라서 가능한 전체 주민의 참여가 요구되며 지역사회 전체의 연합된 노력과 지역주민에게 사업의 혜택이 균분될 필요가 있다.

3) 지역주민의 결정에 의한 상향식 사업

사업은 지역 주민이 추진주체가 되어 그 지역을 발전시켜 주민의 생활향상을 도모하고 안전하며 깨끗하고 건전한 생산성 있는 민주적 환경건설을 이룩하고자 하는 데 있어 지역주민 자신들의 욕구와 의견이 충분히 반영된 상향식 사업계획이 이루어져야 한다.

따라서 지원체제로서의 정부가 완전 정부주도형으로서 기능해서는 안 되며 직접적인 간섭이나 하향식 명령사업이어서도 안 된다.

4) 농촌시책의 선도적 · 보완적 사업

지역개발 사업은 정부사업으로 시행하기 어려운 많은 사업과 정부의 힘이 미치기 힘든 사업을 지역주민들이 선의적이고 자주적으로 참여하며 주민 스스로 사업을 선택하고 지역을 개발하는 사업으로서, 특히 농·어·산촌의 근대화시책을 선도하고 보완하는 사업이다. 뿐만 아니라 지역사회개발사업은 공식적인 정부시책보다는 신축성이 있기 때문에 보다 창의적이고

---

15) 김이태, 새 농촌설계, 1973, 화학사, pp. 14-20.

지역 실정과 상황에 맞는 새로운 사업을 발견할 수도 있으며 지역 안에서 사업의 우선순위를 조정할 수도 있으나 지역사회 주민들을 격려하여 그들로 하여금 그들의 사회를 조직화하고 또 그 지역사회의 발전을 위하여 창의를 기울이도록 하기 위해서는 전체적인 지역사회의 입장에서 지역주민을 돕는 지역지도원의 역할이 요구되는 사업이다.16)

5) 지역단위조정사업

지역사회개발사업은 지역개발과제의 발견·선택과 수행전략을 짜는 데 있어 공식적인 어떤 조례나 지시에 의해 이루어지는 것보다 주민이 처하는 위치와 목적하는 사명의 형태, 이용 가능한 자원의 동원력, 또는 추진 및 지원 능력에 따라서 사업의 추진 형태가 변할 수 있는 사업으로서 내부적인 여건과 외부적인 개발환경(인적·물적·경제적·사회적·관습적인 제요인)이 조합되고 조정되어질 수 있는 신축성 있는 사업이다.

6) 연결성(교양적) 역할사업

첫째, 과거와 미래를 연결시키는 역할을 담당하는 바, 기본계획이나 부문별계획·권역별계획에 따라 개발모형이 만들어지고 입지분석에 따른 개발계획이 종합적으로 집행됨으로써 장기개발전망이 보여지는 사업이다.

둘째, 지역주민과 정부 및 민간단체가 협조 속에 상호기능을 다할 때 목표사업을 효율적으로 달성할 수 있는 사업이다.

셋째, 농촌과 도시를 연결하여 지역간의 격차·소득간의 격차·계층간의 격차·산업부문간의 격차를 줄일 수 있는 사업이다.

넷째, 지역주민과 정부기관과의 접촉을 통하여 민·관·도·농의 총체적 발전을 가져올 수 있는 범국민적 생활운동으로 전개될 수 있는 기능을 가진 점을 들 수 있다.

---

16) National Council of Community Development, Full Text of Address on the SEATO Community Development Conference, 1960, NACOM No. 33, pp. 1-3.

7) 무한히 파급 · 계속되는 사업

지역주민의 욕구충족을 위한 협동적 노력의 경험이 쌓여질수록 지역개발에 대한 자신이 생기며 환경개선사업이나 소득기반사업이 단위지역에서 성공할 때 이는 곧 실용적 효과를 가져와 또 다른 접근단위지역에 자극을 주어 점화됨으로써 새로운 협동권사업이 필요하게 되어 규모경제권과 생활권에 맞는 협동권지역개발사업이 늘어나며 개발지역 간의 선의의 경쟁심까지 생길 수 있어 계속적으로 파급될 수 있는 사업의 성격을 갖는다.

8) 도시 · 농촌개발 및 사회개선운동

지역사회개발사업은 지역주민의 복지향상이 최종의 목표이나 그 목표는 결과적인 산물로서 평가되는 것이 아니고 보다 더한 양적인 성장과 질적인 변화를 위한 특정방향을 가지고 항상 계획 사업이 전개되어야 할 개발과정이며 지역주민의 정신계발을 통하여 인간개조와 사회개조를 할 수 있는 사업이기도 하다.

9) 정부지원 및 국가적 경제개발사업[17)]

이에 대하여 존 프리드만(John Friedmann)이 제시한 「경제발전단계와 지역개발의 필요도」란 이론모형에서 볼 때 우리의 경우는 더욱 지역개발의 필요도가 높으며 오히려 가장 긴급한 단계라고 볼 수 있겠다. 이를 표로 나타내면 <표 1-1>과 같다.

〈표 1-1〉 지역발전단계와 지역개발의 필요도

경제개발의 단계	전공업 경제 단계	과도적 단계	공업경제단계	고도공업경제 단계
GNP 중 2차 산업비율	9~10%	10~25%	25~50%	점감
지역개발의 필요성	보통	가장 긴급	지속	새로운 정책의 구현

17) 박정삼, 사회교육과 지역사회개발론, 일지사, 1972, p. 121.

국토개발의 전략적 수단	지역자원 개발 경제발전의 준비	사회간접자본 확충, 지속적 공업화를 위한 공간질서 확립	부진 지역문제 지역의 개발, 일부개발질서 확립	대도시개발 및 제개발 토지공간의 쾌적한 생활환경 개선
대표적 국가	파라과이 · 볼리비아 · 캄보디아	베네주엘라 · 파키스탄 · 인도 · 이라크 · 멕시코	프랑스 · 이탈리아 · 서독 · 일본 · 영국 · 캐나다	미국
한국의 시대구분	1968년까지	1968~1975년	1975~1986년	1986~

* 자료 : John Friedmann, Regional Development Policy, 1966.

10) 조사연구 · 평가사업

「개발대상에 관한 지역조사와 분석이 필요한 사업이다」라고 사업의 특성을 규정한다.

제 3 절 지역사회개발의 추진원리

1. 공통원리

지역사회개발의 내용은 각국에 따라 그 과제나 목표 및 수행전략이 다양하다. 테일러(Carl C. Taylor)는 지역사회개발사업을 추진할 때 다음과 같은 4단계를 거쳐야 한다고 주장하고 있다.[18)]

1단계는 지역주민이 모여 그들 공통욕구를 달성할 발전사업을 선택하며, 2단계로는 그 지역사회 주민이 결정한 사업과제의 수행에 대한 과학적인 계획을 수립하며, 3단계로는 그 지역의 물적 · 경제적 · 사회적 또는 자원을 최대한으로 동원 · 이용하게 하는 것이다. 마지막 4단계로는 여타의 사업을 계속적으로 선택 · 결정하고 실천하도록 자극을 주고 용기를 북돋아 주는

18) 농촌진흥청, 지역사회개발전문교육 연찬회 보고서, 1965, p. 62.

일이라고 하였는데 여기에서 공통적인 원리를 찾으면 다음과 같다.

1) 지역주민의 공통욕구에 의한 사업선정

이 공통욕구는 자연발생적이거나 예정조화적이라기보다는 상황을 관리하고 변동에 대응할 수 있는 지도력이 나와야 하고, 특히 후진국의 전형적인 농촌지역의 경우는 더욱이 외부의 자극 없이는 욕구의 조합이 이루어지기 힘들다고 본다. 가령 식량증산을 위한 야산개발과 같은 농경지 확장의 경우나 비옥한 토지를 만드는 일, 유휴노동력의 활용으로서 취로사업이나 도로 및 농로 개설, 관개수리와 음료수 문제, 지역사회의 학교교육 문제 등에 이르기까지 과학적인 조사 및 지역실정에 맞는 사업 선정과 추진 방법 등을 제시 내지 자극이 있어야 한다고 본다.

다만 외부기관이 지나친 추측이나 특정인의 이익을 위해 정당한 지도력이나 합의절차 없이 조작되거나 전적인 외부지원에 의존하여 지역주민이 생각하고 동의를 구할 여유 없이 정부시책이란 입장에서 개발사업이 이루어지면 이것이 곧 실패의 원인이 된다는 점을 강조하고 싶다.

2) 지역주민의 자조노력과 적극적 참여

전통적 사회가 근대화되기 위해서는 가치와 신념체계[19]의 근대화가 먼저 이루어져야 한다. 전통적인 농업사회에서는 지연·부족·친척 등과 같은 제1차적 유대집단이 집단간의 경쟁심리를 가진 채로 협동의식이 약하며, 우리의 경우는 일제식민지시대에 생겼던 관과 민의 적대의식이 지금도 부산물로 남아 있고, 또 6·25의 상처가 아직도 아물지 않아 집단적 조화가 원만하게 이루어지지 못한 감이 있다. 그렇지만 지역공동사업이 잘 되기 위하여 가장 필요하다고 생각되는 것은 「지역민이 서로 협동해야 된다」 「지역사회주민 스스로의 노력이 앞서야 한다」는 지역조사의 결과[20]에서 보면 1970년대 새마을운동 당시 자립마을의 경우는 63%가 사업성공의 요건이

19) 박동서 외 2인 공역, 신생국행정론, 문교부, 1966, pp. 510-511.
20) 박종주, 한국농촌지역사회의 발전요인분석, 서울대 행정대학원 석사논문, 1972, pp. 70-72.

지역 주민 스스로에 있다는 응답결과를 보아도 알 수 있다. 물론 기술적·재정적으로 외부의 지원이 필요하기도 하겠으나 지역자원이 최대한 효율적으로 동원되고 외부지원은 최소한에 그쳐야만 자조의식이 생기고 의존심이 적어진다.

따라서 지역주민의 자조능력이 발휘되고 적극적 참여를 유발하기 위해서는 다음과 같은 조건이 수반되어야 한다.

첫째, 하기 쉬운 사업부터 시작하여 과도한 부담감을 갖지 않으면서 점차로 경험을 쌓게 한다.

둘째, 성공의 경험과 자신감을 부여함으로써 자조노력하는 전통을 확립시킨다.

셋째, 주민들로 하여금 보다 좋아졌다는 시범사업이 있어야 하며 계속적인 성취의욕을 고취시켜 준다.

넷째, 공동저축·공동작업 등을 통하여 상호협동하는 풍토 조성이 필요하다.

다섯째, 공동사업추진에 있어서 가급적 생업에 지장이 없도록 하며 사업 전체의 조화가 이루어지도록 정부 또는 외부의 적절한 지원이 있어야 한다.

3) 지역과제의 통합적 연관조정

사업지역 내의 여러 문제는 통합적으로 관련성 있게 해결되고 상호협조 조정되어야 한다. 한 지역 사회는 다양한 구성요소를 가진 생활의 장이므로 경제·사회·문화 등 각 분야별 사업은 유기적인 관계에서 실시되어야 하며 지역주민의 욕구와 사업의 조정, 단체간의 협조와 활동 조정, 지역개발을 지원하는 각 기능의 조정과 투입, 지역 간의 협조, 주민의 욕구와 협동권사업을 포함한 부문계획과 국토종합개발계획과의 재합성이 있어야 한다.

4) 지속적·다목적적 소득증대사업의 추진

지역사회개발은 일정한 지역 내의 경제·문화·사회 등 모든 분야에 걸친 다목적적이고 지속적인 사업을 주축으로 하여 추진되어야 하며 개발도상국의 경우는 특히 식량증산과 소득증대에 기여도가 큰 지속적인 사업에 중점을 두어야 한다.

5) 행정지원의 과학화

일관된 정책의 수립과 정부와 지역사회를 연결하는 지도자의 양성과 훈

[도표 1-1] 지역개발추진을 위한 원리의 모형

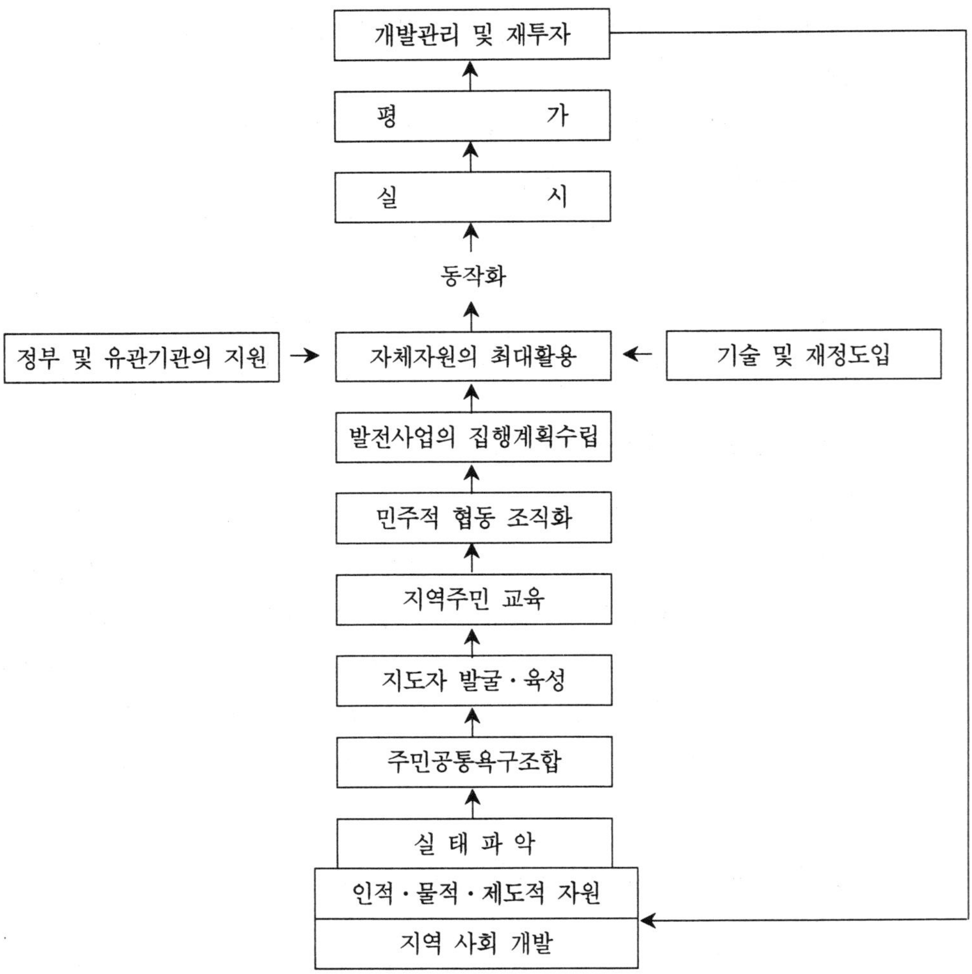

련 및 지역자원의 동원, 그리고 사업의 연구평가를 위한 정부의 기능이 강화되어야 한다.

지역사회개발사업 중에는 전반적인 국가계획과의 조정에 의해서 해결될 수 있는 것이 있으며, 지역주민이 사업을 추진하는 전 과정에 있어 주민의 자조활동을 자극하고 사업 전반에 대한 조정을 하여 외부지원기능을 단위지역에 도입하는 촉매작용을 하는 기능으로서의 지도원의 역할이 중시된다. 정부는 사업선정과 개발 계획 및 조직 활동 등 목표와 방향의 합리적 제시와 합목적적이고 효율적인 개발전략의 수립지원 및 국가시책에 지역주민의 동일화작용이 있도록 함이 요구된다. 이상의 지역사회개발의 추진원리를 모형화하면 다음 [도표 1-1]과 같다.

제 4 절 지역사회개발의 절차

1. 문제성격의 구명

지역사회개발이란 주민 자신과 정부가 공동의 노력을 통하여 지역사회의 경제적·사회적·문화적 조건을 향상시키고 지역 사회를 전 국가적 생활에 통합시키며 지역사회가 국가발전에 전적으로 공헌할 수 있도록 하는 과정이라고 본다. 따라서 국가별로 지역의 특성에 따라 특수목적을 달성하기 위한 자원활용과 추진 및 지원을 하는 경우 효율적인 방법이 강구되는 절차도 개발과제에 따라 다르다.

다만, 국가발전목표가 가장 소망스러운 방법으로 성취될 수 있는 전략으로서 고정된 틀로서가 아니고 다목적적이고 종합적인 목적은 달성할 수 있는 동적 과정이 될 수 있어야 한다.

따라서 가령 지역사회개발의 원칙을 [도표 1-2]와 같이 설정할 때 지역사회개발과정은 교육적 과정이며 조직화 과정으로서 또는 실천행동의 과정

[도표 1-2] 지역사회개발의 원칙

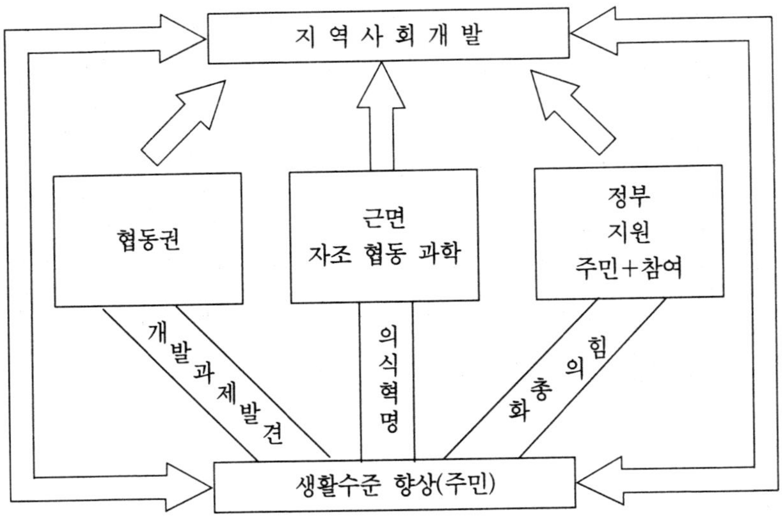

으로서 다음과 같은 일련의 절차가 요구된다고 본다.

1단계는 개발의지의 형성이 요구된다. 즉, 지역사회의 주민들은 그들의 공통된 욕구나 관심사를 깊게 인식하고 지역자원을 최대로 활용하며 자조 협동하여 특정의 구체적 목적을 달성하려는 의식 및 신념이 형성되어야 한다는 것이다.

2단계는 지역사회개발의 목적 달성을 위한 과제를 발견하는 일이다. 예컨대, 저개발국에 있어서는 경제와 농촌권에서 중요과제를 찾을 것이며, 선진국에서는 환경과 도시에 더 강조점을 두게 될 것이다. 또한 지역입지와 지역개발조건의 변화상도 각 지역마다 다를 것이며, 지역사회의 주민들이 생활의 질적 향상을 위한 욕구충족의 내용과 질을 진단해야 할 것이다. 그렇게 되면 개발과제의 수행을 위한 장애요인은 무엇이며 문제해결의 방안이 무엇인가를 발견하게 될 것이며 자원의 실태도 파악하여야 될 것이다.

3단계는 과제의 발견단계에서 찾아진 지역 내외의 인적·물적·제도 및 정보자원과 사회구조와 같은 내외 제자원을 총동원하고 이를 개발목표를 위해 동작화 한다. 이 단계는 첫 단계와 두 번째 단계의 결과를 토대로 수행되어야 할 것이다.

4단계는 계속적으로 지역사회개발사업을 실시해 나가도록 하려는 주민의 요구와 결단을 조성하는 일[21]이라고 테일러(Carl C. Taylor)는 말했는데, 빌(George M. Beal)과 홉스(Daryl J. Hobbs)는 사회적 행동이라는 측면에서 15개의 제단계를 제시하고 있다.[22]

제1단계: 기존사회체제의 분석

제2단계: 관심의 집중

제3단계: 주요 사회여건의 분석

제4단계: 관련된 사회체제의 윤곽 설정

제5단계: 개발사업과 과제수행을 위하여 지역 주민들의 욕구의 공통분모를 찾고 개발추진과 지원을 위한 정보관리처리(MIS)를 하고 개발규약을 제정하는 등의 출발 단계이다.[23]

제6단계: 유관기관 및 개발지도자의 승인결심 단계

제7단계: 지역 주민 전체가 자발적으로 참여할 수 있도록 힘의 총화를 응집하는 단계이다.

제8단계: 관련집단이나 조직에 의한 욕구의 조합 단계

제9단계: 관련사회체제에 의한 행동화의 결정

제10단계: 목표설정의 단계

제11단계: 활용수단의 결정

제12단계: 활동계획

제13단계: 자원의 동원

제14단계: 행동화 단계

제15단계: 평가의 단계

이와 같이 구분하여 분석하고 있는 제 단계를 종합정리하면 [도표 1-3]

---

21) Carl C. Taylor가 ICA의 Community Development Seminar에서 발표한 내용으로, 1955년 6월 Washington, D. C에서 열림.

22) George M. Beal and Daryl J. Hobbs, The Process of Social Action in Community and Area Development, Lowa State Univ., 1964, pp. 1-18.

23) 정지웅 외 1인 공저, 지역사회개발론, 배영사, 1973, pp. 75-80.

과 같다.[24]

[도표 1-3] 지역사회개발의 절차

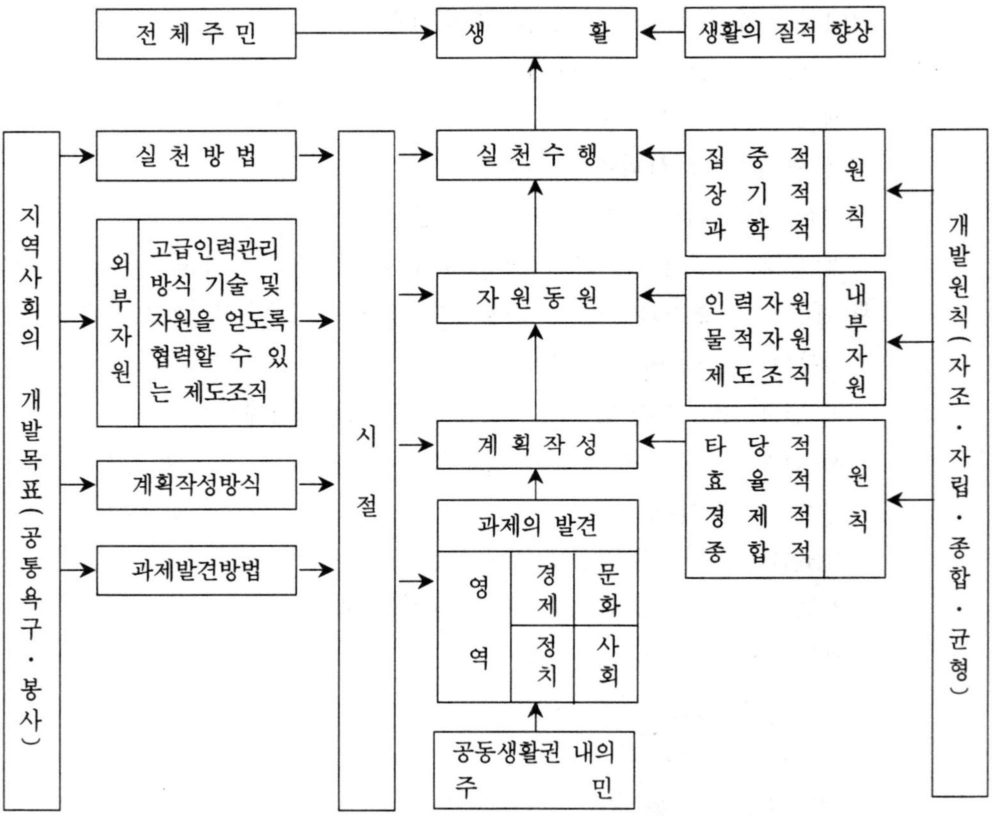

24) 신윤표, 지역개발, 정신교육특별과정 교재, 중앙공무원교육원, 1975, p. 42.

제 2 장

지역개발의 발전과 과제

제 1 절 지역사회개발의 발달과정

1. 외국의 지역사회개발 연혁

1) 필리핀

1946년 독립된 필리핀은 민주공화국이며 대통령중심제를 채택하고 있다. 지리적으로 7천여 개의 섬으로 구성된 이 국가는 인종 · 언어 · 풍속이 다양한 나라이다.

삼림자원과 자연자원이 풍부하고 인구의 70% 정도가 농촌에 살고 있는데 소작농제도를 벗어나지 못하고 있다.[1] 그러한 가운데 중앙정부나 일반시민은 다음의 원인에 자극받아 점차 지역사회개발활동을 다음과 같이 전개하기 시작하였다.

① 농촌권의 정치적 불안

1) 강신택, 필리핀의 지역사회개발운동, 1960, 서울대 행정대학원 학위논문요지 참고.

② 외국, 특히 미국으로부터 중앙정부제도의 도입

③ 민주주의 가치의 보급

④ 전쟁 중 도시민의 농촌 생활에 대한 경험

⑤ 전후의 사회경제문제의 연구가 각 계층에서 활발

⑥ 외국으로부터 지역개발이념의 도입

⑦ 정부의 각 기관은 특정영역에서 활동했으며 몇 개의 시민단체도 지역사회개발 활동에 참여했으나 성과 부진

그러나 대만의 대중교육운동자이며 촌락재건운동의 선구자인 Dr. Y. C. Janes Yen에 의하여 지역사회개발 이념이 도입되어[2] 종합적인 방법을 통하여, 첫째 단계로서 국가 내의 특정지역을 선정하여 지역사회의 제문제를 연구하였다. 둘째 단계로서 다시 특수지역을 골라 지역사회개발계획을 실험하고 경험을 얻었으며, 셋째 단계로서 점차 계획실시지역을 확장하였고, 넷째 단계로서 지역주민은 정부의 협조를 얻어 전국에 걸쳐 계획을 실천하였던 것이다.

이 운동은 민간운동이며 빈곤·무지·질병·정치적 무능을 지역사회 문제의 국면으로 보고운동을 전개했다(1953~59). 특히 주목할 만한 것은 정부 각 부문의 개발활동의 조정과 협조를 촉진할 필요에서 대통령 직속기관을 설치하여 각부 의 정책과 계획을 수립하며 도·시·군·면·동에 위원회를 설치하였다.

이리하여 지역개발 지도자가 행정단위지역마다 배치되어 지역개발을 지도하였는데 이 지도자는 대학출신자로서 지역사회의 제반 문제에 수행능력을 개발하기 위하여 전문기관에서 훈련을 받으며 특히 지역사회의 문제와 정부활동을 연결하는 임무를 띤다.

여기서 강조하는 바는 지역사회주민의 자조정신을 길러서 지역주민들은 자신의 문제를 자율적으로 해결하도록 지도하는 것이다. 그리고 필리핀은 촌락회의를 중심으로 하여 그 촌락에서 활용할 수 있는 자원을 발견하여

---

2) Kang Sin Taek, The Community Development in the PHILIPPINES, The School of P. A Seoul National Univ., 1960, pp. 63-70.

그 자원의 이용에 대하여 직접 관계되는 정부의 각 기관인 교육인적자원부·농사교도국·보건복지부·공공사업·정보통신부 등과 기타 유네스코·국립지역사회학교 훈련센터·국제연합의 기술원조기구·세계보건기구(WHO)·지역사회개발연구회 등이 분담 업무에 따라 지역사회의 생활향상을 꾀하고 그 계획을 수행하는 방법으로 운영이 조정되고 있으며 국민자립·자조정신에 입각하여 ① 도의운동, ② 지성운동, ③ 물질운동을 종합적으로 실시하는 국민운동을 대대적으로 전개하였다.

[도표 2-1] 필리핀의 지역사회개발기구

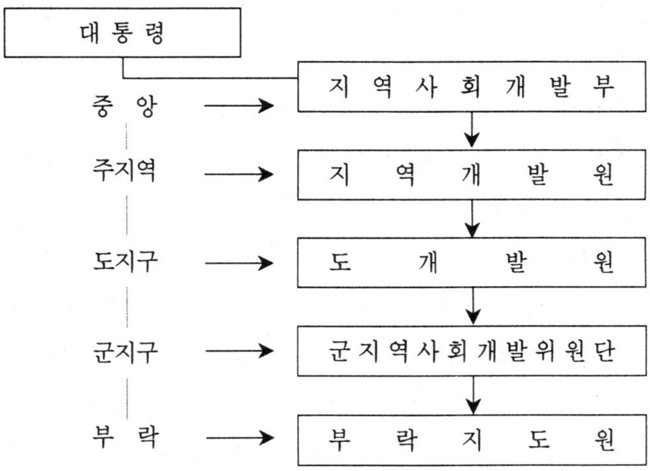

* 자료: 농촌진흥청, 지역사회개발과 국가발전 1967, p. 10.

이러한 국민 운동은 [도표 2-1]에서 보는 바와 같은 대통령의 직속으로 지역사회개발기구가 설치되어 있어 더욱 효과적인 것 같다.

2. 우리 나라 지역사회개발의 연혁

1) 해방 전의 지역사회개발운동

(1) 의 의

우리 나라에서 지역사회개발이란 용어가 나온 것은 1957년 이후의 일이지만[3] 그 명칭은 다르나 신라 유리왕 때에 시작된 계는 공익과 산업금융을 목적으로 하는 한편 상부상조를 목적으로 하는 자연발생적인 임의단계로서 사회·경제·산업·교육 그 밖의 일반 사회생활상의 이익을 도모하기 위한 조직체로서 지역조직이 있었다. 1540년대인 조선 중종 14년에는 조광조에 의해 향약이 도입되었던 바, 이는 향교의 유지·관리가 주목적이었으며 지역사회의 전체적 협동체운동이라기보다는 문중의 재력을 바탕으로 한 혈연적인 씨족사회중심의 씨족지역단위의 협동체였으나[4] 조직된 자연지역단위의 형태로서 지역사회개발의 좋은 방법이었다.

그 후 1905년대 이후는 일제식민지정책의 일환으로 사용되었다. 특히 1931년에는 일제의 식민지정책과 흡사한 일대 농촌진흥운동이 있었으나 사무적으로만 수 많은 관공리들이 갱생계획의 수립, 가계부의 기입, 지역월례회의 출석 독려 등을 일삼아 농민 대중을 괴롭혔던 것이다.[5] 그러므로 이 운동은 목적과 형태는 유사하지만 지역주민의 자율성의 상실과 주민의 공통된 의욕이 결여되어 현대적 개념의 지역사회개발이라고 할 수 없다.

따라서 한국의 경우 지역사회개발의 실질적인 태동은 해방 후라고 본다. 다만, 일제식민시대의 협동조합운동은 민간인의 협력체였으므로 명목상이긴 하였으나 그 특이성을 몇 가지로 요약하여 봄으로써 일제식민시까지의 지역사회개발운동의 면모는 다음과 같다.[6]

---

3) 농촌진흥청, 한국의 지역사회개발사업, 1967, p. 210.
4) 신윤표, 발전행정과 새마을운동의 지도전략, 제19기 정책연구 Seminar 주제논문, 중앙공무원교육원, 1974, 10. 18.
5) 문정창, 한국농촌단체사, 일조각, 1961, pp. 226-229.
6) 노융희, 우리 나라 지역사회개발운동, 지역사회개발론, 서울방송통신대학 교재, pp. 240-255.

① 인격적 결합단체: 금융조합은 농민들이 출자주가 되어 인격적으로 상호부조하기 위하여 결합된 협동조합이었다.

② 공개성 · 임의성 · 평등성: 가입과 탈퇴가 자유의사이며 조합원의 권리가 공평하다.

③ 관리상의 민주성: 역원의 선임 · 결산보고 기타 중요 사항은 총회에서만 결정되고 예산의 편성과 업무집행상의 중요 사항은 평의원회에서 결정된다.

④ 경제단체로서의 기능과 비영리성: 조합원 자신이 경영자이고 이용자인 까닭에 수지경영상 이자수입이나 수수료 수입은 그 이익이 결국 조합원에게 환원되는 조직이다.

⑤ 교육성과 지도성: 금융조합은 조합의 책임자와 종사원의 교육에 중점을 두고 이들을 중계하여 조합원 및 그 가족의 계몽 · 지도에 힘써 왔다.

2) 일제식민지시대 지역사회개발운동의 목적

식민지체제유지의 기능을 위하여 1932년부터 우원(宇垣)총독에 의해 추진된 우원운동(우가게이즘), 즉 자력갱생운동이라고 불리우는 일정시대의 농촌진흥운동의 취지 및 방침이다.

(1) 농촌지도원칙

① 지도는 정신계발에 중점을 두고 물질에 치우치지 말며 형식에 흐르지 말아야 한다.

② 지도는 사람과 장소에 따라 그 설을 달리하지 말고 항상 일관하여 이념을 품게 하지 말아야 한다.

③ 지도는 반드시 앞날의 목표를 명시하고 자력에 의하여 이에 도달할 신념을 가지게 하여야 한다.

④ 지도는 이해를 중요시 하고 강제를 피해야 하며 쉬운 것에서 어려운 것으로, 간단한 것에서 번잡한 것으로 점진적인 실행을 기하도록 하여야 한다.

⑤ 지도는 지방실정에 맞게 하고 민도에 따라 계획을 수립하여 달성할

수 있도록 하여야 한다.

(2) 농촌지도정신의 기조

① 농민으로 하여금 따르게 할 것, ② 믿게 할 것, ③ 편안케 할 것, ④ 감사케 할 것, ⑤ 새롭게 할 것 등으로 되어 있다.

(3) 진흥요령

자력갱생을 위하여 정신적 측면에서는 농업본질을 이해하도록 하고 농민이 갈 길을 분명히 밝혀 고수하고 농민의 사명을 받들어야 함을 내세웠다. 또한 물질적 측면에서는 생산의 증수와 잉여노력의 소화·생산물의 유리한 처리·생산비의 체감과 절약을 하도록 했다.

(4) 진흥대책과 실책

자력갱생을 위해서는 ① 식량의 자급자족, ② 경지면적의 증가, ③ 지역입지의 이용갱생, ④ 경영자금의 융통, ⑤ 부채의 정리와 예방, ⑥ 경영계획의 수립, ⑦ 농민교육의 보급·쇄신, ⑧ 지도기관의 연락·통제, ⑨ 관공리의 긴장·시범, ⑩ 사기의 고취·신장, ⑪ 각종기관의 보급·정비, ⑫ 보조조성의 갱신 등의 운동이 있다.

이와 같은 자력갱생운동은 식민지 정책이라는 큰 테두리 속에서의 시책이긴 하였으나 농업교육의 확장·농자천하지대본야가 아니라 농자천하지말자 취급 속에서 살아온 조선시대의 선비정신과 유림의 그릇된 생활관이나 경제관을 씻고 한국인에게 정신적으로 생활의 자질을 높이려는 다소의 희망을 줄 수 있었다는 데서 의의를 찾을 수 있겠다.

특히 농촌을 구제코자 하였고 경제적으로도 식량의 자급, 부채를 근절하려고 노력한 점 등은 농촌지역개발에 도움을 주었다고 본다. 그러나 완전 정부주도형으로서 지도방법 자체가 민주성을 전적으로 외면하였기 때문에 지역 주민의 자립·자존력을 키울 수 없었고, 지속적 발전도 기할 수 없었다.

3) 해방 후의 지역사회개발운동

(1) 초창기

우리 나라의 지역사회개발사업은 1955년에 한·미 경제조정관실의 지역사회국장으로 취임한 아담스(Lucy W. Adams) 여사가 지역민의 자발적인 참여와 자발적인 계획으로 그들이 당면한 문제를 해결할 수 있도록 UN에서 채택된 지역사회개발사업에 관한 정의를 번역 출간하고 이 사업의 추진을 시작하였다. 이것을 시초로 하여 1957년부터 한·미 합동경제위원회가 합동실무반을 조직하여 지역사회개발사업의 실시가능성을 조사하였고 1958년까지는 시험적인 조사 및 법령제정 등 준비적인 단계였다.

그 당시는 군에 농사지도·사회복지·보건위생·부녀지도분야의 전 문지도원과 대표지도원을 두고 지역에 일반 지도원을 두어 지역사회개발의 실험적인 사업을 실시하였다. 본격적인 사업은 1958년 9월 2일자 대통령령 제1384호로 「지역사회개발위원회규정」을 공포하여 중앙에는 부 흥부에 지역사회개발중앙회, 도에 도위원회, 각 시범 군에 군위원회, 시범지역에 지역개발계를 설치하고 시범적으로 5개 군 12개 지역을 발족시키게 되었다.

이 때의 지역개발 수행체계를 보면 [도표 2-2]와 같다. 여기에서 볼 수 있는 바와 같이 중앙에서 지방의 말단까지 일반 행정인 내무행정과 완전 분리된 계선조직을 가졌고, 지역사회개발의 추진기구는 형식적으로 내무행정기구(지금의 행정자치부)하에 위치하였기 때문에 인화문제와 권한의 경합 및 권한간 한계의 불명확성 때문에 효율적으로 지도사업을 수행할 체계를 갖추지 못하였다.

그 후 1959년대는 우선 농촌을 농민자력으로 부흥시킬 수 있을 것인가를 실험적인 단계로 실시하였다.

둘째, 참신하고 젊은 대학 졸업자를 지도원으로 배치하여 당시 부패하였던 지방행정의 개선을 위한 엘리트 층을 형성하면서 농민들로부터 정부에 대한 신임도를 높이려 하였다.

셋째, 시범지역은 동 단위에서 출발하여 내적으로 충실한 발전을 기하면서 점차 인접지역에 확장하여 2~3개 방식으로 지역 수를 확장하였다.

[도표 2-2] 지역개발수행체계

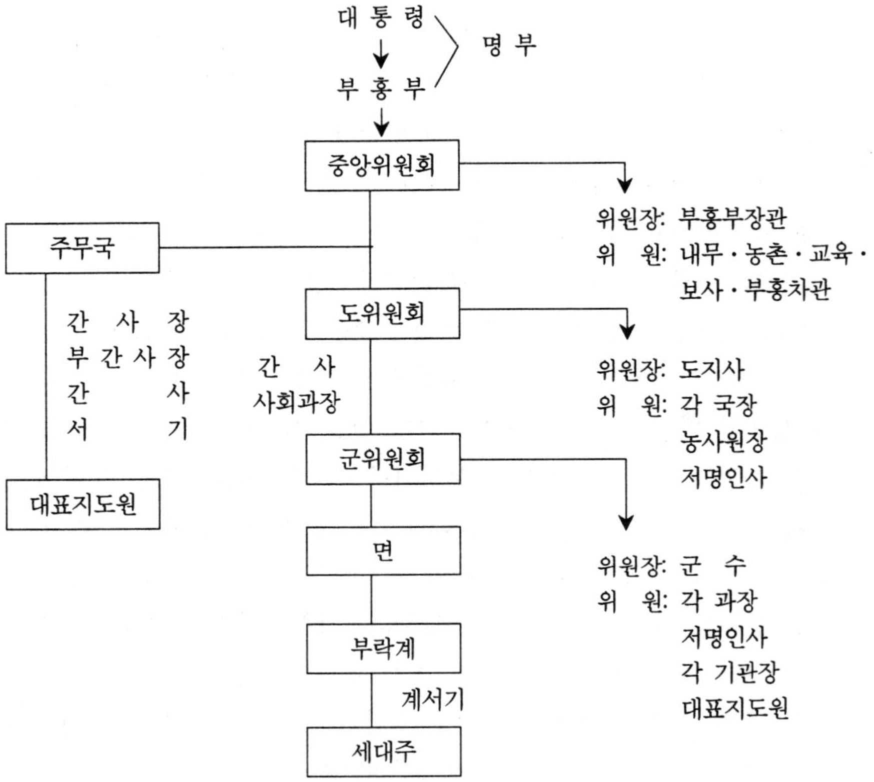

* 자료: 농촌진흥청, 한국의 지역사회발전, 1967, p. 215.

(2) 기구과도기

그 후 1961년대에 이르러 389명의 지도원과 100개 군·818개 지역을 대상으로 하는 사업으로 확장되어 갔고, 5·16군사정변 직후인 5월 31일에는 정부의 기구개편에 따라 부흥부에 있던 지역사회개발중앙위원회는 건설부의 지역사회국으로 개편되었다([도표 2-3] 참조).

이것은 사실상 지역단위에서의 사업 추진에 미친 특별한 변화는 없었다. 역시 초기와 같이 농촌진흥원의 농사교도사업과의 경합은 계속되었고 일반행정 실무자들의 무관심으로 이 사업은 침체상을 면치 못하였다. 이 기구

[도표 2-3] 과도기의 기구

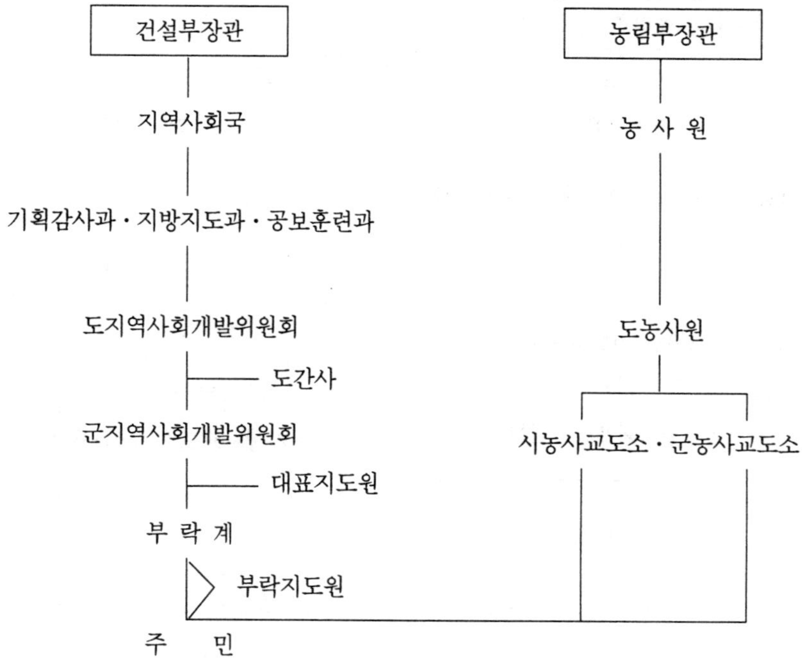

는 정부조직법 중 개정법률 제660호로 농림부의 지역사회국으로 이관되었고 동시에 각 도에는 산업국에 지역사회과, 군에는 지역사회계가 설치되어 정부의 공식조직으로 편입되었다 ([도표 2-4] 참조).

1961년대의 경우는 우선 지역사회개발 사업이 한국농촌개발을 위한 가장 적절한, 그리고 성공적인 사업임을 한 · 미 양측이 인정했다는 점.

둘째, 정부는 경제개발 5개년계획안에 본사업을 정책 사업으로 제정하고 정부의 지원을 기도하였다는 점.

셋째, 지역사회개발을 실시하는 세계 14개국 대표가 한국에서 회합을 갖고 성공적인 한국의 사례를 검토하였다는 점 등을 들 수 있다.

그 후 1962년~1965년대는 1962년 3월 21일 법률 제1039호로 농촌진흥법이 공포되어 농촌의 진흥개발을 위하여 필요한 시험연구 · 계몽지도 · 기

[도표 2-4] 농림부장관

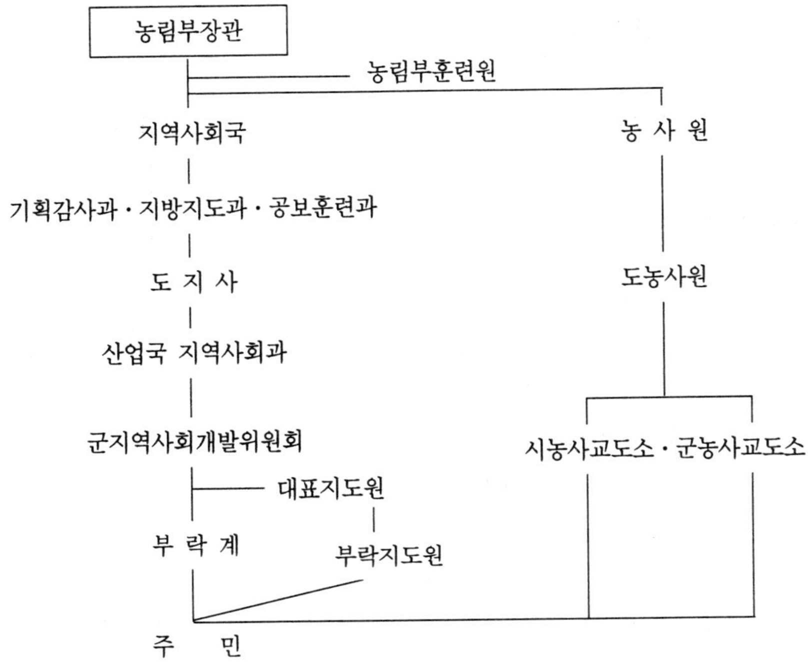

술의 보급, 이에 수반되는 지도자의 양성훈련을 통하여 농민의 권리증진을 기하는 데 노력하였다. 동법 제6조에는 지도사업의 실시에 있어서 정부 또는 지방자치단체는 본법에 의하지 아니하고 실시할 수 없다는 법적 뒷받침도 했거니와 어떤 단체가 지도사업을 하고자 할 때에는 농촌진흥청장에게 사업계획서를 제출하여 그 승인을 얻도록 함으로써 종래의 다원화에서 일원화된 지도체계를 갖게 되었다.

본법 제5조 2항은 지도사업의 임무를 농업과 생활개선에 관한 과학적 지식 및 기술의 교시보급 또는 실지전시, 농촌의 부업에 관한 지식 및 기술의 보급, 농업발전과 농민생활에 유용한 자연자원의 보존 및 이용에 관한 농민교육, 농업과 농민생활의 개선을 목적으로 하는 농촌조직의 육성, 농민의 자력 또는 보조에 의한 시범농촌건설사업의 조성, 전 각호의 사업수행에 관련된 업무 등을 하도록 규정하였다.

이와 같이 지역사회개발 사업은 자연지역단위의 개발방식을 지리적으로 사회적·경제적 이익을 공통으로 하는 수 개 지역을 단위로(농촌진흥시범지역) 지역단위의 개발사업을 전개하게 되었다. 그리고 동법에 의거하여 1964년 3월 29일 각령 제615호로 공포된 농촌진흥청직제(개정 1962. 4 각령 제621호)가 제정되었다.

1964년은 식량증산 7개년계획 수행을 위하여 전국에 410개의 지소가 설치되었고, 종래 883명의 특수기능을 가진 지역사회개발 지도원을 지소에 배치하여 일반지도원과 함께 지역 내 농촌지도사업 전반을 담당하는 동시에 군지도소에서 지역사회개발 특기지도원이 농촌 전역에서 실시되는 지역사회개발 사업에 대하여 일반지도원을 지원케 하여 농촌지도력을 강화하였다.

1965년 4월 21일 대통령령 제2109호의 직제개정에 따라 농공사업의 통합을 기하고 지원사업의 형태는 지방민의 자체 부담으로 실시할 수 없는 일부를 보조하던 보조사업은 생산기반조성을 위하여 계속 실시하였다. 동시에 시·군에 특별회계를 설치, 지방자치단체에 지원함으로써 지방비와 같이 농촌에 융자사업으로 실시하는 계획조성사업 및 시·군 지방비와 국비를 같이 지원·실시하는 지역자조사업으로 사명 형태를 구분하고 최소한의 재정지원으로 지역 주민 자체의 자금동원에 의한 최대한의 공동개발사업을 실시하도록 하였거니와 다음과 같은 지역사회개발지도기구가 이루어지게 되었다([도표 2-5·2-6·2-7] 참조).

이와 같은 개발과정의 진행은 1965년 7월부터 1966년 1월까지 7개월에 걸쳐 전국 4,000여명의 지도력을 집중투입하여 농정사상 처음으로 과학적이고 체계있는 지역민의 계획으로서 자조개발 6개년계획을 전 지역에서 수립하여 실시하게 되었다. 그러면 1958년 이후 1969년까지 뚜렷하였던 농촌운동의 두 가지 측면을 중점적으로 살펴 보겠다.

[도표 2-5] 중 앙

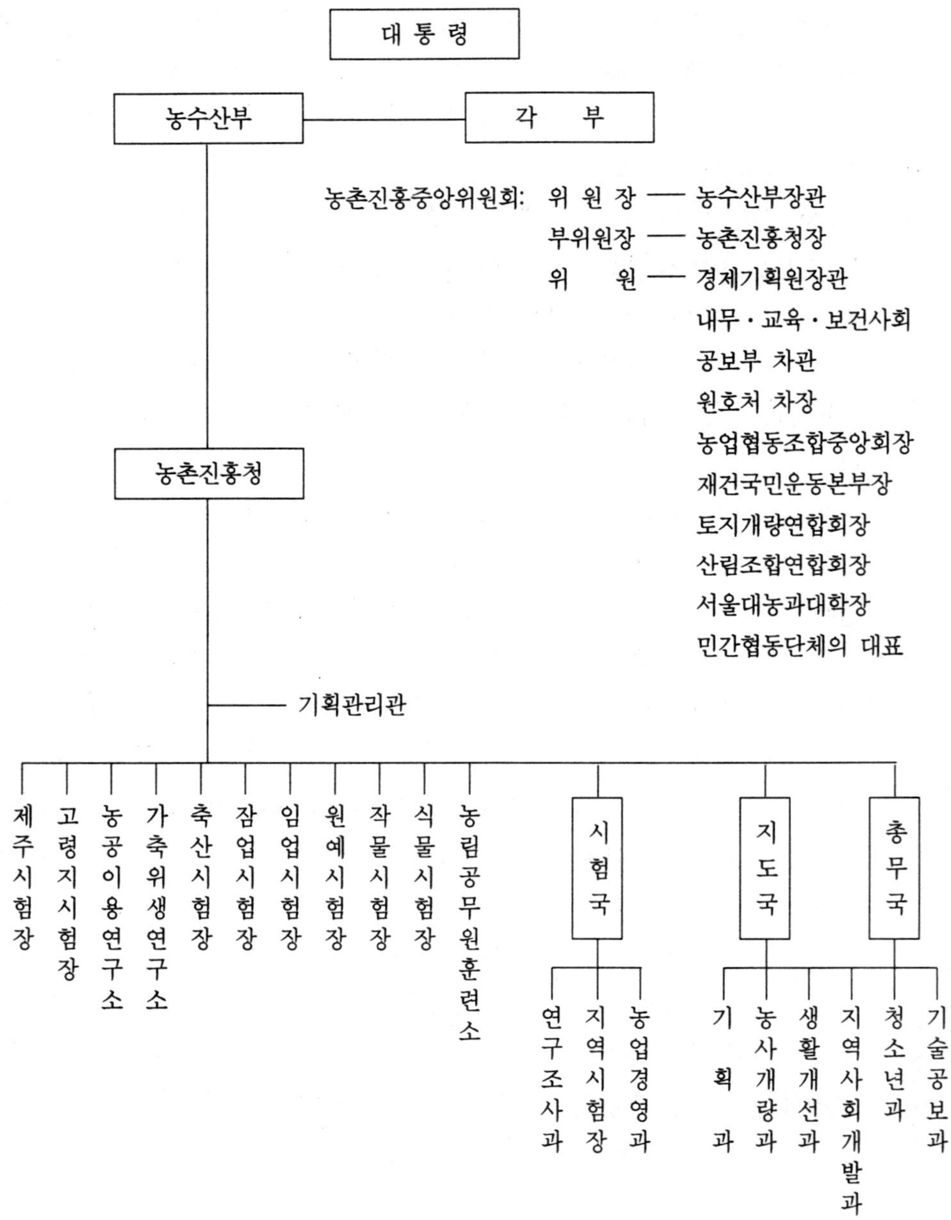
대 통 령
농수산부
각 부
농촌진흥중앙위원회: 위 원 장 — 농수산부장관
부위원장 — 농촌진흥청장
위 원 — 경제기획원장관
내무·교육·보건사회
공보부 차관
원호처 차장
농업협동조합중앙회장
재건국민운동본부장
토지개량연합회장
산림조합연합회장
서울대농과대학장
민간협동단체의 대표
농촌진흥청
기획관리관
제주시험장
고령지시험장
농공이용연구소
가축위생연구소
축산시험장
잠업시험장
임업시험장
원예시험장
작물시험장
식물시험장
농림공무원훈련소
시험국
지도국
총무국
연구조사과
지역시험장
농업경영과
기획과
농사개량과
생활개선과
지역사회개발과
청소년과
기술공보과

[도표 2-6] 도

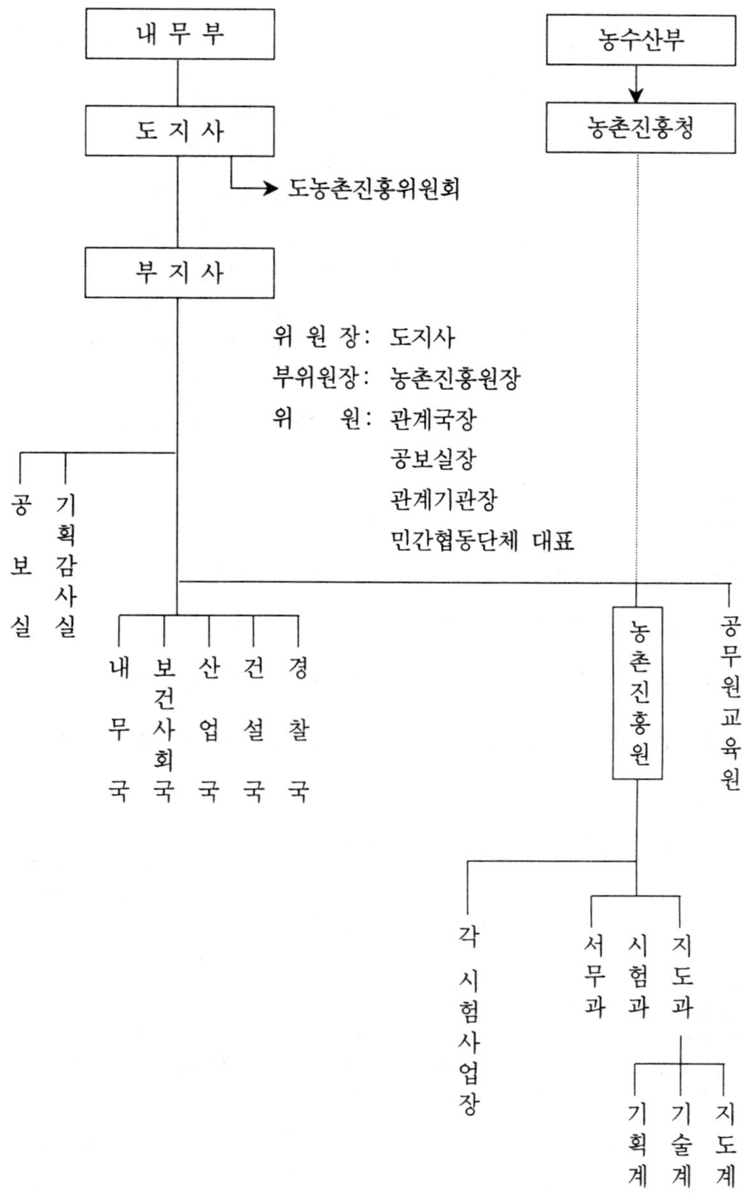

* 단, 도의 직제는 대통령령으로 변경할 수 있으므로 도에 따라 약간의 차이가 있다.

[도표 2-7] 시·군

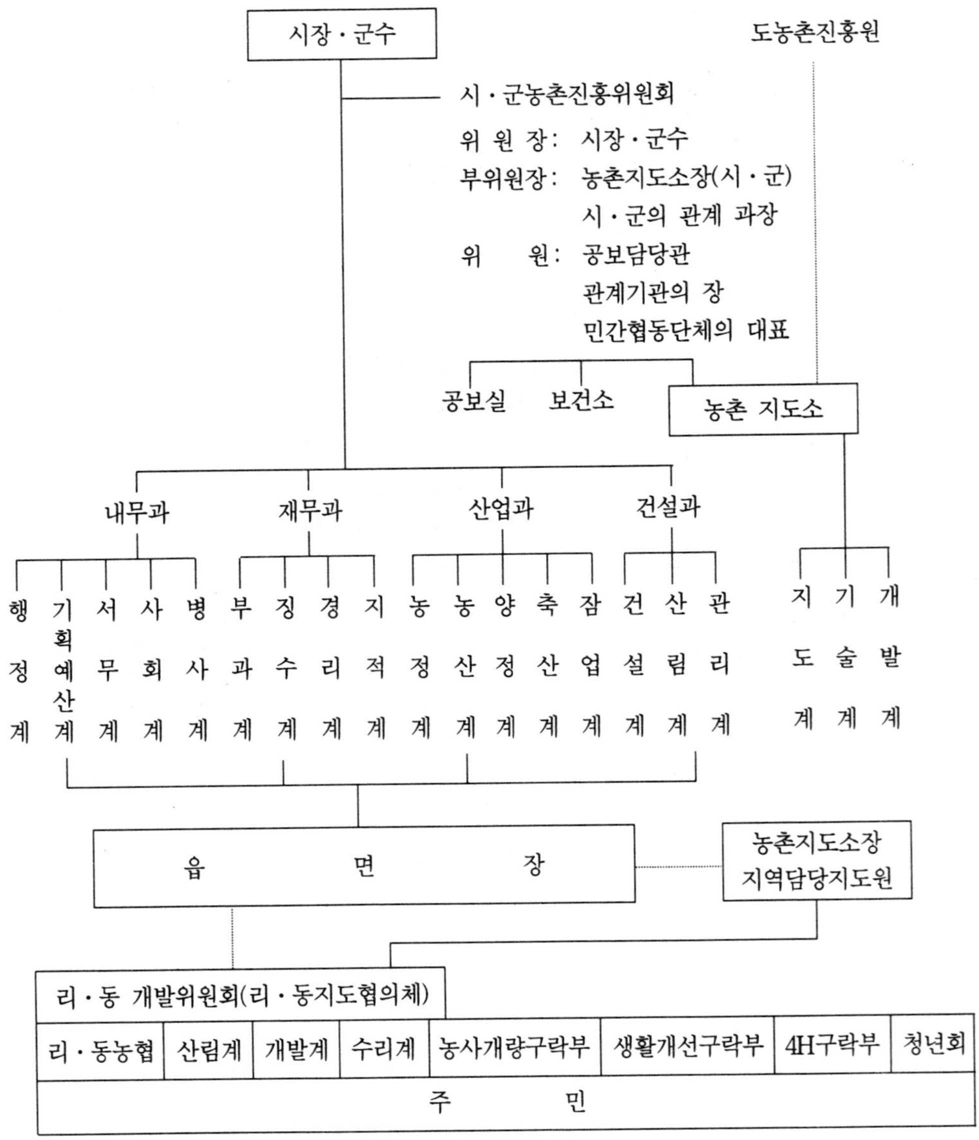

* 단 ① 서울특별시와 부산직할시도 포함되며 농촌진흥위원회의 위원장은 부시장, 부위원장은 산업국장이 되고 지도소장은 위원이 된다.
② 서울특별시·부산직할시는 본 기구와 다르며 시·군의 기구는 내무부 장관의 승인을 얻어 군규칙으로 정할 수 있으므로 군에 따라 약간 다르다.

4) 4H클럽 운동

(1) 연 혁

1927년 YMCA의 협동조합운동과 같이 시작, 당시에는 농촌청년회·농촌청소년회·사각소년회 등으로 칭하였다. 그 후 일제의 탄압으로 중단되었다가, 1947년에 다시 시작된 후 1949년 농업기술원직제가 공포될 무렵에는 전국적으로 보급되었다. 1954년에는 한국 4H클럽 중앙위원회가 발족되었고, 1956년에는 중앙에 농정국·농업경제과 농업기술원의 교도부 부활, 도의 산업국 농업교도과·도의 산업과 교도계·면의 교도소 등 행정기구의 정비 강화로 농사교도사업의 일환으로 4H 운동을 전개하게 되었다. 그리하여 정부기구에서는 4H 과제용 기증물자의 배부, 4H클럽 경진회의 개최, 4H클럽 지도자의 수련 및 단기강습을 실시하였다.7)

[도표 2-8] 4H클럽 지도계통

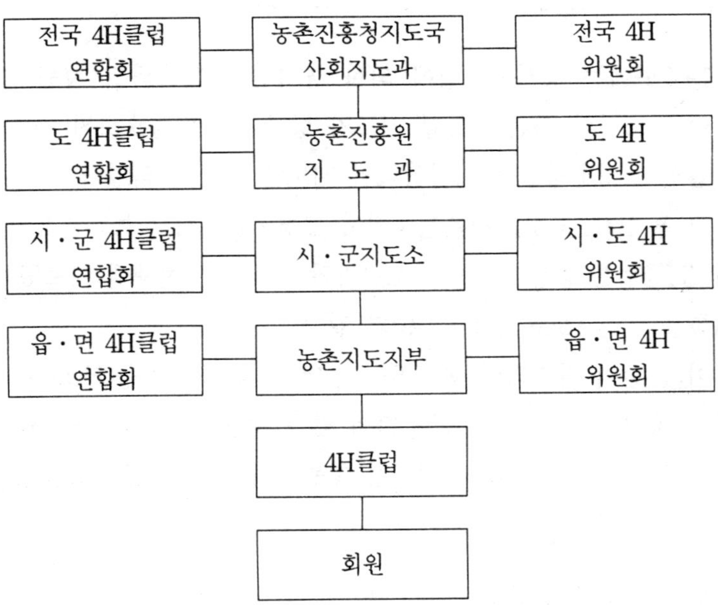

7) 문화공보부, 새마을운동, 1972, pp. 193-200.

[도표 2-9] 지방 4H클럽 조직

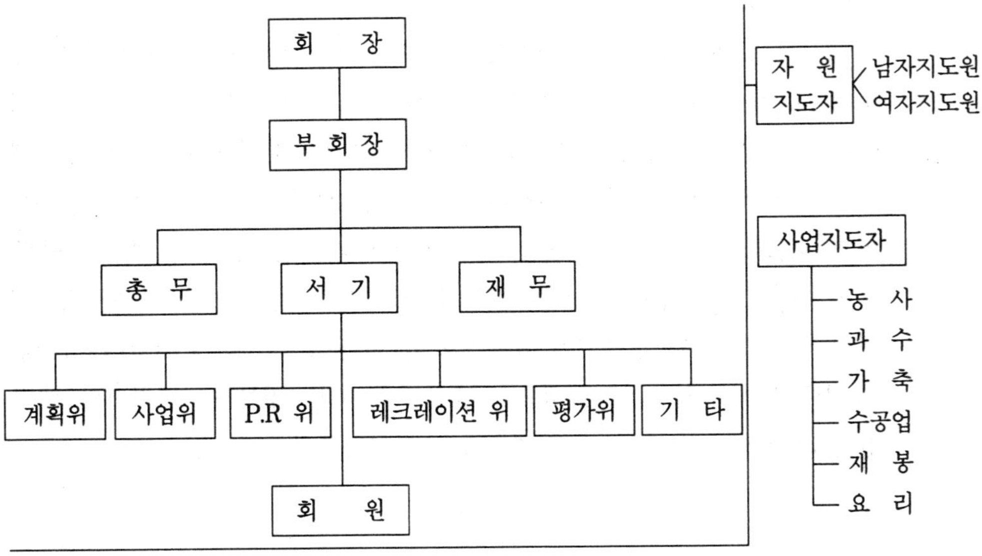

1957년에는 농사교도법에 의한 농사원이 발족되고 자원지도자와 클럽 소년 지도자의 훈련을 통한 지도자 향상에 주력함으로써 지도체제나 단위 클럽의 조직운영방법이 정상적인 궤도에 오르게 되었다.

그 후 1962년 4월 농촌진흥법이 제정・공포되고 농촌진흥청이 설치되면서 4H클럽은 농촌진흥청 청소년과의 지원으로 현재에 이르렀는데 그 지도 계통을 보면 [도표 2-8・2-9]와 같다.

이와 같이 발전되어 온 「4H」란 머리(Head)・마음(Heart)・손(Hand)・건강(Health)의 머리 글자를 따서 만든 말인데 우리말로는 지・덕・노・체를 상징한다. 이 어의는 4H클럽 회원들의 생활신조로 삼는 선서의 내용에 잘 나타나 있다.

(2) 4H클럽의 신조

나는 나의 클럽과 사회와 우리 나라를 위하여, 나의 머리는 더욱 명석하게 생각하며, 나의 마음은 더욱 크게 충성하며, 나의 손은 더욱 위대하게 봉사하며, 나의 건강은 더욱 좋은 생활을 하기로 맹세함이라고 되어 있다. 이 운동은 13세부터 24세까지의 농촌청소년들로 하여금 4H의 4가지 신조하에 마을에서 모임을 만들어 어려서부터 개량된 농사기술과 지식을 연마함으로써 교양을 갖추고 환경개선에 힘써 아름답고 깨끗한 마을을 만들며 협력과 협동을 피부로 단련하여 지역사회발전의 핵이 될 수 있도록 배우고 실천하는 운동인 것이다.

(3) 4H클럽의 역할

4H클럽의 주요역할을 보면 다음과 같다.[8]

① 4H 연수농장훈련, ② 국내기술교환, ③ 중앙농업기계훈련소 운영, ④ 지 방 4H 농공훈련생 양성, ⑤ 한・미재단의 4H 사업, ⑥ 국제기술교환, ⑦ 4H 과제활동, ⑧ 4H 봉사활동, ⑨ 4H 야외교육, ⑩ 4H 경진대회 등의 역할을 수행한다.

위와 같이 4H 운동은 근면・자조・협동의 정신적 기반을 구축하기 위한 교육 훈련과 시범사업의 현시성 있는 현지실습을 통하여 농촌권의 개발에는 큰 공헌을 해왔다. 이 중에서도 4H 회원들은 남녀 구별 없이 스스로 자율적인 참여로써 과제를 결정・선정하여 개선에 목표를 두고 실행학습을 연중 계속한다. 따라서 회원들은 다음과 같은 활동을 추구한다.

① 자신의 일을 계획실천하는 능력을 계발한다.

② 새 지식과 새 기술을 배우고 익히며 실행해 나가는 책임성을 기른다.

③ 생활설계와 영농설계를 해 나가며 흥미를 느껴 생산성증대에 노력하는 자세를 기른다.

④ 과제이수사항을 기록해 나감으로써 영농과 생활의 과학화를 추진하는 역군이 된다.

이와 같이 개인과제와 공동과제의 이수활동과 특별과제・중점지도과제를 통하여 생활이 개선되고 「생산성=생산+인간성 회복」은 조장촉진되어 진다고 본다. 따라서 지역 특성에 따른 과제이수가 보급되고 4H회원들이 앞장서서 길잡이 역할을 하며, 모든 농촌・산촌・어촌권의 청소년들이 과

8) 국회입법참고자료 제182호, 전게서 p. 52.

제이수의 발전단계라고 보는 입문기 · 기초기(이상 소년부 초급) · 부문별실습기 · 종합연습기(이상 소년부 중급) · 실무인용기 · 성인성숙기(이상 연장부 고급) 등 6단계를 거쳐 자립완성 단계에 들어가는 바, 우리 나라 지역사회개발의 운동사에서 중요한 장을 이루고 있다.

5) 재건국민운동

(1) 발족과 전개

5 · 16 후 정부는 인간개조와 사회개조를 통한 정신혁명을 성취하기 위하여 국가재건최고회의의 직속기관으로 재건국민운동본부를 두어 1961년 6월 11일자로 복지국가를 이룩하기 위하여 전 국민이 민주주의이념하에 협동 · 단결하고 자립 · 자조 정신으로 향토를 개발하며, 새로운 생활체계확립을 내용으로 하는 재건국민운동에 관한 법률을 공포하고 동년 6월 30일에 재건국민운동본부 직제를 공포하였다. 그리고 시 · 도에 지부를 설치하고 시 · 군 · 구와 읍 · 면 및 동 · 리 단위로 촉진회를 설치하였으며, 이외에 지역단위의 지구촉진회에 병행하여 국가기관 · 공공단체 · 각급학교 및 기타 단체를 단위로 하는 집단촉진회를 조직하여 전 국민이 총망라된 조직이 됨으로써 순수한 민간국민운동의 체제라기보다는 완전정부주도형의 관제기구적 성격을 띠게 되었다. 그 후 민간주도형의 국민운동화를 위한 제1차 기구개편이 1961년 9월 30일에 이루어져 시 · 군 · 구 및 읍 · 면 촉진 회장을 민간인으로 개편하고 이동단위의 촉진회는 해체하였으며, 자연지역 단위로 청년회와 부녀회를 조직하였다.

1962년 1월 20일에는 제2차 기구 개편을 통하여 특별시 도 · 시 · 군에 상설교육기관으로서의 교육원을 설치하고 본부 및 지부기구를 축소하여 일선 촉진회의 기능을 강화하고 청년회 · 부녀회의 지도체계를 확립하였다. 다시 기구의 민주화와 기능의 항구화를 위하여 1962년 11월 20일 제3차 기구개편을 단행하여 읍 · 면 재건위원회는 법인체로 하는 동시에 그 이하 조직을 관기구에서 분리시킴으로써 순수 민간운동에로의 발전 토대를 이루는 조직개발을 하였고 중앙과 특별시 · 도 · 군에 조정위원회를 두어 국민운동기구와 관계행정기구 및 공공단체간의 업무와 사업을 조정하고 특히 리 · 동 재건위원회에서 국가행정기능을 집약조정하게 되었고, 국가운동기구 및 위원들의 정치관여금지를 명문화하여 중점적으로 사업을 전개하였다.

(2) 실천요강

① 용공중립사상의 배격, ② 내핍생활의 권장, ③ 근면정신의 고취, ④ 생산 및 건설의식의 증진, ⑤ 국민도의의 앙양, ⑥ 정서관념의 정화, ⑦ 국민체위의 향상 등, 이상의 실천요강으로 국민정신혁명을 위한 노력이 있었고 중점적으로 다음의 제사업도 전개하였다.

(3) 사업전개

① 국민사상의 함양, ② 동포애 고취, ③ 국제친선, ④ 향토 개발, ⑤ 생활개선, ⑥ 사회기풍 진작, ⑦ 향토교육 강화, ⑧ 청소년 및 부녀자조직의 지도육성 등이 그것이다.

이와 같은 결과로 당시의 농촌개발·사회개발·정신개발에 기여한 공헌이 컸다고 본다. 그러나 반면에 획일적이고 졸속적인 많은 사업전개 속에서 발생하는 문제점 및 1964년의 재차선거를 거치는 동안 이 기구에 대한 불신이 생겨 1964년 8월 13일 당초의 재건국민운동기구가 해체되자 국민운동의 기본이념을 이어받고 그 조직과 사업을 계승하여 민간주도의 국민운동으로 사단법인 재건국민운동중앙회가 설립되어 운영되어 오다가 그 소관업무가 내무부(지금의 행정자치부)로 이관되어 1975년 12월에 해체되었다.

(4) 기본강령

① 민주역량을 함양함으로써 승공태세를 확립한다.

② 정당·정파와는 초연한 입장에서 국민단합의 광장을 발견한다.

③ 창의적 자조활동으로 살기 좋은 향토를 건설한다.

④ 협동·봉사정신으로 참신한 기풍을 진작시킨다.

(5) 기본목표

① 상향식 민주조직체에 의해서

② 향토방위와 향토개발의 주체가 되며

③ 조장행정의 능동적인 집약흡수체로서

④ 승공통일에 대비할 민중협력체를 형성할 것 등이다.

이상에서 1960년대까지의 지역사회개발의 발달과정을 체계 및 기능면에서 고찰했으며, 1970년대의 것은 새마을운동의 본질과 기능에서 구체적으로 보려고 한다.

제 2 절 지역개발의 목표와 필요성

1. 지역사회개발의 목표

지역사회개발은 지역개발의 부분이라고 볼 때 주민의 소득과 복지를 향상시키고자 하는 총합적이며 다목적적인 지역개발의 궁극적인 목표는 소단위 사회가 개발되지 않는 한 달성될 수 없다고 보기 때문에 지역사회개발의 주요 목표를 중심으로 다루고자 한다.

1) 지역사회목표의 의의와 수립방법

발전사업의 추진을 위하여 목표 설립의 의의와 그 우선순위를 바람직한 차원에서 결정하면 목표의식도 분산되지 않아 중점목표와 타목표간에 전략적 조화가 이루어진다고 보기 때문에[9] 지역개발을 위한 수단적인 행동은 그것이 목표와 병행하여 고려될 때 실질적이고 효율적인 결과를 가져올 수 있다고 보았다. 따라서 지역사회의 목표는 그 지역의 특성과 개발시기, 그리고 개발사업의 중점 내용에 따라 다르겠으나, 그 지역사회의 종합적인 개발계획에 있어 가장 중요한 단계 중의 하나이다.

지역사회의 목표는 다음 사항을 고려해서 수립하고 또 목표간의 조정이 요구된다.

9) 신윤표, 신행정학, 법정학회, 1974, p. 48.

(1) **목표수립의 주체**

지역주민의 자생조직이 총참여하여야 하고, 관료조직이라고도 볼 수 있는 행정집행업무를 맡고 있는 지역단위의 조직이 참여하여야 한다. 주로 계획기능을 담당하는 전문적이고 기술적인 자문기관들로 구성된 보조집단들이 주민들에 의하여 선출된 대표자집단을 중심으로 목표를 수립하여야 된다고 본다.

(2) **시 기**

지역사회의 자원분석과 의식구조 등 실태파악을 한 후, 종합적이고 장기적인 목표가 수립되어야 하며 세부사업목표도 동시에 수립하면 좋을 것이다.

(3) **목표년도의 기간**

10~20년간을 기간으로 한 장기목표, 5~9년간 정도의 중기목표, 1~4년간 정도의 단기목표를 세우되 생태분석과 지역사회가 갖는 추세·실태·변화과정을 종합적이고 다목적성을 고려하여 수립해야 하며 한 지역사회의 목표들은 상호조화적인 관계를 갖도록 형성되어야 한다.

2) 지역사회개발사업의 주요목표

지역사회개발의 목표는 지역 주민의 자율적인 노력과 정부 지원이 합해져 일정한 지역 내에 살고 있는 주민들의 경제적·사회적·문화적 생활의 조건을 향상시키고 국가발전에 충실히 공헌하도록 함으로써 유가활동의 주류에 지역사회를 통합하는 것도 포함하게 된다.10)

(1) **지역사회개발운동의 목표**

경제적 목적의 추구는 물론 전통사회에 변혁을 유도함으로써 종합적인 사회개선을 추구하는 것이라고 할 때 부차적이고 보완적인 목표를 갖게 된다.

---

10) Robert Perlaman and Arnold Gurin, Cmmunity Organization and Social Planning, John Wiley & Sons, Inc., 1972, pp. 102-108.

첫째, 생산성 향상과 사회안정을 가져온다.

둘째, 사업추진과정에서 근면·자조·협동심을 발휘하여 자율적으로 지역개발의 저해요인을 해결하는 능력을 배양함으로써 지방자치의 기저가 되게 하는 것이다.

셋째, 단위지역사회의 개발추진과정을 국가개발로의 지향과정으로 총합하는 과정에서 정치적으로 융합된 총체가 되게 함으로써 개발과정을 정책화하게 되는 바, 그 목표는 다양하다.

(2) 농림부·지역사회국 지역사회개발사업의 목표

① 지역민의 영농·보건·위생·협동조합·축산 등의 근대 기술을 습득함으로써 생산성과 실질소득을 급속히 향상시킨다.[11)]

② 학교·구급소·보건소·병원·식수공급 등 농촌 지역사회에서 가능한 지역사회의 활동을 증식시킴으로써 국가재산을 증가시킨다.

③ 지역민에게 독립적이며 건강하고 정치·경제·사회·문화에 걸쳐서 영속적인 진보를 가져올 수 있도록 하는 자주와 주도력·지도력·협동정신을 함양시킨다.

④ 남녀의 여가시설을 포함한 사회활동을 통하여 보다 풍요하고 보다 높은 수준의 생활조건을 창조한다.

⑤ 정부 각 부처의 복지행정에 협조시킴으로써 행정의 실효를 지역단위에서 성취시킨다.

⑥ 지역민으로 하여금 정부의 전 행정기구가 그들을 위해서 존재하고 있다는 인식을 갖도록 한다는 것 등을 들 수 있다.

(3) 로버트 폴손(Robert A. Polson)의 일반적 목표[12)]

① 지역자원을 동원하고 활용하며 배분하는 기능을 갖도록 주민참여 속에 자조적 주민조직화가 목표가 된다.

---

11) 박정삼, 사회교육과 지역사회개발론, 일지사, 1963, p. 162.

12) Robert A. Polson, "Community Development in the Philippines; Observations and Comments," in Socorro C. Espirno and Chester C. Hunt, Socifl Foundations of Community Development; Readings on the Philippines, Manila R. M. Garcia Publishing House, 1964, pp. 86-87을 참조, 새로이 이론 구사를 시도함.

② 제반 소득증대사업의 질적인 변화와 양적인 성장을 가져오는 일이다.

③ 사회간접자본으로써 유통구조를 개선하고 산업도로를 확장하는 것도 주요 목표가 된다.

④ 지역개발의 정의에서 의미하듯이 바람직한 방향에로의 개발을 위해서 교육기회의 균등화 · 고용창조의 균등화 · 의료시설의 균형적 설치 등 도시화 요인을 잘 조화 있게 배분하고 산업투자를 전략적으로 지원하는 정부사업지원과 개발추진을 유도하여 ⓐ 지역간의 격차, ⓑ 소득간의 격차, ⓒ 계층간의 격차, ⓓ 산업부문간의 격차를 줄이는 것이 주요 목표이다.

⑤ 개발사업을 맡고 있는 각급 행정기관은 보조금대망형적[13]인 측면에서 벗어나 개발효율의 원칙과 필요의 원칙에서 전시적 효과에만 그치는 모순을 범하지 말고 연관분야와의 연관성을 살펴 나가며 각 부처간 · 부처 내의 각 국 · 과 상호간의 할거주의(sectionalism)가 없도록 이를 조정하는 일이다.

⑥ 협동시설을 비롯한 환경개선사업을 계속하는 것이 목표여야 한다.

⑦ 역사의식을 갖고 국민정신이 왕성한 지역주민이 되도록 발전지향적인 가치관 · 태도 · 신념을 갖도록 지역주민의 행태를 개조하는 일이다.

⑧ 지역자원이용의 극대화를 위해 이들을 동원하기 위한 조직화작업 등 다원적 노력을 집결하는 것을 들 수 있다.

⑨ 지역주민의 의욕과 협동심을 고취하여 국가 개발의 가속화에 자율적으로 참여하도록 하는 일이다.

그러나 지역사회개발의 목표는 각국마다 다를 것이며, 다만 목표설정에 대한 사고방식의 공통점을 찾는 데 의의가 있으며 구체적인 내용의 일치를 보기는 어렵다고 하겠다.

(4) 각국의 지역사회개발의 목표[14]

① 경제적 · 정치적 · 구조적 · 행동적 또는 불균형과 불평등의 교정, 시

---

13) 伊藤善市, 都市化時代の開發政策, 東京 春秋社, 1971, pp. 58-62.

14) International Seminar on the Comparative Study of Community Development를 UNESCO 한국위원회가 1973년에 개최한 바, 전체회의토론요지에서 토의된 내용들임.

민자질과 태도의 조성, 심지어는 생활의 질적 향상과 생활 수준의 향상 등이다.

② 목표의 유사성과 차이는 각 국의 상이한 발전단계에 따라 다르며 강조 내용도 비교적 저개발국에 있어서는 경제와 농촌에 주의를 두며, 선진국에 있어서는 환경과 도시에 강조점을 두고 있다.

③ 지역사회개발의 목표는 개인·지역사회·국가·세계공동사회 등의 4가지 면에서 고려될 수도 있고 또 고려되어야 한다. 예컨대, 국가의 이익을 위하여 개인의 이익을 무시하면 결과적으로 지역사회개발의 추진력을 약화시킨다. 따라서 4가지 사이의 현저한 균형이 필요하다.

④ 지역사회개발의 목표는 상이한 사회체제와 이데올로기에 따라 강조점이 다를 수 있다. 즉, 사회주의체제는 자본주의체제와 목표의 강조점이 다른 것과 같다.

이와 같이 지역사회개발의 목표 달성은 국가목표를 성취하기 위한 정부전략의 일부이기 때문에 지역개발은 더욱 필요성을 느끼게 된다.

2. 지역개발과 지역사회개발의 필요성

주민의 복지증진을 위하여 지역자원을 최대한 이용하며 국토를 균형 있게 발전시키기 위하여 도시농촌이용계획을 세우고 새로운 산업도시를 육성하며 대도시의 과대화를 방지하고 공업입지를 전국 각지에 균형 있게 배치함으로써 전국을 산업권화하고, 한·수해 없는 낙토를 건설하며 국토를 잘 보전·이용하기 위하여 지역개발이 필요한 것이다.

(1) 우리 나라 지역사회개발의 지체요인

① 국토면적이 좁다.

② 제한된 자원과 자본이 적다.[15)]

③ 식량과 필수품생산의 성장이 인구팽창을 앞지르지 못하고 있으며 식

15) 대한민국정부, 국토종합개발계획, 1971, p. 14.

량위기를 해결하는 데 기술이 계속 크게 도움을 줄 수 있을 정도로 앞서지 못하는 낮은 기술을 면치 못하고 있다.

④ 비협동적이다.

⑤ 비과학적인 생활태도 등을 들 수 있다.[16)]

(2) 지역개발의 필요성

① 지역사회의 보다 나은 생활조건을 마련하기 위함이다.

② 자원활용 · 배분 · 보존의 비합목적화, 비효율화를 억제하며 산발적인 지역성장을 막고자 함이다.

③ 교통체계와 수송활동을 발전시킴으로써 개선된 생활환경을 조성하고자 하는 것이다.

④ 지역사회의 자원과 정부보조의 범위 안에서 지역사회문제들을 해결할 행동의 유형을 개선시켜 나가자는 데 있다.

⑤ 지역사회의 경제적 환경을 개선하자는 것이다.

⑥ 지역사회의 재정적 생산성을 높이고자 함이다.

⑦ 지역사회환경의 파괴를 방지할 수 있다는 물리적 · 사회경제적이며, 정치적이고 미학적인 제 이점을 갖기 위하여 지역개발과 지역사회개발은 필요한 것이다.[17)]

제 3 절 지역개발의 기본과제

우리 나라에서는 1960년대에 이르러 산업부문간 또는 지역간에 있어서의 경제성장률의 편차가 나타남에 따라 지역경제 또는 지역개발이라는 과제가 관심의 대상이 되기 시작했다. 따라서 사회간접자본의 확충이 요구되

16) 신윤표, 지역개발, 중앙공무원교육원, 1975, p. 28.
17) Community Planning Division of the State of Ohio, Planning primer, A Guide for Planning Community Development, Columbus; Columbus Blank Book Co., 1968, pp. 8-9.

고 지속적 공업화를 위한 공간질서의 확립과 개발자원의 배분원리에 대한 연구가 필요했으며, 행정은 개발행정으로서 혹은 생산행정으로서 지역개발과 지역사회개발에 적극적 지원 내지는 추진적 참여를 함으로써 생산과 생활기반을 구축하기 위한 공공투자를 장기간에 걸쳐 지속하였다. 1970년대에도 새마을운동을 통하여 도시·농촌·산촌·어촌권을 망라하여 국가정책의 중요한 과제로 지역개발사업을 진전시키고 있다.

이를 몇 가지로 나누어 기본과제로 정립한다면 다음과 같다.

1. 산업입지의 적정화

1) 생산의 사회·경제적 효율성 향상

어디에 무슨 산업을 장려하는 것이 가장 합리적인가 하는 문제는 산업유형에 따라 달라야 하며, 산업별로는 그 입지가 적당한가를 분석해 보아야 하고, 유형 입지별로도 적정한가를 보아야 한다.

산업유형
- ① 수출산업…자원채취산업·광업·임업·어업·수력발전
- ② 토지 이용산업…농업·목축업·임업
- ③ 가공산업…제조업
- ④ 판매산업…상업·서비스업

또한 사회주의국가(국가경제)의 개발방식을 따를 것이냐, 자본주의국가(기업체의 이윤 추구는 제1의 목적이요, 당연성을 인정하는 나라)의 개발형태를 지향할 것이냐에 따라 다르다. 그럼에도 불구하고 정부는 정보를 관리하고 국토의 효율적인 이용관리를 위하여 자본·기술·인력·소비시장의 중심지인 대도시의 산업시설을 분산·배치시켜야 하며, 비효율적인 산업의 집중화 경향도 억제해야 한다.

2) 지역개발의 균형화

공업의 입지는 그 지역의 적극적인 발전의 거점이 되므로 낙후지역의 개발, 즉 취업기회의 향상, 관련산업의 유발, 자본개발의 촉진, 교통·통신시설 등을 함으로써 새로운 도시건설이 계획되어야 한다.

3) 적정입지의 선정

입지조건이란 어떤 장소가 가지는 성질 혹은 상태를 말하므로 입지주체가 입지하는 장소에 관하여 요구하는 조건인 용지·용수·항만·교통수단·거리 등에 따라 특수산업이 배치되어야 한다. 따라서 농업이건 공업이건 간에 입지요소들을 종합적으로 고려하여 비용을 극소화하고 수익을 극대화하는 생산효율의 극대입지를 선정하여야 한다.

일반적인 입지요소를 든다면, 원료와 생산품시장과의 거리, 노동력의 양과 질, 연관산업에의 접근도, 토지의 가격, 동력공급가격, 사회간접자본 시설, 조세제도 등을 들 수 있다.

- 입지요인
  - 경제적 요인
    - 수입요인(수요인자 · 시장인자)
    - 비용인자
      - 수송비인자…원료 · 제품
      - 비수송비인자
  - 비경제적 요인

이러한 측면에서 우리 나라의 공업입지 조건을 보면 다음과 같다.

① 원료의 해외의존도가 높다.

② 국내시장(유통 기구)이 대도시에 집중되어 있다.

③ 관련시설이 대도시에 편재하여 있다(규모의 경제 원칙).

④ 사회간접자본의 확충정도가 지역에 따라 다르다.

그러므로 이와 같은 입지요소의 상대적 이점을 기준으로 보다 높은 견지에서 합리성 추구를 위한 입지정책으로서 다음 사항이 요구된다.

① 상업지역대책(공업 다각화·공업 도입 정책·공업 분산책 등)

② 저개발 혹은 미개발지역의 개발촉진정책

③ 국내자원의 이용정책

④ 과밀방지정책(입지 제한·이탈 장려금) 등이다.

4) 단지조성과 토지의 합리적 이용

동업종과 이업종이 집중하여 대규모경영을 하고 거기에서 오는 대규모 유리의 원칙, 즉 대량일수록 경제적이며 자본축적과 기술원조는 상호가속한다는 원칙에 의하여 생산력과 관리력·소비력은 집적한다는 집적이익을 살리고 한편으로는 국토공간의 디자인과 집적폐해 즉 공해(사회적 비용), 용수난, 지가고와 용지난, 교통난 등을 해결하도록 수급균형의 원리를 살려 분적이론을 적용해야 한다. 그리고 남은 문제는 도시와 농촌의 균형발전을 전제한 개발과정의 제문제이다.

2. 도시·농촌개발문제의 해결

1) 도시화

도시화란 좁은 뜻으로 「근대산업의 발달에 따라 농촌적인 지역이 도시적인 지역으로 변질하는 것」이라고 정의되고, 넓은 의미로는 「촌락 또는 지역에 있어서 도시적인 요소가 점차 증대되는 과정」이라고 정의되는 것이 일반적이다. 이는 결과가 아니고 과정으로서 다면적인 현상 즉 도시인구율, 인구증가, 인구밀도, 가옥밀도, 토지가격, 교육정도, 생활양식 등으로 나타난다.

우리 나라의 경우를 보면 1930년부터 본격화하기 시작하여 1945년 이후 급격한 도시화 현상이 일어나고 있는데 그 이유는 8·15와 6·25에 의한 민족대이동, 농업규모의 영세성, 인구여력, 지역격차, 학력구성의 고도화(인구학적 근대화), 정치·경제·사회·교육 문화시설의 중앙편재, 지방도시의 정체, 고용기회의 증대(1960년대 이후), 교통·통신기관의 발달, 단일언어를 사용하는 단일민족이라는 점 등을 들 수 있겠다.

2) 우리 나라 도시화의 특색

① 도시화가 공업화를 수반하지 않고 농촌 사정으로 인하여 압출되어 나온 인구의 누적이다. 선진국은 도시상공업의 발달이 농촌인구를 흡인한 결

과인 것과는 대조적이다.

② 인구의 도시화가 소도시→중도시→대도시→수위도시(수위도시라 함은 수도는 아니지만 그 나라에서 가장 큰 도시를 말한다)가 균형 있게 발달되지 못하고 1개 또는 2개의 종주도시[18]만이 생겼다.

③ 도시화에는 단계가 있다. 이것을 도시화도라고 하는데, 우선 제1단계로 농촌 사람들은 무조건 도시로 나간다(제1도시화). 다음 인구 10만 이상의 도시(제2도시화)에서 100만 이상의 도시로(제3도시화), 다음에는 수 또는 수위도시로(제4도시화) 발달되는 것이며 그 후 집적폐해로 인하여 분적의 방향으로 인구는 점점 수위도시 50km 권내로 분산거주하는 과정이 단계적으로 이루어진다. 우리 나라를 비롯하여 아시아의 도시화는 이상과 같은 단계적인 발달을 할 겨를이 없이 제1에서 제5까지의 과정을 동시에 진행하고 있다.

그러므로 인구도시집중과정에서 소도시보다도 수위도시로 모여드는 경향이 강하기 때문에 서울에 가장 많은 인구가 집중하는 현상은 유사한 세계 각 국의 도시와 비교된다. 따라서 중소도시는 침체상태를 보이기 때문에 이를 개발해야 한다.

3) 도시문제의 해결

도시문제에 구조적 측면에서 볼 때 도시에 있어서의 경제활동과 그것이 이루어지는 터전인 시설간에 불균형이 생긴 현상이 문제인데 그 구체적인 현상은 다음과 같다.

① 대기오염·수질오탁·소음·진동·악취 등 공해의 발생

② 시가지 이용의 과다경쟁으로 인한 슬럼가·도로의 협소·건물 의 무질서·교통 혼잡

③ 도시적 시설의 부족과 납세자의 부담 증가, 신규시설의 필요, 통근시간의 증대 등을 들 수 있다.

④ 인간적 측면의 도시문제로는 도시인의 이상성의 문제이다.

---

18) Philip M. Houser 시카고대학 교수가 1956년 태국의 방콕에서 개최된 UN주최 인구 및 도시문제 세미나에서 발표한 논문 참조.

그러면 위의 2가지 측면에서 특히 지역개발대상으로서의 도시문제를 보겠다.

[1] 주택난과 해결방안

주택의 양산화 · 개량화 및 규모의 적정화 등을 동시에 해결해야 하며, 농촌은 질적인 개량과 도시의 인구분산 및 중화학공업단지의 건설 등으로 발생하는 주택수요를 충당해야 할 것이다. 따라서 기본목표로서 서민용 주택공급 확대, 농어촌개량주택 공급, 주택건설의 지역적 균형, 공업지역의 산업주택공급 확대에 두고 추진 및 지원할 일이다.

그런데 이와 같은 주택부족률은 사회근대화의 지표로서 가구분화에 따른 핵가족화가 대두되는 추세로 더 늘어나는 경향을 보였다. 그러나 정부는 250만호 건설계획(1972~81)을 강력히 추진하는 바 1981년부터 차츰 주택부족률이 크게 완화되기 시작하였다.

(1) 토지와 지가

경제재로서의 토지가 갖는 특질은 다음과 같다. ① 재생산 · 수입이 불가능하다. ② 불가분성 · 거대성을 갖고 있다. ③ 보관료가 필요 없고 부패도 안한다. 따라서 토지는 장기투자의 대상이 되기 쉽다. ④ 도시의 토지는 도로 · 교량 · 상하수도 · 전기 · 가스 등 공공투자에 의하여 그 가격의 진폭이 크며 토지소유자나 투자자에게 불로소득을 초래하게 되므로 소득재분배의 원리에서나 또는 국토의 관리적 이용면에서 적절한 지가억제책이 강구되어야 할 것이다. ⑤ 토지는 국토의 일부이므로 특히 토지정책의 합리성을 찾아야 하겠다.

(2) 지가형성의 요인

① 토지의 이용현황과 가능성에 따라서 결정된다.

② 공공투자는 적지한계를 확대하여 지가상승작용에 최대 영향을 준다.

③ 파급효과나 소급효과가 작용한다.

④ 최유효이용의 허상이 작용한다.

⑤ 가수요에 의한다.

⑥ 부동산중개업소의 조작이 있다.

이상과 같이 경제재로서의 토지는 다른 재화와 다른 성질을 가졌으며 비합리적 요인으로 지가상승운동은 계속되므로 강력하고 지속적인 대책이 필요하다.

선진국에서 사용하고 있는 토지정책을 대별하면 택지대량공급책(수요・공급 균형정책), 과세정책(공한지세), 지가동결령・지가고시제, 정부 또는 공공단체에 의한 우선 매상제, 토지공유제 등이 있는데 여러 대책을 병행하는 것이 보통이다.

[2] 도시의 교통문제와 그 해결방향

루이스 워어드(Louis Wirth)는 「도시란 사회적으로 이질적인 개인들이 모여서 사는, 비교적 그 지역이 크고 밀도가 높은 영구적인 취락」이라고 하였다. 특히 개발도상국의 대도시는 주민의 대부분이 최근의 이주자라는 것, 생활양식과 생산 기능이 서구화의 모방처, 산업기능의 복잡화, 극빈자의 지역적 집중을 특질로 하나 생활은 점차 개선되어 승용차이용인구가 상승하고 직업과 행정이 다양해지며 레크레이션(Recreation)을 즐기려 하며, 도시권은 점차 확대되므로 도시권의 교통은 대량교통이 되고 하루의 시간파동이 심하며 도심부를 중심으로 한 근거리수송이 특색으로 된다(서울 경우도 반경 30km 정도).

그런데 문제는 도시에 있어 교통난의 본질을 알고 이를 해결해야 된다는 것이다. 즉 통근・통학 교통난, 노면 교통난, 주차장난, 취차(取車)난 등이 그것이다.

따라서 자동차 교통의 한계를 인식하고 도시개발의 방향에서 국토공간의 새 질서와 도시의 적정배치 및 기능분담과 기능의 순화를 위한 전략개발이 요구되며 인구・교통・물・땅의 합리적 이용 등이 요구된다.

제 4 절 지역개발을 저해하는 제요인

1. 행정적 요인

1) 행정시책의 합목적성 결여

(1) 분장적인 가식행정 경향

「행정시책이 전시효과[19]만을 위하여 지나치게 의욕적으로 계획되고 있을 뿐만 아니라 상관의 순시대비를 위한 행정으로서 다분히 형식과 실제간의 어긋남이 크게 작용하여 체제는 한층 형식적인 것이 되고 만다[20]」고 미국 비교행정연구회장이었던 리그스(F. W. Riggs)는 말했다.

이러한 경향은 리그스가 말하는 분화사회의 모형에만 익숙한 행정전문학자들이 한국과 같은 프리즘적 사회에서도 유사한 변경이 야기될 것이라고 생각하여 많은 형식과 법규상의 개혁을 도입·적용하려고 하나 오히려 형식상의 변경보다는 고도의 실질성을 확보하는 데 주된 노력을 기울이는 편이 좋았을 것이다.[21] 그러나 그렇지 못한 데서 실질적인 국민소득과 주민의 개발의욕 내지 참여의식 등 근본적인 실적평가는 도외시한 채 일반공무원들은 현시적이며 일반적 가식행정을 위하여 시간과 노력·경비의 낭비를 초래하는지라 급기야는 주민으로부터 불신을 사는 요인이 되었고 지역개발의욕을 고취시키기는 커녕 실망과 싫증을 그들에게 던져 준 결과를 빚어내기도 하였다.

---

19) J. S. Deusenbery, Income Saving and Theory of Consumer Behavior, Cambridge (Mass.), 1947, p. 27.

20) F. W. Riggs, The Ecology of Public Administration, Asia Publishing House, London, 1961, p. 92.

21) F. W. Riggs, An Ecological Approach; The Sala model Papers in Comparative Public Administration, editer by Fenel Heady and Syhil, L. Stokes, 1962, pp. 21-22.

(2) 획일행정과 정책의 종합성 결여

지역사회는 생산기반·문화기반 등 그 외에도 지리풍토와 제사회조건이 각각 다르므로 상부에서 짜여진 계획이 다분히 평면적이어서 입체적·다목적 종합개발이 되지 못하였다.22)

그리고 통계의 과학화가 이루어져 있지 않아 합법성(legality) 위주의 사업진행으로 하향적인 계획책정과 나열식 사업이 진행됨으로써 지역주민들의 불신요인이 생길 정도로 지역사회개발사업이 안 되는 사례가 없지 않았다.

(3) 법의 과잉과 개폐의 빈번

개발지원을 위한 법률이 산발적이며 중복되어 있고 상호간에 모순이 많다. 리그스는 이에 대하여 다음과 같이 설명하고 있다.23)

① 지배자층과 피지배자간에 정신적·경제적인 차가 존재하고, 양계층간의 차는 크기 때문에 지배자층의 의사에 따라 제정된 법률이 가끔 피지배자의 의사에는 일치하지 않는다.

② 전근대적인 관습법과 전통이 잔존하고 있으며 이것이 근대적 법률제도의 운영에 침투하여 영향을 미친다.

③ 외국제도의 무비판적인 수입이다. 우리의 개발관계법률을 위시하여 노동관계법에서 흔히 그 예를 볼 수 있는데 외국전문기업들의 선발국가개발이론의 영향이 일반국민의 의사에 앞선 이유가 아닌가 한다.

④ 제2차적 집단 혹은 원재집단24) 또는 압력단체나 이익집단으로서 작용하게 되는 결사가 발달되지 못하고 미약하여 입법권자에게 현실적인 제안을 제대로 하지 못하는 데서 그의 원인을 찾고 있는 것이다.

위와 같은 법률상의 형식주의는 「아카데미적 형식주의(academic formalism)」25)와도 관련된다. 즉, 한국이 서구문화제도를 도입한 것은 서구에

---

22) 강봉수, 지역사회개발사업의 현황과 전망, 지방행정, 1966, 7, p. 33.

23) Fred W. Riggs, "Econonic Development and Local Administration; A Study in Circular Causation," Philippine Journal of Public Administration, Vol. 3. No.1, Jan. 1959, pp. 128-129.

24) 한배호, 이론정치학, 일조각, 1965, pp. 132-151.

유학한 학자·교육자 및 선교사 등 지식계급이므로 서구산업사회의 가치 및 테크놀로지와 우리의 사회구조·역사적 현실·국민의 의식구조·국토 상황이라는 종적 제약을 조화하지 못하여 한국적 개발조건과 체질이 갖는 법률의 구상을 못하고 있다.

이와 같이 현실사회가 처하여 있는 정치·경제·사회 등의 다른 문화현상에 의한 횡적 제약 또한 면할 수 없는 것이다.[26] 따라서 후진사회일수록 많은 법이 개폐되는 경향이 있으므로 법의 권위와 존엄성을 위해서 법으로 다스리기 전에 계몽에 의하여 민중을 깨우치고 민중의 법의식을 근대화시키는 것이 중요하며 지방의 실정과 지역의 특수성 및 사업의 성질 등을 세밀히 연구·검토하여 실제적용의 묘를 살려야 한다.

2) 지도체계의 다원화와 협조기관의 연계부족

(1) 지도체계의 난맥

종래의 농촌지도사업과 지역사회개발사업 및 시험연구를 통합하여 농촌진흥청이 설치되어 있으나 조장행정기관인 시·군과 농협·산림청·보건소·토지개량조합 등의 기관과 단체가 상호 비협조적이고 지도사업을 다각적으로 수행하고 있는 바, 계선조직의 다원적인 기능이 상호보완되어야 하겠다. <표 2-1>[27]에서 볼 수 있는 바와 같이 무려 20여개의 조직체가 지역에 있었다.

당시의 우리 나라 개발행정체계는 상의하달의 일방적인 위탁업무가 대부분을 차지하고 있어서 지방의 실정과 지방민의 공통욕구에 기초한 하의상달인 방식에 의한 개발사업의 선정이 어렵기 때문에 지방수준에서 이루어지는 계획은 상위계획과의 연관성이 결여되어 지역별로 담당해야 할 기능이라든지 지역별 개발목표가 구체적인 지침없이 이루어지는 바, 농촌진흥청·농협중앙회·농수산부(현재는 농림부와 해양수산부로 독립)·내무

---

25) F. W. Riggs, The Ecology of Public Administration, Bombay; Asia Publishing House, 1961, p. 114.

26) 남봉진, 행정방책의 침수방안, 지방행정 제13권 8호, 1964. 8, pp. 59-60.

27) 신윤표, 새마을운동의 지속적 발전방안, 한국행정학보, 제8호, 한국행정학회, 1974, p. 185.

〈표 2-1〉 각종 주민조직 및 활동 상황

	명 칭	근 거	직 능	구 성	활동상황
1	리·동개발위원회	통 첩	1. 리·동 행정에 관한 자문 2. 지역개발계획의 수립 및 조정	15인 이내	미온적
2	리·동 농 협 협 동 조 합	농 협 법	1. 농민의 자립·협동생활 향상 2. 농민 지위 향상	농민	정상적
3	청 년 회		국민운동실천	18~45세 남자	
4	부 녀 회		〃		
5	농 개 구 락 부	통 첩	농사개량	25세 이상 남자	
6	생 개 구 락 부	〃	의식주 생활 개선	26세 이상 남자	미온적
7	4 H 구 락 부	〃	지·덕·체 정신 함양	12~23세 미만 남녀	정상운영
8	산 림 계	산 림 법	삼림보호 및 조성		〃
9	어 촌 계	수산어협법	1. 농민의 자립협동생활 향상 2. 어민지위 향상	농민·어민	미온적
10	가 족 계 획 추 진 위 원 회	통 첩	가족계획 계몽실시에 관한 협조	5인 이내	〃
11	아동저축조합	저축조합법	국민저축조합	주민 전체	〃
12	생활보호위원회	생보법시행령	생보자 구호에 대한 자문	6인 이내	〃
13	구호대책위원회	통 첩	영세민 구호에 관한 자문		〃
14	농 지 위 원 회	농지개협법	농지조사 및 농지 배분 조성	7인 이내	수시활동
15	방 범 위 원 회	통 첩	도 난 방 지		유명무실
16	부 동 산 위 원 회	〃	수복지구 부동산조사 및 확인	9인 이내	수시활동
17	지역사회개발계	〃	지역사회 개발사업 추진		〃
18	재 해 대 책	〃	재해대책 및 지도 추진		유명무실
19	수해대책위원회	〃	수해극복과 대책 수립 추진		〃
20	재 향 군 인 회	재향군인회법	재향군인의 지도 친목		〃

부(현 행정자치부)·건설부(현 건설교통부) 등 직접 관련이 깊은 부처에서는 상호연결·결합·관련성을 가지고 조정이나 운영 등에 있어 직무집단 내에 갈등[28]을 없애고 지역주민의 응집성을 갖도록 하여 지역사회개발을 가속화시켰던 것이다.

3) 발전목표에 위배되는 관료의 행태

(1) 신념의 결여

개인은 국가 유기체의 한 세포라는 체제적 사고방식이 부족하며 국가목표 달성과 일치하느냐의 문제를 생각하기에 앞서 상부지시를 어떻게 하면 100% 달성하느냐, 혹은 내가 이 자리에 있는 동안 어떻게 하면 탈없이 지내느냐에 관심이 깊은 듯하며 미래지향적이고 발전지향적인 차원이 아니라 일방통행적인 지시·감독식 행정방식을 취하고 있기 때문에 오히려 개발이 합리적으로 이루어지지 못하며, 정책을 입안하고 실행하는 모든 과정과 행동이 주민의 복지증진과 국가발전에 이바지한다는 생각보다 상부의 확인감사에 지적을 당하지 않을까 하는 것이 첫째이고, 둘째는 자기 자신의 신변과 입신영달이다.

이러한 관리층의 머리에서는 지역사회의 장기적인 개발의 비전이 배태될 수 없다고 본다. 임기응변적인 적당주의행정은 단기적 전시효과를 위한 수다스런 착취지향적 행정밖에 될 수 없을 것이 아닌가 생각된다.

(2) 마을 지도자의 지도성 부족과 선민의식

지역개발을 위한 지도자는 지역자체지도자·지역지도원·지도감독자 등으로 나눌 수 있겠는데, 이 중 지역지도원 내지 지도감독자의 업무를 맡는 지도공무원은 다목적형 지도자라고 할 수 있는지라 지역민을 자극시키는 고무자·사회조직자·조정자·개척자·교도자·사회교육자로서 기능해야 하며, 주민과의 관계에 있어 소극적인 무사안일주의나 주종관계의 사고방식인 권열주의적 통솔방식을 벗어나지 않으면 지역개발의 저해요인은 남아 있으리라고 본다.

28) 조석준, 조직관리론, 법문사, 1963, pp. 228-229.

4) 계획의 실현성결여와 합리적 기준의 결여

각 단위지역개발을 위한 공공투자・개발금융・조세제도・입지규제제도・민간개발업자의 참여・대기업의 새마을 공장의 참여 등을 위한 구체적인 개발지원이 있어야 하며, 단위지역개발을 위한 종합장기개발계획의 결여가 지역사회개발을 저해하고 있으며 개발사업의 타당성분석과 사업의 중점 및 우선순위가 구체화되어 있지 못한 점을 들 수 있다.

2. 생태적 요인

1) 주민의 개발의식결여와 지역적 이기주의

아무리 좋은 행정지원책이나 종합개발계획도 이를 받아들이는 지역 주민의 자조협동과 능동적인 협조, 수용태세여하에 따라 그 효과는 좌우된다. 그런데 우리의 농촌권은 특히 아직도 육감적 인식방법으로 객체를 인식하며 폐쇄적이고 전체주의적・결정론적 및 직관주의적 이념이 뿌리깊게 지배하고 있었다 하겠다.[29]

또한 지역개발의 궁극의 목표는 각 지역이 어떻게 균형 있게 발전하느냐의 문제가 중요하므로 국가전체의 이익, 광역의 지방이익, 그리고 단위지역의 이익이 조화를 이루는 방향으로 지역개발이 고려되어야 하는데 지역적 이기주의 때문에 단위지역의 이익만을 고집함으로써 개발의 저해를 가져오는 사례가 없지 않았다.

2) 경제적・재정적 궁핍

우리는 2차산업의 성장으로 인한 산업기반의 근대화 및 수출의 획기적인 증대와 사회간접자본시설의 확대를 가져왔고 개방체제 하에서의 국제경제협력을 확대하였다. 따라서 경제개발계획의 성공적 추진으로 자립경제의 기반을 구축하였으나 경제의 구조적 약점으로서는 아직도 외국자본과 기술

29) 백상기, 한국행정의 생태적 고찰, 행정연구, 제3집, 청구대, 1966, p. 164.

의 의존도가 높고 국제수지의 적자가 지속되었으며, 특히 공업원료의 수입 의존도가 높아 국제 인플레 및 자원파동의 영향이 큰 점을 들 수 있다.

이와 같은 여건에서 지속적 공업화를 위한 농공병진형으로 국토개발을 진행하며 국토계획·특정지역계획·도계획·군계획·수자원 개발계획 등 방대한 개발사업에는 막대한 재정능력을 필요로 했다. 더욱이 지방재정이 빈약하기 때문에 더욱 개발의 장애요인 제거를 위한 개발전략이 요구되었다.

3) 계획전문가의 결여

지역개발이 구호의 나열이나 행정책임자의 의지로만 이루어질 수는 없는 바, 무엇을·어떻게·언제까지·어디에·어떠한 형으로 개발할 것이냐에 관한 주요사업과 세부개발사업에 관한 종합개발계획이 단위지역에 이르기까지 세워져 집행되어야 하는데 지역개발계획의 전문가가 부족한 점을 지역개발의 저해요인으로 들 수 있겠다.

제 5 절 지역사회의 개발모형

지역사회개발과정은 2가지 본질적 요소로 이루어진다고 보겠다. 첫째는 지역주민들 스스로가 가능한한 자율적이고 자조·자립적으로 생활수준을 향상시키려는 노력에 참여하는 것이다. 둘째는 자발성·자조성·협동성을 촉진시키고 효과적인 것으로 만드는 방향으로 기술적 협조나 기타 용역을 제공하는 것이라고 볼 때 지역사회개발 모형은 다음 세 가지로 나누기도 한다.[30]

30) 1973년 12월 3일부터 8일까지 유네스코 한국위원회 주최 지역사회개발 국제비교연구 세미나가 개최된 바, 이 때 미국 예일대 데이비드 앱터가 발표한 기조 연설에서 발췌한 이론임.

1. 신 페이비안형

전국을 개발 대상으로 하며 지역사회개발에 공헌할 수 있는 모든 정부 내지 비정부기관의 노력을 개발의 가속화를 위해 동원하며, 인도에서와 같이 지방민의 자발적인 참여와 이에 대한 주무부(인도의 경우는 농림성)와 지방정부의 계획과 지도를 통한 일종의 사회복지를 위한 개혁운동의 형태인데 페이비안 협회(Fabian Society)가 주장하는 사회주의 개발모형은 다음과 같다.

1) 신 페이비안형의 특성

① 자유경쟁제도의 폐해를 없애고 공공복지를 증진시키기 위해 생산수단을 국유화하려는 것이나 폭력수단으로 사회주의혁명을 급격히 수행하는 데 반대하고 교육과 선전을 통하여 사회주의를 보급시켜 점진적으로 사회적·정치적 변혁을 하려는 데 특색이 있다. 따라서 사회발전에 지장이 없는 한 개인의 자유를 존중케 하는 것이다.

또한 ② 소득분배정책의 추구, ③ 생산수단의 국유화에서 생산능률, 생산의 민주적 관리, ④ 국제무역장려, ⑤ 자원의 유효한 배분 및 투자 등으로 그 특색을 이룬다.

2) 신 페이비안의 목적

신 페이비안형이란 1945년 이후 한때 영국노동당 집권으로 이 주의가 복지국가실현의 방법으로 채택된 때의 기능을 살리고 신생활협회(fellowship of the new life)의 역할을 살려 물질적 조건의 중요성에 대한 인식을 기초로 하며, 사회개발과 경제개발을 종합하여 개발하는 것이 목적이었다. 따라서 지역주민의 기회균등을 보장하고, 사회의 경제적 제자원의 집단적 소유가 아니라 기술자원과 재정자원은 다만 국가에서 계획한 개발목표를 달성하도록 이용 관리를 지도·계획하며, 민주적 관리를 통하여 특권 없는 시민적 평등사회를 건설할 것을 목적으로 하는 개발모형이며, 정치적 민주주의를 채택하고, 계몽교육활동에 의하여, 그리고 의회를 통해서 점진적으로 목적을 달성하려는 지역사회개발모형이다.

2. 중국과 소련형(현 러시아)

1) 중국형

사회주의 제 국가 중 중국의 예를 보면 농업협동화는 다음 3단계를 거쳤다.

첫째 단계는 일시적인 상호회로서 호조조(互助組) 조직이다. 이 단계의 협동화에서는 계절적으로 상호협동하는 것이고 농산물은 회원농가의 경지면적에 의하여 각 회원에게 분배하였다.

둘째 단계는 상시상호회로서 초급농업개발합작사를 조직하였던 바, 이 단계의 협동화에서는 농산물의 분배는 첫째 단계와 같으나 여기에서는 공동재산이 형성된다.

셋째 단계는 농업생산자협동조합을 결성한 단계로서 농산물의 50%는 회원의 노동량에 의하여 분배되고 나머지 50%는 회원의 토지의 면적과 가축과 농기구의 투입량에 의하여 분배된다. 그러므로 이 단계에서는 반은 사회주의적 성격으로 변질한 셈이다. 그러다가 1958년에 전국적인 집단농장으로 이주되어 공산주의적 농공인민공사로서 지역사회개발형태를 바꿨다.

(1) 인민공사의 특징

① 많은 집단농장을 결합시켜 조직한다.

② 농민들을 공산주의적 목적으로 유도하려고 한다.

③ 가족관념을 말살시킨다.

④ 토지와 도구의 소유권에 대한 관념을 말살시킨다.

⑤ 농민들을 통제하고 감독한다.

⑥ 국가의 사용을 위한 농산물수집을 용이하게 한다.

⑦ 1만명에서 4만명을 포용하는 크기이다.

⑧ 10개 정도의 집단농장으로 결합된 조직이다.

⑨ 인민공사의 소속 인원은 임금을 받으며 작업할당을 인민공사 당국으로부터 받고 있다.

⑩ 군대와 같은 규율 밑에서 노동을 한다.

⑪ 남녀 모두 보안군으로 편입되어 있다.

⑫ 부녀들을 가정 밖에서 노동하도록 만들어 놓았기 때문에 육아・식사준비・재봉 등의 일은 인민공사 내에서 집단적으로 이루어지고 있다.

⑬ 1958년 12월까지 전 중국농민의 99%까지 인민공사에 편입시켰다.

⑭ 각 지역의 특성에 맞는 사업을 선정하여 수행하고 있는 것 등을 특징으로 들 수 있다.

2) 소련형

소련의 지역사회개발 모형은 생산 및 소비의 공동을 주장하는 집단농장 콜호즈(소; Kolkhoz, 영; collective farm, 독; kollektiv wirtschaft) 형태를 들 수 있는데, 소련에서 행하여지고 있는 콜호즈의 어원은 kollektivmoye khozyaystvo 집단공동경영(집단농장)으로서 콜호즈는 이 두 단어의 초두 kol과 khoz로서 된 말이다. 요즈음은 소련뿐만 아니라 다른 사회주의국가에서도 농업공동경영을 이렇게 부르는 경우가 있다.

(1) 콜호즈 경영목적

① 중소영세 경영의 합리화를 가져올 수 있고, ② 생산력을 증진시킬 수 있으며, ③ 농민의 생활향상을 위하여 필요하며, ④ 중소농민은 협동조합에 의하여 공동화의 유리성을 배우고 이를 위해 토지공동경작조합의 기능을 살리고자 한다는 것이다.

그리하여 1928년 말에는 공동경영의 적극적 참가자가 될 수 없다고 보는 부농을 배제하고 전면적인 집단화운동을 전개하여 수 많은 콜호즈가 조직되었다. 이를 아르떼리형태라고 부르는 바, 과거 구소련의 집단농장 대부분의 형태가 이것이다. 소련의 전 지역에서 전 농민이 콜호즈에 참가하고 있고 전 농업의 90%가 콜호즈에 의하여 영위되고 있었다.

(2) 콜호즈의 원칙

공동의 단일집단지에서 조합원의 공동노력에 의하여 운영되고, 농·축산 및 공동노력에 의하여 운영되는 제1차 가공업에 참여하고 있으며 여기에 참가하고 있는 농민을 콜호즈 농민 또는 콜호즈원이라고 한다. 지역주민들은 주로 콜호즈로부터의 분배에 의하여 생활하는 형태이다.

(3) 소련의 소브호즈

소련의 사회주의발전형에는 콜호즈 외에 소브호즈(Sovkhoz, 영; state farm, 독; sowjet wirtschaft)라는 것이 있다.

이는 소련에 있어서의 ① 고유의 대규모 농업경영을 말한다. ② 근대기술을 장비한 생산력이 높은 대규모 농민이 유리하다는 것을 중 소영세농민에게 가르치기 위한 시범농장으로서 시작된 개발모형이다. ③ 소브호즈는 소련 10월혁명 전 지주소유의 대농장을 몰수하여 근대적으로 재편성한 형태이다. 이 때는 전 경지면적의 3%에 불과했다. ④ 이는 1928년 제1차 5개년계획기에 들어서면서 확대·강화되었다. ⑤ 각종의 업종별로 전문화하여, 예컨대 곡물·낙농·양돈·목양·원예 등이 있으며 그 조직에 관해서도 콜호즈를 지원·지도하였다. ⑥ 개발관리는 국가에 의하여 행하여지고 작업은 고용노동자에 의한다.

이와 같은 중·소형 개발모형은 페이비안 모형처럼 지역주민의 참여를 호소하면서 일면으로 지역사회개발을 중요한 정부정책으로 간주하고 중앙정부에서 국가종합개발계획과 함께 농로건설·농촌융자·판매협동조합 설립·지역학교 건설 등 지원사업을 펴나가는 것이 아니고, 지역사회개발계획을 통하여 규범·구조적 관계 및 행동을 동시에 변화시키기 위해 이데올로기적인 청사진 아래 전체적 동원을 가져오려 하며 사회조직의 모든 측면이 이념적으로 규정되어지는 것이며, 지역개발은 전체적 동원에서 생겨나는 지역적인 결과로만 해석된다.

3. 탄자니아형

페이비안형과 중·소형을 합친 것이 탄자니아 모형이다. 이것은 사회주의와 전통주의를 복합시킨 방식으로 이 모델은 공동체주의·집단주의의 전통 형식과 현대사회주의적 조직기술간의 상충을 조화시킨 형으로서 지역적 민주주의와 참여로서 더욱 혁신을 할 수 있는 튼튼한 토대를 마련하는 것이 페이비안 모델의 핵심이다. 반면 탄자니아 모델은 농촌사회주의적이며 촌락사회를 기본단위로 하는 전국적 계획이란 점이 특징이다. 따라서 탄자니아 모델은 지역의 전통적인 공동생활양식을 존중하면서 그 내용을 사회주의로 전환시키는 형이라고 하겠다.

이상에서 세 가지 유형을 보았는데, 지역 사회의 개발모형이란 국가개발목표에 따라 다르며 포괄적인 국가개발체계 내에서 과제가 정립되고 수행전략이 다를 수 있으며, 그 나라의 국가체계·교육·재정·문화적 기회 등에 따라 다르나 최대다수의 국민복지향상이란 목표에 일치하고 또 쉽게 달성함이 요구되며 민주적 결정방식과 인간성의 구현이 중요하다고 본다.

그러므로 지역사회개발모형은 지역사회 내의 불평을 줄이려는 의욕에서 출발하여 개인·지역사회·국가사회·세계공동체의 복지와 조화를 이룩하는 국가적 차원의 사업종합개발형으로 추진되어야 한다고 보며, 우리 나라 개발모형은 신 농촌운동의 이상모형인 새마을운동편에서 구체적 이론접근을 시도하려고 한다.

제3장

전형기의 지역제문제

제 1 절 지역집적문제

1. 과밀지역의 과제

현대적인 거대도시가 나타나게 됨에 따라 자본 및 생산이 도시에 집중하게 되고 생산규모도 커지게 되는데 여기에서 요구되는 통신·교통·금융도 대도시에 위치하는 것이 유리하게 되며, 또 교육·문화·오락 등 여러 가지 시설이 도시에 편재되어 있기 때문에 경제적 지배력·문화적 우월성·정치적 중요성 등이 배려되어[1) 도시에의 집적은 여러 가지 점에서 유리한 것이다.

현대 경제학의 성장이론은 자본의 축적·노동의 증대·기술의 진보를 성장의 3대 요인으로 삼고 있는데, 이 성장의 효율은 집중에 의하여 높아진다는 것이다. 집중이 생산의 효율을 높이고 축적을 가져오면 이 축적은 다

1) William Robson, "The great city of Today," William Robson, ed., Grest Cities of the World: Their Government, Politics and Planning, 2nd, New York; The McMillan Co., 1957, p. 26.

시 집중을 몰고 오기 때문에 집중과 축적 간의 상호의존적인 누적효과를 집적이라고 하는데, 이것을 보통 집적이익(集積利益)[2] 또는 접촉의 이익이라고 한다.

이와 같이 생산력과 관리력·소비력이 집적함에 따라 집적의 이익을 추구하여 인구는 모여들고 산업과 행정의 관리부문은 중앙에만 편재되어 산업과 행정의 이중구조라는 부작용까지 생겼다. 우리 나라의 집적구조를 살펴 보면 제조업을 기준으로 한 사업체 수는 전국의 23.7%, 종업원 수는 33.8%이며, 대기업은 49%이고, 신설된 법인기업의 경우는 79.9%를 서울 집적이익의 한계를 넘어 불이익으로 변하는 시점에 부딪쳐 용지난·용수난·교통난·공해·취직난·주택난·범죄발생의 격증 등 집적폐해가 생김으로써 과도집중에서 오는 많은 도시 문제가 발생한다.

2. 과대도시와 과밀도시

1) 과밀도시

일반적으로 과대도시가 되면 과밀도시의 현상을 나타내는 것이므로 양자를 혼돈하고 있으나 그 의의는 구별할 필요가 있겠다. 과대도시란 도시의 적정규모를 전제로 하고 그 한도를 넘어선 도시의 규모나 상태를 말하고, 주로 도시의 팽창과 개발을 억제해야 한다는 입장에서 말하는 개념이다.

이에 대하여 과밀도시란 도시에 있어서 직접생산활동(DPA)과 사회간접자본과의 불균형에서 일어나는 개념이라고 할 수 있는데 도시에 있어야 할 사회적 균형을 전제로 하고 용기와 내용간의 상대적인 불균형, 구체적으로 인구와 경제활동의 집적에 대하여 도시시설 내지는 도시적 서비스의 공급이 부족하여 밀집의 장애가 직접의 이익보다 심한 상태를 말한다.[3] 그런데

2) 藤井 隆, 集積の理論と東京の再開發, 日本 地域開發セソタ編, 日本列島の將來像 上卷, 東京, 至誠堂, 1969, p. 344.

3) 伊藤善市, 都市化時代の開發政策, 東京 春秋社, 1969, pp. 121-122.

여기에서 문제되는 것은 집적과 도시의 최적규모를 어떻게 규정하느냐 하는 것이다.

아이샤드(W. Isard)는 그의 저서 「입지와 공간경제」에서 집적의 이익을 다음과 같이 설명하고 있다. 횡축에 도시의 인구규모를 종축에 집적의 이익을 잡아 도시화의 전제로서의 경제와 불경제로 나타냈다.[4)]

[도표 3-1]에서 총절약곡선 Y는 기업이 외부경제 혹은 외부불경제를 내부화하였기 때문에 얻어지는 이익의 합계인데 이것은 어느 점을 지나면 체감하는 성질을 지니고 있다. 그것은 수익차감의 법칙이다. 여기에다 과잉집적으로 인하여 야기되는 사회적 비용의 증대가 여기에 가산된다.[5)] 이를 도해하면 [도표 3-2]와 같다.

여기에서 Y로 표시된 집적절약곡선이라 함은 일정한 한계까지 도시의 규모가 커지고 집적이 계속됨으로써 얻는 규모의 경제를 말할 수 있다. 또한 S인 사회적 비용곡선은 규모의 비경제인 이른바 ① 고가의 지대대, 즉

[도표 3-1] 도시의 규모와 실적이익

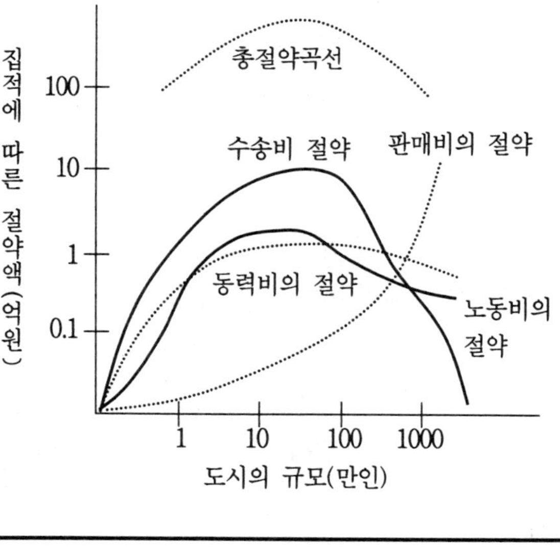

4) W. Isard, Location and Space Economy, MIT Press, Cambridge press, 1962, p. 187
5) 박응반, 수도 서울의 인구집중억제책에 관한 연구, 서울대 행정대, 석사학위논문, p. 46.

[도표 3-2] 집적과 도시의 최적규모

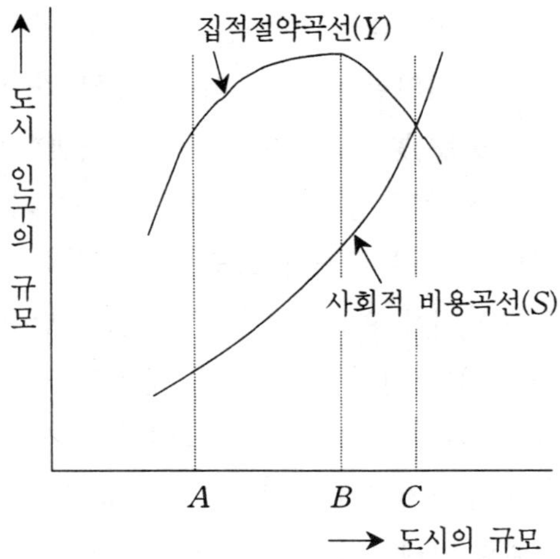

지가고와 용지난, ② 교통난으로서 전신·전화를 포함한 정보통신이용량이 많아져 복잡하게 된 상황, ③ 공간의 협소, ④ 고율의 공공요금, ⑤ 공해, ⑥ 공해 서비스 비용의 증대, ⑦ 지역의식의 상실, ⑧ 도시범죄 등의 사회적 희생을 말한다.6)

여기에서 두 곡선 Y와 S 사이의 부분이 집적에 의한 순수한 이익이며 따라서 양곡선의 간격이 가장 크게 벌어진 곳에 수선을 내려 횡축과 직교하는 A점이 도시의 최적규모라 할 수 있다. 그러나 사회적 비용을 직접 지불하지 않는 사적 자본의 경우 가장 유리한 도시규모는 실제로는 절약곡선 Y가 극대가 되는 B점인 것이다.

그러나 A점과 B점은 도시내부에 있어서 사회간접자본의 축적정도와 입지가 대체될 수 있는 지방도시의 발달도에 따라 변할 수 있다. 또한 A점과 B점은 사회적 비용곡선을 극복할 수 있는 기술의 혁신과 행정관리력에 따라 위치가 달라질 수 있으며, 따라서 최적규모를 넘어 사회적 비용곡선이

6) W. R. Thompson, A Preface to Urban Economics, The Johon Hopkins press, 1965, p. 282.

집적절약곡선보다 커지는 C점 이상의 한계효용체감이 시작되는 도시의 규모는 각국의 경제력과 기술에 따라 크게 좌우된다. 더욱이 교통체계·건축양식도 변화하고 임금·요금·이자율·지가 등 가격체계도 변화가 심하며 소득수준도 변함이 다양한 바, 도시의 최적규모가 일정한 틀로 나올 수는 없다. 도시형성과정을 놓고 볼 때 급격한 사회변화가 부분 시스템을 변동시키는 관계로 도시의 적정규모를 수식화하기는 더욱 어렵다고 하였다.[7)]

더욱이 인구의 집중이 급격하고 도시의 행정력·재정력이 빈약하면 도시의 시설공급과 도시화 요인을 투입할 수 없어 만성적 과밀문제가 생기며, 또한 이외에도 도시가 지닌 외부경제는 공공부문보다 민간부문이 높고 시설공급의 부족은 공공부문에 우선 작용하며, 시설공급의 부족에서 일어나는 공공부문의 외부불경제가 도시전체의 순외부경제를 저하시키더라도 농촌의 순외부경제에 비해서 아직 긍정적일 수 있을 정도로 농촌의 외부불경제가 크다는 점이다. 그리고 소득수준과 교육수준이 낮은 사람들은 쾌적한 생활에 대한 욕구수준이 낮은 까닭에 도시의 시설공급부족에서 오는 문제를 과밀의식으로 느끼지 못하기 때문에 많은 과밀문제를 낳는다는 것이다.[8)]

이와 같은 과밀도시문제의 해결을 위해서는 도시구조를 개혁하는 방법도 있을 것이고 도시기능을 분산하든지 집중을 억제하는 방법도 있을 것이다.

2) 과밀도시문제의 해결

(1) 과밀화 대책

일본 동경의 경우 수도재개발에 관한 의견으로서 수도의 과밀화대책에 대한 기본적 입장을 보면 다음과 같다.

① 과밀화 문제의 본질은 동경이 수도임과 동시에 대도시라는 점에 있다.

② 분산방향만으로 대도시 과밀화 문제를 해결하려는 대책은 무력하다.

---

7) 態田禎宣, 都市の最適規模論こ關するノート 最適規模と最適狀態, 都市問題 제63권 제9호, pp. 92-104; 노융희, 신도시개발론 박영사, 1973, pp. 39-47.

8) 노융희, 신도시개발론, 박영사, 1973, pp. 39-47.

분산과 동시에 시가지의 고층화, 도심과 부도심의 재개발을 통해서 중추관리기능의 집중화를 받아들여야 한다.

③ 시가지재개발에 관한 법제를 실효성을 거들 수 있도록 정비한다.

④ 공장의 분산과 이전에 조성조치를 마련하고 동시에 과밀공장의 집약화를 도모한다.

⑤ 재해대책을 포함한 재개발계획을 책정한다.

⑥ 대규모 유통센터를 건설한다.

⑦ 구부도심에 근로자주택을 대량 건설한다.

⑧ 도심집중형 교통체계를 분산형에 접근시킨다.

⑨ 도심 안 자동차전용노선과 횡선노선의 건설을 추진한다.

(2) 분산억제론

현재 동경의 중요 기관·시설을 분산이전시킴이 필요하다고 주장하는 수도기관이전론으로서 정치·경제분리론과 수도·대도시 분리론이 이에 속하는데, 즉 ① 동경 같은 곳에서는 도심지 교통난의 해결이나 시차통근과 같은 방법이 아니고 인구의 분산 등의 방법을 취하여야 한다. ② 국회와 정부주요기관을 이전한다. ③ 중앙도개발과 더불어 고원지대에 근대적인 수도를 건설한다. ④ 입법·행정·사법에 관한 중앙기관과 이에 부대하는 기관을 중축으로 하는 신수도를 건설한다. ⑤ 정치지구·문화지구·관광지구 외에 소비·오락지구를 육성한다는 방법이다.

(3) 중추핵이전론

① 인구와 경제의 유인력이 강한 핵을 수위도시권 외로 뽑아내어 팽창을 방지한다.

② 순수한 정치·경제·교육의 중핵만을 모은 신수도를 수위도시로부터 100~200km권에 건설한다.

③ 우선 인구 35만에서 50만 정도의 중핵도시권으로 하고 계속 대기업의 본사·본점이 이전할 수 있는 조치를 마련하여 인구 300만을 목표로 한다.

④ 한편으로는 이전책을 쓰고 한편으로는 수위도시를 재개발하는 방향으로 나간다.

(4) 공장분산론

① 이전할 곳은 매립지보다 지가가 싼 인근도시나 군을 몇 개 합하여 개발 가능지를 선택할 수도 있다.

② 이전을 위하여 금융세제상의 우대조치를 마련한다.

③ 공장부지는 국가가 사들이는 방법을 강구할 수도 있다.

이 외에 억제론으로는 도심지 전입억제조치 · 입시세론(入市稅) · 중소도시육성론 · 지역개발론 · 도심부 특정시설 제한조치 · 위성도시신설론 등 여러 가지가 있다. 다만, 여기에서는 종추도시화 되어 있는 서울을 중심으로 도시재개발의 방향을 중점적으로 다루고, 다시 도시계획과 도시화에서 일어날 수 있는 문제점을 집적의 문제로 다루어 보겠다.

3. 도시재개발의 방향

도심지역에 집중되어 있는 중추관리기능인 정보문화교류 업무의 관리서비스 · 행정관리의 서비스 · 금융재정의 관리 서비스 기능 등 일정지역에 있어 도시기능을 회복시키거나 또는 새로운 기능으로 전환시키기 위하여 실시하는 도시계획사업을 도시재개발사업이라고 볼 때 도시도 인생윤회설과 같이 도시의 생장주기로서 성장－번성－쇠퇴－고사의 과정을 갖는다고 하겠다.

그렇기 때문에 재해의 위험성 비위생적인 환경, 아름답지 못한 도시경관 · 원활치 못한 교통, 비능률적이고 비경제적인 토지이용 등을 초래하게 되므로 행정은 공권력을 동원하여 재개발을 하여야 된다고 본다.

1) 도시재개발의 목적

이에 대하여 로텐버어그(Rothenberg)는 도시재개발의 목적으로서 다음 7가지를 제시하고 있다.[9]

① 낙후지역 및 빈민가의 제거

9) Jerome Rothenberg, Economic Evaluation of Urban Renewal, The Brookings Institution, Washington, DC., 1967.

② 빈곤의 완화
③ 안전하고 위생적인 주택과 쾌적환경의 공급
④ 중심도시의 도심지 재생
⑤ 교외지역으로부터 중심지에로 중산층의 유치
⑥ 중심시에의 탈공해산업의 유치
⑦ 중심시 · 정부의 재정 향상

2) 도시재개발의 법제화

1949년에 제정된 미국의 도시재개발법이 규정한 내용을 간추려 보면 다음과 같다.

① 구조물의 노후나 건물의 과밀, 인구의 과밀, 공지의 결핍 · 혼잡, 중요한 community 설비의 결핍, 위생적인 문제, 경제적인 한계 등의 이유로 노후화된 지역으로서 지구수복이 될 수도 있지만 경제적으로 볼 때 재개발을 요한다.

② 빈민지역의 표준 이하이며 부적절한 주택의 제거를 요할 때이다.

③ 주택부족을 시정하기 위하여 충분한 주택생산과 community 개발의 촉진을 요할 때이다.

④ 모든 시민에게 쾌적한 환경과 주거의 제공을 필요 조건으로 할 때 재개발을 하여야 된다고 하였는 바, 이상의 제목적이 각국마다 다르겠으나 일반적인 목적은 큰 차이가 없을 것으로 본다.

4. 재개발지구의 선정

재개발을 하는 데 있어서는 재개발 사업의 도시 재개발계획과 집행절차에서 제문제가 있을 수 있겠다. 이를 사업의 과정면에서 보면, 첫째는 재개발지구의 선정문제이다.

즉 도시 내의 독점지역을 일정한 기준에 따라 재개발대상지역으로 지정하는 행위인데, 이와 같은 기준들은 시민의 욕구 · 부담 능력 및 기술의 발달 정도 등 제요인들로 좌우되기 때문에 기준들은 다분히 가변성을 갖는다.

다만 그 지표가 될 수 있는 요소를 대별하면 다음과 같다.

1) 물리적 기준

개발지구의 구체적인 선정기준 및 그에 관한 조사방법은 제4편 제6장에서 다루기로 하고 여기에서는 지표가 될 수 있는 요소만 간추려 보겠다.

(1) 불량한 주택

미국에서는 대대적인 수리를 요하는 주택이 40% 이상이 되는 지구를 불량 지구로 간주하며 또한 욕실의 유무, 상하수도시설의 정도, 부동침하의 유·무가 불량주택지구를 지정하는 기준이 된다.

(2) 주택의 고밀도

주택의 평균대지면적으로 표시되는 바, 미국에서는 1500ft^2(약 42평) 미만으로 정하고 있다.

(3) 주택 내의 과밀

미국에서는 미국의 기준은 1.5인방 이상을 과밀 주택으로 보고 이런 주택의 수가 7~15% 이상이면 과밀지구로 본다.

(4) 토지이용 및 환경

주거 지역인 경우 건축법에 위배되는 비주거용으로 사용되는 건물의 유무·매연·냄새·먼지·소음·빛의 반사·진동 등의 유해, 기타 공지의 유무 및 토지 이용의 영세성 등이 기준이 될 수 있다.

(5) 교통 및 가로율

주요 간선도로와 접하는가의 여부, 트럭의 통과 등과 같은 많은 교통량이 있는 지역을 선정할 수 있다. 또한 가로 교통량·자동차의 보유 대수 등에 대해서 가로율이 일정 수준에 도달하지 못한 경우에는 가로의 폭을 확장하거나 신설할 필요가 있다.

(6) 건물의 연령 및 구조

건물의 연령 및 구조의 양부로 각 지구의 건물의 노후화의 정도를 알 수 있다.

(7) 공공시설

중·고등학교(1.6km)·초등학교(800m)·어린이 놀이터(800m)까지의 거리와 그 도중에 교차점이 있는지, 공원의 유무 등이 기준이 될 수 있다.

(8) 수해

수해의 위험성 및 지반침하 등을 들 수 있다.

2) 사회적 기준

바람직하지 못한 도시환경에서 발생하는 도시병리현상의 요인들이 사회적 비용으로 계산되어 그 비용이 많은 지역을 재개발 지구로 선정한다.

(1) 인자요인

① 범죄의 발생률, ② 결핵의 발생률 및 그로 인한 사망률, ③ 구호대상자, 즉 후생가족의 다소, ④ 실업률, ⑤ 유아사망률, ⑥ 연령구조, ⑦ 인구학적 근대화[10] 등이다.

3) 경제적 기준

① 지가가 최근 수년 동안 계속하여 하락하는 지구이다.

② 임대가 및 건물가가 어느 일정 수준을 미달하고 있는 지구이다.

③ 가족의 수입이 일정기준을 계속 미달하는 세대 수가 많은 지구이다.

④ 고정자산세 등의 분포에서 볼 때 현저하게 타지구의 수입보다 미달되는 지구이다.

⑤ 각 사무소의 분포가 위치상 부적당하며 시설도 노후화되어 생산의 향상이나 근대화에 적응할 수 없어서 개선하고 재개발하지 않으면 안 될 지구로 선정한다. 이는 주로 미국의 경우에서 볼 수 있는 예이다.

---

10) 신윤표, 개발전략, 신임관리자과정 교재, 중앙공무원교육원, 1973.

4) 우리 나라의 재개발지구 선정기준

우리 나라에서는 재개발지구를 선정하는 데 있어서 도시계획법 제31조를 적용하는 바, 그 조항을 살펴보면 다음과 같다.

① 일정지역 내에서 공공시설용지를 제외한 토지면적의 1/2을 초과하는 부분이 최저고도지구이고, 그 최저고도지구 안에 있는 건축물의 2/3 이상이 최저 한도의 높이에 미달되어 있을 때

② 방화지구로서 그 방화지구 안에 있는 건축물의 2/3 이상이 방화 구조가 아닌 때

③ 그 지구 안의 건축물 중 내화구조가 아닌 2층 이하의 건축들의 지하층을 제외한 건축 면적의 합계가 그 지구 안에 있는 총건물의 건축 면적 합계의 2/3를 초과하고 있을 때

④ 그 지구 안의 공공시설의 정비에 따라 토지가 건축대지로서의 효용을 다할 수 없게 되거나 일정한 기준에 미달하는 과소토지로 되는 때, 또는 과소토지가 그 공공시설에 인접하게 되어 시가지로서의 환경이 현저하게 불량하게 될 염려가 있을 때

⑤ 그 지구 안의 건축물이 노후하여 그 기능을 다할 수 없을 때, 또는 건축물이 과도하게 밀집되어 있어 그 지구 안의 토지의 합리적인 이용과 가치의 증진을 도모하기 곤란할 때 재개발지구로 선정하게 된다. 이와 같은 요인들을 고려하는 외에도 정책적인 요인들을 고려할 수도 있고 또는 시민의 요구에 따라서는 다른 선정 방법도 있을 수 있겠다.

5) 재개발사업의 전개

이와 같이 재개발지구가 지정되면 ① 재개발계획의 작성 및 채택을 하고 ② 대지나 건물을 소유주와 협의하여 매입하고, 만일 실패할 경우는 수용절차를 통하여 매입한다. ③ 재개발대상지 안의 거주자 또는 기업체를 적절한 보상하에 타지역으로 이주시켜 재정착시킨다. ④ 단지정리로서 대상지역 내의 건축 및 기타 구조물을 철거·정리한다. ⑤ 단지조성과 보조시설의 단계로서 정리된 단지 내에 도로·상하수도·학교·도서관·공원 등

제반 공공시설을 설치하는 일을 마치며 ⑥ 조성된 대지를 방매·대여 또는 유보하는 등 대지를 처분하는 일이다. ⑦ 주거용·상업용·산업용·공공용 등 각종 용도에 맞게 재개발계획에 따라 새로운 건축을 하는 과정을 거쳐 재개발을 한다.

6) 과밀문제의 해결방안

물론 도시재개발사업의 전개에 있어서는 경제적·사회적 및 법적·행정적인 면에서 여러 문제가 있으리라고 본다. 가령, 과밀문제의 해결을 위한 구체적 시책으로서 일본의 대도시재개발문제연구회에서 낸 조사보고서[11]에서 제시한 것에 따르면 다음과 같다.

① 산업 및 인구의 무질서한 도시유입을 억제하도록 합리적인 토지이용계획을 수립하고 기업입지를 규제하며 시가지 중심부에 사무소나 공장을 신축할 때는 부과금을 징수함으로써 과밀을 막아야 한다.

② 기능분산의 촉진방법으로는 고정자산세, 도시계획조정, 산업공해방지의무의 강화, 분산의 조치, 과세상의 특혜, 중소기업단지조성, 지방대학의 확충 정비, 학원연구도시의 건설, 상급관서의 분산 등의 방향으로 재개발을 추진하여야 한다.

③ 지방개발의 촉진으로는 과밀지역과 개발거점도시간의 교통 및 통신체계를 정비하고 지방 도시의 정비와 기업 유치를 위한 우대조치를 취하는 등 도시재개발을 하여야 한다.

7) 우리의 현실

그러나 우리의 현실에서만 보더라도 ① 최근까지 도시재개발사업의 중요성에 대한 인식이 낮아 공공투자의 우선순위가 뒤질 염려가 남아 있다.

② 도시 및 지역 계획에 대한 전문적인 행정인의 수가 부족하다.

③ 시민일반의 자본축적이 영세하여 재개발 사업을 수행해 나갈 힘이 약하다.

---

11) 大都市再開發問題硏究會, 大都市問題の現狀と改善の方向, 昭和 40年 3月에 낸 調査報告書 參考.

④ 도심부의 지가가 비싸고 토지의 애착심 때문에 입체환지 및 토지의 공유 등을 초래시킬 가능성이 큰 재개발 사업은 착수하기가 어려운 실정에 있다.

⑤ 재개발 사업을 수행하기 위한 법규가 불완전하여 사실상 행정행위에 의하여 집행하는 경우가 많으며 주민이해의 대립 속에서 시민참여가 어려워지는 실정이다.

그렇지만 도시에의 인구·산물·물자가 집중됨에 따라 도시공간이 황폐하여 녹지가 상실되고, 소음과 진동·일조권의 침해·배수의 불안전·교통난 등 도시 문제를 발생시키며, 나아가서는 도시기능을 마비시키게 된다. 우리는 근대화된 도시 사회가 요구하는 인간의 기능과 능력을 보유할 주민의 건강상태를 종합적으로 확보하고, 지금 지구상에 자원고갈이 전 세계적으로 문제되고 있다. 이 때 특히 에너지 자원의 종합적 이용과 도시공간의 종합적 이용이란 관점에서 이들을 입체적으로 관리하도록 구체적 사업을 통하여 목표를 구현하는 도시재개발방향으로 나아가야 하겠다.

제 2 절 과소지역의 과제

1. 과소문제의 발생과 과제 및 대책

지역개발의 기본구상에 있어서 장기대책, 과도기적·단기적 시책을 구체화할 때 우리 경우는, 특히 산촌 등 특수지역의 범위가 넓기 때문에 지역격차 의 시정을 위한 대책으로서 과밀문제와 함께 과소현상의 시정은 중요정책 부문이라고 하겠다.

특히 이러한 과밀문제와 과소문제는 1960년대 후반기부터 급격하게 전개되어 왔는데 이는 우리 나라의 빠른 공업화와 도시화에 수반되어 생겨난, 말하자면 한국경제의 고도성장의 산물인 것이며 농공병진정책과 함께 지속적 공업화를 위한 국토공간의 합목적적인 구상을 하여야 하고 전략산업을 전략적 지역중심으로 전개할 필요가 절실한 바, 경제적 고도성장의 지속적인 진행과 더불어 과밀문제가 생기고 특히, 인구이동의 촉진으로 인한 과소문제가 야기되는 것이다.

그런데 문제는 지역격차를 해소하지 않으면 각 지역의 발전속도가 불균형한 이상 선진국이나 개발도상국을 막론하고 과밀・과소문제는 남아 있으며 지역・촌락의 개조계획을 포함한 취락재편성문제[12)]는 더 시급하고 중요하다.

따라서 과소지역대책의 계획은 과소현상이 일어나고 있는 지역에 대해서 생활환경・산업기반 등의 정비에 관한 종합적이고도 계획적인 대책을 실시하기 위하여 필요한 특별 조치를 강구[13)]는 것으로, 먼저 인구의 과도한 감소현상을 방지함과 동시에 지역 사회의 기반을 강화하여 주민복지향상과 지역격차의 시정을 목적으로 새로운 개발법을 제정할 필요가 있다.

특히 우리 나라는 자연환경을 보전할 지대가 아니고 지역의 특색에 따른 개발가능지대인데도 불구하고 부재지주가 도시생활권에 살면서 싼값으로 땅을 사놓고 지가가 상승하기만을 기다리는 현상도 없지 않다. 혹은 관광농업지대의 창조에도 필요한 지역이며 국민휴양지로서 적지인데도 개인이 이를 소유하여 개발목적에 제한성을 초래하게 되는 사례도 있는 바, 과소현상을 나타내고 있는 지역에 대해서 지역주민의 생활환경에 필요한 국민최저한 생활보장을 시키도록 행정과 재정노력을 아끼지 말아야 한다. 특히 개발가능성이 있는 지역에 대해서는 이 지역에 적합한 산업기관을 정비하여 과도한 인구유출을 방지할 일이다.

지방 일선행정기관의 재정이 비교적 약하므로 조장행정기관의 경우 변두리 지역에 재해가 발생한 경우에는 그 재해에 대한 원형복귀가 당연한 것으로 생각하고 예방행정적인 기능을 하지 못한 것이 전통적인 행정방식이었으며, 같은 지역에 재해가 되풀이될 위험이 있는 경우에도 역시 원형

---

12) 牛田次男, 過疎地域の課題と對策の方向, 地域開發, 1972年 2月號, 日本地域開發センタ, p. 6.
13) 片山虎之介, 開發管理, 日本, 第一法規, 昭和 46년, pp. 108-118.

복귀 이상의 생각은 하지 못했던 것이다.

그러나 앞으로는 과소지역의 경우 ① 진흥의 기본적 방침을 세울 것, ② 교통·통신 체계의 정비, ③ 교육·문화 시설의 정비, ④ 생활 환경 시설의 정비와 의료시설의 확보, ⑤ 농림업과 내수면개발 등 제1차 산업의 진흥, ⑥ 집락의 정비에 관한 진흥계획수립을 계획과 예산을 일치시키는 방향으로 목표사업을 선택하고 이를 위한 수행전략이 요구된다.

말하자면 전력이나 교통·의료 등의 서비스, 그리고 기술전문학교 등의 입교 및 취업 기회의 균등원칙을 보장해야 할 것이며, 고수준의 행정서비스 방식을 제공하여야 하며, 과소대책의 제유형을 적기적소에 적용하여 개발효율의 극대화를 도모해야 할 것이다.

1) 과소대책의 유형

과소대책의 유형을 보면 현상유지론·적극개발론·거점형성론·집단이전론·자유방임론 등이 있다.[14)]

(1) 현상유지론

현상유지론은 과소지역의 경제 구조나 생활기반에는 직접 손대지 않고 생활보호나 사회보장제도에 의해서 지역주민의 최저생활을 보장한다는 시책을 말한다.

(2) 적극개발론

적극개발론은 과소지역의 적극 개발을 도모하는 방법으로 낙도진흥이나 산촌개발이 여기에 해당된다.

(3) 거점형성론

거점형성론은 과소지구 또는 그 주변에 있는 모도시에 해당되는 거점을 형성하여 여기서 도시화의 제요인을 투입하고 기능을 집중하여 과소지구와 거점지구간의 교통·통신을 정비하는 방식이다.

---

14) 伊藤善市, 日本の經濟空間, 昭和 45년 3월, 慶島出版會.
伊藤善市, 過速對策こ對する提言, 地域開發 1972年 2月號, 日本地域開發セソタ pp. 9-10.

(4) **집단이전론**

집단이전론은 과소지구 주민을 다른 곳으로 이전시키는 방법이다.

(5) **자유방임론**

자유방임론은 행정주체가 어떠한 시책을 취함이 없이 그대로 방치하여 과소지구의 지역 주민의 욕구에 따라 개발하도록 목표사업의 선택에 있어 주민자유의사에 맡긴다는 것이다.

2) 과소대책의 목표사업

이상의 과소지역대책의 제유형 중 어느 형을 선택할 것이냐는 과소대책의 목표에 따라 달라야 하겠다. 그리고 과소대책을 위한 특별조치를 필요로 하는 목표사업은 다음과 같다.

① 도로·교통시설·통신시설 등의 정비에 의한 과소지역 내외의 교통·통신 연락망의 확보

② 학교

③ 진료소 및 아동관·노인복지시설·후생문화시설의 확보에 의한 주민복지의 향상

④ 산업기반시설의 정비, 농·임·어업의 경영근대화, 기업도입 촉진, 관광개발 등에 의한 산업 진흥과 안정적인 고용의 증대

⑤ 기간지역의 정비와 적정규모경제와 생활권의 편리를 위해 지역권형성을 위한 지역사회의 재편성을 촉진하는 방향으로 과소지역에 대한 대책이 수립되어야 하겠다.

2. 산촌의 진로

1) 산촌의 현황

한국산촌의 정체는 격리성과 폐쇄성으로 인한 정체성을 특징으로 지적할 수 있으나 내외적인 제요인이 많은 변화를 가져오고 있다.

(1) 외부적 요인

① 도시의 발전 및 팽창으로 인하여 생활 수준을 향상시켜야 하겠다는 의식구조의 변화가 일어난다.

② 2·3차 산업의 발달에 의한 고용증가

③ 매스 미디어의 영향

④ 통신·교통도로의 발달 등

(2) 내부적 요인

내부요인은 ① 인구증가, ② 농림업의 상대적 위축과 소득격차, ③ 젊은 세대의 교육 보급 및 지식수준의 향상, ④ 군입대 기타 외부세계와의 교류 등으로 산촌사회는 자체의 해체의 과정 등에 있다고 하겠다.

(3) 산촌의 공통적 특징

산촌의 공통특징인 사회생활의 형(pattern)이라[15] 하면 ① 입지의 벽지성, ② 촌락의 분산배치에 의한 구성 및 형태, ③ 임야의 소유·이용 등 그의 영향 및 의존도가 높은 점, ④ 평지농촌에서의 농지개혁에 의한 사회 계층의 변질이 산촌에서는 거의 무풍상태인 점 등이 모두 도시적 상황에서와 같이 변화하는 것은 아니다. 실제로 아직도 산지농업은 농업생산조건의 불리성으로서 임야율이 대부분이고 경지율은 적으며, 경사도가 높고 경지가 극히 작으며 분산도가 심한 점 등 토지개량이 곤란한 저생산성에 머물고 있는 실정이다.

또한 산의 이용형태를 보면 조림·육림·관리 등 제비용이 많이 들기 때문에 영세산주는 산림경영이 소홀하며 부재산주가 늘어나는 실정이나, 산림경영이 주목적이 아니므로 임업을 기업으로 생각하지 아니하고 부동산 투자가치로 보유하고 있는 차원에 머물기 때문에 산촌지역의 개발은 과소지역의 과제로서 크게 관심을 가져야 하였다. 따라서 산촌개발모형의 기본구상은 다음과 같이 전개되어야 한다.

---

15) 外木典未, 山村社會の變貌, 日本の山村問題 II, p. 40.

2) 산촌개발의 기본방향 설정

(1) 입지조건이나 산촌내부의 불리한 조건을 극복하도록 한다.

(2) 인간개발면과 물질개발면의 양면종합개발이 되도록 행정 지원이 있어야만 지역개발의 원형에서 벗어나지 않을 것이다.

(3) 산촌개발대상의 구조적 요인에 있어 ① 토지, ② 촌락위치, ③ 시설물, ④ 도로·통신, ⑤ 거주세대, ⑥ 사회집단, ⑦ 촌락의 제도, ⑧ 관행, ⑨ 질서, ⑩ 자본 및 기술 등 물적 유형구조와 인적 사회구조는 산촌인구의 유출과 촌락의 변화에 직결되는 중요한 대상이 되는 바, 이상의 10개 항목이 정체화하지 않고 산촌지역에 대한 사회간접자본투자의 효율저하가 생기지 않도록 하며 미래용자원의 신규개발을 적극적으로 추진하여 산촌의 구조적 재개발방식을 채택할 일이다.

(4) 산촌지역의 제문제를 국지적 문제보다 광역적 시야에서 계획과 대책이 중시되어야 하겠다.[16]

3) 산지농업개발

(1) 정태적 요인

농업의 입지분화의 요인 중 정태적 요인으로서 ① 자연자원, ② 수송, ③ 도시로부터의 거리, ④ 시장규모 등을 들 수 있다.

(2) 동태적 요인

산지농업도 예외는 아니겠지만 산촌의 성격형태로 보아서 ① 국민경제적 발전, ② 농업생산기술의 진보, ③ 농업경영자의 능력, ④ 인구유동의 형태를 농업입지의 일반적 분화요인으로 대별할 수 있다.

(3) 산지농업의 조성요인

① 기반조성에 중점을 두어야 한다. 즉, 기간도로·농로·임도 등 도로망의 정비 또는 초지개발·개간 등을 포함한 기반조성을 위해 개발투자를 할 일이다.

16) 山村振興祖師會, 地域開發と山村の進路, 日本 古今書院, 昭和 47年, p. 104.

② 단기적 시점에서의 현상유지적 투자에 그칠 것이 아니라 이농자를 전제한 기본적이며 장기적인 지역농업의 방향을 설정할 일이다.[17]

③ 앞으로의 중핵적 농가계층 및 생산지구를 예측하고 그의 육성에 대한 계획과 목표사업계획을 세워 투자 대상 및 규모를 결정하는 일이다.

④ 투자방향의 분산방지 및 투자상호간의 관련성을 고려하여 투자를 단계적이며 집중적으로 수행한다.

(4) 산지농업의 개발과정

① 개간에 의한 자급식량의 확보안정 과정, ② 특용작물 · 과수 · 상원 · 식료작물 등의 집약적 상품작물에의 전환 과정, ③ 축산 부문의 확대 · 초지개발과정의 방향으로 산촌농업의 비중을 두면서 슐츠(T. W. Schultz) 교수가 말하는 바와 같이[18] 농촌인구의 능력향상과 물적 자본의 질적 개선 및 토지 비옥도의 증대 등 농업 근대화의 요인을 창출하는 방향으로 발전되어야 할 것이다.

4) 교통개발

산촌은 우선 도로개설이 안 되어 오지성을 면치 못하는 바, 산업도로의 개발 확충으로 기간산업을 발전시키고 국민경제규모를 확대시킬 수 있도록 하여야 하며 각종 자원개발을 하여야 한다. 특히, 도시와의 연결도로개발에 중점을 두어 지방소득수준을 향상시킬 것이며 관광도로의 개발로 외화획득의 증대를 가져오도록 하는 일이다.

이 외에도 임업생산을 위한 인공임업률을 높이기 위한 산촌 · 농림도로 개발의 문제가 해결되어야 하겠다. 그래야만 연결도로망을 통하여 고속도로도 제기능을 발휘할 수 있으며 목재생산 · 조림 · 육림과 산촌지역주민의 복지향상도 가져올 수 있다고 본다.

물론 산촌진흥을 위한 대규모 투자는 더욱 투자효율이 낮고 주민의 노력

---

17) 朱權, 山村地域社會開發에 관한 硏究, 建國大學校 地域社會開發硏究所, 1972, p. 55.
18) T.W. Schultz, Transforming Traditional Agriculture, Yale University Press, 1964, pp. 5-6.

부담만으로는 실시할 수도 없으며 산촌지역이 소규모 경제생활권을 이루고 있기 때문에 농로개설 등에는 주민의 관심도가 낮은 것도 큰 애로점이다.

이 외에도 농로개설의 경우 토지제공 농가에 대한 보상문제도 어렵고 농지분할측량문제나 등기문제 등 각인의 이해타산문제가 갈등요인을 안고 있으며, 투자재원의 염출문제 등이 현실적으로 어렵기 때문에 입업선진국에서와 같이 ha당 10 수 m^2에 달하지는 못할지언정 일본의 임도밀도 ha당 $3m^2$ 수준[19]을 가질 목표를 세워 가면서 산촌개발에서 임도문제를 외면해서는 안 되겠다고 본다.

5) 관광개발

인공적 과밀사회인들이 행동의욕을 유발할 수 있는 매력적인 원색지대를 찾는 일은 중요한 일이기도 하다. 이를 위해서는 관광자원성을 잘 보전하여 자연적 순수성을 지키는 일이 요구된다.

요컨대 관광자원성이란 다음과 같은 4가지의 특성을 갖는다.

① 쾌적성: 일상생활과의 대비에서 얻는 쾌적감이 커야 한다.

② 우수성: 그것이 다른 지방의 것에 비하여 더욱 우수해야 한다.

③ 자연성: 자연 그 자체의 순수성을 희구하는 인간의 기본적 욕구가 있다.

④ 역사성 및 희소성: 당장 구할 수 없는 존재이며 자체가 희소성을 느낄 수 있는 조건을 지닐 때 관광자원성을 갖고 있다고 하는 바, 이를 살리도록 하여 관광개발의 경우 관광자원성문제와 더불어 관광지의 성립조건에는 시장성 및 편리성이 첨가되어야 한다. 그런데 산촌의 경우 도시생활인에게는 찾아가 즐기고 싶은 관광지이긴 하지만, 관광개발을 위해서 보다 적극적인 조건구비와 구상이 필요하다.

일본관광협회가 조사한 관광여행의 희망 내용을 보면 <표 3-1>과 같다.

여행지에서 하고 싶은 일에 관한 조사를 보면 ① 산책 59.5%, ② 휴식 4.3%, ③ 사진 23.7%, ④ 트럼프·마작 14.5%로 나와 있는데, 우리도 산촌

---

19) 森 巖夫, 林業の諸動向と山村振興, 日本の山村問題 II, 1973, p. 102.

〈표 3-1〉 금후 희망하는 관광여행의 내용

구분	자연 풍경의 구경	온천	명승고적의 순례	막연한 관광여행	ski · skate · 등산 · 해수욕	도시 구경	공장 등 견학	낚시 · 수렵 등	풍속 · 관습을 찾음	기타 및 무답
%	53.8	44.1	40.3	23.3	16.3	7.5	6.6	5.4	8.6	2.5

과 관광을 결부시켜 산촌관광사업을 새로운 방향에서 전개하여 과소지역인 산촌을 개발하여야 되겠다.

6) 산촌관광사업의 개발고려

이를 위하여 다음 사항이 고려되어야 한다.

① 산촌관광사업은 지역주민에게 「우리」라는 의식을 유발시켜 관광객의 유치 · 홍보사업이 지방행정관청과 상호 유대하에 이루어져야 한다.

② 아름다운 향토풍경의 조성 · 유지에 힘써 자연 훼손 및 파괴를 막는 일이다.

③ 산촌생활권의 고유성을 살려 나가는 일이다.

④ 현실지향적 이윤추구에 편중된 관광개발을 삼가하는 일이다.

⑤ 산주 1인이나 소수의 이익을 억제하고 국립공원의 면모를 미래지향적인 차원에서 설계하는 일이다.

⑥ 산촌민들의 벽지의식을 완화시킬 수 있도록 문화관광정책을 쓴다.

⑦ 민박제 등 주민참여관리를 실시하여 산촌원색보호에 애향심으로 관여토록 향토문화생활권과 경제사회권을 형성할 수 있도록 행정 지원을 계속하여야 하겠다.

7) 사회개발과 인구유출 및 정착대책

산촌인구유출의 구조를 보면 다음과 같다.

① 세대는 감소하지 않으나 인구의 감소는 심하다.

② 젊고 유능한 계층의 유출이 심하다.

③ 젊은 여자인구의 가출로 산촌지역의 출생률이 감소된다.

④ 노인인구가 증가된다.

⑤ 과소화단계로 간주할 수 있는 산지군이 늘고 있는 현실이다. 따라서 인구유출을 막는 정착대책으로서 다음 사항이 요구된다.

(1) 소득증가

① 농림축산업의 근대화를 위한 적응시책, ② 목야지조성과 농용지의 개간 조성, ③ 농림·축산물의 가공업을 중심한 대기업계열화를 통한 농외소득개발, ④ 관광 기타 노임소득사업 등 고용증대에 힘쓸 것 등이다.

(2) 환경개선사업

① 산촌경관구성, ② 도로·통신·교통개발, ③ 공공회관·도서관 기타 문화시설을 규모경제성을 고려하여 점진적으로 산촌의 권역화 추진과 같이 해나갈 것 등이다.

(3) 인간개발

① 기본 교육시설을 확충하고, ② 산촌민의 지도·조직 등 제도적 자원을 개발할 일이다. ③ 의료·보건시설을 정비할 것 등이다.

이 외에 인간기능의 신장을 위한 교육대책과 적극적인 의료·보건 대책으로서 농협병원을 운영하든가 또는 국비로 양성한 의학도의 의무배치 등 의료적 균등원칙을 펴나감으로써 산촌제문제의 본원적 해결노력을 추구해야 할 것이다.

제 3 절 도시개조와 지역개발

1. 신도시개발

1) 정 의

신도시라는 개념은 그 범위와 성격이 나라마다 다르겠으나 위성도시·주택도시를 포함하여 말하기도 하며 전원도시나 신산업지방도시를 범주에 넣기도 한다. 주민들이 산업의 확장과 고용기회를 가짐으로써 아름답고 깨끗하며 좀더 만족스러운 민주적 환경 속에서 생활할 수 있는 조건을 갖추는 것이 신도시개발이다.

로드윈(Lloyd Rodwin) 교수는, 신도시개발의 목적은 대도시의 혼잡을 구제하기 위하여 개발되어야 하며 나아가서는 도시의 무질서를 시정할 수 있도록 건설되어야 한다고 강조한다.[20] 요컨대 신도시란 쾌적한 환경 속에서 주인들이 생활하고 일할 수 있어야 하며 산업확장을 위한 조건을 모두 갖춘 종합적으로 계획된 지역사회라고 할 수 있다.[21]

2) 특 징

이에 대하여 롭슨(William A. Robson)은 모든 신도시는 주택·산업 기타 레크레이션 시설들을 포함하여 자급자족할 수 있는 단위로 개발되어 가능한 한 대도시와 독립되어야 한다고 피력하였으나,[22] 신도시라고 해서 모도시와 관계 없이 기능적으로 꼭 독립되어 있는 것만은 아니며 신도시는

20) L. Rodwin, The British New Towns Policy, Cambridge; Harvard University Press, 1956, pp. 51-55.

21) The New Towns of Britain, London: The Central Office of Information, Jan, 1972, p. 1.

22) William A. Robson, "New Towns in Britain," Planning of Metropolitan Areas and New Towns, N.Y., UN, 1967, p. 168.

일반적인 다음의 특징을 갖는다.

① 대도시의 혼잡을 제거하는 데 도움을 준다.

② 대도시의 성장을 저하시키는 데 일익을 담당한다.

③ 자연자원을 개발하기 위한 수단으로 추진된다.

④ 과밀도시로의 인구유입을 억제하는 기능도 한다.

⑤ 도시화과정을 통제할 수 있는 도구이다.

⑥ 미개발지역에 건설하는 것과 기존주거지와 연관을 갖고 개발되는 경우와 기존도시의 대규모적인 확장 등의 필요성에 따라 개발되는 형이 있다.

⑦ 종합적으로 계획된 도시이다(계획종합성).

⑧ 새로 건설된 도시이다(건설의 신규성).

⑨ 모도시의 주변 도시이다(위치의 근접성).

⑩ 경제적으로 거의 자급자족되는 도시이다(경제적 독립성).

⑪ 인구의 계속적인 증가를 보여 주는 도시이다(인구의 팽창성).

⑫ 인주가 모도시로부터의 직접·간접적인 인구유입으로 인하여 계속적으로 증가하는 도시이다(모도시인구의 흡인성).

⑬ 제반주택문제를 해결하기 위한 것 등의 성격을 가진 도시를 신도시라 하겠다.

물론, 세계 자국의 신도시는 그 종류를 신도시·위성도시·교외주택도시 등으로 다양하거니와 그 규모와 개발목적도 상이하여 그 개념규정이 어렵다. 다만 경제의 발전과 인구의 증가에 따라 도시화가 진행되는 것은 필연적인 경향이 있기 때문에 지역 개발을 통하여 지방의 중소도시나 신산업도시를 육성하고 신도시를 중심으로 인구와 산업의 흡인력을 강화시킴으로써 대도시에로의 유입을 방지하고 한 걸음 더 나아가 대도시에 과밀되어 있다. 특히 공해산업 등에 대하여는 세제의 가중조치를 마련하고 지방분산시에는 세제상의 우대책 뿐만 아니라 재정·금융상의 우대책을 써서 대도시의 집적이익을 포기하고라도 지방이전을 할 수 있도록 하여 신도시를 건설하는 방향으로 나가는 일이 중요하다. 또한 대도시의 주변에 자족적인 도시로 성장할 수 있도록 하는 면과 광역적 재개발의 일환으로서 장기적 도시분산책이 실효를 거둘 때까지 중기적 대책으로서 도시계획법상의 근거를 갖고

〈표 3-2〉 신도시개발분석을 위한 측면과 요소

계획의 성격	① 개발목적 ② 개발주체 ③ 개발정책
입지적 여건	① 관련된 모도시 ② 면적 ③ 모도시와의 거리 ④ 교통조건
인구의 규모	① 목표인구 ② 인구밀도 ③ 근린주거규모
경제적 여건	① 공업구조 ② 고용 ③ 개발비 ④ 토지소유
사회·심리적 형태	

재개발되는 신도시도 있겠으나 보다 종합적이고 장기적 계획하에서 신도시는 건설되어야 한다. 그런데 문제가 되는 것은 신도시상이며 신도시를 건설하는 데 대한 애로점과 그 해결이라 하겠다. 따라서 어떤 형태로 신도시를 개발할 것이냐는 다음 몇 가지 측면과 요소를 고려할 필요가 있다.[23]

3) 신도시개발의 상(뉴커뮤니티의 모델)

[1] 신도시의 계획목적

(1) 개발목적면

① 모도시의 기존인구압력(population pressure)을 완화시키려는 것

② 유입인구의 수용 및 경제 성장의 거점을 확보하기 위한 것

③ 과잉인구의 흡수 및 공업 센터로의 역할을 하기 위한 것

④ 제반 주택문제를 해결하기 위한 것

⑤ 농민의 유출인구를 막고 그 지역의 경제성장을 촉진시키기 위한 것

(2) 개발정책면

① 인구배분정책의 일환으로서 건설될 것

② 자원개발정책의 진전을 위한 신도시가 건설될 것

(3) 개발주체면

영국과 같이 개발공사(development corporation)가 담당하는 경우도 있었고, 네덜란드와 같이 시가 직접 개발에 참여하는 경우, 과거 통일이전의 서독처럼 복합건설방식을 취하는 경우, 미국의 경우와 같이 민간기업가가

---

23) 노융희, 신도시개발론, 박영사, 1973, pp. 82-83.

담당하는 경우가 있다. 우리 나라는 지역특화사업권이 될 수 있는 몇 개의 면을 포함한 협동권·새마을권을 형성하여 지역주민의 자조적 참여와 정부 및 지방자치단체의 지원을 합하여 이루어지도록 기본계획과 도시종합계획은 정부가 하고, 시설을 포함한 도시화작업을 위한 사업시행은 상호 부담을 하는 복합건설방식을 취하는 것이 좋을 것 같다.

[2] 신도시의 입지

① 그 신도시가 독립도시냐, 주택도시냐, 아니면 거점도시냐에 따라 다르겠으나 기존중심도시(모도시)와의 공간적인 관계를 유지하여야 한다. 보통 5km 이상 떨어지는 도시가 많으나 최근에는 점차 원거리에 입지하는 경향이 있다.[24)]

② 용수의 경우 30~40년 후 양과 질의 변화가 크지 않아 식수 기타 생활 용수로서 적절해야 한다.

③ 토지는 각종 용도에 충족할 만한 면적이 되어야 한다.

④ 소유형태가 다양하여 단지정리를 할 경우 불가능한 사태가 없어야 한다.

⑤ 교통의 경우 고속도로·철도·항공로·해로 등에 대한 입지분석(regional analysis)을 하여 전국적인 면에서와 지역적인 면에서의 고려가 요구된다.

왜냐하면, 거리는 특히 인구이동과 고용에도 큰 영향을 주기 때문이다. 즉, 모도시에서 반경이 50km 이내에 있는 신도시라면 자연히 현지교통수단이 편리하기 때문에 모도시에 거의 직장을 가지려고 하든가 혹은 갖고 있게 되므로 신도시로서의 적당한 입지는 거리에 있어 70km 정도 떨어져 있어야 한다고 보고 있다. 특히 대도시의 인구완화를 목적으로 하는 경우에 비하여 지역의 성장거점을 개발시키려는 경우에는 좀더 먼 거리에 입지하는 경향이 있다.[25)]

24) British Information Services, The New Town of Britain, London: The Central Office of Information, 1972, pp. 1-2.

25) Boleslaw Malisz, "Physical Planning for the Development of New Towns," United Nations, ed., Planning of Metropolitan Areas and New Towns, p. 201.

⑥ 각종 공익선(utilities)으로서 전기와 가스 및 전화 등의 인입과 가설이 비교적 용이한 곳에 신도시를 입지시켜야 한다는 점이다.

[3] 인구의 적정규모를 갖춘 도시

물론 신도시에 있어 인구규모가 어떠해야 하느냐는 그 도시가 갖는 자체 내의 생산능력·설계방식 및 커뮤니티에 봉사되는 서비스의 수준, 공업선택방식의 효과적 이용 등에 따라 결정된다.[26] 그러나 인구가 적정선을 넘으면 주민의 시간과 비용을 증대시키는 결과를 가져오며 도시행정의 입장에서도 서비스의 단위당 비용이 증대하기 때문에 다음과 같은 요인들을 고려한다.

① 근린주거단위는 지역주민의 총화를 위하여 인구 규모가 너무 커도 안되지만 너무 작아도 안 되는 바, 모도시인구의 1/5 정도에서 25,000인 정도가 어떨까 생각한다.

② 주거지역은 통학·통근권을 고려한다.

[4] 도시창조적 요소를 기본으로 하여 개발

① 그 도시에 고용기회를 제공함으로써 자족적인 커뮤니티 기초를 쌓는다. 즉 대도시기업을 유치하고 본사의 자회사를 유치하여 인구의 수요에 대처할 공장을 건립한다.

② 신도시의 개발비가 인구당으로 볼 때 모도시에서 개발할 경우의 인구비용과 같거나 그 이하가 될 수 있을 때 한하여 신도시를 개발한다.

③ 신도시개발의 경우, 단기간 내에 효율적으로 개발해야 하며 분산개발보다는 집중개발을 하되 하부구조비용을 최소화하여야 한다.

④ 토지에 대한 효율적인 과세와 토지보유정책에 의한 지가상승의 억제위에 신도시가 건설되어야 한다.

[5] 사회심리적 요소를 고려하여 건설

신도시지역주민의 배제감이나 분리된 의식을 느끼지 않도록 하기 위해 다음과 같은 요인들을 고려한다.

---

26) N.V. Baranov, "Building New Towns," United Nations, p. 213.

① 제사회기관이 협조한다.

② 제종류의 위락시설을 신설한다.

③ 타영역으로의 접근성를 용이하게 한다.

④ 거주시설을 개량한다.

⑤ 교육·문화·오락·종교·청년단체 등의 활동이 원활하게 이루어지도록 하여 신도시주민으로 하여금 일체감을 갖도록 하는 조건[27]을 성숙시켜 보다 좋은 도시환경을 조성해 가며 신도시를 건설할 때 거점도시로서의 역할을 할 수 있겠다.

이상의 제요소가 고려되어 건설될 때 산업의 분산에 의한 경제활동이 이루어지고 정보·물류·금융 등 개발거점으로서의 도시기능을 할 수 있을 것이다.

또한 의료·교육·문화 등의 기회를 주변 농·산촌까지도 제공할 수 있을 것이다. 그리고 스스로 발전할 수 있는 산업경제활동이 이루어질 것이다. 뿐만 아니라 이와 같은 신도시는 풍요한 자연의 혜택을 받고 지성문화권을 형성해 나가며, 도시화가 가져오기 쉬운 인간사막을 지역주민의 대화의 장이며 인생을 즐기고 정감 있게 인간관계를 개선해 나가며 지역사회의 발전과 나라의 미래를 서로 이야기할 수 있는 신지역사회로 바꿀 수 있을 것이다.

2. 도시화과정과 발전문제

1) 도시화 전개과정

도시화는 네 가지 측면, 즉 인구적·경제적·사회조직적·문화적 측면에서 변화와 관련되어 있다.[28]

(1) 워드(Wirth)는 도시화를 ① 인구의 기초·기술 및 생태학적 질서를

27) Jeanne M. Davis, A Review of the Problems of Planning and Constructing a New Community, New York, Delaware, 1969, pp. 4-5.

28) 최삼용, 도시화 발전과정에 대한 분석적 고찰, 도시문제, 1975. 4, 대한지방행정협회.

포함하는 물리적 구조로서의 측면, ② 특징적 사회구조를 포함한 사회조직 체계로서의 측면, ③ 집합적 행동에 참여하고 특정의 사회통제의 구조 속에 있는 태도・관념 및 개성의 측면으로 설명하고 있다.[29)]

(2) 미첼(Mitchell)은 도시화를 도시로 되어지는 과정이라 전제하면서 ① 도시로 인구가 이주하는 것, ② 농촌의 제1차 산업인 농업에서 도시의 성격을 지닌 제2차・3차 산업으로 구조가 변화하는 것, ③ 인간의 행동패턴이 도시적 성질로 변화하는 것이라 정의하고 있다.[30)]

(3) 하우저(Hauser)는 인구학적인 입장에서 도시화를 인구집중의 과정이라 규정하고 이것을 두 가지로 나누어 ① 인구가 집중되는 장소의 지역확대과정과, ② 인구밀도가 높아지는 과정을 통하여 도시화가 진행된다[31)]고 주장한다.

(4) 일본학자인 관임(館稔)은 도시화란 경계적 측면과 인구요인을 관련시켜 어느 지역사회가 생산력의 발전에 따라 축적된 자본에 의해서 근대적인 생산양식으로 발전하는 현상이라고 말하고 있다.[32)]

이상의 제정의에서 볼 때 공통분모로 보고 싶은 것은 근대산업의 발전에 의해 농촌적 지역이 도시적 지역으로 변화하는 과정이라 할 수 있고, 도시적 요소가 점차 증대하는 과정이 도시화라고 보면서 도시화의 역사적 과정을 전개・분석하여 도시구조 내지는 도시상을 파악하여 봄으로써 도시행정・재정정책을 세우는 데 자료로 이용하고 또한 도시발전, 특히 지방도시의 육성과 촉진책을 수립하는 데 도움을 갖고자 한국의 도시화과정을 살펴보기로 한다.

[1] 도시화의 초기(갑오경장부터 일정시대까지)

갑오경장 이전은 지방행정 관청의 소재지와 호구가 조밀한 시장・역・

---

29) 고영복, 한국도시화의 과정분석, 서울대논문집(인문・사회과학 제16집), 1970, pp. 73-74.

30) Gerald Breese, Urbanization in Newly Developing Countries, Prentice-Hall, N.Y. 1966, p. 3.

31) P.M. Hauser & L.F. Schnore, ed., The Study of Urbanization, N.Y., 1966, pp. 1-3.

32) 南亮三郎・舘稔, 人園都市化の理論と分析, 東京 勁草書方, 1963, p. 1.

병영·수영 등의 소재지를 중심으로 도시화가 이루어졌지만 정체적이고 침체적이었다. 그 후 일제강점하에서는 관서·상가 중심에서 도시화가 시작되었고 개항·군항·어항에 일본인생활권의 도시가 들어섰다. 그 외에 신설하는 철도노선의 요충지에 다음과 같은 특성을 갖는 일본인의 신시가가 형성되었다.[33]

① 식민지경영의 행정중심지로서의 도시화가 진행되었다.

② 일본이 한국을 상품판매시장화함에 따라 소비시장의 거점으로써 도시화가 된 것이다.

③ 한국을 원료수탈시장화하는 과정에서 일본으로 제반원료 등을 수송해 가는 교통상의 요지에 도시화가 이루어졌다.

④ 한국을 대륙침략의 병영산업기지로 만들려는 산업도시 등 소위 식민지도시화가 이루어졌다.

그러나 1930년대에서 8·15해방 전까지의 도시인구의 추이를 보면 1880년대 병자수호조규에 의거 문호를 개방한 후 1900년대 초기까지 비교하면 당시는 인구 5만 이상의 도시가 서울 1개소에 불과했고, 1만에서 5만의 도시가 12개소로서 <표 3-3>에서 볼 수 있는 바와 같은 바, 도시화의 정도가 발전되었으며 도시인구의 증가에 따라 도시의 수도 1909년에 서울·부산·평양·대구·인천·원산·진남포·목포·마산·신의주·군산·청진 등의 12개 소였으나, 1944년에는 개성·함흥·광주·전주·대전·해주·진주·나진·성진 등이 새로 사가 되어 21개소로 증가되었다.[34] 이 시기의 도시화 특색은 다음과 같다.

① 타의에 의한 도시화였다는 점

② 공업화의 속도가 도시화의 속도보다 빨랐다는 점

③ 도시화가 식민지정책 속에서 목적을 위해 식민지형으로 이루어졌기 때문에 한국인 중심의 생활권도시와 조화를 이루지 못했다는 점

④ 일정시대의 한국의 도시화는 지방행정중심지를 중심으로 이루어졌다.

---

33) 문정창, 일제시대의 도시형성과 그 특징, 도시문제 한국도시행정협회, 제2권 8호, 1967, p. 43.

34) 대한민국 내무부(현 행정자치부), 한국지방행정사, 1966, p. 283.

〈표 3-3〉 한국의 인구조사통계표

도 시	1933		1937	
	인구수(A)	일인수(B)	인구수(A)	일인수(B)
경 성 부	382,491	24,388	706,396	131,128
인 천	72,861	2,649	102,473	13,890
개 성	52,526	445	56,595	1,653
대 전	34,079	8,472	40,001	9,278
군 산	35,999	2,327	42,851	10,255
전 주	39,210	5,673	42,520	5,776
목 포	53,165	8,414	62,457	4,335
광 주	35,148	6,647	57,461	8,449
대 구	105,797	6,224	110,866	27,182
부 산	156,429	12,358	213,142	59,231
마 산	27,470	1,229	32,411	5,402
평 양	150,771	4,632	185,419	23,564
진 남 포	43,844	1,261	48,838	5,509
신 의 주	49,838	1,972	51,347	8,432
원 산	52,563	2,110	63,996	11,824
함 흥	42,198	1,905	61,430	9,611
청 진	37,030	2,228	66,958	12,137
나 진			24,508	4,893

* 자료: 조선총독부 朝鮮の人口統計調査報告, 국세조사보고(1933, 1937) 참조.
작성주기: 일인란은 도시별 일본인주거자수를 집계한 것임.

⑤ 철도의 개발지를 중심으로 도시권이 형성되었다는 점

⑥ 어업상의 근거지를 중심으로 도시화가 이루어졌다는 점

⑦ 항만을 중심으로 도시화된 점

⑧ 공업지를 중심으로 도시화되었다는 점 등이 특색이라 하겠다.

[2] 제2기 도시화의 격동적 성장기(1945~1960)

이 기간은 해방과 국토의 양단, 그러고 해외 동포의 귀국, 6·25 동란, 북

한동포의 월남 등 정치·경제·사회변동의 격동 때문에 도시화 과정도 격동을 면치 못하였다.

해방 직후 남한의 도시 수는 시급 도시가 12개로서 서울을 비롯하여 부산·대구·인천·광주·대전·전주·군산·목포·진주·마산·개성 등이었다. 이 중 개성을 제외한 11개 시의 총인구는 1946년에 남한 전체인구의 13.7%에 해당하는 247만명에 이르렀다.

규모별로는 100만 도시 1개, 20~50만 도시 3개, 10~20만 도시 2개, 10만 이하 5개의 분포를 보였다. 이를 <표 3-4>의 인구성장면에서 보면 더 자세히 알 수 있으며, 1948년 11월 17일 법률 제8호로서 지방행정에 관한 임시조치법이 공포됨에 따라 우리 나라 도시수는 14부 73개 읍이 되었다.

동 임시조치법 이후에 안강면·광천면·증평면·관용면·청도면·안양면·광양면 등이 각각 읍으로, 여수읍·순천읍·포항읍·금천읍 등이 각각 시로 승격되어 점차로 도시 수가 증가되었다.

이리하여 1949년 당시에 전국도시수는 19개 시 75개 읍이 되었다.[35]

1949년 7월 4일 법률 제32호로서 지방자치법이 제정·공포되어 동년 8월 15일부터 시행됨에 따라 서울시는 서울특별시로, 부는 시로 개편되었으며 행정구역은 종전대로 승계되었다. 1949년 도시 인구는 약 350만명으로 17.2%의 도시화율을 보여 읍까지 합치면 26%에 이르렀다.

특히 해방 직후(1946~1949)의 도시인구는 <표 3-4>에서와 같이 급격히 증가되었는데 시부증가율은 22.7%로서 군부인구증가율 1.1%에 대하여 무려 22배나 되었는 바, 그 이유는 다음과 같다.

① 농업인구밀도에 의한 농촌의 빈곤

② 농촌권의 인구자연증가율이 큰 데서 오는 인구과잉

③ 해외귀환교포 및 북한으로부터의 피난민의 도시집중

④ 해방 직후 농촌의 정치·사회적 불안으로 인한 농촌인구의 도시로의 이주

⑤ 일본인의 패퇴에 따라 교육·취직·사회·문화적 기회의 증대로 농

35) 전게서, p. 283.

〈표 3-4〉 인구성장률로 본 규모별 도시

인구	1941~1946년		1946~1949년	
	도시명	연증가율(%)	도시명	연성장률(%)
전도시(시) 10만 이상	11개시	4.2	19개 시	12.5
	대전	10.4	마산	3.7
	전주	8.0	청주	-3.6
	마산	19.6	군산	3.7
	진주	5.4	진주	8.4
	군산	5.5	춘천	5.4
			순천	8.4
			수원	6.7
			김천	1.7
			이리	9.3
			포항	4.1
10~20만	광주	7.2	광주	15.9
	목포	9.5	목포	2.5
			대전	10.6
			전주	6.9
			여수	71.9
20~50만	부산	11.6	부산	5.9
	대구	6.8	대구	5.5
	인천	2.3	인천	6.3
100만 이상	서울	3.7	서울	7.9

* 자료: 내무부(현 행정자치부) 한국도시연감, 1969.

촌 인구가 도시로 진출했기 때문이다.

물론 그밖에도 해방 이후 과도기적 제현상이 도시의 질량적 변동에 상당한 영향을 미친 것이라고 본다. 따라서 자연히 이 시기에는 다음과 같은 한국도시화의 특징을 나타내게 되었다고 본다.

① 8·15와 6·25로 인한 민족대이동으로 말미암아 비공업적인 도시인구의 증가분포상황을 보여 주고 있다. 즉 사변 중 많은 피난민을 수용한 부산·대구·광주를 제외한 제도시는 인구 증가가 정체되었으며, 전쟁피해가

컸던 진주·목포·서울 등은 1955년까지 인구 증가가 하락하다가 1955~1960년에 이르러 급격한 증가율을 보였다.

② 중소도시에 비해서 대도시의 인구 증가가 훨씬 컸다.

③ 종전시까지 전쟁의 피해가 적어 인구증가가 컸던 도시에서는 도시화가 침체되었다.

④ 1950년대 상반기에는 광주·대구·원주 등 군주둔지를 중심으로 한 도시성장이 뚜렷했다.

⑤ 지방의 경우는 행정중심도시인 도청소재지들의 인구성장이 높았다.

⑥ 인구 10만 이하의 도시들은 사회하부구조의 취약성 때문에 40년대 후반기에 비하여 인구정체현상을 보였다.

⑦ 도시화유형은 사회 구조의 격심한 변동 속에서 진행되었기 때문에 도시 구조는 종전까지의 전통성을 탈피하여 생활행태의 다양화와 더불어 공간 구조상으로 피난민의 정착에 따른 토지이용의 효과적 배분이 수반되지 않아 빈촌의 출현과 더불어 도시화는 환경적 요인의 질적 악화를 초래하였다.

[3] 제3기 도시화의 불균형 성숙기(1960~1970년대)

이 기간의 도시화유형은 대도시성장의 주도형이라 할 만큼 서울과 부산이 종주도시가 되었다. 반면 중소도시는 지속적인 상대적 증가에도 불구하고 서울이라는 거대도시의 성장에 비한다면 침체한 느낌을 준다.

그러나 도시규모별 변동추이를 보면 1966년의 경우 100만 도시 2개, 50만~100만 도시 2개, 20~50만 도시 3개, 10~20만 도시 10개, 10만 이하의 도시 15개로 1950년에 비하여 5개의 시급도시가 늘어났고, 시급의 경우 도시화율은 1960년의 28.0%로부터 33.3%로 증대하여 도시화 시대가 1960년대에는 시작된 셈이다. 이어서 1970년에 와서는 연평균 8.3%의 성장률을 보였다.

도시인구의 규모별 유형을 보면 500만 도시 1개, 100만 도시 2개, 50~100만 도시 2개, 20~50만 도시 2개, 10~20만 도시 11개, 10만 이하의 도시 14개로 되었으며, 물론 이 때 서울·부산·대구 등 3개 도시가 과대도시화의 양태를 보였으며 전국인구 대비 시·군 도시 인구는 1972년도에 44.3%의 도시율을 보이게 되었다. 특히 서울과 부산은 600만 도시로 되어 전 국토의 면적을 1% 점유하는 양대도시가 전국인구의 약 25%를 수용하는 등 몇 가지 도시화의 특징을 나타내게 되었다고 본다.

(1) 농촌권에 있어 압출요인: ① 농촌에 있어서의 상대 적 저생산성과 저소득, ② 인구압력, ③ 농업자원의 한계성, ④ 만성적 식량 부족, ⑤ 고용기회의 단순성과 저임금, ⑥ 농업노동의 계절성, ⑦ 농업구조개 선의 부진 등의 현상이 생겼다.

(2) 도시로부터의 압인요인: ① 도시권의 높은 문화수준 과 편익시설의 매력, ② 높은 생활수준, ③ 취업기회의 다양성, ④ 교육기회, ⑤ 권력으로의 접근가능성, ⑥ 정보의 집적, ⑦ 전통적 규범으로부터의 자유로움 등 요인이 상호작용하여 우리 나라가 이 무렵에 특징적인 도시화가 이루어진 것이라 생각된다.

(3) 가도시화 현상: 산업화에 수반된 도시화가 아니고 정치·행정·금융의 중심지로서 산업화를 앞선 도시화가 이루어졌다.

(4) 수도만이 급팽창하고 제2위 이하의 도시는 수도의 지배권하에 있다.

(5) 도시화가 정부시책의 영향을 크게 받았다.

(6) 도시화로 인하여 1970년까지는 특히 더 지역격차를 생기게 하였고 도시문제가 많이 생기고 농촌 문제의 해결에 도움이 되지 못하였다.

(7) 대도시지역의 고도성장과 신흥도시 및 특정지역거점지의 안정성장을 제외하고는 기존 중소도시가 정체 내지 일부 감소의 경향도 보이는 불균형 도시화가 특징을 이루었다.

수도 서울과 과잉한 농업인구를 배출지로 갖고 있는 호남의 중심도 광주와 신흥공업도시이며 신산업도시인 울산이 연평균 7~10% 이상의 고도성장을 보였고, 부산을 위시한 8개 도시가 중위성장률을, 인천을 비롯한 14개 도시가 자연증가율을 약간 상회하는 미증세를 보였으며, 진주 등 6개 도시는 자연증가율에도 미달하는 침체 도시의 면모를 보였다.

이상에서 볼 수 있는 도시화과정 속에서 어떻게 하면 정부주도하에 대도시의 인구 및 공업의 분산으로 신도시를 개발할 것이며, 80년대의 200억불 수출을 목표로 한 중화학공업을 해가고, 해안지역을 입지로 신도시를 산업화와 병행하는 도시화로서 육성할 수 있겠는가 하는 과제를 안고 있다고 본다. 또한 지역격차의 시정을 위한 지역개발의 효과를 가져오도록 도시주변지역과 공업개발의 효과를 달성하면서 농·어·산촌권의 도시화를 가져올 수 있도록 하느냐의 문제가 특히 변형기의 지역문제로서 대두되었다.

그러므로 앞으로 도시개발의 방향은 대도시 과대화의 방지와 지방 중소도시의 육성이 동시에 다루어져야 하기 때문에 지방도시의 발전부진원인을 도시의 체질, 재정면·행정시책면에서 분석해 보고 지방도시개발의 촉진방안을 제시하고자 한다.

2) 지방도시개발의 부진원인과 문제점

[1] 도시체질의 기형화

중소도시란 예외가 있겠지만 주민의 인구 수는 적을지라도 공업도시·생산도시·경제도시이어야 바람직한데 우리 나라 중소지방도시는 전산업형도시라는 데 문제점이 있다. 더욱이 곧 도시로 승격되어 갈 읍단위까지 포함시킨다면 대부분의 읍은 시장중심의 읍이며 인구과반수 이상이 공업 등 1차산업에 종사하고 있어 전산업형 도시를 탈피하지 못하고 있다.

물론 여기에는 다음과 같은 원인이 있다.[36]

① 역사적으로 인구의 대부분이 먹고 사는 것이 문제였기 때문에 촌락에 분포되어 있다.

② 도시화 초기에는 쇄국정책을 쓴 바, 항구와 도로의 발전이 부진했고 풍수설에 의한 주거지선정의 제약과 동족관념에 의한 씨족지역의 형성 때문이다.

③ 한국의 옛 도시는 대개 왕궁이나 행정관청이 있는 곳으로 군대가 주둔했던 곳이기에 높은 성벽으로 둘러 싸여 있는 소비적 관가도시였기 때문이다.

④ 농촌에서 살기 어렵고 불편을 느껴 쫓겨난 인구들이 도시권에 편입된

---

36) 김보현·김용래, 한국지방행정론, 청암출판사, 1964, pp. 88-89.

바, 주로 농업노동자들이 도시에 유입했기에 도시체질의 기형화를 이루었다.

[2] 지방도시재정의 빈약

도시화 과정에서는 새로운 도시계획·보건위생시설·공공시설·주택·교통·실업·상하수도 등의 새로운 행정수요가 양적으로 확대·증가되고 질적으로 복잡하여지므로 재정수요가 증대함은 당연한 추세이기도 하다. 그런데 우리 경우는 대도시를 제외한 중소도시의 재정규모가 극빈성을 면치 못하고 있으며 도시자체수입의 빈곤성을 드러내고 있다.

또한 지방교부세나 국고보조금에 있어서도 서울특별시나 부산광역시를 제외하고는 중소도시는 경영적 행정비를 충당하는 외에 전체투자사업비에 있어서는 재정자립도의 저위현상을 매년 보이고 있는 실정이다.

뿐만 아니라, 중소도시투융자규모에 있어 사회복지비와 공익사업비 및 산업경제비를 합한 투자적 경비는 대도시와 지방 중소도시가 그 비율에 있어 비슷하나, 도시의 구조정비, 시설의 확장, 도로·항만시설의 정비·주택·교통·보건위생시설의 설치 등 재정수요에는 극히 빈약성을 갖고 있으며, 도시재정수요는 방대해졌지만 신도시건설을 위해서는 항시 부족한 상태의 역순환이며, 이 외에도 투자사업의 경우 사업의 우선순위와 발전사업의 선정과정에서 나누어 먹기 식 투자가 되기도 하여 비효율성을 면치 못하였음을 지적할 수 있으며, 도시사업의 경우 경영원리를 적용하지 못하고 투자의 비경제성에 빠지는 경향도 있다.

또 지금까지의 도시사업을 보면 재정빈곤이란 제약성으로 인하여 사업비를 국고에 의존하고 보조금의 지속여부·보조조건 등에 의하여 사업의 결실이 좌우되고 있으며, 재정지원시책의 불합리 때문에 발전하지 못하고 있음을 지적할 수 있겠다. 그리고 개발자금의 유통면에서 볼 때에도 서울지역에 너무 치중되었고 지방 도시는 항시 금융유통면에서 영세성을 탈피하지 못하고 있어 산업의 지방분산과 중소공업의 육성, 소득의 균배 등을 위해서 금융유통정책의 재검토가 요청된다.

[3] 도시개발정책의 미비

① 도시정책의 종합조정결여를 들 수 있겠다. 국토종합개발계획을 중심으로 도·시단위로 이루어지는 각종 계획이 종합조정되어 상호경합성을 가지고 지속적으로 이루어져야 하는데 계획간에 마찰이 생기고 있다.

② 개발계획 기능분담이 불명확하여 각 부처간에 할거주의 현상이 없지 않아 개발사업의 능률을 저해하고 있다.

③ 대도시인구집중방지대책의 실행부진을 들 수 있겠다. 몇 가지 대책방안을 든다면[37] 다음과 같다.

– 정치적 대책…㉠ 관공서의 지방이전 ㉡ 세제정책 ㉢ 정치적 과도배경중지를 들 수 있다.

– 경제적 대책…㉠ 전원도시·신산업도시배치로 생활거점 설정
㉡ 농지확장으로 이농방지와 영세민이주
㉢ 국토건설사업촉진으로 대도시 실업자 흡수
㉣ 공장시설의 신개발도시 유치
㉤ 대도시와 인접중소도시간의 교통원활화
㉥ 신산업도시공장시설의 보호책
㉦ 농촌공업유치조장 등을 들 수 있다.

– 사회정책적 대책…㉠ 요구호자의 농촌 배치
㉡ 대도시 영세실업자의 신산업도시에의 취업알선
㉢ 문화시설·공공시설의 농촌중점 배치
㉣ 교육정책을 산업구조에 부합하도록 개선
㉤ 외원기관의 지방 활동
㉥ 복지시설의 지방유치 및 선도
㉦ 학교 및 교육시설의 지방유치 등의 제정책을 구체적이고 세부적으로 사업계획을 세워 집행하여야 할 터인데 부진한 실정이었다는 점이다.

---

37) 1964년 9월 22일 제95회 국무회의에서 대도시인구집중방지를 위한 종합적 대책을 의결한 내용임.

④ 지방도시일수록 도시기본계획이 미확정상태에 놓여 있어 시책의 안정성과 일관성이 없어 시정책임자가 바뀌면 도시개발계획마저 수정되는 형편이며, 현행 도시계획은 토지구획정리·가로망·토지이용 등 물리적 계획에 치중되어 산업·경제·사회복지·재정분야 등에 대한 종합적인 구상이 결여된 채 도시계획의 재정비를 해보지 못한 도시가 많다.

[4] 도시행정의 획일성

서울특별시는 국무총리직속으로, 부산직할시는 정부직할시로 되어 있고 그밖의 도시는 군과 같이 도의 관할하에 놓여 있는 바, 사실 군은 농촌지역권이 많은데 중소도시와 같이 획일행정이 집행되어 도시로서의 특정산업, 즉 도시계획·주택계획·공공사업·실업정책 등의 사업이 중소도시에서는 소홀히 되고 있다.

롭슨(Robson)의 말과 같이[38] 대도시는 사회적 집중도·경제적 지배력·정치적 우월성·정치적 중요성에 있어서 중소도시와는 크게 다른 바, 직능적으로 분업화·전문화의 양상에 따라 차이 있는 행정이 이루어져야 한다.

또한 그린(L. P. Green)의 말과 같이 대도시는 ① 도시개발 및 재개발계획의 문제가 있고, ② 수 백만의 생활이 거대한 산업적·상업적 복합체와 연속적인 경제문제가 일어나며, ③ 도시생활의 기본적 요소인 교통문제가 있으며, ④ 국민적인 정치·경제·사회문제는 언제나 도시에 의하여 조성되므로 정책적 제고려상의 문제가 발생하며, ⑤ 도시재정의 문제가 대두된다고 했다.[39]

이와 같이 대도시행정의 특질은 대량성·다양성·고도성을 갖고 있으며 광역의 경제권역의 중심도시라는 성격을 갖는다. 따라서 행정수요가 양적으로 방대할 뿐만 아니라 시민과의 접촉이 밀접하기 때문에 일반지역의 행정보다 직접적이고 복잡하게 된다.

따라서 도의 관할하에 획일행정을 한다는 것은 문제점이 있는 것이며, 크게 보면 도시는 ① 실업대책, ② 빈곤대책, ③ 질병대책, ④ 사회복지, ⑤

38) William A. Robson, Great Cities of the World, 2nd., 1957, p. 6.
39) L.P. Green, Provincial Metropolis, 1959, pp. 22-28.

도시 병리, ⑥ 주택, ⑦ 교통, ⑧ 상하수도, ⑨ 건물시설 등의 사업이 주가 된다.

군은 ① 농업증산, ② 농촌진흥, ③ 상·공·수산의 권장, ④ 수리개발, ⑤ 풍수해대책 등 광역적 행정을 담당하고 있는 점의 차이를 발견할 수 있는데, 적어도 시·군을 동일시하지 말고 행정수요의 특수성에 기인한 행정수행이 요구된다.

[5] 도시개발행정체제의 미비

도시사업의 집행에 있어서 기획기능과 사업기능이 분리되어 있지 않아 비전문화된 기획기관에서 사업집행을 하는 것이 지방도시의 경우는 현저하기 때문에 도시개발사업의 능률저하를 가져오고 재정낭비의 요인이 되고 있다.[40]

그리고 도시개발의 기동력이 되는 장비를 거의 보유하지 못하여 직영사업이 불가능한 실정이다. 또 하나는 도시사회의 경우 행정구역을 초월하여 근접지역과 사회적인 결합을 이루고 있으며 정부 각 부처의 기관과 조장행정기관이 상호 밀접한 관계를 가지고 사업을 전개하게 되기 때문에 조장행정기관에서 다른 부처의 기능까지도 수행한다.

예컨대, 도의 건설국은 건설부의 기능을, 농정국은 농수산부의 사업기능을 맡는데 관계사업부처의 장은 인사권과 예산집행권도 없기 때문에 협조가 잘 안되거니와 도시개발사업과 관계되는 관계부처간에 행정협력이 긴요함에도 불구하고 이와 같은 제도와 법률면의 중복·이질성, 제도와 현실간의 부재합성 등 개발행정체제가 미비하다는 점을 지적할 수 있겠다.

3) 지방도시개발의 촉진방안

① 지방도시개발은 과밀지역인 대도시에 대한 인구 및 산업의 집중을 방지해야 하며, 각 지역간의 경제·문화·사회 등 제분야에 대한 격차를 시정함으로써 국토의 균형 있는 발전을 도모하는 방향으로 도시화가 촉진되어야 한다.

---

40) 내무부(현 행정자치부), 지방자치단체기구편람 참조.

② 비도시권은 앞으로 도시화 요인을 점차로 넣어야 하므로 개발의 기본방침에 있어서 소단위 지역개발권의 거점을 설정하여 그 지역의 입지여건과 특성에 맞도록 개발을 추진해 나감으로써 농촌인구의 이탈을 막는다.

③ 지방도시개발계획은 국토종합개발계획과의 상호연관효과를 살리는 방향으로 수립되어야 하며 지역계획의 수립은 국가계획과 조화를 갖도록 해야 한다.

④ 지방도시의 개발은 개발주체가 지방자치단체이므로 지방자치단체의 행정・재정력을 강화하여야 하며 주민의 참여의 폭을 넓히는 것이 중요하거니와 중앙→도→시・군→읍・면간의 계획집행에 대한 기능분담을 명확히 하여 다음과 같은 방안으로 지방도시를 육성해야 하겠다.

[1] 산업거점도시의 육성

(1) 산업의 지방분산화

① 당해지역의 산업입지에 적합한 산업을 유치한다. 즉 그 지역에 특수한 물적 자원・천연자원 등 제자원을 활용할 수 있는 산업을 유치하여 투자의 승수효과를 높이고, 그로 인한 고용창조와 소득의 증대를 가져오고 증가된 소득은 다시 유효수요의 증가로 나타나 기타 산업을 발전시키도록 한다.

② 노동집약적 산업을 유치하도록 한다. 즉 중소도시 부근의 지역은 특히 계절적 실업자가 많이 생기게 되므로 이 불완전취업자를 흡수할 수 있는 지방산업의 육성이 요망되므로 산업계열화조성과 수출특화산업육성 및 중소기업의 수출산업으로의 전환육성에 있어서도 지역적인 적정배치를 고려하여 신투자에 의한 산업공장을 건설하며 대도시의 기존 시설을 지방으로 이동시켜야 한다. 특히 대도시 중심으로 시설의 과잉상태를 보이는 산업과 고도의 기술과 숙련을 필요로 하지 않는 산업의 기존 시설을 지방에 이동시키는 것이다.

이 때는 거점도시의 선정기준이 문제가 되는데 우선 다음의 요건이 전제되어야 한다.

① 국가의 요청에 부응하여 국가적 차원의 경제개발 및 국토계획면으로

보아 지역개발의 중추적인 기능을 발휘하는데 가장 효과가 큰 지역일 것이다.

② 적은 투자로 가장 큰 투자효과를 올리도록 단위지역개발에 필요한 자연적·사회적 여건이 양호해야 한다.

③ 산업개발에 필요한 용지·용수·수송시설 등 입지조건이 양호하다든가 또는 그 개발이 용이해야 한다.

④ 거점개발은 지역격차를 시정하는 데 주요한 의의가 있으므로 경제적·사회적·문화적으로 주민복지를 위한 생활기반시설이 낙후되어 있는 지역을 고려하여야 한다.

⑤ 국토계획면으로 보아 문화적 천연기념물 등 관광자원의 보전·이용·개발을 위하여 특히 필요로 하는 지역 등이 배려되어야 할 것이다. 따라서 이상의 제조건을 고려하여 지역을 선정한 다음 정부는 거점도시의 종합지원을 지속해야 할 것이다.

즉 우선적으로 정부는 산업·교육·문화·시험·연구시설 등 지방분산이 가능한 것은 대도시집중을 억제하고 거점도시에 유치·육성토록 적극적 지원을 해야 할 것이다. 정부와 도는 도시개발사업이 원활하게 촉진될 수 있도록 정부보조·융자·기채차관의 지불보증 등 재정면의 특별배려와 공유수면매입·하천점용·국공유재산의 양여, 그리고 지가조절·군사시설의 교외이전 등에 대한 대책을 강구하여야 한다. 전신·전화·전기·철도시설에 대한 우선 처리, 개발장비의 급여, 계획수립의 지도, 기술의 제공 등 일각의 지원대책이 있어야 한다. 다음에는 유치산업에 대한 지원시책으로서 유치되는 기업에 대하여 자료·정보의 제공과 기업육성에 대한 장애요인을 제거하여야 할 것이고 재정금융·산업입지·공급시설·자료의 활용·기술제공 등 행정적·재정적 지원이 병행되어야 할 것이다. 그리고 거점개발을 위해서는 도시개발정책의 종합조정이 요구된다.

행정각부에서 산발적으로 추진되고 있는 도시개발정책을 종합조정하고 국가계획과 지방계획간의 연관성을 살려 지방도시개발을 하되 인구·물자·산업·주민복지 등을 상관관계로 하는 종합개발계획을 시별·면별까지도 단계적으로 확정시켜 점진적 개발을 추진해야 할 것이다.

[2] 도시개발기금의 설치

개발에 필요한 요소로서는 자본·자원·노동력·외부경제조건·지역주민의 참여 등을 들 수 있는데, 특히, 개발자금이 부족한 우리 나라의 지방 중소도시의 현실로 볼 때 지방도시개발특별회계법이나 지방도시개발기금법 등을 제정하여 개발적기에 개발자금을 공급할 수 있는 체제를 갖추어야 하겠다.

이렇게 마련된 기금은 융자를 하되 도시기반조성 및 공업기반조성·유치사업·수익적 공영사업 등에 우선지원토록 하고 기금운영의 효율적 수리를 위하여 전문가적으로 구성된 지방도시개발심의회를 중앙에 국무총리 행정조정실에 두고 지방에는 도청에 두어 개발지원의 합리적인 정책과 집행이 이루어지도록 하여야 할 것이다.

[3] 도시재정대책의 확립

지금까지 대도시에 편중되어 있는 금융정책을 조정하여 균형 있는 산업구조·국토구조·소득구조형성이라는 정책목표에 부응할 수 있도록 금융정책을 재검토하여 각 지역간의 개발자금유통을 원활히 하여야 한다. 또 하나 중요한 것은 중소도시의 재정자립도를 높일 수 있도록 다각적인 재정개선책을 도모해야 할 것이다. 그 방안은 다음과 같다.

① 국세와 지방세의 조정으로 세원배분을 합리화한다.

② 도시계획세와 수익자부담금제도를 효율적으로 운영한다.

③ 지방세과징을 철저히 하여 음성세원의 포착에 주력한다.

④ 새마을사업과 관련된 각종 보조사업을 융자와 차관으로 전환하기 위한 재정지원시책을 개선하여야 한다.

이 외에 수익적 공공사업을 확대하여 세외수입으로서 지방재정을 늘려가며 협동권 새마을이 많은 면단위까지는 지방교부세를 합리적으로 지원하여 장래 도시발전을 위한 기반을 구축하여야 할 것이다.

[4] 도시시설의 정비확충과 도시근교의 개발

도시계획에 의한 도시시설의 정비·확충은 다음과 같은 주요 목적을 갖는다.[41] 요컨대 도시시설의 정비는 다음과 같다.

① 급격히 증가하는 도시인구를 분산함으로써 중심지역의 혼란을 방지하여 시민생활에 최대의 편의를 제공한다.

② 이상적 주택지를 조성하여 도시민의 안식처를 마련하여 준다.

③ 상수도와 하수도를 위생적으로 설계하여 가정생활의 불편을 제거하며 가정주부의 고심을 해소시킨다.

④ 보건위생시설 및 공원·유원지 등을 설계하여 도시생활에서 오는 시민의 피로를 덜어 줄다.

⑤ 교통의 불편을 해소하기 위하여 도로의 확장 및 도로면을 잘 포장하여 시간적·경제적 편의를 제공한다.

따라서 이를 위하여는 우선적으로 토지구획·교통시설·상하수도·보건위생시설·오락시설 등 기본적인 공공사업에 광범한 투자를 하여야 하며 도시화의 과정에서 생산적이고 자주적이며 도시의 바람직한 기능화를 위해 각 도시마다 도시계획위원회의 기능역할을 강화하여야 한다. 또한 자문적 기능이 아닌 준사법적·준입법적 기능까지 갖도록 강화하여 가며 국토의 보전과 이용의 극대화를 도모하고 안전·위생·내구 등의 요건을 구비한 획기적이고 장기적인 주택정책을 세우기 위하여 취락건설의 조사·정비와 계획 수립 및 집행으로 도시화 요인을 넣기 전 사전계획이 필요하다.

또 도시근교의 개발을 위하여 도시근접지역을 지역의 특성과 여건에 맞도록 계열적인 개발을 추진함으로써 생산유통·소비면에서 경제성장을 촉진하여야 하며 이를 위한 토지구획정리도 실시하여야 할 일이다.

[5] 도시행정특례의 인정

중도시와 대도시의 행정수요는 인구의 증가 추세와 같이 특히 농촌의 유휴노동력의 유입으로 인하여 실업자가 늘고 주택난·교통난·보건위생·생활환경개선 등의 문제가 제기된다.

이와 같은 도시문제의 해결행정으로서 사회복지·도시계획 등이 뒤따라야 하며 이와 같이 급증된 행정수요의 양적 증대와 질적 변화에 대응하는 재정지원·기술지원이 계속되어야 할 터인데, 제도나 현실 그리고 현행법

41) 고준영, 도시행정과 도시계획, 서울대행정대학원, 석사학위논문, 1961, pp. 114-115.

률로써 뒷받침이 안 되고 있는 바, 대도시행정의 특례를 인정하는 몇 가지 제도적 개혁이 필요하다.

(1) 직할시제의 확대

현재 도의 관할하에 있는 인구 100만 이상을 가진 대도시를 중앙정부의 직할로 하는 제도이다. 이와 같은 제도는 영국의 직할시와 일본의 지정시제, 필리핀의 특별시, 서독의 특별시, 우리 나라의 부산시 등에서 볼 수 있듯이 ① 직할시를 늘려 행정의 경합과 권한의 중복을 배제하고 행정의 책임을 명확하게 함으로써 이중행정이나 이중감독의 폐해를 막도록 할 것이며, ② 소도시 및 군과의 획일적 행정을 지양시키자는 것이다.

물론 이렇게 되면 잔여부의 재정난을 해결하기 곤란할 것이나 이는 사전에 연구·조사하여 기능보완을 해야 할 것이다.

(2) 지정시제의 도입

앞으로 직할시(현, 광역시)로의 승격을 위한 잠정적인 제도로서 내무부(현 행정자치부)에서 지정·육성하고 있는 대구시·인천시·광주시·대전시·전주시·청주시 등 표준도시에는 지정시제도를 도입하여 일정한 사무를 중앙정부와 직결하여 처리하도록 하고 이에 따르는 재정적인 특례를 인정하는 방안도 강구할 필요가 있다고 본다.

지정시제는 사무재배분에 의하여 그 특례를 인정하는 제도로서 일본의 경우를 보면 인구 50만 이상의 도시에서는 다음과 같은 일정한 사무를 도·도·부·현과 독립해서 중앙정부와 직결하여 처리하고 있다.[42]

사무 내용을 보면 다음과 같다.

① 아동복지에 관한 사무
② 민생에 관한 사무
③ 신체장애자의 복리에 관한 사무
④ 생활보건에 관한 사무
⑤ 모자복지자금의 대부 등에 관한 도·도·부·현의 사무

42) 日本自治小六法, 學湯書房 編輯部, 東京: 1967, pp. 168-169.

⑥ 전염병예방에 관한 사무
⑦ 기생충의 예방에 관한 사무
⑧ 식품위생에 관한 사무
⑨ 묘지·매장 등의 규제에 관한 사무
⑩ 여행장·여관 및 공중욕탕영업의 규제에 관한 사무
⑪ 결핵의 예방에 관한 사무
⑫ 도시계획에 관한 사무
⑬ 토지구획정리사업에 관한 사무
⑭ 옥외광고물의 규제에 관한 사무
⑮ 건축기준의 규제에 관한 사무 등이다.

이와 같은 지정시제도는 책임의 명확화라는 측면에서는 좋으나 재정적인 문제가 뒷받침되지 않으면 재정적으로 도·도·부·현의 통제를 받게 되어 제도개혁의 실익이 없게 될 것이다.

그러고 또 하나의 문제는 우리 나라의 경우 도가 수행하는 사무 중 어떤 것을 지정시에 완전히 이양할 것인가의 문제인데, 현재 도가 시에 내부위임하여 처리케 하고 있는 사무일체와 현지성·봉사성·경제성에 입각하여 도시행정의 특수성을 살리고 중앙정부와 직결하여 처리할 필요가 있다고 인정되는 사무를 포함시킴은 물론 사무처리의 효율성·책임성·창의성·자립성의 확보를 위하여 재정이양도 뒤따라야 된다고 본다.

[6] 도시개발행정체제의 정비보강

도시행정기구를 개혁해야 한다. 특히

① 시기능조정에 관한 자율권이 있어야 한다.
② 시의 규모와 기능 및 특성에 따르는 기구의 탄력성이 요망된다.
③ 도시행정의 종합기획 및 조정체계가 필요하다.
④ 도시 하부조직이 미약한 바 이를 강화해야 한다.
⑤ 공기업경영체제를 강화할 일이다.
⑥ 특수행정수요에 따르는 기동성 있는 기구보완이 요망된다는 점 등을 지적할 수 있다.

이에 대한 정비강화의 대책으로서 그 도시특성에 따라 시기구에 있어 국·과의 통폐합이 요구되며 새로운 계를 설치하고 도의 도시행정기구를 보강, 도시행정 종합부서를 설치하여 도시행정·재정을 종합조정하고 도시계획·도시문제를 종합지도토록 하면 좋겠다. 그리고 또 한 가지는 도단위로 개발장비를 집중 관리하여 거점지역에 대한 중점 개발을 할 수 있는 도시개발공단 또는 개발사업단을 설치하는 방안도 있다.

개발사업단은 도단위로 설치하되 공기업형으로 운용해도 좋겠으며 모든 개발장비를 공동 관리·운영하게 하며 도로·교양·항만·공공단지조성·토지구획정리·상하수도·택지조성·경지정리·개간·관광개발 등 대규모 사업을 위임·집행하도록 한다.

제 4 절 지역격차문제

급속한 경제성장으로 인한 부작용 중 하나는 지역간 경제적 격차의 문제로 나타난다. 여기에서 지역간의 경제문제로는 지역격차와 도시과밀 그리고 산촌과소의 세 가지를 지적할 수 있다. 이 중 지역격차란 지역간의 소득격차·생산성의 격차·성장률의 격차를 말하는데 일반적으로는 주민 1인당의 소득격차로 이해되고 있다.

지역격차문제가 특히 문제화된 것은 제2차 대전 후에 민주화의 발전과 교육수준의 상승에 따라 주민의 격차의식이 높아지고 또 급격한 인구의 도시로의 이동에 의해 도시화가 진행되면서부터라고 하겠으며, 윌리암슨(Williamson)의 연구에 의하면 한 나라의 지역간 소득격차는 그 나라의 경제발전단계와 밀접한 관계가 있다고 한다.[43]

---

43) Jeffey G. Williamson, Regional Inequality and the Process of National Development: A Description of the Patterns; Needleman, ed., Regional Analysis Baltimore: Penguin Book, 1968.

이 밖에 지방행정의 재정사정이 점차 곤란해지고 있는 사실과 농업이나 중소기업경영에서도 지역격차문제가 나타나고 있다. 특히, 농업이나 중소기업경영에서는 거시적으로는 방대한 상대적 과잉인구가 존재하고 있으면서도 미시적으로는 기술공이나 기능공의 부족 현상이 절실한 문제로 등장하고 있다. 이러한 사실은 구조변화에 대한 인간의 적응에 시간이 소요되고 또한 적응방법도 지역에 따라 각각 다르기 때문이다.

이상 언급한 일련의 사정이 정부자금을 도입하고 사회자본의 충실을 기하기 위한 구실이 되어 격차시정을 요구하는 여론으로까지 번지는 것이나. 한편 도시로의 인구집중은 고도성장에 수반하여 생긴 구조변화에 대한 하나의 적응현상이라고 말할 수 있다.

그러나 구조변화의 속도가 너무 빨라 이에 대한 적응이 뒤따르지 못하면 사회적 불안계층이 생겨날 우려가 있는 것이다. 다시 말하면, 구조변화와 주민의 의식 내지는 적응능력간에 차이가 생긴다면 사태는 그리 단순하지 않은 것이다. 따라서 격차문제는 단순하게 취급하거나 소홀히 다룰 문제가 아니다. 물론 이러한 지역격차문제는 전쟁 전에는 더욱 심했다. 다만, 불균형에 대한 모순의식이 약하고 관심의 대상이 되지 못했던 것이다. 그러나 인구혁명·교육혁명·소득혁명의 진전은 소리 없던 요구나 외침을 부각시켰던 것이다. 이것은 지역주민의 자기주장의 표현이며 참여에의 발돋움이고 이러한 소리는 더욱 강해질 것이다.

다음으로 이중구조와 격차는 동의어가 아니다. 이중구조란 근대적인 것과 전근대적인 것과의 이질적인 것이 갖는 구조상의 관계를 말하는 질적 개념인 것이다. 따라서 이중구조의 해소는 전근대적인 부문을 양대화하는 동질화의 노력을 의미한다. 그렇기 때문에 근대화에의 노력을 수반하지 않는 격차대책은 진정한 의미의 해결이라고 말할 수 없는 것이다.

따라서 이중구조가 질적인 개념이고 격차가 양적인 개념인 이상 이중구조의 해소란 이질을 동질화하는 것으로, 구체적으로는 전근대적인 부문을 여하히 근대화하는가에 귀착된다.

그러나 이중구조가 해소되고 경제구조가 근대화된다고 해서 그것이 바로 소득격차의 해소를 뜻하는 것은 아니다. 미국이나 서유럽에도 아직 지역격차나 소득격차가 존재하고 있는 것이다.

첫째, 경제수준의 지역격차문제에 대하여 아담 스미스(Adam Smith)는 『노동의 임금은 식료품가격보다도 장소에 따라 더 큰 변동을 하고 있다』고 말했다. 따라서 성장산업의 임금은 높고 성장지역의 소득도 상대적으로 높은 것이 사실이다.[44]

그러면 이러한 지역격차의 해결 방안은 어떤가? 지역격차 중에서 가장 핵심이 되는 소득격차를 축소시키기 위하여 노동력의 이동·생산성의 향상·사회보장제도 등의 여러 가지 수단을 강구할 수 있다. 특히 지역간 1인당 소득격차에 큰 영향을 주는 주요변수는 산업구조와 노동자의 교육수준이라 하였다.[45]

요컨대, 제2차 산업에 있어서 각 지역의 산업화정도가 높고 낮음이 지역간 소득격차를 결정하며 교육수준이 높고 젊은 계층의 인구가 선택적 이동을 함으로써 지역간의 격차를 촉진시킨다는 사실을 감안하여 사회간접자본에 대한 투자를 통한 외부경제의 조성, 경제개발계획 사업으로서의 제2차 부문에의 재정투융자 등 정책적 고려가 요구된다. 그러나 가령 이러한 수단으로 소득격차를 대폭적으로 축소시킨다고 해도 그것이 바로 이중구조의 해소를 의미한다고는 말할 수 없다. 비록 소득격차가 축소되었다고 해도 아직 전근대적인 부문은 잔존하기 때문이다.

또한 아담 스미스의 주장대로 경제수준의 지역격차는 노동과 자본의 자유로운 이동이라는 적응과정에 의해서 대폭 축소될 수 있다. 그것은 급격하게 확대해 가는 경제규모 자체가 어느 정도 자기모순을 자체 내에서 해소해 나가기 때문이다. 그러나 이러한 격차 축소에도 일정한 한계가 있고 그 한계성의 존재는 아담 스미스 시대 때보다도 노동과 자본의 이동이 더 자유로운 현대의 선진국에서 여전히 존재하고 있는 것이다. 다만, 격차에는 허용되는 격차 내지는 당연히 존재하는 격차가 불가피하게 있다는 사실을 명심해 두어야 한다.

---

44) Adam Smith, Wealth of Nations, 1776; 松川四郎 外 1人 共證, 諸國民の意, 1959, p. 241, 岩波文庫

45) 황명찬, 한국의 지역간소득격차분석, 한국행정학보 제7호 1973, pp. 20-243.

따라서 한 나라의 경제는 이러한 지역격차를 수반하면서도 얼마만한 균형을 유지하고 있는가가 가장 큰 문제인 것이다.

둘째, 넉시(R. Nurkse)는 이것을 저개발의 균형이라고 명명했지만[46] 경제발전의 과정에 있어서 격차를 가지면서도 어느 정도의 균형을 유지하는 것이 가장 중요한 일인 것이다. 그리고 격차문제의 시정조건으로서는 경제수준의 지역격차를 1인당의 소득격차로 보고 이의 해소를 정책목표로 할 때 저소득지역의 소득총액을 증대시키는 방법이 있다고 앞에서 언급했는데, 문제는 경제정책적 관점에 서느냐 사회정책적 관점에 서느냐에 따라 방법이 동원되겠으나 결국 경제 수준에 있어 지역격차의 배후에는 개인소득분포의 불균등이 있고 이것이 지역 격차와는 표리의 관계에 있다.

따라서 이러한 소득재분배의 문제는 최종적으로 경제학자의 결정소관이 아니고 분배문제를 정치철학이나 사회철학의 입장에서 정치조직의 안정성과 관련시킨 정치적 결단에 맡기는 수밖에 다른 도리가 없는 것이다[47]라는 말에 동감을 느끼면서 역시 행정학자의 입장도 이와 같다고 본다. 다만 성장과 같이 배분도 근대화의 중요 문제로 다루어야 한다고 생각하며 지역간의 격차·소득간의 격차·계층간의 격차·산업부문간의 격차를 해소하는 것이 개발전략에서 다루어져야 하며 개발행정의 과제로 연구되어야 한다고 생각한다.

제 5 절 유통의 근대화

1. 유통부문의 후진성과 근대화과제

우리의 유통부문은 여타의 산업부문, 특히 제조업부문과 비교할 때 저생

46) R. Nurkse, Problems of Capital Formation in Under-developed Countries, 1953. p. 10.
47) R. F. Harrod, Towards a Dynamic Economics 1948; 高橋長太郎 外 1人 共譯, 動態經濟學序說, 有斐閣, 東京: 1973, p. 176.

산성을 면치 못하며 국민경제의 지역간 · 계층간에 이중구조를 보이고 있으며, 유통경로 · 유통기관 · 유통마진 · 물적 유통활동의 제측면에서 비합리성을 발견할 수 있다.48) 따라서 유통근대화의 구체적 방안을 제시하면 다음과 같다.

[도표 3-1] 유통기능

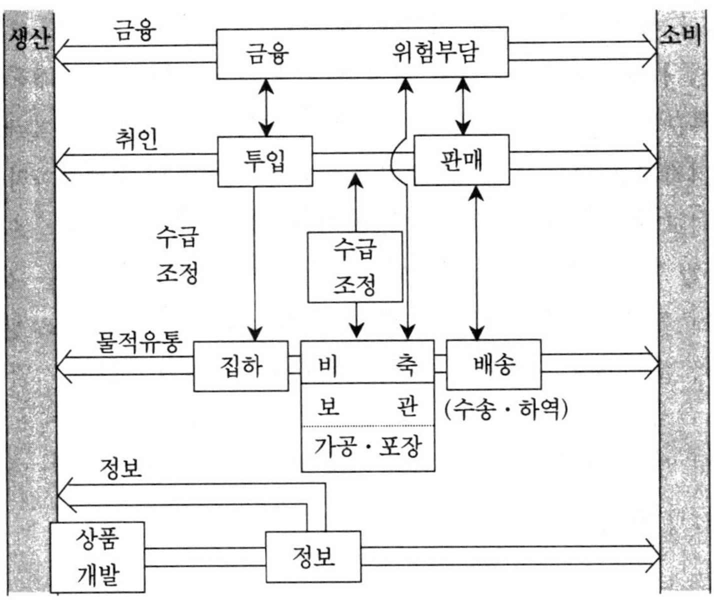

① 소득수준의 상승 및 평준화
② 도시화의 진행과 교통망의 발전
③ 노동생산성 향상을 위한 구조정책 수립
④ 국민경제의 생산 기반 확충
⑤ 물적 유통시설의 적정배치49)

48) 대한상공회의소, 소비구조의 변화와 유통경제, 한국경제연구총서 XI, 1969, p. 194.
49) 日本, 通商産業省企業局, 地域經濟と流通近代化, 昭和 46, pp. 193-194.

⑥ 상업권·농업권·공업권·도시권을 연결하는 유통정보체계를 형성하는 일

⑦ 농협은 기능면에서 유통활동의 합리화를 위해 생산자측과 소비자측을 각각 조직화하여 공정한 경쟁이 가능한 시장조건과 합리적인 거래관습을 확립토록 기능쇄신을 가져오도록 한다.

⑧ 유통의 효율화를 위해서 [도표 3-1]과 같은 유통기능의 원활화를 도모하도록 유통관계법령을 실용적으로 정비한다.

⑨ 유통부문의 이중구조해소를 위하여 국민경제의 지역간·계층간 불균형의 제거를 선결조건으로 한다.

2. 유통활동 및 구조개선

1) 유통활동의 개선방향

(1) 유통경로의 통합

생산자를 시발점으로 하여 유통 경로를 계열화하며 유통기관을 중심으로 유통경로를 거대화한다.

(2) 유통기관의 기능

이를 위하여 도매상과 소매상의 기능을 분화하며, 소매상을 대형화·전문화함으로써 품질보증·유통비절감을 실현하도록 하며 유통기관이 과학적 경영을 하도록 행정지도를 한다.

(3) 유통마진을 축소

유통마진을 축소하는 방향으로 나간다. 요컨대 소비자이익 증대를 위한 제도적 기반확립으로서 공정거래제도·상품의 규격화·품질표시·정찰제·적절한 수급대책 등을 확립하여 유통 마진의 시간적·공간적 평준화를 도모함으로써 유통 마진을 축소한다.

(4) 물적 유통활동의 개선

이를 위하여는 절대적 수송능력을 확대하고 하역능률을 향상시키며 유

통창고 등 보관 활동을 강화하고 정보유통의 원활화와 함께 포장의 표준화·경량화 등에 의한 물적 유통의 표준화가 도모되어야 한다.

(5) 유통조성활동의 강화

이를 위하여는 유통기관, 특히, 새마을협동권의 농업통운[50]에 장기저리의 시설자금투자를 농협에서 하면 좋겠다. 이와 같이 소비자조합의 기능을 가진 새마을권의 물적 유통시설투자에 필요한 시설자금과 운전자금의 지원을 정책금융의 일환으로 확대하였으면 한다.

2) 유통구조의 개선

농수산물의 유통구조를 특히 개선하여 생산자와 소비자가 원활히 연결될 수 있도록 유통구조가 확립되어야 한다. 따라서 유통구조가 불비하면 ① 중간층의 과다개입으로 유통 마진의 증대, ② 기술적인 비능률성 잠재, ③ 비생산적인 이권 개재 등의 요인 때문에 재투자성 잠재이윤이 무산된다.

이렇게 되면 자연히 농가소득의 향상이 줄기 때문에 교통망을 개선하고 거점단지 중심으로 보관배송 시스템과 집하장, 그리고 저장시설의 설치 등 연관시설을 정비할 필요가 있다.

3. 협동권새마을에 교통투자

협동권새마을에 농산물통운의 자율화사업을 전개·도입하도록 함으로써 새마을권의 산업화를 위한 다음과 같은 사업을 한다.

① 운송수단의 확보, ② 수송망의 조직화, ③ 시장정보망의 형성, ④ 구판의 공동화, ⑤ 농경 센터로서 집하장 설치를 한다.

(1) 사업추진방안

① 소형화물자동차의 공동 구입, ② 협동권새마을의 두 자립마을의 연결

---

50) 농업통운이란 필자의 주관적 의미해석인데 농업의 산업화방책으로서 농산물통운이란 말로 표시할 수 있겠으며 자세한 설명은 제4편 제6장 개발관리를 다루는 중 유통구조개선에서 언급하겠다.

및 시장직결, ③ 물량수급의 공동화, ④ 협동권새마을간의 시장정보교환을 제공할 수 있도록 한다.

(2) **사업추진요령**

① 협동권 내 자립마을 단위로 지역주민 자체부담 및 상인부여금과 농협융자로 협동권새마을의 경제규모에 맞도록 화물차를 공동매입한다.

② 서울의 시장을 중심으로 새마을협동권을 유기적으로 연결시키며 농산물의 유통을 민활하게 한다.

③ 전 협동권 내 자립마을단위를 1개권 내로 영입시킴으써 정보유통을 원활하게 한다.

④ 자립마을단위의 협동화·농산물의 집산화를 통하여 물량수급을 공동화한다.

⑤ 자립마을 협동권중심지역의 구성원으로 하여금 농경센터를 설치케 하여 물량수급의 대량화를 모색하게 한다.

이렇게 함으로써 다음과 같은 교통투자의 종합효과에 대한 예측이 가능하다고 믿는다.

ⓐ 농산물 수송을 자율화함으로써 유통비용을 절감하고 농민이 3차산업에 참여케 하여 소득을 증대시킨다.

ⓑ 농촌에 수송력을 강화시킴으로써 농촌과 도시의 거리를 단축시키며 지역 간의 소득격차를 완화시킨다.

ⓒ 시장정보망의 조직화를 통하여 판로를 개척하며 농산물유통의 위험부담을 제거시킴으로써 가격의 안정을 도모하고 안전생산을 통하여 수익성을 제고시킨다.

ⓓ 공동구매를 통하여 농산물판매의 무모한 경쟁을 지양시키며 수취가격을 인상시키고 농업원자재 공급처와 직결함으로써 지불가격을 인하시킨다.

ⓔ 농경센터를 설치함으로써 농산물의 집산화와 구매의 편의를 도모한다.

제 4 장

각국 지역개발(농촌정주권 중심)의 동향비교

각국 농촌지역개발의 이상모형과 행정지원전략을 합리적으로 비교·연구하는 데 있어서는 포괄적으로 적용될 수 있는 개발환경과 국민의 의식구조 그리고 각국의 정부조직과 같은 변수의 비교나 각국 국토종합개발계획과 지방개발계획 그리고 농촌개발의 모형 내지 정형을 제시하여 이를 중심으로 한 비교·연구가 있어야 한다. 그러나 이에 미치지 못한 채 농촌개발의 본질과 내용 및 특성이 나라에 따라 어떻게 다르며, 지역사회개발이나 지역개발이 어떻게 이루어지고 있는가를 살펴보고, 개발과정상의 문제점이 무엇인가를 비교하여 봄으로써 21세기 이후에 전개하여야 할 한국형 복지농촌개발모델로서의 정주권개발 이상모형을 도출하고자 한다.

농촌새마을운동의 제2도약을 위한 기틀로서 역할을 맡게 하여 ① 인구의 지방농가정착을 유도, ② 개발 가능성의 전국적 확대, ③ 농촌주민복지수준의 제고, ④ 국토 및 도종합개발계획과 새마을운동 종합중·장기계획을 농촌지역별로 구체화될 수 있도록 우리와 유사조건을 가진 나라의 경험을 비교·연구함으로써 합리적이고 효율적이며 인간생활중심지향적인 개발모형의 수립을 위한 시론적 차원에서 이론과 실제를 종합·정리하는 바이다.

제1절 대만의 사구발전운동(社區發展運動)

1. 사구개념의 본질

「사구(社區)」는 영국의 "community" 의미와 같이 보며, 「사구발전운동」은 1955년에 발족되어 당시 대만의 국민당이 전개한 「기층적 민생건설운동」 형태로 시작되었으며, 생산을 증대하여 국민을 부자로 만들고, 생활환경을 개선하여 국민으로 하여금 복지의 삶을 누리게 하자는 것이고, 생산건설, 문교강약, 보건위생, 사회복지 등이 목표내용으로 되어 있다.[1] 그리고 시행방법은 각 도와 시에서 촌리를 단위로 전개하였다. 그러면 이러한 사구운동의 구체적 내용을 검토하고자 한다.

대만의 국민정부는 1965년 4월 8일 「민주주의현단계사회정책」을 사구운동의 중점사업으로 설정하고, 사회건설과 경제건설의 균형적 발전을 강조하였다. 여기서 주목할 일은 「사구발전」은 민족주의, 민권주의, 민생주의의 삼민주의를 기본철학으로 한 바 이를 구체적으로 보면 다음과 같다.

첫째, 민족주의의 등장으로서 사구발전은 사구주민들의 자동, 자발, 자치정신을 깨우치는 데 치중했다. 요컨대 사구를 건설하여 사구주민들로 하여금 상부상조함으로써 민족정신의 총합적인 역량을 발휘하자는 것이다.

둘째, 민권주의의 실현이다. 즉, 사구발전은 주민이 스스로 참여하는 자기개발의 운동이다. 그 발전과정에서 사구호장회의 및 사구이사회의를 실시하여 토론하고, 사구주민들로 하여금 선거, 파면 등 권리행사를 할 수 있도록 제도화함으로써 회의에 대하여 관심을 갖게 하고, 법치정신 및 주민의 민주의식을 고취시켜 민권주의의 바탕을 튼튼하게 하자는 것이다.

셋째, 민생주의의 실현이다. 사구발전의 중점적인 사업인 ① 기초공정건설, ② 생산복리건설, ③ 정신윤리건설 등의 세 목표가 주민들의 생활환경

1) 徐震, 社區與社區發展, 正中書印行, 民國 71年, pp. 23-53.

을 개선하고 주민의 생활수준을 증진시켜 복지시설건설을 촉진하며, 나아가서 안락한 사회를 이루는 것으로 사구발전은 곧 민생주의를 실현하는 실천도장으로서의 의의를 갖는다는 것이다. 이로써 손문 선생의 삼민주의복지사회의 최고 이상인 대동사회를 실현할 수가 있다는 것이다.[2)]

그후 1968년 5월 10일 행정원이 세운 목표는 계획적으로 지역사회의 인적·물적 자원을 최대한 활용하면서 정부의 시책과 재정지원 및 기술지도를 합리적으로 배합시켜 지역주민의 생활조건을 개선하고, 주민들의 생활효능을 증진시키며, 생활환경을 향상시켜 민생주의의 신사회를 건설한다는 것이다. 이와 같이 사구발전은 다원성적이고 다목표적인 사회복지사업이므로 범위가 넓고, 물질생활과 정신생활을 포함하며, 이 사업은 국민의 「의, 식, 주, 행, 육, 락」 등 모든 생활과 관련된 문제를 해결할 뿐만 아니라 논리, 도덕 및 인간행동규범 등을 생활화시키려고 한 것이다.

그러므로 정부는 이를 위한 구체적인 목표와 방향을 제시한 바 세분해보면[3)] 다음과 같다.

첫째, 기초공정건설(생활환경조성사업)을 완성하여 무질서하고 비능률적인 것을 고쳐서 환경위생을 개선한 것이다. 이것은 고 장개석 총통이 「환경위생의 개선은 사회개혁의 기초이며, 사회개혁은 성과를 거두면 정치의 터전을 이룩할 수 있다[4)]는 제언에서 시작한 사업이며, 미관상 무질서한 것들을 제거하여 깨끗이 개선함으로써 정신생활쇄신을 도모하자는 것이다. 이를 위한 공정사업은 ① 상하수도시설 개선, ② 마을도로의 확장 및 포장, ③ 공동목욕탕, ④ 화장실, 공회당 건립 등이 주로 이루어졌다.

둘째, 생산복지건설(경제개발사업)을 실시하여 빈곤을 타파하여 생활수준을 높이도록 한 것이다. 여기에서 주목할 일은 사구발전·사업강요에 의하여 빈곤하고 낙후한 지역에서부터 먼저 실시하기 시작했다[5)]는 점이며, 이것은 빈곤과 낙후지역일수록 경제, 문화, 위생 등이 큰 문제였기 때문이

---

2) 唐學 斌, 社區組織與社區發展, 臺北市, 新陸書局, 1972, p. 540.
3) 省政府, 臺灣省社區發展十年計劃工作手冊, 臺中, 省政府, 1973, p. 1.
4) 中華民國社區發展研究訓練中心, 社區發展資料篇, 臺北市, 1971, p. 211.
5) 省社會處, 臺灣省社區發展十年計劃, 臺中, 省社會處, 1972, p. 35.

라는 현실을 감안한 것이며, 정부예산지원의 부족으로 우선 ① 실업자를 구제하고, ② 취학아동수를 늘리며, ③ 저소득층환자에게 의료혜택을 받을 수 있도록 하고, ④ 노약자보호부터 시작하였다. 그럼으로써 주민의 자력갱생을 도모하고 주민들의 자발·자동적 참여의식을 진작시켜 정부와 합작으로 생활조건의 개선을 이룩한 것이다. 즉, 이는 생산복지건설에 중점이 있다고 보아야 할 것이다. 이 외에 ⑤ 농촌기술개량, ⑥ 기술 훈련소 개설, ⑦ 가정부업 개발, ⑧ 협동개발 사업, ⑨ 탁아소 개설, ⑩ 사구합작사(협동생산소비조합) 개설운영 등을 추진하여 주민복지를 증진시키는 것을 내용으로 한다.

셋째, 정신윤리건설을 강화하도록 하여 사회기풍을 바로잡는 운동으로 전재하였다. 여기에서의 지침은 고 장총통이 말한 「오늘날에 조국통일을 위하여 정치는 군사보다 우선이며, 정신은 물질보다 더욱 중요한 것이다」고 한 바[6] 여기에서 원리를 받아 목표를 세웠다는 것이다. 그러하여 ① 주민들의 사구의식의 계도, ② 생활태도의 육성, ③ 윤리·도덕교육의 실시, ④ 상부상조하는 협동정신의 등장, ⑤ 국민의례준칙의 준수 및 여행, ⑥ 국민생활양식의 개선운동, ⑦ 각종 봉사활동의 전개 등을 생활화하도록 하여 올바른 인생관을 확립할 수 있도록 도모한다는 것이다.

2. 사구발전운동의 특성

사구발전의 사업은 대만성정부가 1968년 9월에 대만성 사구발전 8개년 계획을 수립·전개하여 오다가 1972년 5월 재평가하여 대만성 사구발전 10개년 계획으로 수정하였고, 농업건설 및 빈민구제와 빈곤을 초래한 원인을 제거하며, 격차를 시정하는 소위 「소강계획」을 배합함으로써 정신윤리건설과 생산복지건설의 측면에서 전개·추진하고 있다.[7] 특히 시정부에 사구국과 국내에 5개 과를 두고 추진 중이며, 사구운동의 특성을 보면 다음과 같다.[8]

6) 蔡德輝, 「如何加强社區精神倫理工作」, 社區發展月刊, 第4劵, 第4期(1975. 4), p. 13.
7) 楊振芳, 「臺灣省社區發展工作之硏究」, 社區發展月刊, 第3劵, 第1期(1974. 11). p. 4.

1) 추진적 측면

대만의 사구운동의 추진절차를 보면 다음과 같다.

① 사구를 획정하고 마을지도자의 회를 구성하고 사구절위를 결정한다.

② 사구사업을 조사한다.

③ 사구의 규모가 일정하지 않고 한 촌에 2개의 사구가 있을 수도 있다. 또 사구는 자연적으로 모이는 생활단원이라는 점이다.[9)]

2) 사구조직적 측면

① 사구 내의 지도인사 가운데 9인 내지 11인을 선출하여 사구이사회를 구성하는 점이다.

② 이사 중 한 사람을 이사주석으로 선출한다.

③ 임기는 2년이고 연임할 수 있다.

④ 사구이사회는 지역사회개발을 위한 종합적 검토와 계획수립, 자금 노동력관리 책임부서를 둔다.

3) 사구조직의 동작화 측면

① 주민에게 사구의식을 계도하는 역할을 한다.

② 사구의 입지, 인구, 공공시설, 복지기구, 문화배경, 가용자원, 주민숙원사업 등의 조사를 한 후 이를 바탕으로 사업목표를 설정하고 또한 사업계획을 세운다.

③ 지도자를 육성한다.

④ 사후관리를 계속한다.

4) 사구의 추진요령면의 특징

정부는 사구발전을 추진함에 있어 「사구발전사업강요」에 의거 종합적으로 추진하고 있는데 그 특징을 보면[10)] 다음과 같다.

---

8) 陳成英, 「臺北市社區發展概況與檢討」, 社區發展月刊, 第2券, 第3期(1974. 1), p. 17.

9) 陳時英, 「臺灣省社區發展概況」, 社區發展月刊, 第3券, 第3期(1974. 1), p. 9.

10) 상게서, p. 8.

① 사구발전이사회를 구성한다.

② 사구 내의 인적 · 물적 · 정보적 · 제도적 자원으로 구분 · 추진한다.

③ 빈곤하고 낙후한 지역부터 전개한다.

④ 주민이 추진주체이며, 정부는 지원만 한다.

⑤ 사구발전사업은 조사자료에 의거 사업의 우선순위를 선정한다.

⑥ 사구 내의 학교나 사구조직 외 사회단체 등과 유기적인 조직을 형성하여 주민을 지도하고 지원하는 방식을 취한다.

⑦ 사구봉사단체 및 기타 보이스카우트 등을 조직하여 주민의 참가의식을 계도하고 인력을 동원하도록 한다.

⑧ 사구발전운동은 업무강습회, 토론회 등을 열어서 지도자를 적극적으로 양성함으로써 추진효율을 높이도록 한다.

⑨ 시범과 연구를 통해 추진방법 및 기술을 개선시켜 나간다.

⑩ 사구발전은 경쟁방식을 통해 참여의식을 고조시키며, 우수한 사구에게 표창 등 격려를 함으로써 주민 전체의 의욕을 고무시켜 나간다는 점이 특징이라고 하겠다.

5) 정부지원적 측면의 특징

① 아동복지사업, 국민주택 및 취직전도 등을 포함하고 있다.

② 봉사활동의 지원, 반공교육, 생활개선교육, 가정교육, 기능교육 등을 지원 · 실시한다.

③ 급수시설, 부업장려 등 건설부문을 지원한다.

④ 종자개량, 농업경영의 기술재발 등 농림수산부문을 지원한다.

⑤ 도로확장과 포장 등 교통부문 등을 지원한다.

⑥ 사구환경위생, 가구위생, 보건위생교육의 실시, 예방주사 등 위생부문을 지원한다.

⑦ 사구활동의 협조, 사구공공위생의 보강, 사구발전 저해요인의 제거 등 경찰부문의 지원이 계속됨을 특징으로 한다.

3. 사구발전운동의 성과와 문제점

1) 사구발전운동의 성과

대만성 사회처 및 대북시 사회국에 보고된 사업실적을 중심으로 사구발전의 성과를 종합적으로 보면 다음과 같다.11)

① 생활환경개선면이 뚜렷하다. ⓐ 환경위생이 개선되었다. ⓑ 도로포장 등이 잘 되었다. ⓒ 사구활동센터가 생겼다. ⓓ 소형화원, ⓔ 체육장, ⓕ 탁아소 등이 늘어났다.

② 사구의식의 배양과 국민자치정신이 향상되었다.

③ 의무노동의 효과가 제고되었다. 따라서 민중의 일은 민중의 힘으로 할 수 있게 되었으며, 경비절약의 효과가 커졌다.

④ 가정부업 직업훈련, 국민주택개선, 아동복지의 추진, 의료봉사 등 민생복지가 실시되었다.

⑤ 국민생활의 관습과 풍속이 혁신되었다.

⑥ 지역조직과 영도능률이 강화되었다. 이로써 지방의 지도자급 퇴역군인, 공무원 등을 자기고향의 발전을 위하여 봉사하도록 정부가 주선하여 사구이사회에 참여함으로써 지역을 단결시켰다.

⑦ 도시권에까지 번져 사구 내 소속된 주민의 친목관계가 강화되었다.

⑧ 주민과 정부가 가깝게 되었으며, 정부시책이 잘 파급되었으며, 사구조직을 중심으로 개발의지가 결집되게 되었다.

2) 사구발전운동의 문제점

① 추진사업이 주민의 필요대로 되지 못하고 형식주의에 머무는 경향이 있다는 점이다.12) 따라서 주민은 사구활동센터, 공공목욕탕, 공공화장실을 충분히 이용하지 못한다는 것이다.

---

11) 唐學斌, 전게서, pp. 390-392.
12) 陳時英, 전게서, p. 14.

② 사구주민의 주도적 정신이 결핍되어 있고 따라서 정부주도형으로 전개될 뿐 참여도가 낮은 속에서 정부에만 의존하며 피동적인 자세로 움직인다는 점이다.

③ 사구는 전문작업인원이 결핍되어 있다는 것이다. 따라서 과업수행에 막대한 지장을 초래하며, 장기적으로 사업을 계속 유지하지 못하고 있다.

④ 민생복지와 정신개조간의 균형적 발전을 위한 조치가 부족하다는 점이다. 특히 국민생활규범의 구체적인 실시절차도 이루어지지 못했으며, 지역사회에 대한 조사통계분석이 잘 안 되어 개발계획이 잘못 이루어질 뿐 아니라 자원의 활용이 효율적으로 이루어지지 않고 있다는 것이 문제이다.13)

제 2 절 일본의 지역개발: 제3차 전국총합개발계획에 나타난 정주구상(定住構想)을 중심으로

1. 광역생활권의 개발

일본은 신전국총합개발계획에서 대규모 개발 프로젝트와 병행하였고, 생활 환경의 국민적 표준을 확보하기 위하여 광역생활권을 설정하였다. 그리하여 그것을 지역개발의 기초단위로 하여 권역 내의 생활환경시설과 교통통신시설을 정비하는 것에 의해 국민이 다같이 안전하고 쾌적한 생활환경을 향유케 한다는 것이다. 이러한 광역생활권의 개발을 구상하게 된 배후에는 일본나름의 이유가 있었다.

① 일본은 1세기에 걸친 도시에 철도를 중심으로 한 교통망의 건설 등을 기초로 인구가 매우 좁은 지역에 집중되는 결과를 낳았기 때문이다.

② 사회자본의 정비지체이다.

③ 환경보전기술의 미발달이다.

13) 譚貞禧, 社區發展的硏究, 臺北市, 中華書局, 1972, p. 33.

④ 도시를 지향하는 성향에서 나타나는 것과 같은 토지이용의식의 미발달 등에 의한 토지이용의 경직성이 문제로 대두되었다는 점이다.

⑤ 사회발전의 과정에서 자연질서를 무시한 인간행위와 문명에 대한 통제가 불충분했다. 그 결과 생활의 장으로서의 환경이 악화되어 이제까지와 같이 개발을 단순히 효율성의 관점에서 이해하지 않고 인간존중의 관점에서 인간생활의 안전과 쾌적을 보장하기 위해 도시와 농촌에 걸쳐 전 국토에 희망스런 환경을 창조할 필요가 있었던 것이다.

이러한 배경에서 인간생활환경의 국민적 수준을 확보하기 위해 권내의 생활환경 및 교통·통신시설을 정비하여 국민 모두가 안전하고 쾌적한 생활환경을 누리는 것을 목적으로 광역생활권을 이룬다고 보았는데 일본의 국토가 대개 400~500개의 생활권에 의해 구성된다고 보았다. 이런 광역생활권을 일차권으로 국토를 재편성하고자 한 것이 광역생활권 개발방식이다. 이러한 일차권의 범위는 대도시 지역의 경우 반경 30~50km, 지방도시 지역의 경우 반경 20~30km이고 농촌지역의 경우 반경 20km로 하였다. 각각 그 중핵도시를 일정수준 이상 도시기능의 집적을 가진 도시로 정비하고, 그것과 권역 내 각 지역을 연결시키는 교통체계를 확립하는 방식을 채택하였다. 이렇게 하여 각종의 문화시설, 연구시설, 의료시설, 교육기관, 레크레이션 시설 등 고도의 환경시설을 선택적으로 설치함으로써 그 권역의 특색을 창조하고 매력있는 광역생활권을 형성하는 방식이다.

2. 광역시정촌(廣域市町村) 개발계획

광역생활권의 개발과 관련하여 또 하나 살펴 볼 것은 일본의 자치성에서 행한 광역시정촌의 진흥정비에 관한 시책이다.

인구산업의 대도시지역에의 집중억제와 지방분산이 일본의 주요과제라는 데 주목하여 그것을 위해 지방이 중심이 되어야 할 도시와 그 주변의 농어촌지역을 일체로 한 지역사회의 진흥대책의 확립과 낙후지역대책의 강화와 지방공동단체의 공공처리방법에 의한 광역행정체제의 추진을 목표로 한 계획이었다. 이것은 앞에서 살펴 본 광역생활권 개발구상과 함께 신전국총합개발계획의 목표를 알성하기 위한 전략적 지역개발방식으로 채택되었다. 전자는 지역주민의 일상생활에 필요한 행정서비스의 충실을 목표로 하고, 후자는 국토의 지방도정비를 중심으로 지역생활권의 일체화를 촉진하여 국토의 균형있는 개발과 과밀·과소문제의 해결에 기여하였다고 하겠다.

3. 정주권(定住圈)의 개발구상

광역시정촌개발계획이 좀더 발전되어 나타난 것이 제3차 전국총합개발계획에서 나타나고 있는 정주권구상이다. 3전총(三全總)에서는 새로운 생활권을 확립하기 위해서 먼저 생활권의 가장 기본적 단위로서 50~100세대로 이루어지는 거주구를 상정하고 있다 농촌부의 촌락권과 도시부의 가구등이 그에 해당하는 것으로 일본의 국토는 대략 30~50만의 거주지구가 형성된다고 보았다. 이 정주구가 복합하여 형성된 것이 정주권으로 이것은 도시와 농·산·어촌을 일대로 하여 산지·평야·도서·해안의 넓은 지역을 가진 권역으로 일본 국토는 대략 200~300개의 정주권으로 형성된다고 보았다.

이렇게 계층별로 생활권을 설정하고, 그것을 기본단위로 하여 인간거주의 종합적인 환경을 계획적으로 정비하는 것을 기본목표로 하여 구체적으로는 지방정주구상을 실현하고 새로운 생활권을 확립하기 위한 개발모형을 채택하고 있다. 이와 같은 정주구상은 ① 자연환경, 생활환경 및 생산환경이 조화된 인간거소의 종합적 환경의 형성을 도모하고, ② 대도시에의 인구와 산업집중의 집중을 억제하고 지방을 진흥하여 과밀·과소문제에 대처하면서 전 국토의 이용에 있어서 균형을 도모하고 인간거주의 유역권을 새로이 형성하자는 것이다. ③ 지방공공단체가 주민의 의향과 욕구나 원망을 참작하여 개발방향을 정하자는 것이다 ④ 도·도·부·현은 시정촌과 제휴하여 국토자원의 이용·관리·교통, 네트워크의 형성, 거주의 안정성을 확보하기 위한 근간적 시설의 정비를 중심으로 계획적인 정비를 추진하자는 것이다.

그리고 국가는 정주권에 있어서의 지방공공단체의 종합적 시책의 실시를 배려하여 정주권을 정비하기 위한 제시책의 충실·강화를 기원하는 것으로 하였다. 이러한 정주권의 개발구상이 일본의 제3차 전국총합개발계획의 기본이념으로 채택되어 전국적으로 전개되고 있지만 실제로는 특히 인구의 지방정착에 선도적 역할을 당당해야 할 것으로 생각되는 지역을 모델로 선정하여 모델정주권의 개발을 시도하고 있는 중이다. 참고로 일본의 제3차 전국총합개발계획의 체계를 <표 4-1>로 제시하면서 정주구상의 틀(frame)[14]을 논의하고 있다.

첫째, 정주구상의 틀(frame)[15]을 짜기 위해 정주인구의 증가와 연령구조를 파악한다.

둘째, 정주인구의 사회적 변화를 인식한다. 그 내용을 보면 다음과 같다.

① 세대형성에 있어 소화 30년(1955년) 이후 20년간 핵가족화로 약 14,000만 세대가 증가하고, 노인세대 및 젊은 사람의 단독세대의 증가인구 규모별의 세대구조에 대해서는 2인 이하의 소규모세대는 1975년의 약 1,950만세대에서 1990년에는 약 1,520만세대로 증진하였으며, 5인 이상의 대규모세대는 차츰 감소한다는 점을 감안해야 한다는 것이다.

② 도시화의 수행정도가 파악되어야 한다. 인구집중지구의 인구는 지금까지 총인구의 증가율의 약 3배의 속도로 증가해 왔다. 급격한 도시화는 경제 성장에 동반하는 산업구조의 고도화에 대응하는 것과 함께 세대의 핵가족화에 의한 도시적 생활자의 증대 및 도시적 생활양식의 보급에 대응하고 있다는 것이다.

③ 고학력화에 따른 정주권구상이 되어져야 한다는 것이다.

④ 노동력공급을 파악하는 일이다.

셋째, 생활양식과 수준을 고려한 개발구상이 되어져야 한다는 것이다. 국토자원의 유한성과 냉엄한 국제환경 밑에서 에너지, 광물자원 등의 제약이 강화되고, 더욱 지금까지의 고도경제성장이 지속되기 어렵다는 것을 고려하면 사람들의 욕구에 대응하는 것은 쉽지 않다. 때문에 생활양식과 수준

---

14) 日本國土廳編, 第3次 全局總合開發計劃, 昭和 52年 11月(1977. 11), pp. 8-23.
15) 상게서, p. 8.

〈표 4-1〉 일본의 제3차 전국종합개발계획의 체계

계획의 기본적 목표=인간거주의 종합적 환경의 정비(자연환경, 생활환경, 생산환경의 조화)

정주구상=계획의 기본적 목표를 달성하기 위한 개발방식
(1. 인간거주의 종합적 환경의 정비 2. 과밀과소에 대처한 새로운 생활권의 확립)

정주권의 정비

계획의 실시=정주구상 추진에 있어서의 과제
1. 각종 계획과의 연휴
2. 공공투자 배분의 방향과 과제
3. 해양개발의 과제
4. 수도기능의 이전
5. 결

정주구상의 Frame=정주구조추진에 따른 기본적 전제
1. 정주인구의 증가와 연령구조
   ① 소화 75년 1억 3,700만
   ② 노령화
2. 정주인구의 사회적 변화
   ① 소규모 세대의 급증(노인세대, 단독세대)
   ② 도시화·고학력화
   ③ 노동력 인구의 중고령화(부양능력의 증대)
3. 생활양식과 수준
   ① 자유시간의 증가
   ② 식생활의 고도화, 에너지 자원의 증대
   ③ motorization의 증대
   ④ recreation수요의 증대
4. 경제의 성장경로
   ① 실질경제성장률 6%정도(연평균)
   ② 공공투자 약 240조엔
   ③ 공업출좌액 1.9배(60/50)
   ④ 제3차공업 취업자 비중의 증대

주요계획과제=주거구상을 달성하기 위한 계획과제
1. 국토의 관리
   (자연환경, 역사적 환경, 수계, 수자원, 삼림자원, 연안역, 대기환경)
2. 국민생활의 기반
   (주거 및 생활환경, 식량자원, 에너지자원)
3. 대도시 및 주변지역
   (방재성, 제기능의 배치, 교통, 주거환경, 한계성)
4. 지방도시 및 농산어촌
   (지방정주 조건, 지방정주화, 지방도시, 농산어촌, 낙도)
5. 국토이용의 균형을 도모하기 위한 기반
   (교육, 문화 의료의 적정배치, 공업의 재배치, 알선교통통신망, 북해도, 원북지역, 일본해연안)

에 대해서는 엄격한 선택이 필요하다고 보며 여기에서 고려하고 있는 사항은 다음과 같다.

① 국민생활시간의 변화라는 것이다. 즉 인구의 증가와 연령구조의 변화 및 인구의 사회적 변화가 진행하고 또 국민생활에 대하여 가치관이 변하는 것을 고려해서 국민생활시간의 구조도 변화한다. 일본의 노동시간은 1955년부터 점차 단축되어 왔지만 주휴2일제 보급으로 더욱 감소하였으며, 이 때문에 노동력인구가 증가함에도 불구하고 국민총노동시간은 거의 증가되지 않은 것을 볼 수 있다. 자유시간은 특히 주택외 자유시간은 현저히 늘고, 생활필수시간 및 자유시간이 국민총생활시간의 7할 이상을 차지하게 되었다는 점이다.

② 주환경이 고려해야 할 변수라는 것이다. 주환경은 사람들의 안정감있는 생활에 의해 기반이 되는 것이고, 대기 및 물, 고요함, 경관 등의 환경을 기초로 해서 주택규모 설비, 일조 등 주택 그것의 수준, 주택의 밀도 및 배치, 공원, 녹지, 가로, 급배수 등 가구로서의 환경, 특히 교육, 의료, 교통 등을 포함한 지역으로서의 환경 등에 의해서 구성됨을 감안하여 정주권개발설계를 한다는 사실이다.

③ 식생활이 개선되어야 한다는 점을 감안하고 있다. 생활수준의 향상이 식생활의 양적 확대를 초래한다는 점이다.

④ 에너지 절약이 필요함을 인식하고 있다는 점이다. 에너지는 생산・유통・소비로 통하는 넓은 의미의 생활의 풍부함을 유지하는 기본적인 자원인 바 에너지의 소비는 그 공급의 부정성 때문에 그렇고, 앞으로의 에너지의 관련시설의 입지문제 등이 고려되어 정주권개발도 구상되어야 한다는 점이다.

⑤ 레크레이션의 비중이 커져 감을 감안해야 한다. 국민의식변화를 배경으로 생활에 차지하는 레크레이션의 역할은 점점 크게 되고, 질적 충실을 꾀하는 것이 풍부한 생활을 실현하기 위한 중요한 요건이 된다. 또 그 내용은 특히 스포츠 등 활동적인 레크레이션의 비중이 높아진다. 이 때문에 레크레이션 환경의 정비, 기존 제시설의 활용, 관리 운영 등이 정주권개발의 중요한 과제로 되어야 한다는 전제이다.

넷째, 경제의 성장경로가 파악되고 배려되어야 한다는 전제이다. 즉, 그 내용은 다음과 같다.

① 투자의 규모와 구성이 합리적으로 되도록 하는 일이다. 정주구상달성의 기초조건을 정비해 가기 위해서는 상당한 규모의 투자를 지역간, 부문간에 적절하게 배분되도록 유도해 가는 것이 필요하다는 것이다. 또 동시에 정부투자가 담당해야만 하는 분야의 명확화가 요구되며, 민간투자에 있어서 공해방지투자나 공공적 기능을 갖는 투자의 확충, 민간투자와 정부투자의 유기적 공급을 피하지 않으면 안 된다는 전제이다.

② 경제의 안정성장 유지를 전제로 정주권개발이 이루어져야 한다는 것이다.

③ 산업활동의 규모가 파악되어야 한다. 특히 석유수입량, 석유대체 에너지 개발, 전력, 철강소유예상과 산업의 기존집적지의 건설은 기간이 장기화되기 때문에 경제의 안정성장을 유지해 가기 위해서는 에너지나 기초자료 관련시설의 신규입지에 대해서 지역의 합의를 얻으면서 각별한 정책적 노력을 기울일 필요가 있다는 것이다.

④ 교통기관의 적절한 편성이 필요하다는 것이다. 지역간의 관계가 깊어지고 또 산업활동이 더욱 활발해짐에 따라 교통량도 증대할 것을 감안하고 안정성장 경로에 대응한 수송수요가 확대될 것을 예상하는 일이다.

⑤ 장기적인 산업구조의 변화에 대응한 취업자의 산업구성의 변화도 전제하여야 한다는 점이다. 이러한 전제의 연구 위에 국토의 특성인 지형과 토양, 기후, 재해의 이용과 현황을 생각하면서 인간거주의 종합환경을 정비하여야 한다는 것이다. 이를 위해서는 농촌정주권개발에서도 국토의 보전을 추진하고, 지역주민의 활동기반의 안정성을 높일 것이 요청되며, 생활공간을 구성하는 기초요인에 주목하고, 적정한 보호, 관리, 창출 등의 향상이 중요하며, 이 외에도 국토의 균형있는 발전을 확보하기 위해서 정주조건의 정비를 적극적으로 추진시키는 것이 중요하다는 것이다.

1) 정주구상의 구조

① 정주구상의 역할을 보면 정주구상은 제1차로 역사적 · 전통적 문화에

기인하여 자연환경, 생활환경의 조화가 이루어진 인간거주의 총합적 환경의 형성을 꾀하여야 하며, 제2차로 대도시에로의 인구와 산업집중을 억제하는 한편, 지방을 진흥하고 과밀·과소에 대처하면서 새로운 생활권을 확립해야 한다는 것이다.

② 정주구상의 권역문제인데 일본의 경우에 새로운 생활권의 확립을 위한 구조로서 자연환경을 시작으로 한 국토의 보전과 이용 및 관리, 생활환경시설의 정비와 관리, 생산시설의 설치와 관리 등이 일체로 행해지고, 주민의 의사가 십분 반영되어 있는 계획상의 권역을 정주권으로 상정할 필요가 있다고 되어 있다. 생활권의 가장 기본적인 단위로서는 세대를 형성해 가며, 주민이 일상생활을 영위하고 있는 거주구가 있고, 거주구가 모여 정주구를, 정주구의 복수가 정주권을 형성한다는 것이다. 여기에서 정주권은 각 특성을 살리며 생성·발전하고, 동시에 정주권은 상호의존, 협조하는 관계에 있기 때문에 각 위치를 명확하게 하기 위해 전국 및 지역마다의 정주구상목표를 상정해 둘 필요가 있다는 것이다.

③ 정주권의 정비방식인데 정주권의 정비방향에 대해서는 기존 광역생활권시책 등을 기초로 해서 새롭게 유역권 등을 배려하여 지방공공단체 주민의 의향을 참작해서 정하도록 하고 있다. 이리하여 국가는 정주권에 있어서 지방공공단체의 종합적 시책실무에 배려해서 정주권정비를 위한 모든 시책의 충실·강화 등을 추진하고 있다는 것이다.

2) 정주구상의 목표

① 정주인구의 정착을 꾀하는 일이다. 최근에 대도시로 인구가 집중되며, 지역의 활동과 매력을 잃고 과소문제로 심각한 정책과제가 발생하고 있다. 이의 해결을 위해서는 대도시의 인구를 가능한 한 봉쇄인구 이하로 억제하고, 대도시권 이하의 지역으로 인구의 정착을 유도해야 하며, 특히 젊은 층의 지방정주를 추진하는 것이 지방의 활력을 유지·향상시킬 수 있는 방법이며, 계속 공업을 분산시키고 고등교육기관, 의료기관, 문화기능, 중추관리기능에 대해 지역적으로 적정한 배치를 하려는 것을 중요정책과제로 하고 있다.

② 거주공간을 확대하는 것을 목표로 하고 있다. 정주인구의 거주형태에 대해서는 일반적으로 저밀도의 이산적 거주형태가 현저하게 확대될 경우에는 토지, 물 등의 공급이 곤란할 뿐만 아니라 생활환경의 정비·보전을 위해 비용이 상당히 크게 될 두려움이 있다. 그러하기 때문에 희소한 국토자원의 유효이용 및 총합적인 거주환경의 효율적 정비를 중시하는 관점 때문에 지역의 환경보전을 고려해 가면서 지역의 특성에 대응한 적절한 규모와 밀도를 계획하고 거주공간을 확대해 갈 필요가 있다는 것이다.

③ 노동력 공급과 취업협회의 창출을 목표로 한다. 정주구상을 실현하기 위해 지역별 노동력공급에 대응한 취업기회를 각 지역마다 창출할 필요가 있다고 보아 대도시 이외 지역에서 노동력공급의 증가가 현저하기 때문에 이들 지역에 있어서 다양하게 매력이 있는 취업의 장을 확대해 가는 것을 목표로 하고 있다.

④ 소득의 수준과 격차를 줄이는 일이다. 지역별 소득수준의 균형화를 달성하는 것을 목표로 지역의 자주적인 창의에 기초해서 정주환경의 정비와 관련시키면서 농촌수산업의 진흥을 꾀하고, 공업 등의 물적 생산기능이나 상업 등의 유통기능의 재배치를 유도함과 함께 대도시에 집중하고 있는 지식·정보·문화기능의 분산을 유도하는 것을 중요한 과제로 하고, 이상의 제목표를 정주구상의 목표로 하여 일본의 지역개발을 추진하고 있음을 볼 수 있다.

제 3 절 이스라엘의 지역개발

1. 국토개황과 지역개발의 추진배경

지중해의 동부해안에 위치하고 있으며 레바논, 시리아, 이집트 등 아랍제국 인구 1억 이상이 되는 나라들로 둘러 쌓여 있는 국가로서, 국토면적은 1967년의 6일전쟁 전까지는 28,500㎢였던 것이 1973년 10월 전쟁의 승리로 현재는 2만 1,000㎢로 확대되었으며, 인구는 617만 정도이고 인구밀도는 293명이 되는 나라이다.

이 나라는 1932년 이후 세계 각처에서 이왕하여 온 유태인들로 구성되어 있으며, 다른 나라와 같이 유구한 역사와 전통을 가지고 있지 못하다. 특히 이 나라는 국토건설을 위한 독립선언과 함께 주변 여러 나라들과 적대관계에 놓여 여러 번의 전쟁을 치루었으며, 이러한 역사적·정치적 조건하에서 민족과 국가 자체의 존립과 발전을 위한 노력이 특수한 개발형태로 나타난 것으로 보인다. 그리고 또 하나의 특유의 조건과 배경이 있다면 종교적 통일이 되어 있다는 점이라고 생각되며, 기후는 여름이 8개월이고, 겨울이 4개월간으로서 여름에는 거의 비가 내리지 않으며, 연간 강우량은 500~600mm이고, 여름철에는 평균 30~40℃의 아열대지방으로서 농업에는 적합하지 못한 기후라는 점이다.

2. 협동촌개발 및 개척운동의 양태와 특징

이스라엘(Israel)의 지역개발운동과 지역개발사업은 그 주요내용에서 보면 다음과 같다.

① 전국에 새로운 마을을 건설하는 일이었다. 먼저 건축, 경제, 농업 등 다각적인 면에서 정착지역계획을 수립하고 있다.

② 정착민들이 자립해서 안정된 생활수준에 도달할 때까지 그 생계유지와 기술향상에 조력하는 일이었다. 즉, 농장시설이 완비될 때까지 생존수단 및 장비 등을 공급하고, 정착민의 기술수준을 도시의 숙련기술수준에까지 접근시키는 것이었다.

③ 농업 및 공업의 개발을 위하여 정착지역 내에 도로시설, 수로파이프, 하수도시설 및 전기시설 등 사회간접시설을 정비하는 내용이다.

④ 수리를 개발해서 풍요한 농장을 조성하는 일이다.

⑤ 공공단체의 협조를 얻어 정착민들을 선량한 시민으로 교육하는 일이다. 주목할 일은 이스라엘은 국방이라는 당면목표와 개발이라는 장기목표를 동시에 달성하기 위하여 국민적 노력을 집결시킬 수 있는 강력한 조직

을 필요로 하였다. 모든 국민은 그들의 생존과 존립을 위하여 이러한 조직 속에서 활용하고 생활하여야 한다는 점이다. 이와 같이 이스라엘의 국민적 노력을 집결시키는 데 크게 기여하였을 뿐 아니라 개척운동의 기본적인 모계는 크게 두 가 지로 볼 수 있는 바 키브츠와 모샤브가 그것이다.

1) 키브츠

키브츠(KIBBUTZ: collective settlement)라는[16] 말은 원래 집단이란 뜻으로 공동 또는 집단정착 등을 의미한다. 그것은 50~200호로 구성되어 재산의 집단적 소유, 집단생활, 집단노동, 집단소비, 집단교육을 토대로 하는 집단주의를 기본원칙으로 하고 있는 자치적 지역사회이다. 그것은 "능력에 따라 일하고 필요에 따라 분배하는" 원칙을 가진 특수한 조직으로서 그 재산의 집단소유는 토지, 주택, 농기구 등 모든 생활수단 및 소비까지 포함하며, 어떠한 가난한 자도 가입금없이 가입할 수 있고, 일단 키브츠에 가입하면 그의 재산뿐만 아니라 다른 업체나 관청에서 얻은 봉급까지도 여기에 귀속하게 된다.

이러한 기본원칙과 정신하에서 이룩되는 집단적 자치사회인 키브츠 운동은 사회적인 이념이나 정치사상에 기반을 둔 것이 아니고, 생활상의 필요에 의해서 1909년에 시작되었다. 시온(Zion)이민회가 주체가 되어 요단강이 사해로 흘러 들어가는 대부분의 습지와 불모의 땅에 20여명의 남녀가 협동농장을 개척한 데서 비롯된 것으로 현재는 203개가 있는 바, 전 국민의 3%에 불과하나 사회혁명의 온상이며 협동지역의 모체인 것이다.[17] 이의 특징을 요약하면 다음과 같다.

① 공동집단농장으로서 협동과 집단의 성격이 강하다.

② 집단농장의 가입과 탈퇴에 대한 임의적 행위가 가능하다.

③ 사유재산은 인정하지 않는다.

④ 국법에 위배되지 않는 한 정부나 권력기관의 간섭을 받지 아니한다.

---

16) Raanan Weitz, *Rural Planning in Developing Countries*, London Routledge & Kegan Paul, 1963, p. 367.

17) 사회입법참고자료, 제192호, 농촌개발계획론, 1974, pp. 212-216.

⑤ 자치총회를 두어 경영의 합리화를 기하고 있다.

⑥ 키브츠 안에서는 화폐 대신 자체 발행하는 쿠폰을 쓴다.

⑦ 키브츠의 멤버 중에서 장관이나 국회의원으로 나아가서 일해도 정치와 키브츠 운동은 이원론적으로 분리하여 생각하고, 행동하며, 봉급은 키브츠에 기부한다.

⑧ 입회시에는 1년간 준회원생활을 거쳐 운영위원회의 승인을 받아야 하고, 탈퇴시에는 퇴직금이 없다.

⑨ 교육에 있어서는 초등학교도 직접 운영하여 타지역의 초등학교에서 교육을 받는 일이 거의 없도록 하고 있다. 그것은 아동들이 키브츠 내에서 교육을 받게 함으로써 학교교육과 일상생활을 직결시켜 보다 현실적인 교육을 실시하려는 데에 목적이 있다.

⑩ 규모경제에 의한 영농의 합리화가 이루어지고 있다.

⑪ 소규모 공장 등의 경영으로 전체국민의 생활필수품 가운데 약 30%가 키브츠에서 공급되고 있다는 것이다.

2) 모샤브

모샤브(MOSHAV: freeholders cooperative village)는 협동이라는 뜻을 가지고 있다. 키브츠가 집산주의원칙에 의하여 운영되고 있는 데 대하여 모샤브는 소규모의 개별농가들로 구성되어 상호협동하고 있는 정착마을이다. 각 농가는 자기소유의 생산수단과 가족노동을 중심으로 생산하며, 생산물은 자기소유로 개개 소비한다. 이와 같은 모샤브는 1921년에 시작되어 현재는 약 346개가 있으며 오브딤(ovdim)과 쉬튜피(shitufi)의 두 가지 형태가 있는데 오브딤은 이스라엘 농촌의 58%로서 조직원의 규모는 500~1,000명까지 달하고 있다. 그러나 쉬튜티는 1936년에 시작하여 현재 21개소가 있으나 키브츠의 장점과 오브딤의 장점을 가지고 운영하기 때문에 앞으로 늘어날 경향을 보이고 있다. 이 모샤브의 특징을 보면 다음과 같다.

① 자가소유, 자가생산, 자가소비를 원칙으로 삼고 있기 때문에 유통과정을 제외한 생산소비과정에 있어서는 협동이 키브츠에 비하여 상대적으로 약하다는 점이다.

② 모샤브는 키브츠에 비하여 사적 소비생활의 자유가 보장된다는 것이다. 개인마다 취향과 욕구가 다르고, 추구하는 가치가 다르기 때문에 이를 일률적으로 집단화한다는 것이 어렵다는 데서 세워진 율법인 것으로 본다.

③ 사유재산을 인정한다. 단, 용수와 용지는 국유화되어 있다.

④ 부부 중심이긴 하나 가족단위의 사생활이 인정된다.

⑤ 농산물의 생산과 공동판매, 공동구매, 시설물의 공동이용 등에 있어서는 키브츠와 그 내용을 같이 한다.

⑥ 이민협회나 국가의 자금으로 시작된 것이 아니고, 구성원 각자의 자금으로 협동하여 시작된 것이다.

3. 지역개발 특히 협동촌개발운동이 성공하게 된 요인

① 자원부족을 보충할 수 있는 인적 자원과 인적 자본을 육성하여 유능한 인력이 협동지역에서 선도적 역할을 하였고, 농업기술이 잘 보급되었다는 점이다.

② 집단농장 내지 협동지역의 발전으로 전 지역 내 지역주민들의 향상된 기술인력이 자체적으로 동원·참여되어 농업경영이 합리적으로 되어 있다는 점이다.

③ 국가정책의 일관성있는 지원으로 정부와 주민의 협동관계가 잘 이루어지며, 관개시설의 확충 등 수자원관리에 성공하였다는 점이다.

④ 정부기관과 산학협동의 결실로 산업부문의 연구기관, 지도기관이 개발전략을 잘 추진하였다는 점이다.

⑤ 산업경영에 있어 주곡보다는 특수경영작물을 재배할 수 있는 뒷받침을 하고, 농산물 생산과 상품화에 있어서 안정성을 유지할 수 있는 정부지원이 잘 되었다는 것이다.

⑥ 해외에서 지식수준이 높고 부를 가진 유태인들이 많이 참여하였고, 종교적 신념과 민족총화로 개척정신을 공동사회의 기본정신으로 하여 「일하지 않는 자 먹지도 말라」는 노동관을 가지고 정직한 국민이 되자는 분위기 속에서 도둑이 없는 사회를 건설하였다.

⑦ 지역재발에 참여인구가 많았으며, 특히 여성들은 16세에서 20세까지 민방위대에 의무적으로 가입함은 물론 사회참여인구가 많아 여성인력의 사회화가 이루어졌다는 사실들이 발전요인이라고 본다.

4. 정주구상의 시각에서 본 장래 개발모형

① 이스라엘은 건국 이후 다양한 문화배경과 경제적·정치적 환경을 가진 이주민을 받아들여 지역적으로 적절히 배치시키는 것이 국가적 과제였다. 그런데 학력, 이념, 출신배경이 다른 이주민을 정착시키는 문제를 정부는 지역 개발의 전략적 차원에서 다루려고 한다.

② 미개지역의 재건, 자원개발 및 정치적 목적을 양성하기 위하여 지역분산 개발을 시도한다.

③ 경제사회개발계획과 지역계획을 관련시켜 추진하려는 것이다.

④ 협동마을, 집단마을, 키브츠 형태든지간에 정주서비스센터나 지역서비스센터를 중심으로 합리적인 농촌정착방향으로 개발하려고 한다.

⑤ 지역계획의 전반적인 목적은 대도시지역과 과밀의 해안지역에서의 과잉 도시화를 막고 적절한 중심지기능을 수행할 수 있는 다양한 크기로 분산시켜 새로운 분산형도시체계로 개발하려는 데 있다.

⑥ 수위도시형 경제상이 되지 않도록 농가가 공동체로 개발되어 지역성장이 이루어지며, 농촌지역도 국토개발체계의 하위체계로서 유기적인 부분개발이 되도록 하는 방향이다.

⑦ 지역적 구분의 필요에 따라 국가를 6개 지구와 14개 하위지구로 나누었다. 이렇게 행정적으로 구분을 한 후에 그 각각의 구조 내에 4가지 수준의 거주체계를 구상하였는데 그 각각을 중심으로 A, B, C, D센터를 설정하였다. 그 내용을 보면 ⓐ A센터는 최소단위의 중심지로서 촌락이나 협동마을의 중심지이다. ⓑ B센터는 농촌서비스센터로서 4~6개의 촌락이나 협동마을의 비교적 적은 수의 농가가 필요로 하는 상업 혹은 단순제조업과 같은 편의를 제공하는 중심지이다. ⓒ C센터는 반경 3~7마일 내에 거주하는 6,000~12,000인에게 그 집합기능을 발휘케 할 목적으로 수개의 B센터를

지원하는 것이다. 시장, 서비스 산업체 혹은 적은 제조공장 같은 것을 가지고 있어 주변지역에 그 기능을 발휘하는 것이다. ⓓ D센터는 인구 15,000~6,000인 정도의 중간규모의 시로 이것은 지역자본이 보다 다양하고 보다 전문적인 서비스를 제공하고 분산된 공장을 수용하는 입지이다. 이렇게 4단계의 중심지를 설정하여 A센터를 제외하고는 큰 것부터 개발하여 작은 것으로 옮겨가는 개발방식을 시행하여 불완전하기는 하지만 경제, 사회, 문화, 정치적으로 효과를 제고시켜 가려는 전략을 취하고 있다.

이와 같이 종합적으로 보면 중심지역체계의 확립에 의한 지역분산이 주로 경제적이긴 하지만 자연환경이나 역사적 유산의 보전, 레크레이션 지역의 제공 등 다원적 개발을 추진하고 있는 점이 특색이며 장점이라고 하겠다.

제 2 편

국토 및 지역개발의 구상과 현실

제 1 장

국토종합개발계획의 개요[1)]

제1절 수정계획의 배경과 성격

1. 국토종합계획의 수정배경

국토종합계획은 국토를 이용·개발·보전함에 있어서 미래의 경제적·사회적 변동에 대응하여 국토가 지향하여야 할 장기발전방향을 제시하는 최상의 계획이다. 따라서 도시지역과 농촌지역이 유기적인 관계를 맺으면서 균형있게 발전하고 농업과 공업이 병행 발전할 수 있도록 모든 산업을 조화있게 배치하여 국민이 보다 안전하고 풍요한 생활을 영위할 수 있도록 국토구조와 환경을 개선하는 것을 기본 목표로 한다. 이 계획은 1970년대의 제1차 국토종합개발계획부터 제4차 계획에 이르기까지 여건과 환경의 변화에 따라 지속적인 발전적 변화를 거듭하여 왔다. 특히 제4차 국토종합

1) 본 내용은 정부가 2005년 12월 30일에 국무회의에서 심의 확정하여 공고한 「제4차 국토종합계획 수정계획」의 내용을 참고로 정리한 것임.

계획(2000~2020) 수립 이후 진행된 새로운 국내외의 여건변화에 대응하기 위하여 주요 내용의 수정이 불가피 해짐에 따라 2005년 대폭적인 수정을 가하여 새로운 모습을 갖추게 되었다.

수정계획의 수립에 영향을 미친 여건변화로는 첫째, 참여정부의 새로운 국가경영패러다임을 국토계획에 반영할 필요성을 들 수 있다. 국가균형발전을 위한 행정복합도시의 건설과 지역혁신체제의 구축에 따른 국토공간구조의 변화를 반영하고, 국민의 삶의 질의 반영과 지역간・계층간의 통합과 상생발전을 위한 방안이 요구되었기 때문이다. 둘째는 국경없는 세계화시대의 진전으로 요구되는 미래지향적이고 개방적인 국토기반구축방안을 국토계획에 반영키 위한 것이다.

2. 수정계획의 성격

국토종합계획 수정계획 수립은 국토종합계획을 계획수립 이후 발생하는 여건변화에 따라 수정할 수 있도록 규정하고 있는 국토기본법[2]의 규정이 법적 근거를 제공하고 있다. 이와 같은 법적 근거를 바탕으로 수정된 제4차 국토종합계획은 21세기 통합국토의 실현을 계승하면서 계획수립 이후 진행되고 있는 국내외의 여건변화를 반영한 새로운 국토전략이다.

수정계획은 원계획을 대체하고 향후수립될 모든 광역자치단체의 종합계획, 시・군 등의 기초자치단체 단위에서 수립되는 종합계획의 기본이 되며, 부문별 계획과 지역계획은 국토종합계획과 조화를 이루도록 강제하고 있다.

2) 국토기본법 제6조(국토계획의 정의 및 구분) 국토계획은 국토를 이용・개발・보전함에 있어서 미래의 경제적・사회적 변동에 대응하여 국토가 지향하여야 할 방향을 설정하고 이를 달성하기 위한 계획으로서 이 중 국토종합계획은 국토전역을 대상으로 하여 국토의 장기적인 발전방향을 제시하는 종합계획. 동법 제19조(국토종합계획의 정비) 건설교통부장관은 국토종합계획 성과에 대한 평가결과와 사회 경제적 여건변화를 고려하여 5년마다 국토종합계획을 전반적으로 재검토하고 필요한 경우 이를 정비…

제 2 절 국토계획의 여건과 전망

1. 국토의 현황

우리 국토의 현황을 자연환경, 인구와 경제, 국토이용 및 국토기반시설을 중심으로 살펴보면 다음과 같다.

첫째, 자연환경은 중국, 러시아, 일본 등과 인접한 동북아 교류의 요충지이며 환태평양 진출의 거점에 위치하며 3면이 바다로 둘러싸여 해양이용의 잠재력이 강한 반면, 국토의 65%가 산지이기 때문에 도시적 용도로 이용할 수 있는 토지는 매우 제한적이고 천연자원의 매장이 매우 적어 이 부문에서는 대외의존도가 높다

둘째, 인구 및 경제구조적 측면에서는 최근 출산율의 저하로 인한 인구성장률이 둔화되고 고령화가 급속하게 진전되며, 2005년 현재 경제활동인구는 2,292만명이고 산업별 인구수 비율(국내총생산의 비율)은 1차산업 7.1%(3.6%), 2차산업 19.4%(26.9%), 3차산업 73.5%(69.5%) 등으로 구성되어 서비스업종에 대한 의존도가 매우 큰 편이다.

셋째, 국토이용은 도시지역[3] 15.8%, 관리지역 24.6%, 농림지역 48.1%, 자연환경보전지역 11.5% 등으로 구성되어있고, 지목별 토지용 현황(2003년)은 임야가 전 국토 면적의 65.2%, 농지는 21.5%, 대지, 공장용지 및 공공용지 등 도시적 용지는 5.9%(1인당 36.4평)를 차지하고 있다.

넷째, 국토기반시설은 2003년말 현재 고속도로 2,228km, 고속철도 224km, 국가정보통신망,[4] 상하수도(상수도보급률 89.4%, 하수도보급률 78.8%) 등 사회간접자본에 대한 지속적인 투자가 경제발전 및 국민생활을 뒷받침해

3) 용도지역상 주거지역, 상업지역, 공업지역, 녹지지역 등이 포함되고 있고, 도시지역 내에도 임야와 농지 등이 존재할 수 있으므로 통상 지목상 도시용지면적보다 넓음.

4) 인터넷 가입자수 2,922만명, 초고속인터넷 가입자수 1,118만명, 시내전화 가입자수 2,288만명, 이동전화 가입자수 3,359만명 등.

주고 있다.

2. 여건변화의 전망

우리 사회는 급속한 산업화와 도시화 및 정보화를 경험하면서 압축적 성장을 거듭하였다. 그 과정에서 물질적·제도적 변화와 정신적 변화간의 차이로 인하여 부분적인 혼란과 부작용을 경험하였으며, 그와 같은 혼란은 향후 우리 사회의 각종 정책적 노력에 반영되어져야 할 여건으로 작용하고 있다. 이러한 배경에서 우리 사회의 여건을 구체적으로 살펴보면 다음과 같다.

첫째, 현재 우리 사회가 직면한 가장 크고 심각한 문제는 인구증가의 둔화와 완만한 경제성장을 들 수 있다. 현재의 추세를 중심으로 추계해 보면 인구증가율이 점차 둔화되어 2020년 4,996만명 수준까지 도달한 후 점차 감소할 것이 전망된다. 출산율 저하와 평균수명의 증가는 2018년에는 인구 중 65세 이상 인구가 14% 이상인 고령사회로 접어든 후 2026년에는 20% 이상인 초고령사회에 도달할 것으로 전망되고 있다.

둘째, 지방화시대의 정착과 지역발전의 기회가 점차 확대될 것이다. 지속적인 지방분권 및 지방분산정책의 효과가 나타나면서 지역의 자립적 발전여건이 개선될 것이고, 지방의 권한확대와 역할확대 등으로 창의적·자립적 발전기회의 확대가 전망되기 때문이다.

셋째, 국경없는 세계경제질서가 확대되고 혁신경영의 중요성이 보다 증대될 것이다. 지금 세계는 지역경제공동체, 자유무역협정, 도하개발아젠다 등에 따라 국경을 초월하는 세계경제체제가 형성될 전망이다. 또한 중국 등 동북아시아 지역경제의 지속적인 성장과 교류확대에 대응하는 거시적 국가경영전략이 강조될 것이다.

넷째, 삶의 질에 대한 국민적 요구가 증대될 것이다. 정보통신이 발전하고 고속전철 등으로 공간적 이동이 원활한 상황에서 여가시간의 증가는 국민의 삶의 질에 대한 요구가 증대됨으로써 다양한 주택수요가 나타나고 이를 충족할 수 있는 국토 및 도시개발에 대한 수요가 폭증할 것이 전망된다.

다섯째, 지구환경문제와 에너지 및 자원의 위기가 도래할 가능성이 높아지고 있다. 지구온난화로 인한 이상기후로 인한 빈번한 자연재난의 발생과 환경문제에 대한 국제적 관심사의 증가 및 에너지소비증가에 따른 각 국가별 에너지확보를 위한 경쟁 등은 환경문제와 에너지에 대한 국가간 경쟁을 촉발하여 위기를 심화시킬 것이다.

여섯째, 남북교류의 확대와 통일시대가 도래할 것이다. 현재의 남북경협은 단기적으로는 우여곡절이 있을 지라도 장기적인 측면에서는 경제적 · 비경제적 차원까지 확대되면서 남북간의 새로운 시대의 도래를 단축할 것이다.

3. 국토의 문제점과 과제

이와 같은 우리 나라 국토의 여건 및 전망에도 불구하고 급속한 성장과정에서 나타나고 있는 지역간 불균형문제나 인구성장률의 둔화에 따른 문제 및 선진국경제성장구조에 진입함에 따른 저성장문제 등 상당한 문제점을 갖고 있는 것이 현실이다. 이러한 문제점에 대해 보다 구체적으로 살펴보면 다음과 같다.

첫째, 수도권의 과밀과 지역간 불균형 정도가 매우 심각한 수준에 이르고 있다. 수도권과밀화는 단순히 인구의 집중에 그치는 것이 아니라 경제력 및 산업의 집중화에 따른 전반적 부문에서의 불균형을 초래하고 있다는 점이다. 또한 도시와 농촌간의 격차문제도 지속적인 성장을 저해하는 요인으로 작용할 것이 예상된다.

둘째, 고비용 · 저효율의 산업구조와 국가경쟁력의 약화문제이다. 사회적 성장잠재력이 부족했던 산업화 초기의 급속한 성장구조가 현재에는 오히려 성장잠재력을 약화시키는 장애요인이 되고 있다.

셋째, 경제성장에 따른 고소득과 고령화 사회에 상응하는 정주환경의 조성이 미흡하다. 이는 급속한 성장은 질적 성장보다는 양적 성장을 추구하였기 때문에 도시의 기반시설 및 생활편익시설이나 문화시설이 부족하여 삶의 질을 추구하는 기본적 욕구의 충족을 위한 인프라가 부족하다.

넷째, 지구환경에 대한 대응체계가 부족하다. 세계적으로 환경문제에 대한 관심이 집중되며, 그 대응수준이 국가경쟁력을 결정하는 요인으로 작용하고 있으나 그에 대한 대비가 충분히 갖추어져 있지 못하다.

다섯째, 국토정책관련 갈등의 심화와 그로 인한 사회적 비용이 급격하게 증가하고 있다. 이는 지방자치 이후 각 지역의 지역이기주의적 개발을 추구함으로써 인근지역과의 갈등이 증가하고 있으나 사회적 해결기제를 갖추고 있지 못하다.

여섯째, 남북교류와 통일에 대비한 국토기반이 취약하다. 개성공단의 가동과 금강산 관광 등으로 남북 간의 교류는 지속적으로 증가할 것이 예상되고 있으나, 통일 이후의 장기적인 국토이용계획에 대한 대비가 부족하다.

제 3 절 계획의 기본방향

1. 기조와 목표

제4차 국토종합계획 수정계획의 기조를 한마디로 표현하면 "약동하는 통합국토"의 실현이다. 이는 국가차원에서의 도약과 지역의 혁신을 유도하는 약동적인 국토를 실현하고, 지역간 불균형발전과 남북이 상생하는 통합국토를 실현코자 하는 미래지향적이고 역동적인 실천의지를 나타내고 있다.

따라서 국토의 균형발전과 경쟁력 강화 및 인본주의적 국토를 실현하기 위한 기본목표는 상생하는 균형국토, 경쟁력 있는 개방국토, 살기 좋은 복지국토, 지속가능한 녹색국토, 번영하는 통일국토 등이다. 이 5가지 기본목표를 국토공간상에 시현하기 위하여 국토구조의 형성틀을 3개의 개방형 국토축과 7+1의 경제권으로 구성하였다. 개방형 국토축은 남해안축, 서해안축 및 동해안축으로 구성하였고, 경제권역은 수도권, 강원권, 충청권, 전북권, 광주권, 대구권, 부산권, 제주권으로 구분하였다.

계획목표를 실현하기 위한 추진전략으로 자립형 지역사회 기반의 구축, 동북아 시대의 국토경영과 통일기반조성, 네트워크형 인프라구축, 아름답고 인간적인 정주환경조성, 지속가능한 국토 및 자원관리, 분권형 국토계획 및 집행체계구축 등 6가지를 채택하였다.

2. 기본구상: 양동하는 통합국토 구조의 구축

수정계획이 구상하고 있는 국토구조는 통합성과 개방성을 기본으로 하는 구조축을 지향하고 있다. 따라서 국토구조형성의 기본방향은 미래의 국가성장동력의 창출과 지역통합의 기반으로서 대외적 개방과 국내지역 간 연계를 지향하는 새로운 국토축을 구축하며, 이를 위하여 ① 대외적으로는 유라시아 대륙과 환태평양을 지향하는 개방형 국토발전축을 구축하고, ② 대내적으로는 자립형 지방화와 지역간 상생을 촉진하는 다핵연계형 국토구조를 구축하는 것으로 요약할 수 있다.

한편 개방형(π형) 국토발전축은 ① 남해안축: 부산-창원-진주-광양-목포-(중국-일본), ② 서해안축: 목포-군산-서산-평택-인천-(신의주-중국), ③ 동해안축: 부산-울산-포항-강릉-속초-(나진·선봉-러시아) 등 3개 축으로 구성하였다.

3. 6대 추진전략

약동하는 통합국토 구조를 구축코자 하는 기본구성을 실현하기 위한 추진전략은 다음과 같다.

첫째, 상생하는 균형국토를 이루기 위해서는 수도권의 기능을 지방으로 분산하는 동시에 지역이 자립적으로 발전할 수 있도록 자립형 지역발전 기반을 구축하여야 한다.

둘째, 세계화시대에 경쟁력 있는 개방국토를 형성하기 위해 동북아시아 국가들이 상생적으로 발전할 수 있는 협력기반을 구축하여 국토경영과 통일기반을 조성한다.

셋째, 국토의 경쟁력을 강화하고 국민의 삶의 질을 높이기 위해 전국 어디에서나 쉽게 접근할 수 있고 세계 각지로 뻗어나갈 수 있는 국가기간교통망을 확충함으로써 네트워크형 인프라를 구축토록 한다.

넷째, 국민모두가 깨끗하고 쾌적한 동네에서 이웃과 어울려 공동체생활을 영위할 수 있도록 아름답고 살기 좋은 도시환경을 조성함으로써 인간적 정주환경을 제공한다.

다섯째, 지속가능한 국토개발을 통해 인간과 자연이 더불어 살아가는 건강하고 쾌적한 녹색국토를 조성함으로써 지속가능한 국토 및 자원관리를 달성한다.

여섯째, 분권화시대의 흐름 속에서 계획집행에 따른 갈등을 최소화하기 위해, 국토개발행정의 지방분권을 강화하며 국토계획 집행의 거버넌스 체계를 구축한다.

제 4 절 권역별 · 시도별 발전방향

1. 수도권

수도권의 발전방향은 공간구조개편 및 질적 고도화를 통해 국제물류 및 금융 · 비즈니스, 지식기반 산업중심지로 위상을 재정립할 수 있도록 하는 것이다. 이를 위해 크게 서울특별시와 인천광역시 및 경기도로 구분하여 각 지역별 특성과 여건을 고려하여 구체적인 발전방향을 제시하고 있다.

1) 서울특별시: 세계일류도시

세계일류도시를 발전방향으로 설정한 서울은 기본목표로 동북아경제를 선도하는 세계도시, 서울다움이 느껴지는 문화도시, 자연이 되살아나는 생태도시, 더불어 사는 풍요로운 복지도시 등을 설정하였다. 따라서 구체적인 발전방향은 다음과 같다.

- 다핵형 도시공간 구조의 형성
- 산업혁신을 주도하는 동북아 중심도시 조성
- 소통이 원활한 환경친화형 교통체계와 세계적 정보도시 구축
- 자연과 환경이 합리적으로 관리되는 문화·생태도시의 건설
- 더불어 함께 사는 풍요로운 생활·복지기반의 확립
- 자치역량 강화와 효율적인 광역행정체제의 구축

2) 인천광역시: 물류중심·경제자유도시

물류가 중심이 되고 경제자유구역을 육성하여 경제자유도시를 발전방향으로 설정한 인천광역시는 기본목표로 국제비즈니스 중심도시, 동북아 국제물류 중심도시, 국제 해양관광·문화·역사 도시를 설정하였다. 따라서 구체적인 발전방향은 다음과 같다.

- 국제비즈니스·첨단지식산업 중심도시 건설
- 동북아 국제물류 중심도시의 건설
- 국제 해양관광·문화·역사도시의 건설
- 쾌적하고 친환경적인 정주기반 조성

3) 경기도: 지식산업중심지역

지식산업의 중심지역으로 육성할 것을 발전방향으로 설정한 경기도는 기본목표로 동북아 첨단산업 중심지역, 다핵분산형 공간구조 개편 및 국제적 수준의 정주환경 정비, 남북교류 및 통일준비의 거점지역, 교육·복지·문화·환경 선진지역 등으로 설정하였다. 따라서 구체적인 발전방향은 다음과 같다.

- 첨단산업 클러스터 육성을 통한 동북아 경제중심 기능의 강화
- 다핵분산형 공간체계 구축 및 교통인프라 확충을 통한 경쟁력 강화
- 남북교류협력 및 통일의 전진기지 조성
- 쾌적한 환경조성을 위한 자원의 보전과 관리
- 교육·복지·문화 인프라 구축을 통한 삶의 질 향상

2. 강원권

강원권은 지리공간적 특성과 풍부한 자연환경적 부존자원의 활용을 극대화하기 위하여 자연생태자원 및 접경지역을 활용한 국제(남북)관광 및 청정·건강 산업지대로 육성할 것을 발전의 궁극적인 지향점으로 삼았다. 기본목표는 한반도의 생명건강지대, 한민족 평화·생태지대 등으로 설정하고 구체적인 발전방향은 다음과 같다.

- 지역특성화축과 다기능 공간구조의 형성
- 환동해경제권과 내륙의 접근성을 제고하는 인프라구축
- 생명건강산업을 지역혁신 전략산업으로 육성
- 자연생태환경의 보전과 활용가치제고
- 주민의식의 혁신과 내발적 발전정책의 전개
- 지자체간 협력산업의 발굴 및 추진

3. 충청권

충청권은 대덕연구단지와 오송산업단지의 잠재력과 행정복합도시건설의 이행 등과 같은 지역적 잠재력을 중심으로 대전광역시, 충청북도 및 충청남도로 구분하여 각 지역별 특성을 고려한 R&D 및 바이오산업, 행정중심복합도시와 연계한 교육·연구·물류 및 지식기반 산업을 특화 육성할 것을 발전의 궁극적인 방향으로 삼았다.

1) 대전광역시: 과학기술중추도시

과학기술중추도시로의 발전을 궁극적인 목표로 설정한 대전광역시는 기본목표를 행정복합중심도시 배후핵심기능을 담당하는 선진국제도시, 동북아시대 국가발전을 선도하는 첨단과학기술도시, 지방화시대 국토균형발전의 선도모델 도시, 격조 높고 쾌적한 문화·복지·환경 도시 등으로 설정하였다. 구체적인 발전방향은 다음과 같다.

- 행정중심복합도시 배후핵심도시로의 위상 강화
- 동북아 R&D 허브도시 및 과학기술도시 기반의 조성
- 미래지향적 도시구조 형성과 교통·물류 중심도시로의 발전
- 문화·컨벤션산업의 육성으로 문화·관광도시 이미지 제고
- 환경친화적 도시관리와 선도적인 복지모델의 실현

2) 충청북도: 바이오산업 중심지역

충청북도는 바이오산업의 중심지로 육성 발전할 것으로 설정한 목표를 달성하기 위하여 기본목표를 첨단바이오산업의 핵심지역, 국토 발전축의 중심지역, 삶의 질이 보장되는 웰빙지역 등으로 채택하였다. 구체적인 발전 방향은 다음과 같다.

- 국토발전축 및 행정중심복합도시권 연계 인프라의 확충
- 혁신형 산업발전기반 구축
- 미래형고부가가치 첨단신산업의 적극 육성
- 문화·관광자원의 개발과 산업화 추진
- 사회안전망 구축과 환경친화적 공간관리
- 광역지자체간 협력사업의 발굴과 추진

3) 충청남도: 국가행정의 새로운 중심지역

국가행정의 새로운 중심지역으로 부상하고 있는 충청남도는 기본목표로 행정중심복합도시권으로서 국가균형발전 선도지역, 첨단산업과 전통농축산업의 상생발전지역, 개성과 전통을 살린 문화·관광 창출지역 등으로 설정하였다. 이를 실천하기 위한 구체적인 발전방향은 다음과 같다.

- 행정중심복합도시 건설 및 지역균형발전을 위한 공간개발
- 산업구조 고도화를 위한 전략산업의 육성과 혁신체계 구축
- 개성있는 지역문화권 형성과 특화관광자원 개발
- 행정중심복합도시의 건설과 서해안시대에 대응하는 인프라 구축
- 지역자원의 관리 및 고품격의 생활·복지 환경 조성

4. 전북권

전북권은 친환경지향의 농업·생명산업고도화와 자동차기계 및 에너지 관련 산업중심의 신산업지대 구축을 축으로 하여 궁극적으로는 신산업 생산 및 물류중심 지역을 궁극적인 발전목표로 설정하고 있다. 기본목표는 환황해권 및 새로운 국토발전축의 중심지역, 지역전략산업의 육성을 통한 신산업중심지역, 세계적인 멋·맛·소리문화의 창조지역 등으로 하였다. 이를 달성하기 위한 구체적인 발전목표는 다음과 같다.

- 새로운 국토축 형성에 부응하여 행정중심복합도시와 연계강화
- 지역간 광역교통·물류체계 구축 및 지역정보화 추진
- 지역산업구조 고도화 및 지역혁신네트워크 구축
- 전통문화중심 및 영상문화 산업수도화로 지역자원을 세계화
- 청정 자연환경의 보전·관리와 정주환경 개선
- 자치행정역량 강화와 인접지자체간 협력사업의 우선 추진

5. 광주권

광주권은 광주광역시와 전라남도로 구분하여 구체적인 발전방향을 설정하되 궁극적으로는 광산업, 에너지 등 첨단미래산업의 육성과 자연자원·친환경 농어업·향토문화를 연계한 문화관광산업지대로의 육성을 목표로 채택하였다.

1) 광주광역시

광주광역시는 첨단과학과 광산업 및 문화중심도시로 육성할 것을 목표로 하였다. 기본목표는 산·학·연 협력체가 구축된 첨단과학·광산업·에너지 중심도시, 문화예술과 디지털 기술이 조화된 환경생태도시, 국토 서남권 발전을 선도하는 거점도시 등을 선정하였다. 따라서 구체적인 발전방향은 다음과 같다.

- 첨단광산업·문화수도에 걸맞은 도시공간과 입지환경 조성
- 광주·전남 지역혁신의 허브조성과 산업·문화클러스터 형성
- 서남권 중심지로서의 광역 교통·물류 및 정보통신망의 구축
- 자연환경 보전과 도시환경 관리로 환경생태도시 조성
- 주거·교육·복지환경 개선으로 살기좋은 도시 건설
- 산·학·관·민 협력으로 내발적 도시발전 추진역량의 강화

2) 전라남도

전라남도는 물류·관광·미래산업 중심지역으로의 육성을 목표로 하였다. 기본목표는 동북아물류·교육·관광 중심지역, 미래첨단산업과 전통산업의 조화로운 발전지역, 친환경 고소득의 농수산업 육성지역 등이다. 이를 구체적으로 실현하기 위한 발전방향은 다음과 같다.

- 국토균형발전을 촉진하는 공간구조로의 개편과 정비
- 미래첨단산업 육성과 전통산업 구조고도화로 지역경쟁력 강화
- 신해양 관광·문화클러스터 구축
- 국제물류·교육거점 기반 및 교통·정보통신망의 구축
- 친환경 농수산물 생산기지화와 생태환경의 보전
- 생활복지의 선진화와 지역개발 거버넌스 체계의 구축

6. 대구권

대구권은 대구광역시와 경상북도로 구분하여 발전계획을 제시하고 있으나 궁극적으로 전자정보산업과 한방산업을 육성하고 역사문화·교육자원의 활용 극대화로 지역의 성장잠재력을 증진코자 하고 있다.

1) 대구광역시

대구광역시는 과학기술·문화·교육 혁신도시를 지향하며, 기본목표는 동남권의 연구개발중심도시, 동북아의 문화·관광 거점도시, 교육과 의료산업의 중심도시, 안전하고 쾌적한 청정도시 등을 선정하였다. 이를 구체적

으로 실천하기 위한 발전방향은 다음과 같다.

- 동남권 연구개발 중심도시로의 공간구조 개편
- 혁신지향적인 도심형 첨단산업 클러스터 형성
- 광역중심지 기능 강화를 위한 교통·통신망 확립
- 문화·관광거점기능의 강화와 교육·의료산업 중심도시 육성
- 풍요로운 삶을 구가하는 쾌적한 복지·환경도시 구현
- 자치역량의 강화와 지자체간 협력산업의 추진

2) 경상북도

경상북도는 첨단산업과 문화의 중심지역으로 육성할 것을 지향하며, 기본목표는 산업과 문화가 함께하는 지역, 첨단과 전통이 함께하는 지역, 인간과 자연이 함께하는 지역 등으로 설정하였다. 이를 구체적으로 실현하기 위한 발전방향은 다음과 같다.

- 개방형 지역발전축 구축 및 특성화 개발
- 정보·과학기술 혁신을 통한 지역산업의 경쟁력 강화
- 문화 세기를 선도하는 민족 고유의 문화·관광산업 육성
- 환동해경제권 형성을 촉진하는 물류·교통·정보망 구축
- 국제적 협력네트워크 구축과 혁신지향형 자치역량 강화

7. 부산권

부산권은 부산광역시와 울산광역시 및 경상남도 등 3개 권역으로 세분하여 발전계획을 제시하며, 궁극적으로는 자동차산업, 조선, 기계 등 주력산업의 첨단화와 동북아 해양물류 및 영상산업의 중심지로 위상을 강화하는 것을 목표로 제시하였다.

1) 부산광역시

부산광역시는 해양·물류 중심도시를 지향하면서 기본목표로 환태평양의 국제거점도시, 동북아의 항만·물류중심도시, 동남경제권 중추도시 및

동북아 해양문화·관광거점도시를 설정하였다. 이를 달성하기 위한 구체적인 발전방향은 다음과 같다.

- 동북아 해양수도 실현을 위한 인프라구축과 권역별 특화개발
- 동남권 중추기능제고를 위한 지역혁신과 산업클러스터 구축
- 항만인프라 구축과 복합수송 및 동남권 광역교통체계 구축
- 환경친화적 생활환경조성과 자연순환형 미래도시 구축
- 수요자중심의 선진적인 사회복지기반 조성
- 자치역량 제고와 지자체간 협력사업의 발굴 및 추진

2) 울산광역시

울산광역시는 지역의 기반시설 활용을 극대화하여 자동차 및 첨단지식기반 산업도시를 지향하고, 기본목표로 첨단지식기반 산업도시, 도농통합형 광역도시, 환경친화적 생태도시를 설정하였다. 이를 실현하기 위한 구체적인 발전방향은 다음과 같다.

- 자동차·조선·정밀화학·환경산업 중심의 지식기반 산업도시 건설
- 도농통합형 광역 도시공간구조의 구축
- 삶의 질 향상을 위한 문화·복지여건의 향상
- 환경친화적 생태·안전도시 육성
- 자치역량 강화와 지자체간 협력사업의 추진

3) 경상남도

경상남도는 지식기반 참단산업의 선도지역으로 육성·발전할 것을 목표로 설정하고 기본목표는 미래 첨단 전략산업의 창출지역, 환태평양시대 국제교류의 주도지역, 해양문화관광의 중심지역으로 하였다. 이를 구체적으로 실현할 발전방향은 다음과 같다.

- 지역전략산업의 체계적인 육성과 경쟁력 있는 산업환경 조성
- 항만·물류중심기능의 육성과 초고속 교통·통신망의 구축
- 행정중심복합도시권과 연계한 지역개발
- 세계적인 관광거점의 조성과 지역자원의 효율적 보전·관리

- 생활 및 복지·문화기반의 선진화와 지방자치역량 강화

8. 제주도

제주도는 국제자유도시개발을 중심으로 세계적인 관광휴양·교류거점으로 육성하는 것을 지향점으로 하여 기본목표는 국제교류·문화·관광의 핵심지역, 지식기반·청정산업지역, 녹색정주·환경생태지역 등이다. 이를 구체적으로 실현하기 위한 발전방향은 다음과 같다.

- 국제자유도시의 기반구축 및 육성
- 권역별 특성화와 지역공간구조의 개편
- 국제적 관광·휴양도시로서의 교통·정보통신 인프라 구축
- 기존산업과 신성장동력산업의 융합·발전체계 구축
- 생태계 자연성·다양성·건전성의 보전과 관리
- 도민 생활·복지기반의 선진화와 자치역량 강화

제 2 장

국토종합계획의 평가

제 1 절 국토종합계획과 지역개발의 관계

국토종합계획은 산업·인구배분·교통계획·문화시설배치·자연경관의 보호 등을 포함한 종합적인 토지이용[1]·개발계획을 추진하여 자연파손을 억제하고, 인간과 자연의 조화 위에서 살기 좋은 문화적인 인간생활환경을 조성해야 하며 합리적인 질서부여를 하는 것이다. 따라서 1980년대 제3차 국토종합계획은 다음과 같은 분명한 목적을 갖는다.

첫째, 국토 및 자연자원을 종합적으로 개발·이용·보전함으로써 공업화의 기반 조성을 함은 물론이거니와 물리적 측면에서의 국토계획 외에 경제·사회·문화적인 넓은 견지에서 국민복지와 생활의 질을 높이는 계획으로 확대되는 것이 바람직하다.

둘째, 최근에는 탈공업사회·정보화사회·고밀도경제라는 신국면이 전개되어 선진제국에서는 산업도 중화학공업 부문에서 탈출하여 고분자화학·정보공학·우주과학·해양과학 등의 새로운 생산단계에 돌입하고 있

1) 官澤 弘, 新國土計劃論, 東京, 有斐閣, 1968, p. 33.

으며, 한 번 착수하면 변경이 어려우므로 거시적인 시야에서 공해・도시과밀화・교통난・주택난・인간소외 등의 현대문명의 위기 의식까지도 직시하여 생태학적 견지까지 가미한 계획이 되어야 한다는 것이다.

물론 각종 입지는 국민 경제의 자연적・역사적 조건이 다르므로 국토계획의 내용은 국가별로 상이한 성격을 띤다고 하겠다. 가령 제2차 세계대전의 영국 및 독일은 공업화가 유발한 인구의 도시집중을 확산시킴을 목적하였고, 소련의 국토 계획은 농촌경제를 공업화로 전환시키고자 하였으며, 일본의 그것은 전시통제경제의 일환으로서 자원동원을 목적한 국사적・계획적 성격을 띠었다. 미국의 테네시 개발사업(Tennessee Valley Authority)(1933년 5월)은 뉴우딜 정책의 일환으로서 실행하였던 만큼 종합토목사업의 의미를 넘어서 실업해소를 위한 소비적 정책과 지역개발 및 지역주민의 문화생활수준의 향상 등 사회정책적 의미를 가졌던 것이라고 본다.

이에 대하여 우리 나라의 국토종합계획은 앞 장에서 보았던 바와 같이 종합국토발전계획의 기본구상에서도 고려된 바이지만, 요컨대 다음과 같은 필요성에서 비롯되었다고 하겠다.

① 인구변동에 따른 국토의 효율적인 이용욕구 증대

② 국토자원의 효율적 개발과 이의 실물자본화

③ 경제성장에 따른 공업화 및 도시화과정의 촉진과 이에 부응한 국토기능의 능률화

④ 사회간접자본 시설수요의 급속한 증대

⑤ 지역적 소득격차의 시정과 국토의 균형적 발전의 촉진

⑥ 향토문화의 개발 및 보전

⑦ 국민의 총화를 통한 생활의 재건이 필요하다고 말할 수 있겠다.

이와 같이 국토종합계획은 어떤 특정지역만을 대상으로 하는 것이 아니라 전체 국토를 그 대상으로 하고 있다. 그러나 국토발전 과정은 지역적 특성과 유기성을 고려하면서 이루어져야 하기 때문에 구체적인 방법에 있어서는 지역개발의 형태에 의하여 이루어지고 있는 것이다.

그러므로 국토종합계획과 지역개발은 불가분의 관계가 있으며, 특히 국토계획의 목표는 지역개발과 같이 지역주민의 욕구를 외면해서도 안 되며

지역주민의 생산과 생활수준을 다함께 향상시킬 수 있어야 한다. 또한 국토의 자연조건이나 경제적·사회적 조건을 비롯해서 각종 자원 역시 획일적인 계획수립이 아니라 각 단위지역이 가지고 있는 제반조건을 감안한 지역계획의 형태로 전개하여야 하며, 국가적인 욕구와 지역적 욕구가 조정되어야만 지역 주민의 관심과 참여가 적극화되며 공동적인 노력과 공동운명체 의식이 강화될 수 있기에 더욱 밀접한 관계를 갖는다.

이와 같이 지역개발은 국토종합계획의 테두리에서 행하여져야 하지만 그것은 지역적 입지조건과 제자원을 앨버트슨(M. L. Albertson)이 말하는 개발과정, 즉 [도표 2-1]과 같이 고도성장을 위하여 ① 인력자원, ② 천연자원, ③ 제도적 자원, ④ 에너지 자원, ⑤ 정보자원, ⑥ 재정자원, ⑦ 문화자원, ⑧ 프로세스와 시스템 등을 총체적으로 동원함으로써 지역 개발은 국토개발의 수단이고 방법으로서 기능을 다할 수 있게 된다. 이와 같이 국

[도표 2-1] 개발과정을 도시한 개발차륜

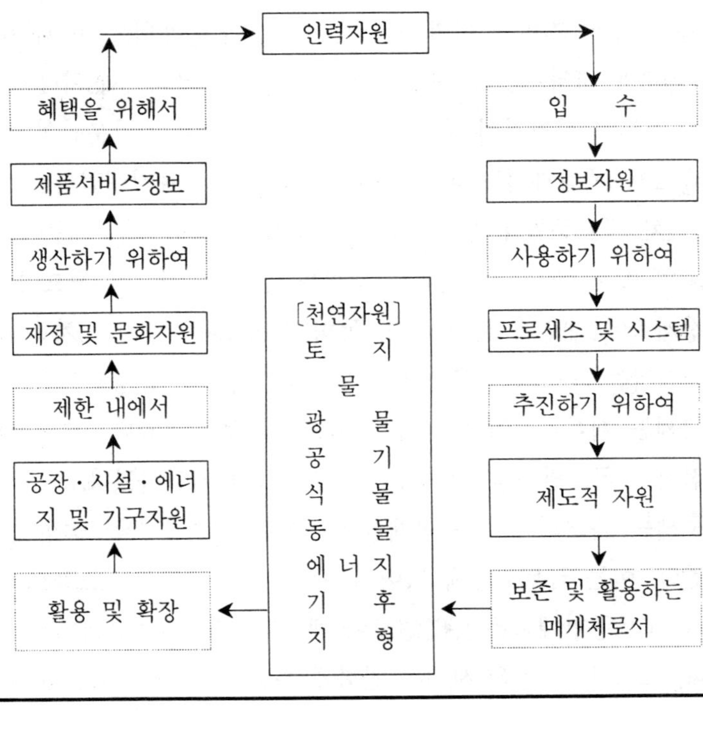

토 발전과정에 있어서 지역 개발의 역할기능은 크다고 본다.

제 2 절 국토종합계획 수정계획의 평가

1. 국토종합계획의 수정이유

국토종합계획은 헌법과 국토기본법을 근거로 만들어지는 최상위 국토이용 계획이다. 이 계획에는 앞에서도 언급한 바와 같이 '국가나 지방자치단체가 실시할 사업의 입지와 시설규모에 지침이 되는 종합적이고 기본적인 장기 계획'이 담긴다. 현재 4차 국토종합계획이 시행중인데, 이 계획의 연혁을 살펴보면 제1차 국토종합개발계획(적용기간 1972~1981년)은 고도 경제성장을 위해 기반시설을 조성하는 것이 목표였다. 이를 위해 수도권과 동남해안 공업벨트를 중심으로 개발이 이뤄지도록 했다. 제2차(1982~1991년)는 인구의 지방 정착과 생활환경 개선이 목표였고, 이때부터 수도권 집중 억제와 지역개발이 주요 실천과제로 부각됐다. 제3차(1992~2001년)에서는 서해안 산업지대 및 지방도시 육성을 통한 지방분산형 국토개발이 제시됐으며, 핵심과제는 국민 복지 향상과 환경 보전이었다.

제4차 국토종합계획은 2000년부터 2020년까지 적용되는 장기 계획으로 2000년 발표 당시 5년 단위로 계획을 바꿀 수 있도록 했으며, 이를 근거로 수정계획이 나오게 된 것이다. 특히 수정계획은 과거 3차례의 국토종합개발계획과는 형식적인 측면에서 두 가지 사항이 변경되었다.

첫째는 계획기간이 10년에서 20년으로 변경되었다. 이는 더욱 장기적인 관점에서 국토발전을 계획적으로 추진하기 위해서였다.

둘째는 과거의 '국토종합개발계획'이란 명칭을 '국토종합계획'으로 변경하였다. 이는 국토이용에 있어서 환경보전과 개발을 조화시키는 의도에서였다, 국토종합계획은 1963년도에 제정된 '국토건설종합계획법'에 근거하고 있다. 그러나 이 법은 시대적 변화에 부응하여 수정, 보완되어 오늘날 한국에서 국토계획의 근거가 되는 법률은 「국토기본법」이 담당하고 있다.

당초계획의 수정배경은 행정도시 건설과 공공기관 지방 이전 등으로 지금까지의 국토종합계획 수정이 불가피해졌다. 정부는 이를 통해 국토의 불균형 발전을 막기 위한 것이다. 제1~4차에 걸친 국토종합계획은 줄기차게 수도권 집중 억제를 중요한 목표로 제시했다. 하지만 수도권 인구 비중은 1970년 28.3%에서 1980년 35.5%, 1990년 42.8%, 2000년 46.3%, 2003년 47.6%로 계속 높아졌다. 대외적으로는 급성장하는 중국과 자유무역협정(FTA)으로 대변되는 국제사회의 개방화 요구도 영향을 미쳤다. 남북한 경제협력에 대응할 필요성, 주5일 근무제 도입, 급속한 인구 고령화도 수정 요인으로 작용했다.

이러한 배경으로부터 산출된 제4차 국토종합계획 수정계획에서 새로 도입된 주요 사업은 다음과 같다.

- 국토 이용 개념 '7+1' 권역별 다핵 연계형 국토 개발
- 지역개발 행정도시 건설 공공기관 지방이전혁신도시 건설
- 산업 입지 혁신클러스터 형성권역별 지역특성에 맞는 전략산업 육성
- 남북한 관련 남북 접경지역에 평화벨트 조성
- 수자원 방재: 기후변화에 따른 통합 방재체계 구축
- 교통: 대중교통특구, 아시안 하이웨이
- 주택: 주택관리카드제, 일정 규모 이상 주택의 빗물처리시설 의무화
- 토지: 농지은행

2. 수정계획이행의 원칙

향후 수정계획이 성공적으로 이행되기 위한 3원칙은 다음과 같다(이규방, 2003). 첫째의 원칙은 '국토의 균형있는 발전'이다. 이 원칙에 따라 국가 및 지방자치단체는 수도권과 비수도권, 도시와 농어촌, 대도시와 중소도시 간의 균형있는 발전을 이룩해야 한다.

둘째의 원칙은 '경쟁력 있는 국토여건의 조성'이다. 이 원칙에 따라 국가와 지방자치단체는 도로, 철도, 항만, 공항, 물류시설 등 국토의 기간인프라

를 체계적으로 확충하여 국가경쟁력을 강화해야 한다. 아울러 국제교류가 활발히 이루어질 수 있도록 국가경쟁력을 강화해야 한다. 아울러 국제교류가 활발히 이루어질 수 있도록 대륙과 해양을 잇는 국토의 지리적 특성이 최대한 발휘되도록 해야 한다.

셋째의 원칙은 '환경 친화적인 국토관리'이다. 이 원칙에 따라 국가와 지방자치단체는 환경에 미치는 부정적인 영향이 최소화 될 수 있도록 국토에 관한 계획과 사업을 수립 집행해야 한다. 아울러 국토의 무질서한 개발을 방지하고 토지이용에 관한 종합적인 계획을 수립하고 국토공간을 체계적으로 관리해야 한다. 국토개발이 소기의 성과를 내어 국가경제성장과 국민의 삶의 질 향상에 기여하자면 국토종합계획의 집행력 강화가 무엇보다 중요한 과제이다. 국토행정의 지방분권화 확대와 조정체계의 확립, 국토개발 투자재원의 다변화 및 효율적 조달을 추진해야 한다.

특히 국토종합계획의 추진에는 중앙정부와 지방정부 그리고 민간기업의 협동적 노력이 관건이다. 중앙정부의 권한을 과감하게 지방에 이양하여 지자체가 주도하는 지역계획수립・집행을 활성화해야 한다. 특히 중앙정부와 지자체간 협력형 국토관리를 유도하는 것도 과제이다. 원활한 조달을 위해서는 민간자본과 외국자본의 유치가 필수적이다.

이와 함께 국토계획과 예산의 연계를 강화하고 지방세 및 세외수입의 확대, 재정운용의 자율권을 확대하여 지방재정을 대폭 확충해야 한다. 무엇보다 중요한 것은 국토균형발전을 일관되고도 강력하게 실천하기 위해 범정부적 조정, 총괄기구가 요구된다. 동시에 지역균형발전을 추진하기 위한 일련의 법률 제정도 필요하다.

3. 주요사업

제4차 국토종합계획 수정계획에 포함된 주요사업으로는 평화시(市), 대중교통특구, 주택관리카드, 아시안 하이웨이 등 이색사업들이 있다. 문제는 이러한 사업들이 아이디어 차원의 사업도 있지만 이미 실행을 위해 본격적인 준비 작업에 들어간 것도 있어 이들 각 사업들의 재원확보가 극복해야 할 주요한 과제로 지적되고 있다.

1) 평화시, 평화벨트

남북 접경지역인 경기 파주시(서부지역), 강원 철원군(중부지역), 고성군(동부지역)에 평화도시가 들어서고 이를 중심으로 일대가 평화벨트로 조성을 계획하고 있다.

가장 구체화된 곳은 철원군. 강원도가 지난해 구 철원읍 일대에 인구 50만 명이 살 수 있는 2,000만 평 규모의 '한민족 평화시'(가칭)를 건설하겠다고 발표했다. 정부는 평화도시 및 평화벨트 조성사업을 국제정세와 남북관계를 고려해 단계적으로 추진할 방침이다.

1단계 준비기에는 남북 교통망을 복구하고 비무장 지대를 '한민족 평화생태지대'로 조성하고, 2단계 형성기에는 본격적으로 교류협력지구를 만들며, 3단계 정착기에는 접경지역에 경제특구와 관광특구를 설치할 것이다.

2) 아시안 하이웨이

이 사업은 아시아 32개국의 도로망 14만km를 연결해 하나로 묶는 프로젝트이다. 2010년 7월까지 도로 신설, 확장, 포장 등 국가 간 연계도로를 건설하는데, 한국은 일본~부산~서울~평양~신의주~중국으로 연결되는 노선과 부산~강릉~원산~러시아로 이어지는 노선 총 907km이다. 기존 경부고속도로와 국도 7호선을 이용하므로 새로운 도로를 건설할 필요는 없지만 두 노선의 도로표지에 아시안 하이웨이 명칭을 표기해야 한다.

이 밖에도 서해안고속도로를 북한의 해주~남포~신의주~중국의 다롄(大連)~상하이(上海)~홍콩 등과 연결할 계획이다.

3) 격자형 국토 간선도로망 구축

이 계획에 따르면 남북 7개 축, 동서 9개 축의 격자형 국토 간선도로망을 구축해 국토공간의 균형발전을 도모할 계획이다. 또한 2004년말 현재 총 연장 2,923km인 고속도로를 2020년에는 6,000km로 확충된다. 또 일반국도의 4차선 이상 비율을 2004년의 38%에서 2010년에는 50% 이상으로 늘리고 지방도로를 포함해 전체 도로 연장을 2004년의 10만 457km에서 2020년에는 20만km로 확충할 계획이다.

철도는 총 연장을 2004년의 3,374km에서 2020년에는 5,000km로 늘리고 복선화율은 39.1%에서 80%로, 전철화율은 39.8%에서 82%로 확충도록 한다. 이 밖에 김포공항은 한·중·일 자유무역협정(FTA)에 대비한 역내 전용공항으로 전환하는 대신 영종도에 신항을 개설하고, 부산 신항과 광양항을 중심으로 동북아 거점 공항과 항만으로 육성된다.

4) 지구단위계획 중심의 관리체제로 전환

이 계획은 중심 대도시와 중소도시간의 기능적 연계를 강화해 중소도시와 농촌 배후지역에 대한 파급효과를 극대화할 수 있는 지역도시체계(City-region)를 구축토록 하고 있다. 주거복지를 위해서는 2020년까지 주택 수를 인구 1,000명당 370가구, 주택보급률은 120%로 끌어올릴 계획이다.

또한 1인당 주거면적도 2000년 20.2m^{2}에서 35m^{2}로 늘리는 한편 쾌적한 생활환경을 위해 1인당 공원면적도 2003년 7m^{2}에서 12.5m^{2}로 확대한다. 이 밖에 도시화율은 2003년 89%에서 95%로, 수도권 인구 비중은 47.6%에서 47.5%로, 상수도 보급률은 89.3%에서 97%로 각각 늘어난다.

제3장

지역개발과 산업의 재편성

제 1 절 지역개발과 농업

1. 농업개발

1980년대에 접어들면서 산업구조가 근대화됨에 따라 농업구조 및 농촌의 사회구조는 그 모순성이 나타나 도시와 농촌간의 외형적 격차의 해소와는 달리 상대적 빈곤의식이 더욱 심해지며, 몰락된 도시윤리의 농촌파급과 같이 농촌지역간의 격차가 다시 생기고 지역균형개발을 위한 새로운 요구가 일어나고 있는 바, 농촌개발은 다음의 측면에서 이루어져야 하겠다.

첫째, 농촌개발은 농업과 농민생활의 경우 소득증대와 후생증대지향적이어야 하겠으나 총체적으로 보면 국민경제에 대한 농업의 기여를 고려해야 한다.

① 식량의 공급

② 공업과 도시 제사업을 위한 노동 제공

③ 공업 원료의 공급

④ 수출을 통한 외화획득 및 외화절약

⑤ 농업과 비농업을 개발하기 위한 저축·정부세입 및 자본형성

⑥ 비농업을 위한 토지 제공

⑦ 전원적 환경에서 휴양과 오락을 추구하는 도시민·농촌인, 그리고 농민을 위하여 보다 좋은 생활환경의 조성을 들 수 있다.[1]

이러한 목적을 달성하는 데 있어서는 저해요인이 있는데, 그 중에서도 농업구조의 취약성이란 물적 요인과 농업 경영자로서의 자질부족이라는 인적 요인이 문제이다. 따라서 전통적인 사회구조와 생활질서를 근대화하고 정신을 계발하며 생활 환경의 개선과 농업생산기반사업 및 외부경제의 개발을 지속적으로 추진해야 할 것이다.

둘째, 농업권 개발은 지역주민들의 개발목적에 대한 이해와 협조가 가장 요긴하므로 지역주민의 근면·자조·협동적인 노력을 바탕으로 해야 한다.

셋째, 농업권 개발은 내부수익률도 낮고 회임기간이 길기 때문에 장기적·지속적으로 추진되어야 하며 사회적 효과가 높도록 하여야 한다.

넷째, 농민의 대부분은 아직도 지식수준이 낮고 자본력도 부족하므로 개발초기에는 외부의 지원이 요구되며, 특히 행정지원전략의 재검토가 요구된다.

위와 같이 생각해 볼 때 한국농업개발의 목표는 식량공급·농촌생활의 질적 향상·국민경제의 전체개발, 그리고 농업행정의 발전을 정책전략으로 생각할 수 있겠다. 이에 대한 보다 구체적인 지표를 열거하면 다음과 같다.

① 양곡관리 ② 농사시험연구

③ 농촌지도 ④ 농업경영규모의 확대

⑤ 농업기술훈련 ⑥ 농업신용

⑦ 농지 및 수자원개발 ⑧ 시장 및 상품 품질의 규제

⑨ 도로 확장 ⑩ 농촌전화

⑪ 농촌지역의 공업화 ⑫ 축산진흥

---

1) 한국농업개발전략분석(1971~1985), 미시간주립대학교 한국농림부 농업경영연구소, 1972, p. 31.

⑬ 정부의 유통 서비스 ⑭ 가족계획
⑮ 산림개발 ⑯ 수산진흥
⑰ 농촌지역의 일반 교육과 직업훈련
⑱ 민간에 의한 농용자재공급과 농산물 유통서비스 개선
⑲ 행정지원조직의 개혁과 운영쇄신 등이라 하겠다.

물론 이러한 한국농업개발을 위한 정책전략의 지표는 시대에 따라 달라질 수 있겠으나 현 단계에서 지역개발을 위한 농정의 중점은 토지개혁단계도 지났으며 농지확장과 농지정리를 병행하여 식량증산 단계라고 보아야 할 것인데, 이 시기는 격차시정이 요구되는 시기이기도 하다고 생각된다.

격차는 산업간 · 규모간 · 지역간에 존재하고 그 내용은 생산성 · 소득 · 소비 · 환경조건 등 여러 가지가 있으나 그 중에서도 가장 중요한 것은 소득격차의 시정이다. 쌀값의 결정에 있어서 생산비와 소득보상방식을 취하는 것도 이러한 소득격차의 해소를 위한 동기에서 나온 것이다.

그러나 생산자와 소비자를 동시에 만족시킨다는 이러한 방식은 원리적으로는 모순을 품고 있는 것이다. 따라서 쌍방의 이해 갭에 해당되는 부분을 누가 얼마만큼 부담하는가가 큰 문제인 것이다. 따라서 농업정책의 목표는 농업의 구조개선에 두고 적지적산과 규모의 확대를 통하여 농업생산성의 비약적인 상승을 도모해야 할 것이다.

2. 농업생산

농업생산의 증대를 위해서는 농업생산기반조성이 중요하다. 1980년대에는 소득증대를 위한 ① 농경지정리, ② 수리화(水利化), ③ 과학화, ④ 전화(電化), ⑤ 기계화, ⑥ 화학화 등의 추진이 요구된다.

이러한 생산기반의 조성을 위해서는 지역주민의 능력만으로는 불가능한 일이며 정부의 적극적인 지원과 지도가 있어야 한다. 그런데 경작지면적동향을 보면 농경지가 타산업으로 뺏겨 점차 감소추세를 보이고 있다.

전체적으로 경지면적이 줄고 있으며 경지이용도는 높아가나 식량작물식재면적이 또한 줄고 있는 것이 문제이다. 그러므로 새마을운동을 통하여 농가소득 증대에 직결되는 성장작목을 개발함이 필요하나 전국적으로 식재면적의 구성비율을 국토개발과 지성개발의 입장에서 고려하여야 하겠다.

그리고 농업의 목표가 생산 및 소득증대, 더 나아가서 농촌복지의 향상에 있다면 우선적으로 소득 증대를 위한 농업생산성의 향상이 필요하다. 제한된 토지에서 생산성을 증대시킨다는 것은 영농기술지도를 통한 노동생산성의 증대와 자본생산성을 증대시키는 것이다.

현재 우리 나라의 농업에 대한 기술지도는 여러 가지 형태로 전개되고 있으나 구조개선부락이나 특별지도부락을 확대 선정하여 지도원들과 주인들이 보다 많은 접촉이 있어야 하며 특별영농교육이 필요하다고 본다. 교육 문제는 별도의 장에서 다루기로 하겠다.

특히 지역특화사업과 성장작목에 대한 기술지도에 있어서는 더욱 그 수의 증가가 요구되며 영농기술의 보급경로를 형성하는 독농가를 중심으로 한 거점농가를 설정하여 부락민 스스로가 기술개발에 노력하도록 해야 할 것이며 이러한 관계가 효율적으로 유지되도록 농촌지도소가 전략적인 기술지도방식을 시도해야 할 것이다.[2)]

그리고 농업소득증대를 위한 영농자금의 효율적 지원, 특히 성장작목에 대한 영농자금의 지원은 사채를 줄여 농업수입증대에 크게 기여하고 있는 바, 담보할당식 융자가 아니라 신용담보 및 필요자금의 타당성 분석을 한 후 집중적으로 지원해 줌으로써 농업소득증대를 기하여야 할 것이다. 이를 위해서 농업협동조합의 융자와 농촌지도소의 영농기술지도가 제도적으로 친밀한 관계를 맺어서 융자와 기술지도가 효율적으로 이루어져야 할 것이다.

2) 새마을사업과 농촌구조변화에 관한 연구, 농업경제연구보고 제68호, 1975년 7월, 국립농업경제연구소, pp. 104-112.

제 2 절 지역개발과 중소기업

1. 지역개발촉매로서의 중소기업의 역할

1) 서구 중소기업의 특징

스텔리(E. Staley)와 모오스(R. Morse)는 경제개발의 관점에서 중소기업의 특성을 다음의 네 가지로 규정하고 있다.[3)]

① 경영이 상대적으로 전문화되어 있지 않다.

② 경영자와 종업원 및 고객간의 개인적인 접촉이 밀접하다.

③ 자금조달이 곤란하다.

④ 기업체의 수가 많다.

이상은 구미제국에서 인식되고 있는 중소기업의 정의이고 우리 나라에서의 중소기업의 개념규정을 보면 다음과 같다.

2) 우리 나라 중소기업의 특징

중소기업진흥법시행령에서 볼 수 있듯이 1980년대 중소기업정책에 대한 문제점은 자유경쟁체제의 유지·신장이 아닌 것이며 규모계층간의 생산성·임금·노동장비율의 차등, 그리고 그것을 뒷받침하는 임금과 기술체계 등을 중심으로 한 이중구조적 문제성을 내포한다고 볼 수 있다.

여기에 첨가하여 국제적 견지에서의 중소기업의 개념 규정을 살펴보면 다음과 같다.

① 경영의 비전문화

② 경영자와 사내외, 제이해주체들과의 밀접한 인적 연관

③ 조직적 자본시장을 통한 자본조달 결여

---

3) E. Staley and R. Morse, Modern Small Industry for Developing Countries, McGraw-Hill, N.Y., 1965, pp. 2-4.

④ 주요제품시장에서의 비지배적 지위

⑤ 소유·경영·원료조달 시장·지역적 성격 때문에 지역사회와의 밀착성이란 5가지 특색에서 정의될 수 있는 바, 중소기업의 육성은 많은 기대효과를 갖게 된다.

3) 중소기업의 역할

① 산업간의 상호작용을 확대시킨다.

② 일정 지역을 거점으로 중소기업을 육성시키면서 배후지역과의 인적·물적 교역을 통하여 배후지의 경제 활동을 더 활발하게 하는 역할을 촉진시켜 준다.

③ 독과점 체제에 있어서 경직화되는 경제질서에 자유경쟁의 요소를 부여한다.

④ 중소기업의 육성과 진흥을 꾀함으로써 지역개발의 촉진제가 된다.

⑤ 경기변동과 해외의 국제적인 불황에 방탄막의 역할을 한다.

⑥ 고용증가와 대기업과의 보완관계를 유지한다.

⑦ 국민의 안정과 복지를 실현시킬 수 있는 활력소의 작용을 하게 된다.

⑧ 지역 내에 있어서 시장경제의 핵심적 역할을 한다.

⑨ 중소기업을 통한 지역개발은 경제발전을 위한 기반조성과 생활환경의 정비에 기여한다.

⑩ 지역격차를 해소하는 데 이바지한다.

요컨대, 지역개발촉매로서의 중소기업의 역할은 고용의 증대와 기존 유휴자원의 이용보다 균등한 소득분배, 경제력의 집중화, 부의 편재경향의 시정, 미개발지역과 불황지역의 개발 등을 꾀함으로써 도시와 농촌의 균형적인 발전을 이룩하고 소득분배의 균등화와 지역차의 경제적 불이익을 극복하는 기능을 할 것으로 기대된다. 이로써 주인의 복지향상을 진작하는데 밀접한 관계를 맺게 하고, 이로 인하여 중소기업은 그 역할이 지역개발과 불가분의 상호관계를 갖는 입장이라 하겠다.

2. 지역개발을 위한 중소기업진흥정책

참여정부의 중소기업정책이 추구하는 비전은 "2만불 시대를 열어가는 작지만 강한 혁신형 중소기업의 육성"으로 하고, 창업과 퇴출이 원활한 생태 확산, 창조적 혁신능력 배양, 경쟁촉진형 성장기반 확충 및 동반성장을 통한 양극화 극복 등을 정책적 목표로 설정하고 있다.[4)]

이와 같은 중소기업정책의 전환은 기업환경의 변화와 시장구조 및 세계 경쟁체제에서의 생존을 위한 새로운 환경에 적합한 진흥정책을 요구하기 때문이다. 따라서 21세기적 중소기업 진흥을 위한 진흥전략을 제안하면 다음과 같다.

1) 중소기업의 경쟁력 강화를 위한 탈재벌정책의 구현

21세기는 세계가 하나의 시장이 되는 글로벌 경쟁시대이다. 국제적인 관행이나 WTO체제, FTA 등 세계경제 여건상 종전과 같이 우리 기업 보호를 위해 외국기업이나 상품의 국내 진출을 통제할 수 있는 인위적인 수단의 사용이 사실상 불가능해진 환경이 되었다.

세계적인 관점에서 볼 때 다수의 중소기업 집합체로 형성되어 있는 재벌을 단일 업종 또는 특정분야에 전문화된 세계적인 대기업으로의 발전을 유도하고 그 외의 부문에 대해서는 중소기업 단위로 분화시켜 경쟁력을 갖추도록 하는 것이 변화된 기업환경에 적응할 수 있는 최선의 대안이다.

2) 전문가에 의한 투명한 경영 유도

과거의 창업주나 세습된 기업주에 의한 소위 황제경영방식은 21세기 국제경쟁력을 확보하는 데 한계가 있다. 따라서 전문경영인에 의한 투명한 경영체계를 유도하는 것이 무엇보다도 중요하다.

---

4) 중소기업청, 2006.

3) 투명하고 책임있는 경영체제 구축을 위한 기업지배구조 개선

기업지배구조(Corporate Governance) 개선을 위하여 전문가의 경영참여를 활성화하고 최고경영자, 투자자, 소비자 등이 참여하는 공정하고 투명한 절차를 거쳐 합리적인 의사결정이 가능하도록 기업경영풍토 조성에 역점을 둔다.

4) 재무구조 개선과 투명한 기업경영 유도

중소기업이 살아남기 위해서는 앞으로 재무구조가 취약하고 투명하지 못한 기업은 국내외에서 배척될 수밖에 없을 것이다. 우리 중소기업의 위기의 중요한 요인 중 하나가 기업경영의 투명성 결여에 있고, 금융부문의 고질적인 문제인 담보여신 관행도 기업재무제표의 불투명성에 원인이 있다.

따라서 중소기업경영과 회계의 투명성 제고를 위한 기업 스스로와 정부의 노력은 가일층 강화되어야 할 것이고 시장의 감시가 보편화 될 것이다. 중소기업의 투명성 제고를 위한 제도로는 ① 철저한 결합재무제표 작성 등 기업회계기준의 강화, ② 감사위원회제도 도입 및 회계 감리 기능 강화, ③ 기업공개범위 및 주기의 확대, ④ 부정 부실 회계감사인(공인회계사) 등에 대한 처벌강화 등이 있다.

5) 기술 · 지식우위 경쟁력 기반 강화

최근 선진국기업의 경영전략상의 특징은 더 빠른 기술개발, 한발 앞선 신상품의 출시로 후발사 또는 경쟁사의 추격을 따돌리는 방법으로 유용한 시장선점정책이 된다. 우리 중소기업들이 극복해야 할 지식 및 기술격차는 단순히 생산과 관련한 기능적 기술뿐만 아니라 경영조직, 사업기획 및 개발, 재무, 마케팅, 회계, 국제거래관행 등에 대한 지식과 이러한 다양한 기능을 결합하고 발전시키는 경영능력을 포함하는 것이다.

6) 윤리경영의 실천

투명한 경영, 책임있는 경영을 하기 위해서는 하드웨어적 개선과 더불어 Clean 경영을 영위하고자 하는 기업윤리(Business Ethics)가 필요하다. 왜냐하면 21세기에는 기업윤리가 새로운 경쟁력의 원천이 될 것으로 예상되기 때문이다. 이는 기업윤리가 기업존재에 대한 사회적 정당성을 부여하고, 기업 구성원과 주주, 고객 등 이해관계자간의 마찰을 해소시켜 줌으로써 기업성공의 핵심요소로 자리잡아 가고 있다.

3. 지역개발을 위한 중소기업진흥전략

1) 수출 및 지방특화산업의 중점육성

앞으로 중소기업 제품의 수출 증대가 크게 기대되므로 섬유·합성수지·전자제품 등 노동집약적인 산업을 육성하여 수출 목표의 달성에 진력하도록 하면서 지역사회개발의 촉진과 농촌의 유휴노동력을 흡수하고 국내부존자원의 효율적인 활용 등을 기하도록 지역의 특산물을 개발한다.

2) 시설의 근대화와 경영합리화

섬유·인쇄업 등 낡은 시설을 근대화하고 과학적인 현대관리기법을 도입하여 경영의 합리화를 추구하도록 한다.

3) 대기업과의 계열화 조성과 공업단지활용

대기업과 연관 관계에 있는 중소기업의 계열화를 촉구하여 중소기업이 특정 제품을 전문생산·공급하도록 함으로써 원가를 절감할 수 있게 된다. 이러한 계열화를 촉진하기 위하여 공업단지의 입주를 유도하고 부품의 규격을 통일하도록 한다.

4) 기업합병 또는 협업화 조성

수출이 유망한 업종의 중소기업은 규모경제를 추구하고 국제경쟁력을 강화하도록 세제·금융상의 지원을 통하여 기업합병을 유도한다. 또한 소요원료의 적기적량의 구입과 제품판로를 확보하여 공동시설을 확충하는 등 기업의 협업화를 조장하는[5] 전략을 세울 수 있다.

현실적으로 우리는 민족자본의 형성을 바탕으로 하는 산업생산능력이 취약하고 과잉인구의 압박 때문에 특히 생계위주부문(subsistant sectors)을 중심으로 하는 중소기업의 비중이 극히 높은 입장이며, 또한 그 업종이 다종다양하여 거의 전 산업을 통하여 국내시장 또는 지역시장에 대하여 상품의 공급처로서 기여하고 있으며 고용창조로서의 기능을 하고 있다.

뿐만 아니라 수출진흥과 외화획득에도 기여함은 물론 대기업이 손을 미치지 못하는 부문에서 국내생산력증진의 임무를 수행하고 있어 중소기업의 산업정책적 중요성은 크다고 하겠다. 그러나 경영관리능력이 낮고 규모의 이익을 갖지 못하며 낮은 생산성을 보이기 때문에 다음과 같은 중소기업정책의 재편이 요구된다고 하겠다.[6]

4. 중소기업정책의 재편

1) 사회정책성의 배제

생산성이 낮고 효율성이 저위에 있어 결과적으로 국민경제의 경제성을 떨어뜨리는 중소기업까지도 산업정책적 목적이라기보다는 사회정책적 목적에서 보호되어 막대한 사회적 기회비용을 감수하였던 바, 경제성이 큰 다른 부문의 투자능력을 축소시켰으니 앞으로는 보다 종합적 경제성지향으로 되어야 할 것이며 산업 구조의 고도화와 산업의 재편성이라는 당면과제에 비추어 중소기업정책도 재편되어야 할 것이다.

---

5) 대전지역개발을 위한 중소기업의 잠재력에 관한 연구, 1974. 6, 수전대학교 지역개발연구소, pp. 233-238.

6) 개발계획과 산업정책의 방향, 한국경제연구총서 34, 1972년 한국경제연구센터, pp. 159-169.

2) 유형별 별도시책의 마련

중소기업을 제품·생산방법·기업형태 및 존립가치에 입각하여 몇 개의 유형으로 구분하고 그 개별유형의 성격에 따라서 다른 정책이 마련되어야 하겠다. 예를 들면 다음과 같다.

[1] 산업계열화형

중소기업은 계열산업 전반의 성장에 따라 산업성장에 기여할 수 있는 바, 별도의 지원이나 보호가 없어도 좋을 것이다.

[2] 대기업화형

산업규모의 적정화라는 차원에서 산업정책의 대상이 되어야 할 것이다.

[3] 고유중소기업형

자본조달·설비근대화·기술진보 등이 고려되어야 하며 새마을 협동권 사업의 일환으로서 이들 기업끼리의 공동화·협업화 및 집단화와 같은 중소기업 고유의 특성을 살리면서 협동화를 통한 중소기업의 구조개편작업으로서 ① 협동체제하의 시장개척, ② 공동적 기술개발, ③ 공동시설 활용, ④ 기업합동, ⑤ 계산 센터의 공동 이용 등을 들 수 있다.

[4] 폐기 및 전환형

이는 육성 대상에서 제외되기 때문에 산업전환을 위한 입장에서 배려되어야 할 것이다.

3) 신용보완제도에 의한 원활한 자금지원

시설자금과 운전자금 등의 공급을 위해서 사채시장 아닌 정부나 지방공공단체에서 출자한 중소기업 신용보험금고 같은 것을 만들어 중소기업시범도시를 정해서 부분적 실시를 해 봄으로써 [도표 3-1]과 같은 지역개발의 효과도 가져올 수 있으리라고 본다.

4) 투자육성방안의 모색

우리 나라는 중소기업의 대부분이 비법인기업체제이며 실질적으로는 가

[도표 3-1] 중소기업진흥을 통한 지역개발의 효과와 전망

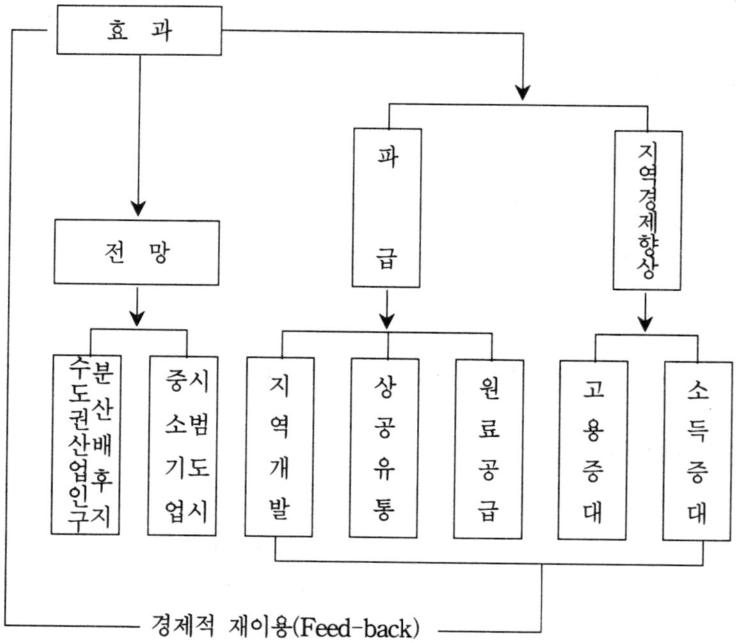

족기업 또는 소유자기업의 성격을 띠고 있어 다수의 중소기업이 금융기관 또는 사채시장에 의한 타인자본에 의존한다고 본다. 그러므로 자본조달을 용이하게 하고 실질적으로 기업을 주식회사로 유도할 필요가 있겠다.

5) 근대화법의 제정

중소기업의 유형별 제시책과 공통적 과제를 추진하기 위하여 ① 국산신기술의 기업화에 대한 융자의 제도적 마련, ② 기술개선비 보조금, ③ 공동연구실에 대한 설비비 보조금, ④ 중요 기술연구개발을 위한 보조금, ⑤ 기계의 시작비 보조금 등 중소기업의 기술진보와 시설 근대화를 위한 법 등 중소기업 근대화법이 제정됨으로써 중소기업이 지역개발을 위하여 실질적 기능을 할 수 있다고 본다.

제 3 절 지역개발과 관광산업

1. 관광산업의 부가가치

관광산업은 첨단산업과 함께 공해나 오염물질의 배출 없이 고부가가치를 생산할 수 있는 21세기의 문화산업으로서 각광을 받고 있다. 관광산업이 갖는 중요성을 정리하면 다음과 같다.

① 관광산업의 GDP 비중이 선진국은 10.7%인데 반하여 우리 나라는 4%로 잠재해 있는 문화재와 자연환경을 고려할 때 향후 높은 성장잠재력을 갖는 유용한 산업으로 판단된다.

② 관광산업이 차지하는 비중은 2008년 전 세계 GDP의 20%에 달할 것으로 보이며, 이는 현재 12%인 것을 고려할 때 전망되는 고성장산업이라고 볼 수 있다.

③ 외화가득률이 산업분야 최고수준인 88%(반도체 43%, 휴대폰 52%, 자동차 71%)에 달한다.

④ 관광은 대규모 고용 인력 흡수 및 새로운 직업군 창출산업(강원랜드 직접고용 약 3천명, 간접고용 3만명)이다.

⑤ 관광산업 고용 승수는 0.062로 산업평균 0.029의 2배에 달한다.

⑥ 총 448개 지역특화발전특구가 신청 중인데 문화관광분야가 233개로 52%를 차지('03. 9)하고 있다. 일례로 프랑스의 랑독-루시옹 지역에서는 리조트개발로 연간 관광객 1,400만명을 유치하여 관광수입만 55억불을 벌어드리고 있다. 따라서 재정적으로 열악한 지방자치단체의 유용한 재정력 확충방안이 될 것이다

⑦ 당일관광보다 가족단위 숙박관광 대폭 증가가 전망되고 있다. 일본은 '87년 주5일 근무제 실시 후 국내관광이 10% 이상 성장하였고, 중국은 해외여행은 2010년 6천만명, 2020년 1억명의 세계 최대 관광시장으로 부상할 것으로 WTO는 전망하고 있다.

2. 참여정부의 관광산업정책

참여정부의 관광산업정책의 목표는 "21세기 신성장, 고용산업으로 육성하기 위해 '외래관광객 1천만명 유치' 및 '국민관광시대 실현'으로 하고, 이를 구현하기 위하여 '참여정부의 관광정책 18대 과제'를 추진하고 있다.

18대 과제를 구체적으로 살펴보면 숙박시설 확충, 대규모 관광·스포츠레저단지 조성, 국내외 민간투자 확대, 중국관광객 유치 확대, 일본관광객 지속 유치, 동남아 및 구미시장 개척, 해외 홍보시스템 개선, 컨벤션산업 육성, 대표적인 관광상품 개발, 지역별 특화된 관광상품 개발, 관광안내체계의 내실화, 국제수준의 전문인력 양성, 국내외 교통망 확충, 6대 광역권 관광자원 개발, 10대 거점 중심 관광자원 개발, 국민관광활성화, 소외계층 관광기회 확대, 남북연계관광 활성화 등이다.

3. 관광의 현황과 문제점

관광자원의 부존상태, 관광시설 및 관광조직의 측면에서 현황과 문제점을 보면 다음과 같다.

1) 관광자원

자연자원·문화자원·산업자원으로 대별할 수 있는데 사찰·명승고적·해상공원 등은 아직도 전쟁의 피해로 주변의 자연조경이 잘 되어 있지 못하여 다음 사항이 고려된다.

① 특색 있는 경관조성이 요구된다.

② 구경하고 쉴 만한 곳이 있다고 보는 관광자원은 분산되어 있어 관광객 흡수력이 약하며 지역개발에 영향을 주지 못하고 있으니 자연동물원이나 수족관 같은 인공자원을 개발하여 집적의 효과를 살려야 할 것이다.

③ 숙박이 가능하고 야간관광을 즐길 수 있는 시설이 요구된다.

2) 관광시설

거점지역의 늘어나는 관광객 수요를 감안하여 소요수용능력을 분석, 시설의 질을 높임과 동시에 양적인 면에서도 충당해야 하겠다.

3) 관광조직

관광산업은 계절적으로 민감하며 관광객의 기호변화에 민감한 안정성이 없는 산업이기 때문에 행정적인 지원이 요구된다. 구체적으로 도별로 관광개발정책을 수립하고 관광객수요추정 · 국립공원의 관리 · 도별 관광업체의 지도육성 · 관광시설 등을 지방자치단체에서 지원하여야 한다. 특히 관광선전 · 안내 및 안내원의 교육훈련 등을 도의 지역계획과와 관광운수과간의 사업 및 운영에서 서로 협조하여 조화된 기능이 이루어져야 할 것이며, 집단관광을 위한 안내체제가 현지 지역주민들로 구성될 수 있는 일선 관광조직이 형성되도록 할 일이다.

4. 관광자원의 조성 및 개발

1) 관광자원의 보전 및 경관조성

1980년대 관광정책은 관광자원으로 잠재력이 있는 자원은 모두 개발시켜야 하되 현재의 관광자원으로서 문화자원 · 산업자원 · 자연자원을 잘 보전하며 이용 · 개발코자 하였다.

특히 당시의 국내관광산업의 개선점으로는[7] ① 외국인 출입국절차의 간소화, ② 자원의 개발과 보호 · 보존, ③ 유흥오락시설의 대규모화, ④ 국제수준의 시설, ⑤ 친절한 안내와 알선, ⑥ 저렴한 요금, ⑦ 문화재의 보존관리 등을 들 수 있으나 관광자원의 보전과 조경에 힘을 써야 할 것이다.

특히 문제가 되는 것은 다음과 같다.

---

7) 경남도청연구보고 제2호, 「경상남도 유치공장입지의 기준설정 및 남해선 고속도로 개통에 따른 연관지역과 지리산 주변지역의 개발계획에 관한 연구」에서 참고함. 1973. 6, 경남도청, p. 217.

① 기존 관광자원 및 시설의 보전과 내적 충실을 기하기 위하여 정기적 개·보수작업을 실시하여야 한다.

② 각종 문화재의 보전을 장려하며 주변을 정화하는 일이다.

③ 관광지 주변의 조경의 조성과 천연기념물의 보전 및 개발로 이들을 통한 특색 있는 조경도 바람직하다고 본다.

2) 신관광자원의 개발

새로운 관광원을 개발하기 위하여 관광권별로 ① 수족관, ② 민속박물관, ③ 호수공원, ④ 자연동물원, ⑤ 휴가촌, ⑥ 수렵지구, ⑦ 불교문화 센터 등을 신설·개발한다.

3) 관광거점도시의 개발

관광자원의 합리적 개발을 위하여 관광거점도시를 지정·개발하며 동시에 부심도시도 개발한다. 뿐만 아니라 통금도 없고 일정한 특수 레크레이션을 즐길 수 있도록 국제관광자유지역을 지정·개발한다.

5. 관광의 종합개발방안

1) 관광인식의 함양과 생활주변의 개편

관광시설을 새롭게 하고 관광자원을 개발함도 필요하지만 친절한 분위기·따뜻한 국민성·개인신변의 안전성·이국적 분위기·매력적인 관습 및 배울 만한 생활양식 같은 눈에 보이지 않는 요소도 극히 중요하다. 따라서 다음의 시책이 강구될 필요성을 느낀다.

① 관광지대를 협동권새마을로 지정 새마을운동을 전개하여 「친절과 정결」한 관광지대를 만들도록 범국민운동을 전개하며 방송 및 책자를 통해 홍보하고 강연회·교양강좌 등을 통하여 관광지역 주민을 계몽한다.

② 「관광의 달」에는 꼭 주요행사를 마련하여 지역주민들이 자기지역의 관광 발전을 위하여 '협동정신과 주인의식'을 갖도록 관과 학교새마을운동

과 지역새마을운동을 연결시켜 새 사람이 사는 새마을을 만든다.

③ 사교·경제단체·종교단체로 하여금 솔선하여 관광캠페인을 벌이도록 한다.

2) 관광 서비스의 개선

내외국 관광객에게 봉사를 함으로써 안락하고 안전한 여행을 즐길 수 있도록 다음 사항을 고려하여야 한다.

① 관광종사원의 질적 향상을 위하여 교육을 강화한다.

② 관광종사원의 근무성적은 손님들이 평가하는 제도를 만들어 그에 따른 차등인센티브제를 실시하도록 한다.

③ 공항·역·항구 근처에 관광안내 종합센터를 설치하여 관광 안내를 담당하도록 지역주민들의 자율적인 새마을운동을 하도록 한다. 특히 관광계절에는 각 직장에서 협조하여 도시새마을운동의 일환으로 직장새마을운동을 통해 전개하면 좋을 것이다.

④ 관광지 안에서의 지속적인 불량배 단속과 잡상인 단속 및 협정요금을 준수하도록 하는 계도사업 등을 새마을조직을 중심으로 실시하도록 정부나 지방자치단체에서 협조한다.

3) 소요관광시설의 기준화

총관광수요를 추정하여 숙박시설을 비롯한 제반시설을 관광권역별로 보완하여 나간다. 물론 관광 시설의 경우 과잉시설이 되지 않아야 하며 시설투자의 분석이 극히 필요하다고 본다.

4) 관광의 효율화 및 집단화

외국 관광객일수록 체재지역구성비가 다르므로 관광객의 지역별·계절별 이동을 고려하여 쾌적한 교통수단·숙박 시설·음식·유흥시설 등 관광유치의 요소를 잘 배분·활용하여 다양한 관광코스를 만들 필요가 있다.

5) 관광산업에 대한 행정 · 재정적 지원

① 관광산업 중 건실한 관광업체는 수출산업과 같이 인정하여 세제 및 금융상의 지원을 아끼지 않는다.

② 관광업체에서 음식점 운영 등에 필요한 조미료 등 불가피한 물품은 수출용 원자재와 같이 취급하여 그 수입을 자유화한다든지 하여 보다 장려한다.

제 4 절 지역개발과 공업

1. 지역개발을 위한 공업의 적성입지

1) 지역공업개발의 선행요건

첫째, 지역개발이 국토종합개발계획과 조화를 이루지 못하고 국가경제나 산업구조의 재편성을 고려하지 않은 채 단위지역의 입장만 생각하는 계획이 수립되어 지역에 따라서는 국토공간질서의 파괴 등 역효과를 나타내었고 자원이나 재원의 낭비도 있었던 바, 지역단위계획의 특수성을 살려 지역개발이 주도적 기능을 하되 국토종합개발계획의 일환으로 다루어져야 한다.

둘째, 공업화과정상의 오류문제인데 개발도상국의 경우 지역개발 전문가의 부족과 행정인의 비과학적인 직감이 작용하기도 하고 정치요인이 작용하여 사업선택이나 집행에서 경제적 평가나 타당성분석 없이 직접투자에 임하는 사례가 발견되고 있다. 따라서 지역공업의 개발은 ① 작은 형태에서부터 복잡하고 규모가 큰 형태로 점진적 과정을 거쳐 성장하도록 한다. ② 다수의 방대한 사업들을 성급하게 추진하지 말 것이다. ③ 개발분야별로 전문조사단을 구성하여 사전조사분석과 종합평가를 한다. ④ 경제적 · 기술적 · 재정적인 안전분석을 한 후 자료지원을 한다. ⑤ 거점개발방식을 취한다.

즉 전략적 개발요지를 설정, 이를 거점으로 선도적 산업을 육성하여 점차 인접지역으로 개발을 촉진·파급시켜 가며 자본집약적인 대규모 공장보다는 고정 및 소득효과를 동시에 낳을 수 있는 노동집약적 공업과 또 이와 관련을 맺을 수 있는 기간방계산업들이 입지할 만한 제인자, 즉 용지·용수·동력·교통·생산자재와 생산품의 수급시장 등을 구비한 지점을 택하도록 하여야 할 것이다.

그리고 거점 선정에서는 공장 건물의 위치는 풍향이 주택지대로부터 반대방향이어야 공장에서 발생하는 연기나 악취 및 기타 공해를 피할 수 있을 것임을 유의하여야 한다.

셋째, 적성공업 업종의 선정작업이 있어야 한다. 이를 위하여 ① 수입상품의 국내 개발을 위해서 연구·조사가 필요하다. ② 지방생산원료에 관한 조사를 한다. ③ 가용숙련노동에 관한 연구를 한다. ④ 새로운 합리적 사업을 개발하고 기존산업 자체의 확장이나 다각화를 위하여 기존공업을 조사·분석한다. ⑤ 새마을공장의 경우도 마찬가지인데 지역별로 기존 생산품이나 생산원료에 관하여 기술적인 재검토를 계속한다. ⑥ 연관산업간에 투입물과 산출물이 어떻게 상호 조달·공급되는가를 연구한다. ⑦ 관련산업과 시장의 변동, 기타 경제 환경의 변동으로 부실한 공장도 새로운 가동기회를 가질 수 있으니 과거사업에 대한 재검토가 필요하다. ⑧ 타국·타우수지역의 사례는 선험적인 교훈을 줄 수 있으니 폭넓은 경험의 관찰이 필요할 것이다.

넷째, 지역특화사업의 부문으로서 지역공업개발을 위한 공업입지의 결정요인에 관한 사전 조사·분석이 있어야 할 것이다.

2) 지역공업의 육성방법

현대공업 선진국들이 거쳐온 공업화과정을 보면 수공업→소규모공업→중간규모공업→초대형공업의 패턴을 가지고 있는 데 반하여, 요즈음 개발도상국들의 발전과정은 다음과 같은 특성을 갖는다.

① 정부의 지원으로 유도된 공업화를 이루고 있다.

② 대기업이 설치한 지점형태가 많다.

③ 대기업 주위에 연관중소기업이 군집성장한다.

그런데 이와 같은 형태의 발전을 위해서는 구체적인 공업육성을 위한 다음의 방법이 동원되어야 하겠다.

[1] 금융유인

개발금융은 단기간에 투자수익률이 높지 못하므로 장기저리융자·이자지불보증·융자조건의 완화, 즉 담보도 물적 담보보다는 기업의 성장가능성 및 지역발전에 공헌하는 정도 등이 감안되어야 하겠다.

[2] 재정유인

지금 우리 나라에서 정책적으로 지원되고 있는 바이지만 지방공업단지에 입주한 기업에 대해서는 민간자본의 유치수단으로서 일정기간 재산세·기업소득세 등 조세의 감세와 공업개발 장려 지구에 설치될 기계 및 기구 등의 수입에 대해서는 면세통관조치를 취함이 바람직하다. 다만 시설투자의 타당성 분석과 적정업종만을 유도하는 데 주안점을 두어야 할 것이다.

[3] 사회간접시설의 확충

시장·항만·철도·도로·통신·용지·용수·상수도 등의 경제적인 사회간접자본의 확충과 자녀교육시설·공중위생시설·공안시설 같은 사회문화적인 유인을 하는 등 공공투자를 늘려야 하겠으며 개발효과를 높이도록 투자기준을 수립하여야 할 일이다.

[4] 노동시장

중앙 및 지방정부는 표준노동, 즉 최저임금·최대노동시간 및 노동조건·노동쟁의조건과 노동조합의 인정 등 노동시장의 조정 활동이 있어야 할 것이며, 또한 지역별 취업기회의 균등화·임금의 조절·고용교역의 조작 등의 방법을 사용하여 노동력의 입지적 적응을 쉽게 할 수 있도록 해야 되며 기술인력의 개발을 위해서도 배려가 있어야 한다.

[5] 환경관리 및 통제

농지의 절대보존과 관광지의 타목적 사용이 있어서도 안 되며 주거지역의 공해 방지 등 국토의 보존이나 이용의 합리화를 외면하지 않으면서 공업단지의 효율적 이용을 도모해야 할 것이다.

[6] 기술증진의 지원

지방공업의 육성을 위해서는 지역공업을 맡아 운영하며 이를 지원할 기술연구소·산·관·학 협동체제 같은 전문협의회 등을 조직하여 지역개발사업의 추진에 기술적 도움을 줄 수 있게 되어야 하겠다.

[7] 법제의 제정 및 개정보완

지방공업의 육성을 위해서는 ① 공업단지조성, ② 과밀·과소지역간의 제격차해소를 위한 지방공업개발법 및 동시행령, ③ 도시계획법, ④ 조세감면규제법, ⑤ 법인세법 시행령, ⑥ 토지수용법, ⑦ 전기·통신법 등 이미 제정된 관계제법규가 개정·보완되어야 한다. 그 밖에도 요구되는 개정사항은 다음과 같다.

첫째, 낙후지역이나 새마을협동권에 유치되어야 할 지역 공업의 민간투자를 유발시키도록 해야겠으며,

둘째, 지가상승에 편승한 토지투기에 관련해서 토지이용에 관한 법이 새로이 제정·보완되어야 하며,

셋째, 특수 지역에 들어올 공단 및 법인설립에 관한 법과

넷째, 새마을공장이 들어올 때 농업공해를 포함한 제공해의 사전방지 및 사후문제처리 등에 관한 구체적인 법적 규제도 요구된다고 본다.

제 4 장

지역 · 사회 · 경제종합개발의 구상

제 1 절 사회개발의 정의

1. 사회개발의 개념

개발이란 용어는 뜻이 다양하게 쓰이고 있다. 그러나 목표달성의 문제와 이를 위한 양적인 성장과 질적인 변화가 따라야 개발이 되었다는 말을 할 수 있겠다. 이 외에도 개발에는 ① 적극성, ② 사전성, ③ 계획성, ④ 공공성, ⑤ 투자성 등의 뜻이 내포된 것으로 볼 때[1] 개발의 개념은 근대화의 의미와도 일맥 상통한다고 하겠다.

따라서 개발을 위한 정부의 책무는[2] ① 개발을 위한 물질적 · 사회적 기반의 조성, ② 전체적인 계획과 개발의 집결, ③ 재화와 서비스의 더 크고 더 능률적인 생산과 배분의 기능을 수행해야 하는 면에서 점점 더 커가고

1) 福武 直, 日本地域開發と現實; 青井和夫, 1964, 社會開發論の構想, p. 267.
2) Edited by Myror, Weiner, Modernization: The Dynamics of Growth, 1966, Basic Books, Inc.; 근대화, 차기벽 외 2인 공역, 세계사, 1977, pp. 359-360.

있다.

이와 같은 현상은 사회현상의 일반적 추세라고 본다. 왜냐하면, 산업혁명 이후 인류사회는 공업화 · 도시화가 이루어지는 급격한 변동을 겪어 왔는데, 레이몽 아롱(Raymond Aron)이 말한 바와 같이 산업사회의 특징으로서 ① 공업이나 직장이 개인의 가정에서 분리되며, ② 분업에 의한 협업이 이루어지며, ③ 자본의 축적이 필요하며, ④ 합리적인 계산이 이루어져야 하며, ⑤ 노동자의 집중에 따라서 도시화가 일어나는[3] 것 등이 지적되고 있다. 따라서 무계획적으로 방치해 두면 사회적 비용이 커지므로 이의 예방을 위한 계획이 필요하며 사회적 최저복지수준의 향상이 필요하게 됨으로써 1957년에는 UN경제사회이사회에서 사회개발의 필요성을 강조하고, 1961년에 경제개발과 사회개발의 상호의존성 및 균형개발을 강조하였다.

이와 같이 사회개발은 궁극적으로 볼 때 국민의 보다 나은 생활향상으로 생활의 질을 높이기 위하여 ① 사회정의와 능률향상을 위한 소득재분배, ② 소득증대, ③ 고용창조, ④ 교육 · 주택 · 보건 · 영양 · 생활 환경 · 복지시설의 확충 및 개선, ⑤ 계층간 · 지역간의 격차해소를 위한 여건을 조성하는 일[4]이라고 정의되기도 한다. 그러나 사회개발의 내용은 그 지표에 따라 다르다.

1961년 UN 세계사회정세보고서에 열거된 사회개발의 항목은 ① 보건, ② 의료, ③ 식량생산과 영양, ④ 주택, ⑤ 교육, ⑥ 난민, ⑦ 고용과 노동조건, ⑧ 사회보장, ⑨ 국민소득과 개인소비, ⑩ 농촌과 도시의 상관관계 등의 10개 항목이다.

일본의 경제학자 前田 淸은 ① 공중 위생, ② 국민체위, ③ 주택, ④ 도시계획, ⑤ 리해빌리테이션, ⑥ 아동문제, ⑦ 교육, ⑧ 노동, ⑨ 농업, ⑩ 사회보장을 제창하고 있다.[5]

그러나 개념규정은 일정하지 않은 것 같다. 그 의미 · 내용 · 목적은 시대

---

3) 최문환, 오늘의 사고, 정경연구, 1968년 2월호, p. 6.
4) UN 사회개발교육 제1집, 1972, pp. 65-66.
   개발전략, 사회개발, 중앙공무원교육원, 1975 - 공통 - 3, pp. 94-95.
5) 前田 淸, 日本の社倉開發, 春秋社, 1964, p. 33.

의 변천과 제사회변동의 추세에 따라 다르게 개념 자체가 인식되며 국가발전단계에 따라서도 다르게 보아진다. 즉 선진국에서의 사회개발은 「사회적 서비스」 속에 흡수되는 감을 주며,[6] 중진국에서는 경제개발의 진전 속에서 생겨나는 제사회문제를 해결하는 정책을 사회개발의 목적으로 하고 있다.[7]

한편 개발도상국의 경우는 경제개발의 장애가 되는 ① 사람들의 생활태도, ② 관습, ③ 인적 자원, ④ 봉건적 체제, ⑤ 실업문제 등을 타개하는 정책으로서 경제개발을 위한 전제 조건을 정비하는 정책을 사회개발이라 부르는 것 같이 생각되며, 우리 경우는 경제개발의 진행에 병행시켜 ① 보건, ② 주택, ③ 노동 또는 고용 문제, ④ 교육, ⑤ 청소년 문제, ⑥ 부녀자 문제, ⑦ 사회보장에 관한 사회적 서비스의 발전이라는 의미도 내포된 것 같다.[8]

제 2 절 각종 개발의 상호관계

사회개발은 경제개발에 의해서 초래되는 반면, 경제개발을 가속화 내지 극대화시키는 보완의 관계에 있다[9]고 하겠다.

지역개발과의 관계를 보면 경제개발은 공업화를 중심으로 한 각종 산업의 물량적 변화와 성장을 의미하며, 그 목적이 생산과 소득증대에 있다고 볼 때 지역개발은 급격한 공업화·도시화에서 오는 제폐해를 제거하고 장기적인 고도성장의 합리적 기반을 마련하며 전 국토의 효율적인 이용과 개발을 의미한다. 그리고 사회개발은 주택·환경·위생·교육·사회복지·의료 및 도시와 농촌의 격차해소 등 비경제적 요소의 개발을 의미한다고 개념을 규정할 때 그 목적은 인간적 복지를 규모면·능률면·자유면·상호이익면의 향상에 있다[10]고 하겠다.

---

6) 구자헌, 사회개발론, 한국사회복지연구소, 1970, pp. 44-45.
7) 福武 直, 地域開發の構想と現實, 付論 青井和夫, 社會開發の構想, 1965, 東京大學出版會, pp. 267-286.
8) 한국경제의 장기전망, 공화당정책연구실, 제7장 참조.
9) 손준규, 사회개발, 중앙공무원교육원교재, 1975 – 공통 교재, pp. 95-100.

그런데 1950년대에는 지역개발이나 사회개발은 경제개발 이후의 문제로 보았고 사회개발과 경제개발의 균형 있는 발전을 고려하지 않았으나, 1960년대에 와서는 차원을 달리하여, 특히 개발도상국에 있어서는 사회 · 경제계획의 종합적 접근방법에 의하여 ① 전 사회부문의 균형된 발전을 시도하며, ② 제목적과 수단의 통합적인 위계체계를 확립하고, ③ 통합적인 계획과정을 수립하는 방법이며, ④ 통합적인 계획 및 정책결정기구를 필요로 하는 추세이다.[11)]

요컨대, 제목적과 수단을 결정하는 유형은 다음 요소를 포함한다.

① 소득 및 생활수준의 보다 균등한 향상 및 그 사회의 물질적 · 사회적 · 문화적 복지의 향상, ② 국민소득과 공업 및 농업생산의 증대, 그리고 제반 서비스에 있어서의 향상, ③ 고정자산의 증대, 물질적인 제자원의 이용, 생산성 · 경제적 능률성의 향상, 과학적 · 기술적 진보, 제경제 · 사회구조의 변형과 근대화, 그리고 전체 경제체제의 효율성의 향상이란 목적 등이다. 이러한 목적들이 하나의 계획 테두리 안에서 직접 또는 간접적으로 관련되어 복합체를 이루는 것이다.

1980년대 경제사회의 주요 목적과 정책방향 면에서 각종 개발의 상호 관계를 본다면 다음과 같다.

첫째, 농업부문과 공업부문에서 고용원을 찾는 방향으로 농산물가공 등 농업관련산업의 육성으로 해결책을 찾아야 하며, 중간적 노동집약기술의 개발에 대한 필요를 검토해야 한다. 그래도 고용불가능한 층은 공적 부조적인 취로사업으로 농촌과 도시에서 각종 생산기반을 조성하는 데 기여하는 공공사업전개로 보호하여야 한다.

둘째, 경제의 안정과 성장을 위하여 ① 경제성장의 제사회적 요구(주택 · 보건시설 · 기술인력 · 사회보장 등)와 경제 성장에 기여하는 제사회적 요소(제인적 자원의 개발 · 보건 · 교육 · 근로태도와 의욕 향상), 그리고 경

10) L. T. Hobhouse, Social Development, London, George Allen & Urwin, LTD, 1966, pp. 74-94.
신윤표, 개발전략, 중앙공무원교육원, 신임관리자반교재, 1974, p. 337.

11) 보건사회부(현 보건복지부), 사회개발 – 부문별사업전망, 1974년 12월, p. 25.

[도표 4-1] 각종 개발목표의 조화 및 효과추진(각종 개발의 상호관계)

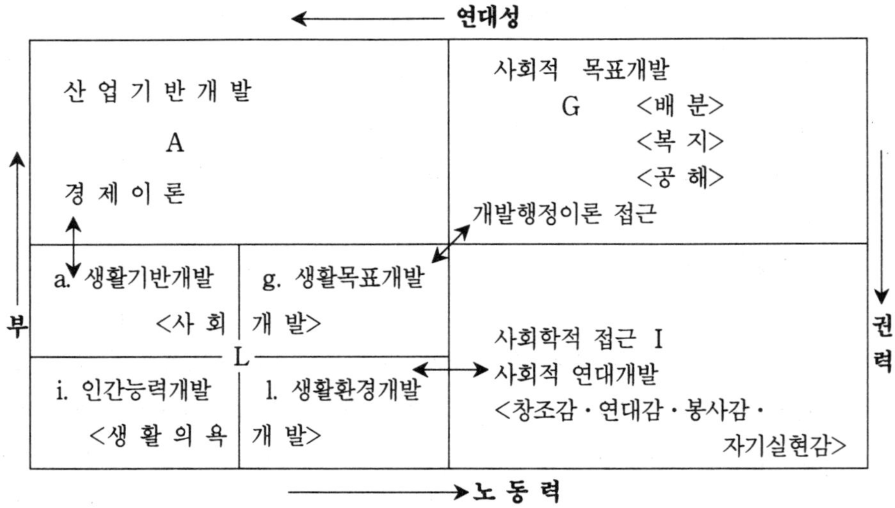

A. 환경적응=산업기반개발<경제개발>
G. 목표달성=사회적 목표달성<정치행정개발>
I. 체계통합=사회적 연대성개발<제도문화개발>
L. 가치패턴의 유지=생활의욕개발<최협의의 사회개발>
a. 생활기반개발 g. 생활목표개발 i. 인간능력개발 l. 생활환경개발

제성장에 대한 제사회적 장애를 고려하여야 한다. ② 경제성장의 제사회적 손실과 혜택(개발의 사회적 결과, 즉 환경오염 · 국가자원의 파손 · 전통적 생활방식의 혼란 · 생활균등 악화 · 질병률증가 · 공원 등 레크레이션 시설의 손실 또는 정신적 긴장, 저소득층의 직업훈련 등), ③ 취약계층의 생활수준의 향상과 개발에의 참여증대(인간적 · 사회정의적 고려도 포함)를 위하여 요구되는 제정책과 자원을 충분히 고려하여야 한다.

동경대학의 青井和夫 교수는 말리노프스키(B. Malinowski)가 말한 인간사회의 4가지 기능적 요건인 ① 경제적 재생산, ② 정치조직의 확립, ③ 사회통제, ④ 교육과 종의 재생산[12]과 파아슨스의 4가지 조건 ⓐ 환경적응

12) B. Malinowski, A Scientific Theory of Culture, 1944; 말리노프스키, 「文化의 科學理論」, 姬岡勳 · 上子武次 譯, 岩波書店, 昭和 43, p. 141.

[도표 4-2] 국가종합개발구상

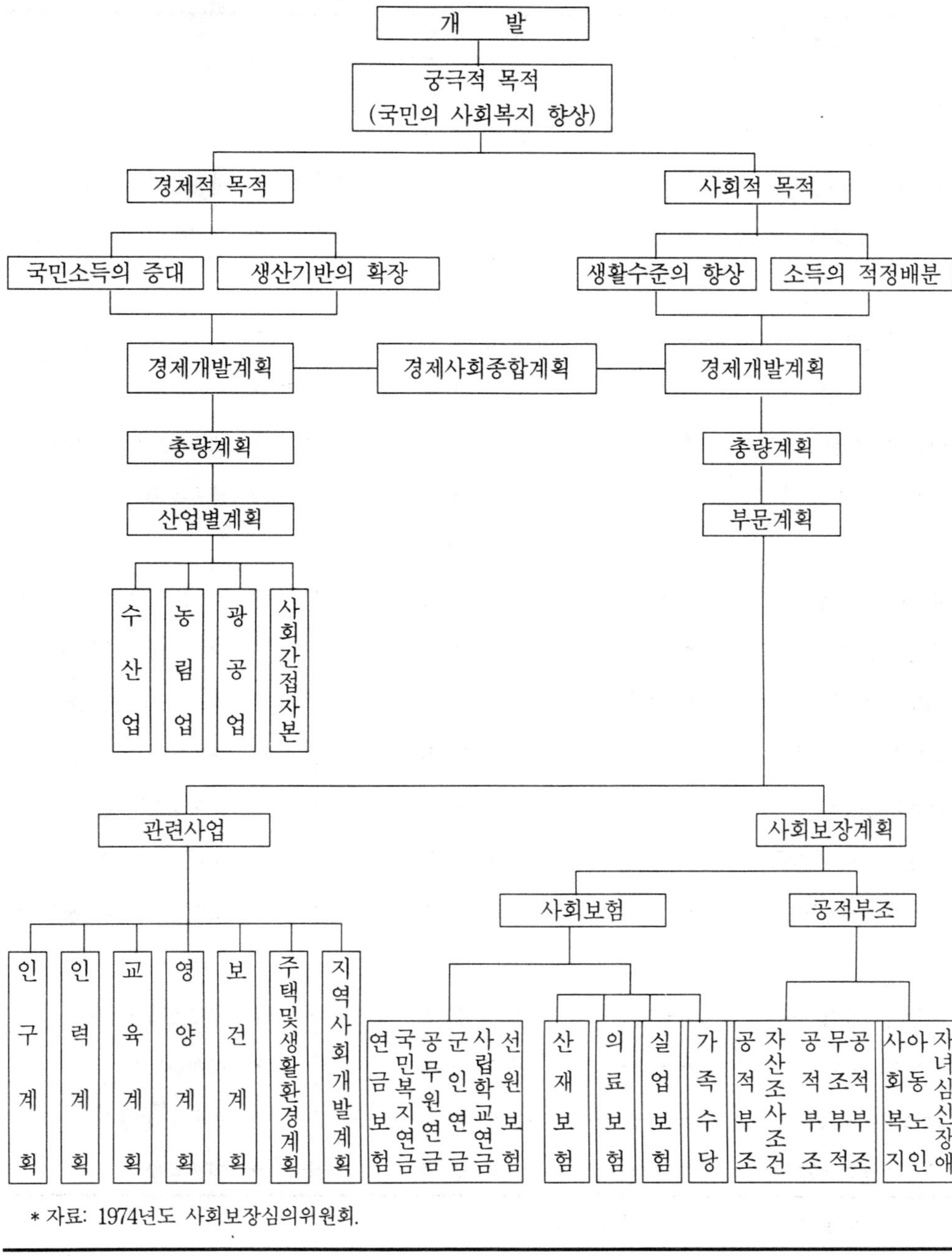

* 자료: 1974년도 사회보장심의위원회.

[도표 4-3] 경제개발과 사회개발의 연관효과

경제개발		시 책		사회개발
		<인 구>		
1인당 산출고의 극대화	←	인 구 성 장	→	1인당 복지의 극대화
한계생산의 증대	←	인 구 자 질	→	한계복지의 극대화
지역별 소득의 균형화	←	인 구 이 동	→	지역별 복지의 균형화
		<보 건>		
노동력보전	←	질 병 예 방	→	질병인구의 감소
노동력재생산	←	국 민 의 료	→	의료보장
생산성 향상	←	위 생 영 양	→	생활양식의 근대화
근로의욕 증진	←	공 해 대 책	→	생활환경의 정화
		<사 회>		
유효수요 창출	←	저소득층보호	→	소득분배체계의 합리화
생산활동 촉진	←	가 정 복 지	→	가정생활의 건전화
노동력 증대	←	아 동 복 지	→	청소년 건전육성
노동인구의 증대	←	부 녀 복 지	→	부녀자의 지위향상
근로의욕증진	←	노 인 복 지	→	노후생활의 안정
유휴인력의 기능력화	←	심신장애자복지	→	생활능력의 향상
기업경영의 근대화	←	소비자보호	→	소비생활의 합리화
		<노 동>		
노동생산성의 향상	←	인 력 형 성	→	근로소득의 증대
고용의 증대	←	인 력 배 분	→	사회안정
경영의 근대화	←	인 력 활 용	→	민주적 협동
산업손실의 방지	←	인 력 보 존	→	인권보장

* 자료: 보사부(현 보건복지부) 사회보장심의위원회.

(Adaptation=A부문), ⓑ 목표달성(Goal attainment=G부문), ⓒ 체계통합(Integration=I부문), ⓓ 가치 패턴의 유지(Latency=L부문)의 상호관계를 [도표 4-1]과 같이 설명하고 있다. 여기에서 그는 사회적 기능을 A · G · I · L이라는 4가지 기능적 요건으로 보고 이의 상호관계를 설명하였다. 즉 [도표 4-1]과 같이 큰 체계인 A · G · I · L과 하위체계인 「a · g · i · l」 각 체계간에 상호교환관계가 조화있게 이루어짐으로써 전체사회가 기능을 발휘한다는 파아슨스(Talcott Parsons)의 이론을 青井和夫 교수는 잘 설명하고 있다.

그런데 문제는 사회개발이 인간성의 회복이나 급진경제성장정책 때문에 생긴 후유증치료 내지 사후조정적인 것이 아니라 오히려 경제개발의 선행조건정비 또는 경제개발과 병행해야 할 우리 나라의 입장에서 본다면 [도표 4-2]와 같은 구상이 있을 수 있겠으며, 특히 경제개발과 사회개발의 연관효과를 본다면 [도표 4-3]과 같이 그 내용을 간추릴 수 있다고 본다.

따라서 국가발전목표의 달성과 국력배양의 가속화를 위해서는 지역개발 · 사회개발 · 경제개발은 대등한 위치에서 입체적으로 개발되어야 하고 국가종합개발의 구상에 있어서 지역개발의 전략은 지역사회개발을 포함시켜야 하며 개발전략에 있어서는 [도표 4-2]와 같은 국가종합개발계획을 구상하는 것이 바람직하다고 본다.

제 3 절 사회개발의 과제와 정책방향

UN 사회개발연구원의 주요 사회개발지표에서 보면[13] 사회개발의 동향과 사회개발의 과제가 무엇인가를 알 수 있다고 보여지기에 1970~1971년 경우를 다음 <표 4-1>로서 구체적으로 제시하여 보았다.

이와 같이 사회개발은 목표에 따라서 다를 수 있으며 개발측정을 위한

---

13) UN 사회개발계획(social planning), 통신교육 제5강, pp. 25-27.

〈표 4-1〉 주요 사회개발지표(UN 사회개발연구원의 분류에 의한 42개 사회개발지표)

일련번호	개 발 적(developmental)	지수	연도
	<보건 및 인구>		
1	영아사망률(1,000명당)	50	1971
2	평균수명	65.0세	1970
3	전염병 및 기생충질환에 의한 사망률(10만인당)	98.7 〃	1970
4	의사 1인당인구	1,942	1971
	<사회 및 인구>		
5	병상당인구	1,849	1971
6	조사망률(1,000인당)	77	1971
7	총인구 중 20,000인 이상 도시인구 백분율	52.8	1970
8	평균가족수(평균가구원수)	5.37	1970
9	비례사망률(총사망자수에 대한 50세 이상 사망자 비율)	49.9	1966
	<영 양>		
10	칼로리 소비량(1인당 1일)	2,679	1971
11	단백질 소비량(1인당 1일)	66.8gr	1971
12	동물성단백질 소비량(1인당 1일)	8.47gr	1971
	<사회 및 인구>		
13	총칼로리 소비량 중 식물성 칼로리 소비량 백분율	87.5	1971
	<교 육>		
14	총인구 중 문자해독자의 백분율	88.4	1970
15	15~19세 중 초등 및 중등학생의 백분율	62.2	1970
16	15~19세 중 직업학교학생 백분율	12.5	1970
17	20~29세 중 고등교육학생수(1,000인당)	36.8	1970
	<사회 및 인구>		
18	총인구 중 여성초등학생 백분율	8.8	1970
	<주 택>		
19	1실당 평균인원	2.46	1970
20	총주택 중 수도가설주택 백분율	36.4	1971
21	총주택 중 전기가설주택 백분율	50.9	1971
	<통 신>		
22	신문보급률(일간 1,000인당)	152.0	1971
23	전화대수(10만인당)	2,354	1971
24	라디오수(1,000인당)	119.9	1971
	<경 제>		
	수송 및 서비스		
25	1인당 철도시설 길이(km)	0.0001	1971
26	1인당 여객사용 철도 길이	68.3	1971
27	1,000인당 자동차대수	4.64	1972
	<사회 및 인구>		
28	경제활동인구 중 전기·가스·물·위생시설·수송·저축 및 통신시설 종사자의 백분율	3.22	1969
	<농 업>		
29	남자농업근로자 1인당 농업생산액($)	702	1970

	<사회 및 인구>		
30	총남자근로자 중 성인남자 농업근로자의 백분율	484	1971
	<공 업>		
31	1인당 강철소비량(kg)	32.5	1970
32	1인당 전력소비량(kwH)	282	1971
33	1인당 에너지소비량(석탄환산 kg)	327.0	1970
	<사회 및 인구>		
34	GDP 중 공업 GDP의 백분율	24.8	1970
	<무 역>		
35	1인당 무역액(수입 및 수출합계 $)	78.2	1970
	<사회 및 인구>		
36	수출집중률(총수출 중 단일품목 최고수출률)	8.8	1970
37	총수출 중 공산품수출의 백분율(의류)	38.0	1970
	<일 반>		
38	경제활동인구에 대한 투자액($) (총투자의 경제활동인구에 대한 투자비율)	206.5	1970
	<사회 및 인구>		
39	총경제활동인구 중 근로소득자의 백분율	36.4	1970
40	생산구조격차	74.6	1970
41	GNP 중 개인소비지출 백분율	55.7	1970
42	총개인소비지출 중 식량지출의 백분율	55.7	1970

지표체계를 어떻게 수립하느냐에 따라 개발과제의 범위가 달라질 수 있다고 하겠다.

참고로 일본의 부문별 사회개발사업범위를 보면 ① 공중위생·환경계획, ② 영양계획, ③ 주택계획, ④ 도시계획, ⑤ 사회복귀계획, ⑥ 아동복지계획, ⑦ 교육계획, ⑧ 노동, ⑨ 농업, ⑩ 사회보장계획 등이다.

1980년대 우리 나라 사회개발의 부문별 사업범위를 보면[14] 다음과 같다.

① 인구성장과 인구정책, ② 인력계획, ③ 교육계획, ④ 보건계획, ⑤ 영양계획, ⑥ 주택 및 생활 환경 계획, ⑦ 소득증대 및 사회보장계획, ⑧ 사회복지사업계획, ⑨ 지역사회개발계획으로 되어 있는데, 앞으로 경제·사회의 목적을 달성하기 위해서 우리 나라에서 취할 사회개발측면에서의 정책수단, 특히 정부가 치중해야 할 제사회적 서비스 부문을 중심으로 한 정책

14) 중앙공무원교육원교재, 75 - 공통 - 3. p. 110.

수단으로서의 사회개발정책방향은 다음과 같이 요약·설명될 수 있다.

1. 교육의 질적·구조적 개선과 인력자원의 개발 및 고용증대

교육을 인간행동의 계획된 변화 과정이라고 한다면 교육은 경제사회개발의 근원이 될 것이고 1980년대의 산업사회에 참여할 인력을 개발하는 데 중점을 두어야 할 것이며 인력개발사업으로서 ① 적극적인 고용정책, ② 직업훈련강화, ③ 근로환경개선, ④ 노사관계개선, ⑤ 부녀자 및 연소노동자 보호, ⑥ 실업보험제도도입과 생활급보장 등의 사업을 전개하는 일 등이다. 이를 위하여서는 노동행정이 인력개발행정으로서 기능하여 경제개발과 사회개발기능을 동시에 수행하는 새로운 차원으로 전환하여야 하겠다.[15] 이에 대하여 필자는 [도표 4-4]로서 이를 요약하여 제시 하였었다.

2. 보건의료의 형평배분 향상

모자보건의 근대화를 중심으로 복지서비스가 고르게 수혜되도록 하고, 고령화가 급속히 진행되는 농촌지역은 물론 도심 내의 지역 간 격차가 발생하지 않도록 보건의료정책을 확대하여 합리적으로 운영해야 할 것이다.

3. 인구정책사업의 강화

인구의 연령별·성별 구성, 농촌과 도시간의 인구분포, 국내 및 국외의 인구이동과 이주, 영양 및 건강 상태, 각종 경제활동인구의 준비성 등의 문제를 고려한 정책이 수립되어야 한다.

15) 이승택, 인력개발과 인력수급대책, 인력개발대책 심포지움, 1969. 12, 노동청, pp. 60-61.

[도표 4-4] 노동행정=인력개발행정

사회경제개발		
인력개발 (노동행정) →	경제개발 →	사회개발
인력형성 (직업훈련) →	생산성제고 →	소득증대
새마을교육 직업훈련 기능검정	기능자공급 기능표준화	근면·자조·협동정신 생활안정
인력배분 (직업안정) →	고용확대 →	사회안정
직업지도 인력진출	효율의 극대화 적성배치 완전고용	(도시새마을운동; 질서화) 직업안정 직업의적정
인력활용 (노사협조) →	경영근대화 →	협동정신
협조증진 계몽지도	공동이익체의식 공동참여 노사유대	안보제일 민주정신 산업평화
인력보존 (마멸예방) →	산업손실방지 →	인권보장 (사람존중)
근로기준보장 산업안전보장 산업재해보장	노동력보호 위험분산	복지증진 보건향상 환경정화

4. 주택 및 생활환경의 개선

주택 문제의 해결을 위해서 ① 안전수공급·하수처리·전기·교통·통신 수단 및 경찰 보호 등 공동사회 서비스를 마련하며, ② 토지가격과 지대 및 집세를 적정한계로 규제하기 위한 법적 간여를 하여야 하며, ③ 개인의 주택 투자에 대한 기술적·물질적 원조를 제공한다. 또한 ④ 지역사회·협동조합조직이나 상호부조의 유치 등이 필요하다.

그리고 공업화·도시화로 인하여 공해를 비롯한 환경위생 문제가 생겨 인간의 생산성을 저하시키고 있으니 보다 적극적인 자연환경 보호대책이 요구된다.

5. 사회보장제도의 도입·확충

사회보장은 건강하고 문화적인 최저생활의 보장이라고 하는 바, 그 내용에 대하여는 다음과 같이 분류하기도 한다.16)

사회보장
- ① 협의의 사회보장 … ⓐ 사회보장 ⓑ 공적 부조
- ② 진료·보건사업
- ③ 사회복지(사회사업시설)

이와 같이 사회보장제도를 전 국민의 생활안정을 대상으로 하는 후생정책의 경제적 분야를 담당하는 제도라고 할 때는 사업체계로서는 ① 공적 부조, ② 사회보험, ③ 사회복지, ④ 공중위생, ⑤ 인력개발에 비중을 두어야 할 것이며 1980년대의 후반기에는 사회보험에 더욱 중점을 두어야 하였었다.

우리 나라의 사회보장의 체계를 보면 [도표 4-5]와 같이 사회보험을 주축으로 하고 공적 부조와 사회복지를 보완적으로 병용하도록 되어 있으나 실제에 있어서는 공적 부조 중심의 사회보장의 테두리를 못 벗어나고 있는 실정이었다. 따라서 1970년대가 부조주도형이었다면 1980년대에는 사회보장주도형으로 전환·발전시켜 산재보험·실업보험방안을 연구하며 제사회보장방안을 일원화하여 포괄적인 계획으로 추진하여야 하였었다.

16) 신윤표, 사회개발의 방향과 과제, 신임관리자반교재, 1974, pp. 351-352.

[도표 4-5] 사회보장체계

사회개발 (공존 공영 인간다운 생활)

- **사회보장**
  1. 체제의 일원화방안
  2. 연구기구의 강화
  - **사회보장**
    1. 단계적 발전책
    - 노령 ······ 국민복지연금제도 연구
    - 산재 ······ 실적 재평가
    - 의료 ······ 시범사업 평가
    - 실업 ······ 제도연구
    - 가족수당
  - **공적 부조**
    1. 기준책정
    2. 대상자추계
    3. 국고부담증가 (합리적 근거)
    - 생계 — 최저생계비계획
    - 의료, 출산 — 생명보험급여평가
    - 상장, 주택, 교육, 잡비, 기타 — 단계적 급여방법확장 및 수준향상 방안
  - **사회복지**
    1. 체제확립
    2. 자원
    3. 요원
    - 아동, 부녀, 노령, 심신장애, 가정, 기타 — 실적파악 제도도입
- 인구, 인력, 보건, 영양, 주택, 환경, 지역사회, 기타
  - **관련사업**
    1. 새마을사업 발전을 위한 관련사업평가
    - 주거환경, 원호, 실업대책, 기타
      1. 새마을사업의 계획적·지속적 발전책
      2. 국민사회도의의 앙양을 위한 방안

* 자료: 사회보장심의위원회 1974.

6. 사회복지사업의 강화

아동 및 청소년 문제를 초점으로 하여 고아 · 노령층 · 심신장애자 · 불우여성의 재활적 서비스를 지역수준에서 마련하며 장기적이고 조직적인 대책이 필요하다.

7. 새마을운동과 지역사회개발의 적극적 추진

새마을운동은 조국근대화라는 국가종합개발을 위한 민간주도의 총체적 개발운동이라고 할 수 있는 바, [도표 4-6]과 같이 요약될 수 있었다. 따라서 지역의 요구를 국가개발목적과 조화시켜 적극적으로 추진해야 하였었다.

8. 구조적 · 제도적 제조건의 개선

사회구조와 사회인의 행태, 정치 · 행정적 제조건과 경제적 제제도 등이 계속적으로 바람직하게 체질개선되어야 하겠다.

9. 사회기풍순화에 의한 정신기반의 확립

사회개발정책은 사회적 기풍을 순화하는 사회개발이 추진될 수 있도록 하여야 하겠다.

[도표 4-6] 새마을운동의 목표

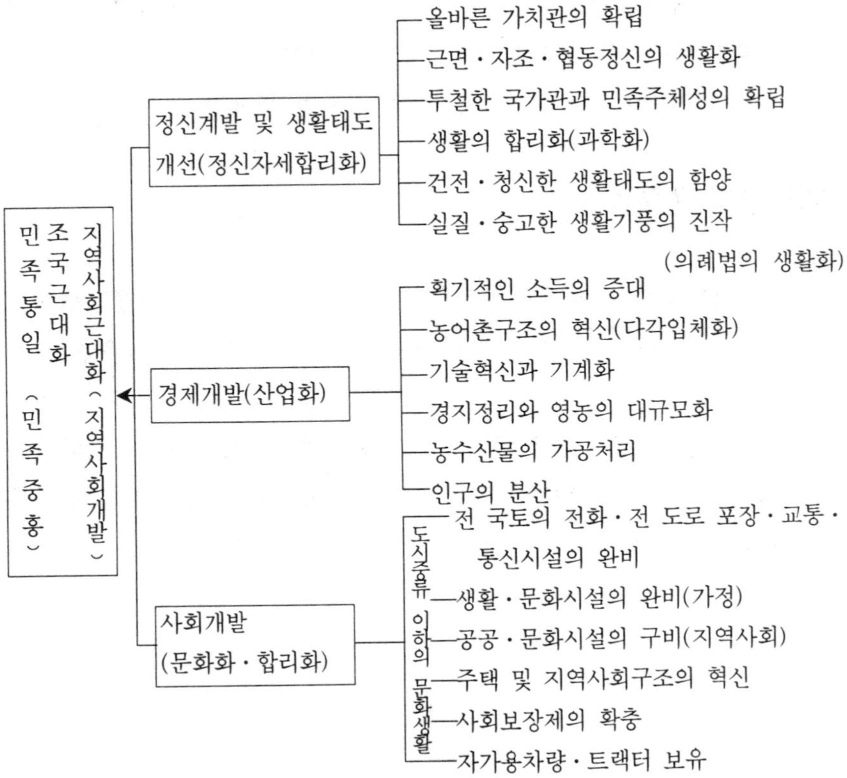

제 4 절 사회개발과 사회보장의 문제점

1. 사회개발의 문제점

① 1977년부터 시작된 제4차 경제개발 5개년계획의 시작년도에는 사회개발을 전담할 기구가 없었다. 따라서 운영과정에서 각 부처에 산재되어 있는 사회부문사업을 조정하여 추진할 수 있는 기구를 설치해야 함을 인식하게 되었다.

② 사회개발전문가가 부족하므로 이를 양성하는 일이 요구된다.

③ 경제개발 모델과 같이 사회개발도 모델이 필요하며 사회개발계획을 포함한 국가개발계획의 구체적 집행계획이 수립되어야 할 것이다.

④ 도시집중의 사회개발은 다시 검토할 필요가 있다.

2. 사회보장의 문제점

사회보장의 문제점으로는 ① 고용기회의 창조와 적정임금의 보장, ② 사회문제의 원천적 예방을 위한 가정보호, ③ 근로자 복지증진 등을 지적할 수 있다.

또한 앞으로는 공적 부조사업의 확장으로 저소득층의 생활수준을 향상시키도록 노력할 것이며 많이 다양화되어 있는 사회보험을 종합하여 통합보험제도를 실시하는 방법도 연구되어야 하겠다.

제 5 장

국가균형발전과 지역개발

제 1 절 지속가능한 발전과 국가균형발전

1. 지속가능한 발전

환경문제가 국제문제로 제기되었을 때, 그 문제에 대한 인식은 나라마다 상이한 반응과 대응태도를 보였다. 그러한 차이의 본질은 환경에 대한 문화적 차이보다는 개별 나라가 어느 정도의 경제성장과 개발성과를 거두고 있느냐에 따라 극명한 차이를 보였다.

환경문제에 대해 선진국은 특정한 지역의 환경이 국지적인 문제가 아니라 전(全) 지구적인 문제라는 인식의 중요성을 강조하며 후진국이나 개발도상국의 경제 개발을 제한하여야 한다는 방안을 제안하였다. 반면에 개발도상국과 후진국들은 지구환경은 선진국이 경제개발을 이룩하는 과정에서 이미 심각하게 파괴되었고, 자신들의 개발은 생존의 문제와 직결되어 있다는 점을 들어 선진국의 제한 조치에 적극적 반대 입장을 보였다.[1)]

---

1) 김겸훈, 환경문제에 대한 참여적 해결, 「사회과학논집」, 2004.

이와 같은 첨예한 입장 차이에도 불구하고 지구환경문제는 항구적인 성장과 생존에 필연적이고 공통의 극복과제라는 인식이 확산되면서 점차 선진국과 후진국간의 인식의 차이를 극복하면서 하나의 합의점에 도달하는 과정을 거치게 된다. 이러한 일련의 합의된 결론이 지속가능한 발전(ESSD: Environmentally Sound and Sustainable Development)이라는 개념을 통해 구체화되기에 이른다.

1) 지속가능발전의 등장배경

지속가능발전이란 용어는 1972년 로마클럽의 '성장의 한계'에서 '지속가능한 발전(sustainable development)'이란 용어로 사용된 이래 1980년 국제자연보호연합(IUCN)·국제연합환경계획(UNEP)·세계자연보호기금(WWF)에 의해 공동작성된 「세계환경보전전략」에서 생태계, 생명계의 유지, 생물종의 다양성 보전, 자원의 지속적 이용의 확보라는 내용으로 거론되었다. 특히 이후에 '지속가능한 사회(sustainable society)', '지속가능한 생활(sustainable living)' 등 유사한 단어들이 등장하였다. 이 개념이 공식화된 것은 '환경과 개발에 관한 세계위원회(WCED)'가 1987년에 발표한 「우리의 미래(Our Common Future)」라는 보고서에 의해서다.

(1) 로마클럽의 「성장의 한계」

로마클럽은 지구의 유한성에 대한 문제의식을 갖고 특히 천연자원의 고갈, 공해에 의한 환경오염, 개발도상국의 폭발적인 인구증가, 군사기술의 진보에 의한 대규모의 파괴력의 위협 등에 의한 인류의 위기에 대해 인류로서 가능한 회피의 길을 모색하여 경고·조언하는 것을 목적으로 하고 있다.[2] 이 순수 민간단체는 1970년 3월에 시급하고 심각한 지구적 차원의 문제에 관한 연구의 필요성을 절감한 유럽의 경제학자와 과학자, 기업인 등 36명이 중심이 되어 설립되었다. 로마 클럽은 1972년에 '성장의 한계(Limits to Growth)'라는 제1차 보고서를 출간하였는데, 이 보고서를 통해 환경과 개발에 관한 강한 우려를 표명하면서 '지속가능한 발전(sustainable

---

2) 박재창 외 5인, 「한국의 환경지속성: 평가와 과제」, 서울: 대영문화사, p. 15.

development)'이란 용어를 사용한다.

이 보고서는 전 지구적 문제를 특정 국가의 이익에 편중되지 않게 전 세계적 입장에서 해결할 것을 요구하고 있다, 그러나 이 보고서에 비판적인 견해들은 ① 지나치게 서구자본주의 국가의 이익에 옹호적이며, ② 현재의 불평등한 경제관계를 계속 유지하여 제3세계에 대한 착취를 지속시킬 수 있고, 특히 ③ 자원의 불균형을 비롯한 선진국과 개발도상국 사이의 차별성을 무시하고 있다는 점 등을 그 근거로 들고 있다.

(2) 리우협약「환경의제 21」

1992년 6월 3일 리우데자네이루에서 개최된 유엔환경개발회의(UNCED)의 '리우선언'은 1972년 스웨덴 스톡홀름에서 열렸던 '유엔인간환경회의(UNCHE)'의 '인간환경선언'을 재확인하면서 이를 더욱 확고히 할 것을 추구하였다. 따라서 모든 국가와 사회의 주요 분야 그리고 모든 사람들 사이의 새로운 차원의 협력을 창조함으로써, 새롭고 공평한 범세계적 동반자 관계를 수립할 목적으로 모두의 이익을 존중하고, 또한 지구의 환경 및 개발 체제의 통합성을 보호하기 위한 국제협정 체결을 위하여 노력하며, 우리들의 삶의 터전인 지구의 통합적이며 상호 의존적인 성격을 인식하면서, 다음과 같이 선언한다.[3)]

원칙1: 인간을 중심으로 지속 가능한 개발이 논의되어야 한다. 인간은 자연과 조화를 이룬 건강하고 생산적인 삶을 향유하여야 한다.

원칙2: 각 국가는 유엔 헌장과 국제법 원칙에 조화를 이루면서 자국의 환경 및 개발 정책에 따라 자국의 자원을 개발할 수 있는 주권적 권리를 갖고 있으며, 자국의 관리구역 또는 통제 범위 내에서의 활동이 다른 국가나 관할 범위 외부 지역의 환경에 피해를 끼치지 않도록 할 책임을 갖고 있다.

원칙3: 개발의 권리는 개발과 환경에 대한 현세대와 차세대의 요구를 공평하게 충족할 수 있도록 실현되어야 한다.

---

3) Rio Declaration on Environment and Development 참조.

원칙4: 지속 가능한 개발을 성취하기 위하여, 환경 보호는 개발 과정의 중요한 일부를 구성하며 개발 과정과 분리시켜 고려되어서는 아니 된다.

원칙5: 모든 국가와 국민은 생활 수준의 격차를 줄이고 세계 대다수의 사람들의 기본 수요를 충족시키기 위하여, 지속 가능한 개발의 필수 요건인 빈곤의 퇴치라는 중대한 과업을 위해 협력하여야 한다.

원칙6: 개발 도상국, 특히 극빈 개도국과 환경적으로 침해받기 쉬운 개도국의 특수 상황과 환경 보전의 필요성은 특별히 우선적으로 고려의 대상이 되어야 한다. 또한, 환경과 개발 분야에 있어서의 국제적 활동은 모든 나라의 이익과 요구를 반영해야 한다.

원칙7: 각 국가는 지구 생태계의 건강과 안전성을 보존, 보호 및 회복시키기 위하여 범세계적인 동반자 정신으로 협력해야 한다. 지구의 환경 악화에 대한 제각기 다른 책임을 고려하여, 각 국가는 공통된 그러나 차별적인 책임을 가진다. 선진국들은 그들이 지구 환경에 끼친 영향과 그들이 소유하고 있는 기술 및 재정적 자원을 고려하여 지속 가능한 개발을 추구하기 위한 국제적 노력에 있어서 분담하여야 할 책임을 인식해야 한다.

원칙8: 지속 가능한 개발과 모든 사람의 보다 나은 생활의 질을 추구하기 위하여, 각 국가는 지속 불가능한 생산과 소비 패턴을 줄이고 제거해야 하며 적절한 인구 정책을 촉진해야 한다.

원칙9: 각 국가는 과학적, 기술적 지식의 교환을 통하여 과학적 이해를 향상시키고, 새롭고 혁신적인 기술을 포함한 기술의 개발, 적용, 존속, 전파 그리고 이전을 증진시킴으로써, 지속 가능한 개발을 위한 내재적 능력을 형성, 강화하도록 협력해야 한다.

원칙10: 환경 문제는 적절한 수준의 모든 관계 시민들의 참여가 있을 때 가장 효과적으로 다루어진다. 국가 차원에서 각 개인은 지역 사회에서의 유해 물질과 처리에 관한 정보를 포함하여 공공 기관이 가지고 있는 환경 정보에 적절히 접근하고 의사 결정 과정에 참여할 수 있는 기회를 부여받아야 한다. 각 국가는 정보를 광범위하게 제공함으로써 공동 인식과 참여를 촉진하고 증진시켜야 한다. 피해의 구제와 배상 등 사법 및 행정적 절차에 효과적으로 접근할 수 있어야 한다.

원칙11: 각 국가는 효과적인 환경 법칙을 규정해야 한다. 환경 기준, 관리 목적, 그리고 우선 순위는 이들이 적용되는 환경과 개발의 정황이 반영되어야 한다. 어느 한 국가에서 채택된 기준은 다른 국가, 특히 개도국에게 부적당하거나 지나치게 경제적, 사회적 비용을 초래할 수도 있다.

원칙12: 각 국가는 환경 악화 문제에 적절히 대처하기 위하여, 모든 국가의 경제 성장과 지속 가능한 개발을 도모함에 있어 도움이 되고 개방적인 국제 경제 체제를 증진시키도록 협력해야 한다. 환경적 목적을 위한 무역 정책 수단은 국제 무역에 대하여 자의적 또는 부당한 차별적 조치나 위장된 제한을 포함해서는 아니 된다. 수입국의 관할지역 밖의 환경적 문제에 대응하기 위한 일방적 조치는 회피되어야 한다. 국경을 초월하거나 지구적 차원의 환경 문제에 대처하는 환경적 조치는 가능한 한 국제적 합의에 기초해야 한다.

원칙13: 각 국가는 환경 오염이나 기타 환경 위해의 피해자에 대한 책임과 배상에 관한 국제법을 발전시켜야 한다. 각 국가는 자국의 관할권 또는 통제 지역 내에서의 활동이 자국의 관리 범위 이외 지역에 초래한 악영향에 대한 책임과 배상에 관한 국제법을 보다 발전시키기 위하여 신속하고 확실한 방법으로 협력해야 한다.

원칙14: 각 국가는 환경 악화를 심각하게 초래하거나 인간의 건강에 위해한 것으로 밝혀진 활동이나 물질을 다른 국가로 재배치 또는 이전하는 것을 억제하거나 예방하기 위하여 효율적으로 협력해야 한다.

원칙15: 환경을 보호하기 위하여 각 국가의 능력에 따라 예방적 조치가 널리 실시되어야 한다. 심각한 또는 회복 불가능한 피해의 우려가 있을 경우, 과학적 불확실성이 환경 악화를 지양하기 위한 비용/효과적인 조치를 지연시키는 구실로 이용되어서는 아니 된다.

원칙16: 국가 당국은 오염자가 원칙적으로 오염의 비용을 부담해야 한다는 원칙을 고려하여 환경 비용의 내부화와 경제적 수단의 이용을 증진시키도록 노력해야 한다. 이에 있어서 공공 이익을 적절히 고려해야 하며 국제 무역과 투자를 왜곡시키지 않아야 한다.

원칙17: 환경에 심각한 악영향을 초래할 가능성이 있으며 관할 국가 당국의 의사 결정을 필요로 하는 사업 계획에 대하여 환경 영향 평가가 국가적 제도로서 실시되어야 한다.

원칙18: 각 국가는 다른 국가의 환경에 급격한 위해를 초래할 수 있는 어떠한 자연 재해나 기타의 긴급 사태를 상대방 국가에 즉시 통고해야 한다. 국제 사회는 이러한 피해를 입은 국가를 돕기 위하여 모든 노력을 기울여야 한다.

원칙19: 각 국가는 국경을 넘어서 환경에 심각한 악영향을 초래할 수 있는 활동에 대하여 피해가 예상되는 국가에게 사전에 적시적인 통고 및 관련 정보를 제공하여야 하며 초기단계에서 성실하게 이들 국가와 협의해야 한다.

원칙20: 여성은 환경 관리 및 개발에 있어서 중대한 역할을 수행한다. 따라서 지속 가능한 개발을 달성하기 위해서는 그들의 적극적인 참여가 필수적이다.

원칙21: 지속 가능한 발전을 성취하고 모두의 밝은 미래를 보장하기 위하여, 전 세계 청년들의 독창성, 이상, 그리고 용기가 결집되어 범세계적 동반자 관계가 구축되어야 한다.

원칙22: 토착민과 그들의 사회, 그리고 기타의 지역 사회는 그들의 지식과 전통적 관행으로 인하여 환경 관리와 개발에 있어서 중요한 역할을 수행한다. 각 국가는 그들의 존재와 문화 및 이익을 인정하고 적절히 지지하여야 하며, 또한 지속 가능한 개발을 성취하기 위하여 그들의 효과적인 참여가 가능하도록 해야 한다.

원칙23: 압제, 지배 및 점령하에 있는 국민의 환경과 자연 자원은 보호되어야 한다.

원칙24: 전쟁은 본질적으로 지속 가능한 개발을 파괴한다. 따라서 각 국가는 무력 분쟁시 환경보호를 규정하는 국제법을 존중하여야 하며, 필요한 경우에는 이의 발전을 위하여 협력해야 한다.

원칙25: 평화, 발전, 환경보호는 상호 의존적이며 불가분의 관계에 있다.

원칙26: 국가는 그들의 환경분쟁을 유엔 헌장에 따라 평화적으로 또한 적절한 방법으로 해결하여야 한다.

원칙27: 각 국가와 국민들은 이 선언에 구현된 원칙을 준수하고, 지속 가능한 개발 분야에 있어서의 관련 국제법을 한층 발전시키기 위하여, 성실하고 동반자 정신으로 협력해야 한다.

2) 지속가능발전의 의의

1992년 6월, 브라질의 리우데자네이루에서 개최되었던 유엔환경개발 회의(UNCED)의 '리우 지구환경선언'이 천명한 환경 정책의 목표는 '환경적으로 건전하고 지속가능한 발전(ESSD: Environmentally Sound and Sustainable Development)'이다. 이 지속가능 발전의 개념은 앞으로 범지구적 환경 문제에 대한 국제적 공동 대응에 있어서 규범이 될 '의제 21(Agenda 21)'의 전체를 흐르고 있는 원칙이다.

이 개념을 처음으로 정립한 것으로 알려진 '환경 및 개발에 관한 세계 위원회(WECD)'의 '브란트랜드 보고서'는 지속가능 발전을 "미래 세대가 그들의 필요를 충족시킬 능력을 저해하지 않으면서 현세대의 필요를 충족시키는 것"이라고 정의하고 있다.[4] 이 개념은 우리가 물려줄 환경과 자연 자원의 여건 속에서 우리의 미래 세대도 최소한 우리 세대만큼 잘 살 수 있도록 담보하는 범위 안에서 우리에게 주어진 환경을 이용하고 자연 자원을 이용해야 한다는 것을 의미한다.

2. 국가균형발전의 의의

국가균형발전은 지역 간 발전의 기회균등을 촉진하고 지역의 발전역량을 증진함으로써 삶의 질을 향상하고 지속가능한 개발을 도모하여 국가경쟁력을 강화하는 것이라고 정의할 수 있을 것이다.[5] 참여정부에서는 국가

4) 박재창 외 5인, 「한국의 환경지속성: 평가와 과제」, 서울: 대영문화사, p. 11.

5) 국가균형발전위원회, 국가균형발전으로 가는 길, 2004.

균형발전을 핵심 국정과제로 채택하고 특별한 관심과 정책적 의지를 표시해 왔다. 실제로 이전 지역균형발전이나 국토균형발전과 차이점은 정부의 정책적 의지뿐만 아니라 목표에 있어서도 많은 차이가 존재한다.

정부는 국가균형발전특별법을 제정하여 지역간 불균형을 해소하고 지역혁신 및 특성에 맞는 발전을 통하여 자립형 지방화를 촉진함으로써 전국이 개성있게 골고루 잘 사는 사회를 건설하는 데 이바지 하는 것을 목적으로 하고 있다(동법 제1조). 이와 같은 국가균형발전이 갖고 있는 다른 점은 균형발전을 통해 추구하고자 하는 목표가 아니라 접근방식의 차별화를 들 수 있다. 이는 국가균형발전 3대원칙에 보다 명확하게 명시되어 있다.

첫째, 국가개조의 차원에서 집권형 국가를 분권형 국가로 바꾸고, 지방이 지니는 복합적 문제를 해소하기 위해 지방분권, 국가균형발전, 행정중심복합도시의 건설 등 종합적인 방법을 통해 지방화를 추진한다.

둘째, 자립형 지방화를 위한 '지역혁신체제'를 구축하고, 이를 통해 지방경제를 혁신주도경제로 전환시킨다.

〈표 5-1〉 국가균형발전의 패러다임 변화

구 분	전통적 패러다임	새로운 패러다임
발전목표	-총량적 성장 -효율성 추구 -국가발전	-삶의 질 향상 -균형과 효율/발전 동시추구 -지역발전을 통한 국가발전
추진체계	-중앙부처 중심(중앙의존형) -하향적 집권화 -지역이기주의 팽배	-지방주의(지방자립형) -상향적 분권화 -지역간 상호 의존/협력 촉진
지원방식 및 효과	-지원주체별 부분적·산발적 분산지원 -중복투자로 시너지효과 미비	-지원주체간 협력에 의한 종합적·체계적·입체적 지원 -지역별 특성화발전으로 효과 극대화
발전전략 및 지원이념	-자본, 물질 중심 -제조업 중심 -대기업 중심 -정치성 강조(균등배분원칙)	-정보/기술, 문화중심 -서비스 및 부문간 연계 -대기업-중소기업 간 협력 -권역간 균형, 권역내 효율

* 자료: 국가균형발전위원회(2003), 국가균형발전의 비전과 과제, 참조 재구성.

셋째, 지방을 우선적으로 육성하고, 수도권의 계획적 관리를 통해 지방과 수도권이 상생 발전할 수 있는 토대를 구축한다.

따라서 국가균형발전이 지향하는 기본적인 개념은 전국이 개성을 가지고 고르게 잘 사는 자립형 지방화라고 하겠다. 이 자립형 지방화는 과거의 의존적 지방화와 대비되는 개념으로 지역이 스스로의 능력을 배양하여 자생적인 역량과 의지로 지역발전을 도모할 수 있는 발전을 의미하는 것이다.

제 2 절 국가균형발전 추진전략[6)]

1. 비전과 목표

국가균형발전이 추구하고자 하는 비전은 혁신주도형 균형발전을 통한 국가경제의 재도약이다. 이는 현재 수도권 과밀집중화로 야기되고 있는 비효율과 사회경제적 비용의 증가에 따른 경쟁력약화를 극복하기 위한 방안이 국토의 공간적 이용의 효율화와 지방이전을 통한 균형적 성장발전에 있음을 자각한 것이다. 즉 과거 우리 사회는 강력한 중앙집권체제와 수도권 일극집중 등으로 인해 수도권은 심각한 과밀의 문제로 고통을 받는 반면 지방은 정체와 저발전의 위기에 직면함으로써 수도권과 비수도권간, 지역과 지역간 갈등이 심화되었고, 국토의 효율성 저하로 인한 국가경쟁력 약화를 경험했다.

수도권에 집중되어 있는 각종 공공기관 및 경제기반시설의 지방이전이 단순한 이전정책에 의해 성취될 수 있는 것이 아니라 그와 같은 기관이나 시설이 이전 입주할 수 있는 인프라를 구축하여 여건을 성숙시키는 것이 선행되어야 할 것이다. 즉 지방의 모든 도시들을 대상으로 하기보다는 각 지역을 선택과 집중이라는 관점에서 지역적 이점을 극대화 할 수 있는 전

6) 국가균형발전위원회 비전과 전략을 중심으로 재구성함.

[도표 5-1] 국가균형발전의 비전과 목표

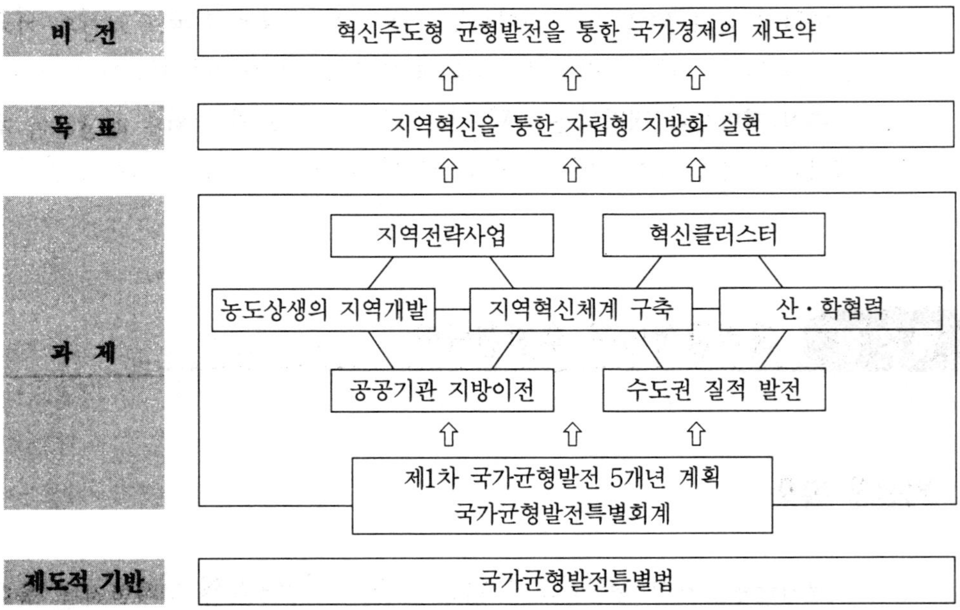

* 자료: http://www.balance.go.kr/policy/policy1.html

략적 선택을 바탕으로 집중 육성할 수 있는 지역혁신도시를 선정·육성코자 하는 것이다.

따라서 국가균형발전의 목표는 지역혁신을 통한 자립형 지방화 실현에 두고 있다. 이는 우리사회가 지금도 경험하고 있는 수도권과밀화에 대한 문제를 인정하고 지방화와 균형발전은 당위의 문제가 아니라 국가생존을 위한 절박한 시대적 과제임을 받아드림으로써 보다 본질적인 해결방안이 비정상적인 지방을 정상화시켜 지방이 스스로의 힘으로 일어설 수 있는 조건을 창출하는 것이 가장 바람직한 방안이라고 보기 때문이다.

2. 추진전략

국가균형발전이 추구하는 목표는 전국이 개성있게 골고루 잘사는 사회를 만드는 것이다. 이러한 목표가 달성되기 위해서는 중앙이 주도하고 지원하는 과거의 방식에는 일정한 한계가 있으므로 지속적 추진력과 성공가능성을 높일 수 있는 방안은 우선 지방이 자립적인 성장동력을 갖추도록 하여야 한다. 이를 위해 참여정부는 자립적 지방화를 위한 외적 조건으로 획기적인 지방분권, 새로운 균형발전 정책 등에 주안점을 두고 강력하게 추진하였다.

이와 같은 맥락에서 국가균형발전이 추구하여야 할 바는 중앙정부의 실천노력과 더불어 지방 스스로가 지역특성에 기반한 혁신체계의 구축 등을 통해 자립화의 새로운 조건을 창출하는 일이다. 이러한 조건 위에서 우리 사회가 추구하는 전국이 개성있게 골고루 잘 사는 사회의 건설이라는 궁극의 목표달성이 가능해지기 때문이다. 국가균형발전의 7대과제는 다음과 같다.

① 국가균형발전특별법, 행정중심복합도시, 지방분권특별법 등 3대 특별법과 균특회계 설치

② 공공기관 지방이전과 연계한 혁신도시 건설

③ 국가 R&D 예산의 지방지원 비율확대(20~40%) 및 지방대학 집중 육성

④ 지역혁신체계 시범사업 추진 및 지역산업정책 추진체계 전면 개편

⑤ 자립형 지방화를 위한 국가균형발전 5개년계획 수립

⑥ 지역특화발전특구법 제정으로 지역경제발전의 토대 구축

⑦ 신활력사업을 통한 낙후지역 특별대책 추진

따라서 국가균형발전을 추진하는 핵심전략은 다음과 같다.

첫째, 행정중심복합도시, 혁신도시, 기업도시를 포함하는 균형발전을 선도하는 전략도시를 건설한다. 혁신도시와 기업도시의 경우 지방에 공공기관의 이전과 연계하여 지역의 혁신거점도시로 조성함으로써 지역의 활력을 보급 확산하는 기능을 담당토록 한다.

둘째, 지역의 특성화 발전을 위한 지역혁신체계구축과 지역별 전략산업 중심의 클러스터를 형성토록 유도한다. 각 지역의 지식정보와 생산기능이 연계하여 지역혁신체계를 정립토록 하고 전략산업은 지역의 미래 성장동력으로 기능할 수 있도록 한다.

셋째, 수도권발전정책을 통해 계획적인 성장관리를 추진한다. 수도권발전정책의 목적은 중추기능의 지방분산을 통하여 수도권의 과밀화 문제를 해소함으로써 장기적으로는 수도권의 질적 발전을 통해 동북아 및 세계의 대도시 지역과 경쟁할 수 있는 토대를 마련한다.

넷째, 낙후지역을 새로운 국토의 활력지역으로 변모시킨다. 낙후지역의 활성화를 위해서 주민의 정주공간으로서 필요한 기본적인 인프라를 갖추도록 하는 것은 물론 본질적으로는 침체된 지역에 활력을 불어넣을 수 있는 우형무형을 기반조성을 통해 자생적으로 활력을 되찾을 수 있도록 한다.

제 3 절 지역균형발전을 위한 지역개발

1. 과거의 지역균형발전정책

과거의 각종 균형발전정책들은 수도권 집중억제와 지역발전이라는 인식에 기초하여 다양한 정책들을 추진해 왔으나, 오히려 수도권 집중화 현상은 더욱 심화되었다. 이러한 정책은 수도권 집중화가 야기되는 근본 원인에 대한 제거와 지방으로의 유입을 촉진할 방안에 대한 고민이 부족하였기 때문에 공공부문과 민간부문의 중추관리기능의 수도권 집중이라는 문제 해결에는 역부족이었다. 지방을 육성하는 적극적인 시책보다는 수도권 집중을 억제하는 소극적 시책 위주로 추진했기 때문이다. 과거 지역균형발전정책이 한계점을 정리하면 다음과 같다.

첫째, 지역균형발전정책은 막대한 예산이 소요됨에도 불구하고 그에 대한 예산이 제대로 뒷받침되지 않은 상태에서 그때그때의 상황논리에 따라 크게 좌우되었다. 따라서 범정부적으로 체계화된 종합적인 지역균형개발전략 추진이 결여되었다.

둘째, 지역균형발전정책은 일면 낙후지역의 개발이라는 측면과 함께 그

과정에서 소외와 희생을 감수해야 하는 집단이 있다는 측면에서 사회적 합의를 전제로 한다. 그러나 과거의 지역균형발전정책은 대상지역의 지지만을 고려하고 소외지역 내지는 희생대상집단에 대한 설득과정이 결여되어 사회적 지지를 획득하는 데 소홀하였다.

셋째, 지역균형발전정책은 부처별·사안별로는 최적의 대안을 도출하였다고 볼 수 있으나 종합적인 측면에서는 상호 모순되거나 사업간 충돌하는 정책들이 나타나고 있다. 따라서 총체적 관점에서의 정책효율성이 감소할 수밖에 없는 상황이 야기되곤 하였다.[7]

이와 같은 맥락에서 볼 때 지역균형발전은 지역개발 및 육성이라는 관점에서 접근되어져야 하며, 자립적 성장구조를 구축할 수 있는 방향으로 추진되어야 한다. 이는 지속가능하고 항구적인 지역발전은 물론 국가균형발전이라는 측면에서 바람직하기 때문이다.

2. 국가균형발전으로의 지역발전

이제 지역균형발전 전략은 새로운 시대적 요구에 부합되는 패러다임으로 전환되어야 한다.[8] 이를 위하여 우선적으로 수도권과 비수도권 간의 대립적 구조에서 벗어나 수도권과 비수도권의 공동번영전략에 기초한 정책추진구조로 변화되어야 한다. 즉 향후의 국토균형발전 정책은 수도권과 비수도권의 기능과 역할을 미래지향적으로 재정립함으로써 양자가 모두 번영할 수 있는 정책의 모색에 초점이 맞춰져야 한다.[9]

또한 약간의 제도 개선에만 의존하는 극히 소극적인 방식에서 탈피하여 거점프로젝트와 실질적 제도 개선이 병행되는 과감한 방식으로 전환해야 한다. 나아가 단일의 거대 핵의 국토 구조에서 탈피하여 다핵의 전략적인 국토 체제로 이행해야 한다. 특히 지역 간 획일적인 육성에서 탈피하여 지

7) 박양호, 새 정부의 국토균형발전 과제, 「도시문제」, 제38권(411호), 대한지방행정공제회, pp. 14-15.

8) 국가균형발전위원회, 2006.

9) 박양호, 국토계획과 새로운 지역균형발전 계획, 「도시문제」, 제38권(412호), 대한지방행정공제회, 2003, pp. 54-63.

역의 특화된 전략기능을 육성하는 방향으로 전환해야 한다. 그리고 세계화의 흐름에 지역마다 대응하는 체제 이른 국제화 차원의 지역발전 전략도 요구된다, 이러한 정책을 구사함에 있어서도 부처별 산발적이고도 모순된 정책에서 탈피하여 반드시 범정부적인 일관된 정책을 중시해야 한다.

한편 우리 나라 수도권 집중의 근본원인은 행정, 기업 등 중추관리 기능이 수도권에 과도하게 편재되어 있는 데서 비롯된 것이라 볼 수 있다. 특히 지방자치제의 시행으로 과거 강력한 중앙집권적 요소에 기반한 부단위의 중앙부처의 수도권 집중구조는 시대정신에 역행할 뿐만 아니라 국토 불균형문제의 핵심이라 할 수 있을 것이다.

국토균형발전의 차원에서 지역개발이 활성화되기 위해서는 우선 선도기관으로서 중앙부처를 포함한 국가공공기관의 지방이전을 적극 추진할 필요가 있다. 따라서 국가 중추기능의 국토공간개발재편을 위한 전략으로서 원활하게 추진하기 위한 방안은 다음과 같다.

첫째, 중추기능의 지방분산을 위해서 구체적이고 장기적인 추진계획을 수립하고 그 이행을 위한 법제화가 이루어져야 한다.

둘째, 중추기능 지방이전을 위한 「국가균형발전특별법」이 중추기능 지방이전에 대한 법적 근거를 확고히 해야 한다.

셋째, 중추기능의 지방이전을 포함하여 지방육성을 위한 재원으로 「국토균형발전특별회계」를 조성해야 한다.

넷째, 단기적으로는 분권과 분산을 향한 국가의지를 표출하여야 한다. 이를 위해 우선 몇 개의 정부부처를 시범적으로 이전시킴으로써 상징성과 정책적 추진의지를 보여주어야 한다. 이 과정에서 지방자치단체와의 긴밀한 협력체계가 필요하고, 부처이기주의, 정치적 압력을 극복할 수 있는 다양한 대안이 함께 고려되어져야 정책의 신뢰를 확보할 수 있고 정책적 지지를 확보할 수 있다.

이와 같은 맥락에서 지역균형발전종합대책을 범정부적으로 입안하고 범정부적으로 일관되게 강력히 추진하는 것이 성공을 담보할 수 있는 길이다.

제 4 절 외국의 국가균형발전사례[10]

1. 영 국

1) 특 징

영국의 지역격차문제는 산업혁명과정에서 농촌인구의 대도시유입에 그 뿌리를 두고 있으며, 1920년대 말 제1차 세계대전 이후 런던을 중심으로 급격히 심화되는 과정을 거쳤다.

영국의 국가균형개발정책의 핵심은 실업문제의 해결을 통한 균형발전이다. 침체 및 낙후지역에 고용을 창출하는 것과 런던지역의 과도한 집중을 억제하는 것이 핵심정책방향이다.

2) 주요지역개발 정책

영국정부가 지역격차문제 해결을 위해 추진한 주요 지역개발정책은 다음과 같다.

첫째, 침체 및 낙후지역개발정책으로 1934년 "특별지역개발촉진법"(Special Areas Development and Improvement Act)에 의해 스코틀랜드 등 네 곳 침체지역을 특별지역으로 지정하고 지방행정관을 주재시켜 지역경제를 활성화 시키도록 하였다.

둘째, 런던지역의 과밀화를 해소하기 위한 런던성장억제정책을 들 수 있다. 구체적인 정책 중 하나는 1965년부터 시행중인 사무용건물에 대해서는 건물신축허가제(Office Development Permit) 사례를 들 수 있다.

셋째, 산업입지개발정책으로 1960년의 지방고용법, 1966년 공업개발법 등을 들 수 있다.

---

10) 송인성, 외국의 지역균형발전 사례 연구, 대한지방행정공제회, 「도시문제」, 제38권(412호), 2003, pp. 64-85.

넷째, 신도시개발을 통한 지역발전정책으로 1943년 도시 및 지역계획부 설치, 1946년 신도시법 제정 등이다.

이러한 지역균형개발을 위한 정책과 수단은 1980년대에 들어서면서 이제까지의 지역정책을 수정하여 런던의 입지규제 철폐 및 도심부 기반지원지구지정 및 지원, 낙후지역에 지원되던 지역교부금을 선택교부금으로 전환, 지원대상 축소 그리고 유럽연합이 제시한 지역개발정책과 연계하여 지역정책을 추진하는 등으로 지원을 크게 줄이고 있다.

2. 프랑스

1) 특 징

프랑스는 경제, 산업 그리고 문화시설 등의 대부분이 파리와 마르세이유에 집중되어 있고, 나머지 국토의 2/3는 심각한 인구감소와 경제적 침체로 심각한 낙후수준이다. 따라서 프랑스의 지역문제는 우리 나라와 매우 유사한 특성을 가진다.

프랑스의 국가균형개발정책의 핵심은 파리지역의 성장억제와 서남부지역의 낙후지역과 침체된 공업의 활성화를 통해 전국을 균형있게 성장시키는 것에 맞추어져 있다.

2) 주요지역개발 정책

프랑스정부가 지역격차문제 해결을 위해 추진한 주요 지역개발정책은 다음과 같다.

첫째, 산업과 인구를 분산시키기 위해 1953년부터 파리에서 지방으로 이전하는 기업에 대해서는 장기융자와 부분 조세감면조치를 취하고 입지조건이 불리한 지역의 기업에게는 수송비를 인하해 주는 등의 조치를 취하고 있다.

둘째, 1962년부터 경기침체로 실업률이 높은 북부 및 동부의 공업지역 일부, 그리고 잉여노동력이 많은 서부농업지역의 개발을 위한 낙후지역개발정책이 있다.

셋째, 1966~1970년 간의 제5차 계획에서 파리의 성장억제와 파리의 흡인력에 대항할 수 있는 지역중심도시를 성장거점으로 집중개발하는 정책을 도입하였다.

넷째, 파리의 과도한 집중을 억제하는 것은 다른 나라에서의 수도집중을 막으려는 것과 같아서 공공건물이나 주거용 건물의 사무실용도로의 전용을 막기 위해 바닥면적이 일정규모 이상인 경우 전용 및 건축허가를 받도록 하였으며, 건물점용세를 부과하였고, 파리에 고용되는 고용자에게는 특별세를 부과하였다.

다섯째, 균형거점을 성장거점도시로 개발하는 정책을 시행함으로써 그 지역 내에서 여타 중소도시의 침체를 가져오게 되어 이를 개선하고, 균형발전의 효과를 높이기 위해 중간규모의 도시에서의 삶의 질을 높이는 정책을 적극 도입하였다.

3. 일 본

1) 특 징

일본의 지역격차문제는 1868년 메이지유신(明治維新, Restoration)으로 공업화가 진행되면서 도시로 인구와 산업이 집중화되면서 심화되기 시작하였다.

일본 국가균형개발정책의 핵심은 지역과 균형있는 발전, 풍요로운 환경의 창조, 인간거주의 종합적 환경정비, 다극분산형 국토의 구축, 다축형 국토구조형성의 기초 조성 등에 초점을 맞춰져 있다는 점이다. 이 계획의 주체는 지방자치단체이지만 중앙정부는 계획의 결정 및 승인 그리고 협의라는 형태로 관여한다.

2) 주요지역개발 정책

일본정부가 지역격차문제 해결을 위해 추진한 주요 지역개발정책은 다음과 같다.

첫째, 수도권정비계획에 따른 공장, 사무실 등의 입지에 대한 규제

둘째, 국토종합개발계획과 정부 각 부처의 각종 사회간접자본의 정기계획에 따른 공공투자

셋째, 기타 개별법에 근거한 지역개발 공동투자, 세제, 금융상의 지원

이러한 정책을 수행하는 중요한 정책수단은 지역정책을 시행하는 사업에 대한 국고보조, 부담금 특혜, 지방채 특혜, 조세감면의 특혜 그리고 여러 가지 금융상의 특혜 수단을 도입하여 시행하고 있다. 특히 중요한 것은 이들 지원제도들에 대한 제도적 장치가 마련되어 투명하게 시행되고 있다는 점이다.

제 5 절 국가균형발전 전략으로서의 행정중심복합도시(세종시) 건설

1. 건설배경 및 의의

21세기에 접어들어 우리 사회는 인구, 산업 및 경제력 등 모든 부문에서 과도한 수도권집중으로 인하여 파생되는 국토불균형의 문제로 인하여 장기적으로 국가발전의 걸림돌이 될 것이라는 우려가 확산되었다. 특정 지역의 과도한 집중은 상대적으로 타지역의 과소화 현상이 나타나고 그로 인하여 사회경제적 비용이 급증하고 상대적으로 사회적 효율이 저하되면서 궁극적으로는 국가경쟁력의 약화라는 비관적 예측이 설득력을 갖게 되었다. 수도권의 과도한 집중화 실태를 정리하면 다음과 같다. 첫째, 인구의 집중화 수준은 전 국토의 11.8%에 불과한 수도권에 전체 인구의 48%(2004년 기준)가 거주하고 있고 이러한 현상을 더욱 심화될 것으로 예측되고 있다. 둘째, 경제력의 집중화는 100대기업 본사의 91%, 공공기관의 85%, 금융기관의 67%가 수도권에 위치하고 있다.

이러한 배경으로부터 보다 근본적이고 획기적인 해결방안이 요구되었고, 그 대안으로 국가의 균형적인 발전과 모든 지역이 고르게 잘 살 수 있는 상생의 지속가능한 발전을 위한 토대 구축으로 행정중심복합도시(세종시)의 건설 방안이 등장하게 된 것이다. 즉 이미 40년 전부터 '수도권 과밀'의 문제점을 인식하고 여러 정책을 펴왔지만, '인구유입억제'에 초점을 맞추다보니 근본적인 해결방안이 되지 못했던 사실을 인식하고 보다 근본적인 접근 방법을 택하게 된 것이다.

따라서 행정중심복합도시(세종시)의 건설은 우리사회가 안고 있는 구조적 한계를 극복하고 새로운 세기로 도약할 수 있는 바탕을 마련할 수 있는 획기적인 방안이라는 데 그 의미를 부여할 수 있을 것이다. 특히 수도권지역의 과밀화로 인하여 야기되었던 주택난, 교통난, 환경오염 등 삶의 질의 문제를 해결할 수 있을 것이다.

2. 지리적 위치

공공기관 지방이전 및 지방분권, 수도권 발전전략과 함께 21세기 국가균형발전을 선도할 핵심과제로 추진되고 있는 행정중심복합도시는 충남 연기군과 공주군 일대 2,212만평에 녹지율 50%의 친환경 생태도시로 건설된다.

〈표 5-2〉 행정중심복합도시(세종시)의 지리공간적 여건

행정구역	충청남도 연기군 남면·금남면·동면, 공주시 장기면·반포면 일원
면 적	예정지역 2,212만평(주변지역: 6,769만평)
지리적 특징	중심부에 원수봉(254m)이 있고 미호천과 금강이 합류하는 지점으로, 대전과 청주로부터 10km 거리에 위치
교통여건	경부고속철도와 경부선 및 경부고속도로가 예정지역의 동쪽을 지나가고, 서쪽으로 2009년 준공예정인 대전-당진 고속도로가 건설중이며, 청주공항이 24km 거리에 위치

[도표 5-2] 행정중심복합도시(세종시)의 공간적 위치

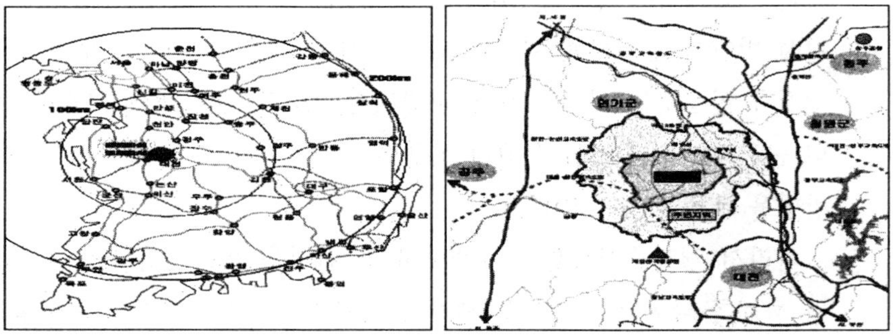

* 자료: 행정중심복합도시건설청, 「행정중심복합도시 건설기본계획」, 2006, p. 26.

3. 도시구조 및 추진전략

1) 비전과 목표

행정중심복합도시인 세종시의 세종(世宗, Sejong)은 세상(世)의 으뜸(宗)이란 뜻도 되며 세종대왕의 세종이란 이름에서 딴 명칭인데 도시 중에서 행정의 중심지 역할을 하는 도시를 말한다. 이 도시가 추구하는 최고의 가치는 국가균형발전을 선도하는 세계적인 모범도시를 건설하여 궁극적으로는 모든 지역과 도시가 고르게 잘 사는 사회로 나아가는 토대를 마련하자는 것이다. 이를 위하여 ① 행정기능중심의 복합형 자족도시, ② 자연과 인간이 어우러지는 쾌적한 친환경도시, ③ 편리성과 안전성을 함께 갖춘 인간중심도시, ④ 문화와 첨단기술이 조화된 문화정보도시를 건설하는 것으로 비전으로 하고 있다.[11]

따라서 행정중심복합도시가 추구하는 목표는 ① 수도권과 지방이 골고루 잘 사는 나라이면서, ② 21세기 세계적인 모범도시의 건설이다. 우선 모든 지역이 고르게 잘사는 나라가 되기 위해서는 국가균형발전을 기본가치로 하여 현재 수도권에 집중화 되어 있는 공공기관이나 각종 경제활동 주

11) 행정중심복합도시건설청, 비전과 목표(http://www.macc.go.kr/), 2006 참조.

체들의 지방이전 및 확산을 통해 달성코자 한다. 특히 외국의 수도이전사례 및 도시건설 사례 등에 대한 면밀한 분석을 통해 누구나 살고 싶어 할 수 있도록 도시건축문화적 가치와 인간과 자연 및 문화가 공존하는 도시가 되고자 한다.

2) 기본방향

세종시(행정중심복합도시)는 '자연과 사람이 어우러지는 도시, 물 · 에너지 · 폐기물이 연계순환하는 도시, 전통과 현재가 공존하는 도시'의 건설을 목표로 하고 있다. 따라서 행정중심복합도시의 기본 방향은 국가균형발전의 구심점이 되는 행정중심의 지족도시이면서 문화적 미적 품격이 높은 세계적인 모범도시로서 상생과 도약을 구현하는 혁신도시를 지향한다. 이를 실현하기 위한 구체적인 방안은 다음과 같다.

첫째, 복합적 · 자조적 도시기능을 확보한다.

둘째, 품격 높은 친환경적 도시디자인을 구현한다.

셋째, 미래지향적인 도시인프라를 구축한다.

3) 도시형태 및 추진전략

세종시(행정중심복합도시)는 "이중 환상형 구조"와 "자원절약형 친환경도시"를 기본골격으로 하여 총 7천 300만m^2(2천 212만평) 규모로 조성된다.[12] 우선 행정중심복합도시에는 330만m^2(100만평)의 중심부를 시민들의 공동 문화레저공간인 오픈스페이스로 남겨두고, 그 주변을 도시기능별로 개발하는 '이중 환상형'으로 구조를 띠고 있다. 생활권마다 근린공원이 들어서고 주요 하천을 주거 · 문화시설과 연계해 활용하는 등 전체 사업 면적의 50%가 공원 · 녹지 · 친수공간 등으로 조성된다. 이와 같은 환상형 도시가 갖는 가장 큰 장점은 기존 도시 구조에 비해 체계적인 교통체계 구축이 가능하고 지역 커뮤니티를 활성화할 수 있다는 점이다.

특히 원수산(해발 254m)과 전월산(260m) 등 녹지와 금강 및 미호천 등 친수공간을 연결해 '블루-그린 생태 네트워크'를 구축하고 물과 에너지, 자

12) 행정중심복합도시건설청, 「행정중심복합도시 건설기본계획」, 2006 참조.

원이 연계 순환하는 시스템을 도입해 '자원절약형 친환경 도시'로 조성한다.

행정중심복합도시에는 6개 기능별로 ① 서쪽에 정부 12부 4처 2청의 중앙행정타운, ② 동쪽에 오송생명과학단지와 연계하기 위해 휴양소 등 의료복지단지, ③ 북쪽에는 기존의 산업단지 입지를 활용해 첨단지식기반산업단지, ④ 남쪽에 시청 등 도시행정타운, ⑤ 남동쪽에 대덕연구단지와 연계하기 위해 연구소 등 대학연구단지, ⑥ 남서쪽에는 금강 등 수변공간과 연계한 종합공연장 등 문화국제교류단지를 각각 배치하였다.

이들 기능별 거점에는 각각 인구 2~3만명의 기초생활권(마을)이 3~5개씩 배치돼 모두 20여개의 생활권이 도시에 자리 잡게 구성하였다. 따라서 총 20만가구 50만명이 살게 될 주거지역에는 중·저밀 중저층형 공동주택이 주로 들어서며, ha당 300명의 인구밀도로 조성된다.

인구는 초기 활력단계(2007~2015년)에 15만명, 자족적 성숙단계(2016~2020년)에 30만명으로 도시건설 단계에 따라 늘어나 행정도시 사업의 완성단계(2021~2030년) 이후에는 50만명이 거주하게 된다. 이 가운데 고용인구는 25만명이며, 산업별로는 2차산업 3만명(12%), 3차산업 중 민간서비스 부문 16만명(64%), 공공서비스 부문 6만명(24%) 등으로 구성된다.

[도표 5-3] 행정중심복합도시(세종시)의 도시기능 배치도

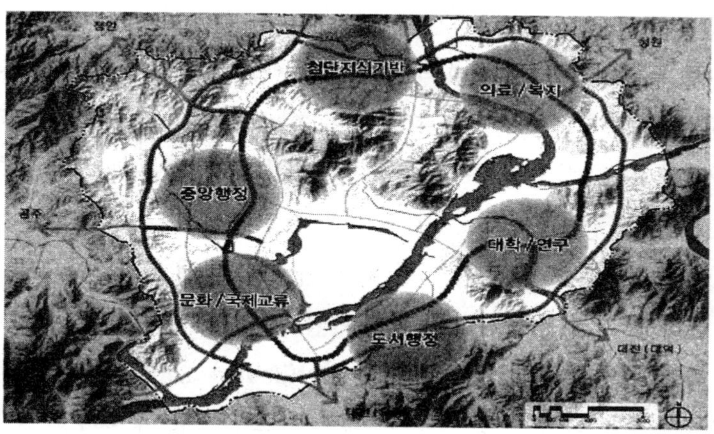

* 자료: 행정중심복합도시건설청, 「행정중심복합도시 건설기본계획」, 2006, p. 52.

제 3 편

지역개발이론의 응용실제: 새마을운동의 이상모형구상

제 1 장

새마을운동의 본질

제 1 절 새마을운동의 의의

지역사회의 개발문제나 추진방법 및 지역개발의 장애요인 등은 나라에 따라 다르며 시대에 따라 발전형태나 그 전개 방법도 판이하다. 그런데 우리의 경우는 지역개발이론을 실제 국가개발목적을 달성하는 전략으로 응용하여 현재 새마을운동으로서 전개하고 있다. 이 「민간주도의 총체적 개발운동」이라고 보는 새마을운동을 지역개발의 이상모형과 개발행정의 접근방법으로 보다 논리적이고 체계적인 이론정립을 함으로써 새마을운동의 본질과 발전과정을 검토하고 지속화의 전략과 발전모형을 수립하고자 한다.

1. 개 념

새마을운동(Saemaul Undong)은 1970년 4월 22일 박정희 대통령이 전남북 「한해대책에 관한 지방장관회(전북 정읍시에서 개최)의 유시」에서 『농민관계기관 지도위원간의 협조를 전제로 한 농촌자조노력의 진작방안을 밝히며 이런 운동을 새마을 가꾸기운동이라고 해도 좋고 알뜰한 마을 만들기 운동이라고 해도 좋을 것』이라고 의견을 표명하였으며, 동년 5월 6일「국토를 잘 보존하자」라는 친서를 쓰며『이 땅은 우리가 묻힐 땅이고 우리들 후손이 대대로 묻힐 삶의 보금자리이다』라고 함으로써 새마을운동이 시작되었다.

1) 배 경

여기에서 새로이 전개되는 역사의 새로운 장으로서의 새마을운동의 배경을 보면[1] 다음과 같다.

① 1960년대 1·2차 경제개발에 의한 국력의 신장을 바탕으로 지속적 공업화를 위한 농업성장의 필요와 함께 농공병진정책이 요구되었다.

② 통일의 기반조성과 국민총조화가 국력조직화를 위해 필요하며 이의 달성을 위한 새 역사창조의 힘이 모아져야 하겠고 이를 위한 인간개조와 사회개조가 요구되었다.

③ 그간 부진했던 수차의 지역개발 및 지역사회개발 운동에 대한 반성과 새로운 전개가 요망됨으로써 시작되었으며, 많은 사회변동의 도전에 대한 응전의 율동[2]으로서 역사적 전환의 계기가 마련됨으로써 시작된 운동이라 하겠다.

2) 개 념

새마을운동은 처음으로 박 대통령에 의해서 우리 나라에서 싹이 튼 새로운 개발형태로서 이를 개념규정한다면「새마을운동이란 지역주민들이 새로운 가치관의 확립으로 사회정의를 구현하는 근대화의 추구와 경제적 지위향상을 위하여 부락주민의 자율적이고도 적극적인 참여로 전체지역사회의 복지증진을 도모하기 위한 실천운동」이다. 그러나 한 마디로 개념 규정하기는 어렵다.

왜냐하면, 새마을운동의 개념은 다양하게 명명되어 온 것이 사실이기 때

1) 신윤표, 새마을운동과 지도이념, 중앙공무원교육원, 정신교육특별과정교재, 1975, p. 5.
2) Arnold J. Toynbee, A Study of History, Oxford Univ. Press, 1973, pp. 45-46.

문이다. 예컨대, ① 새마을운동은 더 잘 살기 운동이다.[3] ② 새마을운동은 한국적 민주주의의 실천도장이다. ③ 새마을운동은 애국심을 기르는 실천 도장이다. ④ 새마을운동은 유신이념의 실천도장이다 라는 것이다.

여기에서 생각하여야 될 점은 어구를 가지고 개념을 규정할 수는 없고 이는 박 대통령의 새마을운동에 대한 철학이요 이념으로 받아들여야 하겠으며, 10월유신의 목표와 기본이념이 그러하듯이 새마을운동은 서로 도와 땀 흘려 일하고, 국력을 조직화하여 민족의 번영과 근대화를 앞당겨 힘있는 나라가 됨으로써 평화를 이 땅에 정착시켜 나가자 한 것이다.[4]

이와 같이 새마을운동은 조국근대화운동으로서 비생산적인 정신자세와 생활행태를 발전지향적으로 고쳐 나가는 정신혁명운동이며, 지역사회를 중심으로 우리의 환경과 발전 기반을 다져 가면서 보다 높은 생산소득을 추구해 나가는 지역사회개발운동으로서의 의의를 지니면서, 주민의 자율적 협동과 실적을 통한 참여와 정부의 지원으로 정신개발·사회개발·경제개발을 이룩함으로써 국민의 생활의 질을 높이는 운동이라 하겠다.

이러한 의미에서 볼 때 새마을운동은 「민간주도형의 지역사회개발운동」 혹은 「농공병진운동」(관·민·도·농), 「총조화운동」, 「총체적 개발운동」, 「더 잘 살기 운동」 등 유사개념이 있겠으나 그 본질적인 면에서 볼 때 다음과 같은 몇 가지 특성을 갖는다.

2. 특 성

새마을운동은 박 대통령에 의하여 처음으로 창성된 우리 나라의 새로운 개발형태로서 1970년 10월부터 1971년까지의 새마을가꾸기사업을 중심으로 시작되었으며, 근면·자조·협동을 정신으로 지역주민의 자조·자율적 참여로써 시작된 범국민근대화운동으로서 단순한 농촌개발운동만은 아니다.

이의 구체적 특성을 보면 다음과 같다.

---

3) 박 대통령, 새마을 소득증대촉진대회 훈시, 1972. 5. 18.
4) 박 대통령의 전국 새마을지도자대회에서, 1973. 11. 22.

1) 대 상

1971년에서 1973년까지 처음 3년간은 농촌에 중점을 두었다. 우리 사회는 ① 1945~1950년까지의 혼란기, ② 1950~1955년까지의 한국전쟁 및 전후복구기, ③ 1955~1960년까지의 침체기 등 역사의 시련기를 거쳐 성장해 왔다. 특히 1961년부터는 5·16군사혁명을 통하여 국가발전목표를[5] ① 경제성장, ② 국가안보, ③ 사회복지, ④ 국민형성에 두기 시작하였던 바, 우리는 국가 발전의 도약단계가 시작되었다.

다만, 1960년대 초반에는 내부수익률도 높고 회임기간이 짧은 공업부문에 집중적 투자지원을 하였고 1969년부터 북한의 경제성장을 능가하기 시작하였다.[6]

그러나 북한은 ① 대외경제협력이 여의치 못하고, ② 봉쇄체제로 인한 기술 도입 및 혁신의 차질, ③ 군수산업을 위주로 한 대공업우선책으로 인한 산업간의 심한 불균형, ④ 병력동원에 의한 노동력 부족 등으로 침체상태를 면치 못하고 있다.

이에 우리는 경제기반구축을 통한 근대화의 국민적 집념과 의지를 가지고 1970년대에는 농공병진의 개발모형으로 산업화를 계속하여 공영의 지속적인 발전을 위한 농촌근대화의 추진이 중점 방향이 되어야 하겠다는 유도가 새마을운동의 시작에서 나타났다. 그리하여 공동운명체의식도 강하고 또한 고도성장의 결과 생길 수 있는 지역간·산업간의 격차를 해소하기 위한 정책도 요구되었던 까닭에 농공병진, 도·농 균형발전을 기하기 위하여 농촌 개발에 비중을 두고 시작하였다는 점이 특성이다.

2) 새마을운동의 추진단위

국토종합개발계획의 입장에서 볼 때 국토자원의 이용개발과 보전을 위해서는 도·군·면의 건설종합계획 및 도시계획 등 지역개발 방향에서 대단위 광역권으로 추진단위를 정할 수 있을 것이나 새마을운동에서는 「마을」

5) 신윤표, 신행정학, 법정학회, 1974, pp. 318-319.
6) 남북한 경제현황 비교, 한국개발연구원, 1975, pp. 20-21.

(동)을 단위로 하였다.

지역의 범위는 사회·경제·역사·정치적 조건에 따라 차이가 있겠으나 종교적 통일도 안 되어 있고 소비나 생산 과정에서 조합구성도 없으며, 자조능력개발의 훈련이 부족한 우리 나라의 현실을 볼 때는 인간적 친화성이 높고 지도자를 중심한 주민욕구의 공동 추진이 가능하며, 생활권과 경제권의 기본단위임은 물론 신뢰와 협동·인간관계의 조화 속에 계획을 수립하고 사업을 추진하며 가능성 추구의 수단으로서, 생산성 추구의 방법으로서, 집단역학 효과를 낳는 수단으로서 전통성에서 찾아 볼 수 있는 「품앗이」·「두레」·「계」와 같이 자연부락단위인 리·동 34,665개 마을에 점화되었다는 점이 특성이다.

그러나 여기에 그치지 않고 1974년부터의 기본방향은 도시와 농촌에 똑같이 중점을 두어 농촌새마을운동과 도시새마을운동을 다음과 같은 목표[7] 아래 추진하고 있다. 다만 농촌에서는 소득증대에 직결하도록 하며 도시에서는 정신계발 및 새마을정신의 생활화를 위한 생활 태도 개선과 질서 확립에 비중을 둔다는 점이 또한 특성이라 하겠다.

뿐만 아니라 단위지역에 있어서도 새마을사업의 추진권역을 1975년부터 시작 1976년에는 본격적으로 마을단위에서 마을간 협동권역으로 확대함으로써 ① 입지유형별, ② 전통성, ③ 지형, ④ 학구 등 생활권과 규모경제권 중심의 대단위협동권으로 전개를 시도하고 있는 점이 특성이라 하겠다.

3) 새마을운동의 추진체제

새마을운동은 자발적인 지역사회조직을 토대로 민간주도형으로 추진되어야 하는 운동이며 주민의 창의와 자율적인 참여와 노력에 의하여 추진되고, 주민의 공통적 욕구를 토대로 상향적인 조직체제에 의해 추진된다. 따라서 새마을 운동은 그 추진체제가 지역주민이다. 그러나 행정의 지원은 계속되며 특히 ① 재정적 지원, ② 기술지원, ③ 행정일반 개발관리의 지원은 계속되는 점이 특성이다. 이를 방정식으로 나타내면, “주민의 자율적 참

7) 새마을운동, 문화공보부(현 문화관광부), 1972, p. 66.

여×행정지원=정신계발+소득증대+환경개선"이다.

이와 같이 행정은 어디까지나 지원체제로서 기능하며 주민 스스로가 부락발전사업을 추진하도록 동기부여를 하는 역할을 맡는 운동이다.

4) 관·민·도·농 총조화 운동

정부는 주민의 욕구와 국가목표를 조화시키는 차원에서 행정지원을 계속하며 자조정신이 강한 마을에 우선적으로 지원함은 물론 외부지원을 보조로 하여 농촌과 도시간의 협력이 이루어지고 있으며, 새마을운동에는 모든 직장과 가정이 참여하고 모든 지역이 참여하고 있으며 노력의 중복이나 마찰을 조장행정기관이 적극적으로 조정함으로써 국민총화를 달성하는 방향에서 전개되었다는 점이 특성이기도 하다.

5) 생산적 원리가 적용되고 있는 운동

초창기에는 농촌과 마을에서 주로 눈에 보이는 환경가꾸기사업을 하였다. 그 이유는 ① 농로, ② 마을 안길, ③ 지붕 개량, ④ 경지 정리, ⑤ 산림녹화 사업 등을 전개함으로써 새마을정신인 근면·자조·협동하는 자세를 훈련하며「땀의 결실은 이런 것이구나」하고 눈과 피부로 확인할 수 있게 함으로써 마을지도자를 중심으로 봉사와 희생의 참뜻을 배우고,「하면 된다」는 의지를 갖게 하여 새마을정신이 생활화될 때까지 흥미와 자극을 많지 않고 지속할 수 있도록 하기 위함이었다.

물론 이와 같은 환경가꾸기 사업은 계속되어야 할 것이다. 그러나 새마을운동은 본질적으로 지역주민의「주머니 실질소득」을 증대시킴이 위주이며, 이를 위하여 지역사회에 부존하는 인적·물적·제도적·정보자원 등 제자원을 효율적으로 활용함으로써 지역발전과 국가발전에 기여하도록 기술과 지식의 도입 위에서 추진되고 있는 운동이라는 점이 특성이라고 본다.

6) 이념특성으로의 근대화

새마을운동은 새 역사창조를 위하여 요구되는 범국민운동으로 행동적 실천운동의 원리를 가지고 추진되는 새마을운동이다. 이를 위해서 지도자의 발굴·육성과 새마을정신의 국민정신화를 위하여 사회교육으로서의 새마을교육을 국민교육화로 전개하며, 향토교육도 확장하는 등 한국근대화의 이념 그리고 우리 민주주의의 실천이념을 포함하고 있는 것이 특성이다.

7) 지속적인 질적 변화와 양적 성장 과정

새마을운동은 일시적인 것이 아니며 연차적·단계적으로 추진되기는 하나 단기적 효과위주의 운동이 아니며, 장기적이고 종합적인 개발사업을 목표로 하는 운동과 사업의 이중적 성격을 가진 것이 또한 특성이라 하겠다. 따라서 지속적 발전을 추구하는 종합적인 개발운동이며, 평가되고 다시 재이용(feed-back)되어 지속되는 과정적 성격도 갖는 점이 특성이라고 말할 수 있겠다.

8) 새마을운동은 새마을정신의 생활화 운동이며 새마음운동이다.

박 대통령은 1977년 1월 12일 연두기자회견을 통하여 새마을운동이란 새마음운동이라고 다음과 같이 말하였다. 「농촌에서 자발적으로 일어난 의식혁명이라는 것, 이 운동을 통해 흙을 사랑하고 자연을, 내고장을 그리고 조국을 사랑하게 된다는 것이 새마을운동의 특징이라고 믿습니다. "잘 살고 못 사는 것이 팔자소관이 아니라 마음 먹기에 달린 것"이란 새로운 의식을 갖게 된다는 점에서 새마을운동을 「새마음운동」이라 부르는 게 적절한 표현이라 봅니다. 이 같은 신념, 새로운 마음가짐을 갖는 것이 바로 새마음운동이요, 이는 새마을운동의 기본철학이라고 생각합니다.」

이와 같이 국가발전의 기본원리를 올바른 정신적 바탕에 두면서 국가영도자와 국민의 집념이 합일된 자기변개운동이요, 자기혁신운동이며, 인간개조와 사회개조를 전제한 의식혁명으로서 민족총화의 기본철학을 가진 새마음운동이란 점이 또 하나의 특성이라 하겠다.

제 2 절 새마을운동의 필요성 및 중요성

새마을운동은 주민이 공동운명체의식을 가지고 자기발전을 지역사회단위로 집결시켜 집단공동노력으로 지역사회 발전을 추진하는 살기 좋은 마을 만들기 운동이며 나아가서는 국가발전목표를 앞당겨 이룩하는 기본원리임을 그 특성에서 볼 수 있다. 따라서 조국근대화를 위한 단계에서 ① 농촌과 도시를 개발하며, ② 부조리와 부정을 없애고 국민총화를 이룩하는 일, ③ 우리 민주주의의 뿌리를 튼튼히 하며 하나의 조국을 만드는 일에 전 국민이 단합하여 평화를 이 땅에 정착시키는 일, ④ 지역주민들의 자발적인 개혁운동으로서 국력배양운동을 범국민적으로 전개하는 운동이며 역사발전의 과정에서 중요한 과제해결의 전략이 되고 있다. 특히 새마을운동은 다음 몇 가지 면에서 그 필요성과 중요도를 강조할 수 있다.

첫째, 개발전략으로서 중요성을 갖는 점이다.

1960년대에 추진된 근대화작업은 1·2차 5개년계획의 성과로 공업과 도시화가 급속히 이루어진 데 비하여 농어촌의 발전은 상대적으로 뒤졌다.

따라서 1970년대에는 중화학공업의 추진이나 수출 증대와 같이 농어촌의 혁신적 개발이 주요 과제가 되였다. 특히 격차의 해소 문제는 중요한 사회문제로 나타난 바, 따라서 새마을 운동을 통하여

① 전 국토를 작업장화하고 모든 일손을 생산화하며, 전 농민을 기술요원화하는 일은 식량문제를 해결할 수 있는 합목적적인 수단이 되어야 하였다.

② 2차 경제개발 5개년계획에서와 같이 농어촌에 2조원의 투융자정책을 반영함으로써 도·농간의 균형적 발전이라는 사회정의의 요청이 달성될 수 있다는 점에서도 중요한 의의를 갖는다.

③ 농촌권이 개발됨으로써 도시 공산품의 구매력도 향상될 수 있으며 농공간의 불균형이 해소될 수 있다는 점에서도 농촌권 개발을 위한 새마을운동은 중요한 의미를 갖는다. 또한 도시인구의 집중방지를 위해서도 필요성을 느낀다.

둘째, 근면·자조·협동정신이 생활화될 수 있는 국민정신혁명의 전기를 이루게 되었다는 점이다.

오랜 역사를 통하여 관권에 시달림을 받았고 일본제국주의자들의 식민통치로 경제적 심취와 문화말살을 강요당했던 국민들은 「농자는 천하지말자」라는 생각에서 모든 것을 체념한 채 정부에 의지하고, 가난을 숙명으로 돌리고 살아가는 의식구조가 새마을운동을 통하여 「하면 된다」는 의지를 갖게 되었고 잘 살아 보겠다는 집념을 갖게 되었으며, 「자조자 상조」요 「자조자 천조」라는 교훈을 알게 된 민족자각과 국민성 개조에 전기가 이루어졌다는 점에서 중요성을 갖고 있다.

일찍이 미국은 ① 청교도정신 ② 실용주의 생활철학 ③ 개척자정신을 국민적 합의로 하여 오늘의 미국을 이루었듯이 우리도 민족적·국민적인 혼의 흐름이 필요했던 바, 새마을운동을 통하여 국민의 개발의욕을 불러 일으키고 새로이 꿈 속에서 깨어 나 개척과 실천운동을 전개하며 온 국민이 새마을정신을 생활화할 수 있게 되어간다는 점에서 보다 큰 의미를 지닌다 하겠다.

셋째, 국가의 기강을 확립하는 점이다.

대중사회·대중문화란 말을 우리 사회에서 많이 듣고 있는데 사회학적 개념에서 본다면 봉급 생활자가 80%를 넘을 때 비로소 사회구조적으로 대중사회가 되었다고 할 수 있다. 그런 면에서 본다면 우리는 8·15해방과 더불어 미국의 물질문명과 대중문화가 말초적 자극을 하면서 우리의 고급문화와 전통문화를 잠식하고 들어왔다.

그 후 다시 국토분단과 전쟁의 상처를 갖고 혼란과 가난 속에서 살아오는 동안 가치관마저 무너졌다. 이와 같은 국민의 의식구조, 특히 농민의 가치관·태도 및 행동의 변화를 가져올 수 있는 기회가 되었다는 점이다.

요컨대, 새마을운동을 통해서 협동·자립·자조가 이루어지고 환경이 개선되며 현재의 큰 사회 문제인 지역간·계층간의 괴리현상이 지양되기 시작하고 사회적 통합의 정도가 향상되고 있다는 것이다.[8)]

8) 박동서, 새마을운동의 목적, 행정논총, 제11권, 제2호, 1973, 서울대 행정대학원, p. 8.

이상의 분석을 제시하면 다음과 같다.

① 환경개선으로 노동력이 질적으로 보존되어 간다.

② 폐습일소와 서정쇄신이 새마을정신으로 추진되고 있다.

③ 관의 동원이 아닌 주민의 자율적 참여로서 총화의 물결이 일고 있다.

④ 쇄신·개혁·진취의 뜻을 갖는 「새」 정신을 갖게 되었으며

⑤ 구제·보조·융자의 결점을 보충한 유인제(incentives)로서의 정부지원기술이 발전되어 간다.

⑥ 협동·자립·자조가 싹텄고 새로운 국민도의의 재건이 이루어졌다.

⑦ 용기와 자신감을 갖고 민주화와 선진화를 통한 압축성장의 모델을 만들었다.

⑧ 급격하게 변모해 가는 국내외의 움직임에 능동적으로 대처해 나가야 할 방법론이 국민적으로 이루어지고 있다.

⑨ 올바른 국가관과 국민통합의 의식을 바탕으로 하여 국가기강을 바로잡고 생산적이요 건전한 국민정신을 배양하는 운동으로 전개하였으며, 새마을교육을 통하여 정신혁명이 이루어지고 있음은 새마을운동의 또 하나의 큰 의의라 하겠다.

넷째, 평화를 정착시키고 우리 민주주의를 성장발전시키는 점이다.[9] 새마을운동은 우리 마을이 잘 살기 위한 운동인 동시에 우리 마을을 튼튼히 지키는 운동이다. 따라서 새마을 증산운동으로 힘을 기르고 자위새마을로 마을을 개발하며, 인보운동으로 도시권은 반상회와 농촌권은 새마을주민총회를 매달 25일마다 개최하는 등 이웃과 같이 살며 국민적 합의를 찾고 발전목표 속에 일하게 되는 기풍이 조성되며 지도자를 핵으로 하여 민간주도형의 개발형태로 지속할 때 주민의 실질적 참여의 폭은 넓어질 것이고, 따라서 우리 민주주의의 살아있는 훈련이 될 수도 있다고 보는 바, 여기에서 또 하나의 중요성을 찾는다.

다섯째, 조국근대화를 위한 범국민적 운동이라는 점이다. 지금까지 있었던 사회혁신운동과는 달리 대통령을 정점으로 하여 국민 각자가 「우리」라

---

9) 1972년 2월 26일, 서울대 졸업식에서, 내무부(현 행정자치부), 새마을운동자료, 1972. p. 6.

는 공존재의식을 가지고 사회의 가장 약한 부문을 강하게 만드는 최약보완의 원리를 실천원리로 하여 전개하였으며, 주민은 개인으로서가 아니라 지역사회협동체 내의 한 구성원으로서 하는 협동적 노력이며 개인노력을 지역사회단위로 집결시켜 집단노력으로 전환시키려는 점이다.

최한기 선생의 말과 같이 「실사구시(實事求是)」의 정신으로 물리적 실(物理的 實)(부존자원상태)이든 시적 실(詩的 實)(정신상태)이든 주어진 여건을 잘 살려 이를 보다 나은 방향, 즉 발전지향적으로 만들도록 하는 행동하고 실천하는 운동이기 때문에 보다 큰 의의를 갖게 된다.

특히 정부완전주도의 성격을 갖지 않고 있으며 새마을운동이란 지역사회 주민의 자발적이며 자조적인 협동노력에 의하여 주민들 스스로가 생활태도와 정신자세를 근대화하고 혁신하며, 주인들의 경제적·사회적·문화적 생활환경을 발전·개선해 나가는 민간주도의 일대 사회개조운동이요, 인간개조운동이며 「보다 잘 살기 위한 운동」[10]이라는 점에서 새마을운동의 중요성을 찾을 수 있다.

제 3 절 새마을운동의 철학

1. 근면과 창의

1972년 4월 박 대통령이 직접 작사·작곡한 「새마을 노래」 1절에서는 "새벽종이 울렸네, 새 아침이 밝았네, 너도 나도 일어나 새마을을 만드세" 하고 민족의 자각을 촉구하며 모든 행동의 기초가 근면에 있다는 것을 의미한다고 풀이한 바 있다.

이와 같이 새마을운동은 더 잘 살기 운동이기에 그만큼 더 노력하여야 하며 자연자원이 넉넉하지 못한 우리는 노동을 신성하게 여기고 더욱 성실

10) 1972년 5월 18일 광주 소득증대촉진대회 치사에서.

하여야 한다는 것을 강조한 것으로 생각한다.

과거 조선조문화에서 볼 수 있었던 귀족주의나 유학사상이 우리에게 끼쳤던 죄될 만한 것으로 ① 모화사상, ② 당쟁, ③ 가족주의의 폐해, ④ 계급사상, ⑤ 문약, ⑥ 산업능력의 저하, ⑦ 상명(上命)주의, ⑧ 복고사상 등을 들 수 있다.[11)]

이 중에서 볼 수 있는 문약·산업능력의 저하를 가져온 이유는 양반계급이 직접 산업에 종사하기를 좋아하지 않은 탓으로 자연히 국민은 산업에 대한 능력과 열의가 저하되고 산업이 피폐하여 국민은 생활이 인고하지 않을 수 없게 되었다고 본다. 이에 반하여 박 대통령은 새마을정신으로 새로이 국민이상을 제시하였다.

2. 자조·자립

① 1970년 4월 22일 지방장관회의시 『우리 스스로가 자조·자립 정신을 불러 일으켜 땀 흘려 일한다면 모든 마을이 멀지 않아 잘 살고 아담한 마을로 그 모습이 바꾸어지리라고 확신한다…이 운동을 새마을가꾸기 운동이라 해도 좋을 것이다』고 하였다.

② 1975년 10월 5일 시정연설에서 『새마을운동은 정신혁명의 운동이요, 잘 살기 운동이요, 내 고장 내 나라를 내 힘으로 지키겠다는 자강운동』임을 강조한 점에서 볼 수 있듯이 급변하는 국제정세의 격류 속에서 조국의 국권을 수호하고 민족의 중흥을 이룩하여 세계 속의 한국을 만들기 위해서는 국민 개개인의 자주·자조·자립 정신이 바탕이 되어야 함을 강조한 것으로 생각한다.

우리는 이민족과 대결하여 900여회나 되는 전쟁을 치르었으나 이를 이기고 일민족 일문화를 지켰으며 민족주체성을 갖고 살아왔다. 거란족·만주족·몽고족은 모두 중국에 동화되었으나, 우리만은 옷 모습 하나 변치 않

11) 이상은, 유교의 이념과 한국근대화, 한국근대화의 이념과 방향, 동국대, 개교 60주년 학술심포지움 논문집, pp. 198-199.

았던 민족사의 교훈을 살려야 할 것이며 갑오농민혁명 동학사상에서 가졌던 민족주의사상을 민족자립에의 의지로 하는 것이 곧 새마을운동의 기본정신이라고 생각한다.

3. 협동 · 단결

새마을운동은 근면 · 자조 · 협동을 기본 이념으로 생산과 생활의 조화로운 발전을 이룩하여 국민의 생활 수준을 높이고 새로운 역사창조의 기틀을 조성하기 위한 민중운동이다.

따라서 일을 보다 능률적으로 추진하고 보다 큰 힘을 발휘하기 위하여 『이웃끼리 서로 도우며 모두가 잘 살 수 있게 되기 위한 운동으로서 특히 협동에서 생기는 능률, 협동으로 다지는 단결심, 협동에서 생기는 자신 등을 기초로 해서 국민 모두가 잘 살 수 있고 나아가서는 국가의 근대화를 촉진』하기 위한 기본 정신이 새마을정신이라 하겠다.

삼국시대 이래 「두레」 또는 「품앗이」라고 하여 여성들은 「길쌈」을 하였고 남성들은 「공동작업」을 하는 등 민족고유의 전통성을 간직하기도 하였다.

사람이 혼자서 하루 논 한 마지기에 모내기를 하기는 어렵지만, 열 사람이 논 열 마지기에 모를 심는 것은 쉬운 일이다. 이와 같이 협동의 철학을 갖고 있고 협동의 원리를 아는 우리는 혼자 있으면 담배 피우고, 둘 · 셋이 모이면 험담을 하며, 4~5인이 모이면 노름을 하는 일이 없도록 하고, 혼자 있을 때는 사색하고, 둘이 있으면 건전한 대화를 하며, 셋 이상이 모이면 노래 부르고 운동하며 「우리」 의식을 갖는 협동분위기를 조성하도록 해야 할 것이다. 이러한 정신이 곧 새마을정신이라고 본다.

4. 근검 · 절약

박 대통령은 1974년 12월 18일 전국새마을지도자훈시를 통하여 『지금 우리에게 가장 시급하고도 중요한 것은 당면한 세계적 경제위기를 어떻게 하면 남들보다도 더 빨리 그리고 더 슬기롭게 극복해 나가느냐 하는 일이다. 나는 우리가 이 난국을 극복하기 위해서는 정부와 국민이 혼연일체가 되어 근검·절약을 생활화하고 합심협력하여 국력배양에 헌신하는 길 밖에는 다른 길이 없다고 확신하고 있다. 또한 아무리 증산을 한다 해도 우리 사회에 낭비와 사치풍조가 남아 있는 한 땀 흘려 노력한 보람은 아무 소용이 없게 되는 것이다. 따라서 나는 우리 국민들이 의·식·주 생활의 모든 면에서 더욱 근검·절약할 것을 당부하고, 특히 사회지도층이 이에 앞장서야 한다』는 것을 강조하였으며 이것이 곧 도시에서의 새마을운동의 실천방법이라고 하였다.

이와 같이 1975년의 3대새마을운동으로 표방하여 증산·인보 운동과 같이 부녀층이 주축이 되어 실천하여 왔다. 이 운동의 정신이 곧 근검·절약의 정신이며 새마을운동의 기본 정신의 하나라고 하겠다.

5. 과학과 합리주의

박 대통령은 1973년 3월 23일 전국교육자대회시 「새마을운동을 통한 생활의 과학화」를 강조한 바 있다. 오늘 우리에게는 과학적으로 사고하고 합리적으로 생활하여야 할 것이 절실히 요청되고 있다.[12)]

이 합리주의에 관하여 수원 새마을지도자연수원 김준 원장은 「농심」이란 개념을 가지고 말한 바 있다. 즉 농심이란, ① 콩 심은 데 콩 나고, 팥 심은 데 팥 난다는 과학적인 생활태도이다. ② 근면과 실천위주이다. ③ 인과응보의 진리를 믿는 것이다. ④ 인내력·생명력을 키우는 것이다. ⑤ 거짓과 협잡을 모르는 정직한 순박성을 지닌 마음이다. ⑥ 머리를 숙이는 겸허한 자세이다. ⑦ 생명과 가치를 창조하는 적극적인 생산성이다. ⑧ 생성·발전하는 원천적인 기본질서이다 라고 말하였다.

필자는 이에 대하여 새마을운동은 이 「농심」을 배우고 실천하는 운동이라고 생각하는 바, 새마을운동의 기본 정신은 과학적 합리주의 그리고 농

12) 정종택, 새마을운동과 지도이념, 1975. 1, 내무부(행정자치부), p. 17.

심(農心)이라 하겠다.

6. 민주 · 애국

「잘 살아보세, 잘 살아 보세 우리도 한번 잘살아보세」
「이 몸이 죽고 죽어 나라가 산다면 아아 이슬같이 죽겠노라」
「형제간의 싸움을 없에 버리고 평화롭고 번영한 나라 만들세」
「겨레여 우리에겐 조국이 있다. 내 사랑 바칠 곳은 오직 여기뿐 심장의 더운피가 식을 때까지 즐거이 이 강산에 씨를 뿌리리」

이러한 노랫가락이 흥겨웠던 연대가 이루어져 왔었다. 국민의 모든 능력을 한 곳에 집중해서 국력의 가속화를 해 보자는 것이 새마을운동이며 새마음운동이고 이러한 민주화의 기본정신은 곧 우리 자유 민주주의를 실천하는 정신으로서 4 · 19에서 5 · 18정신으로 이어지면서 우리의 힘으로 시장경제를 중심한 산업화와 민주화를 같이 이루었고 오늘도 통일 선진조국을 위한 창조열정으로 모아져 새로운 시작은 계속되고 있다고 본다.

7. 개척과 실용주의정신

실용주의란 일정한 내용의 결론들로 구성된 체계의 이름은 아니며 하나의 방법론이라고 보는데 실용주의자들의 공통된 이론들 가운데서 특히 근대화의 과정과 관계가 깊다고 생각되는 주장 내지 신조들이다. 따라서 이를 새마을운동과 관련지어 볼 때 실용주의는 ① 사회현실을 주제로 삼는 철학이라는 점, ② 자연현상이나 사회현상에 있어서 각 부문에는 그 부문의 고유한 특색이 있을 수 있음을 인정하고, 한 나라의 역사적 발전을 지배한 법칙과 똑같은 법칙이 다른 나라의 역사적 발전에 있어서도 지배하리라고 단정해서는 안 된다고 주장한다. 각기 그 경우에 맞는 법칙을 실험적으로 발견해야 한다는 다원론적 경험주의라는 면에서 인간사회의 실천적인 문제에 대한 해결안을 제시하지는 못했으나 새마을정신과 의미내용을 같이 하는 면이 있다 하겠다.

③ 근대화라는 역사적 전환을 추진함에 있어서 상대론적 가치설을 취함으로써 시대와 사회의 특수성이 요청하는 바를 따라서 밝은 윤리 내지 낡은 가치관에 대한 비판의 자세를 고취하고 있는 점에서 새마을정신과 일맥상충한다. 더욱이 실용주의에서 취하는 상대론적 가치설이 근대화의 이념과 잘 조화되며 인간의 존엄성을 믿고 합리적인 사회생활을 통한 번영을 희구하나, 휴머니즘의 정신을 철학적 배경으로 삼는 점에서 실용주의는 새마을정신이다.

④ 실용주의자(pragmatist)들의 관심 표명에서 나타난 바이지만 독점자본주의 경제제도를 터전으로 삼고 일어난 부정과 부패를 제거하여 대상의 권익이 옹호되는 명랑한 사회를 건설하자는 주장이며, 현존하는 사회적 모순을 제거하는 개혁의 방법으로서는 평화적 설득을 통한 합의의 방법, 즉 민주주의적 방법을 써야 한다는 주장인데, 후자에 대하여는 「개혁된 사회에로의 발전」의 뜻을 갖는 우리의 근대화라면 실용주의의 본고장인 미국과 비교할 때 이론이 있을 수 있다.

그러나 새마을운동에서 당장 결과를 얻자는 것보다는 조국근대화 운동으로 볼 때 폭력적 투쟁의 방법에 호소할 수 없다는 면에서 새마을정신은 실용주의입장을 취하고 있다 하겠다.

⑤ 실용주의는 과학의 성과를 존중할 뿐만 아니라 과학의 방법과 과학적인 사고방식까지도 매우 소중히 여긴다. 새마을사업도 소득증대사업을 중심으로 기술과학의 생산력을 높이 평가하고 정신계발을 통해서 과학적 사고방식을 귀히 여기며, 봉건성 내지 전근대성을 탈피한 새로운 가치관의 형성을 위하여 새마을교육을 하였다는 면에서 볼 때 새마을정신과 지도이념은 실용주의의 철학사상을 지니고 있다 하겠다.

제 2 장

새마을운동의 발전과정

제1절 새마을운동의 연혁

1. 여건의 조성

1) 농촌개발에 관심

1947년 미군정시에는 농업기술교육령이 공포되어 미국의 협동농촌지도사업체제를 도입하려는 움직임과 같이 우리 나라 농촌지도체제를 세우고 농촌개발구상을 하였으나 정치·사회의 혼란과 경제기반이 없어 실효를 못 보았다. 그 후 1955년에는 농촌부와 도단위에 농업교육과를 두고 시·군에는 교도계를 두어 농촌 운동을 위한 지도를 하였다. 한편 1955년 8월 주한 미국경제조정관실(OEC)에서 제출한 농업협동조합법안은 국무회의의 의견일치를 보지 못하였다.

1956년 3월 농업은행설립안만을 국무회의에서 결정하고 동년 5월 1일 일반은행법에 의하여 발족하였다. 다시 1957년 2월 1일 국회는 「시·군농협에서 농민에게 농업자금을 융자하는 여신업무만을 관장토록 하는 농업협동조합법」을 통과시키고, 그 익일인 2월 2일 한국농업은행법을 통과시켰다. 이렇게 해서 10여년간 관계당국간의 의견 대립으로 원만한 해결을 보지 못하고 1958년 4월 1일 농업은행의 발족과 동년 10월 20일 농업협동조합의 업무 개시로 신용업무와 경제사업의 이원적인 체계에 의하여 운영하기에 이르렀다.

이와 때를 같이 하여 1958년에는 부흥부에 지역사회개발위원회가 설치되어 사업을 전개한 바 있다.

1959년에는 ICA지역사회개발사업지침(The Community Development Guidelines of the International Cooperative Administration)과 때를 같이 하여 4H운동 · 지역사회개발사업 · 재건국민운동 · 민간국민운동 등을 통하여 다원적으로 지역사회개발운동을 추진하여 왔지만 모두 이렇다 할 결실을 거두지 못한 채 정체되어 오다가[1] 60년대에 접어들면서 4 · 19학생의거가 일어나 우리 나라 국민으로 하여금 민주적 시민으로서의 각성을 싹트게 하였다.

그리고 이어서 일어난 5 · 16 군사쿠테타 이후 제3공화국은 정치 · 사회에 있어서는 무능과 부패를 일소하는 운동을 전개했고 경제자립을 향한 국민의 개발의지를 고취케 하였다. 특히 경제적 기반 구축에 의한 근대화를 추진하려는 지도자의 의지는 전 국민의 개발의욕을 이끌어 나가는 원동력이 되었다.

2) 경제개발계획수립

부흥부(현 건교부와 산자부) 산하의 산업개발위원회에서 1958년 수립한 바 있는 3개년계획과 1960년 말 산업개발위원회에서 재차 수립한 5개년계획 등은 계획 수립의 경험을 주기는 했으나 집행되지 못하였던 우리가 경제기획원을 설립하고, 1962년 제1차 경제개발 5개년계획을 수립 · 집행하여 1962～1966년을 계획기간으로 하여 그 기본 목표를 「모든 사회경제적인 악순환을 시정하고 자립경제의 달성을 위한 기반을 구축」하는 데 두고서 다

1) 박정삼, 사회교육과 지역사회개발론, 일지사, 1963, pp. 159-162.
국회입법조사국, 농촌개발계획론, 입법참고자료 제182호, 1974, pp. 47-55.

음의 산업부문에 중점을 두고 추진하였다.

① 전력·석탄 등 공업화의 원동력이 되는 에너지 공급원의 확대

② 농업 생산력의 증대에 의한 농가소득의 향상과 국민경제의 구조적 불균형의 시정

③ 경제성장을 이끄는 데 주도적인 역할을 해야 할 기간산업과 사회간접자본의 확충

④ 유휴자원의 활용, 특히 고용의 증가와 국토의 보존 및 개발

⑤ 수출 증대를 주축으로 하는 국제수지의 개선

⑥ 저생산성을 극복하기 위한 기술의 향상

⑦ 이상과 같은 개발계획을 뒷받침하기 위하여 자연자원과 인적 자원을 합리적으로 결합시킴으로써 생산력의 극대화를 꾀하며 자본공급의 확보를 전략으로 하였던 바, 우리 경제는 계획주도형에 의한 공업화가 계속하여 성장하였거니와 1967~1971년을 계획기간으로 하여 제2차 5개년계획을 실시하였다. 이 때에는 ① 경제개발계획에 소요되는 투자자금의 조달에 지장을 주지 않기 위하여 국내저축의 비중을 높이려고 하였으며, ② 외환자금의 부족을 메우려는 노력이 있었다. ③ 농업부문에 있어서 의장실업문제를 해결하려는 의도를 보였으며, ④ 공업화우선의 경제정책 추구로 인하여 농업부문의 성장이 높아졌으나 공업에 비하여 상대적으로 낮은 점을 메우려는 시도가 시작되었으며, 식량 부족·양곡도입의 현상 및 농·공간의 교역조건의 악화로 도시와 농촌간의 소득격차가 나타남을 고려하여 경제개발 5개년계획을 추진하였었다.

3) 경제개발계획의 중점목표전환

새 중점 목표를 다음과 같이 정하고 국민경제의 운용 지침으로 삼았다.

① 식량을 자급하고 산림녹화와 수산개발에 주력한다.

② 화학·철강 및 기계공업을 건설하여 공업고도화의 기틀을 잡는 한편 공업 생산을 배가한다.

③ 수출을 증대하고 수입대체를 촉진하여 획기적인 국제수지의 기반을 굳힌다.

④ 고용을 증대하는 한편 가족계획의 추진으로 인구팽창을 억제한다.

⑤ 국민소득을 획기적으로 배가하며 특히 영농을 다각화하여 농가소득의 향상에 주력한다.

⑥ 과학 및 경영 기술을 진흥하고 인적 자원을 배양하여 기술수준과 생산성을 제고한다.

이와 같이 5개년계획은 안정적 성장정책을 추구하였고, 농어민 소득증대를 비롯한 중농정책의 추진·수송난 타개를 위한 고속도로의 건설 등은 2차계획의 성격을 특징짓는 고도성장을 위한 기반을 구축하였다. 이 결과 1970년 초에는 농어촌개발에 집중적 투자를 할 수 있는 재정적 힘이 길러졌고 또 국민들은 그 놀라운 국력의 신장을 직접 눈으로 보고 「우리도 하면 된다」는 자신과 함께 「잘 살아야겠다」는 의욕이 샘솟게 된 것이다.

이와 같은 경제적·정신적 바탕의 성숙으로 새마을운동의 여건은 조성되었고, 특히 위대한 지도자의 창업과 개혁적인 방향제시에 따라 새마을운동은 시작되었으며 국민들의 자율적인 참여 속에 전국적 규모로 발전되고 있다 하겠다.

새마을운동은 전국 35,031개 마을이 모두 자립마을로 발전하게 될 1981년까지를 새마을운동의 1차적인 장기발전기간으로 설정하고 1차목표년도로 정한 바, 추진경위는 몇 가지 단계로 나눌 수 있겠다.

2. 새마을운동의 추진경위

1) 1970년: 새마을운동의 태동기(방향의 제시단계)

1970년 4월 22일 지방장관회의시 「새마을 가꾸기운동」의 이름으로 박 대통령의 경론과 평소의 정치·사회철학으로서 제창하여 최초로 방향이 제시되었으며, 동년 5월 6일 「국토를 잘 보존하자」는 친필지시를 하였고 동년 11월 11일 농특사업경진대회시에는 농어촌지도자들의 창의와 노력을 강조함으로써 오늘날의 새마을운동이 시작되었다.

이 해부터 지원체제로서의 정부지원은 내무부(현 행정자치부)가 주관이 되어 1970년 10월 1일에는 「새마을가꾸기 길잡이」라는 책을 발간했고 전국 읍·면장에게 새마을가꾸기교육을 실시함으로써 본격적으로 새마을운동은 태동되었던 것이다.

2) 1971년: 시험기(새마을정신의 배태)

1970년부터 1973년까지를 기반조성단계라 한다면[2] 1970년은 방향이 제시된 태동기로 볼 수 있으며, 1970년 10월부터 1971년 5월까지는 전국 33,267 행정리·동에서 농한기를 이용한 시험사업을 전개하였다. 이 해는 10대 가꾸기 예시사업으로서

① 마을진입로, ② 소하천, ③ 소유지의 정비, ④ 공동우물, ⑤ 공동빨래터, ⑥ 퇴비장설치·마을식수 등을 중점사업으로 추진하였으며, 정부에서는 행정리·동당 시멘트 335대를 균등지원하고 1971년 9월 29일부터는 새마을정신을 근면·자조·협동으로 하여 새마을가꾸기운동을 통한 주민의 소득증대와 정신개발을 지향하기 시작하였었다.

3) 1972년: 기초·점화단계(새마을정신의 점화·확대)

제3차 경제개발 5개년계획이 착수되어 1980년대 100억불 수출, 1인당 GNP 1,000불 소득을 목표로 새마을운동의 궁극적인 목표를 농어민소득증대에 두고 추진되었다.

또한 1972년 10월 17일에는 대통령특별선언을 통하여 「새마을사업이 국가시책의 최우선사업」임이 명시되어 계속 지원되었으며 자조정신의 점화도 신념과 자신 속에 본격화되기 시작하였다.

4) 1973년: 기반확립(자율실천의 기반구축)

1973년은 자조협동단계인 동시에 적극적 추진단계라 하겠으며 발전된 수준에 따라

① 기초마을(하: 18,415개), ② 자조마을(중: 13,943개), ③ 자립마을(상:

---

2) 내무부(현 행정자치부), 새마을운동－시작에서 오늘까지－1974. 12. 18, pp. 22-23.

2,307개)로 구분 차등화하여 지원하고, 특히 하천·국도변가꾸기 등 사업을 주민직영사업으로 실시하여 노력을 현금화함으로써 협동의 기초가 되는 마을 기금을 조성하는 데 주력하였고, 각각의 마을 실정에 맞는 사업을 추진함으로써 지역특성을 고려하기 시작하였으며 정부에서는 기초마을에 시멘트 500대와 철근 1톤 기준으로 지원하고, 자조마을에는 노임소득사업을 전개시키는 한편, 우수마을 우선지원원칙에 따라 자립마을에는 소득사업과 문화복지시설을 중점 지원함으로써 기초환경을 계속 정비·개선하여 가는 한편, 농어민은 근면·자조·협동으로 소득을 높일 수 있는 생산기반을 확장하였다.

아울러 구체적 목표로서 ① 모든 국토의 작업장화, ② 모든 일손의 생산화, ③ 모든 농민의 기술화를 이루어 가면서 부차적인 소득사업으로 마을단위 소득사업에 재투자할 기금을 높이기 시작하였다.

또한 1973년 1월 8일에는 농수산(농림부)·상공(외교통상부)·문교부(교육인적자원부) 및 농협에 새마을 전담부서를 신설했으며, 시도·시군구에 새마을지도과를 신설하여 지원체제를 강화하였고 새마을지도자의 사기를 높이기 위하여 상훈법에 새마을훈장을 신설하는 등 체제적 지원이 시작되었거니와 이로써 전국 34,665개 마을이 모두 참여하여 새마을운동이 종합체계화되기에 이르렀다.

5) 1974년: 자조발전단계(총화참여의 저변확대)

1974년부터는 기본방향으로서 자조·협동을 바람으로 주민 스스로의 힘에 의한 자율적 추진기반을 구축하였다. 정부는 새마을운동의 3대 역점시책을, ① 새마을소득증대, ② 새마을교육, ③ 도시새마을운동에 두었던바 [도표 2-1]과 같이 정리한다 즉 ① 사업면: 소득증대에 직결추진, ② 정신면: 새마을교육으로 새역사 창조의 역군양성과 국민상의 재정립, ③ 참여면: 도시새마을운동을 전개하여 도시민의 공동참여, ④ 추진면: 주민총의의 자율실천을 기본방향으로 하였던 바, 새마을운동은 내실화기반이 구축되었다.

[도표 2-1] 새마을 운동의 역점시책과 정신혁명

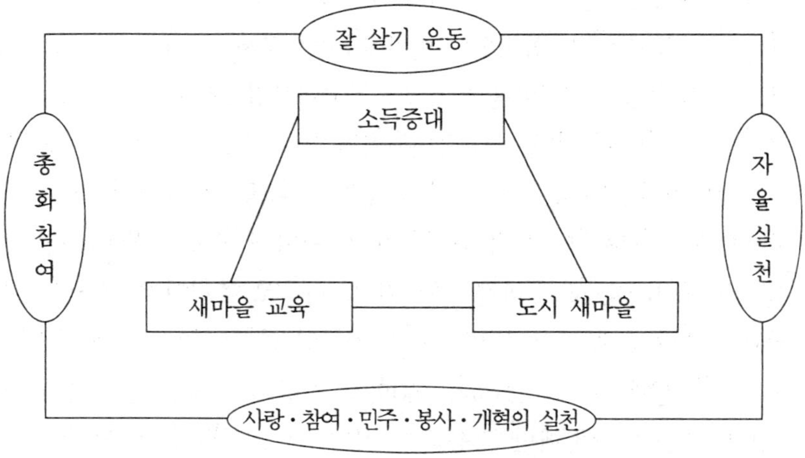

6) 1975년: 내실영속화단계(새마을운동 도약의 해)

1975년은 새마을운동을 신앙화하며 영속적이고 내실의 안착을 기하는 「새마을운동 도약의 해」로 설정하여 새마을가꾸기사업의 범위를 증대하여 이를 생활화하고 새마을소득증대의 기반을 확충하려고 사업을 전개하였으며, 총화참여를 통한 경제난국의 극복에 중점을 두고서 3대운동으로서 ① 새마을 증산운동, ② 새마을근검운동, ③ 새마을 인보운동을 전개하였다. 특히 4대시책으로서 ① 새마을 소득증대사업, ② 새마을 노임사업, ③ 새마을 국민교육, ④ 도시새마을운동에 역점을 두고 전개하였다.

이와 같은 운동의 추진을 지원하기 위하여 1975년에는 ① 전국 138개 군에 새마을 담당 부군수제가 신설되었으며, ② 새마을운동 중앙협의회의 기능강화를 위하여 종전 15개 부처에서 22개 부처로 확대하였으며, ③ 1975년 6월 30일까지는 11개 시·도 및 33개 시에 「민간단체 새마을운동협의회」를 구성완료하는 등, 국력을 배양하여 총화단결 기반을 다지는 데 중점방향을 두고 있었다.

7) 1976년: 심화발전단계(범국민적 본격참여의 해)

1976년도는 전국 35개 도시가 새마을운동을 본격적으로 시작하여 직장·단체 4,418개가 참여했으며, 3대운동으로서 ① 새마을 증산운동, ② 새마을 근검운동, ③ 새마을 인보운동과 4대사업으로서 ① 소득증대, ② 국토가꾸기, ③ 도시새마을, ④ 국민교육을 지속적으로 확대추진하였다.

그리하여 농민들은 3,622만석의 높은 수확을 거두었고 특히 민간단체 새마을운동 중앙협의회가 창립되어 활기를 띠게 되고 반상회(주민총회)로 발전되어 종전 34,665개 마을이 35,031개 마을로 조정된 후 전국 138개군에서 추진한 새마을 운동의 실적을 모두 기록한 카드에 의거 일제히 평가하였다. 그 결과 전체마을 중 25%가 140만원 이상의 소득을 올리게 된 해였으며 새마을운동은 농촌에만 적용되는 것이 아니라 범국민화되었으며 "우리가 세계 속의 한국으로 웅비할 수 있는 참다운 정신혁명운동이요, 국력배양을 촉진하는 활력소임[3)]"을 실증한 총화의 해였다.

제 2 절 기본시책방향

1. 기본방향

새마을운동에 대한 정책방향은 앞 절에서 살펴본 발전단계에 따라 달랐다고 보겠다.

여기에서 지난 5년을 요약한다면 자조발전단계로서 ① 정신자세면에서는 자조·협동기풍을 조성하는 데 기본 방향을 두었다. ② 생활환경면에서는 필수기본사업을 정비하는 데 두었다. ③ 생산소득면에서는 일단계 기반사업을 추진하는 것이 기본 방향이었다고 하겠다.

그러나 제1차 목표년도인 1981년까지 앞으로 4년간은 자립완성단계로서

---

3) 76년 8월 15일 경축사 중에서.

① 새마을복지환경의 조성, ② 선도적 영농기술의 도입, ③ 농촌 투융자자본의 확충, ④ 지역경제자립체제의 정립, ⑤ 생산지향적 사회질서의 확립을 시책방향으로 하여 새마을운동의 범국민화[4]를 전개할 것으로 되어 있다.

이와 같은 측면에서 볼 때 기본방향을 요약한다면 국민적 의지를 새마을로 집약하여 국민윤리를 확립함과 아울러 ① 새마을운동의 총화참여, ② 새마을사업의 영역확대, ③ 새마을정신을 실천강화할 것을 기본방향으로 하여 새마을운동추진체와 행정지원체간에 이해의 광장을 조성하며, 인보사업을 통하여 국민총참여운동을 전개하고 있고 지도층과 직장인을 새마을운동의 핵이 되어 지속적 발전을 위하여 헌신하려는 「새 사람」이 사는 「새마을」, 「새조국」을 건설하려는 움직임이 일고 있는 것을 느꼈다.

특히 정부는 새마을운동을 계획적인 농촌근대화운동으로 전개하여 1980년대에는 전국 농촌이 바람직한 표준농촌으로 육성 · 발전되며, 농가소득이

[도표 2-2] 발전단계별 기본방향

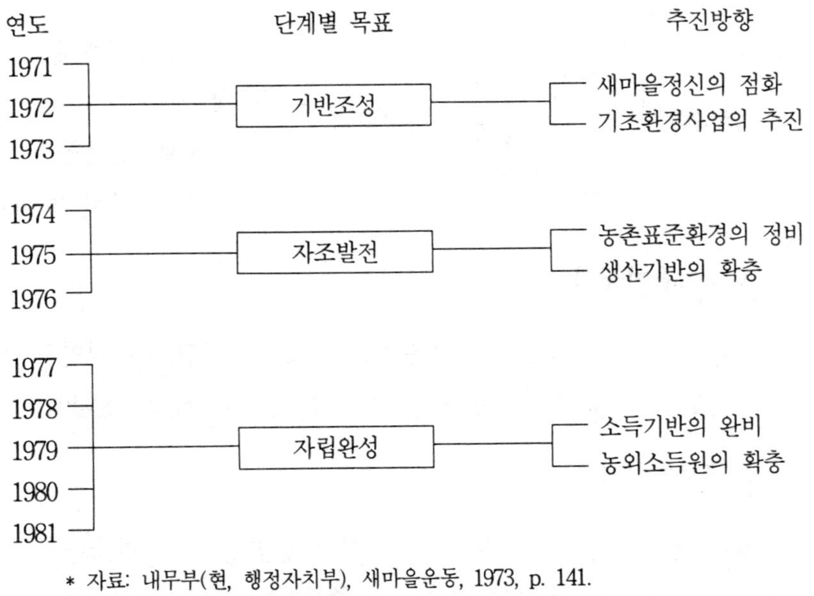

* 자료: 내무부(현, 행정자치부), 새마을운동, 1973, p. 141.

4) 내무부(행정자치부), 1976년 사업계획(박 대통령 연두훈시보고).

호당 평균 200만원으로 도·농간의 소득격차를 해소하고 농촌복지를 누릴 수 있는 단계로 추진하였고 농촌의 자조·협동의 노력으로 실현시켜 나가도록 기본방향을 설정한 바, 당시의 발전 단계별 기본방향은 다음 [도표 2-2]와 같이 요약제시할 수 있다.

그러면 이와 같은 기본방향 속에서 연도별 시책방향은 어떠한 내용으로 되어 있는가를 1976년에 이어 1977년의 시책방향을 예시적으로 설정하여 본다.

2. 1976년도 새마을운동의 시책방향

1976년도의 새마을운동은 국민적 의지를 새마을로 모아 앞서 제시한 기본 방향에 따라 ① 새마을운동의 총화참여, ② 새마을사업의 영역 확대, ③ 새마을정신의 실천강화를 강력히 추진하며 1975년도에 이어 3대운동과 4대시책을 더욱 철저하게 추진할 것을 목표로 하고 이를 위한 중점사업의 전개를 시책방향으로 하였다.

- 3대운동
  - ① 증산운동
  - ② 근검운동
  - ③ 인보운동
- 4대시책
  - ① 새마을소득증대
  - ② 국토가꾸기
  - ③ 도시새마을운동
  - ④ 새마을교육의 국민교육화

1) 새마을가꾸기

1976년도 새마을가꾸기 사업은 마을권에서 협동권으로 영역을 확대하여 환경사업에서 생산소득기반사업으로 사업 방향을 확대·전환하였다.

2) 국토가꾸기

국토가꾸기사업은 도로변가꾸기사업에 중점을 두고 전국간선도로의 고속도로 및 주요국도에 대한 주변지역 종합개발사업을 완결주의원칙으로 정비해 나갔었다.[5]

3) 도시새마을운동

도시새마을운동은 총화연대의 새로운 시민윤리를 창조·구현하는 데 주안점을 두었다.

① 직장새마을운동을 통하여 가정새마을운동과 지역새마을운동을 연결하여 점화·가열시키고 교육과 사업을 통한 저변확대를 추진하였다.

② 새마을정신에 바탕을 둔 시민윤리를 확립하고 자율적 실천에 기반을 둔 사회질서를 수립하였다.

③ 생산적 직장기강을 확립하고 협동적 근린사업과 근검·절약의 기풍을 촉진하였다.

4) 주택개량사업

1980년대 표준주택건설을 위하여 농촌주택개량사업을 1976년부터 시험실시하여 지붕개량사업은 1977년까지 완결하는 방향이었다.

5) 특수지역개발

1976년도에는 특수지역인 ① 취약지 대책 <4개 사업>, ② 도서낙도개발 <8개 사업>, ③ 서해5도 대책 <4개 사업>, ④ 김포공항주변정비 <6개 사업>, ⑤ 기지촌 대책 <4개 지역>, ⑥ 한수이북도로정비 <7개 노선> 등을 중점개발하며 특히 이 지역의 주민의욕을 고취하고 생활안정을 기하였다.

6) 새마을국민교육

새마을국민교육은 전 국민의 정신혁명을 위하여 질·양면에서 확대하였으며 ① 애국·애족의 윤리교육, ② 근검·인보의 생활교육, ③ 증산소득의 기술교육 등을 강화하고, 또한 도시에 있어서는 참여와 책임의 연대의식을 높이는 데 중점을 두었고 농어촌에서는 증산과 소득에 역점을 두어 추진할 것을 기본시책 방향으로 하고 있었다.

---

5) 중앙공무원교육원, 1976년도 새마을교육과정교재, p. 76.

3. 1977년도 새마을운동의 시책방향

새마을운동 제7차년도이자 제4차 경제개발계획이 착수되는 해인 1977년도의 새마을운동의 중점목표는 [도표 2-3]과 같이 나타낼 수 있다. 그리고 이를 뒷받침하는 역점시책으로서는 다음과 같은 것들이 채택되었다.

1) 3대운동

1975년과 1976년에 이어 ① 새마을증산운동, ② 새마을근검운동, ③ 새마을인보운동을 3대 운동으로 가속화하였다.

2) 5대시책

새마을운동의 발전지표로서 5대 시책사업을 전개할 계획하고 실천하였었다.

(1) 문화복지 농촌건설의 촉진

문화복지 농촌을 지향하여 본격적인 정비를 시작하는 것이다. 이를 위하여 ① 농촌주거환경의 혁신, ② 농촌 취락구조의 개선, ③ 지역단위종합개

[도표 2-3] 중점 목표

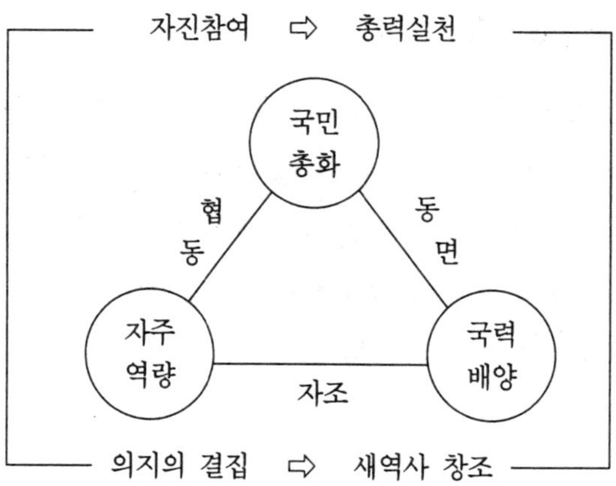

발의 촉진, ④ 특수지역의 정비에 중점을 둔 방침인 것이었다.

(2) 소득증대운동의 전개

마을은 경제적 협동체로, 그리고 지역단위로는 특성에 맞는 주산단지로 육성되어야 할 것이며 이를 위하여 ① 마을소득계획의 수립, ② 경영소득사업의 육성, ③ 새마을 기술인력의 개발에 중점을 두었다.

(3) 도시 새마을운동의 본격화

모든 도시를 깨끗한 도시, 질서있는 도시, 품위있는 도시로 가꾸어 나가도록 ① 범시민 질서운동의 촉진, ② 도시 환경 정화의 촉진, ③ 자율 실천조직의 육성, ④ 공무원과 지도층의 솔선수범을 강화하는 방향이었다.

(4) 공장 새마을운동의 강화

새마을 기업윤리를 확립할 수 있도록 하는 일이며, ① 노사협조체제를 강화하고, ② 기업생산성을 제고하고, ③ 근로자의 복지 후생을 강화하는 방안을 수립하여 실천하는 일이었다.

(5) 새마을정신의 생활화

새마을정신을 토착화시키도록 ① 새마을 국민교육을 강화하며, ② 새마을 홍보를 강화할 것을 기본시책 방향으로 하고 있었다.

그러면 위와 같은 기본 방향을 어떠한 추진지침과 지도방침에 의하여 전개하고 있었는가 그 실상을 중심으로 살펴 보겠다.

제 3 절 새마을운동의 추진지침

새마을운동은 반드시 부락민들의 자발적인 운동으로 계도할 것으로 되어 있다. 따라서 새마을사업은 그것이 크든 작든 일단 새마을사업으로 선정되어 추진될 때에는 틀림없이 결실을 맺어야 하고 훌륭한 성과를 거둘 수 있어야 한다. 그렇지 못한 때에는 여기에 참여한 마을 주민들이 실망을 하게 되고 의욕이 저하될 뿐만 아니라 마을 단합이 깨어지기 때문이다.

따라서 새마을운동은 범국민운동이므로 농어민은 물론 도시민도 참여하도록 지도할 것, 훌륭한 지도자의 발굴과 양성에 노력할 것, 부녀회원들의 참여의식을 높일 것, 아래의 다섯 가지 사항을 고려하여 사업선정을 잘 할 것 등이다.

첫째, 공동이익에 기여하는 사업을 선정…만일 마을 유지나 독농가 몇 사람의 이익에만 관련되는 사업을 선정하면 대부분의 주민들이 이 사업을 외면하게 될 뿐만 아니라 이로 인하여 마을주민들의 협동을 깨뜨리고 분열을 초래하는 원인이 될 수도 있겠다. 그러므로 마을주민 전체가 관심을 가지고 있고 마을주민 전체에게 공동의 이익을 가져다 줄 수 있는 사업이라야만 이에 참여하는 주민들도 열의를 가지고 꾸준히 추진하여 나갈 수 있다는 것이다.

둘째, 마을주민의 총의로 선정…인간은 자기가 참여하여 결정한 일은 적극적이며 잘 따른다는 기본심리가 있다. 따라서 끝까지 합의점을 찾아 전 부락민의 동의하에 사업이 선정될 수 있을 때에는 협동·단합의 기초 위에서 적극적으로 사업추진이 될 수 있다는 것이다.

그 밖에도 부락의 특수성을 고려하여 사업의 우선순위를 선정, 부락민의 자체능력에 맞는 사업의 선정, 생산과 소득에 직결되는 사업을 선정하여야 한다.

새마을운동이 잘 살기운동이기 때문에 새마을사업도 마땅히 잘 사는 데 이바지할 수 있는 것이어야 한다는 것이다. 과거 여러 가지 국민운동이나 또는 정신계발운동 등이 크게 성과를 거두지 못한 이유 중의 하나는 반대급부가 없이 강요된 운동이었고, 「주머니 실질소득」이 증대되지 못하였기 때문에 주민은 처음에는 자발적으로 참여했더라도 일정기간이 지나게 되면 관심이 없어지고 소홀하게 되어 운동의 대열에서 이끌어 나가게 된 것인 바, 새마을운동을 항구적인 국민운동으로 이끌어 나가기 위해서는 소득과 직결되는 발전사업의 선정이 요구된다는 것이다.

① 사업계획을 치밀하게 세워서 착실하고 능률적으로 추진할 것

② 정부는 근면하고 자조·협동심이 강한 우수 부락을 우선지원하는 원

칙을 계속 밀고 나갈 것

③ 정부는 필요한 자금과 기술을 지원 · 지도하고 계획생산 · 농산물가격보장 등 유통대책을 세워서 농민들이 땀 흘려 일한 것이 결코 헛되지 않도록 증산의욕을 북돋아 줄 것

④ 사전에 실수가 없도록 최선을 다할 것이며 일부 문제점이나 부작용이 발견될 경우에는 즉각 시정하는 자세를 가질 것

⑤ 새마을운동의 성과에 대하여 너무 성급한 기대를 가지지 않고 꾸준히 밀고 나갈 것

⑥ 모든 공무원은 새마을운동에 앞장서서 이를 실천하며 지원하고 주인들을 도와 주는 일에 무한한 긍지와 보람을 느낄 것으로 요약될 수 있다.

⑦ 새마을운동의 목표로서 새마을운동은 정신계발을 기본으로 환경개선사업도 중요하지만 궁극적으로는 주민의 소득증대를 목표로 하여야 하며, 따라서 새마을사업은 소득증대를 기할 수 있도록 계획하고 추진할 것이 지침으로 되어 있었다.

⑧ 새마을운동은 계획에 있어 당년계획과 장기계획으로 나누어 수립 · 추진한다. 요컨대, 새마을목표를 달성해 나가는 데 있어서 구체적으로 실천하여야 할 당년사업과 장기사업을 계획으로 수립하여 추진하며 단계별 실천목표를 설정하고 순서에 따라 일관성 있게 추진하였다.

⑨ 또한 한 번 시작한 사업은 이를 기필코 성공시켜 매듭지은 다음에 새로운 사업을 시작하도록 하였다.

⑩ 기술지도와 사후관리를 철저히 하도록 하였다.

⑪ 마을을 발전수준제, 즉 기초마을 · 자조마을 · 자립마을로 구별하여 그 단계에 알맞은 지도와 지원을 하도록 하였다.

⑫ 경제성 · 효율성을 면밀히 검토하여 사업을 선정하도록 하였다.

⑬ 도시새마을운동을 보다 적극적으로 추진하도록 하였다.

⑭ 학교나 모든 직장에서는 지역사회를 도와 주는 일에 앞서 자체내부, 즉 직장새마을운동을 먼저 전개하도록 할 것 등을 지침으로 제시하였다.

⑮ 새마을소득사업은 자연부락단위로 고립해서 추진할 것이 아니라 지역의 특성과 여건을 고려하여 타지역과 유기적이고도 종합적인 연결을 가

지고 추진하였다.

⑯ 새마을공장을 설립할 때에는 투자 등을 사전에 분석하고 숙련공과 미숙련공의 임금을 결정하여 농가소득이 얼마나 증대되는가를 합리적으로 분석하여 설치하였다.

⑰ 새마을노임소득사업은 실업자와 영세민의 생활에 보탬이 되게 하고 경제불황을 지원하기 위한 보탬이 되게 하였다.

⑱ 새마을운동은 자위새마을운동의 차원에서 전개하여 총력안보태세를 확립하도록 하였다.

⑲ 새마을 가꾸기사업은 마을권에서 협동권으로 영역을 확대하였다.

⑳ 환경사업에서 생산소득기반사업으로 사업 방향을 전환하였다.

㉑ 도시새마을운동은 사회질서를 수립하였다.

㉒ 생산적 직장기강을 확립하고 협동적 근린사업과 근검·절약의 기풍을 촉진할 것을 지침으로 하였다.

㉓ 새마을운동의 성공을 위하여 지도자를 중심으로 단결하도록 하였다.

㉔ 모든 사업계획은 그 부락 또는 직장의 실정과 능력에 알맞도록 세우게(기술성·경제성 검토) 하였다.

㉕ 부락공동사업은 주민의 총의를 모아서 결정하도록 하였다.

㉖ 부녀회원들이 적극참여토록 하였다.

㉗ 불우이웃은 마을사람들이 1차적으로 돕도록 하였다.

㉘ 마을 금고를 만들어서 저축하는 습성을 더 많이 기르도록 돕게 하였다.

㉙ 모든 사업은 궁극적으로 소득증대에 직결되도록 하였다.

㉚ 모든 사업추진의 주체는 그 마을 주민이 되도록 하였다.

㉛ 도시민들이 새마을운동에 적극적으로 참여토록 하였다.

㉜ 정부는 계속적으로 지원하며 우수새마을에 우선 지원토록 하였다.

그러면 위와 같은 방향과 지침 아래에 촉진하여 온 새마을운동은 어떤 과제를 어떻게 수행하여 왔으며, 그 성과는 무엇이며 추진과 지원적인 면에서의 문제점은 무엇이었는가를 다음 장에서 분석·검토하고자 한다.

제 3 장

새마을운동의 진전과 과제수행의 실상

제 1 절 새마을운동의 유형별 실천과제

1. 농촌지역의 새마을운동

1) 특 성

1970년대 우리 농촌지역의 마을을 유형별로 볼 때 산촌마을(1,753개)·중간마을(18,895개)·평야마을(8,104개)·어촌마을(1,583개)·근교마을(4,330개) 등으로 구분할 수 있으며, 지역적으로 취락구조가 비슷하고 배산임수의 입지를 갖고 있으며 지연적·혈연적 집단으로서의 공동운명체의식이 비교적 강하고 정적 윤리사회로서 자연부락으로 구성되어 있었다.

초창기의 농촌전역의 몇 가지 공통적인 특성을 보면 다음과 같다.

① 야산개발을 중심으로 하여 경지확장이 아직도 가능한 지역권이다.

② 단위면적당 수확량을 올릴 수 있는 가능 지역이다.

③ 모든 주민의 기술화가 요구되며 전화·화학화·기계화·수리화 등 4화(4化)운동이 요구되는 지역이었다.

④ 단위농가 중심의 기업농형태가 크게 구실을 못하며 오히려 0.5ha 미만의 소농구제대책이 요구되는 농업구조의 취약성을 갖고 있는 지역이다.

⑤ 자원지도자가 있으나 기술지도자가 아니고 마을유지가 지도자로 활동하든가 아니면 과거 자유당·민주당 때부터 마을 일을 본 동장이나 이장, 그리고 농협 일을 보아 왔던 지도자가 새마을운동 초기에도 새마을지도자로서 기능하고 있는 지역이다. 따라서 새로운 지도자가 부족하며 승계지도자가 육성되어야 할 지역이었다.

⑥ 아직도 의타심이 강하며 협동의식이 부족한 지역이었다.

⑦ 생활의 비합리성이 잔존하고 비과학적 생활태도가 남아 있었다.

⑧ 자본이 부족하며 인구학적 근대화가 이루어지지 못하고 있는 지역이었다.

이와 같은 농촌권의 특성은 부분적으로는 지역사회개발이 늦어지게 된 이유이기도 하며 1970년대의 새마을운동전개에 있어서도 장해요인이 되기도 한다. 따라서 새마을운동 초기인 1971년·1972년·1973년은 특히 농촌지역에 중점을 두고 시작하였다. 그러면 지금까지 추진되어 온 농촌지역의 새마을운동의 내용을 검토하겠다.

2) 내 용

[1] 생산소득 기반사업

(1) 새마을가꾸기 사업

새마을가꾸기 사업이란 우리가 살고 있는 마을을 깨끗하게 가꾸어 편리하고 살기 좋은 부자 마을로 만드는 사업을 말한다.[1] 새마을가꾸기는 그 형태가 외관적·전시적인 사업으로 표출되는 것이긴 하였지만 시멘트 위주의 환경개선만은 아니었다.

첫째, 새마을가꾸기 사업은 새마을운동의 주축사업이다. 이 사업을 힘 모아 추진하는 과정에서 마을주민이 협동하고 단결하게 되어 「하면 된다」는 의지를 기르게 되고 여기에서 얻은 힘을 생산소득사업과 직결시켜 나감으

1) 내무부 (현 행정자치부), 새마을운동의 길잡이, 1975. p. 73.

로써 더욱 알찬 운동이 될 수 있다는 것이었다.

둘째, 환경개선·정신계발·소득증대를 근본 바탕으로 하는 사업이다. 새마을가꾸기 사업의 밑바탕은 마을 안길·농로·담장·하수구·소하천 등 마을의 기초 환경을 깨끗하고 편리하게 만드는 데에서 출발하나 주민이 자율적으로 추진하는 사업이었다.

셋째, 새마을가꾸기 사업은 마을의 실정에 따라 추진하였다. 마을수준별·지역유형별 사업을 예시하면 <표 3-1>·<표 3-2>와 같다.

〈표 3-1〉 마을수준별 사업예시

마을수준별		기초마을	자조마을	자립마을	도시근교마을
중점추진 사업	주사업	기초환경개선 사업	생산기반사업	소득사업	주산기반사업
	부사업	생산기반사업	소득사업	문화복지사업	녹화 위주의 환경 종합 정비
지원사업		① 농촌 도로 ② 소하천 정비 ③ 위생급수 ④ 농업용수 ⑤ 공동이용시설	① 마을간 도로 ② 농업용수 시설 ③ 소득구심사업 ④ 위생급수 ⑤ 마을간 소하천 정비	① 소득구심사업 ② 미진된 기초 환경개선사업	① 포장 ② 소하천 정비 ③ 농업용수 ④ 공동이용시설
자력사업		① 부엌 개량 ② 지붕 개량 ③ 퇴비 증산	① 새마을 광장 ② 협동영농 ③ 주택 개량	① 표준주택건립 ② 새마을공장 ③ 전화	① 국토가꾸기 ② 전화 시설 ③ 새마을공장

〈표 3-2〉 지역수준별 사업예시

마을구분	주요사업내용
도서마을	선착장·도선장·물량장·방파제·간이급수
오지마을	산간도로·조림·공동 잠실
광산마을	공동 목욕탕·간이급수·공동 빨래터
접적마을	농산물 저장시설을 겸한 방공호·간이급수·농로개설
관광마을	자연경관 조성·관광조경

이와 같은 새마을가꾸기 사업은 5단계로 추진하였다.

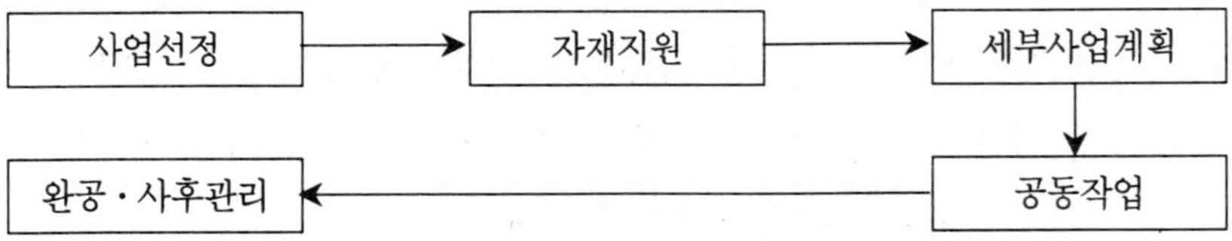

그리고 지원자재의 공급 관리 체계를 보면 [도표 3-1]과 같다.

[도표 3-1] **지원자재의 공급관리체계**

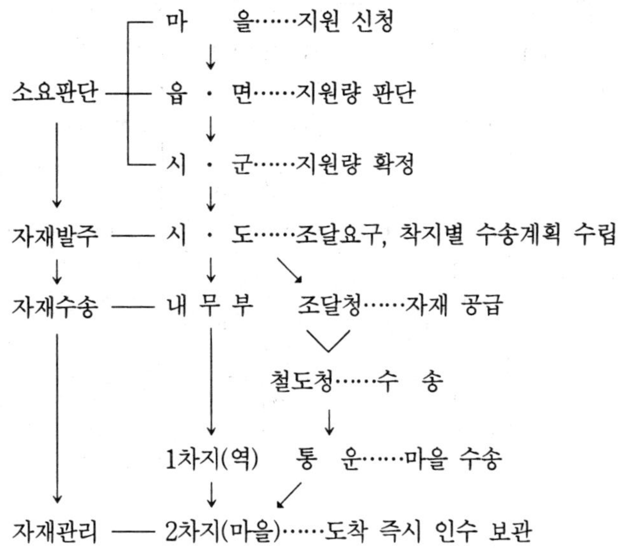

(2) **수농로개설 사업**

① 농로…이 사업의 종류를 보면 다음과 같다. 노폭 5m 이상의 농촌도로를 말한다.

② 암거…도로가 조그만 수로 등과 교차하는 경우 물을 배수시키기 위하여 길 밑으로 묻는 관 등을 말하며, 암거를 설치하는 것은 좋은 농로라도 물을 빠지게 하는 방법이 없으면 소용이 없기 때문이다.

③ 석축

④ 측구…노면에 물이 스며들지 못하도록 적당한 구배를 주어 노면에 고인 물을 인조하천으로 뽑아내는 배수처리 공작물이다.

⑤ 소교량가설사업을 수행하는 일이다.

(3) 지붕개량사업

① 지붕개량…초가지붕을 잇는 데 소요되는 경비가 절약된다. 그리고 지붕개량을 함으로써 생짚과 썩은새를 활용하면 농가의 소득을 가져온다. 뿐만 아니라 주거 수준이 향상되고 청소 및 위생관념이 향상된다. 그리고 화재의 위험성이 적어진다.

② 주택개량…우리 나라 농촌주택의 실태를 보면 다음과 같다.

㉠ 주택의 규모가 너무 협소하여 안채의 평균면적은 14평(건평) 정도이고 부속 건물은 10평 정도이며 마루는 농산물의 보관 장소이고 현관 역할을 하고 있다. 또한 각 방마다 조명 · 통풍이 잘 안되고 각 방과의 연결 기능이 무질서하고 활동에 불편하다.

㉡ 주택에 사용된 재료가 견고하지 못하다.

㉢ 주택의 배치에 있어 작업장이 안채의 전면에 위치하고 있어 풍향이 농사철에는 남동 · 동서이므로 먼지 등이 안채에 들어간다. 그리고 건물 배치는 산만하며 전원적 미관이 고려되지 않고 있어 비능률적이다.

㉣ 위생설비가 부족하다.

㉤ 주택에 대한 농민의 의식구조가 방관적이다. 따라서 이를 부분적인 개수 · 보수이건, 신축이건 간에 위생적이고 경제적 · 능률적인 표준주택으로 개선하고 있다.

(4) 간이급수시설사업

1970년대만 하여도 국민의 약 48%가 위생면에서 불안전한 우물물을 마시고 있었다. 그때에 새마을운동을 통해서 농어촌에 간이급수 시설을 함으로써 ① 수인성 전염병을 예방하고, ② 불필요한 노력을 절감하며, ③ 물을 자유롭게 사용하여 주변이 깨끗해졌었다.

따라서 건강과 생활의 편리, 환경개선을 위하여 시급한 사업으로서 간이

급수 시설을 하였던 것이다.

(5) 농어촌전기가설사업

농어촌 전기 가설 사업의 추진 절차는 [도표 3-2]와 같다.

[도표 3-2] 농어촌 전기가설사업 추진 절차

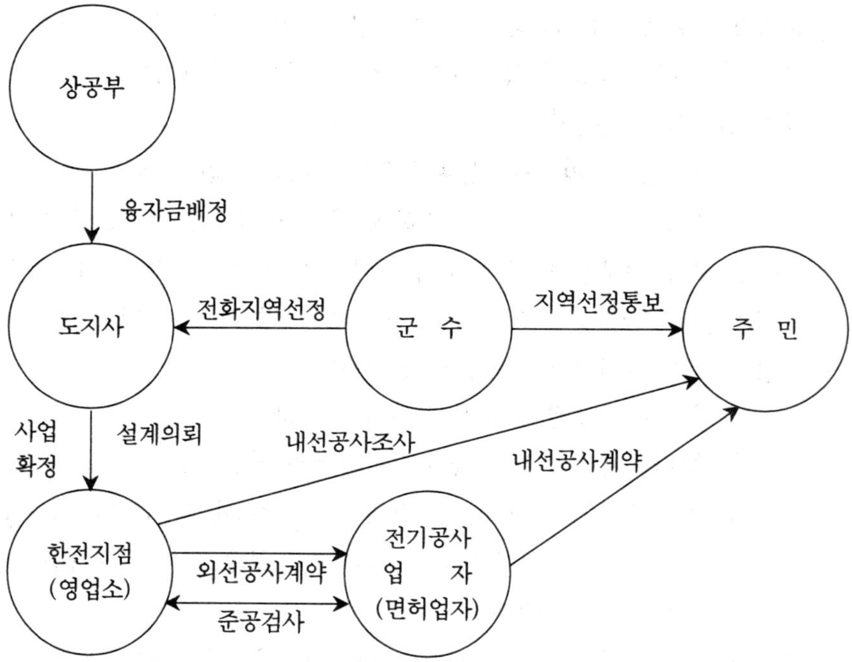

이 때 중앙에서는 상공부(현 산자부)에서 당해년도 예산에 확보된 예산을 기준으로 전기가설 목표 호수와 전기가설 대상 지역의 선정기준·조사설계지침·공사시공 및 검사요령 등 사업추진에 필요한 세부적인 추진지침을 시달하였었다.

이에 따라 시·도에서는 선정기준으로서 새마을 우수부락·새마을공장 설치 지역을 최우선하여 선정하고 제외지구로서는 ① 저전압지구로서 기존 시설의 보강공사를 필요로 하는 경우, ② 송·변전시설을 새로 해야 할 지구, ③ 호당 융자금이 적은 지역, ④ 단위지역 대상 마을 호수가 30호 미만의 소규모 지역 등이었다.

[2] 새마을 소득증대

(1) 농 업

① 소득증대…주곡의 자급을 목표로 하여 토지와 노동력 또는 기술을 식량증산에 최우선으로 활용하여 생산면적을 넓히고 단위당 생산성을 높임으로써 마을의 장기안정된 기간소득원으로 개발하고 자립경제를 지향할 수 있는 과학적인 영농개발에 주력하였다.

또한 지역농업의 특화를 위하여 식량작물을 제외한 농산물 · 축산물 · 수산물 및 임산물 등의 생산은 지리적 환경조건과 경제적 입지여건을 세밀히 분석하여 타지역보다 유리한 몇 가지 작물이나 품목만을 선택하여 집중적으로 기술을 개발하고, 대량생산 · 공동가공 · 공동판매할 수 있도록 협동추진하여 생산체제의 근대적 혁신을 기할 수 있는 단지 · 협동생산체제를 조성하는 방향을 찾았었다.

② 농외소득증대…도시에 집중되어 있는 공장을 농어촌과 지방공업단지로 분산시키며, 새마을공장을 건설하여 농어촌의 소득구조를 개선하고 있다. 이와 같은 농촌공업의 확대방법 이외에 농외취업확대로서 통근취업의 기회를 조성하고 농번기 취로사업을 확대하며, 농어촌 부업을 조직적으로 육성하여 노동력을 최대로 활용하려 하였다.

③ 안전한 소득증대…주산단지의 계획생산과 계약생산체제를 제도화하고 광역마을권의 유통조직을 육성하여 생산자와 소비자를 보호하는 유통질서를 새마을사업을 통하여 점진적으로 확립함으로써 소득원의 안정을 기하려고 노력하였다.

④ 도시와 농촌의 균형발전…지역의 종합개발계획을 병행 추진하여 도시와 농촌간, 공업과 농업간의 생활과 소득의 균형발전이 되도록 하였다.

⑤ 종합화된 지도와 지원…행정 · 자금 · 기술지도 · 지원의 분산 또는 중복에서 오는 비효율적인 요인을 사전에 조정하여 사업추진 과정에서 생길 혼란을 미리 예방하고, 낭비적이며 제도적인 모순을 발견 · 제거하려는 노

력이 계속되었다.

(2) **농업 새마을소득증대 계획수립에 있어서 고려하였던 사항**

① 올바른 계획과 착실한 실천…동일한 마을이라도 마을이 위치한 자연적·사회적 환경에 따라 차이가 있으므로 마을을 지대별로 구분하여 계획을 수립하였다.

㉠ 지역의 범위

주체	구 분	범 위
새마을 협동	마을계획	• 새마을 부락단위
	마을협동권	• 동일 소득사업 종목을 추진하는 몇 개의 마을이 면 또는 군내에서 협동할 수 있는 지역
	광역협동권	• 몇 개의 마을협동권이 합하여진 지역

㉡ 지역별 구분

지대별	기 준
평야마을	마을 주택의 취락이 완전히 평탄한 지형에 입지하고 마을 내 주민이 경작하는 농지의 80% 이상이 평지인 마을
중산간마을	마을이 산록경사지에 위치하고 논보다 밭이 많으며 경지의 20% 이상이 산이나 경사지에 형성된 마을
산간마을	마을이 산에 둘러쌓여 있고 경지의 50% 이상이 경사지에 위치한 마을
어촌마을	해안선 주변 및 도서지역에 위치하고 주민의 30% 이상이 어업에 종사하는 마을
도시근교마을	도시 주변에 위치하고 도시 대상의 농업을 하며 30% 이상 가구가 마을 농업 이외의 주업에 종사하는 마을

㉢ 마을소득의 구성에 있어 소득원을 다양하게 개발하는 일이었다.

소득증대 ← 식량증산 + 특화산물 + 기타작목 + 농외취업 + 가공수입 + 기타수입

② 마을별 특화계획수립…지대별로 특화를 유도한다. 이 때는 국민경제적 관점에서 선정토록 하며 일시적인 과소생산이나 과잉생산에서 오는 불안정한 시장가격하에서 평정된 수익률만을 보고 사업종목을 선정하거나 포

기하여서는 안 되며, 특화지역이나 마을에 대하여는 유통구조의 개선으로 안정가격 · 적량생산체제를 유지하기 위한 각종 시책을 병행하며, 이러한 시책은 관계기관이 협의하여 특정 마을이나 지역에 대하여 지속적인 시책이 되도록 노력하였다.

(3) 농업 · 농외소득의 증대

농림어업 소득증대 방향으로서 식량의 자급에 주력하며 지역농업특화를 하여 적지적작농업을 집중 개발하였다.

그리고 농외소득 증대를 위하여서는

㉠ 도시공장의 지방유치와 신규 설립 공장의 지방분산을 시켰다.

㉡ 농어촌공업을 육성하였다.

㉢ 농어촌의 공업화 및 공업입지조성을 위한 기반조성을 추진하였다.

㉣ 농촌지역의 유휴노동력을 흡수하고 지역개발을 촉진하기 위한 재정투자에 의한 노임취로사업을 계속 확대하였다.

㉤ 기술교육의 강화 및 취업 기회를 조성하였다.

㉥ 새마을공장의 지역생산, 원료사용과 주민의 자본 공동참여를 조장하고 있었다.

(4) 새마을소득사업 지원시책

① 자금지원…1961년에 새로운 종합농협이 발족되어 농업금융 체제의 확립과 더불어 융자지원의 확대, 농업자금 · 융자 규모의 대폭적인 신장, 융자제도의 개선, 상호금융의 강화 등 농업금융지원이 있었으며, 소득증대에 대한 의욕은 높지만 자금이 없어 사업을 못하는 우수 새마을에 대하여 자금을 간편한 수속과 연 3% 이내의 저리회전자금으로 물적 담보의 제공 없이 대부신청서 제출만으로 마을에 융자하여 소득사업을 실시, 새마을운동을 영속화할 수 있는 기반을 조성하고 모든 주민이 소득사업에 참여하도록 종래 농촌에 다원적으로 지원하고 있었던 시 · 군의 농가대여양곡특별회계 · 복지자금특별회계 · 농촌진흥특별회계 · 비육우특별회계 · 가내공업육성특별회계 · 농촌부흥자금특별회계 등을 모아 새마을소득금고를 운영하였다.

이 새마을 소득금고자금은 마을의 여건, 기술성·시장성·경제성과 마을 주민의 공동이익 등을 마을개발위원회에서 검토하고 마을주민총회에서 사업을 결정하여 시장·군수에게 융자금을 신청하였었다.

그러면 시·군에서는 우수 새마을로서 마을 주민이 지도자를 중심으로 단합되었는가, 주민부담액이 적립되어 있거나 부담능력이 있는 마을로서 여건이 갖추어진 마을인가를 보아 총사업비 70%를 초과하지 않는 범위에서 100만 원 이내로 융자지원하였으며, 사업의 성질에 따라 단기성자금과 중기성자금으로 구분하여 단기성사업은 1년거치 2년균분상환(농산물 생산자금과 축산자금 등 당년도에 투자효과가 나타나는 사업)하였으며, 중기성자금사업은 2년거치 3년균분상환(농기구 구입·양묘·잠업·농수산에 관한 시설자금·농어촌개발 및 생산 기반 사업자금 등 소득효과가 차년도 이후에 나타나는 사업)하며, 상환책임은 새마을 지도자와 마을개발위원회의 연대보증하에 인적 담보로 융자되므로 융자금의 상환은 사업, 대상자와 연대보증인이 책임을 진다.

이와 같은 새마을소득금고는 효율적인 관리를 위하여 1974년도 하반기부터 부산시와 전국 각시·군에 「새마을소득금고운영특별회계」를 설치하여 운영 지원하였었다.

② 기술지원

㉠ 전문기술지원단 운영—소득증대사업 각 분야별 전문가들로 구성된 기술지원단을 편성하여 각 사업별 중요 시기에 현지지도를 실시하고 새로운 기술을 신속히 보급함으로써 발전사업의 수행을 돕고 있다. 이를 위하여 중앙기술지원단과 도기술지원단·시군기술지원단으로 나누어 활동하며 그 기능을 보면 다음과 같다.

i) 기술상의 문제점을 파악하고 대책을 강구한다.

ii) 사업운영 및 추진상의 시책을 건의하고 연구·지도사업에 반영한다.

iii) 새마을 기술 또는 성공사례를 계속 발굴·검토하여 신속히 보급한다.

iv) 국지별 시장성 등 경영기술을 지도한다.

㉡ 농업산학협동—농업기술의 발달을 위하여 농촌진흥청과 그 계통기

관과 20개에 가까운 농업계대학과 농업계전문학교교수들이 시험 연구사업이나 지도자훈련에 공동 참여하도록 현직 대학교수를 농촌진흥계통기관의 연구관 또는 지도관으로 임용하여 공동 연구하도록 하였다.

③ 농업기술지원…정부는 농업기계화사업으로서 농업기계의 생산·도입·보급·이용 관리·기술 훈련·사후관리·농업기계의 전시, 연시 및 시범사업을 추진하고 있으며 그 추진 방침은 다음과 같았었다.

㉠ 영농의 주축기종인 동력경운기를 계속 확대 공급하여 심경과 적기적작에 의하여 식량 증산을 기한다.

㉡ 농업기계의 구입 대금을 장기저리자금으로 지원하여 보급을 촉진하고 영농적기에 공급한다.

㉢ 농업기계를 구입하고자 하는 실수요자가 안심하고 농업 기계를 구입·이용할 수 있게 하기 위하여 품질 보장을 강화한다.

㉣ 농업기계의 공동이용을 통하여 농업 기계의 이용효율을 제고한다.

㉤ 우리 나라 영농실정에 알맞고 경제적이며 성능이 우수한 농업기계의 연구개발을 계속 추진한다.

㉥ 농업기계의 사후봉사는 생산업체 중심의 사후봉사 체제를 강화하는 방향에서 사후봉사를 철저히 실시하는 것이다.

㉦ 농업기계의 운전 조작·기술 훈련을 강화하는 것이다.

④ 유통지원

㉠ 농업협동조합의 유통지원－농산물생산이 계절을 타고 부피가 크며, 부패하기 쉽고 다양한 생산성 등의 특성 때문에 각종 유통시설이 요구되고 있으며 농협지원이 극히 필요하였다. 그 사업 내용을 보면 다음과 같다.

i) 농민이 생산하여 출하하는 각종 농산물의 수집 및 판매

ii) 조합원의 편익을 도모하기 위하여 적은 양도 취급

iii) 선별·포장 및 검사를 실시하여 농산물 제값 받기를 위한 상품성을 제고

iv) 거래는 수탁판매를 원칙으로 하나 매입한 후 판매도 가능

v) 농민조합원이 농산물 출하에 필요로 하는 제반사항을 상당하는 출하 상담실 운용

[도표 3-3] 유통경로

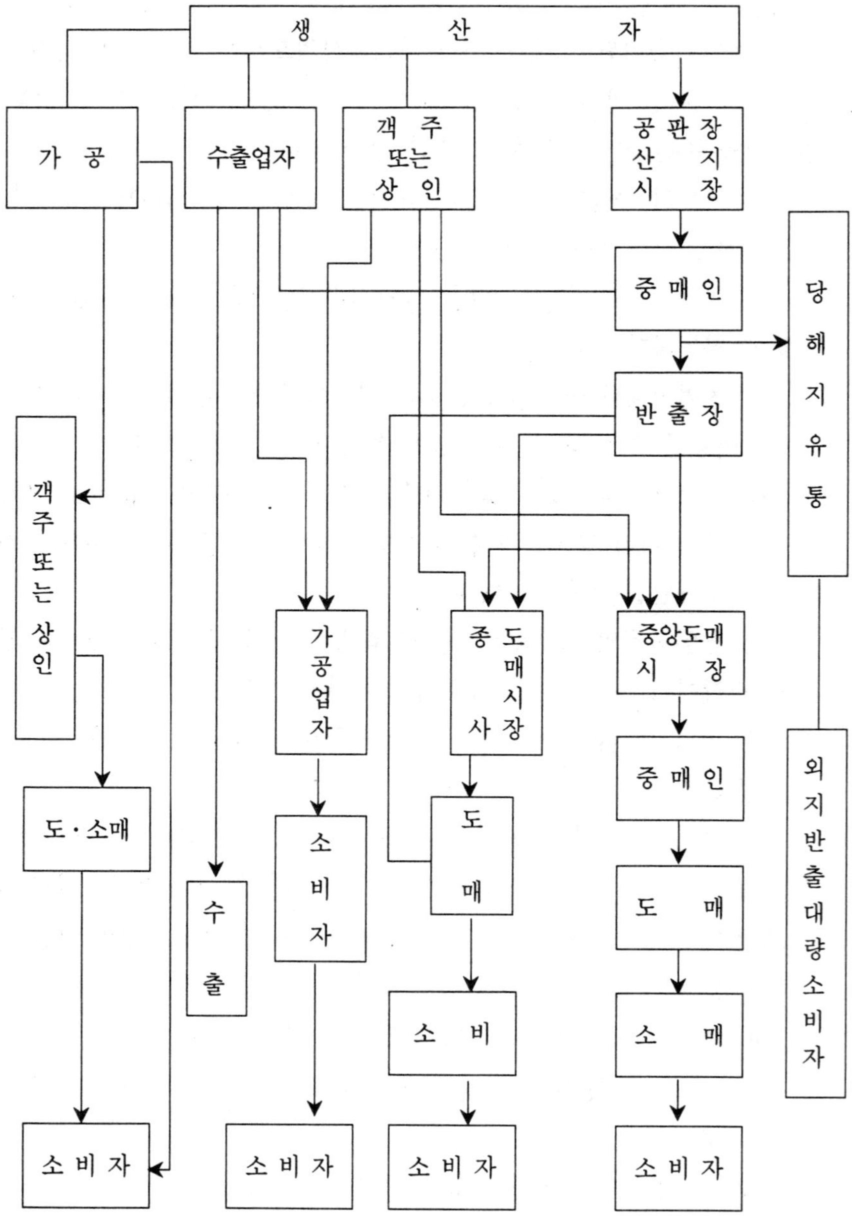
생 산 자
가 공
수출업자
객 주
또는
상 인
공 판 장
산 지
시 장
중 매 인
당해지유통
반 출 장
객주
또는
상인
가공업자
종 도매시
사 장
중앙도매
시 장
중 매 인
외지반출대량소비자
도·소매
도 매
소 비 자
수 출
도 매
소 매
소 비
소 비 자
소 비 자
소 비 자
소 비 자

vi) 각종 시장정보를 수집하여 조합원에게 제공하는 것 등이다.

㉡ 수산업협동조합의 유통지원—어민소득증대를 위한 일환책으로서 생산 제한·기술지원·판매 확장·생산자재 및 생산자금의 지원 외에도 판매제도 개선 등 제시책을 구현하여 왔다. 특히 공동 수집과 판매에 있어 수집과 출하는 어업협동조합이 담당하고 판매는 수협중앙회가 담당하며, 어협과 어촌계와의 공동 수집·판매사업에 있어서는 수집과 출하는 어촌계에서, 판매는 어협이 각각 담당하고 있다.

이 경우 수산물의 판매에 있어서는 중간 상인을 배제하고 유통경비를 절감하여 유통한계의 단축과 마진 감소로 생산자와 소비자 이익을 다 함께 보호해야 할 것이다. 그러나 아직도 다음과 같은 문제점으로 인하여 수산물의 원활한 판매를 이룩하지 못하고 있는 실정이었다.

즉 시장 및 조직에 있어서 다음 [도표 3-3]에서 볼 수 있는 바와 같이 i) 유통경로의 다단계성과 유통 마진의 과다, ii) 도매시장의 기능 미약과 시설기준 미달 및 운영부실, iii) 산지와 내륙지간의 수급조절기능의 미약, iv) 소매기구의 전근대성, v) 객주 및 사매매 성행 등 제문제가 있는 바, 계통판매를 확충하고 내륙지 공판장 개설과 시장정보 기능을 강화하는 정책지원이 계속되어야 할 사정이었다고 하겠다.

[3] 국토가꾸기

(1) 국토가꾸기 사업

국토가꾸기 사업이란 1972년 이후 내무부(현 행정자치부)가 주관이 되어 추진한 경춘간 국도정비·서울~판문점 통일로 주변 정비·천안시의 도시정비 사업·소하천 정비·보호수 가꾸기·절개지 보존사업 등과 같은 새로운 의미에서의 국토가꾸기 사업을 말한다.

이 국토가꾸기 사업의 대상은 ① 국도변 가꾸기, ② 도읍 가꾸기, ③ 관광지 가꾸기, ④ 소하천 가꾸기, ⑤ 가로수와 보호수로 지정된 희귀수목의 관리, ⑥ 화재상습마을의 이주·노변 불량주택 정돈·도서낙도 개발 등이라 하겠다.

국토가꾸기 사업은 다음 추진요령에 의하여 하였었다.

① 유휴노동력을 취로시켜 노임소득을 올린다.

② 시·군에서 노선별·지구별 계획사업량을 확정하여 사업별 세부 설계에 의한 산출된 금액을 시장·군수가 현지 부근마을에 도급하여 새마을 지도자를 중심으로 추진하고 있다.

③ 사업시기는 농한기를 이용한다.

④ 경관미와 실용도를 감안하여 특색 있는 사업을 하는 방향이다.

⑤ 사후관리를 철저히 하려는 노력을 한다.

(2) 국도변가꾸기사업

전국 국도의 도로 연변을 정리·정돈하는 사업이다. 총 대상이 되는 물량은 전국 778개 노선에 23,028km를 목표로 하고 있다.

이 국도변가꾸기 사업은 크게 나누어 정부에서 지원하여 하는 ① 언덕손질, ② 노면 정비, ③ 측구 정비, ④ 가로수식재, ⑤ 나대지녹화, ⑥ 지붕개량 등의 사업과 주민자력으로 지도자가 중심이 되어 성장과 개발위원회의 협조를 얻어야 한다.

대상사업으로서는 ① 불량건물 정비, ② 울타리 개량, ③ 노면 정비, ④ 청소 등 환경정비를 주로 하고 있으며, 사업기간·사업추진 방법·사업비 조달 등에 관한 사업계획서를 수립하여 마을총회에 부의하고 마을총회에서 사업계획이 확정되면 새마을지도자가 중심이 되어 사업을 추진하였었다.

(3) 도읍가꾸기 사업

도읍가꾸기는 전국의 읍·면소재지 이상의 소도읍·시군청 또는 도청소재지의 도읍을 정리·정돈하는 사업이다. 이 도읍가꾸기 사업[2]의 대상은 1,505개의 도읍으로 도읍의 크기에 따라 3단계로 나누어 추진하였었다.

① 추진절차를 보면 지원사업의 경우

㉠ 도지사가 도읍가꾸기의 대상지구를 정하고 관할 시장·도수가 사업을 주관하여 추진한다.

㉡ 대상지구의 도읍가꾸기 계획도와 설계서 및 사업계획서는 시·군

---

2) 내무부(현 행정자치부), 새마을운동 길잡이, 1975, p. 809.

의 관계기술공무원이 작성하고 사업을 지도 · 감독한다.

㉢ 사업의 집행은 시 · 읍 · 면 직영 또는 마을도급으로 추진한다.

② 지원사업으로는 가로 · 골목 포장, 보도블록 설치, 언덕 손질, 가로수 식재, 하수도 · 측구 정비, 도심하천 정비 등이다.

③ 주민자력사업은 마을 총회에서 결정하며 새마을지도자를 중심으로 추진한다. 예컨대, 화단 등 녹지 조성, 주택 환경 개선, 간판 · 표지 정리, 청소 등 환경 정리, 주차장 · 정류소 정리, 전선 전주 관리사업 등이다.

(4) 소하천가꾸기 사업

일반적으로 하천은 규모에 따라 하천법의 적용을 받는 「법정하천」과 하천법의 적용을 받지 않는 「소하천」으로 나누어지며, 법정하천은 건설부(현, 건설교통부)에서 직접 관리하는 직할하천과 시 · 도지사가 수임관리하는 지방하천 · 준용하천으로 구분하여 관리하였다.

정부는 지난 1972년부터 소하천을 가꾸기 위하여 소하천을 세분하며, ① 하폭 11～20m까지를 군단위 하천으로 지정하여 군수가 관리하고, ② 하폭 6～11m까지를 면단위 하천으로 지정하여 읍 · 면장이 관리하며, ③ 하폭 2～5m까지를 마을단위 하천으로 지정하여 이장이 관리할 수 있도록 소하천 관리체계를 확립하여 주민의 참여하에 완공 위주로 소하천을 정비해 나갔었다.

1970년대 초 우리 나라의 총하천은 약 40,042개소로 판명되고 있으며 69,400km로서 법정하천이 30,290km, 소하천이 39,110km로 되어 있다. 이 중 ① 제방(뚝)이 없거나 불완전한 소하천, ② 붕괴된 제방을 개수 또는 보수하고, ③ 물줄기를 바로 잡아 홍수시 침식과 붕괴를 방지하고, 농경지의 피해를 예방하며, ④ 폐천부지의 농경지화 등의 제공사를 소하천 가꾸기 대상으로 하고 있었었다.

그리고 소하천가꾸기 사업의 추진방향으로는 다음 사항이 고려되었었다.

① 지대별 특색 및 다목적 효과 제고…이를 위하여 ㉠ 환경미화 개념을 살려 정비하며, ㉡ 농촌하천은 농수로 · 제방 · 농로 겸용 등 생산기반조성의 개념을 살린다. ㉢ 관광지, 국도변 하천은 경관조성 개념으로 정비한다.

㉣ 산간하천은 사방조림계획과 연관된 개념으로 정비한다. ㉤ 홍수 피해방지 효과를 가져오며, ㉥ 농토 보호 및 확장, 저수 및 농수로활용으로 식량증산에 기여할 수 있도록 하였다.

② 지대별 유형에 따른 정비…구체적 방법을 보면 도시하천은 환경 정비를 위하여 ㉠ 상류지역 정비는 밀식조림으로 정상수위를 확보한다. ㉡ 하상정비는 청소·지면고르기 등을 한다. ㉢ 하수구 폐수를 처리한다. ㉣ 구조물 정비는 교량·난간 정비·하수구를 손질한다. ㉤ 주변정리는 불량건물을 정비하고, 공장폐수 등 공해방지시설을 하였다.

이 외에도 휴식시설과 산책도로조성 등의 사업을 전개하고 있으며, 농촌하천 가꾸기 사업으로서는 ㉠ 저수시설, ㉡ 농수로 정비, ㉢ 제방·농로 정비, ㉣ 농토 조성 등의 사업을 하고 있으며, 국도변·관광지 하천은 제방 및 호안을 정비하고 하상을 정리하여 물줄기를 바로잡고 하천변의 식수와 녹지대 조성 등 자연에 조화되게 조경 위주로 정비하였다.

(5) 가로수가꾸기 사업

① 도로변에 나무를 심어 경관과 녹음을 조성하여 시민에게 쾌적감을 주어 명랑한 가로환경을 조성하고

② 시가의 도시공해·방수·방음·방전을 피하고

③ 해안변의 방풍이나 방조의 효과를 얻기 위하여 가로수를 식재하고 가꾸고 있다.

가로수가꾸기는 가로수식재 10년 계획에 따라 일반국도·지방도·시·군 도로로 구분하여 기본계획에 따라 식재할 계획으로 단계별 추진을 하였다.

(6) 사방사업

울창한 산림은 ① 목재의 제공, ② 상류수원의 확보, ③ 한·수 재해의 미연 방지, ④ 농업용수와 공업용수의 공급, ⑤ 인간생활환경의 미화, ⑥ 국민의 보건향상 및 정서순화에 크게 기여하였다.

사방사업은 크게 산지사방과 야계사방(野溪砂防)으로 분류하여 추진하였다.

① 산지사방의 경우

㉠ 대단지·특정지역 및 주요 도로변을 우선적으로 시행하고 지구별 완결위주로 추진한다.

㉡ 특수사방과 일반사방은 나지녹화(裸地錄化)를 병행하며 지구별 완결위주로 실시하였다.

㉢ 도시주변 및 도로변에 야계사방을 요하는 지역은 조경사업으로 시공하였다.

㉣ 무너지고 밀린 땅은 계간처리를 위주로 시행하였다.

② 야계사방의 경우

㉠ 성림지 및 산지사방시공이 완료된 상류의 황폐 계간에 실시한다.

㉡ 상류산지가 안정되고 집수구역 면적이 300ha 미만으로 침식이 심한 황폐 계류에 실시하였다.

㉢ 특정지역과 고속도로변·새마을 주변에 우선적으로 실시하고 전답과 마을을 통하는 계천은 시공치 않는 것을 원칙으로 하였다.

㉣ 마을주민의 생활과 직결되는 지역에 자력으로 시공하도록 유도하였다.

(7) 노변불량주택 정돈사업

노변불량주택 정돈사업이란 농촌 취락과 주택개선의 표본이 되도록 하는 사업으로서 생계와 영농에 편리하고 농촌 취락과 주택 건설의 표본이 되도록 할 뿐만 아니라, 이주농가에 대하여는 안정되고 편안한 가운데 위생적인 가정을 꾸며 주는 사업이다.

이 사업의 대상 주택으로서는 도로변의 불량독립주택으로서 ① 도로면에 서까래가 걸쳐 있거나 벽체가 돌출된 주택, ② 도로의 굴곡부·급경사 지점에 위치하고 있는 주택, ③ 철도 건널목에 위치하여 시계에 장애를 주고 교통사고를 일으킬 위험이 있는 주택, ④ 접도구역 내에 있는 불량독립주택 등이며, 여기에서 제외되는 주택은 군·시계획법 적용 또는 준용지구와 소도읍지구로서 20호 이상의 밀집지구에 있는 주택들은 제외하였다.

(8) 수해상습마을 이주사업

하천변이나 저지대에 위치하여 수해의 위험이 큰 마을을 인근 안전지대에 옮겨 생활의 안정을 기하도록 하는 사업이 수해상습마을 이주사업이었다.

① 수해상습마을 이주사업의 대상

㉠ 수해 상습지역의 하천변이나 제방 밑에 들어서 있는 마을

㉡ 빗물이 몰려 침수되는 저지대에 있는 마을

㉢ 강물이 불어나면 오도 가도 못하게 되는 고립지대에 있는 마을

㉣ 산사태로 묻혀 버릴 위험이 있는 급경사 밑에 있는 마을

㉤ 산골짝 급류에 쓸려 나갈 위험이 있는 마을을 대상으로 하고 있다.

② 이주사업의 추진요령

㉠ 이주대상 마을의 선정→㉡ 이주 예정지 확보→㉢ 이주마을의 조성→㉣ 자금의 지원 및 관리의 순이다.

(9) 도서낙도 개발사업

1970년대 우리 나라의 섬은 총 2,900개가 있으며 유인도가 705개이고 무인도가 2,195개이다. 시·도별 도서의 수를 보면 <표 3-3>과 같다. 이는 연차적인 개발계획을 세워 살기 좋은 고장으로 만드는 사업을 계속하였다.

이에 대한 방침으로서는 ① 가장 섬이 많고 시급한 지역부터 집중적으로 개발하였다. ② 급하고 효과가 큰 지역부터 개발하였다. ③ 영세민을 많이 취로시켜 생계를 안정시키도록 하였다.

〈표 3-3〉 시·도별 도서수

(1971. 12. 31 현재)

구분 \ 도별	계	부산	경기	강원	충남	전북	전남	경북	경남	제주
계	2,900	11	170	14	268	69	1,891	9	419	49
유인도	705		65		62	29	402	3	135	9
무인도	2,195	11	105	14	206	40	1,469	6	284	40

* 자료: 내무부(현, 행정자치부), 새마을운동 길잡이, 1975, p. 927.

2. 도시새마을운동

1) 의 의

새마을운동은 농촌만 하는 것이 아니고 범국민적인 운동이니 도시사람들도 적극 참여하도록 하였다. 물론 도시에서도 좋은 성과를 낸 사례가 많았고 이 운동은 범국민적으로 전개해서 도시의 직장·학교·군대·일반기업체가 적극적으로 활발히 참여하였다』「잘 살기운동」으로서의 새마을운동은「관·민·도·농의 국민총조화운동」으로서 도시권에서도 전개되었다. 특히 도시새마을운동의 경우는 다음 세 가지 면에 중점을 두었다.

[1] 경제적 측면

규모의 경제논리에 따라 자본과 기술이 상호작용하여 생산력·소비력 그리고 관리력이 집적되어 있어 국력배양을 위한 거점지역이므로 보다 다원적이고 합일적인 도시민의 참여확대가 요구되었다.

[2] 사회적 측면

읍 이상의 도시가 농촌을 상회하고 있을 뿐만 아니라 비교적 인구학적으로 근대화된 계층이 모여 있는 지역으로서 공공시설과 사회지도층이 살고 있다. 우리의 경우는 사회학적으로 볼 때 대중사회가 구조적으로는 되어 있지 않으나 우리의 전통문화를 잠식하고 미국문화나 일본문화 등 외래문화가 농도 짙게 들어올 수 있는 지역이고, 또 현재에도 들어와 있으므로 농촌지역에 비하면 사치와 낭비·허영 등이 많고 윤리관이나 가치관의 혼돈 속에 놓여 있는 계층도 있을 수 있으므로 새마을운동은 도시에서도 적극적으로 추진되어야 한다는 입장을 취하였다.

[3] 정치·행정적인 면

인구증가율과 인구밀도가 높고 도시실업자의 고용 증대가 문제되며 사회변동의 관리가 요구되는 지역일 뿐만 아니라 민주주의의 토착적인 성장과 질적인 변화가 시민의식 속에 새로이 정립되어야 할 곳으로서 근면·자조·협동하는 새마을정신이 생활화되도록 새롭게 새마을운동이 전개되어야 할 일이기 때문에 더욱더 도시새마을운동의 필요성을 느꼈다.

이와 같이 도시새마을운동은 그 실천지표로서 ① 새생활의 시민운동으로 전개, ② 서로를 이해하고 신뢰하는 사회풍토를 만들며 서로 협동하는 근린운동, ③ 보다 더 잘 살기 위한 생산운동으로 전개하고 있다. 또한 ④ 생활의 과학화 운동, ⑤ 민주시민 운동, ⑥ 의식개혁의 새마음운동을 들 수 있다.

2) 도시의 특성

도시새마을운동의 효과적인 추진을 위해서는 도시의 특성을 정확히 파악하여 앞으로의 추진방향을 명확히 정립하여 나가는 것이 중요한 과제라고 보기 때문에 여기에서 도시의 특성을 살펴볼까 한다.

[1] 일반적인 도시의 특성

① 생활의 중심이 농촌권과 달리 직장과 단체이다.

② 가정경제의 주체에 있어서 농촌에서는 대가족제도에 가부장적인 남자인데 대하여, 도시는 핵가족제이며 주부 위주로 운영된다.

③ 생활구조면에 있어서 농촌에서는 모든 가족이 농토를 중심으로 마을권 내에서 주로 생활을 하나, 도시는 부모와 자녀들이 각각 직장과 가정·학교로 그 활동영역을 달리 하게 되므로 각 가족 구성원간의 공동관심사가 다르며, 인보집단의식인 「우리 마을」이라는 개념이 거의 없다.

④ 활동을 규제하는 규범도 농촌에서는 오랜 관습이나 협동의 미덕에 규제되는 데 반하여, 도시에서는 법률이나 질서가 선행하게 된다.

⑤ 도시는 좁은 지역에 많은 인구가 집중되어 있고 각양각색의 기능단체와 사회문화, 교육시설이 집중되어 있는 기능지역사회(사회적 집중도가 높은 기능사회)이다. 농촌사회와 같이 인구밀도가 희박하고 농업이라는 단일직능을 기초로 하여 성립된 단순 지역사회와 다르다.

⑥ 도시는 그 주변농촌을 포함한 경제권·문화권 형성에 있어서 지배적 위치를 점하고 있다(경제적 지배성·문화적 우월성).

⑦ 도시민은 거주지역(근린)에 대한 유대의식이 희박한 반면 자기직능(직장·학교·단체 등)에 대한 연대의식이 강하며 일상생활활동의 주무대는 거주지역이 아니고 자기직장이다.

⑧ 주민의 생활활동의 영역은 농민과 같이 단심원적(단일중심적)이 아니고 다심원적·다중심적이다.

⑨ 주민의 구성이 이질적이다(생활수준·직업·학력·의식구조 등).

⑩ 대체적으로 지식수준과 생활수준이 높으며 자기중심적이고 소박성이 적고 감수성이 적다.

⑪ 주민의 이동성(타지역이주)과 유동성(도시지역 내의 이동)이 높다(항구적 정착률의 저위).

[2] 도시와 농촌의 상이성

① 일반적으로 도시인은 이기적이며 배타적이요, 따라서 협동심이 약하고 모든 일에 주관적이며 폐쇄적이다.

② 도시인은 편리한 곳을 찾아 자기능력껏 마음대로 이주하여 살 수 있으며 집과 직장이 떨어져 있는 것이 보통이고 이웃을 잘 모르고 살기 때문에 현재주거지에 특별한 애향심이 없다. 따라서 「우리 동리」라는 관념과 애착이 없고 항상 유동적이다.

③ 도시가족은 소가족 형태로 분화되어 노인문제가 발생하고 있고 각종 범죄 등에 의한 이웃 불신풍조가 있으며, 직장간의 사회적 관계권은 형성되고 있으나 가정간의 연계의식은 없어 이웃과 우리라는 분위기가 조성되지 않으며, 사람과 사람과의 관계권형성에 별 관심이 없는 이익다원사회의 생태이다.

④ 생활양식과 직업 등이 이질적이고 혼합적이어서 동일화작용이 일어나기 힘들다.

⑤ 이질적 요소의 시민조직이 상존하고 있다.

⑥ 새마을운동이 전개되고 있는 장이 자연부락이 아니라 행정구역단위라는 점 등이 농촌새마을과 다른 점이라 하겠다.

이와 같이 도시새마을운동은 농촌새마을운동과 비교하여 볼 때 ① 단위,

② 사업, ③ 개발사업, ④ 지도자의 리더십, ⑤ 지역주민 참여도, ⑥ 제조직 기능, ⑦ 지역주민의 가치관, ⑧ 행정지원의 방법, ⑨ 생활의 질의 격차, ⑩ 문화수준의 차이 등이 있으므로 도시새마을운동은 기본 방향과 방침에 있어서는 보다 더 각 도시의 특성을 살려야 하겠다는 반성이 있는 것 같다.

3) 기본방향

[1] 추진방침

① 직장 및 단체와 가정을 2대 사회적 실천거점으로 구분하여 가정에서는 주부층이 선도역할을 하도록 하며, 사회에서는 직장과 단체가 중심이 되어 실천주체별로 특성과 실정에 따라 손쉬운 일부터 남을 시키는 것이 아니고 스스로 하는 운동으로 출발하여 점진적으로 사회의 목표와 규모가 번져 나가도록 한다.

② 추진목표에 있어서는 지역새마을 도심지보다 변두리를 중심으로 협동사업에 의한 근린운동이 되도록 하며, ③ 가정새마을운동은 상류층·지식층부터 솔선수범하여 근검하는 시민운동으로 추진되게 하고, ④ 학교새마을운동은 학구와 학교단위로 추진하여 학교교육이 가정과 지역에 직결된 교육의 향토화 운동이 되도록 추진한다.

이와 같이 4개분야로 실천주체별 새마을운동이 상호보완의 원리를 살려 추진되도록 유형별로 추진방법을 달리 하고 있다.

⑤ 특히 77년부터는 새환경, 새질서, 새마음 시민운동을 중심으로 하여 나가며, ⑥ 서정쇄신과 함께 추진하여 도시병리 및 공해의 추방으로 사회기강을 확립하고 국민의 도덕심을 함양하는 방향으로 나아가며, ⑦ 주민참여를 중심한 주민총회를 중심으로 실질적인 마을협의회 운영을 하여 나가도록 하며, ⑧ 시민생활의 기본이 되는 생활환경을 정비·정돈할 것을 추진방침으로 하였었다.

[2] 도시새마을운동의 시책

지금까지 도시새마을운동을 가열화시키고 이를 뒷받침하기 위하여 정부에서 추진 및 지원하고 있는 시책은 ① 「새마을의 날」을 매월 1일로 정하고 청소운동 등을 실시, ②「새마을 상담실」 등의 설치 운영, ③ 도시「새마을 지원금고」 설치, ④ 골목단위「이웃회」 조직, ⑤「새마을 소식」 발간, ⑥ 새마을 순회홍보 실시, ⑦ 새마을 시정강좌의 실시, ⑧ 새마을 성공사례의 발표·전파, ⑨「오늘의 시민」 선발·시상, ⑩ 새마을행사 실시, ⑪「모든 시민의 새마을운동」 추진, ⑫ 도시새마을운동 보고회 개최, ⑬ 새마을평가 실시, ⑭ 새마을교육 실시, ⑮ 반상회 실시 등을 시책으로 하여 실천하고 있었다.

4) 도시새마을운동의 내용

[1] 역점시책

(1) 근검운동

경제난국을 극복하고 국력을 배양하기 위하여 사치풍조와 낭비를 추방하고 빚지기를 두렵게, 저축을 미덕으로 알고 생산지향적인 생활을 하려는 범국민적인 새 운동으로 추진하였었다.

이에 대한 실천사항은 다양하나 일상생활에서 생활지표로 삼아야 할 실천요목을 보면 <표 3-4>와 같다. 그러나 문제는 실천이며 효율의 극대화라 하겠다. 당시의 추진요령을 몇 가지 예시하면 다음과 같다.

① 유형별(직장·단체·가정·학교별)로 「10% 절약, 10% 증산」을 추진한다.

② 모든 「매스컴」에서 근검·절약에 대한 「캠페인」을 전개하며 각종 사회단체에서 실천하고 계도 활동을 편다.

③ 근검·절약운동을 위한 직장교육을 철저히 실시한다.

④ 각 학교에서는 학생들의 계도를 통하여 가정과 연결, 파급시켜 나간다.

⑤ 직장·지역단위 저축 조직을 마련하고 확대해 나간다.

⑥ 직장·단체 또는 학교에서는 근검·절약 모범사례를 발표하여 월별로 정기적으로 상호 비교평가회를 갖고 선의의 경쟁을 유발케 한다.

⑦ 근검·절약에 관한 표어·포스터·수기 등을 직장·단체 또는 학교에서 공모하여 널리 활용·홍보하였었다.

〈표 3-4〉 10대 근검절약요목

실천항목	실천요목	세부실천사항	
근면	1. 청소 운동	• 내집앞 쓸기	• 휴지 · 쓰레기 안 버리기
		• 공공시설 청소	• 자기직장의 청결화
	2. 능률 향상	• 시간 지키기	• 성실한 근무봉사
		• 낭비 없애기	• 책 읽기
	3. 부업 찾기	• 폐휴지 활용	• 남은 시간 활용
		• 가내수공품 만들기	• 취미 운동
	4. 심신 단련	• 조기회	• 일찍 자고 일찍 일어나기
		• 걷기 · 등산	
검소	5. 사치 안하기	• 외래품 안 쓰기	• 도박 안하기
		• 분수에 맞는 생활하기	• 퇴폐행위 안하기
		• 요정 안 가기	
	6. 식생활개선	• 절미	• 혼 · 분식 하기
		• 찬(饌) 줄이기	• 음식 안 남기기
	7. 생활 간소화	• 의례 간소화(허례허식 없애기)	
		• 미신 없애기	• 일찍 귀가하기
		• 가족계획 실천	
절약	8. 저축 운동	• 한 집 한 통장 갖기	• 푼돈 매일 저축하기
		• 학자금 저축	• 보험 가입
	9. 물자 절약	• 원자재 아껴 쓰기	• 폐품 활용
		• 종이 한 장 아끼기	• 기름 한 방울 아끼기
		• 수도물 덜 쓰기	• 한 아궁이 줄이기
		• 전기 한 등 끄기	• 공공시설 아끼기
		• 귀한 물건 나눠 쓰기	
	10. 구두쇠 운동	• 차 한 잔 줄이기	• 담배 한 급 낮추기
		• 술 한 잔 덜 먹기	• 전화통화 줄이기
		• 용돈 줄이기	• 차 안타기
		• 낭비 없애기	• 가계부 적기

(2) 인보운동

인보운동은 어려운 이웃을 도와 나가는 일로서 상부상조하는 사회기풍을 조성하여 밝고 명랑한 사회를 건설하는 데 그 뜻이 있었다.

이를 위한 추진요령을 다음과 같이 제안한바 있었다.

① 직장에서는 상조회 · 공제회 · 직장상호신용금고 등을 조직하여 동료

를 돕고, 직장인의 근무만족도를 높이는 방향에서 종합운동을 전개한다.

② 「새마을이웃회」에서도 주민총회를 열어 마을주민들의 고충을 처리하여 준다.

③ 언론계에서는 이웃 돕기 캠페인을 전개한다.

④ 사회봉사단체가 중심이 되어 이웃돕기 운동을 활발히 전개하고 행정면에서도 이 활동을 지원·권장하여 범국민적 참여가 되도록 한다.

⑤ 병원이나 의사회 등에서는 생활보호대상자와 영세민에 대한 무료진료 활동을 확대해 나간다.

⑥ 새마을추진협의회에서는 관내 각 기관 단체나 독지가들과 협조해서 어려운 학생을 돕고 산학협동을 이룩하기 위해 장학기금을 형성하여 「성금구좌제」나 범시민적인 자율참여의 길을 넓힌다.

⑦ 자매결연운동을 더욱 확대하여 이웃돕기 운동으로 추진하되 「한 직장 한 새마을 결연운동」·「한 직장 한 수용시설 결연운동」 및 공공기관을 비롯한 직장단체의 간부급 지도층 인사들과 불우한 사람들과의 「1인 1명 결연운동」을 전개하고 새마을이웃회 등 지역단위로 관내 유지 부유층과 관내 불우한 이웃과의 「1인 1가 결연운동」 등을 확산 전개한다.

⑧ 모든 지역 새마을이웃회나 사회봉사단체 등에서는 특히 군인·경찰의 위문활동을 전개하여 관내지역 출신의 군인·경찰들에게 위문편지 보내기, 신문·라디오 등 위문품 보내기를 연중 계속적으로 벌이며, 그 지역 주둔 군경부대와 직장·단체 및 지역과의 자매결연운동을 벌인다. 특히 국경일이나 명절에는 대대적인 위문활동을 벌여 일선 장병·해안 초소 경비경찰·불우청소년을 위로한다.

⑨ 기능별 직장단위마다 조직원에게 새마을운동을 위한 동기를 유발한다.

이를 위하여 ㉠ 재미를 붙일 수 있어야 하고, ㉡ 가급적 자기의 욕구에 일치하고 자기에게 이익이 된다는 확신을 갖도록 해야 하며, ㉢ 하면 된다는 자신을 가질 수 있도록 해야 하고, ㉣ 지역이나 직장의 여건과 특성에 맞아야 하며, ㉤ 자기의 의견이 반영된다는 생각을 가질 수 있도록 해야 한다는 논리이다.

[2] 도시새마을운동의 역점사업

(1) 도시환경개선사업

도시민 스스로의 자조적인 협동작업을 통한 사업으로서 ① 골목 정비, ② 가로 정비, ③ 도심하천 정비, ④ 푸른 도시 가꾸기, ⑤ 근교농촌동 가꾸기, ⑥ 불량지구 현지개량 등의 사업으로 국토가꾸기 방식에 의하여 이루어지는 바, 개별적인 사업추진요령은 앞에서 설명하였으므로 생략하고 새마을지원금고에 의한 사업추진 요령만을 설명하겠다.

이 새마을지원금고는 각 시와 구청단위로 설치되어 시비와 새마을 성금을 재원으로 운영하고 있다. 그리고 새마을실적이 우수한 마을, 새마을의 의욕이 높고, 하려고 하는 열성이 있는 마을에 한하고, 나머지의 자재비와 노력은 주민들의 생활수준과 수익정도에 따라 자진해서 부담한다.

또한 새마을지원금고 사업은 이웃회의 지원신청→시지원결정→시의 자재지원과 기술지도→사업확인의 순으로 이루어 졌었다.

(2) 생활환경 개선사업

① 이웃 넓히기, ② 식생활 개선, ③ 폐품 활용, ④ 가족계획 등의 사업을 전개하였다.

(3) 새마을시민교육

새마을교육과 홍보를 종합·체계화하고 대상을 확대하여 도시새마을운동을 연중 실시함으로써 범국민적 새마을운동을 조성하고 나아가 시민 각자의 자각을 촉구하는 데 있었다.

이의 추진을 위해 다음과 같은 방법으로 총체적 지원이 요청된다고 보았다. ① 새마을교육 홍보계획의 수립, ② 교육시설의 보강, ③ 교육용 교재의 정리 확보, ④ 새마을교육 홍보 전담요원의 지정·배치, ⑤ 교육강사진 확보, ⑥ 교육내용의 보강, ⑦ 상설 새마을홍보판 설치, ⑧ 기동교육홍보반 편성, ⑨ 새마을 홍보물 발행, ⑩ 새마을행정강좌 실시, ⑪ 새마을시상의 확대 등이다.

5) 도시새마을운동의 분야별 추진요령

도시새마을운동의 분야별 추진운동으로서는 직장·지역·가정·학교새마을운동의 4개 유형으로 나누어 추진하였다. 이를 구체적으로 보면 다음과 같다.

[1] 직장새마을운동

(1) 직장새마을운동의 표준사업

① 업무개선면에서는 절약·근검·친절봉사·직장내 단합 등 건전 직장을 조성하는 활동

② 노사협조면에서는 후생복지 시설·직장금고 운영·생산성향상·원자재 아껴 쓰기·품질 서비스 향상·기술교육 훈련 등 생산적인 직장을 조성하는 활동

③ 직장환경면에서는 청소·유실수 심기·작업환경 개선 등 깨끗하고 아름다운 직장환경을 조성하는 활동

④ 사회봉사활동으로서는 자매결연, 성금·성품보내기 등 지역새마을돕기, 노력봉사, 건전 사회활동 등을 추진한다.

도시는 다양한 직장으로 구성되므로 직장새마을운동의 핵확산작용으로 도시새마을운동의 열기는 일어날 것이다. 직장을 직군으로 나누어 보면 공공기관 및 단체·학교·각종조합·기업체·언론기관·금융기관·종교단체·문화단체·봉사단체·취미단체·청소년단체·기타로 분류할 수 있는바, 각기 업무 내용과 특성에 따라 다르겠으나 일반적인 추진 요령을 보면 다음과 같다.

① 공무원의 경우 ㉠ 자율적 자숙운동을 전개하고, ㉡ 민원봉사 활동을 쇄신한다.

② 지역주민으로서의 경우 ㉠ 청소 운동에 앞장서며, ㉡ 이웃과 대화하고 어려운 이웃을 돕고, ㉢ 마을의 새마을사업에 앞장서며, ㉣ 자기 집부터 근검생활에 솔선수범한다. 또한 ㉤ 직장새마을운동 추진협의회에서 정기적으로 자체평가회를 갖는다. ㉥ 거주지 지역단위로 「새마을 친목회」를 만들어 협동적으로 실천한다.

〈표 3-5〉 직장주변 정화

구 분	세부실천사항
손님 면담간소화	① 커피 등 외자낭비성 음료수 접대 안하기 · 안 마시기 ② 면담시간 줄이기(표어를 사무실에 붙이기) ③ 손님 면담 중에도 결재 등 공무의 우선 처리 ④ 장부정리 · 민원처리 등 뒤로 안 미루기
공무시간 아껴쓰기	① 회의횟수 · 회의시간 줄이기(불필요한 위원회 정비) ② 내부위임전결의 확대 · 강화 및 준수철저 ③ 이석시간 줄이기 가급적 전화활용(행선지 알리기) ④ 불필요한 출장 안 가기 · 출장시간 지키기(출장수칙 준수)
사무실 환경정화	① 사치품 · 불요불급한 외래품 구입 안하기 ② 매월 마지막 토요일 사무실 정비 청소실시(실 · 국 · 소장 점검)
관용재산애용 · 절약	① 수리 · 활용가능물품 재활용조치 ② 폐품관리 및 처분의 적정 ③ 차량 · 중요기계의 부품별 보수이력카드 여행 ④ 기타 물자절약계획 여행

이 밖에 공무원이 해야 할 새마을운동으로는 직장주변운동으로서[3] <표 3-5>와 같은 사업을 실천하는 노력도 하고 있으며, 새마을 합창단을 조직하여 건전 노래 부르기 운동도 하고 직장체육활동과 취미활동의 권장, 직원복지시설의 개선 등을 추진하였다.

(2) 직장새마을운동의 새로운 추진방법

먼저 그 단체가 맡은 직능과 특성을 살리는 사업을 선택하여 전개하되 ① 그 단체의 간부가 먼저 참여하고 모든 직원이 스스로 참여하는 자율회를 구성한다. ② 자율회의 구성원 전원이 참석한 총회에서 직장새마을지도자를 선발한다. ③ 구성원총회에 의하여 자율적 실천사업요목을 결정하게 한다. ④ 작고 손쉬운 실천요목을 설정하여 추진한다. ⑤ 정기적이고 반복적으로 직장 자체의 새마을교육을 실시하여 모든 직원을 새마을요원으로

---

3) 총무처(현 행정자치부와 중앙인사위원회), 주변정화 실천사항 참조, 1976. 3. 11, pp. 8-10.

육성한다. ⑥ 다른 직장의 우수사례를 비교·견학하기 위하여 직장끼리 비교평가회를 가져 선의의 경쟁심과 자율참여의식을 높여 나갔었다.

[2] 지역새마을운동

골목과 통반·동단위로 그 지역여건에 따라 실정에 알맞은 사업을 선택하여 새마을지도자를 중심으로 지역주민이 참여해서 추진하는 운동이 되도록 하였다.

(1) 표준사업

① 근린조성운동으로서 이웃을 알고 지내고 이웃을 넓혀 가면서 집회시설·어린이 놀이터·경로당·탁아소·마을공동활동·자모회활동 등의 이웃넓히기 운동이 있겠고, 이웃돕기운동으로서 불우이웃 돕기·자매결연·마을장학금·고아원과 양로원 위문·물건 나눠 쓰기 등의 사업이 었다.

② 근린개발운동으로서 환경시설정비를 위한 가로·골목 정비, 도심화원정비, 불량지구 개량사업과 푸른 도시가꾸기 운동으로 공원·근교산지녹화 및 시민헌수운동을 추진하였다.

(2) 지역새마을운동의 종류

① 가로새마을운동…골목·가로변·거주지역

② 시장·상가 새마을운동…시장·상가 등

③ 점포 새마을운동…주택가·독립점포 등

④ 관광지 새마을운동…해수욕장·온천장·고적·사찰 등

⑤ 도시근교 새마을가꾸기…도시 근교의 농촌취락 재편성 등으로 분류 추진하였다.

(3) 추진요령

① 가로새마을운동

㉠ 공동이익사업을 위주로 추진

㉡ 새마을금고를 중심으로 이웃회의 주민신청에 따라 주민자력사업의 소요사업비 범위 내에서 자재를 중심으로 지원

㉢ 특히 가로정비는 인근 기업체·관공서 등 직장단체에서 자진 참여

하여 정비

② 시장새마을운동의 경우

㉠ 조합을 중심으로 시장·상가단위로 새마을운동 추진체를 구성하고 상인총회에서 지도자를 선정하여 추진체계를 정비

㉡ 마을별 새마을지도자를 중심으로 청소·영수증 주기 등 손쉬운 사업부터 착수해서 점화되면 점차 사업을 확대

㉢ 상인들의 공동관심사는 수익에 있으므로 지도자는 새마을운동이 매상고를 올리고 고객을 유치하여 신용획득을 위한 지름길임을 설득하여 모든 상인이 자발적으로 참여하도록 유도

③ 점포의 새마을운동

㉠ 점포의 환경을 개선하여 위로의 얼굴인 점포의 면모를 일신

㉡ 올바른 상거래를 통하여 고객과의 인간적인 관계를 유지·개선하며 지역새마을에 적극 참여

㉢ 민방위교육이나 새마을부녀교실 등에 적극 참여하여 새마을운동에 자율적으로 참여

④ 관광지 새마을운동

㉠ 마을지도자와 업소 대표 등을 중심으로 추진협의회를 구성하여 전 주민·업소·학생층이 총 참여하는 자율운동으로 전개

㉡ 마을·거리·관광 시설·관광 루트 단위별로 책임지역을 지정해서 담당하여 관광지 가꾸기 사업을 추진

㉢ 전 주민을 관광요원화

㉣ 관광객을 위한 농산물(채소·원예)·공산품(기념품·토산품) 등의 개발과 생산을 마을협동사업으로 추진하여 소득원을 확보

㉤ 민속놀이를 개발·권장하고 관광자원화

⑤ 도시근교 새마을 가꾸기

㉠ 마을개발위원회에서 주관하여 동장과 새마을지도자가 중심이 되어 추진

㉡ 시에서는 기술지도반을 편성하여 기술지도를 강화하도록 하고 같은 여건, 같은 시설은 표준설계에 의하여 표준화

㉢ 새마을사업자재지원은 시장책임하에 관리하되 동장과 새마을지도자·마을 담당 공무원은 보관·수불정산업무를 철저히 하여 자재의 유실을 막는일

㉣ 새마을운동을 일상생활화하기 위하여 계절별·월별 역점 실천요목을 선정하여 중점 추진

[3] 가정새마을운동

가정새마을운동은 가정주부가 중심이 되어 가족 모두가 합심하여 근검하고 화목·안락하며 합리적인 가정생활로 이끌고 이 운동을 골목단위·지역단위로 확대시켜 나가도록 함

(1) 표준사업

① 근검운동으로서 저축하기·폐품활용·청소운동 등을 추진한다.

② 생활개선으로서 생활 간소화·소비절약·가족화목과 효·경로운동·식생활 개선·외래품 안 쓰기 운동

③ 사회활동으로서 소비자보호·여성운동·봉사활동 등을 스스로 실천

(2) 종 류

① 주부새마을운동, ② 가장새마을운동, ③ 자녀새마을운동, ④ 노인층새마을운동으로 구분할 수 있겠다.

(3) 추진요령

① 주부새마을운동의 경우 ㉠ 어머니들이 솔선수범하고, ㉡ 마을 사람들과 더불어 전가족적으로 참여하며, ㉢ 내집앞 쓸기·폐품활용과 같은 손쉬운 일부터 실천해 나간다. ㉣ 각급 여성모임에도 적극 참여하여 이웃을 돕고 사회에 봉사하는 시민으로서의 기본적인 의무도 동시에 펴 나갔었다.

② 가정새마을운동

㉠ 먼저 건실한 가장으로서의 정신자세를 스스로 가다듬고 가족과 함께 생활개선과 이웃돕기 운동을 차분히 하나씩 실천 ㉡ 온 가족이 새마을정신을 실천하며 특히 새마을운동을 스스로 하는 운동이 되게끔 분위기를 조성

③ 자녀새마을운동

㉠ 질서 지키기로서 가래침 안 뱉고 종이 안 버리기 · 줄서기 · 고운말 쓰기 등 도시질서 지키기에 앞서며, ㉡ 자기 일은 자기가 하고 근면 · 협동 생활의 과학화 실천을 집에서나 일상생활에서부터 습관을 기르도록 함.

④ 노년층의 새마을운동

㉠ 이웃간의 노인들이 집합하여 학교 앞 등 교통정리

㉡ 공유물 아끼기 운동

㉢ 낮에 동리를 돌면서 낮도둑이 없도록 경비

㉣ 집안 가훈 갖기 운동

[4] 학교새마을운동

(1) 표준사업

① 교풍 순화운동으로서 면학 분위기의 조성 · 건전한 학생자치활동 · 학교 내의 환경정비

② 산학협동으로서 새마을 실습장활용 · 새마을연구활동 · 새마을교육 · 학교지킴이 운동

③ 향토 봉사활동으로서 새마을노력봉사 · 기술지원 및 위로 봉사활동 등으로 나눌 수 있겠다.

(2) 종 류

① 초등학교 새마을운동

② 중고등학교 새마을운동…인문계, 실업계, 특목고 등

③ 대학교 새마을운동…전문대학 · 대학 및 대학교 · 대학원 등이다.

(3) 추진요령

학구와 학교별로 그리고 수준별로 그 특성에 알맞게 실천해 나가되 공통적인 추진요령을 다음과 같이 제안한바 있었다.

① 학교새마을운동 지도교사나 교수를 지정하여 실천생활을 유도한다.

② 가정과 학교를 밀접하게 연결시켜 학생들의 생활 속에서 새마을정신

이 내면화되고 자기화되도록 한다.

③ 전인격교육으로 교육·지도하며 보이지 않는 교과과정의 기능은 전 교육 분위기를 좌우하니 전 교직원이 교사나 교수기능을 할 수 있는 분위기가 중요하기 때문에 학생을 지도함에 있어서 교직원은 솔선수범한다.

④ 학생들의 자치활동과 학부모·조직을 활용하여 새마을운동을 확대 파급시켜 나간다.

⑤ 산학협동기능을 강화한다.

⑥ 교풍을 살리는 실천요목을 선정 추진한다.

⑦ 애국조회 같은 것을 실시하여 국가관확립을 위한 제행사를 하고 다짐하며 반성하는 기회 등을 갖는다.

⑧ 대학의 경우는 새마을연구소를 중심으로 새마을운동이론의 연구결과 발표·세미나·공청회의 개최, 사례의 분석과 발간 등을 통해서 지식층과 사회지도력의 적극적인 자진 참여를 유도한다.

⑨ 대학은 주당 2시간으로 봉사활동학점제 실시를 통한 새마을운동참여를 활성화한다.

제 2 절 새마을운동의 실적 및 성과

1. 성과의 개황

1970년대는 1960년대의 개발연대에 이어 우리 역사에 있어서는 새역사 창조를 위한 사명의 연대이며 근세 이후 낙후와 침체에서 잠을 깨고 우리 민족의 잠재력을 모아 새로운 개척의 연대인 「새마을연대」로서 새롭게 발전한 연대라 하겠다.

그 동안의 새마을운동의 성과를 요약하면 다음과 같다.[4)]

4) 박 대통령 76년 1월 15일 연두기자회견에서.

① 국민의식구조의 변혁을 가져 왔다.
② 협동하는 방법을 배우게 되었다.
③ 잘 사는 방법을 알게 되었다.
④ 소득증대방법을 터득하게 되었다.
⑤ 근면·자조·협동의 문화와 생활의 과학화가 정착되게 된점이다.
⑥ 생활환경이 가꾸어지고 생활개선이 되었다.
⑦ 1974년말에는 농가 호당소득이 도시 100에 비하여 농촌 104로 늘어나 도시 근로자소득을 앞지르게 되었다.
⑧ 마을지도자를 중심으로 단합할 줄 아는 조직훈련을 하였다.

이러한 새마을운동의 성과를 정신계발면·생산소득증대면·환경개선면으로 나누어 정리하여 보겠다.

2. 새마을운동의 3대성과

1) 정신계발면의 효과

[1] 근대화의 훈련(의식구조의 변혁)

낙후와 침체, 체념과 나태의 정체사회로 지적되어 왔던 우리 농촌사회는 첫해부터 새마을가꾸기사업이 어느 정도 성과를 거두게 되었고 여기에서 얻은 자신감이 힘이 되어 농민들은 우리도 하면 된다」는 자신과 의욕을 갖게 되었으며, 또한 「우리도 잘 살 수 있다」는 의지와 신념이 바탕을 이루어 자조·협동·의욕에 찬 생기 있는 사회로 바뀌었다.

[2] 자율적 협동체제의 확립

공동작업을 통하여 「두레」나 「품앗이」 같은 우리의 전통성을 다시 살렸고 그 속에서 「나」만을 위하는 이기주의를 개체주의로 잘못 인식하고 협력을 등한시하였던 지난 날을 반성하고, 「너」와 「나」가 같이 살아야 된다는 「우리」라는 공동운명체의식이 차츰 커져 새로운 가치질서가 확립되었다. 또한 새마을지도자를 중심으로 일과 실천을 통하여 마을공동체의 인식과 공존재의식이 새로이 길러졌다.

이러한 과정이 거듭됨에 따라 스스로 협동의 원리(1+1=2+α)를 깨닫게 됨으로써 점차 마을이 하나로 뭉쳐 나가기에 이르렀고, 이제는 단위마을의 자급자족적 입장을 초월하여 협동권 사업을 중심으로 몇 개의 마을이 같이 모여 지역사회를 개발하는 방향으로 나아가기에 이르는 것이다.

[3] 바람직한 국민통합

농촌권에서는 부녀자와 4H조직 속에 청소년이 참여했고 개발위원 속에 대중이 참여했으며, 영세소농층도 새마을 노임소득사업과 복차소득사업[5]을 통하여 참여하였다. 도시새마을을 통하여 학교새마을은 지역사회에 대한 봉사활동이 확대되었고 산학협동체제가 활발히 기능해 가는 과정이었으며, 직장새마을은 자매결연이나 성금·성품·노력 지원을 통하여 주민 총화가 이루어지면서, 주민의 자율적 참여와 추진을 위하여 꾸준한 정부지원은 더욱 더 국민과 정부와의 거리를 좁혔었고 디아스포라 750만 해외동포의 뜨거운 성원까지 합쳐져 민족대동단결의 분위기가 일게 되었었다고 하겠다.

이와 같이 「관·민·도·농」의 국민총화체제의 구축과 함께 격차해소가 점점 이루어 진 점이 성과라 할 수 있다.

[4] 생활질서의 혁신과 부녀층의 참여

농어촌에서는 도박과 미신 없애기·가정의례 간소화·작업복 입기·저축하기·주점 없애기 등 마을마다 마을규약을 정하고 자율적으로 준수해 나감으로써 비생산적인 인습을 타파하는 농촌생활기풍을 변모시켜 농총문화변동이 이루어 진 점이다.

또한 사회총화기풍이 조성되어 범국민적인 참여가 이루어지고 특히 부녀층이 자율적으로 참가하여 사치와 낭비·부조리를 없애 건전한 생활질서가 형성되고 생활기풍이 조성되고 있고 생산적 생활질서가 정립되며 생활의 합리화가 이루어졌던 점을 들 수 있다.

---

5) 복차소득사업은 노임소득사업을 마을별로 할 때 일부는 개인별 노임으로 주고, 일부는 마을공동기금으로 적립하여가는 사업이다.

[5] 유휴노동력의 생산화

지난 1960년대에 있어서는 경제개발을 통하여 「보릿고개」가 없어졌고 1970년대 새마을연대를 통하여 새마을운동을 민간주도+정부의 지원으로 지속화시킴으로써 농한기가 없어졌다는 점이다. 이와 같이 모든 일손은 마을협동사업과 소득생산사업에 투입되어 모든 일손이 생산으로 전환되었다는 것을 말할 수 있겠다.

[6] 잠재자원의 생산적 활용

농촌사회의 무한한 잠재력을 생산적으로 활용하는 데 크게 기여했다. 물적 자원·천연자원·제도적 자원은 물론 도시권과 협조가 점차 이루어져 산업정보자원을 활용함으로써 인적 자원의 활용도를 높였고 제자원의 이용 극대화를 위한 자원관리의 새로운 방법을 배웠다고 하겠다.

2) 생산소득면의 효과

생산소득면에 있어서는 경제적 측면에서 본다면 다음과 같다.

① 생산기반이 정비·확충되어 영농 및 경영구조가 개선되고 생산기여시설이 확충되었다.

② 협동적·과학적 영농체제가 이루어져 마을단위로 협동영농·과학적 영농체제가 점점 이루어졌다.

③ 개발잠재력이 현재화되어 주민의 기술능력이 향상되고 부존자원이 동원되었다.

④ 농촌유휴노동이 생산화되었다.

⑤ 도·농영세주민을 위한 노임소득사업이 크게 확대되었다.

⑥ 각종 투자정책을 소득과 연결시켜 타당성 분석을 하는 경향이 되었다.

⑦ 유통구조가 점차 개선되었다.

⑧ 농가소득은 크게 향상되었다.

3) 환경개선면 특히 문화적 측면에서 보면 다음과 같다.[6)]

① 생활환경이 개혁되어 비도시권에는 기초생활권이 정비되었다.

---

6) 문화공보부(현 문화관광부), 새마을운동 5년의 성과, 1975. 12. 17, pp. 43-51.

② 문화시설 · 공동복지시설이 확충되었다.

③ 문화창조의 계기를 이루어 문화의식이 향상되고 고유문화가 재발굴되어 가며 농민문화활동의 수준이 오르게 되었다.

위와 같은 새마을운동의 3대성과를 주요사업별로 보면 다음과 같다.

3. 주요사업별 성과

지난 5년 동안 새마을운동으로 추진된 각종 사업 총 449만 5천여건 가운데 주요사업별 성과를 보면 다음과 같다.

첫째 농촌도로 정비사업이다. 새마을운동은 우리 농촌에 「길의 혁명」을 이룩하고 생활권과 영농권을 크게 확대시켰다.

둘째, 농업용수 시설이다. 홍수와 한해가 없는 안전영농은 농촌의 농가소득을 배가시킬 수 있는 첩경이다. 정부는 농업용수개발을 겸한 다목적 댐으로 춘천 댐 · 섬진강 댐을 비롯하여 소양강 댐 · 팔당 댐 · 안동 댐을 건설하였다.

셋째, 협동시설사업이다. 농촌의 각종 협동시설은 농민들이 근면 · 자조 · 협동의 새마을 정신을 생활화할 있는 기본시설이다.

넷째, 전기통신사업이다. 새마을운동을 통한 농어촌 전기통신사업의 추진으로 농어촌의 생활 환경은 크게 개선되었고 생산증대와 지방공업육성에도 크게 기여 하였다.

다섯째, 새마을공장 건설이다. 새마을공장을 통한 농외소득은 농어촌 소득증대에 큰 비중을 차지하고 있다.

여섯째, 치산녹화사업을 들 수 있다. 치산녹화는 국력을 기르는 지름길이다. 정부의 치산녹화 10개년계획이 지난 1973년도부터 시작되자, 새마을운동을 통한 농촌주민들의 조림의욕과 애림사상이 크게 고취되었고 치산녹화사업은 더욱 더 활기를 띠게 되었다. 주민이 참여하여 유실수 · 속성수 · 연료수 · 조경수 등을 심었다. 그리고 치산치수와 같이 이산이수(利山利水)의 정책방향 전환을 인식하게 되었다.

일곱째 주거환경 개선사업이다. 농어촌의 생활환경 개선사업은 새마을운동 초기부터 새마을사업의 주축·점화사업이 되었다. 이처럼 새마을운동의 종합적인 효과는 농어민의 주거환경개선에서 나타난 것이다.

여덟째, 문화복지시설 사업이다. 간이급수시설은 새마을가꾸기사업과 보사부(현, 보건복지부) 지원사업으로 지난 1971년도부터 6년간 1만 5,095개 마을에 간이급수시설을 완료하였다. 이러하여 제1차 목표년도인 '81년까지 그 형태가 외관적·전시적인 사업이 아니라 현대생활에 있어 필수문화시설을 향상하려는 방향으로 추진 및 지원사업을 전개하였다.

아홉째, 유통구조개선이다. 농산물의 판매처리기능을 강화하고 상품성을 향상함으로써 농가소득을 증대시키기 위하여 유통구조 개선사업을 추진하였다.

열번째, 국토가꾸기사업이다. 새마을운동을 통한 국토가꾸기사업은 그 실천목표를 일상적인 국토의 보전·생산적인 국토의 이용, 그리고 질서 있는 국토의 기능을 조화 있게 정비해 나가는 데 두었다.

열한번째, 새마을교육은 새마을운동과 사업을 통하여 마을을 개발하고 교육을 통하여 국민의 정신을 계발하는 데 중점을 두고 실천해 왔다. 새마을교육을 통하여 우리 국민은 근면·자조·협동의 새마을정신을 생활화할 수 있는 정신적 자세를 확립하였고 일상생활에서 자신과 용기를 갖게 되었다.

제 3 절 새마을운동 실천과정의 문제점(무리부작용의 반성)

1. 추진적 측면

1) 새마을운동 추진노력의 문제

새마을운동은 범국민운동이므로 각기 그 기능과 역할은 다를지언정 지성사회와 관계를 맺고 있는 모든 분야의 사람들이 능동적이고 자율적인 참여가 있어야 하며 지도자를 중심으로 원심력과 구심력이 팽이가 돌 때와 같이 강하게 작용해야 운동은 지속될 수 있다.

더욱이 새마을운동이 농촌권에서는 사업으로서 소득과 직결되어야 하기 때문에 추진핵심체는 ① 여론을 형성하고, ② 기술지도를 하며, ③ 행정부와의 관계를 개선, ④ 자금과 자료를 지원하며, ⑤ 주민의 의사를 조정하여 사업의 우선순위를 정한다. 이 외에도 ⑥ 사회교육자로서 새마을정신계발을 하는 등 마을에 상주하면서 선구자적 개척자로서 새마을운동을 선도하는 다목적형 지도자들로 구성되어야 하며 자연부락마다 필요한데 자원지도자는 물론 추진세력이 부족한 현실이다.[7]는 점을 들수 있다.

2) 발전사업관리상의 문제

[1] 농촌권 새마을의 경우

① 마을간의 과잉경쟁으로 인하여 무리한 사업추진을 하게 되어 주민부담이 과중한 사례가 있다.

② 새마을사업이 어느 정도 외형적인 환경사업에 치중된 사례가 있었다. 물론 마을주민의 입장에서 가장 절실하고 쉬운 일부터 추진하게 함으로써 가시적인 사업의 성과를 통하여 「하면 된다」는 의지를 기르고 새로운 의욕을 계발하기 위한 것이었으나 앞으로는 생산소득분야에 중점을 두어야겠다는 문제가 제기된다.

③ 개발계획 및 발전사업관리의 전문가가 부족하여 획일·졸속적인 사업의 전개가 있었던 사례가 있다.

④ 각종 새마을기술인력개발에 태만했고 인력관리가 잘 안되었다.[8]

⑤ 사업추진에 있어서도 이제까지는 좀 떠들썩하고 요란스러웠다고 한다면 앞으로는 차분하고 조용하게 추진하여야 하며,[9] 이렇게 가꾸기사업으로 시작한 새마을사업 분위기가 소득과 연결되면서부터는 양임기간이 길고 또 당장 눈에 보이지 않기 때문에 새마을운동은 다한 것 아니냐는 분위기

7) 신윤표, 발전행정과 새마을운동의 지도전략, 전게논문, p. 8.
8) 졸고, 새마을운동과 지도이념, 중앙공무원교육원, 1975, p. 14.
9) 내무부(현 행정자치부), 1976, 새마을교재(새마을지도자 과정), p. 72.

가 생김으로써 새마을지도자의 사기나 주민의 응집력이 약해질 우려가 생기는 현실이 문제이다.

⑥ 초기의 점화단계에서부터 지금까지는 새마을정신을 더 깨우치기 위하여 확산·파급에 새마을지도자는 주력했으나, 이제는 확산된 사업을 체계 있게 정리·정돈하면서 지역특화사업 위주로 내실 있는 사업을 전개하여야 할 필요성이 커졌다는 점이다.

⑦ 마을주민들은 마을단위의 주민이익사업만을 대상으로 하여 왔으나 몇 개의 마을을 연결하는 마을권단위의 공동이익사업에까지 확대·발전시켜야 되겠다는 것이다.

⑧ 새마을가꾸기의 방식과 영역이 좁다는 것이 문제이다.

⑨ 규모경제성이 부족한 사업형태가 많다는 것이다.

⑩ 주산단지별·지역별 영농교육이 미약하다.

⑪ 유통체계의 개선이 필요하다.

⑫ 새로운 취락건설이 요구된다.

⑬ 낙후마을 특별지원대책이 요망된다.

⑭ 직장새마을운동이 서정쇄신의 차원에 머물고 있으며 보다 창의적인 운동으로 전개되지 못하고 있다.

⑮ 학교새마을운동이 보다 구체적이며 적극적인 지역사회개발운동의 중심처가 되지 못하고 있다는 점이다.

⑯ 도시권의 부녀층, 그 중에도 재산과 지식을 가진 고급문화의 창조계층이 아직도 무관심권에 남아 있는 듯한 느낌이 있다.

⑰ 새마을추진체가 다원화되어 상호간에 다소 불협화음이 일고 있는 점이다.

⑱ 새마을지도자 중 표창·훈장·하사금을 받지 못하였거나 마을 주민의 참여의 도가 약한 마을의 지도자는 사기가 떨어져 간다는 점이다.

⑲ 여러 가지 사정으로 지도자가 바뀌어야 할 마을의 경우 더욱 훌륭한 승계지도자가 나오지 못하고 있는 현실 등이 문제이다.

⑳ 농업의 기계화·화학화·수리화·전화 등의 과정에서 자본이 부족한 점이다.

㉑ 노임소득사업의 구호대상자나 0.5ha 미만의 소농들이 참여를 적극적으로 못하고 있으며, 이들을 위한 항구적 대책이 없으므로 해서 아직도 구호양곡적으로 노임사업이 전개되고 있는 점 등이 문제라 하겠다.

[2] 군·시권(郡·市圈) 새마을 경우

① 새마을운동 민간단체협의회와 같은 조직의 기능이 활발하지 못한점

② 거주지역중심의 새마을운동에 치중하려고 한점

③ 시한적 사업(노임소득사업 등) 이외에 지속적 발전을 위한 사업이나 활동의 계속적 제공이 부족하였다는 점

④ 도시민의 열성적인 참여를 유발시킬 수 있는 행정지원책이 미약하였다는 점

⑤ 운동전개과정에서 도시근대화 운동과의 연결이 미합하였다는 점

⑥ 인구문제·용지난·교통난·공해 등과 같은 생태학적 차원의 환경문제에 대한 관심이 적었다는 점

⑦ 범죄·비행 등 산업사회의 병리현상의 자율적 정화운동 또는 도덕재무장 운동의 차원에서의 고려가 적었다는 점

⑧ 거주지역단위의 자생조직의 활용이 잘 안 된점

⑨ 직능단위별 조직들의 직장새마을운동이 활발하지 못한 점

⑩ 새마을 교육을 받은 사람의 수가 적어 분위기가 덜되어 있다는 점을 들 수 있다.

2. 행정지원적 측면

새마을운동에 대한 정부지원이란 새마을운동에 필요한 자금과 자재를 지원하고 기술이 뒤떨어져 있고 새마을기술인력이 부족하니 이를 지원하며, 개발을 위한 정책이나 법제의 정비 등 행정일반적인 지원을 하는 것을 말하는데 정부지원의 유형과 원칙을 보면 몇 가지 문제점이 있었다.

1) 정부지원의 유형

[1] 마을 수준에 따른 지원

① 기초마을에 대해서는 주민이 자율적으로 참여하며 협동의지로서 지도자를 중심으로 새마을운동에 참여하려는 자조의욕이 점화되도록 기본지원을 하였다.

② 자조마을에 대해서는 소득증대를 목적으로 생산기반조성을 위한 지원과 함께 농업소득은 물론 특히 농외소득이 증대되도록 가열지원을 하였다 하겠다.

③ 자립마을에 대해서는 복지환경개선 및 소득향상이 이루어지도록 우선지원을 하였다.

[2] 마을 사업에 대한 단계적 지원

마을 사업이 기본사업 · 지원사업 · 소득사업으로 단계적 추진이 이루어지도록 지원하였다.

(1) 기본사업

가꾸기사업 · 농로개설 · 지붕개량을 주로 하여 내무부(현 행정자치부)가 중심이 되어 정부가 행 · 재정지원을 아끼지 않았다.

(2) 지원사업

노임사업과 문화복지사업으로 구분 추진하였다. 노임사업에는 국토가꾸기 · 소도시가꾸기 · 산하가꾸기가 있는데 이는 내무부(현 행정자치부)가 지원하고 있으며 문화복지사업의 경우 사업지원부처를 보면 다음과 같다.

① 농촌전화사업은 상공부(현, 외교통상부와 산업자원부), ② 농촌표준주택의 건설은 건설부(현, 건설교통부), ③ 간이급수시설의 설치는 보사부(현, 보건복지부), ④ 이동진료는 보사부(현, 보건복지부), ⑤ 마을통신시설은 체신부(현, 정보통신부), ⑥ 메탄가스 시설은 농촌진흥청이 지원하였다.

(3) 소득사업

소득구심사업과 새마을생산사업이 있는 바, 지원부처는 다음과 같다.

① 소득구심사업에서 조림은 내무부 산림청(현, 행정자치부 외청), 농가공산품사업은 상공부가(현, 외교통상부와 산업자원부), 마을소득사업은 농수산부(현, 농림부)가 지원을 담당하였다.

② 새마을 생산사업의 지원은 농수산부가 담당하고 이 사업 중 생산협동사업인 집단재배 · 퇴비증산 · 영농시한제 · 수도병충해방제 · 토지이용도 배가 사업을 중점 지원하였고 유통구조개선 계약재배와 수매계약을 지원하여 주었다.

[3] 효과에 따른 지원

① 보충적 지원, ② 자극적 지원, ③ 보상적 지원으로 구분 지원하였다.

[4] 내용에 따른 지원

① 계획지원, ② 중점지원, ③ 적정지원이 있었으며 개발유형에 따라 지원하여야 된다는 지침이 있었다.

정부지원의 원칙으로서는 ① 유수지원의 원칙, ② 새마을정신이 강한 우수 마을 우선지원의 원칙이 있었으며 ③ 새마을운동 중앙협의회가 상호협의 하에 모든 사업에서의 우선 사업으로 새마을사업을 지원하여야 된다는 원칙이었다.

그런데 지금까지의 행정지원과정에서의 여러 가지 문제점이 나타났었다. 이를 정리하여 보면 다음과 같다.

2) 문제점

[1] 재정 및 물자지원면

① 노임사업의 경우 농촌지역에 너무 성급히 실시하고 획일적인 지원이 되는 경향이 있다는 점이다.

② 소득과 직결된 사업보다는 가시적이고 너무 환경사업에 대한 지원이 많은 바, 이에 대한 자재지원을 지양하였으면 하는 것이다.

③ 자립마을의 경우는 융자형식에 의한 현금지원을 할 경우 사업에 대한 타당성분석이 요구되며 사업에 대한 사후관리가 안 되고 있다는 점이다.

④ 사업의 하달식 결정과 지시에 따른 집행 때문에 조장행정기관은 심부

름만 하는 경향이 있어 읍·면직원은 참여의식이 약해지고 있다는 점이다.

⑤ 사업규모의 비적정성: 단위마을별·협동권사업별로 사업을 수행할 수 있는 능력과 재원 및 인력을 동원할 수 있는 범위 내에서 사업규모가 책정되도록 해야 할 터인데, 지도공무원의 사명감이 부족하고 사업분석의 능력이 모자라 전시사업위주의 편파적 행정지원을 한 곳이 있으며 적시지원이 안 된 경우도 있었다는 점이다.

⑥ 정부자금 지원의 경직성[10]: 정부에서 새마을사업을 지원할 때에는 정부계획에 의하여 지원하는 것이 일반적이고 주민의 의사를 고려하지 않았다는 점이다. 또한 마을 여건을 소상하게 모른 채 보고서에 의거 평가해서 지원을 결정한 사실이다. 이 경우 면장직에 재량권을 부여하고 정부의 정책목표의 결정시 일선기관과 주민욕구사업 추진주체와의 관계권형성이 잘 안된 채 사업자금이 지원되고 있다는 점이다.

⑦ 소득사업을 위한 지원의 경우 관의 성의 있는 사업계획 없이 주민에게 맡겨 과다한 주민부담과 정책부담으로 시작되었으나 시장성분석이 안 되었던 관계와 판로 등의 문제로 손해를 보고 있는 바, 농업협동조합의 사업기능이 강화되어 내무부(현, 행정자치부) 기능으로 주도하는 것을 농수산부(현, 농림부)기능으로 바꾸어야 되지 않겠느냐 하는 문제의식이다.

⑧ 취로사업을 비롯하여 정부지원은 일률적 균등분배방식을 벗어날 필요가 있다는 점이다.

⑨ 사업량의 적기영달이 안 되는 사례의 시정과 사업비의 현실화가 요청되고 있는 점이다.

[2] 기술지원면

① 일선행정기관의 기술지도력이 약하다.

지역계획이나 지역사회개발을 위한 지도기술과 특히 영농지도능력이 없는 공무원이 배치되어 있고, 읍·면의 경우는 새마을 담당 직원이 총무계에 소속되어 있어 다른 업무에 바쁨은 물론, 예를 들면 자립마을 중에서도 우수마을에서는 농촌지도사를 1부락 1명 배치를 원칙으로 하고 있으나 기

10) 연구회보, 제2호, 중앙공무원교육원, 1975, p. 50.

초마을에는 7개 마을에 1인 꼴이 되고 있는 실정이며 문제의식이 없고 지도 또한 게을리 한 사례가 많았다.

② 영농수준을 높이기 위한 기술지원이 부족하다. 예컨대 공동 못자리·종자 개량·병충해방제기술이 낮다는 점이다.[11)]

③ 농촌권적 기술인력개발정책이 미흡하다는 점이다. 충남권 내 250개의 특별지도마을을 대상으로 한 현지답사와 면접조사의 종합분석에 의하면 농업계 출신으로 현재 마을에서 영농을 하는 사람과 마을을 떠난 사람의 비율은 농고의 경우 5 : 3이었고 농대의 경우는 1 : 6이었다. 이와 같은 조사에서도 농촌권기술인력이 부족함을 알 수 있으며 특히 특화사업별 필요기술인력은 더욱 부족한 현상이라 보는데, 이에 대한 기술인력개발지원책이 수립되어 있지도 않은 현실이 소득증대를 위해서 큰 문제로 나타나고 있다.

④ 농촌지도소·농협 등 영농지도기관의 활동이 강화되지 못하고 있었다.

[3] 개발관리 일반지원면(정부시책상의 제문제)

① 정부에서 일단 확정지시된 사항을 빈번히 변경함으로써 정부방침의 신뢰성이 흐려져 결국 지도공무원의 지도력을 약화시키는 사례가 있다는 점이다.

② 사업이 동일시기에 중첩됨으로써 노력 부족으로 완공이 지연된 사례

③ 생산품의 판로 미보장으로 소득사업을 기피하는 사례가 있다는 점이다.

④ 마을에서 추진할 사업을 책정함에 있어 충분한 기일을 주고 사업비와 사업선정을 주민총의에 의하여 자율적으로 결정할 수 있도록 하지 않고 긴급히 책정·제출케 함으로써 결국 후일에 계획을 변경하는 사례가 있다는 점이다.

⑤ 새마을운동의 지속적 발전을 위한 기술지도자와 추진역군의 계속적 양성교육이 보다 적극적으로 수행되어야 하겠다는 점이다.

⑥ 지속적 새마을운동 발전 종합계획과 마을단위별 발전계획의 수립이 미비하며 상호조화점을 마련하지 못하고 있었다.

---

11) 문교부(현 교육인적자원부), 제1회 새마을연구발표회 발표요지, 1975. 11. 27~28, p. 26.

⑦ 도시새마을운동과 농촌새마을운동의 연관효과제고방안이 수립되어 있지 못하였다.

⑧ 지원체제의 역기능으로서 관주도형의 개발사업이 있으며 행정의 과학화를 이루지 못하고 보고지향적 사업추진이 묵과되는 사례가 있었다.

⑨ 지역적 이기주의를 배제하지 못하고 사업규모의 비적정성을 분석하지 못한 채로 편파적 행정지원을 한 곳이 있다[12]는 점이다.

⑩ 새마을공장지원의 경우 거점개발형·농민주도형·농업자원활용형이 되지 못하고 대기업 계열화를 위하여 정책지원을 했으나 부실화 되었다.

⑪ 새마을사업의 해독 내지는 종합평가를 위한 조사작업이 부족하였다.

⑫ 새마을지도 담당 공무원의 사기가 저하되어 있으나 이에 대한 인사정책의 쇄신이 없었다.

⑬ 시장정보·수송·출하·분산의 합리화가 요구된다. 따라서 산지생산권의 협동권사업의 전개와 관계권형성이 요구되는데 그러하지 못하고 도시자본이 일방적으로 다각투입되어 다시 소비자본화하는 경향에 대한 제어와 확대 재생산정책이 미흡하였었다.

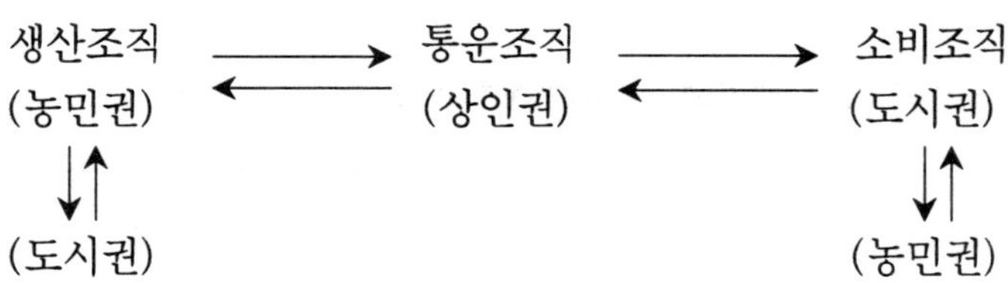

⑭ 새마을운동의 추진을 위한 관계법제의 정비와 개발법제의 제정 및 개정이 부분적으로나마 계속적으로 요구되고 있다는 점이었다.

⑮ 뒤떨어진 마을이나 기초마을은 구체적으로 낙후요인을 분석하고 점화가열인자를 찾아 중점 지원하도록 새로운 지원책이 수립되어야 하는 사정이었다.

⑯ 가정새마을·직장새마을·학교새마을·지역새마을을 관련시켜 도시새마을운동을 적극적으로 지원하여야 할 터인데 아직도 도시여성층의 참여

12) 새마을지도자, 분임연구결과보고서, 독농가연수원, 1972. 8. 7~1972. 9. 16, 제3·4·5기, p. 16.

가 부족하고 기업체 및 사회지도층의 솔선적 참여정도가 약하였다.

⑰ 마을에 있는 각종 새마을과 관련된 조직체의 기능화가 이루어지지 못한 채 각 조직책임자간의 힘의 견제 내지는 다소간의 불협화음이 없지 않다는 점이다.

⑱ 도시문화가 농촌에 급격히 침투되어 농촌주민은 상대적 빈곤의식을 크게 느껴가는데 문화권형성책이 없고 TV공해 방지책이 없었다.

⑲ 자립마을이 되고 140만원 소득(1970년대 현존가격)을 달성한 성공마을의 경우 다음 단계에 대한 사업과 운동방향이 잡히지 않고 있었다.

⑳ 새마을운동에 대한 장기발전계획이 없이 매년 지침으로 운영하고 있어 주민들의 지속적 전략이 세워지지 않고 있었다는 점을 들 수 있겠다.

제 4 절 새마을운동 실증사례

1. 농촌 새마을운동 사례: 충남 대덕군 진령면 학하 1구의 사례

새마을운동의 시작에서 오늘까지

自立마을이 될 때까지

-새로운 출발-

1970년 4월 22일 이후 새마을운동의 불길이 점화되어 전국에 활활 타오르던 1972년 초봄, 학하리 2구는 지원부락으로 선정되었지만 학하 1구는 부락여건과 주민단합심이 결여되었다 하여 군의 1차연도 지원마을에서 탈락되고 겨우 예비마을로 내정되었다. 이에 부락주민들은 울분을 느끼고 이필래 지도자와 이장 김영욱씨를 중심으로 「잘 살기 운동 추진위원회」를 구성하였는데 이 마을은 지역이 넓고 인구가 많음에 비추어 그 인원수를 10인으로 하자고 마을회의에서 결의하였다.

그 후 군으로부터 지원받은 335채의 시멘트와 철근 1톤을 가지고 꽃동산을 만들고 진입로를 확장하였으며 마을 회관 골조 공사도 시작하였다.

이와 같이 노력하였지만 1973년에는 기초 마을로 지정됨에 그쳤다.

-기적은 따로 없다 「하면 된다」는 의지로-

「주먹에 쥔 것이 없고 머리에 든 것이 없어 무엇보다 손을 써야 할지 몰랐었다」고 지도자 조봉휘씨는 말한다. 그러나 흙에 묻혀 내 고장을 부흥시키겠다고 결심한 지도자와 「잘 살기 운동 추진위원」들은 새마을운동 착수대회를 열고, 「뒤늦은 시작, 남보다 더 빨리」라는 구호를 제정하였으며 주민들의 생활신조로서, ① 우리는 우리 고장을 우리 힘으로 개발한다(자조자립). ② 우리는 모두 일하고 놀고 먹는 「양반」되지 않는다(근면자각). ③ 우리는 「나」보다 「우리」를 먼저 생각한다(협동). ④ 우리는 알뜰한 저축과 검소한 생활을 한다(근면). ⑤ 우리는 허례허식과 밀주, 도박 등 퇴폐풍조를 일소한다는 5가지를 마을총회에서 결의하였다. 그리고 1973년 3월부터는

(1) 3운동

① 지게, ② 초가, ③ 도박과 술을 없애는 운동이다.

(2) 3성운동

① 증산, ② 저축, ③ 협동을 이루자는 운동을 벌이기 시작하였다.

그러나 막상 정신무장은 되었으나 마을 기금이 없어 뚜렷한 진로를 찾지 못하고 있었으며 마을 중심부에는 6·25 때 타버린 10여동의 건물이 초석이 앙상한 채 잡초 속에 남아 있었다.

-새마을에 씨앗 뿌린 독지가 출현-

보잘 것 없는 빈촌의 껍질을 깨고 새마을을 만들고자 고심하던 중 ① 자매결연을 맺은 노동청 대전사무소에서 1970년 8월 20일에 시멘트 70대를 지원해 왔고, ② 1973년 3월 10일에는 정신나약자를 수용하는 신생원장 P씨가 사비 25만원을 들여 마을에 앰프 시설과 어린이 놀이터, 가로등 7개소를 설치하여 주면서 「내 어릴 때 자란 고향, 새마을운동에 더욱 열을 가하여 보다 알찬 마을을 이룩해 달라」고 격려를 하였다. 이에 마을 사람들은

더욱 용기를 얻게 되었으며 청소년들은 4H를 조직하였다.

③ 농산물검사소 직원도 성금 오만원을 기증했다. 농산물검사소직원 홍창기씨는 공동 변소 하나 없던 자기 마을의 옛모습을 회상하며 「깨끗한 전원도시, 그 속에서 잘 사는 마을」이 되었으면 한다면서 1973년 5월 5일 5만원을 기증하여 왔다.

④ 회갑연 비용 절약하여 새마을 성금으로 기증했다. 서울지법판사로 있는 J씨 형제는 모친 회갑연 비용을 절약하여 10만원을 기탁하면서 마을회관을 지어 「회갑잔치도, 결혼식도 간소히 회관에서 할 수 있고 그곳에서 영농교육도 할 수 있는 새마을이 되었으면 한다」고 당부하였다.

이와 같이 타지에 나가 사는 이 마을 출신들의 성원에 더욱 자극된 마을 주민들은 자립에의 의지를 굳히고 마을사업에 뜨거운 열풍을 일으키게 되었다.

-고진감래라더니-

1973년 9월에는 숙원이던 자립마을로 승격되었고, 광주에서의 전국 새마을지도자대회에 참석한 이필래 지도자는 100만원의 하사금을 받게 되어 온 마을 주민은 풍요한 내 일을 위하여 더욱 열심히 일할 것을 다짐하였다.

마을을 살찌게 한 갖가지 사업

1) 의지로 이룩한 생산기반사업

(1) 농로정비

이 마을취락구조에 있어서 취약점이었던 분산된 4개의 자연부락을 연결하기 위하여 1.2km의 좁은 농로를 노폭 5m로 확장하였으며 이에 따라 농업기계화의 기초도 마련되었다.

(2) 소교량가설

필요한 장소에 교량을 가설하여 「지게」 대신 「손수레」가 자유로이 다닐 수 있게 되었다.

(3) 소하천 정비

1973년도 말 농말기에는 수해상습지구로 이름 난 마을 앞 소하천 400m를 시공하였으며 그 노임소득 90만원 중 45만원을 마을 기금으로 적립하였다.

(4) 농업용수시설

「보릿고개」 극복을 위해서는 연중 고른 수입이 있어야 한다고 생각한 마을 주민들은 수익성 높은 딸기 등 고등원예작물을 기르는 것이 좋다고 생각하여 특수기술을 요하지 않는 작물들을 재배하기 시작하였고, 가뭄에 대비하기 위하여 지하수개발과 관정시설을 하여 필요한 용수시설의 40%를 완공하였다.

(5) 협동생산시설

1973년 10월 광주대회에서 받은 하사금으로 고공품 생산공장 1동(25평)을 짓고 가마니짜는 기계 6대와 새끼꼬는 기계 2대를 구입, 연간 가마니 9,000매를 생산하여 18만원의 순수익을 올렸다. 그러나 현재 통일벼의 확대재배로 인하여 원료인 볏짚 구입에 곤란을 겪고 있다.

(6) 공동창고 등 협동사업

1975년 7월에는 인근 자립마을인 용계 1구, 계산 1구, 학하 2구 등 5개 자립마을이 대단위 협동권사업으로 총공사비 610만원(지원금 400만원+자부담 210만원)을 들여 60평짜리 농산물 공동집하장을 신축하였다.

이리하여 5개 부락에서 생산되는 딸기·포도·배·사과·고구마 등 농산물 1906 M/T을 공동출하하게 되었으며 이로써 연간 1,337만원의 중간상인이득을 주민소득화하게 되어 참여농가 384가구당 약 3만 5천원의 소득증가를 보게 되었다.

2) 소득증대사업

(1) 벼 단지영농

모든 논에는 수확량 높은 통일벼를 심기 위해 종자를 공동구입하고 「못자리」를 공동설치하며 병충해를 공동방제하고 있다. 또한 「품앗이」도 하고 있다.

(2) **퇴비증산**

풀베기 공동작업과 퇴비 증산에 힘 쓰고는 있으나 공동 퇴비장이 없어 시간과 노동력이 부족하여 애로를 겪고 있다.

(3) **공동소득사업**

주민협업사업으로 마을 양돈장 30평을 마련하고 집집마다 돼지 1마리씩을 사도록 권유하여 50마리를 한 곳에서 집단으로 사육하고 있다.

(4) **협업사업**

협업사업은 ① 노동절감, ② 방역편리, ③ 사료 조달의 편리, ④ 시간절약, ⑤ 공중 위생 등 여러 가지 장점이 있다고 관리책임자는 말하고 있다. 그리하여 연간 소득 50만원을 올리고 있다.

또한 공동소득사업을 위하여 1974년 11월 25일에 받은 2차하사금 130만원과 일부 적립된 공동 기금을 합하여 925평의 밭을 구입하여 도라지를 공동으로 재배하는 마을 농장을 경영하고 있다. 그리고 소하천 가꾸기 노임 소득으로 45만원을 벌어서 한우 4두를 사가지고 마을 재산으로 기르고 있다.

(5) **마을 식수**

인근에 있는 임업시험장의 묘포 작업에 공동취역하여 번 돈 9만원을 가지고 3년생 감나무 290주와 5년생 대추나무 120주를 구입, 공한지와 안뜰에 심었으며 생일·결혼기념일·출산일 등 경사일에는 「나무 1주심기」 운동을 전개하여 마을 식수를 열심히 하고 있다.

3) 복지환경사업

(1) **마을 안길 확장**

간선은 5m, 지선은 3.5m 폭으로 하여 밤에 횃불을 들고 야간작업을 하여 남녀노소 모두 나와 1,000m를 확장하였다.

(2) **지붕 개량**

1974년 11월까지 지붕 개량은 전 농가가 완료하였고 아울러 토담 2,000m 등 불량 담장도 개량하였으며, 여기에서 절감된 볏짚은 고공품생산에 이용하고 있다.

(3) **위생 우물**

10평에 달하는 전천 후 공동빨래터를 만들어 환경을 깨끗이 하였으며 공동 펌프 시설, 유개공동우물을 3개소 설치하였고 집집마다 펌프 시설도 갖추었다.

(4) **마을 회관**

20평짜리 마을 회관을 건립하여 이곳을 ① 새마을집회소, ② 영농교육장, ③ 공동작업장, ④ 마을도서관, ⑤ 자녀교실, ⑥ 4H회관 등으로 이용하고 있다.

이 회관에는 국립종축장 대전지장장 박상문씨가 기증한 대형의자 12개와(시가 4만 5천원), 1975년 10월 총리가 기증한 TV 한 대가 비치되어 있다. 그러나 지도자는 말하기를 이 회관을 보다 크게 지어 다목적으로 활용할 수 있도록 하는 한편 1976년에 지정된 「도홍보마을」로서의 면모를 갖추는 것이 숙원이라고 한다.

(5) **하수구**

하수구→세천→소하천의 계통시공의 방식으로 전 마을의 하수구를 정비·완료하였다.

4) 정신계발운동

(1) **자위새마을사업**

비상연락체제는 정비되어 있으나 대피시설과 방위시설이 부족하며 예비군 소대장과 민방위 책임자 그리고 새마을지도자간에 행사 때면 다소의 불협화음이 일고 있다고 한다.

(2) **새마을교육**

지도자는 새마을연수원에서 교육을 이수했으며 부녀교실과 마을 영농교육도 실시하고 있다.

(3) **부녀활동**

부녀자들은 절미저축을 실시하여 73만 8천원을 마을금고 출자금으로 적립했고 또한 새마을가꾸기 사업에 앞장서고 있으며 특히 매달 초하루 「새마을 날」에는 의·식·주 생활개선운동을 순회·독려하고 있다.

그리고 과거에는 「통일주체 국민회의 대의원」과 「새마을지도자」를 겸한 이필래씨가 대외활동을 전담하여 왔으나 그가 작고한 1974년 후에는 그 일을 부녀회가 맡아 하고 있으며 자매결연 사업은 부녀지도자 한양수 여사가 하고 있다. 특히 1974년 7월 15일에는 대구시 소재 「협성산업주식회사(팽권표통조림공장)」와 자매결연을 맺고 딸기와 포도를 동회사에 직접판매할 수 있게 되었다. 그리하여 1975년에는 딸기밭 11ha에서 생산된 약 11만kg의 딸기와 포도밭 8ha에서 생산된 12만kg의 포도를 동회사에 직접 판매하여 1,545만원의 수익을 올렸다(딸기 815만원, 포도 730만원). 또한 1975년 12월 23일에는 동회사사장이 직접 마을을 방문, 4만 5천원을 기탁하였다.

(4) **새마을방송 실시**

성능 좋은 「앰프」 시설을 갖추어 조석으로 새마을 건전 노래를 방송 보급하는 한편 대통령각하의 말씀, 국가중요시책 및 행사 등이 있을 때는 이를 녹음하여 방송하는 등 방송을 통한 정신계발에 노력하고 있다.

새마을사업의 성과

1973년부터 1975년까지의 새마을사업의 실적을 요약하면 <표 3-6>·<표 3-7>과 같다.

〈표 3-6〉 새마을사업 실적

사업명		1973~75년까지 실적			
		사업량	사업비		
			계	지원	자기부담
하사금 사업	고공품생산	1동 6대	1,500천원	1,000천원	500천원
	원예작물	500평	1,600	1,300	300
소득금고융자금 (군으로부터 차용금)	약초재배	400평	1,500	1,000	500
협동권 사업	공동집하장	1동 60평	6,100	4,000	2,100
농촌도로	농로확장	3개소 2700m	876		876
	안길확장	3개소 1480m	480	123	357
	암거	3	307	68	239
	토관배설	3개 100m	281	67	214
	하수구	1 200m	315	160	155
	교량(5×7m)	1 5×7m	178	120	58
	마을회관	16평	173	29	144
	공동변소	1개소 2평	60	29	31
	마을광장	50평			
	빨래터	1 50평	50	32	18
	방범등	20	100		100
	곡물건조장	1 60평	113		113
	소류지시설	1 200평	900	900	
복차사업	소하천경비	1 400m	1,500	1,500	
지붕개량		67동	3,075	925	2,150

〈표 3-7〉 소득사업 실적

<table>
<tr><th colspan="3" rowspan="2">구 분 / 작 물 명</th><th colspan="4">1975년</th></tr>
<tr><th>면 적</th><th>반당 수확량</th><th>수 확 량</th><th>환 가 액</th></tr>
<tr><td rowspan="15">농업소득</td><td rowspan="5">식량작물</td><td>미곡</td><td>610반</td><td>450kg</td><td>274M/T</td><td>48,255천원</td></tr>
<tr><td>맥류</td><td>130</td><td>230</td><td>30</td><td>3,000</td></tr>
<tr><td>두류</td><td>40</td><td>160</td><td>6</td><td>1,344</td></tr>
<tr><td>서류</td><td>220</td><td>1,600</td><td>352</td><td>13,376</td></tr>
<tr><td>기타</td><td>40</td><td></td><td></td><td>2,400</td></tr>
<tr><td rowspan="6">경제작물</td><td>딸기</td><td>220</td><td>1,060</td><td>233</td><td>25,630</td></tr>
<tr><td>포도</td><td>100</td><td>2,000</td><td>200</td><td>14,000</td></tr>
<tr><td>배</td><td>20</td><td>1,200</td><td>24</td><td>2,040</td></tr>
<tr><td>사과</td><td>50</td><td>500</td><td>25</td><td>2,500</td></tr>
<tr><td>약초</td><td>2</td><td></td><td></td><td></td></tr>
<tr><td>채소</td><td>40</td><td>1,800</td><td>72</td><td>1,800</td></tr>
<tr><td rowspan="4">축산</td><td>가축명</td><td>기본보유수</td><td>중식수</td><td>계</td><td>환가액</td></tr>
<tr><td>한우</td><td>35두</td><td>11두</td><td>46두</td><td>6,900</td></tr>
<tr><td>양돈</td><td>46</td><td>30</td><td>76</td><td>3,800</td></tr>
<tr><td>기타</td><td>280</td><td>250</td><td>530</td><td>2,360</td></tr>
<tr><td colspan="2" rowspan="4">농외소득</td><td>가마니</td><td></td><td></td><td>2,000매</td><td>450</td></tr>
<tr><td>창고보관료</td><td></td><td></td><td></td><td>130</td></tr>
<tr><td>양묘</td><td></td><td></td><td>30,000본</td><td>115</td></tr>
<tr><td>복차소득</td><td>4두</td><td>1두</td><td>5두</td><td>470</td></tr>
</table>

자립마을로서의 여건('75. 11. 15 현재) 사례

자 원

1) 인적 자원

(1) 지도자

(1975. 11. 15 현재)

직 위	성 명	연령	학력	근무연한	특기사항
대덕군수	박창휘	48	대졸	1년	전국에서 앞서가는 새마을 군을 만들려는 집념으로 군전직원 독려와 함께 직접 현지지도까지 나가는 열성을 가짐
면 장	유동국	52	중졸	13년	최장기 면장이며 30년 조장행정의 경험이 있고 덕망있는 면장으로 주민 추앙이 큼
이 장	김영욱	42	대졸	4년	실질적인 사업지도자로서 새마을 시작부터 지금까지 기술지도, 자매결연 주선 등을 함
지 도 자 (남)	조봉휘	43	국졸	2년	마을 토착인으로 마을 사정을 제일 잘 알고 있으며 초창기 새마을지도자와 통일주체 국민회의 대의원직을 맡았던 고 이필래 지도자의 유언으로 승계지도자가 됨
지 도 자 (여)	한양수	40	〃	1년	마을 부녀회에서 만장 일치로 선출되었으며 대인관계가 원만하여 자매결연과 구판사업의 일을 도맡아 하고 있음.

(2) 가구 및 인구구조

(1975. 11. 15 현재)

가구			인구									계
계	농가	비농가	성별	계	1~14세	15~20	21~30	31~40	41~50	51~60	61~이상	
139	119	20	남	748	154	56	148	182	120	53	35	1,261명
			녀	513	137	61	77	74	79	38	47	

(3) 교육(15세 이상 주민 학력별 현황)

계 \ 구분	무학	국문 해독자	한문 수학자	국 졸	중 졸	고 졸	전문졸	대졸
675	16	10	8	613	8	12	1	7

한 가구당 가족수는 과거 10년 동안 계속 감소되고 있으며 8명 이상 대가족을 지닌 가구가 27가구인데 이들 대가족의 가구는 통상 잘 살고 있고 이들의 가장은 씨족 내의 행렬이 높거나 영향력을 가지고 있다. 그리고 씨족분포는 다양하여 다수 지배씨족이 없어 대립관계는 없는 편이다.

2) 물적 자원

(1) 경지와 규모(ha)

경 지					규 모 별 경 지 면 적				
계	논	밭	호당 경지면적	전국 평균	계	0.3 미만	0.3~1.0	1.0~3.0	3.0 이상
102	61	41	0.8	0.92	119호	14	86	14	5

(2) 공동이용시설(동)

마을회관	공동창고	목욕탕	이발소	집하장	작업장	공동변소
1 (16평)				1 (60평)	1	1 (2평)

(3) 마을공동재산(천원)

(1975. 11. 15 현재)

계	부 동 산						동 산				마을 금고
	소계	논	밭	임야	유휴지	하천부지	소계	현금	양곡	한우	
3,163	2,775 925평		2,775 925평		없음	없음	650	150		500 (4두)	738

(4) 문화시설

전기	TV	전축	라디오	신문	잡지	마을도서	전화기
130	31	25	135	38	26	80	

(5) 생산 장비 현황

경운기	탈곡기	양수기	동력분무기	수동식분무기	리어카
7	6	2	3		90

2. 직장 새마을운동 사례

새마을운동의 기반조성

1) 직장새마을운동의 필요성과 여건

1971년부터 창구업무개선과 현업관서업무쇄신 운동으로 부분적인 개선 작업은 계속되어 왔으나, 공주우체국의 본격적인 직장새마을운동은 1972년 12월 12일 현재의 S우편국장이 부임한 이후부터 시동되었다고 볼 수 있다.

S국장은 근 20여년간 체신부에 몸 담아온, 의욕이 왕성하고 창의적인 사람이다. 그는 체신공무원훈련소의 교관생활을 통하여 부하직원을 통솔하는 방법을 많이 익혔으며 특히 직장새마을운동이 시동될 당시 그는 본부 총무과 서무계장으로 있으면서, 직장새마을운동에 대한 자체계획과 관내 관서에 대한 종합계획을 만든 경험도 많았다.

또한 현재 혼자 하숙생활을 하면서 자나 깨나 직장발전에 대한 일념 뿐이며 밤에도 수시로 청사를 순시하고 있다.

공주우체국의 당면사업은 264평에 달하는 청사의 관리와 청사 앞을 흐르는 불결한 제민천의 정리작업을 비롯한 환경개선, 창구집무상태 개선을 비롯한 업무내실화 작업 및 직원의 의식구조를 개조하기 위한 일련의 작업이었다.

이 중 특히 청사의 관리는 1973년 내로 내정된 교환방식 변경(공전식에서 자동식으로)에 따라 청사의 반을 차지하던 전무시설이 신축된 전화분실(554평)로 이전하게 됨으로써 여러 가지 복잡한 문제를 낳고 있다.

이는 전화시설이 들어 있던 동력실·계전기실·시험실·교환실·전공실 등은 일반집무실과 다른 특수시설이기 때문에 개조나 수리를 하지 않는 한 일반사무실로 사용할 수 없고, 만약 그대로 방치해 둔다면 청사의 미관이나 활용면에서도 문제가 되기 때문이다.

또 845평의 대지 위에 세워진 전신전화분실주변의 하수도개수 및 조경작업은 단시일 내에 이룰 수 없는 사업이고 또한 예산도 많이 수반되는 사업이기도 했다.

2) 운동의 발전방법

직장새마을운동을 전개하는 데 있어서 무엇보다도 중요한 것은, 직원들을 어떻게 참여시키느냐 하는 문제인데, 많은 인력을 동원하는 것보다는 소수인원에 의한 지속적인 동원방법이 효과적이고 강제보다는 자발적인 참여가 바람직하다고 판단되어 전 직원을 몇 개 그룹으로 나누어서 조직화하는 작업에 착수하였다.

이 조직은 통칭 「새마을 구락부활동」으로 부르고 있는데 건전한 취미활동의 일환으로 소양과 취미가 같은 직원끼리 구락부를 결성하여, 주 1회 이상 취미활동이 끝난 후에는 자율적인 결의에 따라 새마을사업을 1건씩 전개한 후에 산회하도록 하였다.

이렇게 한 결과, 이들은 새마을 사업추진의 중폭적인 역할을 하게 되었으며 책임자의 지시나 독려가 없어도 스스로 비나 삽을 들고 일하는 적극적인 작풍이 생기게 되었다.

이 활동으로 하천청소·하수도개수·청사도장·화분대 조성·청사주변과 도로의 정비 및 꽃길 가꾸기 등 여러 작업을 할 수가 있었다.

이러한 활동의 모체가 되는 구락부의 편성은 등산부·공작부·탁구부·정구부·수예부 및 음악부 등 6개부로 되어 있고 전 직원은 의무적으로 이 중 한 부에 참여토록 했다.

그리고 초기의 직장새마을운동에 필요한 경비조달은 참여의식도 높일 겸해서 직원의 성금(소액)으로 충당하는 방법을 택했다.

3) 추진주체의 조직운영

(1) 새마을 체신협력회

군내유지 13명으로 새마을 체신협력회를 조직하여 우편국의 각종 사업이 지역사회에 미치는 기여도를 파악하고, 사업에 대한 의견을 들어 사업계획에 반영하고 있으며, 이 회의는 월 1회씩 열리고 있다.

(2) 새마을운동 협의회 운영

우체국 내 계장급 이상 및 당해분야에 소양 또는 기능이 있는 자로 협의회를 구성하고 매월 1회 이상 회의를 개최하여 새마을운동의 추진방향의 결정 및 계획수립과 추진실적의 분석·평가를 하도록 했다.

의식구조변혁

이러한 운동을 수개월간 추진한 결과, 직원의 의식구조가 달라지게 되었고, 집무환경도 차차 개선되어, 이제는 스스로 하려는 자발적 의욕이 보이기 시작하였으며, 바야흐로 점화단계를 넘어 서고 있었다.

그리하여, 이러한 자발적 의욕의 불을 더욱 가열화시키기 위하여 1973년 4월 5일의 식목행사 때에는 "우리 직장을 전국의 체신관서 중에서 가장 우수한 관서, 지역사회에서는 가장 청결하고 친절한 직장으로 조성할 것"을 전 직원이 다짐하기에 이르렀다.

특히 사업관서의 주요과제인 기업성과를 올리는 방안으로서 직원의 능력개발과 업무환경개선에 더욱 힘쓰는 한편 1인 1기 습득을 실천하여 자질향상을 도모하고, 생산성 제고와 서비스 향상에 힘을 기울이도록 했다.

새마을운동 실천사항

1) 자진참여활동

일과개시 1시간 전에 전 직원이 직장에 나와 10분간격으로 단계를 구분하여 다음과 같은 일을 하기로 한다.

- 일과개시 전 50분까지: 자기 책상 주변정리
- 일과개시 전 40분까지: 담당구역 청소
- 일과개시 전 30분까지: 신세기 체조 및 건전가요 부르기
- 일과개시 전 20분까지: 명상시간 혹은 과별교육
- 일과개시 전 10분까지: 하루 한 가지씩 「300가지 배우기 운동」을 위한 문제출제

2) 오수운동의 생활화

직장생활의 지표로서 다섯 가지 지키기 운동(五守運動)을 전 직원을 대상으로 전개한다.

- 제반 법규를 준수하자(수법: 守法)
- 비밀을 지키자(수밀: 守密)
- 시간을 엄수하자(수시: 守時)
- 신의를 지키자(수신: 守信)
- 분수에 알맞게 살자(수분: 守分)

3) 「가훈 갖기」 및 「가정의 노래 갖기」 운동

가정새마을운동의 일환으로 가정의 생활지표가 되는 「가훈 갖기」, 그리고 가정의 화목과 레크레이션을 위하여 전 가족이 함께 애창할 수 있는 건전한 「가정의 노래 갖기」를 전직원에게 권장한다.

4) 관서장 자전거 타기

검약운동의 솔선 및 에너지 절약운동의 일환으로 불요불급한 경우에는

시내의 차량운행을 중지하고 시내출장시를 비롯하여 본국과 분실 왕래시에도 반드시 자전거를 이용한다.

5) "한셈" 운동

분수에 맞는 생활과 허례허식의 풍조를 최소한 직원상호간에서라도 불식하기 위하여 "한셈"운동(커피 한 잔 안 마시고 마신 셈치고 절약함)을 전개한다.

6) 도시락 지참

정부방침에 의한 외식금지를 강력하게 실전하기 위하여, 걸어서 10분 거리에 자택이 있는 자로서 허가 받은 자를 제외하고 전 직원이 도시락을 가져오도록 한다.

7) 여가선용

(1) 묘포장 조성

분실정원공지에 묘포장을 조성하여 묘목이 성장하는 동안에는 직원의 식물에 대한 관찰력을 키워 주고, 성장 후에는 관내 우체관서에 분양하여 새마을사업의 지원효과와 협동심을 높이는 데 도움이 되게 하고 있다.

묘목으로는 니끼다송(2년생) 306주, 무궁화(2년생) 170주, 포도나무(1년생) 20주 등을 108평의 종묘장에 심었다.

그리고 땅콩을 재배(50평)하여 14두의 소득(11,200원)을 올리고 감초 밭(10평에 100뿌리)도 조성하여 1976년도에는 30,000원의 소득을 올렸다.

(2) 정구장 조성

23명의 정구부원들이 주축이 되어 분실 후정의 공개지를 이용하여 1개월에 걸친 작업 끝에 정구장을 마련했다.

(3) 복리후생시설

기계시설이 철거된 8개의 방을 직원의 자력으로 개수하여, 교양실·휴게실·탁구장·예비군사무실 등을 만들었고, 거기에 직원들의 작품을 게시하여 미화작업을 완성했다.

새마을운동의 확산발전

○○전화국 직장새마을운동 사례에서 보면 이와 같이 직장새마을운동을 전개한 결과, 전국의 체신관서 중에서 가장 우수한 관서로 평가되어 1973년과 1974년의 2년에 걸쳐 두 차례나 체신부장관의 표창을 받았고, 또 1975년에는 전신전화보전관리분야에서 체신부장관의 우승패를 수여받았다.

1) 정신면

소극적이고 수동적인 태도가 없어지고 집무 1시간 전에 출근하여 누구든지 비나 걸레를 들고 청소를 한다. 또 특별한 용무없이 밤 늦게 귀가하는 일이 거의 없어 비상훈련시에는 96%(75년 현재)의 높은 응소율을 보여 주고 있다.

2) 업무내실화면

(1) 전화고장률의 감소

"공주 무궁화" 작전을 전개하여, 초기에 4.7%나 되는 높은 고장률을 1.02%로 낮춰 전국에서 가장 낮은 고장률을 나타내고 있으며, 전체 2,200 가입자 중에서 고장이 1건도 없는 날이 1개월에 10일이나 된다.

"공주 무궁화" 작전은 Z.D(Zero Defects)운동의 자체구호로서 "공"(공법대로 시행하자), "주"(주의를 기울여 작업하자), "무"(무고장을 책임지자), "궁"(궁색한 변명을 하지 말자), "화"(잘 통하는 전화가 목표다)의 약자를 모은 것이다.

(2) 업무관리 카드 비치

담당업무의 흐름도 및 근거규정을 명시한 사례별 카드를 작성, 비치하도록 하여 당무자로 하여금 담당업무에 대한 복습의 기회를 갖게 하고 또 당무자 유고시에는 대무자의 업무안내서가 되어 지장없이 업무를 처리할 수 있도록 하였다.

(3) 업무개선제안 카드 운용

당무자가 업무수행과정에서 포착한 문제점이나 개선점은 미리 비치된 소정양식에 의하여 제출하고 월 1회 심사하여 채택된 안은 당국업무개선에 반영하고, 또 체신청에 보고하여 전 관서에 보급하도록 하였다(1975년도 실적 11건).

(4) 업무개선사례발표회 개최

매월 1회 주임급 실무자로 하여금 담당업무에 대한 개선사례를 선정하여 전 직원 앞에서 발표하게 하여, 발표자에게는 창의력과 발표력을, 다른 직원에게는 비교판단력을 높이는 계기를 만들어 주고 있었다.

(5) 1일 결산판운용

매일 일과 마감 후 1일 결산을 실시하게 하여, 유통물량과 세입실적 및 미결사항을 파악케 하는 한편, 전월과 오늘의 실적을 대비·분석하여 경영의 합리화를 도모하였다.

(6) 중요업무의 을지연습화

전시행동계획을 수립하고 보안상 계장급 이상에게만 유사시에 대처할 수 있는 파양 및 수송계획을 주지시켰으며, 1974년도부터 자체적으로 도상훈련을 실시하였고, 또한 암호를 제정하여 중요시설이 있는 장에 들어갈 때는 암호를 사용하고 있었다.

(7) 민원봉사실 운영개선

사무실에 있던 민원봉사실을 창구로 이전 설치하여 민원사무의 일원화를 기했으며, 또한 이용안내판을 설치하는 등 민원창구환경을 일신하였다.

(8) 사회봉사활동

① 지역 새마을 돕기, 불우 이웃 및 불우직원 돕기 운동을 전개했는데 그 실적은 다음 표와 같다.

② 효도운동전개…공주읍 내의 각급학교 재학생의 30% 이상이 외지출신

전개건명	횟수	실적	기간
농번기 노력지원	6	415명 5,200평	73~75
결연부락 현금지원	2	40,000원	74~75
불우이웃 돕기	4	44,000원	〃
불우직원 돕기	6	18명 104,000원	〃
새마을 시가지 청소	24	1,320명	〃

임을 감안하여 이들에게 주 1회 본가의 부모에게 편지를 보내는 효도운동을 권장하였다.

③ 우표전시회개최…1973년도부터 연 1회 우표전시회를 개최하여 우표에 대한 인식을 새롭게 하였다.

통상 전시기간은 7일이고 전시장에서 판매한 실적은 1973년 287,650원, 1974년 351,701원, 1975년 1,534,340원 등이다.

④ 문패 달기…읍민의 문패 달기의 동기유발을 위하여, 1974년에는 읍내 반죽동 일단의 105가구, 1975년에는 웅진동 9개동의 문패 없는 150가구에 문패를 제조하여 게시해 준 결과, 1975년 현재 문패달은 율은 96%에 이르고 있었다.

제 4 장

우리 나라 농촌정주권 개발의 이상모형

농촌정주권은 표준복지농촌을 건설하기 위한 구상으로서 농촌권역 내의 또다른 인접정주권과의 연계발전을 도모하기 위한 개발권역인 동시에 광역화사업의 모범협동권역으로서 권역 내의 생산 · 생활 · 환경을 종합적으로 계획 · 개발하여 농촌에서의 표준단위 생활권 개발을 하고자 하였던 바 지금 까지의 실태 분석 및 외국의 사례를 종합하여 볼 때 전국 농촌에로 확산 · 적용할 수 있는 이상적인 정주생활권(定住生活圈)으로서 개발모형을 구상할 필요를 느낀다. 그런데 우리의 농촌 실정에 맞는 지방시대의 창조, 기본 목표와 방향 지표가 정주권 개발모형에서 제시되고 체계화되어야 하겠다. 따라서 본장에서는 현실과 이론을 조합하여 우리 나라 농촌정주권 시범개발모형을 구상하고자 한다.

제 1 절 정주권 개발의 기본적 조건과 전제조건

1. 지역특성과 개발잠재력의 분석

자연환경적인 특성으로서 권역의 위치, 모도시나 지방중심도시와 거리, 입지인자, 행정유역으로서의 위치와 자연부락의 수, 지형과 지세, 용수관계, 용지문제 등의 특성을 파악하여야 한다.

인문사회적 특성으로서 권내의 총면적 중 농경지와 임야의 비율, 입지자원의 이용도, 농가비율, 노동인구의 취업구조, 산업구조, 권내의 지역총생산, 1인당 주민소득, 주택 보급률, 상수도 보급률, 1인 1일 급수량(l), 도로밀도(m/km^2), 포장률, 전화사업진도, 인구학적 근대화의 정도, 의료관계 등의 권역이 갖는 지위의 파악이 있어야 할 것이다.

개발잠재력으로서 다른 지역과의 교통권의 위치, 지리적 이점, 농산물 생산량의 증가 가능성, 상업중심지로서의 역할, 관광 자원의 보유 여하, 유적 등 무형·유형문화재의 보유 정도, 주민의 정주의식과 향토의식이 어떠한지의 개발잠재력을 파악하여 정주권을 설정하고, 개발방향과 과제를 모색함이 따라야 할 것이다

2. 정주의식의 인간화 지향과 인간주의적 개발

정주권의 개발에 있어서는 물적 시설의 개발과 함께 생활의 질을 고양할 수 있는 지역복지총량을 키울 수 있는 정책적 개발이 필요한데 이는 지역개발의 기초수요의 대상, 즉 의·식·주와 생필품, 환경·위생시설·하부구조시설·통신시설·교육관계조건, 생산과 수입을 위한 생산적 고용, 공동서비스 경비를 감당할 수 있는 잉여창조 등을 가능케 할 인적·물적·기술적·제도적 하부구조시설, 지역개발사업에 관한 의사결정과 참여, 의료 등 복지시설에 대한 정주권 내 지역주민으로서 만족도는 어떠하며, 가치의

우선 순위를 어디에다 두느냐가 파악되어야 하며, 특히 이와 관련하여 인간정주가 진·선·미 가치에 지배된다고 볼 때 주민들이나 공무원이 다같이 거주공간에 대한 인식과 국토공간에 대한 인식이 인간주의적 인식[1]에로 지향되어야 할 것이다. 요컨대, '물'에서 '심'으로 가치의 변수가 있어야 한다고 본다. 이를 구체적으로 보면 다음과 같다.

① 어느 권역이든지 자기 또는 자기와 관계가 깊은 사람들이 사는 삶의 공간이라는 생각을 갖고 개발에 참여해야 한다는 것이다.

② 하나의 권역을 어떻게 개발하느냐에 따라서 인간의 생활방식이 달라질 수도 있으며 인간의 욕구에 일치하는 복지환경으로의 개발이 최후의 개발목적임을 인식하는 일이다.

③ 그 정주권 역내의 주민들은 일상생활에서 필요로 하는 기본수요를 불편없이 그들의 생활권 범위 내에서 충족할 수 있도록 농촌지역의 제분야를 종합적이고 유기적으로 개발하여야겠다는 개발의지[2]를 갖고 추진되어야 하겠다는 것이다.

④ 주민과 개발참여 관계공무원은 인간이 그들이 살고 있는 장소 때문에 어떤 사회적·경제적·문화적·정치적인 불이익이나 불평등, 발전기회의 상실 등의 차별을 받는 것은 바람직하지 못하다는 생각을 갖고, 농촌생활권 중 일정한 권역을 설정함으로써 기본적인 삶의 공간으로 하여 정주할 수 있도록 권역이 갖고 있는 공간적 특성과 자질을 활용하여 단순한 주거지나 식량생산의 장으로만 생각하지 말고, 인간정주의 장이라는 인식을 갖고서 자기가 살고 있는 곳에 도시화의 요인을 투입하여 제1차적으로는 공간적으로 공동사회를 이루고 있는 지역거주성원 사이에 협력을 하도록 하며, 마찰을 최소화함은 물론 주민이나 그 지역권에 있는 기업활동의 흐름을 무리없이 수용할 수 있도록 정주권 환경을 조성하려는 인간행위의 합리성[3]에 바탕을 둔 개발철학과 논리를 갖고,

1) 최양부, 농촌발전과 농촌계획, 대한국토계획학회, 1983년 7월 15일 발표논문 국토계획, 제18권 제2호(통권 39호), 1983. 12. p. 4.
2) 임승달, 농촌개발을 위한 광역권설정과 개발기본방향에 관한 연구, 강릉대 새마을연구소, 새마을 연구논집, 제2집, 1983. 12, p. 72.

① 상징물로서의 공공기관의 유치, 회관건립, 토속문화행사의 전개 등 개발효과가 권역 내 주민의 복지편익, 경제 등에 관련성이 큰 부문과 우선순위를 선택하여 지역자원의 한도 내에서 투자하는 개발프로그램을 세우려는 의지가 필요하다고 본다.

② 정주권 사회는 종합적인 지역복합사회라고 할 수 있을진대 여기에는 자연·인문사회적 생활기반으로서 용지·용수·교통·주택·직장 등의 조건을 필요로 하기 때문에 그러한 생활기반을 구축하여 거주를 진행하는 동인으로써 생활양식·삶의 과정·사회계층에 따른 거주조건을 형성하고 기회를 제공하며, 사회·문화적 혜택을 부여함으로써 거주의 계속적 여건을 달성하여 가는 일이 전제되어야 할 것이다.

③ 환경의 기반정석이다. 이상적인 정주권 개발은 근본적으로 자연환경·생산환경·생활환경의 조화적 정비에 입각하고 있는 만큼의 환경기틀을 다듬는 것은 가장 근본적인 것이다.[4] 이 중 생활환경의 문제는 특히 생활권 내의 주민들에게 제공되는 서비스 문제와 연결되기 때문에 교육 의료나 가정적 서비스, 교통·금융, 도·소매업 등 2차 산업 부문과 관련된 서비스가 이루어지도록 하여 지방시대에 있어서 지역주민의 정착성을 강하게 할 수 있는 생활환경정비를 하는 일을 생각할 수 있어야 하겠다.

제 2 절 정주권 개발의 기본목표와 방향정립

일반적으로 현재 농촌권 주민들은 정주의식을 상실하여 지역외이동이 계속되고 있으나 주민들의 일상생활이 충족되고, 농촌소득 기반이 강화되며, 정주복지환경이 조성된다면 주민은 정착·안주함은 물론 쾌적한 공간환경을 즐길 수 있을 것이고, 향토문화를 되찾아 새로이 전통문화를 살리게 되어 대도시의 인구도 전원촌락에 수용될 수 있는 것으로 생각한다. 이

3) 황용주, 도시계획원론, 녹원, 1983, p. 158.
4) 영월지방정주생활권개발계획, 서울대 환경대학원 환경계획연구소, 1981, pp. 74-75.

를 위해 보다 이상적이긴 하나 실증적 방향이 설정되어야 할 것이므로 목표와 방향 정립을 위한 표준인간 정주지역이라고 할 수 있는 지역권을 설정하여 이곳의 인구 변동의 전망으로서 정주권과 그 주변지역 및 도시 인구, 지역산업구조별 인구의 전국 도·군·읍·면과의 대비 및 현재와 미래 전망, 산업별 취업 인구의 변동 추세와 장래의 산업별 개발계획, 연령계층별 인구전망을 하고, 동시에 토지이용 현황과 경제성장과 더불어 도시화 시대의 전개에 따르는 토지이용의 변화 추세에 대해서 특징을 분석하고 예상하여 각 부문별로 다음과 같이 개발기본방향을 정립한다.

1. 종합복지환경의 조성

1) 종합생활공간권의 조성

교통과 통신의 발달과 생활수준의 향상으로 개인의 생활영역이 확대되고, 제반활동의 공간적 범위가 광역화되고 있으며, 시간적인 리듬도 점차 다양화되고 있다.[5] 따라서 정주생활권 중심으로 복지가 충족될 수 있는 종합적인 생활환경인 공간적 권역을 구성하는 데 목표를 둔다. 그리고 기본방향은 다음과 같다.

① 보건사업과 의료사업을 지역적 특성과 인구 규모를 고려하여 실시하고 의료자원을 적정하게 배치한다.

② 지역주민의 최저 생활보장과 주민자치능력을 개발한다.

③ 사회복지시설을 확충한다.

2) 지역균형개발에 의한 격차의 해소

도·농간, 지역간, 산업부문간, 계층간, 소득간의 격차는 심각한 사회문제를 가져 왔고 불평등이 심화되기에 이르렀다. 우리는 1960~1970년대의 총량지향적 개발패턴으로 서울을 중심으로 인구와 부가 과도하게 집중되었으

5) 한남대 지역개발연구소·내무부(현, 행정자치부)·국토개발연구원 공동으로 개최한 "지방화시대에 있어 지역개발의 방향모색을 위한 세미나"에서 발표한 '서산정주생활권개발계획' 중간보고서.

며, 국가 전체인구가 5~6개의 대도시에 분산·수용하는 도시국가형의 개발이 되어 왔다. 앞으로는 사회의 안정과 균형 발전을 위하여 장소적·지리적 이동을 하지 않고서도 안정된 일자리와 소득 향상, 자기발전의 기회가 보장되며 산업사회의 편익과 성장과실의 균등한 혜택을 받을 수 있는 지방사회 중심이 형성되어야 한다. 종래에도 공간배치정책이 전혀 없었던 것이 아니나 마을간의 경쟁으로 지역적 이기주의[6]가 커지면서 문제를 해결하지 못하고 산발적으로 마을단위의 개발 흉내를 내고 있는지라 최대 다수의 최대 복지의 시대를 만드는 것이 개발목적이라고 할 때 더욱더 지역공간의 하위정주권이라 할지라도 보다 체계적인 지역균형개발이 요구된다. 이를 위한 생산성 향상책을 포함한 구체적 사업지표를 설정하고, 중·장기 계획을 세워 개발하여 가야 할 것이다.

3) 자연환경의 보존

국토개발효과의 측정지표를 토지의 한계생산성에만 둘 때 자연은 당연히 침해되고 말 것이다. 또한 국토의 이용도 단순한 경제적 생산성만을 뜻하는 것이 아니라 모든 인간의 물질적 및 정신적 생활에 필요한 모든 수요부문에의 충족을 뜻하며, 또한 시간적으로는 단기적 내지 한 세대만을 위한 공급이 아니라 장기간에 걸친 후손들에게 공여되는 것으로 생각할 때 자연 보전이야말로 국토개발의 중요한 과제라고 생각한다. 특히 인구의 급증, 자원의 고갈, 생활품의 수요 증대, 지역간·계층간의 경쟁 심화 등의 제 변수는 보전보다는 당장의 이익을 놓고 개발의 역기능적 결과까지도 초래할 수 있을 것이다. 여기에서 개발방향을 놓고 생각할 일은 다음과 같이 예시할 수 있다.

① 자연은 인간 문화 생활의 기초적 터전이라는 인식이다.

② 경제적 자원으로서 자연의 가치는 영구하고 크다는 것이다.

③ 저수지와 같은 자연을 이용하여 국민관광휴양지구로 지정하여 농재정주권을 관광위락공간으로 기능·개발한다.

---

6) 손정목, 「지역개발의 현황과 문제점」, 내무부(현 행정자치부), 제1회 지역개발세미나 보고서, 1969, pp. 38-42.

④ 산지의 일부는 자연수목권으로 개발하며, 자연공원적 분위기를 조성한다.

⑤ 자연환경과 사적, 문화재를 체계적으로 정비·보존한다.

4) 산업 선진사회의 기반구축지향

농촌권이 경제적인 절대 빈곤뿐만 아니라 상대적 빈곤에서도 해방되어야 진정한 의미에서의 복지·정의사회가 되는 것이고, 도시가 꽃이라면 농촌은 뿌리라고 하겠으나 농촌권에서도 꽃이 피려면 그 개발방향은 다음과 같이 되어야 한다고 생각한다.

① 정주생활이 될 수 있도록 인간정주의 물질적 기초를 형성하여야 할 것이다. 이를 위해 그동안 농공단지도 전반적으로 타당성 분석과 프로그램 전략평가와 능률성평가[7]를 하여야 할 것이고, 농촌의 공업개발을 통한 농촌산업구조를 단계적으로 재편성하여야 할 것이다. 그래서 경제적 안정을 위해 지역적 산업활동이 촉진되어야 한다. 그렇게 되려면 내발적 동기에 의한 정주권과 근접, 또 다른 정주권 내의 부존자원의 활용이 중요하다. 또한 지역산업간의 단편적인 것을 지양하고 산업화 과정을 확대·연장하거나 산업간 연계를 도모할 수 있는 지장산업 모델[8]을 발전시켜 지역에 파급효과를 가져올 수 있도록 하여 지장산업을 핵으로 하여 지역의 역사적·경제적·사회적·문화적 수준을 향상시켜 매력이 있는 정주권이 형성할 수 있도록 지장산업과 농촌축산업, 상업, 서비스업, 관광업 등의 관련 산업에 있어서 상호의존관계를 강화하면서 경제·산업·생활·소비를 연관개발하는 방향으로 할 일이다.

이러한 산업연계화는 지역 내의 하위정주권과 타하위정주권 내의 지역간, 정주권간, 광역개발협동권간, 행정구역간의 연계화를 도모할 수 있을 것이다. 이는 곧 농촌 경제의 효율화 문제와도 직결된다고 본다.

② 농촌정주권에 도시화의 요인을 단계적이고 점진적으로 접합시키는 개발방향이다. 그리하여 도시생활의 이점인 사회적 기회, 고용기회, 건축물,

---

7) 노화준, 정책평가론, 법문사, 1983, pp. 50-51.

8) 日本地場産業 問題硏究세미나, 「地場産業と都市づくり」, 地域開發, 1981年, 8月號

오락장, 자본기업 활동과 농촌의 아름다움이나 즐거움인 자연경관, 저물가, 신선한 공기, 밝은 태양, 밝은 물 등을 융합시킬 수 있는 지역[9]이 될 수 있도록 농촌환경의 도시화를 진행시키는 일이다.

③ 생활의 민주화가 이룩되는 농촌권의 개혁지향이다. 이제는 농촌권의 주민도 개방사회지향적이고 사회나 생활의 리듬 가운데 민주방식을 원한다고 하겠으며, 향토문화의 진흥 속에 전통과 근대의 조화를 이루는 방향으로의 개발이 요구된다고 하겠다.

④ 행정의 지방 분권화, 지방자치단체장선거의 실시, 민간주도형 지역사회개발의 광역화 추진의 계속적인 농촌정주권형으로서 지역사회개발운동의 중·장기계획화를 수립하고 개발해야 할 것이다.

⑤ 지역산업개발에 필요한 재촌기술인력을 양성하기 위하여 직업훈련센터를 확대·개편하고, 농민 교육의 내실화를 지향하며, 학교의 지역사회화를 추진하는 방향에로의 정주권 개발목표와 방향의 정립을 제안하는 바이다.

2. 지역문화의 창조

1) 민주시민정신의 생활화 계발

고도 산업사회에 적응하고 주어진 지역조건과 변동을 관리하며, 지구촌시대·국제화 시대에 즈음하여 새로운 민주시민 윤리와 지역주민의 애향심을 배양하고, 과학의 정신을 기르며, 산·관·학의 협동체를 이루어 지역봉사정신을 발휘할 수 있는 지역사회 학교의 운영을 내실화하며, 여성인력의 사회와 기술인력의 개발을 체계화할 수 있는 민주시민교육을 통한 국민정신의 내면화·생활화·실천화를 목표로 하여야 할 것이다.

2) 지역향토문화의 배양육성

문화란 일정 집단의 구성원들이 기간 혹은 세대를 통하여 공통으로 전승

9) 노융희, 신도시개발론, 박영사, 1973, p. 12.

해 온 생활양식과 사고방식의 총체를 의미한다. 그러므로 향토문화라 하면 지방민이면 누구나 기본적으로 공유하고 있는 생활양식과 의식구조이며, 이를 바탕으로 하여 운용되는 제도들과 의미의 체계를 말하는 것이다. 그런데 우리는 일제식민시대와 계속되는 서양세력으로 우리의 전통문화가 상처를 받았으며, 지금도 받고 있는 것이 아닌가 싶다. 그래서 때로는 실용이나 합리라는 이름으로 서양화가 곧 선진으로 오해도 되고 있으며, 가치관의 혼미와 방황 또한 없지 않다고 본다. 여기에서 생각할 일은 다음과 같은 것들이 있다.

① 우리의 정체를 찾고자 함이다. 단 보편적 정체와 고유정체의 조화가 요구된다.

② 고향이란 단순히 지역개념이 아니고 포괄적이며, 깊은 의미를 지닌 관념의 덩어리이며 뿌리이고 어머니이며 정신적 토양이라고 하겠다. 이러한 맥락에서 지방문화의 배양 지향이 있어야 할 것이다.

③ 애향심이 없으면 애국심도 없을 것이다. 고향은 작은 내 나라이기 때문이다. 그런 면에서라면 우리들의 고향의식[10]은 단순한 지연의식일 수만은 없고, 지역에 대한 긍지이며, 여기에서 향토의식과 지방문화도 성장되어야 할 일이다.

④ 문화의 지방성 · 향토성은 지역의 독자성이며, 지역적 공동연대감을 형성하게 되고, 정치적 자결능력과 공동체의 형성을 위해 기초가 된다고 본다. 따라서 이는 지역개발의 내재적 추진력이 된다고 하겠다. 이런 의미에서 볼 때 문화는 개별성과 특수성을 향토성의 내용으로 하여 보편성에 앞서서 형성될 필요가 있다고 본다. 그것이 정주권별로 출발되어 상승적 통합과정을 거치면서 보편성을 획득할 수 있다고 본다. 그러므로 문화의 향토성이 구현되어야 하고, 지역 내에서는 지역적 독자성이 우선되는 방향에로의 지역문화가 배양되어야 할 것이다.

---

10) Charles N. Goldberg, "Spirits in Plan. The Concept of Kohyang and Korean Social Order," David R. McCann, et al., eds., *Studies on Korea in Transition*. The Centers for Korean Studies. 1979.

3. 지역권의 실질적 소득증대

1) 지역자원이용의 효율화

자원은 시간의 변화·기술의 변화·가치의 변화에 따라 자원 자체의 가치가 변화될 수도 있기 때문에 자연자원, 인적자원을 동원해야 하는, 즉 넓은 의미로 제자원의 잠재력을 현재화시키는 일이다.[11] 그리하여 그동안 획일적으로 자연부락단위로 자원을 개발하고, 지역사회개발형으로 개발하면서도 중앙정부주도하에 개발이 추진되었던 과거와는 달리 국가적 차원과 자연부락차원에서 간과되었던 자원의 가치를 정주생활권에서 현재화시키고, 효율적으로 지역개발 관련효과를 제고하는 방향으로 자원을 활용·보존함을 목표로 한다.

2) 소득의 증대

농업용수 및 경지정리를 확대·개발하여 영농생산기반을 강화하고, 영농기계화를 계속 추진하여 농업 생산성을 향상시키며, 답·전별로 그리고 축산부문 중심과 농외소득으로 나누어, 살펴보면 다음과 같다.

① 축산, 과수 및 경제작물의 주산단지를 조성하여 농업 소득을 증대한다.

② 특화사업에서 나오는 생산량과 인접 지역의 물량을 감안하여 농공단지를 건립·운영하도록 한다.

③ 산지의 효율적인 개발과 산지관리를 효율화한다.

④ 주변에는 경제림과 관광림의 단지를 조성한다.

⑤ 유통시설을 확장한다.

---

11) 신윤표, 복지농촌의 개발모형연구, 한남대 지역개발대학원, 1981, p. 20.

제 3 절 정주권 설정과 정주체계의 확립

1. 농촌정주권 설정의 기본방향

인간정주는 장소적 물리공간과 활동적 기능공간의 이중개념으로 보아야 할 것이며, 정주의 기능은 다양하므로 정량적·국지적으로 파악한다는 것은 어려우며, 일부의 단면만을 접근의 준거로 삼을 수 있을 뿐이다. 이렇게 볼 때 정주권은 정주기능의 기본적 생활권을 지역개발의 기초적 공간 단위로 획정하여 이를 공간의 전체적 위계구조 속에서 동태적으로 파악하는 것이 바람직하다.[12] 다시 말하면 기본적인 자연부락이나 동에서 일어나는 생활권의 개념으로부터 상위의 생활공간으로 광역화시키는 방법과 군 전체의 공간수준에서 제공하는 생활 기능을 공간적으로 분화·접근하여 생각할 수 있다. 그런데 농촌지역의 정주권은 농촌지역의 생활권을 떠나 생각할 수 없다고 보는데 생활권을 주민들이 그들의 생활단위권 내에서 쾌적하고 적정한 삶을 영위하는 데에 필요한 모든 공공시설과 생활 여건을 포용하는 지역[13]라고 할 때 부락을 중심으로 정주기본생활권이 있을 수 있고, 수개의 촌락을 묶은 정주협동생활권인 읍 또는 면을 중심으로 한 정주 소생활권, 한 개의 군이나 군간 협동으로 이루어진 정주 대생활권 등으로 계층화할 수도 있겠다. 이 문제는 여러 가지의 이론이 있을 수 있겠으며, 이러한 농촌 생활권을 체계화한 내용은 [도표 4-1]과 같이 예시된다.

도표와 같은 실제생활권을 기준으로 정주생활권을 설정할 때 그 기본 방향은 다음과 같다.

① 인구규모면에서 격차가 있고, 시간거리, 요금거리, 실측거리(km), 의식거리 등 거리상 균일하지는 않지만 공동의식이 강한 단위 부락을 기초로

---

12) 정읍시, 정읍지방정주생활권계획, 1982, pp. 44-45.

13) Clarence Arthur Perry, *Housing the Machine Age*, New York, Russel Sage Foundation, 1939, p. 50.

하여 체계화된 생활권 중에서 각 계층에 적합한 시설을 정비하도록 한다.

② 공동 및 광역이용이 가능하도록 집적의 이익을 높이는 방향으로 설정한다.

[도표 4-1] 농촌정주생활권의 체계

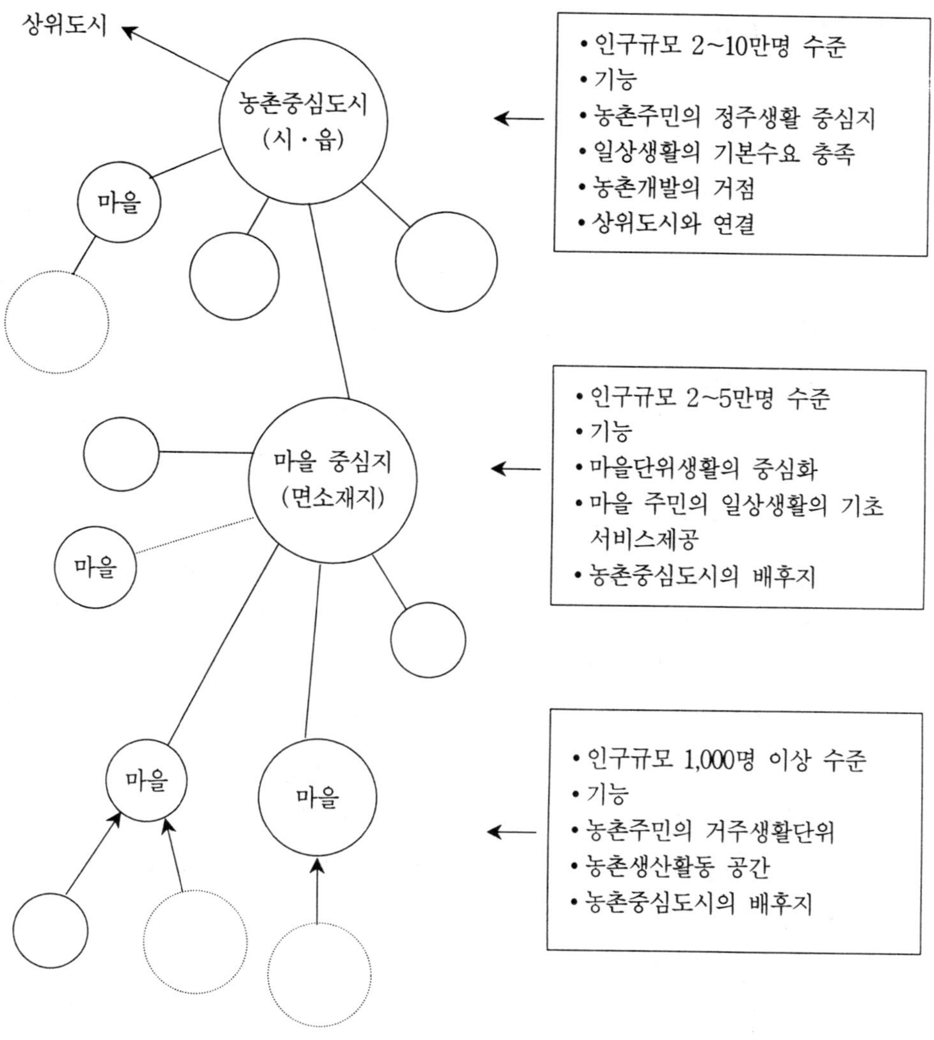

* 자료: 최양부, 농촌발전과 농촌계획, 대한국토계획학회 1983년 제2회 학술발표회, 「한국농촌개발의 과제」, 1983. 7. 15의 주제발표논문요지, p. 11에서 인용.

③ 상위계획을 탄력적으로 수용하는 차원에서 정주권을 설정한다. 여기에서 상위계획이란 시·군의 경우 국토종합개발계획과 도개발계획까지를 포함한다. 국토개발계획의 체계상으로 보면 정주권 개발계획은 가장 하위계획에 속하며 따라서 상위계획과 함께 마을계획까지를 지역권의 여건에 맞추어 탄력적으로 수용하는 방향에서 설정해야 할 것이다.

2. 정주체계의 확립

정주체계는 편향되거나 형평성을 잃어서는 안 될 것이며, 중심지역과 배후지 간의 관계가 너무 종속적이어서도 안 될 것이다 따라서 정주권으로 선정할 대상지역은 첫째, 지역간 연계가 잘 되어야 하며 둘째, 주민 제활동이 원활하게 이루어질 뿐 아니라 편리한 구조이어야 하며 셋째, 지역 내 공간기능은 형평성과 상호보완성과 기능적 통합성을 획득해야 한다. 구체적으로 이를 위해서는

① 정주체계의 형평성을 모색한다. 즉, 주민의 1차생활권 내에서 중심지를 형성시키고 일터와 집과 정부 서비스가 삼위일체가 되도록 한다.

② 행정서비스는 읍·면 행정 서비스권이나 시·군 서비스권을 넘지 않도록 하고, 물품구매는 정기시장권 내에서 이루어지도록 한다.

③ 정주체계의 통합성을 제고시킨다. 가능한 한 정주권은 지역완결성과 독자성을 갖도록 공간기능상 통합이 전제되어야 한다.

④ 정주체계 내의 지역간 상호연계성을 향상시킨다. 이는 지역 내의 상호보완성을 높이기 위함이며, 주민의 생활활동영역을 확대시키고, 주민에게 생활 기회에 대한 접근도를 높여 상호유대를 점차 제고시키고자 함이다.

⑤ 정주권이 새로운 중심지를 이루어 주변촌락지역의 생산활동에 참여를 용이하게 한다.

이상의 기능 등이 수행될 수 있다고 보는 한 지역을 정주권으로 설정하고, 이를 중심으로 정주권 개발의 전략사업과 지표를 설정함으로써 정주권 개발의 이상모형을 수립하고자 한다.

3. 정주생활권으로서 이상적인 권역설정

인간의 의식과 행동이 삶의 공간을 조형하기도 하지만 그 공간으로부터 한계되기도 한다. 이와 같이 인간의 삶과 공간은 체계를 이루게 된다. 따라서 정주사회란 생활 기반인 공간 또는 장소와 그 범위 내에서 거주동인, 거주관습, 거주조건을 기초로 하여 그 발전과정이 형성되어 온 역사적·문화적·전통 사회적 조직이 형성되는 지역복합체라고 한 바[14] 그 공간적 용기가 정주권이라 하겠다.

이 속에는 공간기능이 체계적으로 이루어져 생산활동과 일상생활이 안정되고 편의하게 이루어지기 위해 각 리·동 간에 기능적으로 지역연계성을 갖는다. 이와 같이 지역 생활권 내에 자연환경·생활환경·생산환경 등 인간의 거주환경이 종합적으로 정비·조정되어 그 속에서 역사와 문화를 같이 하며 안전하고 편리하게 그리고 건강하게 살 수 있는 희망이 담긴 인간과 자연의 조화를 이룬 쾌적한 '일상생활충족권'으로서의 정주권 조건을 모색하여야 할 것이다. 이를 보다 구체적으로 보면 다음과 같다.

① 역사적·문화적 전통에 기초를 같이 한 권역을 설정하는 일이다.

② 주민의 정착안주조건을 보유한 지역이거나 개발여지가 있어야 한다.

③ 환경이 주민참여에 의해 정비·조성된 자연부락권으로 구성되어야 한다.

④ 협동권 사업이 부분적으로 이루어져 마을 금고는 금융기관으로, 마을총회는 협동권 추진위구성으로, 구판장은 시장기능으로 발전할 수 있는 자립가능지역이며, 지역과 주민이 한 체계를 이룬 공간으로서의 조건이다.

⑤ 일상의 제생활이 자족될 수 있는 권역이냐의 문제에서 긍정적 조건이어야 한다.

⑥ 경제적 생산 활동이 자족될 수 있는 권역이냐의 문제이다.

⑦ 주민의식의 동일화 작용이 있어 정주권 형성의 희망지역이어야 한다

---

14) 국토개발연구원, 생활권개발구상에 관한 연구, 1980, p. 129.

는 문제이다.

⑧ 농협의 사업기능이 강화되며, 도시의 소비조직과 농촌 생산조직이 연합체를 형성하여, 중앙정부나 지방자치단체의 지휘나 지시 혹은 지원이 없다고 하더라도 사업을 전개할 수 있는 정치적 능력에서도 자결할 수 있는 수준의 의식이 형성된 주민조직권이어야 한다는 문제이다.

⑨ 도시권의 병리나 집적폐해가 크게 일어나는 권역이 아니고 미개발지역권으로서 개발희망이 강하게 일어나든지 일어날 수 있는 지역이냐의 문제이다.

⑩ 공동노력의 정주권 내 주민의 경제적 이익이 확대되고 배분이 이루어지며, 이익공동체권이 형성될 수 있으며, 지역공동체에의 귀속의식과 지역에 대한 충성심 문제에 있어서 좋은 의미의 지방주의가 분위기로서 이루어져 지방적인 자주·자결의 원칙15)이 수립되고, 정주권 조직형성의 의지가 결집될 수 있는 지도자 중심의 참여의식이 높은 주민의 관심권 지역이 되고 있느냐의 문제이다.

⑪ 공간단위로서 기능이 효율적일 수 있는 중간적 계획지역이라야 하겠다. 이러한 문제해결의 가능성과 조건의 구비를 전제로 하여야 한다.

제 4 절 농촌정주권 개발의 전략과제와 지표설정

1. 종합개발의 기반정비

1) 생활환경의 개선

인간의 정주환경은 곧 정주생활환경을 말하는데 그것은 다음과 같다.

15) 三輪公忠, 地方主義の硏究, 南窓社, 1975 pp. 5-8.

(1) 주거환경

여기에서는 소득의 상승과 핵가족화가 전개됨에 따라, 주택의 형태와 방수나 규모에 대한 주민의 의사가 개량과 개선지향으로 나타나는 바 정주권의 주택수요추계를 하여 주택보급률지표를 세워야 할 것이다. 수원지를 확보하여 간이상수도를 비롯하여 용수난을 대비하고 인구 증가와 생활수준의 향상에 따른 또는 공업 용수, 농업 용수, 생활수준의 필요에 따른 용수개발계획을 세우고, 광역수리개발을 추진하는 한편 수질오염의 방지를 위한 시설정비를 하여야 할 것이다. 체계적인 하수 처리를 하며 하수와 용수를 분리·처리하는 분류식으로 시설하며 주민보건과 미의 향상을 위하여 지역의 특성, 오수원의 배분, 방류수의 특성 및 이용도, 경제성·실현성·유지관리 등을 복합적으로 검토한 후 제여건을 감안하여 정주권의 하수 처리는 분류식을 원칙으로 하되 인접 정주권을 고려하여 지형이나 기존시설상 불가피한 곳은 합류식으로 한다. 그리고 오수처리는 전량 종말처리장을 만들어 이곳으로 유도하도록 하며, 자연류하를 원칙으로 한다. 생활의 편익시설이 증가하고 문화생활이 되어감에 따라 청소의 문제가 크게 대두된다. 따라서 장비의 확충, 신규매립지의 선정·조성·기술의 개발·분류·처리 등의 방법을 강구하며, 쓰레기의 배출량과 성분에 따라 추계에 따른 쓰레기 처리계획을 세운다. 이와 동시에 분료처리장을 만들고 수세식 화장실을 가미한 특수농촌형 화장실로 개발한다.

(2) 생활 환경의 확충

이를 위해서는 ① 지방도 및 군도의 포장을 높이며, ② 버스 노선 배치는 주민편의중심으로 하며, ③ 간선도로와 진입로의 포장 및 순환 도로를 개발한다. ④ 대중 교통수단을 증가시킴과 동시에 정류장의 위치도 학교, 공공시설, 경제시설, 시장건설 등을 고려하여 재조정한다. ⑤ 전화사업 전개로 그 보급률을 제고시킨다. ⑥ 주변천은 위락공간으로 개발하여 우기의 집중폭우에 대비하여 어느 한 마을의 이익 때문에 다른 마을이 피해를 입는 일이 없도록 제방을 정비한다. ⑦ 묘지의 문제는 앞으로 용지난과 함께 부딪치는 가장 큰 문제이며, 문화혁명과도 관계된다고 하겠으나 효율적인 토지 이용 및 토지의 용지전용을 고려하여 계획적으로 배치하여야 한다. 특히 납골당문화의 정착이 유도되어야 할 것이다.

2) 도·농 연계적 종합개발의 기반정비

문화복지농촌의 건설은 정주권으로 설정한 권역을 중심으로 새마을 광역권 사업을 전개함으로써 농촌 소득을 지속적으로 성장시켜 농촌정주기반을 구축하며, 정주권 주민의 총체적 참여로 경제·사회·문화·행정 및 정치활동을 수행하는 중심지로서 정주권 주민들과 인접 농촌 주민들이 필요로 하는 기본 수요와 각종 서비스를 제공하는 기능을 담당할 수 있는 지역으로 개발하며, 대단위 숙원사업을 전개하여 지역발전기반을 확립하는 일로써 달성할 수 있을 것이다.

민주협동자영역량을 제고하고 사업권을 광역화하고 정주권 자체가 중심이 되어 각 단위마을이 유기적으로 총합되어 개발전략이 하나의 체계 속에서 수립되도록 하는 일이다.

그동안의 농촌개발방식은 통합된 도·농 연계형 종합개발방식을 취하지 않고서 농촌지역의 공간적 분리를 가져 왔다. 이제는 각 마을이 하나의 개발단위로 종합개발될 수 있도록 하여 소규모의 농촌중심개발구를 건설하는 일이다. 여기에서 고려할 일은 도시가 지닌 매력, 즉 교통·정보·유통 서비스, 구매·통근·통학·의료 등 편익서비스와 문화시설의 확충, 공공시설의 확충 등의 정비와 함께 취락과 주택개선사업 등 주민정착 기반조성과 농업생산기반 종합정비를 병행하는 설계가 구상에 반영되어야 한다고 본다.

3) 지역경제와 산업경제의 활성화 및 기반강화

(1) 농업생산기반의 확대

이를 위해서는 ① 우기의 빗물을 저장하는 소류지의 개발과 관개수의 확보가 필요한 바 농업용수를 개발하는 일이다. ② 경지정리사업이다. 그 우선 순위는 일반적으로 농업용수의 시설이 잘 되어 있고, 관리가 용이한 농지개량조합답을 실시하며, 대단위 농업개발사업에 의해 실시예정인 지구, 수리시설·농로 등 종합적인 기반조성사업이 가능한 지구를 하고 나서 미곡주산지인 지구, 절대농지로 지정된 지구, 주민이 원하는 지구 등의 순으로 실시한다. ③ 농업 기계화이다. 지금 농촌권은 농가호수 및 농가인구의 감소와 함께 농업 노동력의 구조도 크게 변하여 기간노동력인 20~50세의 인구는 줄어든 반면 60세 이상의 인구는 크게 늘었다.[16] 또한 농촌의 노임도 상승되었으며, 노동생산성도 저하된 점을 고려하여 농기계의 보급을 확대한다.

(2) 농업생산의 진흥과 농업소득기반의 확대

우리의 현황과 전망을 종합하여 볼 때 중요한 것은 당해정주권이 지대구분[17]을 할 때 평야지대(경지율 40% 이상, 경지율 30~40%이면서 답률 60% 이상), 산간지대(산지율이 80% 이상이거나 경지율 20% 이하, 답률이 50% 이하), 도시근교지대(도시근교에 위치, 전업농가율이 50% 이하, 도시화의 영향을 받는 지역·겸업농가율이 급속히 증가하고 경지면적이 급속히 감소 추세에 있는 지역), 해안지대(임해지역, 전업농가율이 낮고 어가율이 높은 지역), 중간지대(산지율 60~80%이면서 경지율이 10~30%인 지역, 경지율 30~40%이면서 답률 60% 이하인 지역)이냐에 따라 농지이용계획을 세워야 한다.

농업지역이용의 대단위 단지화의 원칙하에 과수주산단지, 채소주산단지, 특작주산단지, 상전단지, 낙농주산단지로 구분하여 개발하도록 한다. 그리고 시행단계는 도시근교 지역 등 교통 조건이 유리한 지역, 집단화된 지역, 지방자치단체의 계획에 들어 있거나 정주권 주민이 원하는 그러한 정주권부터 실시할 일이라고 생각하나 이의 구상은 필요조건이라고 하겠다.

(3) 농업관련지원시설계획

창고 및 가공 공장의 시설을 하는 일과 산지시장의 정비, 유통기지건설, 저장시설의 확대 등 유통시설의 확충과 구조개선이다.

16) 자료, 농수산부(현, 농림부), 1983년도 농촌통계연보.
충남도, 1983년도 충남통계연보.
17) 자료, 제2차 국토종합개발계획 자료(3), 충남도 도건설종합계획(1982~1991), p. 405.

(4) 지역 농업과 농촌 공업의 연계형 개발

지역농업개발로서 농업기계화 촉진을 위한 생산 기반의 확대와 농가의 유형에 따른 선택적 육성으로서 전업·겸업농의 육성을 생각하여야 하며, 농촌공업개발로서는 지역의 공업입지에 따른 공업지 조성, 농촌중소기업 및 부업단지 조성, 새마을공장 등 지역공장에 취업 가능 공업인력의 개발 등이 포함된 개발인 바 위의 양자가 혼합된 개발모형을 구상한다.

(5) 산지의 다목적 이용개발

산지를 개간하여 농지의 공급 기지로 하며 개량목초지로 조성하여 환경적 가치, 시민의 휴양 및 보건을 위한 관광 레크레이션 기지로서 이용하는 등 다목적 이용개발을 추진하며, 특히 농가소득증대를 목표로 한 임업개발, 산지의 농업적 이용확대, 산지과수의 개발확대의 구상이다.

(6) 시장개발 및 유통센터의 설치

일정한 곳을 중심 시장으로 확대하여 시설을 보완하며 현대식 상설시장을 설치하며 이는 농업연쇄점으로 대용할 수도 있을 것이며 이와 동시에 유통기지를 건설하고 그 배송센터를 설치하도록 한다.

4) 토지이용의 효율화

토지이용의 현황과 실태를 파악한다. 그리하여 구체적으로 ① 지목별 현황을 조사하여 총면적 중 지형적·입지적 지세를 판단하며. 농경지, 임야의 비중도 분석하여 이용전망을 계획한다. ② 토지 이용의 변화를 파악하여 변화 추세의 특징과 현상에 따른 개발수행전략에 자료가 될 수 있도록 한다. ③ 토지이용과 지가변동을 파악하여 토지의 경제적 가치 평가와 토지이용의 성격을 분석한다.

현행 국토종합개발계획과 도계획 그리고 군개발계획과의 상관성과 하위계획으로서의 국토이용관리법상의 토지 이용의 용도지역과 구분을 검토한다. 따라서 ① 정주권 내에 설정된 개발제한구역은 얼마나 되며, ② 상수도보호구역, ③ 자연 및 문화재 보호구역으로 지정된 사항을 조사하며, 개발정비계획지역으로서 도시계획구역, 토지이용시행계획구역, 산업기지개발구역, 농업개발구역 등의 면적을 파악하여 개발계획을 구상한다.

농경지 · 초지 · 대지, 공공용지 · 공업용지 · 산지 · 수면 및 기타 용도별 토지이용의 구조변화를 전망하고, 종합개발계획에 따라 토지이용개발모형을 수립한다.

새로운 토지조성과 토지의 전용을 개발목적에 따라 활용하고, 집단취락지를 구릉지대 중심으로 조성하며, 산야를 개발하여 토지를 확장하며, 경제사회발전계획과 새로운 정주권역이 확정되면 그에 준하여 토지이용 용도배분을 재조정하여 행정 · 선거구역, 인구, 교통권 · 문화학구권, 지역입지, 사회경제적 산업화 정도를 고려하여 새롭게 정주권의 이상적 개발모형을 모색하여야 할 것이다.

2. 학교의 지역사회화

1) 주민인력 개발센터의 운영

지역사회는 많은 개발과제의 수행을 요구하고 있으며, 주민은 고도로 발달한 과학의 생활을 영위하기 위하여 사회생활과 사회의 실무에 종사하면서 보다 더 지식과 기술을 개발하고자 할 것이다.

여기에서 산 · 학협동을 원하며, 지역사회학교를 필요로 한다고 본다. 이리하여 성인교육은 평생교육으로 더욱 더 요구되기에 지역사회는 번영과 발전이 그 지역주민의 자질과 능력에 좌우되며, 지역사회의 학교는 과거 민족의 역사 · 사상 · 지식 · 제도 · 관습 · 기술 등에 관해서 체계적으로 익히고 검토하고, 지역주민들의 잠재력과 가능성을 개발하여 지역발전의 원칙으로 삼아야 할 것이다. 이와 같이 우리의 교육법에 명기된 "홍익인간"의 이념과 "국민교육헌장"이 반영된 기본적인 정신[18]의 구현도 학교의 지역사회화로서 그 목적의 실현이 가능할 것이다. 특히 학교의 지역 사회화가 이루어짐으로써 개발주체인 지역사회성인으로서 주민들은 성인교육의 목적[19]이라고 할 수 있는 다음 사항을 달성할 수 있을 것이다.

18) 한국정신문화연구원(현, 한국학중앙연구원), 나라와 그 주인, 고려원, 1982. pp. 136-165.

① 시민적 책임을 각성한다.

② 효율적인 경제 생활을 할 수 있게 한다.

③ 지역개발에 참여의욕을 갖게 되고, 주민으로서 책임과 지식을 가지고 협조·협력하게 된다.

④ 건강 증진을 도모한다.

⑤ 지역문화를 전개한다.

⑥ 직업적인 능력을 증진하게 된다.

⑦ 교양을 높이고 자기실현을 할 수 있다.

구체적으로 이상의 목적을 위하여 정주권에서는 지방자치단체와 지역주민이 협력하여 주민인력의 개발센터를 운영함으로써 성인교육의 종류[20]를 다양하게 전개하는 일을 전략과제로 할 필요가 있다고 본다. 그 내용은 다음과 같다.[21]

① 주민의 직업지도이다. 즉, 직업의 일반적 지식과 기능의 부여와 특수한 직업기술의 습득, 직업에 대한 적성조사, 직업에 대한 재교육을 한다.

② 양친교육이다. 여기에서는 결혼생활, 홈 메이킹, 육아, 가사, 가정의학 등을 지도한다.

③ 소비자교육이다. 협동조합 등을 통하여 물품구입을 지도하며 개인재산, 공동재산의 유지 관리, 물품의 경제적인 사용법을 배우도록 한다.

④ 노동자교육이다. 노동문제, 노동자의 권리와 의무, 노동자의 지위향상에 대한 교육을 한다.

⑤ 정치교육이다. 양식있는 주민이 되기 위하여 필요한 민법 등 법률의 이해, 국민으로서 정치활동의 중요성과 정치적 관심의 환기, 선거에 관한 지식, 세법 등의 교육이다.

⑥ 보건위생교육이다. 이는 보건, 개인위생, 공중위생 등 개인적·사회적 보건위생문제, 농업공해문제에 대한 계몽지도를 한다.

---

19) California State Department of Education, *Handbook on Adult Education in California, Bulletin*, No. 4, May 1949, pp. 13-14.

20) 岩崎書店版, 體系敎育學大辭典, 1955, p. 771.

21) 박정삼, 사회교육과 지역사회개발론, 일지사 1972, pp. 90-92.

⑦ 교양교육이다. 여기에서는 문학 · 음악 · 미술 · 공예 등의 문화적 교양과 각종의 예술적 창작을 지도하고, 학문에 대한 이해와 인식을 주기 위한 교육지도를 말한다.

⑧ 여가선용 지도이다. 운동 · 피크닉 · 등산 · 낚시질 · 바둑 · 기타 취미오락에 관한 지도를 한다.

⑨ 도덕 및 종교 교육이다.

⑩ 국제이해를 위한 교육이다.

이러한 교육을 인접 모도시의 학교와 협력을 맺어 자원인사로 활용하는 구상을 설계하는 것이 바람직하다고 하겠다.

2) 지방문화의 진흥

지방문화는 문화 일반의 부분으로서 전래성 · 계속성 · 누적성 · 변화성을 갖고 있다고 보며, 우리 나라 지방문화의 일반적 특징은,[22] ① 참여도가 낮고 소외 의식이 강한 농경문화적 성격을 띤다. ② 상황문화로서 혼합문화적 성격을 갖는다. ③ 전통성이 흔들리고 외래 문화가 접합되기 시작하는 전형기적 성격을 띠우는 과도기문화라 하겠다. ④ 자기중심 · 가중심 · 마을중심의 의식이 강하고, 외부를 배척하는 지역적 이기주의가 강한 문화양태를 이룬다. 그런데 앞으로의 지방문화는 정주지역권 단위로 지역문화의 창조[23]가 이루어져야 할 것이다.

이를 위하여 지방문화는, ① 지장문화(地場産業)산업이 되어야 할 것이다. 지방의 경우 문화창조의 주역은 지방주민이 될 것인 바 과학정신과 전문기술을 생활의 질을 높이는 데 발휘하며, 지역의 산업화에 접합되는 합리주의문화로서 산업사회문화가 되어야 할 것이다. ② 업적지향적인 공동체문화가 되어야 할 것이다. 산업사회가 되면서 사회는 분화되어 가고, 자율적인 통합도 어려워지는 것이 현실이나, 신분 질서를 완전히 청산하고, 개인이나 직장이나 능력을 개발하여 그 지역사회가 요구하는 방향에로의 노력을 통해서 실질적인 업적을 남기려 해야 할 것이고, 이익사회에서는

22) 신윤표, 주인의식과 지방문화, 지방행정, 1983. 5월호, pp. 33-43.
23) 瀨沼克努, 「地域文化展開」, 大明堂, 1983. pp. 58-63.

흔히 분리되기 쉬우나 개척과 생산의 차원에서는 합목적적(rationality)인 공동체문화로 형성해야 할 것이다. ③ 법의 지배가 존중되는 규범문화가 되어야 할 것이다. 우리의 경우 정치 권력이나 신분적 권위가 크게 지배되어 왔으나 이제는 현행법이 존중되는 문화가 되어야 할 것이다. ④ 참여문화권으로 개발하는 문제이다. 모든 제도나 법, 그리고 규범 그 자체는 최대 다수의 최대 행복을 위한 것이어야 하기 때문에 개인 이익이 국가 이익보다 앞설 수는 없지만, 사익도 보호되고 공익도 추구되어지는 공통분모를 지향하여 다수의 참여와 합의 속에 문제가 해결되도록 그리고 그 지방의 문제는 그 지방사람들의 공동 관심 속에서 공동으로 해결되도록 가치공유가 실현되는 문화가 조성되어 권위주의와 계서주의가 돈 아니면 권력일변도 지배가치로 횡행하는 폐단이 시정될 수 있도록 하여야 할 것이다. ⑤ 공원, 회관, 도서관시설, 자연학습원, 청소년회관, 체육시설, 기타 문화시설 등이 정주권 단위와 인접 정주권 단위와의 공동성을 고려하여 개발될 수 있도록 개발지표를 전략과제중심으로 선정함이 중요하다고 본다.

3. 지역복지의 확충

1) 지역사회의 확충과 사회복지개발

보건의료시설의 확충이다. 농촌권에는 아직도 후진성 병원이 상존하고 있으며, 병원이나 의사수가 매우 불량한 수준이다. 또한 보건진료는 이동보건소에서 하는데 역시 부족한 장비와 의료원으로 충분한 진료를 담당치 못하고 있는 바 보건의료시설의 수요를 전망하여 도시권의 의원과 병원을 연결하는 의료전달체계를 확립하여 정주권과 접근이 용이하도록 배치한다. 한편 응급환자의 수송 및 응급처리의 신속을 기하기 위하여 비상통신망을 정비하고, 의료기관 호출용 전화번호를 지정 운용하는 안이다.

공중보건제를 실시하여 현재 가족계획요원·결핵관리요원·모자보건요원 등으로 구분되어 있는 보건요원을 종합보건요원화하여 배치토록 한다. 또한 모자활동의 중심센터를 건립하도록 하고, 전문의를 가능한 월별로라도 방문하도록 유치계획을 세운다.

공중보건위생교육을 강화하며 예방보건활동을 확충하여 주민의 건강 및 복지 증진과 비용절감을 이룩하도록 한다. 따라서 보건행정체계, 학교교육체계 및 사회교육체계를 효율적으로 연결시키며, 지역보건협의회를 구성하여 지역의 환경위생에서부터 주민의 개인 건강에 이르기까지 지역보건생활이 정주권 중심으로 이루어질 수 있도록 주민대표, 연관기관의 장, 보건의료기관대표로 조직한다.

비인간적인 공간구조는 어느 때인가는 도시화 요인이 들어온다는 전제하에 소규모의 개발에서부터 인간적인 척도로 재편성하고[24] 개인이나 특히 영세민의 소외 현상을 방지하며, 지역적으로 단절된 개인들의 활동공간, 경제적 능률성 위주의 토지이용패턴과 그로 인한 일상생활환경의 퇴락 내지 오염이 되지 않도록 지역복지환경의 개선 노력이 자연과 인조공간과 통합에 반영되어야 할 것이다. 뿐만 아니라 노폭의 확장, 용달지역, 규제, 각종 공공 시설의 입지결정, 주택단지의 위치 등이 초래하는 배분적 효과에 주의를 하여 실질적인 생활수준 향상에 대한 균등한 배분적 효과를 도모하도록 개발이 구상되어야 할 것이다. 이것이 곧 지역복지의 본질을 살리는 길이며, 약간의 경제적·소득적·사회적·문화적인 사회생활상의 발전과 향상이 있으나 실질소득의 저하, 도덕적 저하와 퇴폐의 진행, 공해의 확산, 보건장해의 증가나 주민의 불만이 늘어나는 역기능적 발전현상이 초래될 수도 있다는 시각이다.[25]

사회복지시설의 확충계획이다. 사회복지는 정주권 내의 주민이 가족 및 사회의 일원으로서 신체적으로나 정신적으로 또는 생활의 면에서 성장·발달할 수 있도록 지역사회나 사회복지서비스 분야에 있는 공사단체나 기관들이 협력하여 복리에 필요한 사업을 계획하여 실행에 옮기는 조직적인 활동[26]으로 실현된다고 할 때 이러한 복지가 지방정주권에도 파급될 수 있도

24) 권태준, 「복지사회와 생활환경」, 복지사회의 이념과 방향, 아산사회복지사업재단, 1979, pp. 102-106.

25) 住谷磬·右田紀久恵 編, 現代の地域福祉, 法律文化社 1983. pp. 14-20.

26) Beulah R. Compton, *Introduction to Social Welfare and Soual Work*, Illinois: The

록 하여야 할 것이며, 육아, 장애자 보호, 양로, 직업전도, 모자보호시설, 후생사업, 단순한 구호사업이 아닌 생산성 있는 사업에 참여되는 생계보호사업의 진전과 이를 위한 제반정책과 시설이 보강되는 질량 면에서의 수준향상이 구상되어야 할 것이다.

Dorsey Press, 1980, p. 27.

제 4 편

지역개발전략의 재검토: 새마을운동의 발전을 위한 개발행정적 접근

제 1 장 개발이념

제 2 장 개발정책

제 3 장 개발계획

제 4 장 개발조직

제 5 장 개발조사

제 6 장 개발관리

제 7 장 개발평가 및 반추

제 8 장 지역복지의 과제와 수행전략

제 9 장 지역개발재정의 강화방안

제 1 장

개발이념

제 1 절 문제의 소재

모든 개발도상국이 성취하려는 이상은 국가발전목표로서 근대화라 하겠다. 물론 근대화는 경제성장만을 의미하는 것이 아니며 서구화나 공업화와 동의어도 아니다.[1)]

아이젠슈타트(Eisenstadt)의 말과 같이 근대화는 경제성장만으로 성취할 수 없는 각국마다 주어진 여건에 따라 다를 수 있는 특정유형의 사회적·경제적·정치적 제제도의 변화과정이라는[2)] 또 다른 측면을 갖는다.

1. 근대화의 정신지표

서구의 근대화에 있어서 그 특색을 살펴 보면 ① 상당히 장기간에 걸친

1) 武田清子, 近代化論の視角, 比較近代化論, 未來社, 1971, pp. 229-253.

2) S. N. Eisenstadt, Modernization: Protest and Change, Prentice-Hall Inc., Englewood, 1966, p. 1.

것이었다. ② 자주적이고 자율적이었다. ③ 정치·경제·사회·문화의 제 변화가 병행해서 상호의존적으로 진행되었다. ④ 혁신과 혁명의 과정이었으며 또한 그 소산이었다고 하겠다.

가령 200여년 역사 속에 대국이 된 미국의 경우를 보면 일반적으로 말하는 대국지표인 인구·면적·1인당 GNP·수위도시의 인구·공업생산력·군사력 등만이 아니고 정신면에 있어서 국민적 동의(consensus)가 있다는 것이다.

요컨대, 첫째는 청교도정신이고, 둘째는 벤자민 프랭클린 정신이며 듀우이(John Dewey)에 의하여 교육사상으로 심어진 실용주의정신 바로 그것이요, 셋째는 개척자정신인 바, 이를 국민적인 혼으로 갖고 근대화가 진행되었다는 점이다. 이리하여 미국의 실용주의는 그 뿌리를 내리게 되었다.

구체적으로 볼 때 ① 과학이 존중되고 있으며 ② 평화적 개혁론이 지배하며 ③ 전통 속에 흐르는 영속적 가치를 부인하지 않고 인본주의에 입각한 상대론적 가치관이 정립되었으며 ④ 다원론적 경험주의가 통한다는 ⑤ 사회현실을 주제로 삼는 철학이 사회윤리 속에 흐른다는 점이다.

그런데 우리의 경우는 평화적 설득이 불리하다는 것이다. 어느 일면에서 볼 때 ① 지식층이 이론을 위한 이론의 형식주의를 벗어나지 못하고 무력한 계층으로 남아 있다. ② 중산층이 허약하다. ③ 자원과 생산력이 미약하다. ④ 대화에 의한 의견통일이 어렵고 보수와 급진의 대결이 역사과정에서 있었을 뿐 중도적 자유주의의 전통을 찾아보기가 어려운 현실인 것 같다. ⑤ 국민적 성격이 정서적인 면이 강했지만 문제를 현상적으로 해결하는 민족총화훈련이 부족했지 않나 생각한다. ⑥ 공산과 민주세력이 마주치는 긴장된 지점이 한반도의 지정학적인 특색으로 남아 있다는 현실이 있다.

그리고 도시권의 새마을운동추진에서는 그 동안 해방 후 한국전쟁을 거쳐 급격한 도시화현상 속에서 도시인의 생활윤리를 비교해 볼 때 도시인의 인간관계의 특색에서 다음의 현상이 나타나는 것으로 본다.

① 모르는 사람과의 접촉이 많아서인지 불신풍조가 있다.

② 광범위 하고 간접적이다.

③ 비교육적 환경이 TV나 영화 등에서 볼 수 있을 정도로 조성되었다.

④ 대학문화가 우리의 전통문화를 지키지 못하고 고급문화는 서구문명의 급속한 바람 속에서 말초문화에 의해 잠식되었다.

⑤ 육체적이며 물질적인 가치에 대한 애착이 심하여 부도덕 표출 현상까지 나타날 정도이다.

이와 같은 사상을 감안하여 근대화를 주도하는 정신적 지표를 세우고 이를 행동철학으로 하여야 할 것이라고 생각된다.

제 2 절 개발이념의 제형태

1. 개발이념의 유형화

개발유형과 과정은 국가에 따라 차이가 있으며 사회경제적 조건과 정치 및 문화적 조건에 따라 다를 수 있고 개발과정에 있어서 목표정책과 개발의 모형에 따라 개발이념은 여러 가지로 유형화할 수 있겠다. 이에 있어서 특히 경제발전의 단계가 전공업경제단계이냐 과도적 단계이냐에 따라 그 이념유형도 다를 것이며 지역개발의 필요도에 따라 다를 것이고 국토개발의 전략적 수단이 무엇이냐에 따라 개발이념을 몇 가지로 유형화할 수 있다고 본다.

① 전쟁복구기에 있을 수 있는 유형으로 갑자기 도시인구의 증가에 대처하고 피난민을 구제하며 경제부흥을 위하여 요구되는 이념으로서 증산운동형의 이념을 들 수 있겠다. 이 때에는 국토면적을 넓히는 사업이 필요하고 지하자원을 개발하며 수력자원의 건설을 중심으로 자원개발의 적극적 추진이 따라야 할 것이다.

② 공업기반조성형 이념이다. 이 형이 갖는 이념은 경제자립기를 맞이하기 위하여 국토의 보전과 이용의 극대화를 도모하며 산업입지의 적정화와 산업기반을 조성하고 특히 공업입지조성을 주로 한 공업기반의 조성을 목표로 지향하는 개발이념이라 하겠다.

③ 고도공업경제단계가 이루어지고 지역격차가 생겼을 때 도시는 종주도시가 생기고 과밀상태에 빠질 수 있는데 이 때 요구되는 개발이념으로서 과대도시를 재개발하고 지역격차를 시정하며 산촌이나 어촌 등 과소지역대책을 세워 추진하는 과소·과밀의 시정과 격차의 시정을 도모하는 유형의 이념이 있겠다.

④ 국제화·도시화·정보화시대에 대처하기 위해서 요구되는 이념으로 정보자원을 관리하고 사회간접자본시설을 확충하며 각 지역의 특화사업을 구상하고 사회개발과 인력개발문제를 주요관심으로 하는 동시에 고밀도사회와 대중사회에 대응하는 거점의 정비와 개발을 추진하는 이념이 있어야 하겠다고 본다.

이와 같은 네 가지의 유형에서 지향하는 이념이 우리의 경우 어떻게 적용하는 것이 새마을운동을 지속적으로 발전시킬 수 있을 것인가가 문제라고 본다. 여기에 대하여는 새마을운동의 지도이념을 개발이념으로 심화하는 것이 중요한 필요 요건이라고 보고 이에 대한 방법을 제시하는 바이다.

2. 새마을운동 지도이념의 심화

1960년대 초반부터 줄기찬 번영에의 전진을 통하여 국가발전 목표를 ① 국가안보, ② 경제성장, ③ 국민형성, ④ 사회복지에 두고 국민적 합의 속에 노력해 왔다는 점을 역사적 교훈으로 살려

① 가난을 몰아내고 농촌과 도시가 고루 잘 사는 경제를 건설하는 일

② 불의·부조리·부정을 없애고 나라의 기강을 올바르게 바로 잡는 일

③ 우리 민족의 참모습을 찾고 주권을 빼앗겼던 진상을 거울삼아 우리 국토에 맞는 자유와 민주주의의 뿌리를 튼튼히 심어 조국을 평화적으로 통일하는 일에 국민총화력을 집중 투구하여 「관·민·도·농 총조화운동」을 전개하여야 하겠다는 점

이의 참뜻을 살리기 위하여 발전지표인 ① 목적·목표성, ② 기획성, ③ 특정방향, ④ 질적 변화, ⑤ 양적 성장 등 5가지 요인을 살릴 수 있도록 새마을운동을 총체적 개발형태로 지원하며 행정지원의 이념은 새마을운동의

본질적인 특색을 고려하여 다음의 이념실천이 바람직하다고 생각한다.

1) 합목적성

새마을운동을 위한 행정지원기능이 새마을운동의 목표달성을 위한 것이라면 수립되는 정책의 내용이나 지원책이 궁극적으로는 국가발전목표와 일치되어야 할 것이며 모든 추진 및 지원결정은 목적적인 것이 선행되어야 할 것이다.

2) 민주성

여기에서의 민주성은 대국민과의 의사전달, 마을총회를 통하여 총화단합으로 마을사업을 추진하는 데 적극 참여하도록 하는 일과 대민관계 및 지도성 등에 관한 것을 의미하며 이는 정치발전과 밀접한 관련이 있는 것이라고 볼 수 있다.

물론 이러한 이념은 시대성과 지역성을 띠며 피지도자인 국민의 자주적이고 민주적인 의식수준에 따라 다를 수 있겠으나 모든 새마을사업은 지역주민의 직접적인 참여와 그들의 협동에 의해서 이루어져야 하므로 인정감과 동일체감을 갖도록 할 것이며 주민들에게 맹목적인 추종의 강요는 주민과의 거리감을 조장하여 역효과를 가져온다.

따라서 「working with people」이라는 횡적 관계에서 민주성을 발휘하는 것이 효과적이라[3]는 생각을 가져야 한다. 이와 같은 민주적 지도를 통하여 주민의 자치의식을 배양하고 지역주민은 마을규약을 통한 실천으로 자율적인 개선을 하여 나가도록 함이 바람직하리라고 본다.

3) 교육성

새마을교육은 국민교육화의 지원인 바, 주민에 대한 지원은 주민교육을 통하여 기술계발을 중심한 전근대적인 농민의 생활방식을 계발하여 제영역에서의 번영을 꾀하며 새로운 의식구조의 형성과 새 국민상의 창조를 내

---

3) O. Tead, The Art of Leadership, Whittleey House, 1935, pp. 11-14.
조석준, 조직관리론, 법문사, 1963, pp. 377-380.

용으로 한다.

4) 과학성

지역주민을 교육하고 영농방법 및 생활을 개선한다는 것은 실천을 통한 합리적이고 과학적인 사고방식과 생활방식을 개편시킨다.

오늘날은 고도로 발달된 기술의 영향을 받지 않고는 근대화를 생각할 수 없다. 그러기에 새마을운동과정에서도 과학적인 토대를 마련하려는 이념을 갖는 것은 그만큼 근대화의 속도를 빨리 해 주는 요인이 되는 것이다.

5) 다목적성과 지속성

지역개발사업은 한 지방, 한 지역만의 진흥을 위한 것이 아니기 때문에 국가적인 입장과 지방적인 입장이 조정된 종합적이고 다목적적인 이념으로 지원되어야 한다. 또한 부단히 발전사업이 무엇인가를 조사하고 연구하며 그 우선순위를 정하고 또 사업실적을 평가해서 지역주민의 복지향상을 위한 방향이 지속되어야 하겠다.

6) 협동성

협동은 ① 집단역학의 효과를 낳는 수단, ② 가능성 추구의 수단, ③ 생산성 추구의 수단이다.

따라서 협동성은 추진이념에서도 필요하지만 지원이념에서 요구된다. 기관간의 협동도 필요하고 주민과의 관계권에서도 협동은 요구된다. 우리 민족에게는 옛부터 서로 품고 협동하는 미풍양속이 있었다. 삼국시대 이래 「두레」 또는 「품앗이」라고 하여 여성들의 「길쌈」일과 남성들의 「공동작업」에서 비롯된 이 협동의 전통은 통일신라를 거쳐 조선에 이르기까지 시대와 지방을 초월하여 면면히 이어온 우리 민족고유의 생활풍습이었다. 이젠 이 전통을 이어 우리의 정통성으로 삼고 「새마을」을 민족훈련의 장으로 삼아 협동의 이념 속에 「우리」라는 공동운명체의식까지 심화하여 협동이념을 구현하여야 하겠다.

그리고 과거 조국근대화운동인 새마을운동의 부활을 통하여 완전정부주도나 반정부주도형이 아니라 민간주도형의 개발이념으로 국가균형발전 이념을 정립시켜야 한다. 이와 같은 개발이념을 요약하면 다음과 같다.

① 지역이기주의를 버리고 전시효과와 보조금지망형적[4] 개발사업의 선정이 아니라 「실사구시」의 정신으로 입지선정·지역유형별 업종선정·부문별 투자의 경우 경제적 합리성(효율의 원칙)과 사회적 합리성(필요의 원칙)을 고려한다.

② 국토건설과 이용보존의 면에서 산업입지의 적정화와 생산기반조성을 중심으로 인구 및 산업을 효율적으로 분산하고 국토이용구조의 재편성으로 균형적 이용을 하도록 이념정립을 한다.

③ 국민총생산의 극대화를 위한 여건조성으로서, 개발자본의 효과적 투자를 위한 정부 및 민간투자의 방향제시로서 우리의 경우 공공투자가 주도적 역할을 하되 지역의 특성에 따라 지역주민의 선택욕구에 따르는 주민총의의 지역개발을 추구하도록 지방자치단체의 주체적 능력의 개발성을 지향한다.

④ 국제화시대·도시화시대에 대응하기 위하여 국제사회의 광역화와 국제분업에 순응하는 중추관리기능과 산업정보의 활용권 중핵이 되는 곳에 공업단지를 유치하여 중앙과 지방간 기능분담원칙을 세워서 기술혁신의 새 사회에 대처하고 생활정보조직의 변혁을 위해 각 부처간의 개발과정·정보교환체제(지역개발 및 서비스 시스템)를 특설확보하여 수송통신의 진화로서 거리단축에 의한 공간의식을 좁혀 특화권·생활권·경제권·학교권 등의 일체권형성의 광역개념에 적응하려는 지향성을 이념으로 한다.

⑤ 인구문제에 대처하여 식량증산·지하자원의 개발·수자원 및 해양자원을 적극 개발하도록 하는 자원활용 극대화를 이념으로 한다.

⑥ 과대도시의 재개발과 지역격차를 시정하고 산어촌 과소지역의 개발책을 세워 과소·과밀의 시정과 격차시정을 이념으로 한다.

⑦ 정세변화에 따른 탄력성 유지로서 남북통일을 전제로 보완토록 할 것과 신도시 건설에서는 민주적 환경건설을 하였으면 한다.

---

4) 伊藤善市, 都市化時代の開發政策, 春秋社, 1971, pp. 58-62.

제 2 장

개발정책

제 1 절 목표의 정립과 발전정책의 수립

볼딩(Kenneth E. Boulding)은 정책이란 「특정목적을 지닌 활동을 지배하는 제원리」[1]라고 정의하였으며, 드롤(Y. Dror)은 「정책이란 정부기관에 의하여 결정된 미래의 행동지침」[2]이라고 하였는데, 정책이란 행정의 일반적인 지침이며 행정의 목표와 방향을 제시하는 것이다.

즉 정책이란 ① 미래를 위한 행동지침이며, ② 복잡한 동적 과정으로 이루어지며, ③ 의도적으로 공익을 위하여 정부가 내리는 결정인 것이다. 따라서 새마을운동의 지속적 발전을 위한 정책의 경우나 지역개발의 정책에 있어서도 공통적으로 다음의 성격을 가져야 하겠다.

---

1) Kenneth E. Boulding, Principles of Economic Policy, Englewood Cliffs: Prentice-Hall, 1958, p. 1.
2) Yeheskel Dror, Public Policymaking Reexamined, San Francisco: Chandler publishing Co., 1968, p. 12.

1. 정책의 성격

1) 당위성

정책은 실제로 요구되거나 필요한 것이 아니라 「마땅히 있어야 할 것」, 「당연히 바람직한 것」을 구현시키려는 의도이다.

따라서 정책은 ① 가치관적인 사고와 판단, ② 단순한 미래의 예측이 아닌 창조적인 미래의 발명과 구축, ③ 과거 속에서 소원되었으나 구현되지 못한 꿈의 발굴을 목적으로 하는 역사의 재해석 등을 그 속성으로 가진다.

2) 미래지향성

정책은 미래상의 재현을 목적으로 하는 현실적인 의도이다. 따라서 정책은 ① 가치와 행동을 미래와 관련시키며, ② 인간이 미래를 변화·관리한다는 적극적인 변동관의 표현이라고 할 수 있다.

3) 변동의 관리

정책은 당위성에 입각한 사고와 행동의 첫번째 표현이기 때문에 환경에 반드시 영향을 미치고 그것의 양적·질적 변화를 유발시킨다. 따라서 정책은 ① 변동의 필연성, ② 비선형적 효과성(산출은 투입과 비례하지 않음), ③ 변화에 대한 책임성 등의 관리를 그 속성으로 한다.

4) 인본주의적 성격

정책은 반드시 인간 삶의 질에 변화를 유발시키는 성격을 가진다. 즉 정책은 반드시 변화가 갖는 인본주의적 의의에 관한 고려를 내포한다.

5) 관련성

정책은 전체 사회적 연관성 안에서 만들어지는 것이고 형성된 정책은 ① 정책구조의 체제개방적 연관성(사회적 가치구조의 반영), ② 정책형성의 사회과정성, ③ 효과의 연쇄적 파급성, ④ 변화에 대한 종합과학적 접근성, ⑤ 부분적 개선이 아닌 일반적 번영의 강조 등을 그 속성으로 한다.

6) 행동지향성

정책은 당위적인 가치를 현실적인 행동으로 관련시켜야 한다. 그러므로 정책은 ① 현실성, ② 문제해결성, ③ 효과성, ④ 실현성, ⑤ 능률성, ⑥ 창조적 행동으로서의 통합 등을 그 속성으로 가진다.

7) 광의의 합리성

정책의 합리성은 투입과 산출의 대비를 주된 내용으로 하는 좁은 의미의 경제적 합리성에 국한되는 것이 아니다. 정책은 ① 당위성과 인간능력의 한계성의 정책의지에 의한 통합, ② 감정 등으로 예시될 수 있는 비합리성의 적용, ③ 직관과 창조성 등으로 예시될 수 있는 초합리성의 적용, ④ 상식 · 경험 · 우연성 등으로 예시할 수 있는 막연한 지식, ⑤ 경제적 합리성과 정치적 합리성의 결합, ⑥ 정책의 가변성(불고정성), ⑦ 비용 특히 기회비용의 유발성 등으로 특징될 수 있는 넓은 의미의 합리성을 갖는다.[3)]

2. 정책수립입법 및 고려사항

미르달(Myrdal)이 말한 바와 같이 개발도상국의 경우는 대부분의 나라가 후발공업국이므로 선발공업국이 겪었던 시행착오를 거듭하지 않고 발전하기 위해서는 정부가 주도적인 역할을 담당해야 한다고 하는데,[4)] 우리의 경우는 민간주도형의 총체적 개발형태로서 새마을운동을 추진해야 되겠으나 정체는 기술지원과 재정 및 물자지원 그리고 개발관리 일반지원을 계속하여야 할 것이다. 특히 대부분의 선진국은 자율발전을 했으나 오늘날의 발전도상국은 유도발전이 불가피하다는 견해가 있듯이[5)] 우리의 경우도 유

3) 허범, 정책의 본질, 정책학개론, 법문사, 1975, pp. 67-70.
4) Gunner Myrdal, Rich Lands and Poor, New York: Harper, 1957, p. 82.
5) Bert F. Hoselitz, Sociological Aspects of Economic Growth, New York: Free Press,

도발전의 필요성은 없지 않다고 본다.

따라서 정책결정의 질적 향상이 요구되며 이를 위하여는 수립방법을 알아야 하고 이를 위한 고려 사항이 무엇인가를 알 필요가 있다.

1) 정책수립기법

[1] 체제분석기법

체제란 ① 어떤 사물이 총체로서 하나의 기능적 구성체를 이루면서,[6] ② 총체를 구성하는 각 부분 또는 하위체제, ③ 하위체제간의 상호작용, ④ 경계의 존재와 같은 제요인을 포함한 개념[7]이라 하겠다. 특히 체제분석과 유사한 용어가 많이 사용되고 있으나 여기에서는 체제분석기법의 개념과 분석내용 및 과정만을 간단히 살펴보고 지역사회개발에 관련된 정책 및 가지를 중심으로 검토하기로 한다.

(1) 개 념[8]

체제분석기법이란 ① 전반적인 문제를 검토하고, ② 제목표와 대안을 탐색하고, ③ 예상된 결과에 입각하여 이들을 비교하고, ④ 문제에 관한 전문가의 직관과 판단을 도출하기 위해서, ⑤ 가능하면 분석적인 모형을 활용함으로써, ⑥ 결정작성자가 행동의 경로를 선택하는 것을 돕는 체계적인 접근방법이다.

(2) 분석의 내용

① 제대안 중에 최선의 것을 선정하기 위한 기준에 관한 연구

② 대안의 현실가능성 조사, 효과-비용의 비교 그리고 시기와 위험률에 관한 연구

③ 이상의 연구가 실패했을 경우에 이를 대치하기 위한 연구

1960, pp. 97-99.

6) 신윤표, 신행정학, 법정학회, 1974, p. 450.

7) 조석준 외 6인 공저, 정책학개론, 법문사, 1976, p. 191.

8) 중앙공무원교육원, 승진·보수과정교재, 1976, pp. 17-18.

(3) 분석과정

[도표 2-1]의 분석순서는 반드시 한 단계 한 단계 차례로 한다는 것은 아니며, 다만 일반적인 분석순서일 따름이다.[9)]

[도표 2-1]

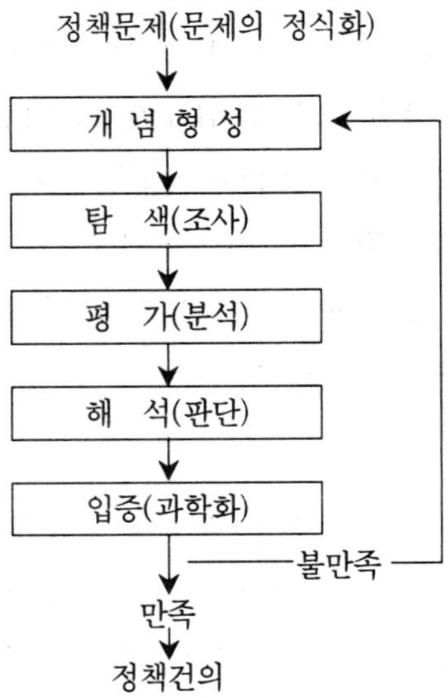

(4) 작 업

[도표 2-2] 분석의 순환구조

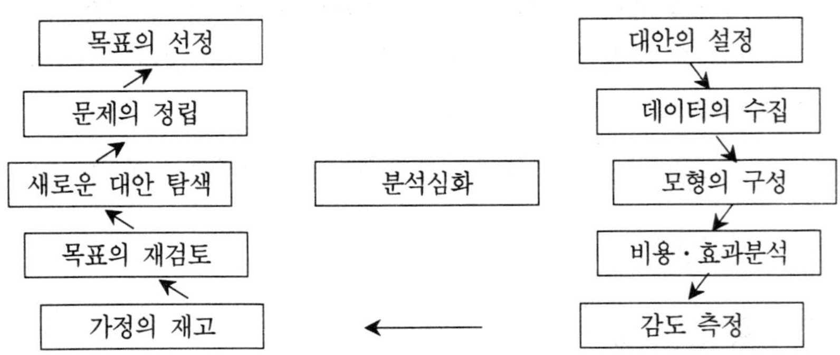

9) 신윤표, 전게서, pp. 451-452.

2) 고려사항

농촌이든 도시든 소지역사회인 마을들은 그 마을이 갖고 있는 부존자원이나 자본·기술의 보유능력과 여건이 하고자 하는 목표사업을 달성하기에 힘든 것이 사실이다. 그러나 문제를 해결하고 수행하여야 할 문제이기 때문에 ① 자원활용을 극대화하여야 하고, ② 새마을교육의 국민교육화를 적극적으로 추진하며 바람직한 농촌문화권을 점진적으로 형성함은 물론 기술의 보급이 있어야 하며, ③ 증산운동과 근검운동으로 인구의 자연증가율을 상회하는 소득증대와 생산이 있어야 하겠다.

④ 또한 도시새마을운동의 4대유형인 가정·직장·학교·지역새마을운동을 상호유기화시켜 추진되어야 하겠다.

⑤ 도시에서는 생산성과 질서운동이 결합하는 방향을 정립한다고 볼 때 생산성에는 인본주의의 창도로서 인간재발견운동과 기독정신인 이웃사랑이 총체적인 윤리로 새로이 조합되어 사회정의가 사회질서, 인간의 생활질서에 깊숙히 뿌리를 내리도록 접근되어야 할 것이다.

이와 동시에 새마을운동이 지속적으로 발전되기 위해서는 다음의 몇 가지 과제가 새마을운동을 위한 발전정책에서 고려되어야 할 것이다.

[1] 주민의 소득증대정책이다.

주민의 소득증대는 농업소득과 농외소득으로 대분되는데 농업소득증대정책에서는

(1) 생산의 증대를 위해서 ① 토지이용 극대화, ② 생산기술의 고도화, ③ 생산기반의 정비, ④ 경영새마을운동의 전개, ⑤ 기계화문제가 고려되어야 한다.

(2) 적극적이고 합리적인 자원활용을 한다.

① 자원활용도를 높인다.

② 특히 새마을추진인력의 현황을 분석하고 인력개발대책을 세운다.

③ 지역특화 및 영농의 과학화와 다각화정책을 수립한다.

④ 판로 및 시장확보와 관련하여 유통구조개선책문제를 다룬다.

⑤ 새마을금고나 마을금고운영을 비롯하여 영농자금확보와 사업운영자금을 타당성있게 활용하는 일이다.

⑥ 농협기능이 자금 운영의 은행기능에서 사업추진의 농민조합기능으로 운영되도록 농협기능과 주사업을 새로이 갖도록 정책사업화한다.

(3) **농외소득의 증대를 추구한다.**

① 도시민간자본을 유치한다. 다만 도시자본이 농촌권에 투입된 후 다시 도시자본, 특히 소비자본화하지 않고 농업의 재생산 내지는 확대재생산에 투입되도록 생산자본화하는 일이다.

② 농공병진정책으로서 지속적 공업발전과 중화학공업을 위한 자원과 국내자본의 동원을 위해서도 요구됨은 물론 농촌공업화를 위한 새마을공장을 운영해야 하는데, 이 경우는 ⓐ 소거점개발형으로 이루어져 분산형에서 일어날 수 있는 시설 투자의 과잉을 막고 시장성과 공업입지인자가 고려된 규모경제성을 살리는 차원에서 이루어져야 한다. ⓑ 대기업 계열형이 아닌 농민주도형으로 농촌권의 경제활동인구 중에서 기술인력을 연차적으로 대기업에 부락공동으로 취업시키는 등의 방법으로 공장건설 이전에 기술인력부터 양성하여 농민주도로 공장이 운전되도록 해야 할 것이다. ⓒ 외국자원이나 도시자원이 아닌 농업자원이 이용되는 형으로 새마을공장의 시설도 하고 운전도 하는 방향으로 사업이 이루어지도록 하는 일이다.

③ 농촌생산물의 시장확대와 함께 중간상인조직의 이익을 배제하고 생산자에게 이익이 돌아갈 수 있는 방법이 정책으로 뒷받침 되어야 하겠다.

④ 인구의 도시유출이 심하며 농촌을 떠나는 인구 중 절반이 중소도시로 나가는 바, 이와 같은 유출을 방지하는 정책이 고려되어 생산인구로서 새로운 고용정책이 수립되어 농외소득을 올릴 수 있어야 하겠다.

[2] 주민의 자율적인 참여확대의 지속화정책이다.

(1) **새마을 교육의 국민교육화정책**

교육내용으로서는 ① 인간개조와 사회개조, ② 세계화와 미래화, ③ 민주시민교육, ④ 근면·자조·협동·과학의 새마을정신을 교육하여 이를 생활화하도록 하여야 되겠기에 지속적이고 반복적인 교육과 대상의 확대로서,

특히 부녀자·청소년계층의 교육이 확대되어야 하겠으며, ④ 지역주민의 기술교육을 확대시켜 영농기술·생산기술을 대대적으로 보급하고 직업훈련을 강화한다.

(2) 행정부 및 사회단체의 지원쇄신책

이를 위하여는 ① 공무원이 보다 활발한 목민행정, 발전행정을 펴나가 대화있는 행정지도를 적극화해 나가며, ② 지역실정에 맞는 과학적 지도가 있어야 함은 물론, ③ 정부는 기술과 재정 및 물자 그리고 개발관리일반지원을 하는 지원체임을 원칙으로 하여 민간주도형의 새마을운동이 되도록 할 일이다. ④ 타당성 분석에 따르는 합목적성과 효율성의 제고가 있어야 하겠다. ⑤ 새로운 우리의 문화창조와 우리의 정통성수립을 위하여 문화정책의 쇄신이 있어야 하겠다. 그리하여 농촌권까지 미국의 히피, 미국의 비틀즈, 일본의 태양족문화 등 말초문화가 우리의 고급문화를 잠식하지 않도록 할 정책이 나와야 하겠다. 이리하여 국민의 새마을정신의 응집으로 이루어진 참여정신이 고조되도록 하여야 하겠다. ⑥ 자매결연의 내실화가 필요하다. ⑦ 도시권에서는 특히 인보공동사회의 분위기를 전개하고 「이웃회」와 「반상회(班常會)」 기능을 살려 「새마을총회」로서 내실화를 기하여 나가도록 하는 일이 필요하며, ⑧ 각종 사회단체와 종교단체가 새마을운동에 참여하여 주민과의 유대가 강화되도록 하는 일이다.

(3) 지도자의 발전형 리더십(지도성과 인간관계) 발휘

지도자를 핵으로 하여 마을총회가 이루어지고 지도자를 중심으로 지역개발사업이 보다 충실하게 추진되기 위해서는 ① 새마을지도자 자신의 능력개발과, ② 승계지도자의 발굴·육성이 필요하며, ③ 주민의 의욕고취의 방안이 연구되어 정책사업으로 나타나야 하며, ④ 주민욕구가 존중되어야 한다. ⑤ 자원지도자의 희생적 봉사도 요구되지만 지도자의 사기 앙양책도 행정지원책으로서 작업되어야 하겠다. ⑥ 관·산·학협동체제가 연구되어야 하며 보다 내실화와 실용성이 추구되는 방향에서 「발전사업」의 공동연구 등의 노력이 있어야 할 일이다.

[3] 협동새마을운동의 전개가 정책화되어야 한다.

① 정부지원의 새마을사업이 협동권사업으로 추진되도록 유도할 일이며

② 마을에 있는 각종 새마을운동의 추진과 관련되는 조직을 정비하고 협동권사업을 추진할 수 있는 체제를 갖출 필요가 있다. 이에 대한 구체적인 방안의 모색은 거점개발정책에서 예시적으로 논급하고자 한다.

[4] 복지문화시설의 확충이 정책사업에 반영되어야 한다.

우리의 경우 1980년대는 표준농촌이 건설되고 새마을권은 자립마을권으로 변모하게 되었던 바, 이를 위하여 공해 없는 쾌적한 환경 보존을 위해서는 지금부터 ① 국토가꾸기사업을 체계있게 추진해 나가며, ② 취락구조를 재형성해 나가며, ③ 과밀지역의 재개발, ④ 과소지역의 대책, ⑤ 농촌거주의 정비, ⑥ 공탁이용시설의 개량, ⑦ 문화시설 등의 사업이 개발정책에서 고려되어야 할 것이다.

[5] 행정지원정책의 쇄신이다.

(1) 자재 및 재정지원

지원자금이 합리적이고 적시운영으로 관리되어야 하며 ① 부군수실에서 관리하는 소득금고와, ② 시군 농산산업과에서 주관하는 소득증대자금, ③ 지원단체자금, ④ 마을금고, ⑤ 도 농정과에서 주관하는 도비보조금을 발전사업별로 집중관리하도록 한다.

지원방법에 있어 재원별로 투자계획을 수립하여 적절한 「모형」을 만들어 놓고 지원결정 전 개발 및 정책과학전문가단을 협의기구로 운영하여 사전에 심의하고 자금의 사후관리도 제3연구기관과 총리실에서 통합하여 평가하는 등의 제시책을 수립하도록 하면 한다.

(2) 기술지원

① 새마을공장의 기술지도 ② 영농과학화를 위한 기계화·단지화·지역특화 등 부문별로 특별지도를 하도록 배려한다.

(3) 개발관리 및 일반행정지원

새마을운동중앙협의회 관계부처는 상호협조하여 소관사업별로 다음과

같은 제문제를 정책수립에서 고려할 필요가 있겠다.

① 토지이용관계법 및 그린벨트법 등 개발관계의 법제를 현실성·국토종합개발·새마을운동의 목표지원에 적합하도록 정비한다.

② 판로시장·가격보장·계획생산 등 농산물유통구조의 개선과 유통경제의 근대화정책을 중심으로 정책입안이 필요하다.

③ 사업집행과정에서 보고중심을 지양하며, 보다 더 통계행정을 과학화하며 사업의 타당성분석이 제도화되어야 하겠고, 성급한 결실 위주의 산출행정이 되지 않도록 심사분석제의 새로운 쇄신책이 있어야 하겠다.

④ 조장행정을 강화하고 특히 기술인력을 증가배치시킨다.

⑤ 농촌지도소의 사업영역을 확대한다.

⑥ 농협·수협의 정책사업을 새마을운동의 목표 달성에 부합되도록 통합조정할 수 있는 정책을 입안하는 문제이다.

위와 같이 제과제를 정책형성과정에서 고려하되 정책의 시급도나 긴요도의 우선순위가 어떻게 결정되어져야 하느냐가 문제이다. 국가목표를 달성하기 위한 발전사업의 우선순위결정이 어렵다는 데에서도 알 수 있다.

그러나 지역사회의 발전을 위한 촉진적인 요소로서 ① 부락형태의 정비, ② 농지조성, ③ 경영형태의 정비, ④ 협동조합의 정비, ⑤ 인력개발, ⑥ 자금조성 등의 과제발전이 우선 농촌개발정책의 기본요소라고 하는데[10] 우리 새마을운동의 경우 지금까지 지도정책의 성공과 실패원인을 종합분석하여 보면[11] 영속적인 발전을 위하여는 다음과 같은 정책형성의 원칙과 과제가 필요한 것이 아닌가 생각한다.

3. 정책수립의 원칙과 발전과제

[1] 종합성을 갖도록 한다.

UN경제사회이사회가 내린 지역사회개발에 관한 정의에서 보면 지역사

---

10) 小森健治, 新しい村づくりの實際, 東京大學書院, 昭和 24, p. 44.

11) 수원 새마을지도자연수원의 새마을지도자반 1975년분 분임연구결과보고서분석에서 논리의 근거를 찾음.

회개발(CD)이란, CD=$A_1+B_1+C_1$으로 정식화할 수 있다.

A_1=주민자조+정부의 공동노력

B_1=경제적 · 사회적 · 문화적 조건향상

C_1=지역사회를 전 국가적 생활에 통합시키며 국가발전에 공헌하는 과정

이와 같이 개념을 긍정할 때 우리의 새마을운동은 민간주도형의 추진과 정부의 유도적 발전지원으로 이루어지는 총체적 개발형태라 한다면, 새마을운동의 발전정책이 가져야 할 본질은 단순히 투입에 대한 산출의 비율이 얼마였느냐 하는 능률성의 문제에 한정할 것이 아니고, 또한 총 들어간 비용에 대한 이윤이 많으냐 적으냐 하는 B/C Ratio만 가지고 정책의 입안이나 평가를 할 것이 아니라 내부수익률(IRR=Internal Rate of Return)이 높은 것도 요구되지만 연관효과(ARR=Associated Rate of Return)인

① 고용효과(실업자구제)

② 훈련수익 : 새마을공장을 세워 지역주민의 기술습득과, 특히 통근권 내에 있는 도시근접농촌의 경우는 대기업에 취업시키고, 종주도시라고 볼 수 있는 서울시나 부산시 소재 대기업 또는 공업단지에 들어가 있는 대기업의 경우는 자공장의 성격을 띤 새마을공장을 새마을협동권의 입지인자에 집어 넣어 지역주민의 새마을기술인력을 양성한다.

③ 국제수지효과 및 수출효과와 수입대체효과를 고려한다.

④ 국민총생산에 대한 기여도가 높을수록 좋다.

⑤ 투자산업이 집행됨으로써 연관산업에 대한 기여도에 있어서 복합적이며 다원적 효율이 합쳐진 사회적 효율이 높도록 정책을 세울 것을 정책수립의 원칙으로 하여야 할 것이다.

제 2 절 거점개발정책으로서 협동권 새마을운동 전개

1. 광역협동권 새마을운동의 목적과 필요성

1) 목 적

새마을운동은 잘 살기 운동이요, 궁극적으로는 주민의 복지향상을 위한 운동이기 때문에 소단위지역사회인 모든 마을(자연부락)의 ① 복지환경이 개선되고, ② 생산기반사업이 조성되어야 하고, ③ 「주머니 실질소득」이 증대되어 농업소득보다 농외소득을 올리기 위한 정책지표를 세워 놓고 있으나 과연 어떤 방법으로 농외소득을 올릴 수 있을 것인지가 문제이며, 농업구조적으로 취약점인 영세소농정책과 FTA에 따르는 농촌권의 보호·육성정책이 있어야 한다.

④ 지역주민의 자율적인 참여로서 근면·자조·협동의 새마을정신으로 「관·민·도·농」의 총조화운동이 성취되어 새마을정신은 우리 국민혼으로서 새 역사창조의 힘이 되어질 수 있도록 민족중흥운동으로 전개하여야 하겠다.

따라서 새마을운동은 단순히 농촌권에서의 농어민의 소득증대운동만도 아니며 농어촌환경가꾸기사업을 중심한 도시화 운동뿐만 아니라 규모에 있어서도 한 마을의 개발만을 위한 것이 아니고 단위부락의 새마을운동을 통해서 국가전체의 번영과 발전을 위한 것이기 때문에 시행하고 있는 우수마을 우선지원정책도 계속되어야 하겠지만 모든 마을이 자립마을이 될 때까지 지역별 인자를 어떻게 활용해서 빠른 기간 내에 가장 알맹이 있는 발전사업을 수행하느냐가 문제라 하겠다.

세계는 새로운 지역변동이 일어나고 있고 많은 개발추진과 지원에 대한 도전이 계기하고 있다.

① 인구도 증가하였다.

② 1인당 국민총생산도 외화 보유액도 높아졌다.

③ 교통수송량도 늘어났다.

④ 통신량도 많아졌다.

⑤ 공업화율이 높아졌다.

⑥ 생활여유율이나 생활부유율도 달라졌다.

⑦ 공해도 늘어났다.

⑧ 용지난이 생기기 시작했다.

⑨ 농업용수와 특히 식수 및 공업용수가 계속 부족되기 시작하였다.

경제적 근대화에 비한 의식구조의 상대적 후진성은 사회에 뿌리박고 있는 각종 부정부패·부조리 및 권모술수 등과 부합하는 전근대적 사고방식 및 행동양식과 농어촌에 특히 광범하게 존재하는 전근대적 생활관습과 보수적 의식구조, 기업의 전근대적 경영방식과 경영층의 안이한 타성 등의 형태가 아직도 잔존하는 바,[12] 급속하게 변화 발전된 새 시대에 알맞은 의식구조와 가치관을 확립해야 할 필요성이 절실하다.

지난 1962년 경제개발 5개년계획이 시작된 이래 산업별 성장률을 비교하여 보면 불균형성장과 이중경제구조임을 알 수 있고, 농업개발의 기본정책 방향은 그 생산성의 향상에 가장 큰 역점을 두어야 할 것으로 생각된다. 이러한 관점에서 농업의 기계화 및 영농의 근대화가 더욱 촉진되어야 할 상황이 되었다.

여러 가지 도시문제를 해결하고 앞으로 발생할 수 있는 도시문제를 방지하기 위하여 새로운 정책수단이 필요하게 되었다 하겠다. 예를 들면 ⓐ 공업의 지방분산 촉진, ⓑ 농어민 소득증대정책의 강화, ⓒ 곡가정책, ⓓ 교육수준의 지역별 균형발전과 고용창조 인구구조개선, ⓔ 인적자원개발의 적극적 추진, ⓕ 정부 및 공공기관과 기업체의 지방분산, ⓖ 지방문화권의 새로운 형성 등 제시책의 실시와 미래의 우리 나라 도시상에 알맞은 공간이용문제를 포괄하는 3차원적 도시계획의 수립이 요구된다.

도시 내 자연환경의 보호 및 확충을 통한 환경혁명의 달성이 요하는 지

12) 이승윤 외 1인 공저, 한국의 경제적 근대화과정, 광명출판사, 1975.

역적 변동이 일어나고 있다. 이 외에도 공업화·산업화·제산업의 국제화를 위한 생산체제의 확립이 필요하고 현재의 농업체제에서 갖고 있는 본질적 모순이라고 생각되는 실질적 소작농체제·영세농체제를 근본적으로 개혁하여 농업근대화의 기반조성단계부터 협업농과 기업농의 상반상보(相反相補)의 원리를 살려야 하겠다. 물론 이를 위하여는 자율적이고 적극적인 주민의 참여가 확대되어야 하겠으나, 농업의 생산·유통·소비구조의 자율적 개선과 같이 농정시책·재정금융지원이 보다 더 효율적이고 합목적적으로 이루어져야 하겠으며 정부 지원과 주민수용의 상호협력태세가 요청된다.

이의 구체적인 현실화와 목적달성을 위해서는 사회적·경제적으로 밀접한 관계에 있는 영역인 통근권·통학권·의료권·금융권·단지권·특화사업권 등 일정 권역을 중심으로 협동권새마을운동의 전개가 정책적으로 이루어져야 하겠다.

2) 새마을운동을 협동권으로 전개해야 될 이유와 그 필요성

협동권으로 새마을운동을 전개할 때 먼저 고려해야 할 것은 협동권역의 범위가 문제이다. 농촌의 경우 단위지역의 범위가 마을로 되어 있어 기본적으로 영역이 좁기 때문에 광역권이 요구되는데 우선 협동권역은 ① 지형·사회연대감·전통성 등 마을간의 생활여건이 유사하여 공동개발권형성이 가능하고, ② 지역개발방향과 수단이 일치될 수 있는 지역으로서 증산기반의 확충과 문화복지시설 등 개발사업의 공동추진이 기대되고, ③ 3~6개의 동단위 정도의 규모로 지역간협동이 잘 되고 협동개발의 실적이 좋은 지역을 협동권역으로 설정하면 한다.

이의 구체적 이유를 열거하면 다음과 같다.

① 선진국의 경우에 더욱 뚜렷한 현상이긴 하나 우리 나라의 경우에도 산업생산력의 발전과 기술혁신의 진보에 따라 정부지원이 조장행정체제를 통하여 이루어지는 바, 현재의 이동단위로는 번거로움만 많고 효율성이 낮으므로 광역행정기능이 있어야 할 필요성을 느낀다.

② 주민의 1일 생활영역이 넓어졌다.

③ 규모경제성을 고려할 때 집적이익, 즉 생산력·소비력·관리력이 집

적함으로써 이익이 모아지므로 집적의 방향으로 개발과 조화의 상호이익을 증대시키고 국민경제적 입장에서 생산활동이 이루어져야 하므로 지금의 마을단위는 너무 좁다.

④ 우리 나라 농촌권·어촌권·산촌권의 취락은 배산임수의 위치를 잡고 있으며 오래된 마을일수록 용지난이 없었던 때여서인지 너무나 산재되어 있어 기능적인 조합이 안 되고 있는데 이를 지역특성에 따라 몇 개의 자연부락을 생산권·생활권·소비권·학교권 등으로 묶어 집적이익이 작용하도록 할 필요가 증대하고 있다.

⑤ 새마을사업을 전개하는 과정에서 부락과 부락 및 주민들간에 발생하는 이익관계의 영역이 현저하게 확대되고 있다.

⑥ 조선시대 혹은 일제강점기에 형성된 자연부락별 이동단위의 행정구역을 재편성할 필요성을 느끼고 있는 바, 이의 기반작업으로 새마을협동권단위의 형성이 요구된다고 본다.

다만, 여기에서 문제가 되는 것은 「광역협동권」의 단위를 어떻게 정할 것인가의 문제인데 몇 가지 고려할 사항을 열거하면 다음과 같다.

① 지역개발과 지역사회개발의 원리를 당해 권역중심으로 살릴 수 있어야 한다.

② 입지요소가 농업입지에 적합하냐, 공업입지에 적합하냐에 따라 규모가 달라져야 한다.

③ 지형의 구분에서 산촌이냐, 평야냐, 어촌이냐, 도시근교권이냐, 문화재보호권이냐, 도시권이냐에 따라 권역의 범위를 달리 정하여야 하겠다.

④ 규모의 경제성이 고려되어야 하겠다.

⑤ 지역경제의 개발모형을 기준해야 한다.

⑥ 국민경제성이 고려되어야 한다.

⑦ 산업구조의 동질성별로 권역이 설정될 필요가 있다.

⑧ 입지적 일체성을 가져야 한다.

⑨ 사회적·문화적 동질성을 가진 지역을 협동권 범위로 정할 필요가 있다.

⑩ 기초마을권·자조마을권·자립마을권으로 구분, 동일수준에 와 있는

마을들을 거점으로 하여 협동권을 형성할 필요가 있다고 본다.

이상의 제원칙을 살려 지역의 변동 추세에 따라 인보공동사회적 성격을 크게 고려하여 형성된 마을권을 이제는 새마을운동의 전개에 도움이 되는 방향에서 협동권으로 권역도 재형성되고 거점광역권으로 운동과 사업의 전개가 되어져야 할 필요가 있다 하겠다. 왜냐하면 ① 사회경제적 권역이 확대되고 있다는 점이다. 특히 고속도로 및 고속화도로의[13] 확장과 농어촌 전화사업의 확대로 통근권·통학권·시장권·금융권 등이 넓어졌으며, 광역이수개발로 수리화가 되었고 경지 정리도 기계화지역이 인접지역을 포함한 대단위지역으로 되고 있으며 영농의 다각화에 따라 생활경제권은 광역화될 것인 바, 이에 준하여 거점지역을 중심하여 협동권으로 광역새마을권을 형성할 필요를 느낀다.

② 특히 농촌권은 35,031개(1970년 현재) 모든 마을이 자립마을이 되고 지금 우수마을 우선지원정책은 균형지원으로 정책이 바뀌어야 하므로 그 때는 지역특화사업에 따른 유형별 지원이 필요하게 될 것인 바, 생산기반사업 중심의 협동권을 형성하여 개발계열에 따른 특성지원이 있어야 할 것이다.

③ 새마을사업의 장기전망으로 볼 때 마을단위의 자급자족경제의 입장이어서는 안 될 것이며 마을간의 이해조정이 필요하고 또 지역이 갖고 있는 인적 자원·물적 자원·정보자원·천연자원·인조자원·제도적 자원 등 제자원을 충분히 활용하기 위해서는 협동권이 필요하다.

④ 지역간의 격차·소득간의 격차·산업부문간의 격차·사회계층간의 격차 해소를 위한 행정의 종합적인 개발정책수립과 지원정책이 합리적으로 이루어지고 효율성을 갖게 하기 위해서이다.

⑤ 새마을의 영속화를 위한 기술교육·정신교육, 기타 영농교육을 비롯하여 주민과의 접촉 및 총체행정을 수행하는 데 있어서 행정의 비용·인원·장비·시간을 절감할 수 있으며 특히 농업통계의 과학화를 통한 정책

13) 고속화도로는 경부·호남·영동·남해 등 고속도로를 제외한 국도로서 포장이 되고 수송량이 많으며 차량통행이 빈번한 도로를 말한다.

수립의 합리화를 기하는 데 일조가 있으리라 본다.

⑥ 지역특화의 기초조성을 비롯한 행정지원의 집중으로 획일적 정책집행이 아닌 협동권별 유형에 따르는 개발모형을 세울 수 있으리라 보기 때문에 더욱 필요한 것으로 생각한다.

그런데 문제는 협동권새마을운동의 전개과정에서 부딪치는 장애요인이다.

2. 협동권 새마을운동의 과제와 추진방향

1) 추진방침

첫째, 정부의 계속적인 지원과 지역주민의 수용권을 보다 넓히는 방향으로 나아가도록 하며 도시권과 농촌권의 적극적인 협력체제가 이루어지도록 도·농관련화정책을 수립하여 「관·민·도·농」 총화체제를 형성하도록 한다.

둘째, 주민완전주도형의 방향으로 추진하도록 하며 농촌사회구조나 영농과학화를 위하여 자율적인 주민조직형성과 기능의 적극화로서 생활을 통한 협동훈련을 지속하도록 한다.

셋째, 성장과 배분정책을 동시에 고려하여 격차문제의 해소와 같이 농공병진과 도·농균형발전체제를 확립하도록 한다.

넷째, 경제·사회·문화 그리고 경작지 등 생활관계권을 기준으로 3~6개 마을 단위로 1차협동권을 설정 추진하고 차츰 광역협동권을 시도하는 방향으로 전개하였으면 한다.

다섯째, 권역은 여건에 따라 다르겠으나 가능한 한 추진을 위한 지도자는 당해 지역의 새마을특화사업기술지도자이면서 자립마을권지도자라야 할 것이며, 성장농업자영자인 여론 조성도 가능하고 읍면행정과의 관계개선도 가능한 지도자가 살고 있는 마을을 거점으로 하여 일정거리(2~4.5km 반경)에 분포된 지역을 선정한다.

여섯째, 그리고 협동권역선정은 일시에 전국적 규모로 그 사업을 전개할 수 없으므로 가능하면 ① 도로망 인접부락권역을 택한다. ② 유휴가경지분포지역을 선정한다. ③ 지역특화사업이 가능한 입지를 가진 정책사업지역을 택한다. ④ 농업자원형·주민주도형 새마을공장이 들어갈 수 있는 공업입지 가능지역이면 더 좋겠다. ⑤ 국토종합개발계획의 권역구분에 의한 개발대상지역의 부락으로 입지한 지역협동권으로 한다.

일곱째, 협동권사업을 통하여 권역 내 주민의 공통욕구를 단계적으로 달성하게 함으로써 인보상호정신을 함양하고 총화체제 확립에 기여하도록 한다.

여덟째, 취락의 입지가 동일하고 생산수단이 비슷하여 학구권 등이 유관한 지역으로 선정하여 시·군별 몇 개 권씩 선별하되 군 중심으로 하지 말고 어느 단계에 가면 군을 없애고 핵확산적인 파급효율이 높은 지역을 중심으로 광역권으로 전개하도록 하는 것이 이상적이라고 본다.

아홉째, 사업지표는 소득증대와 복지생활의 향상을 위한 표준수요를 기준으로 한다.

2) 새마을협동권사업의 대상

협동권사업의 대상이 될 수 있는 기준은 협동권이 가지고 있는 여건에 따라 다르겠지만 다음과 같은 효과를 기대할 수 있을 때 발전사업으로 선정하면 좋지 않을까 생각한다.

① 협업적 경영방침을 택함으로써 생산증대 및 생산비절감으로 「주머니 실질소득」의 향상을 기할 수 있어야 한다.

② 노동생산성을 높이고 단위생산성도 제고할 수 있는 사업일 것

③ 사업효과가 전 마을에 미치는 사업일 것

④ 참여마을의 공동숙원사업 중에서 책정할 것

⑤ 내부수익률(IRR: Internal Rate of Return) + 연관효율(ARR: Associated Rate of Return)=사회적 효율(SRR: Social Rate of Return)이 높은 사업일 것

⑥ 협동권지역의 노동력을 조직화시킴으로써 인력을 최대로 활용할 수 있을 것

⑦ 산지간 경쟁을 조정할 수 있고 생산의 지역적 분업화를 성취할 수 있

는 사업일 것

⑧ 협동권 사업추진위원회에서 선정한 사업일 것

⑨ 인보운동의 일환으로서 정신혁명을 통한 인간개조와 지역사회개조에 도움이 되는 사업일 것

3. 협동권사업의 추진방법

1) 사업계획의 대립 및 조정

협동권사업의 전개과정에서는 장애요인도 없지 않을 것이다. 예를 들면 다음과 같다.

① 단위부락별로 지금까지 형성하여 놓은 마을의 공동재산이 서로 다르기 때문에 이해관계로 생각하기 일쑤이다. 따라서 마을주민간의 이해대립을 조정해야 하는 문제이다.

② 마을간에는 부존자원이 다르고 기술인구를 포함한 경제활동인구의 분포도 다르기 때문에 협동권사업을 전개할 때 자본이나 노동투입의 비율이 다를 수 있으므로 새마을운동을 처음 시작할 때와 같은 애로가 있을 것이다.

③ 마을간에는 영농현대화 실태가 다르고 경제작물의 재배를 비롯한 상호경쟁심이 있을 수 있을 것이다.

④ 씨족분포로 인한 이웃마을간에 대립감정이 남아 있을 수도 있겠다.

⑤ 현실적으로 새마을지도자와 이장이 다르므로 협동권사업을 추진하는 과정에서는 이장의 행정협조사항이 많으므로 조직이 다원화된 상태가 계속한다면 마을간·마을 내 조직간에 대립이 있을 수 있고 지도자 선임과 마을총회의 필요시 현재 우리 나라의 취락구조로 본다면 모이는 데 애로가 없지 않을 것이다.

그러나 조국통일을 위한 원동력을 기르고 평화를 우리 땅에 정착시켜 나가며 조국근대화를 위한 국력배양의 전략으로서 새마을운동을 지속화시켜야 할진대 주민적 총화의 슬기를 모으고 범국민적인 총조화운동으로 추진

하며 최대행복의 보장이란 차원에서 강력한 추진과 지원이 있어야 하겠다.

이를 위하여 협동권단위로 권역 내 마을의 새마을지도자 및 개발위원 등으로 구성된 「협동권사업추진위원회」를 구성하여 협동권사업의 목표와 세부사업을 정하고 지표달성을 위한 연차별 사업계획을 도새마을과에서 종합분석조정한다.

[1] 사업의 시행요령

① 권역 내 전 주민조직대표와 행정지원조직의 상호관심을 집합하여 전 주민참여의 새마을운동으로 추친한다.

② 이동새마을학교를 협동권지역에 우선 설치하여 주민교육을 우선실시함으로써 자율적인 주민참여의 폭을 넓힌다.

③ 협동권사업 관리내규는 추진위원회에서 결정하되 사업자금은 금융기관에 연명예치하여 공동관리하도록 한다.

④ 사업추진상황은 주민총회에 월별 보고토록 하여 주민의 관심을 자극하고 지도책임자들의 신용을 제고한다.

⑤ 사업계획서 · 현금출납부 · 마을별 참여상황을 기록 · 보관한다.

⑥ 소요사업비는 자체자금 및 외부지원을 총망라하여 우선 발전사업에 집중 투입한다.

⑦ 각 사업부문에 따라 기능별 책임자를 지정하고 회계관리의 엄정을 위하여 월별 결산제를 택하도록 한다.

[2] 행정지원

① 읍 · 면장은 각 마을별 희망사업계획을 종합하여 마을별 이해관계를 조정하고 공동협동사업으로 선정토록 유도한다.

② 시장 · 군수는 사업의 타당성과 경제성을 검토하고 권역별 지원을 위한 물량, 재정지원계획을 세운다.

③ 광역자치단체장은 권역별 사업을 조정하며 지원집행과정의 과제와 문제를 분석하고 해결대책을 수립, 행정자치부와 협조의논한다.

④ 시장 · 군수 · 읍 · 면장은 협동권별 책임공무원을 임명하여 현지지도를 강화하며 협동권 내의 각종 시범단지를 우선조성하여 지역권에 확산작

용을 일으키도록 한다.

⑤ 산학협동을 이제는 관·산·학협동체제로 하여 도별로 「지역개발위원회」나 「새마을운동연구회」 같은 사단법인체를 설립하도록 유도하여 기술지원을 위한 전문가단(task force)을 구성해서 항상 지원이 가능하도록 하며 각종 장비지원까지도 고려하도록 한다.

⑥ 시장·군수·농협단위조합장은 분기별로 사업추진실적을 평가하고 추진상의 문제를 분석하여 정책수립과 동원행정의 방법으로 반추시키고 지표달성의 진행관리를 협동권사업추진위원회에 보고하도록 하면 좋을 것 같다.

⑦ 실적이 우수한 협동권은 행정자치부(1970년대는 내무부였음)에서 선정하여 이를 성공사례지역으로 정하고 각 교육원의 현지실습과 새마을운동 지원전략을 세우는 데 연구지역으로 함은 물론 세제상의 혜택이나 정부지원 특수지역으로 정하여 우수마을 우선지원과 같이 협동권사업추진을 가열화시킨다면 파급효과가 극대화될 수 있다고 생각한다. 이와 같이 새마을사업을 대단위 협동단화 함으로써 마을주민의 연대의식도 고취되고 마을간 상호능력보완으로 투자효율도 극대화할 수 있을 것으로 본다.

제 3 절 새마을교육의 진흥정책

1. 실 상

새마을교육이란 모든 국민에게 새마을운동의 근본이 되는 근면·자조·협동과학화하는 새마을정신을 기르고 실천하는 데 필요한 정신계발과 기술을 습득하는 범국민교육을 말한다.[14)]

이와 같은 새마을교육을 위하여 정부에서는 소득증대운동과, 생활의 과학화 운동 및 사업에 중점을 두고 새마을운동중앙협의회의 주관 아래 장기계

14) 새마을운동 길잡이, 내무부(현 행정자치부), 1975년 2월, p. 1047.

획과 종합지침을 마련하여 계층별·기능별로 교육의 체계를 세웠으며 국민교육화를 위해 마을회관을 교육장으로 하는 마을단위교육도 강화하였다.

첫째, 새마을교육내용에 있어서는 교육을 받는 대상자를 기준으로 하여 ① 새마을지도자교육, ② 사회지도층 새마을교육, ③ 공무원 새마을교육, ④ 주민 새마을교육으로 구분하여 교육을 시켰다고 하겠다.

둘째, 교육을 실시하는 기관을 기준으로 하여 볼 때, ① 중앙 각 부처 사무관 이상 고급공무원교육, ② 새마을지도자 연수원교육, ③ 국영기업체 및 민간단체교육, ④ 시·도 공무원교육원 교육, ⑤ 도 농민교육원 교육, ⑥ 사설 가나안농군학교 등으로 구분된다.

셋째, 교육내용별로 보면 ① 정신교육, ② 기술교육, ③ 영농교육, ④ 일반교양교육, ⑤ 특수교육으로 나누어 실시하였으며, 공무원 새마을교육은 모든 교육과정에 우선하여 공통적으로 기당 1주간씩 실시하여 왔으며 교육방법은 합숙훈련으로 실시했고 교육내용은 새마을정신 계발교육을 실시하여 왔다. 이 중에서 고급공무원 교육을 맡은 중앙공무원교육원에서는 교육목표로서 ① 새마을정신의 생활화를 위한 정신력배양, ② 새로운 가치관의 확립, ③ 새마을운동의 발전전략연수를 지표로 하여 실시하였다.

넷째, 교육방침은 새마을정신의 내면화를 위한 단계별 접근을 목표로 하여[15] ① 여러 방법으로 제시되는 지식을 자기와 동화시키도록 학습내용을 편성했으며, ② 학습과정에서 선험적 지식을 제고시키게 하며, ③ 심리학적 측면에서 자극－반응－심화의 과정을 각 단계의 훈련기법에 투입하도록 하였다. 구체적으로는 교과목 중심의 과정과 생활 중심의 과정으로 구분하여 혼합실시하였던 바, 이를 평가하여 보고 각급 교육원과 비교하여 발전방향을 위한 과제의 발전과 문제점을 찾고자 한다.

1) 평 가

[1] 교육과정의 분석

교육훈련을 통하여 정신자세를 확립하고 국가목표달성을 위한 사명감과

15) 동훙욱, 공무원 훈련의 내면화율 향상을 위할 방안연구, 1974. 11. 22, "사례연구" 세미나 주제논문, 중앙공무원교육원, p. 6.

발전지향적 가치관을 기르고 정부시책의 수행에 앞장서게 하며, 새마을운동을 지속적으로 발전시킬 역군을 양성한다는 목표는 동일하며 이 목표달성을 위하여 각급 공무원교육원마다 다음 과목을 공통과목으로 하고 있었다.16)

① 새마을운동, ② 한국의 경제발전과 개발계획, ③ 보안업무, ④ 비상계획 등이다.

특히 생활중심과정에서 새마을교육이 다른 과정과 다른 점은 다음과 같았다.

① 외출 · 외박 · 전화사용 · 면회 등이 일절 금지된다.

② 신문보기나 TV · 라디오 등의 시청도 사전허가된 사항 외에는 금지된다.

③ 술 · 커피를 못 마신다.

④ 음향기구의 사용을 금지한다.

⑤ 잠옷은 취침시에만 착용한다.

⑥ 실내화는 실내와 화장실 왕래에만 사용할 수 있다.

⑦ 흡연은 재떨이가 있는 곳에서만 할 수 있다는 규정을 두어 자질향상과 실천력배양에 역점을 두어 생활훈련을 실시하였다.

이와 같이 합숙을 통하여 16.5시간 생활훈련을 하고 1일 일과를 3단계(조기 · 주간 · 야간)로 구분하여 운영하되 교관과 피훈련자가 혼연일체가 되어 공동생활을 하는 것은 모든 교육기관의 새마을교육 과정에서의 공통된 현상이다.

[2] 교육생태 일반분석

교과내용17)은 ① 새마을운동과 정신혁명, ② 국제정세 및 대북한 문제, ③ 경제문제, ④ 자세 확립, ⑤ 성공사례, ⑥ 분임토의, ⑦ 명상 · 체육, ⑧ 건전노래, ⑨ 현지시찰 교육, ⑩ 시청각 교육 등으로 구성되어 있는데, 문제

---

16) 총무처(현 행정자치부와 중앙인사위원회), 1975년도 공무원교육 훈련지침 참조.
충청남도 지방공무원교육원, 지방청공무원 훈련계획, 1975년도, p. 11 참조.

17) 신윤표, 새마을운동의 지속적 발전방안, 한국행정학보 제8호, 1974, 한국행정학회, p. 181.

는 각 과목의 비중문제가 다루어져 있지 않고 있으며, 내용과 과정의 체계화문제로서 ① 각 과목의 공통교재가 없어 서로 비교할 수 없을 뿐만 아니라 교수마다 자기의 주관적 의미 부여를 많이 하는 바, 과목간의 유기적인 협동과 내용보완이 부족하다고 생각된다. ② 남북대화와 적십자회담과 같은 과목도 특강식으로 운영하였다. 그리고 미래로, 세계로 향하는 비젼과목이 부족하였다. ③ 교과목간의 관계를 고려하지 않고 교과내용에 관한 관련강사들 간의 연구강습회 없이 나열적으로 편성하고 있는 곳도 없지 않다.

과목편성의 주관성문제로서 ① 교수 중심의 주관적 측면의 배려하에 과목이 편성되는 경우도 있으며, ② 지도자의 교육관 내지는 국정운영철학이 교과편성에 작용하였다는 점이다.

[3] 교육시행상의 문제점

(1) 교육대상자 선정면

그동안 교육과정에서 나타난 여론을 보면 고급 공무원의 부인 및 저명인사들을 중심으로 새마을교육 대상자를 확대해 줄 것을 요구하고 있다. 여기에서 문제가 되는 것은 다음과 같다. 교육효과의 제고를 위해 ① 일반행정직과 기술직 그리고 기업체 간부를 업무 내용과 관련시켜 골고루 나누어 학급과 분임을 편성해야 활발한 분임토의가 될 터인데, 기술직만 같이 몰려 있을 경우는 학습효과가 오르지 않는 것을 볼 수 있었다.

② 학생과 공무원의 혼성팀이 계속될 경우는 대학생의 특수성을 감안한 별도의 활동을 보완해야 될 것으로 생각된다.

(2) 교육방법면

① 교육용 종합사례가 부족하며 분임지도교수들이 사례식 토의방법이나 역할연기와 모의방법의 훈련방법에 익숙하지 못하다는 점이 문제이며, 분임인원이 많아 감수성훈련[18]을 시키는 것이 곤란하다는 점이다.

② 「새마을발전계획 작성」은 새마을운동을 이해하는 데 「큰 도움을 주었다」

18) 신윤표, 신행정학, 법정학회, 1974, p. 247.

③ 현지 견학 및 노력봉사를 통하여 새마을운동의 참모습을 볼 수 있었고 새마을사업에 직접 참여하게 되어 산 교육이 되었다. 이론위주의 강의식방법을 지양하고 실습 및 사례위주의 교육 방법이 요구되고 있다는 것이 문제점으로 나타나고 있다.

④ 가장 인상에 남은 일에서 「일조점호·구보 및 국기에 대한 경례와 맹세 등 조기활동」이었다는 점에서 볼 때 생활 중심의 교육방법이 효과가 있음을 알 수 있겠다.

[4] 교육주변상의 문제점

(1) **교직원의 능력과 사기면**

교육훈련의 과정이나 그 운영 및 과목내용이 아무리 훌륭히 잘 짜여져 있어도 교육훈련의 중요성에 대한 인식이 없고 교육을 담당하는 교수의 능력이 없고 사기가 떨어져 있으면 훈련의 효과는 기대할 수 없다고 본다.

(2) **교육훈련기구의 기능면**

각 부처는 교육훈련 전문가를 교육담당관으로 시켜야 할 것이다. 그리고 교수직의 전문화·사명화가 발휘되고 교관요원의 질적 향상과 우대조치가 제도화되지 못하고 있다는 것이 문제이며 교육기관에 대한 인식변화가 아직도 요구되고 있다고 하겠다.

(3) **교육시설 및 예산면**

대강당 시설과 간편한 새마을책자 등을 발간하여 피교육자에게 나눠 주고 「성공사례」에 관한 녹음테이프를 나눠 줄 수 있을 정도의 예산지원을 하는 등 피교육자 1인에 소요되는 예산의 증액이 필요한 것 같다.

2. 발전방향

1) 교과과정의 이상모형 설정

[1] 목 표

우리 나라 공무원 교재의 지표는 제3공화국 때 국민교육헌장에 명시하였던 바와 같이 ① 인본주의적 이념·국가사회지향적 이념, ② 발전지향적 이념하에 민족중흥과 새 역사창조의 사명을 중심으로 개인생활·사회생활에서 개척정신·협동정신·국민정신을 함양하여 국가발전의 원동력을 발휘할 근대화의 역군을 만드는 데 두어야 할 것이다. 그리고 공직자 자세를 쇄신하여 역사의식과 시대적 사명감을 갖고 직무에 충실하는 공무원을 양성할 수 있는 교과과정을 만들어야 할 것이다.

이러한 상황과 요구에 의한 목표를 요약하면 ① 지행일치의 실천역군을 양성함을 목적으로 한다. ② 공무원신조를 공직인의 윤리로 삼고 좌표로 삼아 살아 갈 수 있는 인간을 만들 것을 목적으로 한다. ③ 변동에 대응하고 변동을 관리하는 능력을 기르고 구국애족정신에 불 타는 가치관을 갖게 하며 그것을 통하여 국가발전목표의 달성에 공헌함을 목적으로 하여야 한다.

[2] 기본방침

교과과정을 통하여 달성하고자 하는 바람직한 미래의 상태를 교과과정의 목표라고 한다면 이를 효과적으로 달성하기 위해서는 다음과 같은 구체적인 교과목편성의 기본방침이 필요할 것이다.

① 증산과 절약, 자조와 자립을 실천행동철학으로 하는 새생활풍토를 최단시일 내에 조성할 수 있도록 한다.

② 공동생활을 통하여 상호부조 협동의 마음을 철저하게 기르며 국가에 충성하는 정신을 길러서 국가적인 문제해결에 거시적이고 유리한 위치를 부여할 수 있도록 한다.

③ 내면화율을 높이도록 교과내용의 단계적 배열을 원칙으로 한다.

④ 교육성과를 지속·확산하는 동시에 새마을운동에 친숙하고 앞장서는 근대화의 역군이 될 수 있도록 생활중심 교과과정과 교과목중심 과정을 잘 조화시키며 인간과 인력을 합한 올바르고 쓸모 있는 사람 교육이 되도록 한다.

[3] 모형교과과정의 시안

① 훈련기관의 교육 대상에 따라 조정·운영하도록 한다. 다음 예시된 과목 중에서 선정함을 원칙으로 한다. ㉠ 인간수양 과목(인생과 철학, 종교

와 신앙생활, 인생과 예술 등), ㉡ 국난 극복사례, ㉢ 국제 정세, ㉣ 목민심서 해설, ㉤ 국민윤리, ㉥ 직장인의 건강 관리, ㉦ 생활과 과학 등이다.

② 전문과목은 과정교육 목적에 적합한 교과목을 선정하되 실용교육 위주로 소수과목을 책정하여 중점 교육이 되도록 교과를 편성할 것을 전제로 하면서 교과과정을 편성하여야 한다고 보아진다.

2) 교육훈련의 효율화방안

새마을 교육과정의 목표에 일치하며 주어진 여건 속에서 인적·물적인 투자에 대한 효과성을 높이고 교육훈련을 위해 투입된 것에 대한 기대한 만큼의 산출 비율을 높이기 위해서는 교육내용과 제도 및 교육운영을 쇄신하여야 할 것이며 교육을 마친 후 그 성과가 오래 지속되도록 하여야 하겠다. 이에 대한 방안으로 몇 가지를 제시하겠다.

[1] 교육훈련내용의 쇄신

앞에서 논급한 바와 같이 교과내용쇄신의 목표와 기본방향에 따라 교과목을 재편성하여야 할 것이며, 훈련내용의 결정에 있어서는 원내의 사정에 준거하지 말고 피교육자와 국민과 국가가 바라는 공통분모를 찾아 가지고 결정하여야 할 것이다. 그리하여 태도 및 가치관의 바람직한 변화에 비중을 두어야 하겠다.

[2] 훈련방법의 개선

학습효율이 극대화되도록 인간의 모든 감각을 활용하는 새마을성공사례 발표·새마을발전계획작성을 위한 사례식교육과 브레인스토밍을 통한 분임토의·합숙생활과 같은 집단교육·시청각교육·노래·체육 등의 방법을 이용하고 현행 생활중심과정의 교육훈련을 지속적으로 발전시켜야 한다.

[3] 교육풍토의 개선

(1) 교육훈련기관의 제도쇄신

그 방안으로서 교육지원기능보다는 교수기능이 우선 요구되므로 국립대학교수와 교육원교수의 교류제를 실시하며, 교육원교수는 새마을교육기간

동안 강의 외의 생활지도 관계로 연구시간이 부족하니 교육원 내에도 연구교수제를 실시하여 6개월간씩 교대제로 일반직무과정 교육만 하고 생활지도교수직을 면하여 주도록 한다.

(2) 교관요원의 자질향상과 우대조치의 제도화

그 방안으로서는 ① 교관요원은 승진·포상·해외파견에 있어서 타공무원에 우선하고 연구수당 및 근무 외 수당을 지급하도록 하며, ② 교관요원으로서 교수부 T/O에 배치되는 자는 승진후보자 중 전공과목 및 교관적성심사를 거쳐 임용하되 일정 배치기간 의무적인 교수활동을 하도록 교관임기를 정하여(일반직 교관의 경우에 한함) 인사교류를 보장하고 희망보직을 줄 수 있도록 제도화하는 안이다.

(3) 예산책정의 적정지원문제

그 방안으로서 마지못해 교육을 받는 식으로 오지 않도록 ① 피교육자 1인당 소요되는 예산을 교육원에 줄 것이며, ② 새로운 훈련 방법으로 교육훈련이 가능하도록 탈강단식 교육장 설치가 필요하며 여러 시청각 기재 도입이 요구된다.

(4) 교육기관의 생동화

이를 위하여는 ① 관학협동이 되도록 교육기관의 교관과 학계의 교수진으로 새마을교육발전위원단을 평가교수단처럼 운영하여 매년 발전안을 총리 및 총무처장관에게 건의·채택하도록 한다.

② 각급 교육원 상호간에 교육정보자료의 교환·교관교류·교육교재의 풀제 활용·정규적인 세미나의 개최 등을 원활히 하는 방안이다.

3. 앞으로의 과제

정신교육특별과정으로서 새마을교육과 민주시민교육은 계속되어야 할 것이며, 교육 성과를 당장에 기대해서는 안 될 것이다. 그리고 피교육자가 모두 공직의 중견 간부이며, 이들이 교육 수료 후 새마을운동발전의 중추적 역할을 맡게 함으로써 새마을운동의 지속적 발전을 도모할 수 있도록 해야 할 것이다. 또한 양적 교육보다는 질적인 교육이 중요하다고 생각되므로, 기당 학급편성의 인원과 분임원의 수도 줄여야 하며 이를 위한 제반 지원이 보강되어야 하겠다. 뿐만 아니라 교육의 내실화를 기하기 위해서는 보다 더 유관기관의 협조가 요구된다고 할 것이다.

[1] **추수교육**(follow-up study)

첫째, 방송통신교재를 통하여 계속적으로 새마을운동의 모습을 알리고 새마을지도자들의 고생담을 들려 줄 수 있도록 한다.

둘째, 지역단위로 교육원 연수생활을 조직하여 각종 새마을운동을 전개한다.

셋째, 연수생 동기별로 다시 교육원에 모여 실천 결의와 반성회를 갖도록 하며 직장별로 직장새마을운동을 실시하도록 한다.

넷째, 교육원과 서신교환을 한다.

다섯째, 「감상록」과 「일일자성록」·「나의 결의」 등을 몇 개월 후 송부하여 자기반성의 기회를 준다.

여섯째, 새마을운동의 이론적 정립을 위한 책과 국제교과서를 발행한다.

일곱째, 새마을운동과 관계되는 학술회의 및 세미나 등을 교육기관을 중심으로 산·관·학 협동으로 개최한다.

이상의 제과제와 관련하여 결론으로 제언하면 다음과 같다.

① 위에 설정·제시한 「모형교과과정」은 각 교육기관의 특성에 따라 구체적으로 연구적용되어야 할 것이다.

② 새마을교육발전방향에 관한 세미나를 중앙공무원교육원 주최로 매년 가져서 교육관계관·교수·새마을 지도자 등이 같은 자리에 모여 의논하고 새 방향을 모색해야 할 것이다.

③ 새마을교육을 위한 교재는 각계 전문가단 공동 과제 중심으로 개발하여야 할 것이다.

④ 새마을교육과정에 출강하는 인사 및 각급 원내교수단과 수시로 교육내용발전에 관한 워크샵을 가져야 할 것이다.

⑤ 각급 교직원의 직무만족도를 높이기 위한 계획과 교수발전계획을 각급 교육기관별로 추진해야 할 것이다.

⑥ 피교육자들의 참여도를 높이고 교육효과의 확산과 지속화를 위한 과제가 교육기관과 교육수료생간에 공동 관심으로 연구·발전되어야 할 것이다.

⑦ 새마을교육운영 S.O.P를 과학화하는 작업을 교육원별로 추진하는 일이다.

제 4 절 지역산업의 지도쇄신책

개발대상지로서 부락이든 부락보다 규모가 큰 마을[19]이든 지역산업을 통하여 ① 농산물의 증가와 운송, ② 주민의 건강과 위생, ③ 지역교육의 발전, ④ 지역주민의 사회적·경제적 생활을 변화시키고 목적한 바 문화적 변화의 과정을 실현해야 될진대, 이를 위해서는 모든 지역사회에는 새로운 생산기술과 근대적인 생활방식이 도입되고 주민들에게 보급시켜야 할 것이다. 이러한 경우 지도의 문제가 대두되는데 여기에서 우리에게는 쇄신이 필요하다.

헤이건(Evertt Hagen)은 쇄신의 과정을 새로운 착상에 도달하는 배태단계(창의)와 그 착상을 실천 내지 구체적 형상으로 옮기는 단계(창업가정신)로 구분하고 있는데,[20] 이와 같이 새로운 욕구와 이를 실현하기 위한 행동이 따라야 쇄신은 수용될 수 있다고 생각하며 이와 같은 지도책의 쇄신은 개발정책 전반에 걸쳐 이루어져야 하겠지만, 우선 몇 가지 지역산업의 성장·능률·형평을 위하여 쇄신이 있어야 하겠다.

19) Harold F. Alderfer, Local Government in Developing Countries, McGraw-Hill Book Company, New York, 1964, p. 221.

20) Everett E. Hagen, On the Theory of Social Change, Dorsey Press, Homewood, 1962, pp. 86-87.

[1] 적지적산책의 수립

빠른 시일 내로 국토전반의 토양조사가 이루어져야 하며 적지에 국제시장성·국내시장성·기술성·국민경제성·규모경제성 등 지역경제의 초기 성장[21] 잠재력을 규명하여 토양을 개량하며 경지를 관리한다.

[2] 지역별 품종의 통일

수익성이 있다고 하여 지역 내 기술인력이나 수리화 정도, 시장점유율의 적정성을 무시하고 품종을 통일해서는 안 될 것이며 지역특화를 고려할 필요가 있다고 본다.

[3] 품종별 생산면적의 통제

왜냐하면 지역주민들은 자급자족적 견지에서 국민경제적 입장을 고려하지 않은 채 계량적 계획이념 없이 대량생산을 하는 경우에 일정기간이 지나면 동산으로 인한 가격 보장이 안 될 것이며, 토지이익률의 극대화, 토지의 위치, 지형 기타 자연적 조건, 토지이용의 동향, 지역의 인구 및 산업의 장래를 예측하여[22] 합리적 밀식도 하고 면적도 계획을 통하여 통제하는 것이 바람직하다고 본다.

[4] 종자개량 문제

벼의 경우만 보더라도 반당 수확량이 350kg 정도이던 것이 1974~1976년에 810kg까지도 반당 수획량을 올릴 수 있었다.

[5] 식량문제

우리는 국토면적도 좁고 63%나 산지인 바, 앞으로 식량문제의 해결을 위해서는 20° 이하의 산지는 1단계로 개발해야 할 것이며 세계적인 식량문제를 생각하면 우리도 「4차국경」[23] 문제를 의도적으로 설계하여 경지확장과 정리, 해양목장까지도 구상을 해야 될 것이다.

---

21) 日本國, 地域經濟問題調査會編, 地域經濟問題と對策, 昭和 38年 9月, pp. 4-20.

22) 片山虎之介, 開發管理, 制1法規, 昭和 46年, pp. 248-249.

23) 4차 국경이란 우주국경으로서 앞으로는 지상권문제가 더욱 심하게 대두될 것이며 우주까지 새로이 인간생태계가 형성될 것이라고 필자는 생각하는 바, 이를 지역공간의 4차 국경이라고 개념해 본다.

[6] 파견 훈련과 생산인력의 개발합리화문제

[7] 단지조성 및 산업기반정비책문제

[8] 세제를 통한 관리문제

새마을공장이나 우선지원해야 할 새마을사업은 재산세 · 법인세 · 영업소득세의 합리적 조정으로 세제상의 제개발관리책이 정비되어야 할 것이다.

[9] 농협의 역할에 관한 문제

농협운영의 경우 금융중심에서 사업중심으로 기능이 전환되어야 하겠으며 새마을운동의 효과적 추진을 위한 농협의 구체적 기여방안[24]이 수립되어야 한다.

① 농협조직을 통한 농민조직의 합리적 유도
② 작목반을 통한 주민소득의 증대
③ 이용가공사업을 통한 농가경제의 향상
④ 구매사업을 통한 2차소득의 제고
⑤ 부녀활동을 통한 생활개선
⑥ 교육사업을 통한 협동의식의 고취 등, 제방정책의 강화쇄신

[10] 공공투자와 개발금융 · 개발세제의 쇄신의 문제

이 문제는 별도로 개발관리를 다루는 「제6장」에서 논하기로 한다.

제 5 절 부문별 정책의 쇄신

1. 수자원개발정책

수자원은 전력 · 관개 · 공업용수 · 도시생활용수 · 내수운관광 · 홍수조절 등 극히 다목적적이고 근대산업의 공통자원적 의의를 가지고 있으므로 국

24) 새마을연구회 간, 새마을운동연구논총, 제1집, 1975, pp. 29-35.

가경제발전의 기간이 되는 중화학공업을 집중적으로 추진하기 위한 수자원의 다목적개발은 농업·공업 및 생활용수를 공급하고 수력에너지를 생산하여 국민경제상에 크게 기여할 것이다.

따라서 앞으로는 수자원개발사업으로는 ① 다목적 댐 건설 및 운영관리, ② 발전시설 및 발전사업, ③ 다목적 용수로 및 배수로 시설, ④ 하구언, ⑤ 저수지의 수위조절시설, ⑥ 내륙수운 및 운하시설, ⑦ 수자원개발사업과 관련되는 조사·측량 설계·시험 및 연구, ⑧ 수자원개발사업으로 인한 이주대책에 따른 주택사업, ⑨ 수자원개발사업과 관련되는 부대사업 등을 전개하여 수자원개발사업은 치수의 효과뿐만 아니라 크나큰 에너지원이며 이것은 또 이수면으로 유도해서 「자본재로서의 물」[25]을 생산하여야 할 것이다.

우리는 7~8월에 강우량이 많은데 유역별 수자원보존량을 지금까지 충분히 이용 못한 것이 사실이다. 지역별 수급위주계획을 지양하고 종합계획하에 4대강유역개발을 중심으로 다목적 정책수립이 필요하다고 본다.

2. 도로 및 항만교통정책

도로정책은 도로가 갖는 여건을 이용하여 모든 도로를 산업도로화의 방향으로 이용하도록 하며 교통수요의 양적 증대와 질적 변화를 유발하여 교통체증을 해결해야 할 것이다.

이를 위하여 보다 「신속하고도 안전한 교통」[26]을 만들도록 교통체계를 재편성할 것이며 특히 전국 여객수송의 74%, 대물수송의 20%를 담당[27]하고 있는 도로교통부문에 있어서는 기간고속도로망의 건설과 기존 일반국도의 재정비 등을 요하며 고속화·중량화에 따른 파손율이 늘어나므로 박 대통령이 시사한 바와 같이[28] 도로유지관리의 철저를 기하기 위하여 ① 노면관리를 철저히 하며, ② 선형관리로서 도로의 평면적 또는 종단적 혹은 양

25) 산업기지개발공사(현, 수자원개발공사), 산업기지건설과 수자원개발, 1974, 참고.
26) 건설부(현, 건설교통부), 도로관리지침, 1975. 12. 31, 참조.
27) 상게서 참고. 1975년 12월 31일 현재의 상황임.
28) 박 대통령은 1975년 9월 4일 새마을정신에 입각하여 국민과 정부가 협력해서 할 수 있는 도로유지관리체제를 확립할 것을 제시한 바 있음.

자를 합친 입체적인 선의 형상을 관리하며 특히 굴곡부를 개량하도록 한다. ③ 구조물 관리로서 교량을 유지 · 관리 · 보수하며 농로암거 및 수로암거 그리고 터널 · 옹벽의 파괴원인을 조사 점검한다. ④ 비탈면 관리를 철저히 하고, ⑤ 배수관리와 ⑥ 부대시설물로서 방호책을 유지 · 보수하며 도로표지 · 도로구획선 등을 유지 · 보수한다.

도로변 정비로서 가로수를 유실수 · 은행나무 등으로 점차 식재하며 접도구역에서는 ① 토지의 형질을 변경하는 행위, ② 건축물 또는 공작물의 신축 · 개축 · 증축을 하는 행위, ③ 나무를 심거나 벌채를 하는 행위 등을 금한다.

이 외에 도로변 시설물의 정화와 공원도로를 유지 · 관리한다. 그리고 항만정책은 지정항 수를 늘리고 현재의 하역능력을 배증하며 수송능력을 보유하고 있는 육상운수기관과의 연결을 고려하여 동북아 물류허브형으로 중점적인 항만정비를 하여야 하겠다.

3. 도시정책

인구증가에 따르는 각종 사회적 현상을 합리화하여 시민의 복지생활에 이바지하도록 다음과 같은 주요목적을 내포하는 도시정책의 재수립이 필요할 것이다.

① 대도시인구를 분산하고, 특히 서울특별시의 경우 과밀문제해결이 시급하며 대구나 부산 등도 중심지역의 혼란을 방지하여 시민생활에 최대의 편의를 제공하도록 할 필요가 있다.

② 상수도와 하수도를 위생적으로 설계하여 공해문제에 대비하며 가정생활의 불편과 주부의 고충을 해소시킨다.

③ 보건위생시설 및 공유 · 유원지 등을 설계하여 도시생활에서 오는 시민의 피로를 덜어 준다.

④ 교통난의 해결을 위하여 노면교통 · 주차 · 취차(차잡기) · 통근 · 통학의 어려움을 해결할 수 있도록 한다.[29]

⑤ 편리에 입각한 행정구역을 재편성하는 일과 공간혁신, 지역협력형 신도시 건설 그리고 규제와 성장관리정책의 조화를 통한 지역발전정책의 새로운 패러다임이 요구된다고 본다.

4. 행정수도의 건설정책

1) 행정수도건설의 필요성

① 인구와 경제 · 문화 · 사회 · 교육부문의 과잉집중 때문에 전국적 균형과 조화를 위협받고 있으므로 이의 해결을 위한 집적폐해해결책으로서 필요하다.

② 도시의 이상비대와 과밀화로 서울은 위험선을 넘어 섰으며, 특히 공해 문제의 해결이 시급하다.

③ 국토공간조직의 파행성과 편재성을 시정하기 위함이다.

〈표 2-1〉 행정도시 단계별 도입시설

단계	시기	인구(인,누계)	도입기능시설(명칭)				
			산업	문화	상업업무	교육	의료
초기 활력 단계	~ 2015	150,000 (150,000)	· 개인 및 사업서비스업 시설 · 사회서비스 사업시설 · 행정지원산업 (업무용 빌딩)	· 멀티플렉스 영화관 · 도서관 · 실내체육관 · 공연장 · 야외전시시설	· 대형할인점 · 전문할인몰 · 대형스포츠센터 · 민자역사복합 상업시설	· 유치원 · 초등학교 · 중학교 · 고등학교 · 종합대학교	· 일반병원
자족적 성숙 단계	2016 ~ 2020	150,000 (300,000)	· 비즈니스 Park · R&D 벤처빌딩	· 미술관 · 문화산업 · 집적시설	· 고급백화점 · 유비쿼터스광장 및 특화거리	· 전문대학(원)	· 종합병원
도시 완성 단계	2021 ~ 2030	200,000 (500,000)	· 첨단산업단지	· 스타디움 (종합경기장) · 박물관	· 엔터테인먼트형 쇼핑몰		· 의료산업 클러스터 · 의료산업 복합타운

29) 남덕우 부총리회견 주요내용, 제4차 경제개발 5개년계획, 1976. 6. 18, 회견자료, 제4호.

④ 중앙정부의 정치행정기관에의 지리적 근접이 사회의 모든 활동의 성패를 좌우하는 현상의 교정이 요구되기 때문에 필요하다.

⑤ 수도권이전은 불가피하다. 따라서 행정중심복합도시(세종시) 건설을 차질없이 진행하여야 할 것이다. 이를 위한 단계별 도입시설을 제시하는 바이다.

⑥ 기능 있는 도시로서 지방발전의 거점적 성격을 갖는 신도시의 이상모형을 보여 줄 필요에서이다.

⑦ 서울특별시 유입인구의 방파제기능을 할 수 있도록 하기 위함이다.

⑧ 산업재배치의 필요성을 살릴 수 있는 기회가 이루어지도록 하기 위함이다.

⑨ 지방민이 갖는 소외감을 풀어 주고 지방과 중앙과의 사회적 및 의식거리를 좁히기 위함이다.

⑩ 지역기능을 살려 행정도시·학원도시·문화도시·예술도시·기술도시·체육도시·관광도시 등 지역적 특화정도에 따르는 균형개발을 시도할 수 있는 계기에서이다. 그리고 행정의 중심역할을 위한 필요충분조건으로서는 청와대와 국회의 이전까지도 포함되어야 할 것이다. 그것이 바로 행정수도의 건설이다.

2) 행정수도건설 정책에서 고려해야 할 사항

[1] 입지인자의 적정지역 선정

① 수원(하천)이 풍부한 지역

② 안보(치안·국제·외교활동을 고려) 유리지역의 개념을 통일 후까지 생각하고 지금은 세계화 시대임을 인식

③ 취락형성이 가능한 야산구릉지역

④ 전 국토에서의 등거리인 지역

⑤ 위치는 동서축과 남북축의 중심(重心点)점

⑥ 서울로부터의 시간권이면서 광역교통망형성 가능 지역

⑦ 주변 도시의 집적이익의 활용이 가능한 지역

⑧ 환경·경관적 측면에서 육경과 수경이 좋은 지역

⑨ 자연조건으로서 배수처리가 가능하고 지반이 건조·견고하여 지중배수가 잘 될 수 있는 지역

⑩ 저지대의 분포면적이 적은 지역

⑪ 문화정신적 배수진으로서 민족의 얼이 담긴 사적이 주변에 있는 지역

⑫ 생산활동입지로서 국제화 속에서 교류의 기능을 촉진할 수 있는 항구나 비행장 이용이 가능할 수 있는 지역

⑬ 지역간의 연관효과를 최대한 이용하고 기존 도시의 사회간접자본을 이용할 수 있는 지역

[2] 행정지원책 수립

① 수도건설을 위한 재원의 염출

② 종합건설본부의 설치

③ 용지매입

④ 개발을 위한 지역조사

⑤ 주변지역의 개발제한지역(그린벨트)의 설정

⑥ 부동산 투기를 억제하기 위한 기준지가를 고시

⑦ 신도시개발촉진법의 제정 및 정비

⑧ 토지용도규제에 관한 법규를 정비

⑨ 민원성격의 행정업무 등 과감한 지방이양과 함께 행정권역의 재구분 및 지방행정강화를 위한 행정정책이 이루어지고 「신도시건설」 운영의 구상과 함께 금융허브, 물류허브, 정치행정허브 등 권역성을 살릴 수 있어야 할 것이다.

5. 국민보건정책

건강한 국민생활을 위하여, ① 환경의 보존과 개선을 위한 시책이 강화되어야 할 것이며, ② 공해를 방지하여야 하고, ③ 상하수도시설을 확대하여야 할 것이다. ④ 저소득층에 대한 의료시혜를 확대하며, ⑤ 공공의료기관의 능률과 봉사의 개선이 필요하며, ⑥ 질병관리 및 예방강화책 등이 있

어야 하겠다.

6. 주택정책

국민주거조건의 향상을 위하여 보다 더 주택부족률을 낮추어야 하며 특히 ① 공공부문 주택건설을 확대함으로써 서민용 주택공급을 확대하여야 하며, ② 농어촌은 장기적으로 사용될 개량주택이 공급되어야 할 것이다. ③ 이 주택건설의 지역적 균형이 이루어지도록 하며, ④ 공업단지지역의 산업주택의 공급을 확대하여야 하겠다.

7. 산업정책

농촌권에 있어서는 새마을사업의 내실화를 위해서 다음의 제정책이 고려되어야 할 것이다.

① 농업부문에 있어서는 농업생산기반을 확충한다.

② 농업기계화를 촉진한다.

③ 농어촌 소득증대를 위한 새마을사업을 새로이 추진하고 농협이나 진흥청의 영농기술지도를 더욱 확장한다.

④ 노동의 질적 보존을 기하고 물리적인 환경의 미화를 통하여 뒤떨어진 마을도 계속 가시적인 환경가꾸기사업을 계속하도록 하며, 생활에 편리한 환경을 만들도록 환경개선사업을 계속 추진토록 하고 이를 위한 지원도 해야 할 것이다.

⑤ 영산강·삽교천(충남 예산군) 등 대단위 종합개발사업 완료와 같이 새만금사업도 발전적으로 이루어져야 할 것이다.

⑥ 광공업부문에 있어서는 부존자원의 조사를 완료하고 북한자원개발도 적극 추진할 일이다.

⑦ 중화학공업의 건설을 촉진하고 국제경쟁력이 확보되도록 한다.

⑧ 공업부문에 있어서는 전후방 연관효과가 높고 고용효과가 큰 전자·기계 등 기술과 노동집약적인 산업을 중점육성하고 중소기업과 벤처기업

육성을 적극 지원한다.

⑨ 외화획득 및 외화절약 효과가 큰 산업을 우선지원하고 수출산업을 다양화한다.

⑩ 산업의 지방분산으로 지역간의 균형 있는 발전을 도모하도록 한다.

⑪ 수송·통신(전화와 우편량을 포함)·보관·하역 등 생산지원부문은 기존시설의 효율성 및 생산성을 제고시키기 위한 보완투자에 주력하고 중화학공업을 지원하기 위한 공업단지·공업용수·항만시설 등 사회간접자본시설투자에 중점을 둔다.

⑫ 새로운 산업사회에 대비하여 산업기술을 적극 개발하고 기능인력 및 기술공급을 원활히 하기 위하여 기능교육·직업훈련·과학기술 및 연구개발의 지원을 강화한다.

⑬ 주택·교육·보건 등 사회개발투자를 확대한다.

⑭ 투자의 지역적 배분을 합리화하여 정치인자를 배제하고 산업입지를 고려한 개발책을 세워 지역간의 균형된 발전을 도모한다.

제 3 장 개발계획

제 1 절 지역개발계획의 과제

지금 선발공업국가는 경제의 고도성장으로 인하여 2개의 지역적 과제를 가져왔다고 하겠다.

그 하나의 과제는 기성공업지대의 자본·기술·노동의 과도집중에 의한 용지·용수·수송의 길이 좁아져 가는 경향과 도시기능의 마비화이다. 이것 때문에 도시공업지대는 사회적 한계비용이 사회적 한계이익을 상회하여 집적의 이익보다 과밀의 장해가 더 커 공업을 지방으로 분산시킬 필요성을 가져오게 한 점이다.

또 하나의 과제는 후진지역의 공업화가 늦어져 농림·수산업 중심의 산업구조를 갖기 때문에 지역간의 소득격차는 점점 확대되어 국민경제의 균등있는 성장을 저해하게 되었다는 것이다.

여기에 과밀지역의 공업집중을 방지하고 공업의 지방분산을 유도하여 자연자원의 유효이용과 자본·기술·노동 등의 사회적 자원의 적절한 지역배분을 기획해서 국민경제의 균형있는 발전을 기하여야 할 필요성을 느끼게 하였다.

지역계획은 지역 내의 문화적·사회적·정치적 특성을 고려함은 물론 경제적인 요소까지도 포함시켜야 할 것이며, 1960년대 이후의 경향이긴 하지만 국가발전목표하에 경제개발계획을 지역계획 속에 포함시켜 주민참여 체제로[1] 다룸은 어떨지 고려해 보아야 할 것 같다.

일반적으로 지역개발의 문제를 생각할 때 지역은 경제적·사회적 힘으로부터 분리시켜 생각할 수 없다. 지역은 그 지역의 문화와 목적 그리고 가지고 있는 자원 주요산업의 활동·생산·저축·수출·수입 등과 밀접하게 상관되어 있다. 전체적으로 보아 이것들은 지역 전 체계가 어떠한가에 따라 크게 영향을 받고 있다.

실제로 지역의 특성과 발전방향은 모든 요소의 복잡한 상호연관 속에서 형성되는 것이다. 이 복잡한 상호 연관은 인구·자원유형·산업시설·지방경제·사회계정·은행·시장·대도시권 정치 및 행정뿐만 아니라 사회적 가치·동기·목표로 이루어진 지역체계가 겹쳐 있다. 뿐만 아니라 지역의 전 특성과 발전방향은 생산의 연관활동과 상품의 흐름·화폐의 흐름·인구이동·매스컴·대중의사의 결정 등과 같은 지역상호간 체계가 서로 얽혀 이루어진 전 체계와 밀접하게 연관되어 있다.[2]

따라서 선진지역의 정비와 후진지역의 개발이란 문제를 모든 지역은 가질 수 있으며, 지역의 발전 수준에 따라 다음과 같이 구분할 수 있다.

[1] 대도시지역

계속 높은 경제성장의 가능성을 갖고 있는 지역을 의미한다.

[2] 발전축

두 개 이상의 대도시지역을 연결짓는 통로지역을 의미한다.

[3] 전방지역

새로운 발전자극을 받고 있는 지역으로 대도시지역으로부터 상당히 먼

---

1) 김한초, 지역계획에서의 Region과 사회학의 Community 개념, 한국사회학 제5집 별책본, 1970, p. 6.

2) Walter Isard, Methods of Regional Analysis Ⅳ, the M. I. T. Press, 1960, pp. 2-3.

거리에 있는 지역을 의미한다.

[4] 침체지역

발전한계에 달한 지역으로 성장지역에 노동과 자본이 유출되고 있는 지역으로 나눌 수 있다.

지역에 따라 다르겠으나 제자원의 최적지역배분이란 공통된 과제를 기준 목표로 갖고 있다고 하겠다. 그리고 지역개발계획의 범위에 있어 지역사회 문제를 당연히 포함시켜야 한다고 볼 때 지역사회는 단순한 물량적 체계가 아니고 ① 생태적 요소, ② 인구적 요소, ③ 문화적 요소, ④ 인간성의 요소, ⑤ 시간적 요소로 구성된다는 이론[3]을 긍정할 때 제격차의 시정은 물론 제자원의 유효이용, 생산과 고용의 안정적 발전을 기하여 최대다수의 주민복지향상을 가져오도록 하는 것이 지역개발계획의 과제라 하겠다.

제 2 절 지역개발계획의 방향과 기본원칙

1. 방 향

우리 나라 국토개발의 기본전략은 ① 국토의 균형발전, ② 전국의 산업권화, ③ 한수해 없는 낙토건설, ④ 국토보존과 관광개발, ⑤ 사회간접자본시설의 확충이라고 할수 있는데 저개발국가의 국토종합개발계획을 살피보면[4]

첫째, 지역균형발전을 한꺼번에 해결하려는 왕성한 의욕에서 방대한 계획을 세우고 있으나 목표를 어떻게 달성할 수 있을지에 대한 실질적 전략과 자원이 부족하다는 점

3) Irwin T. Sanders, The Community, New York, 1958, pp. 186-190.

4) 아세아학보 제1집, 1965, 아세아학술연구회 발행, pp. 475-477 참조.
이상조, 저개발국과 국토종합개발계획에 대하여, p. 414.

둘째, 개발계획안의 타당성분석의 미흡과 실현 가능성을 예측할 수 없고 과학적 근거가 미약한 점

셋째, 공명심과 졸속주의가 지배적인 점

넷째, 조령모개식으로 계획을 빈번히 뜯어 고치고 시행착오로 차질이 생기면 다른 부분까지 전반적으로 변경하거나 포기를 하는 경우도 있어서 용두사미격이 되었다는 점

다섯째, 조사과정을 거치지 않고 여건에 대한 실태파악이 소홀시되어 과학적 뒷받침이 부족하다는 점

여섯째, 장기계획이 되지 못하며 국토의 장래상을 전제로 인구동향과 경제성장·산업 및 국민생활의 동향 등을 전체적으로 파악하지 못하고 계획을 세우는 점 등을 들 수 있겠다.

이런 점을 감안하여 우리의 개발계획은 ① 국토이용구조의 재편성, ② 국토생산기반의 정비·확충, ③ 국토자연 및 제자원의 이용개발 및 보전, ④ 국민생활환경의 개선 및 복지시설의 정비 확충, ⑤ 새마을사업을 통한 근대화와 선진화 등으로 방향을 제시할 수 있겠다. 따라서 이를 추진하고 행정적으로 지원하는 데는 구체적인 지역개발계획의 수립원칙이 있어야 할 것이다.

2. 지역개발계획의 기본원칙

1) 국민경제적 입장에서 수립

지역개발계획은 국민경제적 관점에서부터 생각하여야 된다. 지역경제는 국민경제의 순환과정의 일환이기 때문에 지역개발계획을 세우는 경우 기본적으로 국민경제적 관점에서 고려하여야 할 것이다.

특히 기간산업의 경우 국민경제적 관점에서 개발계획을 진행하지 않으면 수급관계, 공공투자의 효율적 사용면에서 불이익이며 지역개발계획을 자칫 잘못하면 자급자족 견지로 되기 쉽다. 따라서 국민경제적 입장에서 잘 검토·조정하여 지역경제의 위치를 살려 실행가능성을 기준으로 수립한다.

2) 부문계획간의 재합성

지역개발계획은 국민경제적 관점에서 고찰하여야 되기 때문에 각 지역의 특수 계획과 정부의 종합개발계획 사이에는 일관성과 재합성(consistency)이 있어야만 된다. 또한 지역개발계획은 인구계획 · 소득계획 · 산업개발계획 · 산업기반시설계획 · 사회환경시설계획 · 인적 자원계획 · 투자계획 등의 부문계획간에 재합성이 있어야 한다.

예컨대, 일정한 공업출하액에는 일정한 공업용지 · 공업용수 · 노동력 · 자본 등의 확보가 있어야 하고 이들 간에는 서로 재합성이 필요하다. 이런 점에서 틴버겐(J. Tinbergen)은 지역개발의 제2의 기준을 재합성이라고 논한다.

3) 기별계획

지역개발계획은 도시계획 · 항만 · 도로 · 철도 · 전력계획 등 계속 공사가 많으므로 필연적으로 5년 또는 10년의 장기계획으로 된다. 따라서 단계적으로 기별계획을 세워 계획과 실적을 대조[5]함으로써 개발목표에 접근하는 노력이 필요하다. 자본주의에 있어서 경제계획은 공공부문에 있어서는 계획적 색채가 농후하지만 민간부문에 있어서는 경제의 주도력이 기업과 소비자에 있으므로 정부로서는 유도와 그 예측을 하는 데 불과하다.

이러한 의미에서 지역개발계획도 예외는 아니므로 지역개발의 미래상을 생각하고 기별계획을 세워 계획과 실적을 대조하여 일정한 기간후 보호를 하여야 하겠다.

4) 거점개발방식

지역개발계획은 입지조건을 감안하여 그 지역 내의 거점지구를 택하고 거점개발방식에 의하여 제자원의 유효이용과 개발효율의 극대화를 기하지 않으면 아니된다. 거점개발방식은 산업부문에 있어서도 입지조건 또는 기성산업구성을 보고 관련산업과의 연관효과의 가장 큰 전략부문을 택하여

5) 신윤표, 신행정학, 법정학회, 1974, p. 324.

중점개발을 하지 않으면 아니된다.

지역개발이론에는 균등성장이론과 불균등성장이론의 두 가지 주장이 있다. 넉시(Ragner Nurkse)·루이스(W. Arthur Lewis)[6] 등은 「광범위한 이종산업에 다소나마 동시에 자본을 투입한다」라고 하는 동시다면투자에 의한 균등성장이론을 주장하고 있다. 균등성장이론에 의하면 제산업은 상호 시장을 제공하여 주기 때문에 동시다면투자에 의하여 시장의 전면적 확대를 기하려고 하는 것이다.

이에 대하여 앨버어트 허어슈맨(Albert O. Hirschman)은 「경제발전에 있어서의 전략(The Strategy of Economic Development)」이란 책에서 불균형적인 발전을 역설하고 있다. 즉 거점개발에 의한 불균등성장이론을 주장하는 것이다. 불균등성장이론은 경제발전과정을 불균형의 연적으로서의 개발을 하려 하는 것으로 중점투자에 의한 거점개발방식이 개발효과를 가장 크게 할 수 있다고 생각한다.

지역개발에 있어서 자본·기술·노동 등 제자원의 양은 일정하기 때문에 가장 효율적인 개발은 허어슈맨(A. O. Hirschman)이 논하고 있는 것 같이 거점개발방식이어야만 한다고 본다. 우리의 새마을운동 추진과정에서 「우수마을 우선지원정책」은 위의 이론을 적용한 것이라 생각한다. 앞으로도 지역별로 성장점을 설정하여 「성장거점」을 형성[7]하여 거점지구 또는 거점산업이 개발된다면 그 주변지구 또는 관련산업에 대하여 당연히 파급효과를 가져올 것이다.

5) 적지·적산·적량주의

한 지역 내에도 임해부가 있고 내륙부가 있으며 평야지역부·산촌부 등이 있어 각 자연적·사회적 조건이 상이한 바, 이들의 특질을 무시하고 일률적인 개발계획을 세우는 것은 적절하지 못하다. 지역개발계획은 그 지역의 특질에 맞는 적지·적산의 개발방식을 취하여야 된다.

---

6) 한국경제학자 13인 공편, 후진국경제론, 진명문화사, 1964, pp. 178-220.
7) 김형국, 지역발전을 위한 성장극과 성장거점, 행정논총, 제11권 제2호, 1973, 서울대 행정대학원, pp. 176-196.

예컨대, 동심원개발형태를 택할 때에는 대도시에서 제일 가까운 곳부터 ① 자유농업지역 ② 미맥경합지역 ③ 고구마 ④ 목축의 순으로 주산단지를 조성하는 방식이다. 물론 동심원을 결정하는 요인은 가격・중량・운송비・선도・농업구조・농업경영의 근대화 정도에 따라 다를 수 있겠으나[8] 적지・적산・적량으로 개발되어야 하며 용수형 공업입지는 수자원을 고려하여야 함은 물론이다.

6) 개발효율이 높은 것부터 착수

허어슈맨(A. O. Hirschman)의 이론과 같이 거점개발에 의한 연관효과를 내부수익률에 합친 사회적 효율이 높도록 하여야 한다. 연관효과에는 수직연관효과와 수평연관효과가 있다. 수직연관효과에는 전방연관효과와 후방연관효과가 있다.

전방연관효과를 산출재 이용효과라고도 하고 후방연관효과를 투입재 공급효과라고도 한다. 전방연관효과는 어떤 산업의 산출재를 타산업이 투입재로서 이용하려고 하는 이용유발효과이다.

[도표 3-1] 산업의 연관효과

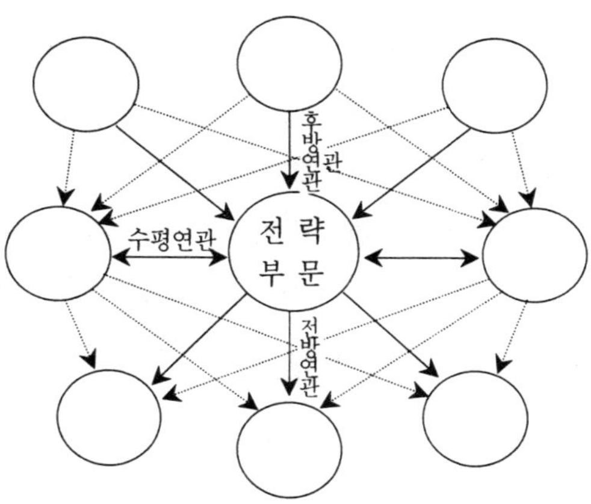

8) 신윤표, 지역개발전략, 신임관리자반교재, 중앙공무원교육원, 1974, pp. 380-387.

후방연관효과는 투입재 공급효과라고도 할 수 있다. 즉, 어떤 산업의 산출재를 타산업의 투입재로서 공급하려 하는 공급유발효과이다. 반면 수평연관효과는 동종산업이 횡으로 연결되는 효과이다. 이는 [도표 3-1]과 같이 나타낼 수 있다.

지역개발에 있어서는 대기업의 유치경쟁에 전념하는 것뿐만 아니라 유치기업과 지장산업과의 연관효과관계를 생각하여 전체로서 연관효과가 최대로 될 수 있게 노력하지 않으면 아니된다. 또 지역개발계획에는 여러 가지 항목별계획이 있지만 우선수위를 정할 경우 가장 투자효율이 높은, 즉 개발효과가 큰 것부터 착수하여야 한다. 틴버겐(Tinbergen Jan)은 이것을 유효성의 기준이라 불렀다.

여러 가지 사업계획의 투자선택에는 대체선택과 연기선택이 있다. 대체선택은 2개의 항목별 계획 중에서 어떤 것을 할까 하는 선택이고, 연기선택은 항목별 계획 A를 먼저 행하며 항목별 계획 B를 행할 것인가, 또는 항목별 계획 B를 먼저 행하며 항목별 계획 A를 행할 것인가 하는 선택이다. 어떤 경우일지라도 전체로서 발전 에너지를 인출할 수 있는 가장 큰 것을 택해야 한다.

7) 계량적 계획

지역개발계획은 단지 추상적 작문[9]이 아니고 계량적 계획이어야만 한다. 계량적 계획에 있어서도 부분균형적인 것이 아니고 일반균형적 계획이어야만 한다. 또 지역개발은 단지 합계산술평균의 개념이어서는 안 될 것이다. 그 속의 불균형과 격차를 취급하여 이것에 대처할 수 있는 것이라야만 한다. 따라서 다만 공업개발에 의한 지역소득의 향상 뿐만 아니라 이것을 추진할 때 농림·수산업의 근대화, 중소기업의 육성 등 제시책을 병행할 필요가 있다.

9) 宮澤 弘, 新國土計劃論, 有斐閣, 昭和 43年, p. 46.

8) 최종목표는 지역주민의 복지향상

지역개발계획의 직접목표는 지역총생산 또는 지역소득을 들 수 있다. 이것 때문에 공업화, 특히 중화학공업화가 가장 효과적인 것이라고 하지만 아름다운 풍토나 건강한 생활환경을 무시하는 것 같은 무계획한 공업화를 진행하는 것은 문제가 있다. 신선한 공기와 햇빛·수풀이 있는 공업지대가 이루어지고 인간환경 및 생식권의 저해를 방지하고 쾌적한 조화를 조장하는 안전과 미적·문화적·자연적인 유산을 남기는 자연보호[10]를 하도록 하여 지역주민의 오락의 장을 도시권에도 제공토록 하는 등 「주민의 선호」와 「이익의 확산」을 기준으로 산업공원녹지를 갖도록 하여야 하겠다.[11]

뿐만 아니라 지역개발은 복지향상을 위해서는 다목적 개발로서 경제개발계획과 사회개발계획을 포함한 총체적 개발계획으로 이루어져야 한다. 따라서 경제개발과 사회개발과의 사이에 어느 정도 균형을 이루도록 종합개발계획을 세워야만 지역개발의 목표를 달성할 수 있는 계획이 된다고 본다.

9) Z자꼴(zigzag)의 발전단계

지역개발은 전술한 바와 같이 거점개발주의를 취해야 하고 거점개발주의를 취한 이상 지역 내의 지구간격차, 기업간격차, 공업과 농림·수산업의 격차, 공업개발과 관광개발과의 관계, 경제개발과 사회개발과의 관계, 민간설비자본과 사회간접자본과의 관계 등 여러 가지 면에 있어서 왜곡을 일으킨다. 이런 것은 경제발전에 따라 시정하는 노력이 있어야 한다.

따라서 지역개발은 <표 3-1>에서 표시하는 것 같이 지그재그적 발전단계를 취하는 것이라 생각된다. 즉 표에서 보는 바와 같이 개발시기에 있어서는 자본축적도 적고 투자실행력이나 기업경영능력도 부족하다.

즉 넉시(Ragner Nurkse)가 말하는 후진국의 경제발전을 저해하는 요소로서 「빈곤의 악순환(Vicious circle of poverty)」 문제인데 이를 공식화한

---

10) 日本外務省, 社會開發調査團 報告書, 人間環境問題, 外務省經濟局, 昭和 46年, pp. 75-100.
11) 關西經濟聯合會, 事務局編, 廣域行政の經濟效果, 學陽書房, 昭和 43年, pp. 41-42.

〈표 3-1〉 지역개발의 발전단계

개발의 시기	중 기	후 기	그 후
중점투자 ↓	격차발생 ┬ 지구격차	확대발전	
거점개발 ↓	├ 기업격차	중점투자	
거점지구 ↓	├ 산업격차		→자율적 발전
거점산업 ↓	└ 경제개발과 사회개발 ↓	파급효과	
불균형성장 ↓	격차시정노력 ↓		
파급효과 ↓	거점개발 ↓	격차시정노력 ↓	

다면 공급면에 있어서는 자본부족→저생산력→저실질소득→저저축→자본부족력이고, 수요면에 있어서는 과소투자유인→투자부족→저실질소득→저구매력→감소투자유인이라는 순환관계를 형성한다. 넉시의 「빈곤의 악순환」은 주로 민간설비자본을 위주로 본 것이지만 사회간접자본에 있어서도 과잉재정규모→과소세수→사회간접자본의 부족→과소기업입지→과소세수→과소재정규모의 악순환이 있다.

지역개발이란 걸리는 악순환을 타개하는 것으로 이것 때문에 자본·기술 등 제자원량이 한정되어 있는 개발시기에 있어서는 필연적으로 거점개발주의를 취하지 않을 수 없다. 또 그렇게 하는 것이 가장 훌륭히 개발효과를 높이는 것이 된다. 그렇지만 거점개발주의에 의한 중점투자는 주변지구 또는 연관산업에 파급효과를 가져오게 하지만, 전술한 바와 같이 여러 가지 격차를 발생시킨다. 이에 격차시정노력은 어디까지나 시정노력이고 격차의 해소는 아니다. 따라서 개발과정을 통하여 최선의 노력은 계속되어야 할 것이다.

제 3 절 지역개발계획의 수립과정

1. 일반적 과정

계획은 수립에 있어서 일국의 행위로 끝나는 것이 아니고 하나의 과정이며 계획과정은 계획의 논리적 단계를 거치는 동적인 절차라고 할 수 있다.[12] 따라서 계획수립에 있어서는 ① 목표의 설정, ② 현황 분석, ③ 계획작성, ④ 실천계획의 단계를 생각할 수 있다.[13] 이 때 목표설정에 있어서는 국가계획과 연관을 가져야 하며 지역개발계획의 경우는 국토종합개발계획을 염두에 두어야 할 것이다.

목표설정의 과정에는 두 가지가 있는데, 그 하나는 국가의 최고책임자로부터 국가의 지상목표로 부여받아 목표를 설정하는 방법이며, 다른 하나는 계획작성 실무진에서 설정될 목표의 몇 가지 대안을 마련, 국가의 최고책임자에게 상신하여 그 중의 하나를 목표로 지정받는 방법이다.

다음 현황분석은 계획작성에 있어서 가장 중요한 기초가 되는 작업이다. 만일 이 단계가 잘못되면 장래의 예측이 잘못되고 만다. 목표설정과 현황분석이 끝나면 분석된 현황에 입각하여 설정된 목표에 도달하기 위한 행동계획작성단계에 들어가게 되는 것이다.

계획작성이란 계획지도를 그리고 계획서를 만드는 단계이다. 계획서는 앞서 설정된 계획목표를 연도별로 분할하는 동시에 국민경제의 각 부문이 달성하여야 할 부문별 목표를 설정하여 구체적인 개발내용이 밝혀지고 그에 따른 개발효과가 예측되어야 한다. 이 계획작성단계에서는 지역 내 여러 요소간의 상호구조가 명확히 구명되고 사업별 혹은 부문별 우선순위가 논리적으로 정립되어야 한다.

---

12) 김안제, 지역사회개발의 계획과 수행, 지역사회개발론, 한국방송통신대학교재, pp. 169-171.

13) 신윤표, 신행정학, 법정학회, 1974, pp. 472-478.

이와 같이 작성된 계획은 일정계획기간 중에 달성하여야 할 목표 및 정책수단을 나타내고 있으므로 이를 실천에 옮기는 데 있어서는 제변동이 일어나기 때문에 이를 감안하여 계획집행을 하여야 하는 바, 원계획을 중심으로 연차별 실천계획은 계획집행을 전제로 다시 작성하여야 한다. 이와 같은 계획의 집행은 설계된 계획안을 실제의 행동으로 옮기는 과정이다. 법령과 조례 및 규칙 등은 계획을 집행하는 데 요구되는 도구이다. 그런데 계획은 집행에서 끝나는 것이 아니고 집행의 결과는 분석·평가되어 새로운 계획에 반영되는 환류적 과정으로 이어지는 것이다.

이와 같이 여러 가지의 도전에 응전을 할 수 있도록 하며 변동을 관리하기 위하여 주기적으로 재연구되고 조정되어 나가야 한다. 이러한 조정은 단지 최후의 단계에 가서 이루어지는 것이 아니고 계획의 균형성과 종합성을 확보하기 위하여 계획 과정을 통하여 계속해 나가야 한다. 이러한 일련의 계획과정을 도식화해 보면 [도표 3-2][14]와 같다.

[도표 3-2] 계획의 일반적 과정

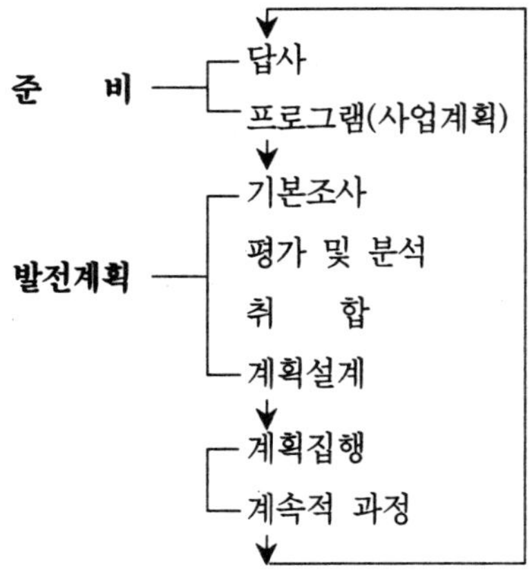

14) Community Planning Division of the State of Ohio, Planning Primer: A Guide for Planning Community Development, Columbus: Columbus Blank Book Co., 1969, p. 17.

2. 계획수립과정의 원칙

계획에 있어서의 원칙은 계획으로 하여금 효과적이고 실질적인 것이 되도록 하는 일종의 지침이라 하겠다. 이러한 계획일반이 갖는 기본적인 원칙을 토대로 지역개발계획도 수립하여야 하겠다. 단, 도시 및 농촌개발계획이란 특수성을 고려해야 하며 공간재편성과 산업화계획 및 제개발부문계획을 포함하는 바, 제계획간의 관계까지를 고려해야 할 것이다. 특히 새마을운동의 장기발전계획이란 측면에서 보아야 한 것이다. 이런 점을 고려할 때 지역개발계획의 과정에서 지켜야 할 원칙[15]을 보면 다음과 같이 요약될 수 있다.

[1] 지역자원조사와 실태파악분석에 기초

농촌권계획에 있어서는 토지·인구·가옥을 포함한 취락구조, 지역의 부존자원, 지역사회 내의 제조직, 행정지원실태 등을 파악하여 이에 대한 제사실을 고려해야 한다. 단, 기수립된 계획을 분절·평가하여야 하며 이러한 자료는 실제조사나 표본조사, 인구주택총조사, 사회·경제적인 추세 파악에서 근거하여야 한다.

[2] 종합적 계획

특히 지역사회계획은 그 지역사회의 모든 요소들 간의 상호관계를 고려하여 발전사업의 우선순위가 결정되어져야 할 것이다. 특히 행정지원의 경우는 종합적으로 계획되어야 한다.[16]

[3] 광범한 계획

지역주민의 욕구에 기초하여 국가적 입장과 지역주민의 입장이 동시에

15) L. D. Kelsey and C. C. Hearne, Co-operative Extension Work, Community Planning Division of the State of Ohio, Planning Primer: A Guide for Planning Community Development, Cloumbus: Columbus Blank Book Co., 1968, pp. 28-29.

16) James T. Shields, Education in Community Development, 1967; Frederick A. Praeger. Inc., New York, pp. 104-105.

고려된 일반적 계획이어야 한다.

[4] 실험적 계획

지역개발계획은 물리적인 공간재편성과 지역사회계획을 포함하여 지역사회의 자연적·인간적 및 가정적 자원과 그 계획을 실천해 나가려는 욕망에 기초를 둔 사실적인 목표와 연결시켜 효과성을 달성하도록 수행되어야 한다.

[5] 지역주민의 자율참여와 지지

새마을운동도 원칙의 적용은 마찬가지라고 생각한다. 모든 정부지원은 주민을 위해서 있는 것이므로 주민의 실정을 고려하여 주민을 위한 계획이 수행되어야만 주민의 호응을 받을 수 있고 좋은 결실도 맺을 수 있는 것이다. 따라서 계획수립은 지역주민과 더불어 이루어져야 할 것이다. 이와 같이 계획과정의 모든 단계에서 지역사회의 모든 분야에 대한 참여는 그 계획의 집행단계에서 요망되는 충분한 지지를 얻을 수 있도록 계획되어야 한다.

[6] 적절한 자금확보를 전제한 계획

모든 계획은 우선 실현가능성이 있어야 하겠다. 본래 계획은 발전사업의 수행내용이기도 하므로 사업목표의 달성을 위한 충분한 재원의 확보가 뒤따라야 한다. 훌륭한 계획이 수립되었다 하더라도 그 계획이 수행되지 못하면 무용일 것이다. 그러므로 목표달성을 위하여 언제·어디서·무엇을·어떻게 추진하겠다는 효과적인 세부활동계획이 도출되어야 하며 다음 요소가 세부사업계획에 반영되어야 한다.

즉, ① 개발대상, ② 목표 및 일정과 장소, ③ 개발방법과 수단, ④ 새마을 지도인력 및 기술인력, ⑤ 행정의 단계별 기능, ⑥ 유관기관의 기능, ⑦ 결과측정계획 등이 장기적으로 수립되어야 하며 지역개발계획에 있어 기획예산제도를 택하여 계획을 예산에 정착시켰으면 한다.[17]

---

17) 신윤표, 도시근접농촌의 개발전략, 한국행정학보, 제4호, 1970, p. 257.

[7] 지역특성을 살리는 건전한 목표

계획은 실천가능하며 추상적이어서도 안 될 것이며 추진체제인 주민의 입장에서 보든지 지원체제인 정부입장에서 보든지 합목적적인 목표가 명시되어야 한다.

특히 지역사회계획은 주민 개개인의 계획이며 지역사회의 모든 부문에 영향을 미치게 된다. 따라서 지역사회계획의 목적은 어떤 계층의 의사나 개인의 뜻만이 아닌 지역주민의 의도와 욕구를 기반으로 한 지역사회의 목표와 가치를 상호토의하여 합의를 구하고 공동참여를 통하여 목표와 진행관리의 방법이 결정되어야 할 것이다.

[8] 정부정책과 관련된 계획

지역개발 계획을 수립할 때에도 발전계획에서 고려하는 요인을 전부 또는 일부 포함시켜야 할 것이다.[18]

첫째, 현재의 정부재정을 파악하고 국가경제상태와 그 여건을 파악해야 한다.

둘째, 개발활동을 전담할 행정기구기능을 고려하며 행정적으로 정부정책과 결합되어 있어야 한다.

[9] 융통성 있는 계속적 과정

개발사업의 성격은 장기적이고 지속적 성격을 갖고 있으며 지역산업은 유기적인 과정을 밟고 자연의 제약을 받는 경우가 많기 때문에 타산업과 달라서 융통성이 있어야 불의의 재난에 대비하여서도 계획수립에 차질이 없을 것이다.[19] 또한 결코 종료되지 않는 진행하는 과정이어야 한다. 왜냐하면, 개발과정의 복잡성·복합성 때문에 일어나는 손실을 막고, 상호관련된 특성과 개발상황을 바로 파악하여 각 사업의 집행과정에서 요소의 단계별 평가와 함께 평가의 결과는 다음 사업에 다시 활용되어야 한다. 이와 동시에 보다 나은 사업목표의 효율적인 달성을 위하여 재계획되어져야 함은

18) W. Arthur Lewis, Development Planning, London, George Allen, & Unwin LTD, 1968, p. 23.

19) 권원달, 농촌지도론, 선진문화사, 1974, pp. 104-108.

물론 동태성을 지녀야 할 것이다. 그리고 계획 수립은 지속적으로 조정하는 기회도 되어야 한다.

[10] 진보적 계획

모든 지역자원은 개발되어야 하고 지역환경은 변동하므로 변동을 관리하는 데는 자원동원을 하고 부단한 쇄신과 방법의 진보를 탐구하여야 할 것이다.

제 4 절 지역개발계획의 유형

지역개발은 지역사회개발계획을 포함하는 상위계획이며 우리의 새마을운동은 지역개발과 지역사회개발운동을 포괄하는 총체적 개발형태라고 개념을 규정한 바 있는데, 그러한 의미에서 볼 때 새마을운동의 장기계획을 수립하는 데에도 유용하게 원용할 모형이 요구된다. 이를 위해 우선 지역사회개발계획으로 기소개된 유형을 보면 일반적으로 지역적인 범위와 지역사회개발사업 및 지역사회조직에 주는 비중, 그리고 현행 정부체제에 작용되는 효과에 따라서 다음과 같이 분류하고 있다.[20]

1. 종합형 계획

이 계획형태는 도시와 농촌권을 포함한 전국을 계획대상으로 하며 기술용역의 개발과 조정을 강조하는 계획이다. 그런데 이 형태의 계획은 사업초기에 있어서 정부조직과 기능의 본질적인 개조라는 면을 대개 포함하고 있다. 그리고 본 계획을 위하여 마련된 조직에 대해서는 지역개발에 공헌할 수 있는 모든 정부 내지 비정부기관의 노력을 안내하고 조정하도록 기

20) U. N., Public Administration Aspects of Community Development Programmes, New York: Office for Public Administration, 1959, pp. 3-9.

능을 부여한다.

그러나 경우에 따라서는 각종 기술용역이 주민에게 직접 전달되도록 조정하기 위한 새로운 조직이 기존 행정체제 내에 한 단위로서 신설되는 경우도 있는데, 이 경우 기술과 재정자원은 신설된 조직을 통하여 중앙에서 계획한 개발사업에 투입되게 된다.

지역개발의 종합형 계획은 그 원형을 인도에서 볼 수 있으며 그 외에도 아프가니스탄·인도네시아·이란·파키스탄·필리핀·태국에서 실시되고 있다. 그런데 종합형 계획이 각국에서 특히 후진국에서 채택되고 있는 이유는 주로 낙후된 농촌지역을 종합적으로 개발하려는 정부의 의도에 기인하고 있지만[21] UN을 위시한 지역개발을 지원하는 각종 국제적 기술지원기관에 서 권고하였기 때문이라고 말할 수 있다.

종합형 계획(integrative programmes)이 갖고 있는 공통적 특성을 요약해 보면 다음과 같다.[22]

첫째, 지역개발의 관장기관이 중앙기획기관이나 대통령실 또는 국무총리실에 부설되어 계획의 집행책임을 담당한다.

그 외에 일반부처와 별개의 독립부처 또는 중립부처에서 계획에 대한 제1차적 책임을 담당하는 경우도 있다.[23]

둘째, 대통령 혹은 국무총리가 주재하는 각료급 위원회를 두고 지역개발기구의 장을 간사로 하여 지역개발에 대한 정책적 정부지침을 결정하고 계획에 대한 일반적 주도권을 행사하고 있다.

셋째, 지역개발기구의 장 또는 각료급 위원회가 주재하는 부처위원회를 설치한다.

넷째, 광역시·도·시·군 기타 지방자치단위에 개발위원회를 설치하며 해당 행정기관의 장이 이의 위원장이 되고 지역개발담당관이 간사가 된다. 본 개발위원회의 위원은 정부부처 산하기관의 장과 지방의회의 대표가 되

21) Ibid., p. 5.

22) Ibid., p. 6.

23) Ibid., p. 6; 방극윤, 지역사회개발행정에 관한 고찰, 1965, 서울대 행정대학원, 석사학위논문, pp. 25-42.

며 때로는 사설복지단체의 대표도 포함되어 있다.

다섯째, 기능적 부처가 현지조정을 하고자 함에 있어 해당 행정구역이 없거나 설사 있다 하여도 관할지역이 너무 방대할 경우, 또는 기타 사정에 의하여 제대로 잘 운영이 안 될 경우에는 개발목적을 위하여 새로운 행정구역을 설치한다.

그 예로서는 인도의 개발지구, 파키스탄의 개발지역, 이집트 지방의 종합단위지역 등이 그것이다.

여섯째, 지역개발기구에 의하여 채용된 동단위 지도원은 자조노력의 조성자로서 활동할 뿐만 아니라 정부의 기술용역과 지역주민인 마을 사람들 간의 유대조성을 의무로 하고 있다.

일곱째, 보조금 기타의 자극 및 지원은 자조적 노력을 증진시키고 또 이와 같은 노력이 개발목표를 향하여 종합적으로 투입되도록 사용하고 있다.

2. 적응형 계획

본 계획형태는 전국을 사업영역으로 하나 지역사회조직과 자조활동을 강조하며 정부 내에 새로운 행정조직은 형성하지 않는 것이 특색이다.

따라서 정부는 지역사회로 하여금 그들의 자조적 노력을 통하여 그 지역사회가 설정한 목표를 달성하도록 조장하고 정부는 주로 기술적 지원을 통하여 지역개발을 협조하고자 노력하는 것이다. 그리고 본형태에 의한 계획은 이미 설치된 부처나 정부의 행정조직에 첨가된 계획인 관계로 그 부처나 행정조직에 적응된 계획이 될 가능성이 있는 것이다.

아프리카의 일부국가에서는 대부분 적응형 계획을 채택하고 있는데 이 계획형은 자조활동을 통한 지역사회개선을 강조하고 있으며 정부조직에서는 별다른 변화를 가하지 않고 있다. 또한 이 계획에서는 부처상호간의 조정을 증진하고 국가와 지역개발활동간의 관계를 개선함으로써 지역개발의 목표를 효과적으로 달성하고자 하는 데 그 특색을 두고 있다. 그 중 대표적인 예가 가나(Ghana)의 지역개발계획이다. 따라서 적응형을 취하는 대부분의 국가는 이상의 부처간 조정이나 국가와 지역개발활동의 증진을 위하여 현존기구를 사용하거나 비공식적 방법을 활용하고 있다.

그러나 부처위원회는 어느 행정계층에서도 찾아볼 수 없으며 지역개발사업을 위하여 행정구역 또는 하부지역을 신설하지 않고 있다. 따라서 이런 유형하에서 지역개발을 실시하고 있는 나라들은 계획을 위한 기구가 분산되어 있음을 볼 수 있다. 그러나 개발계획의 집행책임은 일반적으로 1개 기능부처에 부여되어 있는 점이 또 하나의 특색이다. 즉 농수산부·문교부·보건사회부 또는 지방자치청 같은 데에 부여되어 있다는 말이다. 그러나 케냐(Kenya)[24]의 경우는 이색적으로 독립된 지역사회개발부가 집행의 책임을 지고 있다.

그리고 적응형 계획방법을 채택하고 있는 국가에서의 일선조직의 기본형태는 타부처의 현지활동을 조정할 수 있는 행정구역이 있고 없는 데 따라 두 가지로 나누어진다. 상이한 부처의 현지활동을 조정하는 행정구역이 없는 나라에서는 정부의 기술적 서비스(용역)와의 접촉이 극히 비공식적 기반 위에서 이루어지고 있음을 볼 수 있는데, 푸에르토리코(Puerto Rico)의 경우를 설명하자면, 이 나라에서는 교육부의 지역사회교육과에 소속되어 있는 집단조직지도원이 현지에서 이에 연관된 기술부처의 대표들과 접촉할 수 있는 공식적 통로를 갖고 있지 못하다.

반면에 부처별 현지활동을 조정하는 행정구역을 가지고 있는 국가에서는 지역개발요원이 현존 일선조직에 흡수되어 있다. 그 대표적인 예는 과거 영국영지였던 아프리카 국가에서는 지역개발요원과 행정관·기술관·지방 지역사회대표로 구성된, 즉 도의 공무원 팀은 수석행정관에 의하여 통제되고 있었다.

이 지역에서는 지역개발조직이 다양화되어 있는데 그 이유는 현재 행정기구와 제도를 지역개발목적과 방법에 적응시키는 일선정책에 따라야 하기 때문이다. 예컨대, 북부 로디지아(Rhodesia)와 나이지리아(Nigeria)에서는 일반행정을 책임 맡고 있는 군관리가 지역개발의 주무관리가 되어 있다.

---

24) 케냐는 면적 58만 2천 644km², 인구 1,050만 6천(1969), 95% 이상 아프리카인, 강우량 연평균 1,000mm 이상, 아프리카 대륙의 동해안, 이디오피아 남쪽에 있는 공화국이다.

여기에 열거한 계획들은 일선조직에 있어서 종합형계획과 흡사한 형태를 가진 경우도 많으나 계획된 개발업무를 수행하고 정부의 행정형태를 따르기 쉽다는 이유 때문에 다분히 적응된 범주를 벗어나지 못하고 있다.

3. 사업형 계획

사업형 계획형태는 다면적 기능을 가지고 있으며 사업범위 를 일정지역에 한정하여 계획하고 집행하는 특색을 가지고 있다. 그런데 이 형태는 주로 라틴 아메리카 국가에서 채택하고 있지만 여타지역의 국가에서도 일반적으로 채택하고 있다.

이러한 형태의 계획을 담당하는 조직은 나라에 따라 매우 여러 가지의 형태를 취하고 있는데 그 중 몇 가지 실례를 들어 보기로 한다.[25]

① 사업성격이 부처공동계획으로 되어 있고 사업에 대한 제1차적 행정책임은 소관부처가 담당하는 형태인데, 니카라과(Nicaragua)의 문교부 주관하에 있는 사업이 그 예의 하나이다.

② 대통령 혹은 수 개 부처의 대표로 구성된 위원회에 의해서 임명된 공무원의 일반적 감독을 받고 있는 지방자치기관이나 사설기관에서 지역투기사업을 실시하는 형태로서 멕시코의 토인청에서 실시하는 사업과 과테말라(Guatemala)의 토인경제개발 봉사사업 등에서 그 예를 찾아볼 수 있다.

③ 단일부처가 정책 및 행정에 관한 책임을 지고 여러 가지의 기능을 발휘한다. 예컨대, 멕시코 문교부의 문화전도사업이 그 예라고 하겠다.[26]

④ 사업형 계획은 일반적으로 전국적인 규모로 사업을 확대시킬 수 없으므로 만일 사업을 전국적 규모로 확대할 경우에는 다른 정부부처의 사무와 간섭 관계를 가지게 된다.

⑤ 이 형의 사업계획에 있어서는 사업을 전국적 규모로 확대시킬 필요조차도 없다. 왜냐하면 이미 채택한 부처공동책임의 지방사업을 다른 지역에

25) Ibid., p. 7.
26) Ibid., p. 7.

서도 거의 동일한 형태로 발전시킬 수 있기 때문이다.

⑥ 멕시코의 토인청(자치)이나 과테말라의 토인경제개발 봉사사업의 경우에서와 같이 사업형 계획에서는 지정부처가 처음에 기술적 지원을 벽지에 있는 사업지역에다 제공하고 일정기간이 경과된 후에 사업책임을 물을 수도 있다는 점이 특색이라 하겠다.

이상에서 계획의 유형별로 구분하여 각각의 특색과 몇 가지 예를 살펴보았는데 이 계획들은 목적·조직·운영방법에 있어서 본질적으로 상이함에도 불구하고 계획의 유동적 양상은 광범한 부문까지 존재한다.

더욱이 특정한 경우 어떤 계획을 종합형·적응형 중 어느 범주에다 분류할 것인가 하는 문제는 더욱 어려운 일이다.

예컨대, 버어마(Burma, 현 미얀마)·실론(Ceylon)·자메이카(Jamaica)·우간다(Uganda)의 계획은 종합형·적응형의 양특성을 동시에 가지고 있다.

이렇게 지역개발은 그 자체가 다양한 속성을 갖고 많은 경우 종합적이면서도 개별적인 성격을 띠고 있다 하겠다. 다만, 지역이 갖는 특성에 따라 크게는 국가적으로, 작게는 단위지역인 지방에 이르기까지 여러 가지 형태를 반복해 보는 동안에 지역개발을 고무하는 특수한 정부기구가 완성된 단계에 도달될 것이다.

물론 계획의 출발점 및 발전방법은 당해 국가의 실정에 따라서 상이할 것이다. 예컨대, 아랍 공화국·이집트 지방과 필리핀에서 현재 취하고 있는 종합형 계획은 수다한 정부부처가 자기 독자적으로 다면적 기능을 가진 사업들을 실시하고 있었던 여건—마치 현재 멕시코(Mexico)에서 실시되고 있는—에서 진화된 것이라고 볼 수 있다.

그리고 가나(Ghana)에서는 개발의 보폭을 넓히고자 운동을 빈번히 설정 전개함으로써 최근까지 적응형에 속해 있던 계획을 결과적으로 종합형 계획으로 전환하는 도중에 있다. 인도에서는 사전에 시범사업을 실시하여 보고, 실험결과를 기초로 하여 종합형 계획을 줄곧 추진해 오고 있다. 따라서 인도나 기타 국가에서 채택하고 있는 종합형 계획들은 모두 발전과정을 겪는 동안 적응형 계획의 특성을 이어받게 될지도 모른다. 즉 인도에서는 계획의 조직과 지역사회자조를 정부노력에 관련시키는 방법을 보다 완전하게

만들려는 노력이 있기 때문이다.[27]

그러나 발전도상국가가 종합형 계획을 통하여 성취가능한 개발을 적응형계획에서도 쉽사리 획득할 수 있다고 생각할 수는 없다. 왜냐하면, 어떤 형태의 계획이든지 공공용역조정은 필요한 것이며, 특히 정치지도력이 결합되어 있고 지역개발을 유도적으로 지원하기 위해서는 종합형 계획을 실시할 필요의 도가 다소 높다 하겠으며, 그것은 주민의 욕구표현을 통하여 종합된 발전추구에 도움이 될 것이다. 특히 문제가 되는 것은 국가형편에 따라 다르며, 지역개발의 목표와 방향에 따라 다를 수 있고, 지역개발의 과제가 무엇이냐에 따라 유형이 달라져야 하는 것이다. 또한 정부정책이 부락단위까지 효율적으로 침투되게끔 하는데 어느 방법이 좋으냐에 따라 다를 것이다. 주민의 참여확대와 자율적 참여를 획득하고 기술용역의 전개활동에 도움이 될 수 있는 유형을 채택할 필요가 있다고 본다.

따라서 이러한 문제의식을 갖고 여러 가지의 개발계획형태를 바꾸어 활용해 나가는 도중에 각국의 특성과 국가발전목표의 조성에 가장 적합한 형태의 계획방법과 기구조직을 재형성해 가는 것이 필요할 것이다.

27) 방극윤, 지역사회개발행정에 관한 고찰, 서울대 행정대학원, 석사논문, 1965, p. 40.

제 4 장 개발조직

제 1 절 지역사회개발조직의 개념

1. 의 의

조직이란 일정한 환경하에서 특정한 목표를 달성키 위한 분업체제라고 정의할 수 있다.[1] 이 의의를 더욱 분명히 살펴보기 위해 분석하면 다음과 같다.[2]

① 조직은 그를 둘러싸고 있는 환경과 영향을 주고 받는 하나의 체제로서의 의미를 갖는다.

② 어떤 특정된 목표를 달성하기 위한 수단으로서의 성격을 지니고 있다.

③ 그러한 목표를 달성하되 가급적이면 합리적으로 달성하고자 한다.

④ 이러한 조직은 분업의 원칙에 의하여 편성된다.

1) Herbert A. Simon, Administrative Behavior, 1957, pp. 1-11; Amitai Etzioni, Modern Organization, Englewood Cliffs, Prentice-Hall, 1964, p. 4.

2) 신윤표, 신행정학, 법정학회, 1974, p. 81.

⑤ 일반적으로 그 규모가 크므로 대인관계 등에 있어 비정독성 및 보편성의 원칙에 따르게 된다.

이상은 일반조직을 중심으로 설명했으나 개념은 공통된 견해가 드물기 때문에 주관적 의미해석이 따르기 쉽다고 본다. 이 점에 대하여는 지역사회개발조직의 개념규정에서도 마찬가지의 제약성을 갖는다.

2. 지역사회개발조직의 기본원리

욕구와 자원면의 관계를 균형 있게 해결하려는 것이어야 하며, 주민의 협동과 협력 및 관계기관과의 관계권발전을 위한 틀이라는 개념이 있을 수 있으며, 과정면에서 민주성과 전문성을 제고하는 성격의 조직이어야 한다. 또한 욕구를 해결하고 복지사회를 성취하기 위해서 자원을 발굴·이용하려는 체제의 성격을 갖게 되며, 개발과정에서 협동과 공동작업이라는 태도를 갖는 것 등이다.

3. 지역사회개발조직의 성격

① 특정한 지역, 즉 마을이나 도시에 거주하는 주민을 의미하거나 또는 범위를 넓혀서 도나 국가의 국민 모두를 포함시키기도 한다.

② 좁은 지역에 제한된 개념이면서 그 과정은 보다 넓은 지역을 포괄하는 의미로 이해되고 있다.

③ 공동의 이해와 기능, 즉 복지·농업·교육·종교와 같은 것을 목표로 뭉친 주민의 집단을 지역사회로 본다.[3]

④ 지역사회의 지역이 하는 일이란 이러한 주민을 한데 모아 지역사회에 대한 인식과 정을 느끼도록 하며, 또한 공동과제를 해결토록 하는 것이다.

⑤ 지리적 집단과 다른 기능집단 간의 불분명한 구별이 목적을 혼동시키

---

3) Murray G. Ross & B. W. Lappin, Community Organization Theory, Principles and Practice, Harper & Row, Publishers, 1967, pp. 40-51.

는 점이 있다. 예컨대, 복지위원회는 공동욕구의 확인·조정·협동을 임무로 삼으면서 내적 자원을 활용하려는 방법을 강구하는 것 역시 지리적 집단의 공공관계에서 논의될 수 있는 일이다.

⑥ 국가발전목표의 달성을 위해서 인적·물적 제자원을 최대한 활용하도록 능력을 개발할 수 있는 조직이어야 하는 성격을 갖는다.

⑦ 지역사회 구성원은 자발적이고 협조적이며 창의적인 자세를 가지고 상향운동에 참여함으로써 만족스러운 지역사회의 성장을 목도할 수 있는 조직이라야 한다.

물론 지역사회의 조직도 일반적으로 다른 조직의 개념이나 원리와 크게 다르지는 않겠지만, ① 조정과 협력, ② 자발성, ③ 참여성, ④ 자연성, ⑤ 계획성, ⑥ 능력 등이 강조되는 특징을 갖고 있다. 단, 지역사회를 직접 추진하는 지역주민의 총체적 조직의 성격과 이를 지원하는 개발행정체제의 성격과는 구분이 있어야 되겠다.

제 2 절 종합지역개발과 총체적 개발을 위한 행정조직의 정비

1. 개발행정에 부합되는 조직화

새마을운동이 시작되어 이렇게 성공적·지속적 발전의 터전을 닦게 된 것은 박 대통령의 집념과 함께 전 국민의 새 역사창조의 슬기가 모아지고 있으며 지역주민과 공무원이 여러 가지 어려운 여건 속에서도 최선을 다하여 근대화를 위한 정열을 바쳐 온 결실이며 산물인 것이다.

문제는 도약단계에서 성숙단계에까지 몇 년이 걸리겠느냐와 기반조성을 어떻게 하여 고도공업경제단계를 지속하느냐의 문제일진대, 각 단위지역을 세포로 하여 국토라는 유기체를 어떻게 하면 종합적으로 개발시킬 수 있느냐가 국가발전목표달성의 성패를 판가름하는 문제라고 본다. 특히 2000년대에는 다음과 같은 문제가 전개될 것으로 예측된다.

[1] 도시행정의 문제

중화학공업의 팽창에서 생기는 문제, 경공업지역의 성장문제, 지역의 선형광역도시의 출현 등은 새로운 도시문제를 발생케 하고 이러한 도시의 경영문제는 개발행정의 새로운 기능적 수요로 나타날 것이다. 또한 도시의 인구집중은 도시교통·상하수도·도시주택·도시공해 등의 문제를 가져올 것이고 이러한 도시의 균형적 개발과 보전의 조화란 관점에서 새로운 행·재정의 지원이 요구될 것이다.

[2] 산업유치와 입지의 선정문제

도시지역이 적정규모 이상으로 성장한다면 산업분산정책이 다시 추구되어야 한다. 이 때에는 여러 가지의 입지유인정책이 요청될 것이다.

[3] 인적자원관리

고도의 산업화가 이루어짐에 따라 각 산업이 필요로 하는 기능공의 공급문제는 경제개발계획의 수행에 있어 중요하므로 지역산업의 유치에 따른 노동력의 훈련 및 공급계획이 개발행정의 새 기능으로 등장할 것이다. 특히 농업지역에 있는 미활용의 예비인구를 도시화요인이 들어가고 공업화됨에 따라 요구되는 적임자로서 기능하도록[4] 새마을 인적자원을 위한 꾸준한 개발대책이 수립되어야 할 것이다.

[4] 관광개발

국가전체의 소득수준 향상과 소비수준 향상에 따른 기호변화로 관광객이 늘어날 것이며 인접국인 중국, 일본 등을 비롯하여 외국 관광객의 국내유입이 점차 증가할 것이다. 따라서 관광산업의 지도·선전·훈련 등의 기능이 행정기능으로 부각될 것이다.

[5] 낙후지역개발

개발효과의 지역적 편재가 생기므로 낙후지역의 사회문제가 대두될 것이다.

---

4) Jan Tinbergen, Development Planning, McGraw-Hill, New York, Toronto pp. 131-133; 恒松制治譯, 開發計劃, 鹿島硏究所出版會, 1970, 東京, pp. 104-106.

이러한 행정기능의 전망에 비추어 지역개발지원조직을 검토할 때 ① 지역주민의 신뢰도와 지지도를 증가시키고, ② 도시새마을운동과 농촌권에서의 소득증대와 직결되는 새마을사업추진을 돕기 위한 적극적 체제의 정비가 있어야 하겠으며, ③ 민간(지역주민)주도형의 추진체를 돕기 위한 목적과 각 부처·조직간의 협동·공동노력·공동창의를 모아야 하며 주민과 정부와의 갈등이 생기지 않도록 하여야 하며 각 부처간의 할거주의 행정을 지양해야 할 것이다.

④ 지원계획의 집행에 있어서 책임수준을 제고하기 위하여 타당성 분석과 평가가 뒤따라 사전관리 및 사후관리가 효율적이고 건강하게 이루어질 수 있는 체제발전이 요구된다.[5]

2. 현행조직의 문제점

새마을운동의 추진을 효율적으로 지원하는 데 있어서나 지역개발기능의 발전적 수행을 위하여 결코 적합한 조직이라 할 수 없다. 왜냐하면

첫째, 지도감독 및 명령계통의 혼선을 이루고 있다. 산하기관의 기능은 실제적으로 중복과 혼선 속에서 기능의 협력을 제대로 하지 못하고 있다.

둘째, 개발사업체계가 다원화상태에 놓여 있다. ① 지역주민조직의 강화, ② 지역주민의 자율적 참여의 확대, ③ 지도방향, ④ 지원사업의 양과 질의 구체적 결정, ⑤ 기술지도, ⑥ 공동사업의 지원 등이 합리적으로 조정과 협조가 이루어지지 못하고 있다.

셋째, 유형별로 특수한 개발행정이 전개될 수 있도록 기구창설도 제대로 되지 못했고 기존행정기구의 활용[6] 속에 집행체제를 정비하지 못하고 있다. 예컨대, 산업의 유치와 입지선정에 관한 행정기능을 수행할 조직이 없다는 것이다.

넷째, 농촌에 편중된 지역사회개발지원이었다. 지역개발은 농촌뿐만 아

5) 졸고, 발전행정과 새마을운동의 지도전략, 중앙공무원교육원 제19기 정책연구 Seminar 주제발표문, 1974. 10. 18.
6) 萩原宣之編, マレーヅアの 開發行政, アヅア 經濟硏究所, 1973, pp. 6-15.

니라 도시권도 대상이 되므로 도시문제해결을 위한 조직의 정비가 계속 요구되는 실정이나 이에 따른 조직의 정비가 없다.

국가주요정책목표를 달성하며 합목적적이고도 균형적인 지역개발을 이룩하기 위하여 행정지원체제를 정비할 필요가 있겠다.

3. 지원체제의 합리화

지역개발의 지원행정을 어떤 방향으로 정비·개편할 것인가에 관하여 몇 가지 적용기준을 제시하겠다.

① 개발자원을 합리적으로 배분하는 논리와 개발과정에 있어서 자원의 낭비를 최소화하는 지방행정조직이 강화되어야 하겠다.[7)]

② 국가정책목표의 달성에 차질이 없게끔 행정조직은 새로운 행정기능과 증가될 행정기능을 수용한다.

③ 지역개발의 과제를 수행하는 기능과 지역개발이란 기능으로 조정통합되게끔 조직되어야 한다.

④ 가급적 현행조직을 활용하며 불가피한 경우에만 새로운 조직을 설치한다.

⑤ 동질적 기능은 가급적 동일조직에서 수행하게 한다.

⑥ 조직의 규모는 업무량의 증가에 알맞게끔 한다.

이러한 기준에 입각하여 개발조직을 정비해야 할 것이다. 이를 고찰하기 위하여 새마을운동과 지역개발의 행정조직과 기능을 살펴 보겠다.

4. 새마을운동과 지역개발지원조직의 실제

지금까지의 개발지원조직의 생성과 소멸과정을 볼 때 앞으로는 보다 동태적인 조직기능을 다할 수 있도록 다음과 같은 구비조건이 요구된다고 하겠다.[8)]

---

7) 박진환, 지역개발을 위한 정책과제와 그 수행방법, 내무부(현 행정자치부) 제1회 지역개발세미나 보고서, 1969. 12, pp. 63-66.

① 새마을운동중앙협의회의 기능을 내실화하고 조정기능을 활발히 하며, ② 개발행정의 주체는 책임과 권한을 일치하도록 하여야 하며 예산·기획·인사행정·정책시행에 있어서 종합조정기능이 이루어지도록 하여야 할 것이다.

③ 시군·읍면·농촌지도소·농협·산림조합·농어촌개발공사간의 기능중복이 안 되도록 하여야 할 것이다.

④ 중앙집권적인 주도형에서 일선기관에 기능을 옮겨 주는 현시성과 현지성·적절성·신축성을 갖는 조직이어야 한다.

⑤ 새마을운동 지도인력을 양성하는 기구와 새마을사업기술인력을 개발하는 주체기관이 필요하다.

제 3 절 지역개발추진세력의 조직화

1. 새마을운동을 위한 지역사회의 조직화

1) 추진체 조직화의 필요성

기술이 전문화되고 생산활동이 집단화 내지는 협업화됨에 따라 지역단위로 마을주민을 조직화하여 지역권의 전통문화를 수립하며 역사의 의미를 부여하여 국민총화력의 기저를 이루어 나가야 함은 물론 생산성(productivity =production+humanity)[9] 향상을 기해야 할 필요성이 요구되고 있다 하겠다.

그러므로 지역개발사업은 지역민의 자조적이고 자율적인 참여와 개발의 결을 촉구하는 데 중점을 두고 이를 추진하는 조직화작업이 요구된다.

---

8) 신윤표, 새마을운동의 지속적 발전방안, 한국행정학보 제8호, 1974, 한국행정학회, pp. 193-194.

9) 필자는 생산성은 생산과 인본주의사상에 입각한 인간재발견의 의미가 복합된 개념으로 규정해 본다.

지역민이 조직화되면 합심·단합의 사회관계를 조성하고, 적극적으로 질서지키기 운동에 참여하며 사회개조의 주체세력으로서 기능하게 된다. 소득증대와 생활향상의 힘을 갖게 된다. 지역사회발전에 대한 민주이념 구현에 책임을 느끼게 될 것이다.

집단과 개인의 상호관계를 자율적으로 개선하는 기술과 방법을 습득하여 구체적 목표를 설정할 수 있다.

이와 같이 지역사회조직화란 지역사회를 통합하고 지역주민을 결속하는 과정이나 개념규정할 때 이외에도 지역주민들이 애향심과 애국심을 같이 느낄 수 있게 될 것이며 잘 살게 될 때 소외감을 느끼고「우리」라는 공존의식을 갖게 될 것이다.

근린조직으로서 반상회(도시권)와 마을총회(농촌권)를 통하여 공동관심사와 욕구를 갖고 같이 의논하여 지역개발의 과제를 중심으로 주민들의 협동적 활동을 촉진시킬 수 있게 된다. 그런데 현실적인 여건을 보면 문제가 없지도 않다.

2) 지역사회조직의 현황과 당면과제

[1] 현 황

지역개발을 추진하는 집단조직을 시민조직 또는 주민조직이라 부르는데 이와 같은 주민조직은 지연성·자주성과 기능에 따라 지역단체적 주민조직, 말단행정적 주민조직, 기능단체적 주민조직, 자조적 민주조직 등의 제 유형의 조직으로 구분되며,[10] 농촌지역사회에는 일부 지역사회의 조사자료에 의하면[11] 조직의 명칭만 하더라도 다음 <표 4-1>과 같이 20여종이 있었다.

마을단위에 있는 조직은 마을주민의 욕구에 의한 자기적 조직이라기보다는 그때 그때의 정부시책에 따라 만들어진 조직실태라 하겠다. 이 외에

10) 새마을사업을 효과적으로 추진할 수 있는 행정지도 방안, 제15회 지방행정 연수대회, 1971. 11, 26-27, 전라남도 발표논문, p. 161.

11) 자료, 강원도 편 새마을정신계발을 위한 효과적인 방안, 제15회 지방행정 연수대회, 1971, p. 242.

〈표 4-1〉 각종 주민조직 및 활동상황

	명 칭	근 거	직 능	구 성	활동상황
1	이동개발위원회	통 첩	1. 이동행정에 관한 자문 2. 지역개발계획의 수립·조정	15인 이내	미온적
2	이 동 농 업 협 동 조 합	농 업 협 동 조 합 법	1. 농민의 자립협동생활 향상 2. 농민 지위 향상	농 민	정상적
3	청 년 회		국민운동 실천	18~45세 남 자	
4	부 녀 회				
5	농 개 구 락 부	통 첩	농사개량	25세 이상 남 자	
6	생 개 구 락 부	〃	의식주 생활 개선	26세 이상 남 자	미온적
7	4 H 구 락 부	〃	지·덕·체·노 정신 함양	12~23세 미만 남녀	정상운영
8	산 림 계	산 림 법	산림보호 및 조성		〃
9	어 촌 계	수산업협동 조 합 법	1. 농민의 자립협동생활 향상 2. 어민 지위 향상	농·어민	미온적
10	가 족 계 획 추 진 위 원 회	통 첩	가족계획 계몽실시에 관한 협조	5인 이내	유명무실
11	아동저축조합	저축조합법	국민저축조합	주민전체	〃
12	생활보호위원회	생보법시행령	생보자 구호에 대한 자문	6인 이내	〃
13	구호대책위원회	통 첩	영세민 구호에 관한 자문		〃
14	농 지 위 원 회	농지개혁법	농지조사 및 농지분배 조성	7인 이내	수시활동
15	방 범 위 원 회	통 첩	도난 방지		유명무실
16	부동산위원회	〃	수복지구 부동산조사 및 확인	9인 이내	수시활동
17	지역사회개발계	〃	지역사회개발 사업 추진		〃
18	재 해 대 책	〃	재해대책 및 지도 추진		유명무실
19	수해대책위원회	〃	수해극복과 대책수립 추진		〃
20	재 향 군 인 회	재향군인회법	재향군인의 지도친목		〃

자료: 강원도, 1971.

도 최근 자립마을이 된 일부 마을에서는 위친계 · 혼상계 · 상여계 · 부락친목계 · 상포계 · 회천계 · 농악계 등이 있어 소비성향이 있는 모임도 다시 늘어나는 것 같다.

이와 같은 주민의 추진조직의 한 사례를 강원도 몇 개 군을 표본추출하여 조사[12]한 바에 따르면 다음과 같은 문제점을 제시할 수 있다.

① 지역입지에 따르는 특화사업에 필요하다든지, 인구구조나 부락세에 따른 창의적인 조직이 없다.

② 이들 조직은 관의 주도하에서 의무적으로 조직된 것으로 그 운영의 실이 없다.

③ 특히 기초마을의 경우는 참여인원도 적고 거의 형식적인 이름만의 조직이다.

④ 부인회나 생활계를 통한 물품공동구입소에는 잡부금의 부과로 조직참여를 기피하는 현상도 있다.

⑤ 제일 오래된 조직이 4H인데 새마을운동과 유기적 관련을 맺지 못하고 있으며 구성원은 줄어지고 활동이 미미한 상태이다.

⑥ 각 조직간의 사업추진을 위한 협력과 사전에 일을 추진하는 데 방법론의 조정이 없다.

3) 당면과제와 문제점

[1] 생태면

① 식자계층 · 비농가 · 수 개의 씨족대립 등 계층의 조화가 자율적으로 이루어져야 할 일이다.

② 주민들의 욕구가 결합되어 사업추진의 필요성 속에서 조직이 형성되어야 할 터인데 점진적이고 계몽적인 교육단계를 거치지 않고 주민에게 맡겨도 달성될 수 있는 데도 노파심에 의하여 혹은 지나친 상급중앙기관의 시한적인 지시 · 명령으로 관이 개입 · 주도하여 간섭의 인상이 짙게 남아 있기 때문에 자율적 조직기능이 합목적적으로 기능을 발휘하지 못하고

12) 김진선, 새마을성공 · 실패사례요인분석, 중앙공무원교육원 신임관리자과정 수료논문, 1974, p. 82.

있다.

③ 정부가 실시하는 개발과제의 수행을 위한 지원의 본질적 취지를 아직도 지역주민이 깊이 이해하지 못하고 주민 스스로가 자연인으로서 자아와 조직기능 속의 자아를 혼돈하고 있는 분위기이다.

④ 현대사회에 있어서 변동의 원동력은 기술의 향상이며 이것이 산업화와 도시화를 촉진하는데 우리의 경우 이를 위한 생산체제를 급하게 서두르는 감이 있다.

⑤ 도시지역은 근린생활권을 형성하지 않고 각자의 사회적 배경이 이질적이므로 조직화가 곤란하다.

⑥ 자치능력의 향상을 위한 기회가 적었으며 민족적인 차원에서 볼 때 시민적인 단합훈련의 기회가 적었다.

⑦ 새마을운동추진의 재원이 부족하다.

[2] 주민의 의식구조면

① 이기주의와 개체주의를 혼돈하고 자기와 자기가족단위만이 「우리」라는 개념으로 보고 협동의 이론을 이해하지 못하고 있다.

② 관에 대한 불신이 짙은 반면 기대는 감이 있다.

③ 새마을정신의 체질화 · 자기화가 되지 못하고 있다.

④ 부락 문제를 처리하는 데 있어 권위가 작용하고 있다.

⑤ 주민이 조직 구성원으로서의 자각을 갖지 못하고 있는 사람이 많다.

[3] 조직기구면

① 중심 조직이 결여되어 지도기반이 약하다.

② 조직사업 자체의 목표가 흐릿하다.

③ 제조직간의 기능협력을 위한 외부의 지도기회가 없다.

④ 농협의 새마을사업 추진에 있어 협동회 · 새마을작업반 · 새마을부녀회 · 새마을저축반 등 내부조직이 약하다.[13]

⑤ 새마을운동을 주도할 인적 자원이 부족하다.

---

13) 김유혁 외 4인, 농협이 새마을운동에 기여하는 구체적 방안, 새마을운동연구논총, 제1집, 1975, 새마을연구회 p. 36.

2. 지역사회의 조직단계

1) 제1단계 인간관계 파악

계층별 인물, 부락구성원의 양과 질의 파악, 지역에서 외부적으로 나타나 있는 소집단을 파악하여 지역개발사업의 동업자이며 협력자로서의 위치를 확보하며 마을사업에 대한 발언자를 규합한다.

2) 제2단계 지도자의 발견과 육성

어떤 지역의 어떤 유형의 지도자이건 지역 내에서 주민에게 영향력을 줄 수 있으며 그들을 먼저 포섭하고 교육할 것이며, 어떤 활동을 위한 조직화의 필요성을 납득시켜야 할 것이다. 그러나 지도자를 핵으로 할 때 원형질도 유동을 잘 해야 하므로 활동추진체인 부락민도 중요하다.

따라서 조직을 구성하고자 할 때에는 지역 내의 영향력 있는 기성지도자는 물론 비권위주의적이고 귀속 중심이 아닌 업적 중심의 지도자로서 어느 기관의 일방적 지명으로 된 지도자가 아닌 생산적인 개발활동을 조성・지도할 능력 있는 자(able man)이면서도 최소의 경험이 있는 자나 지역 내의 정의로운 사람으로 알려진 잠재지도력을 보유한 사람의 발견에 노력하여야 한다.

이와 같은 지도자의 육성에는 다음과 같은 방법이 필요할 것이다.

① 지역의 사업계획 수립과 조직활동을 지원한다.

② 지도자의 성공적 활동을 널리 인정하고 회합이나 신문에 발표 격려한다.

③ 업무를 적절히 하여 과도한 짐이 되지 않도록 한다.

④ 지도자됨을 만족하도록 한다.

⑤ 성공지견학을 우선적으로 시킨다.

3) 제3단계 교육

조직은 어떠한 유형이든 구성되면 강력한 활동력을 발휘해야 할 것이요, 또한 민주적으로 운영되어야 하는 것이 조직의 생명을 연장시킬 수 있고 그 힘을 지속적으로 발휘할 수 있을 것이다.

① 지역주민이 조직의 한 구성주체로서의 긍지를 느낄 수 있도록 자극을 준다.

② 지도자와 주민간에 이해일치를 도모해 나간다.

③ 조직 착수에 앞서 참여를 얻을 수 있도록 설득한다.

④ 과제의 지식을 교육한다.

⑤ 학습교재 등 보조교재를 공급한다.

⑥ 새마을교육의 국민교육화를 위한 각급 교육기관에서 하는 지도자 훈련계획에 주도세력을 참여시킨다.

4) 제4단계 자율적 조직

조장행정기관에서 주민과의 책임 접촉이 많기 때문에 주민들의 여론을 잘 알고 있겠으나 부락의 조직이나 협동권조직 등을 지도층에게 혹은 특수한 몇 사람에게 강요해서는 안 된다. 다만 기존 조직의 정비방법 또는 새로운 조직의 씨를 뿌려 주는 것으로 행정인들의 임무는 완료된다고 보아야겠다. 요컨대, 피동적으로 외부강요에 못이겨 조직이 생성되거나 외부적 필요조직이 되지 않도록 하여야 한다. 물론 국가목적과 자체목적 간에 균형이 유지되도록 하여야겠으나 지역주민들은 스스로 필요성을 인식하고 자율적으로 조직에 착수하도록 배후에서 여건을 제시하고 분위기를 조성해 주는 것으로 그쳐야 할 것이다.

3. 새마을사업 추진조직의 원리와 원칙

로스(Ross)는 조직을 연합회라는 용어로 표시하며 불만을 욕구와 같은 뜻으로 쓴다.[14] 이와 같은 철학을 갖고서 그는 다음과 같은 개발조직의 원리를 내세운다.

① 지역사회구성원이 그 사회를 위하여 일하려는 동기는 다양하다. 그 가운데 불만도 생긴다. 따라서 이를 해결하기 위한 노력이 조직을 통해 이루어져야 한다는 것이다.

② 불만이 동기를 낳기 위해서는 지역개발문제와 연관을 맺고 조직·기획·활동에 연결되어야 한다. 또한 불만은 구조적인 곳으로 집중되고 긍정적 가치를 조직 속에서 찾도록 한다.

③ 개발위원회는 지역사회 내의 하위집단에서 추천된 공동위원의 성격을 띠어야 하며 위원구성도 대표성을 가진 자들로 하여야 할 것이다.

④ 개발위원회는 진행과정의 목표와 방법을 갖고 있어야 한다.

⑤ 개발위원회의 사업계획 속에는 감정적으로 만족할 수 있는 활동을 포함하고 있어야 한다.

⑥ 개발위원회는 지역사회에 나타난 현재적이고 잠재적 선의를 활용하도록 노력하여야 할 것이다.

⑦ 개발위원회와 같은 조직은 지역사회간의 적극적이고 효율적인 의사전달체계를 개발해야 한다.

⑧ 개발위원회는 협동적 사실을 행할 수 있는 집단이 되어야 하며 타관계권과도 협조관계가 원만하도록 해야 한다.

⑨ 개발위원회는 정규적인 조직통로를 유지하면서 조직화 과정에서 신축성을 지녀야 한다.

⑩ 개발위원회는 지역사회의 현여건과 관련된 사업을 발전시키도록 해야한다.

⑪ 개발위원회는 유능한 지도자를 찾아내고 승계지도자도 발굴하도록 하여 조직이 지도자의 능력을 펼 수 있도록 짜여져야 한다.

⑫ 이에 대하여 새마을사업의 추진을 위해 요구되는 원칙 몇 가지를 일반행정조직의 원칙을 응용하여 보겠다.

---

14) Murray G. Rosb and Ben Lappin, Community Organization: Theorr, Principles and Practice, New York: Harper and Row, 1967, and edition, pp. 157-181.

1) 추진조직의 민주원칙

① 개인과 마찬가지로 지역사회도 지역사회 자체의 결정권을 가져야만 개인목표와 조직목표간에 갈등이 생기지 않는다. 이와 같이 새마을운동에서도 주민조직을 생동적인 조직으로 하여 주민의 참여를 확대하고 열성으로 창의적인 합의하에 움직이도록 하여야 한다.

② 추진조직은 주민의 마을운영에 대한 발언의 기회를 확장하고 원만한 상호의사소통이 이루어지도록 하며 주민들이 신뢰하고 따를 수 있도록 하여야 한다.

③ 추진조직은 사업선정과 그 우선순위의 결정에 있어 주민의 동의와 공통욕구를 토대로 하여야 한다.

④ 추진조직은 작업의 목표·표준·방법의 설정이나 변경에 대하여 일방적인 지시를 하는 것이 아니고 필요에 대한 설명이 이루어지고 정보가 전달되고 제안이 받아들여져 협력을 얻어내는 틀이 되어야 한다.

⑤ 추진조직은 마을이 가지고 있는 인적·물적 정보자원을 효율적으로 활용할 수 있도록 하는 기능체이어야 하며 주민들이 필요로 하는 지원능력까지도 가져야 한다.

⑥ 추진조직은 지역개발과제수행을 위해서 존재하는 수단이지 결과는 아니라고 보아야 한다.

⑦ 추진조직은 최대다수의 최대행복을 달성할 수 있도록 정책·계획·동작화·평가와 재이용이 동태적으로 이루어져야 한다.

⑧ 추진조직은 국가 속의 한 세포이기 때문에, 즉 국가사회라는 총체제 속의 하위체제로서 기능해야 하며 개방체제의 변화에 대한 적응태세를 갖추어야 한다.

⑨ 추진조직은 인력·재화·정보·에너지의 유기적 결합으로 목표달성을 위한 발전사업수행에 기능하여야 한다.

이와 같은 개발조직의 원리가 민주원칙으로 적용될 때 새마을운동은 지속적으로 발휘될 것이다.

제 4 절 지역사회의 조직개발

1. 조직개발의 의의와 필요성

지역사회에 있어서의 조직은 지역·형태·기능에 따라서 분류될 수 있겠으나 일반적으로 조직개발의 의의는 다음 몇 가지로 개념규정할 수 있겠다.

① 지역개발과제를 수행할 수 있는 노력이고 지역사회가 가지고 있는 문제해결능력을 조직을 통하여 향상시키려는 장기적 노력이라고 하였다.

② 지역사회에 있어 조직발전은 지역주민의 행동양식과 태도를 변화시키는 효과적인 방법이다.

③ 조직발전은 조직의 기능을 개선하는 수단이라고 하였다.

이와 같이 볼 때 지역사회의 조직을 개발함으로써

① 지역주민간의 신뢰도와 지지도를 증가시킬 수 있다.

② 지역사회 내 제조직간(추진조직과 지원조직을 포함)에 발생한 조직의 당면 문제를 해결할 수 있다.

③ 지역주민의 열성도와 만족도를 증진시킨다.

④ 조직과 개인에게 행태변화를 가져오도록 협동과 공동노력 및 공동창의를 통하여 조직갈등을 해결하는 기법을 발견할 수 있다는 것이다.[15]

⑤ 개발기획과 사업집행에 있어서 지역주민과 추진조직 및 행정지원조직의 책임수준을 제고하는 데 있다. 따라서 이러한 목적을 달성하고 보다 더 조직 자체 및 관행에 있어서 자기혁신을 하도록 하며, 지역주민이 건강한 조직 속에서 성숙하도록 하기 위하여 조직개발이 필요한 것인 바, 이를 위하여 조직문제와 개발조직의 육성책을 연구할 필요가 있다.

---

15) Warren G. Bennis, Organization Development: It's Nature, Origins, and Prospects, 1969, Addison-Wesley Publishing Co., Inc., pp. 10-35.

2. 한국농촌지역사회에 있어서 자생적 조직의 특성

1) 우리 나라 농촌사회의 구조

[1] 취락의 형태와 농촌사회의 기초

① 우리의 농촌구조는 몇 개의 취락이 모여 리·동을 형성하고 있으며 비교적 단조로운 집단으로서 자치적 색채를 가친 인보집단이라 할 수 있다.[16] 이들 부락은 지리적으로 근접하여 있으면 서로 서로 독립된 생활체로서의 성격을 갖는다.

② 토지와 결부된 사회이다.

③ 정착적인 생활이며 집단촌락 안에서 서로 절친한 사회생활을 한다.

④ 직장과 가정이 일치하는 곳이며 생산장소와 소비지역이 비교적 일치한다.

⑤ 소유와 경영·노동의 구분이 뚜렷하지 못하다.

⑥ 교통·통신의 발달로 지역적인 고립성을 벗어나려는 단계에 와 있다.

[2] 농촌사회의 구조적 특징

① 농촌 사람의 사회적 관계는 가족간의 관계이다.

② 혈연적 요인·신분적 요인·소작관계로 결합되어 있는 측면이 있으며, 특히 동족결합이 강하고 동족집단 내에서 계층적 질서가 유지되고 있는 것이다. 씨족관계를 기준으로 할 때 자연부락은 단일씨족이 지배적인 부락, 2종 이상의 씨족이 공존하는 부락, 잡성부락 등으로 구분할 수 있으나 우리 나라 리·동의 50% 이상이 단일 또는 2종 이상의 씨족이 공존하는 부락에 속한다고 한다. 이와 같이 농촌사회는 혈연집단과 공유지 이용을 기초로 한 촌락공동체를 이루고 있다.[17]

③ 동촌이나 근접촌 사람들과의 사회관계가 대부분인 까닭에 농촌의 사회관계는 전 인격적이며 영속적인 관계가 된다.

16) 허련, 동리행정강화방향, 지방행정 제134호, 1964, 12월호, pp. 70-85.
17) 양회수, 한국농촌의 촌락구조, 고대 아세아문제연구소, 1967, p. 283.

④ 농촌은 도시와 달리 근린집단·직장집단·분화집단으로 구분되어 그 구성원이 다른 것이 아니고 대부분 한 사람이 여기에 소속해 있기도 하며 부락을 중심으로 한 집단통제성이 강하다.

[3] 농촌사회의 성격

(1) 봉건성

물론 농민들의 가치관념은 많이 변했다고 본다. 그러나 합리적인 정신기술의 혁신을 받아들일 용의, 과학에 대한 믿음, 자조적인 정신, 조직적인 협동을 통해서 공동의 목표를 성취하려는 관념이 부족하며, 종회를 조직하고 가문위세를 과시하며, 가족중심적 개인주의 관념이 강하며, 미분화된 가족단위의 경영방식을 고수하며, 경제적·사회적 활동에 있어서 다른 사람들과 유기적 유대가 잘 안 되는 부락이 남아 있다.[18]

(2) 전통성

지역의식·부락의식이 강하며 지역사회의 질서나 관습을 보호·유지하려는 경향이 짙다. 그리고 농업기술보다 비합리적인 면을 다분히 갖는 독농적 기능이 중요시되고 농업생산에 있어서도 전통적 권위가 존중된다 하겠다.

(3) 등질성

농촌사회는 등질적이고 또한 상대적으로 비개성적이라고 볼 수 있다. 직업의 분화가 거의 없으며 사상이나 감정의 공통성을 나타내기 쉽고 일부 부락 사람끼리 이해나 취미생활 속에 특수한 집단이 형성되는 예가 드물다.

(4) 가족주의적 성격

소농적 사회에서는 가족이 제1이고 개인은 제2가 된다. 가족의 집단적 책임이 중요시되고 개인의 사회적 지위는 그 가족이 차지하는 지위에 따라 결정되는 일이 허다하다. 따라서 개인평가는 그의 능력 이외에 그 배후에 있는 가족의 재산이나 집안에 따라 좌우된다. 그리고 농촌은 신분적 사회

18) 이만갑, 우리 나라에 있어서의 지역사회개발운동의 사회·문화적 측면, 서울대 행정대학원 제3회 국가정책세미나 보고서, 1972, pp. 37-40.

관계가 지금도 작용하고 있어 대등한 인격으로 형성되는 근대적·계약적 관계를 전개하는 데 힘이 든다. 이러한 지역사회의 특성에 영향을 받아 자생적 조직도 그 특성을 달리한다. 그러므로 이 자생적 조직의 특성과 활용 방안을 연구하는 것이 주민조직을 활성화하는 방법이 될 수도 있다.

2) 자생집단조직의 특성

자생집단 또는 비공식적 조직이란 지역사회 내에서 일부주민들간에 자연발생적으로 형성되는 소집단을 말한다. 그러므로 엄격한 의미에서는 조직이라고 부르기는 적당하지 않으나[19] 조직의 목적·근거·운영실태로 볼 때 주민조직 중 관제적 조직과 대조되는 개념이므로 공식적 조직에 대하여 자생적 조직이라 하는 것이 타당하다고 생각한다. 그러므로 새마을사업과 운동을 추진함에 있어서도 지원기관은 자생적 집단의 특성을 파악하고 이를 활용함이 필요하다.

요컨대 자생적 조직의 특징을 몇 가지로 요약하면 다음과 같다.

① 제도화한 법적 설립근거를 갖지 않고 있다.

② 직제나 기관개혁의 일환으로서 생성된 조직이 아니고 자연발생적으로 생긴 조직이다.

③ 지역주민이 공동으로 추구하는 목표달성을 위해서 설립된 것이 아니고 몇몇 주민들의 현실적 행동·태도 속에 살아 있는 조직으로 개인의 정서를 추구하며 인간의 비합리성까지도 추구하려는 단위이다.

④ 정부조직과 공식관계를 가지고 있지 않으며 국가기관에 정식으로 보고나 책임의 의무를 가지고 있지 않다.

⑤ 경제적 발전을 위한 국가발전목표의 달성을 추진하기 위한 조직이 아니고 상호부조조직에 불과하다.

⑥ 촌락전체의 단결을 위한 정치적·사회적 목적을 가진 조직이 아니고 별로 실질적 기능을 수행하지 못하고 있는 부분적 질서를 가지고 있는 조직이다.

19) 신윤표, 신행정학, 법정학회, 1974, p. 93.

⑦ 외면적·외재적인 조직이 아니라 내면적·내재적인 조직이다.

⑧ 인간관계를 기본 요건으로 특별관계권이 형성됨으로써 소집단 상태를 유지한다.[20]

⑨ 조직의 권위가 상층부에서 위임된 것이 아니고 자생집단 내에서는 영향력으로 통한다. 따라서 강제성이나 규제성이 없어 오히려 권위는 하향적이 아니고 상호작용적이라고 하였다. 따라서 이러한 특징을 가진 자생적 조직을 잘 활용만 하면 지역사회개발사업을 추진하는 데 있어 이 조직의 순응적 기능을 발휘할 수 있어 크게 도움이 된다고 본다.

3. 지역사회개발을 위한 비공식조직의 활용방안

농촌이나 도시지역을 막론하고 행정을 주민과 접속시키고 행정지원을 지역주민이 능동적으로 받아들이기 위해서는 행정의 일방적 지도나 강요만으로는 지속적인 효과를 기대할 수 없을 것이다. 더욱이 비공식적 조직은 부락발전의 기초적인 역할을 담당하고 있으며 여러 개의 비공식적 조직이 자생집단에 일차적 기반을 가지고 있는 사람이 각종 주민조직에 동시에 가입되어 활동함으로써 자생적 조직을 충분히 활용하지 못하고 협조를 얻지 못할 때 개발추진조직은 유명무실하게 될 수도 있겠다. 따라서 자생적 조직의 활용은 개발에 큰 도움을 준다고 하겠다.

1) 구체적 활용방법

경제적 성장을 위한 증산운동이나 도시새마을운동의 경우 질서지키기·인보운동·근검운동은 법률이나 행정적 시책에 의한 자율적 강요가 아닌 국민의 정신적인 바탕, 자율적인 결심과 각오가 선행되어 자생적 조직 중심으로 이루어지도록 자생적 조직을 활용하여야 하겠다. 자생적 조직의 활용방법을 제시하면 다음과 같다.

20) Keith Davis, "Informal Oganization," in Koontz and O'Donnel(ed.), Readings in mgt, McGraw-Hill Co., 1959, pp. 235-238.

① 동·통반의 행정조직체계와는 별도로 동·리 자연부락단위의 지연적 조직을 조성, 이를 중심으로 생활실익운동을 전개하도록 동기를 유발한다.

② 새마을운동을 전개함에 있어서 모든 자생적 집단이 참여할 수 있도록 기회를 부여한다.

③ 부락전개사업을 추진하는 주도세력으로 자생적 집단의 책임자를 추진위원으로 활동하도록 한다.

④ 어디까지나 주민의 자율적 참여 및 협동심을 촉진하기 위하여 지역적 특수성 및 주민의 공통적인 관심과 이해사항을 중심으로 하는 포괄적인 조직을 형성하여 이에 공동참여시킨다.

⑤ 기존조직 중 실효성이 없거나 형식적인 것은 단계적으로 정비하는 동시에 중추조직 중심으로 자생적 조직을 통하여 정보수집과 같이 의사소통의 통로로 삼는다.

⑥ 기존조직 중 이미 주민생활에 결부되어 있는 자생조직의 기능은 이 단위조직의 내부기능 또는 중추적 기능으로 흡수한다.

⑦ 조직의 구성·운영·경비부담·규약 등은 일체 자율적으로 정하도록 하여 준다.

⑧ 동·리·부락이라는 소지역사회의 의사기관적 역할을 담당하게 하여 자생조직을 활용한다.

⑨ 주민의 협동단결이 가장 긴요한 만큼 새마을정신을 자기화하는 선의의 경쟁조직으로 기능하도록 유도한다.

⑩ 전통적인 인습·관념을 타파하고 파벌적인 습성을 없애며 사업 중심으로 자생집단의 목표와 공식적 조직의 목표가 일치하도록 마을사업계획을 짜고 이를 공동추진하도록 한다.

⑪ 주민들은 정기적으로 주민회의를 개최하여 정신함양, 사업의 계획평가를 실시한다.

⑫ 공식조직의 책임자도 비공식조직의 유력한 성원이 되어 행정력을 침투시키는 데 자생적 조직을 활용하도록 한다.

제 5 절 지역사회조직의 육성방안

1. 농촌권 새마을운동을 위한 조직육성의 방법

① 지역주민의 욕구에 의한 조직이어야 한다. 지역의 입지조건에 맞고 주민의 공통적인 희망에 의하지 않고 개인의사 또는 외부의 것을 보고 조직하든지 아니면 몇 사람의 고집으로 조직한다면 조직화 과정부터 잘못된 것이며 조직의 원칙이 무시된 것이라 하겠다.

② 조직지도자와 임원은 가장 신임 받고, 연령은 30~40대로 학력은 고졸 이상자로서 생활수준이 높은 자로 선임하되 주민의 지지를 받는 자라야 하며[21] 계속적으로 훈련되어야 한다.

③ 단체는 민주적으로 조직·운영되어야 한다. 단체의 임원과 지도자는 민주적 절차에 의하여 선출하여야 하며 가능한 한 자생적 집단의 대표들로 선임되어야 한다. 그리고 특수 조직 외에는 회원의 가입과 탈퇴가 자유로와야 한다. 또한 취락단위로 조직을 구성하고 단위지역권 내의 직능단체를 연합체로 묶는 것이 좋을 경우도 있다.

④ 재생적 조직과 공식조직의 혼합조직을 시도하는 것도 조직육성의 방법이 될 수도 있다고 본다. 이를 예시하면 [도표 4-1]과 같다. 이는 타율적으로 형성된 공식조직의 비효율성을 보완하고자 함이다.

⑤ 단체운영을 위한 규약이나 회칙은 조직운영이 복잡해지고 단체사업이 확대되면 그에 알맞게 제정한다. 「새마을규약」도 한 예가 되겠다.

⑥ 단체의 사업과 운영은 구성원의 수준과 능력에 알맞게 실시하여야 한다.

⑦ 회원들에게 계속적으로 과제를 주며 연간 또는 월간 사업계획을 세워 사업을 계획적으로 실시하여 나간다.

---

21) 김종섭 외 2인, 새마을지도자의 사기앙양방안, 새마을운동연구논총 제1집, 1975, p. 361.

[도표 4-1] 자생조직과 공식조직의 혼합기구표

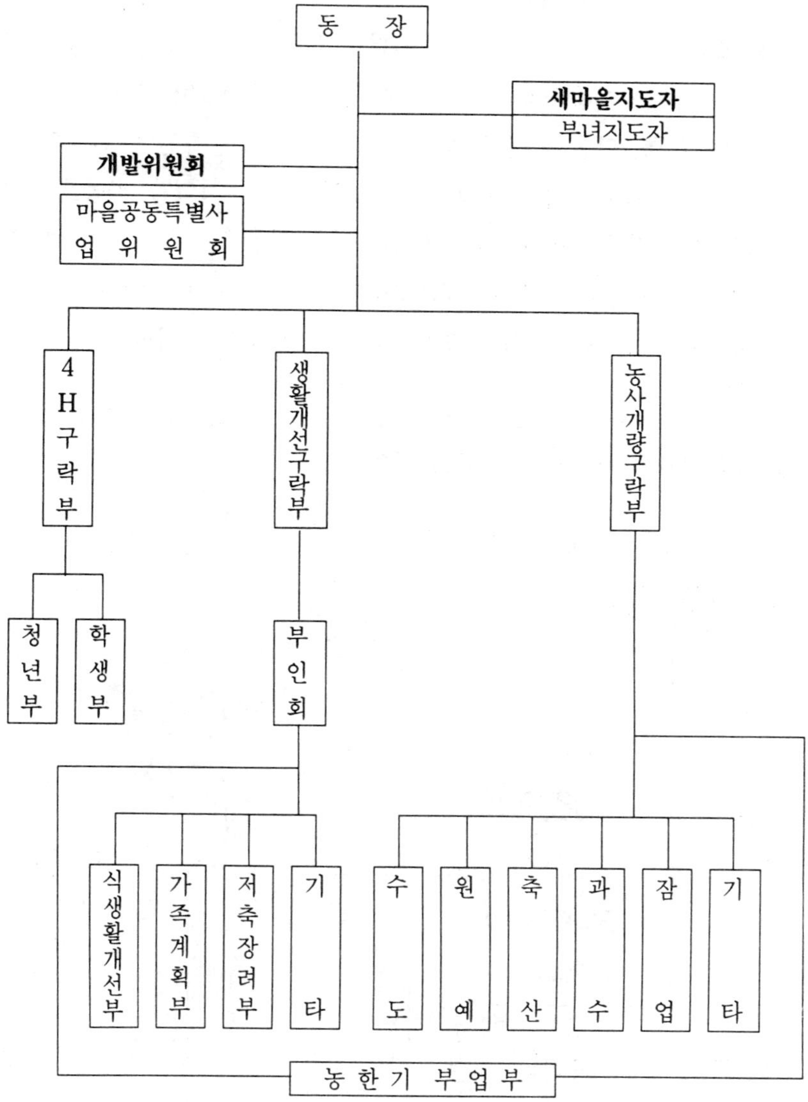

⑧ 조직을 건전하게 육성하기 위해서는 정기적인 회합이 있어야 한다.

⑨ 조직은 흥미 있게 그리고 생산적인 방향으로 운영되어야 한다.

⑩ 조직 내에서 제기되는 문제와 애로는 즉시 해결하도록 한다.

⑪ 계통적인 연합조직과 외부의 지원조직이 필요하다. 특히 부락단체운영에 도움이 되고 대외적인 여러 관계에 있어서도 사업을 효율화할 수 있다. 왜냐하면, 연합조직을 통하여 다음과 같은 활동도 할 수 있기 때문이다. 즉 인근 또는 계통조직간에 정보와 경험을 교환한다. 지도자를 상호교환하고 훈련한다. 각종 행사를 공동으로 주최하고 상호간에 선의의 경쟁을 하게 한다. 공동관심사나 문제를 같이 연구한다. 사업을 공동으로 실시한다. 이와 같은 각종 유대와 대외홍보를 강화한다.

⑫ 현존 농업체제의 본질적 모순인 봉건적(예속농체제) · 식민지적(소작농체제) · 현존적(영세농체제)인 점을 근본적으로 개혁하여 농업근대화의

[도표 4-2] 국가지원 및 농민수용태세확립 방향

-정부 · 농어민상호협동-

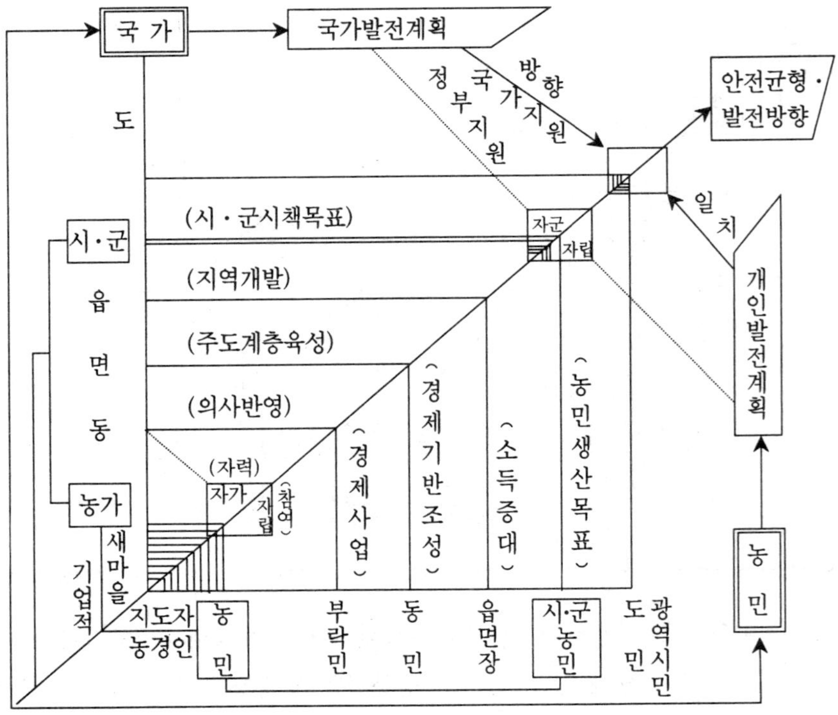

[도표 4-3] 격차 해소의 협력체제

(한국농업 · 농민간 · 도시민의 문제해결의 방향과 문제점)

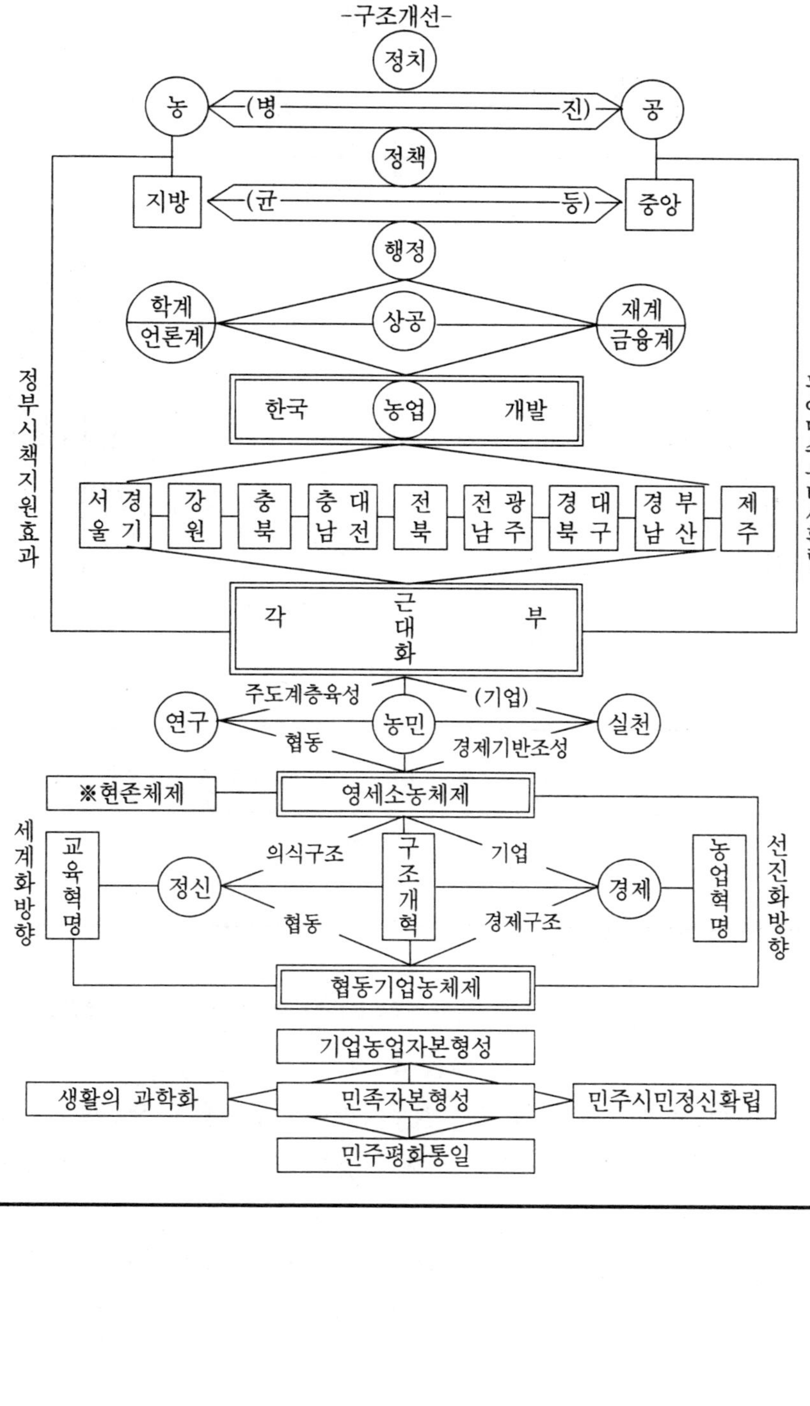

[도표 4-4] 지역자립조직의 모형

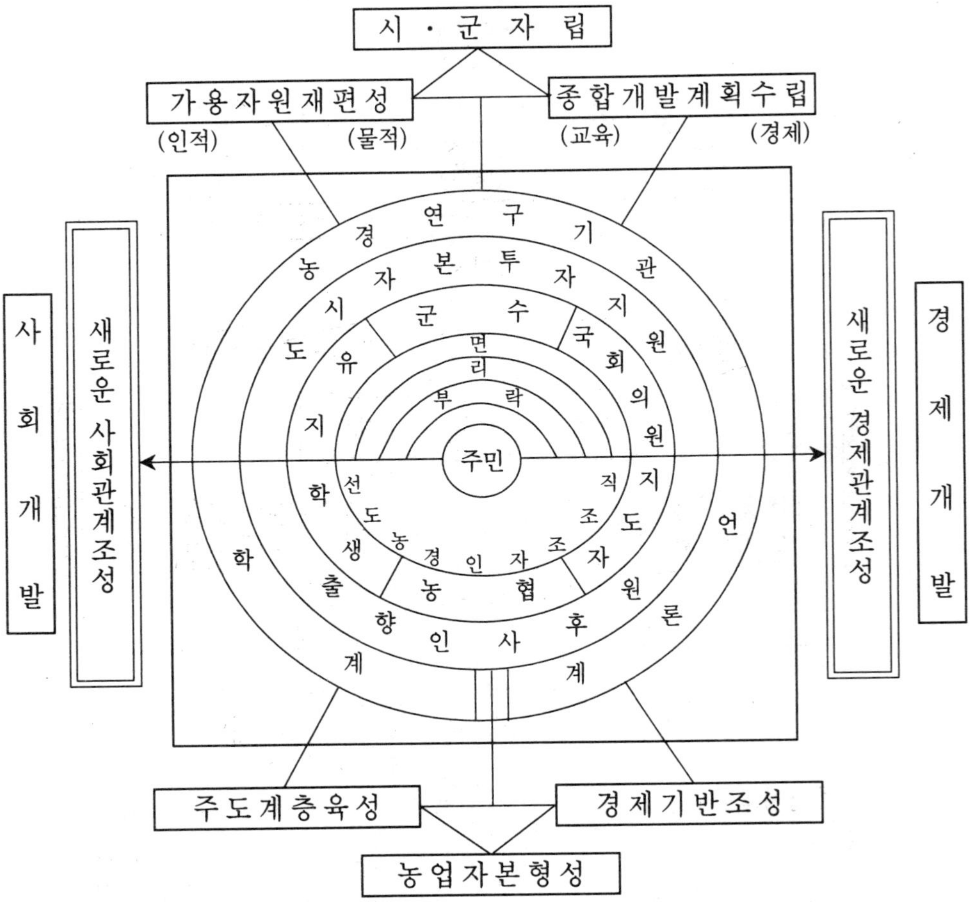

기반을 조성하고 주민의 자율적인 현실참여의 여건을 확대하여야 하며, 생산·유통·소비·구조의 개선 및 정부시책·재정·금융지원이 보다 더 효과적으로 직결될 수 있도록 정부지원과 농민수용의 상호협력을 위한 조직이 이루어져야 한다. 이를 위해 시범적으로 위 [도표 4-2]와 같은 모형을 제시한다.

⑬ 한국 농촌조직의 문제점22)으로는 마을문제 처리에 권위가 작용, 중심

조직이 없어 지도기반이 취약, 주민은 어느 조직에 대해서도 소속 의식이 없음, 조직에 대한 외부의 지도가 적절치 못함, 조직의 목표가 불투명함 등이다. 이상과 같이 들 수 있는데 이를 보완하는 차원에서 조직을 기능화·실용화한다.

⑭ 국가전체의 안정기조와 고도성장을 위협하는 산업간·지역간·계층간의 격차를 해소하며 농공병진, 시군·농균형발전체제를 지향하는 위 [도표 4-3]과 같은 협력체제를 육성한다.

⑮ 각 지역 생산권별 중견농업경영인이나 새마을지도자 중심의 자립위의 단위조직을 통하여 지역개발의 주도층을 육성하고 지역경제기반을 조성함으로써 인적·물적 가용자원의 재편성을 확대하며, 새로운 경제·사회개발권을 형성함으로써 위 [도표 4-4]에서 시도하는 바와 같은 지역자립조직을 육성한다.

2. 도시권 새마을운동을 위한 조직육성의 방법

도시권은 대도시·중도시·소도시·신도시 등으로 구분할 수도 있고 공업도시·상업도시·과학도시·교육도시 등 그 기능별로 유형을 구분할 수도 있겠다. 그런데 이 도시권의 구조적 특징은 다음과 같다.

① 새마을운동의 전략적 거점이 직장이라 할 수 있다.

② 주민의 생활이 이익을 중심으로 형성되어 있다.

③ 도시지역은 근린생활권을 형성하지 않고 있다.

④ 각 개인의 사회적 배경이 이질적이므로 지역사회개발을 위한 추진주도세력의 조직화가 어렵다.

⑤ 공업화·도시화를 통한 이동과 유동화현상으로 애향의식이 희박하다.

⑥ 행정리·동을 벗어난 지역 중심의 협동권사업이란 별로 없다.

⑦ 생활권이 넓고 경제권이 주거지역에 한정되어 있지 않아 주거지역에 대한 귀속의식이 거의 없다.

---

22) 김영철, 지역사회개발론, 행정고시학원, 1975, p. 65.

⑧ 도시지역도 대도시권일수록 정통문화의 수호나 향토문화제 같은 의식을 통한 인보운동의 경험이 없다.

⑨ 도시민의 상호작용은 지리적 조건보다는 오히려 이익중심으로 발생하기 때문에 근린조직보다도 기능조직이 더 발달되어 있다.

이 중에도 자생조직보다는 정부의 운영요강이나 정부시책의 보조수행을 위한 외생적 조직이 더 많다. 이러한 여건을 감안하여 몇 가지 조직육성방법을 제시하고자 한다.

[1] 대상지역수준에 따른 조직

머피(Gardner Murphy)[23]가 말하듯이 미국의 경우도 지역사회개발사업이 지방단위·주단위·국가단위·국제단위로 확대되어 가고 있는 것처럼, 우리의 경우도 도시새마을운동을 전국도시권적인 유대하에 대대적으로 그 「세」를 몰고 동태적으로 운동을 전개하면 한다.

물론 근린지역에서 인보관을 설치하여 근린지역주민들의 자발적 참여에 의한 인간관계를 형성하는 방법도 있겠고 통별로 계조직을 하여 돌아가면서 모임을 갖는 방법 등이 가능하다.

[2] 대상집단의 성질에 따른 조직강화

도시권은 자생적 조직으로 계라든가 동창회·친목회 등 주민의 순수한 비공식집단도 많지만 위원회·구락부·협의회 등 공식조직이 많으므로 <표 4-2>에서 볼 수 있는 외생적 이익집단을 각기 기능별로 전 도시 광역시·도단위·시군단위·면단위 등으로 연합회를 구성하여 구성원의 이익과 새마을운동의 목표를 동시에 달성할 수 있도록 사업의 장기화·조직화·체계화를 도모한다.

[3] 대상지역별 대상집단의 중간집단창설

근접지역단위에 지역사회개발센터를 설치하여 주민의 공동관심사를 해결하고 새생활 실천요목을 스스로 선정·실천함으로써 이웃간의 연대감을

23) Gardner Murphy, Personality, A Biosocial Approach to Origins and Structure, Harper & Row, 1974, p. 909.

조성해 나간다.

〈표 4-2〉 활동분야별 기능집단의 종류

활동분야	기 능 집 단
① 청소년활동	① 보이스카웃 · 걸스카웃 ② YMCA · YWCA · 4H클럽 ③ 청소년회관
② 부녀활동	① 어머니회 · 대한부인회 · 한국부인회 · 적십자자문위원회 ② 부녀교실 · 어머니교실 · 주부클럽 · 생활개선구락부
③ 보건활동	① 기생충협회 · 결핵예방협회 · 나병협회 ② 의사협회 · 간호원협회 · 약사회
④ 사회복지활동	① 사회복지협의회 · 사회복지시설연합회 · 탁아사업협회 · 양연기관 ② 생활보호위원회 · 재해대책위원회 ③ 법률상담소 · 결혼상담소 ④ 공동모금회 · 인보관
⑤ 종교활동	① 각종 종교단체 · 홀리크럽 · 성시화운동본부 ② 기독교연합회 · 기독자회 등 각종 종교연합단체
⑥ 교육활동	① 대한교육연합회 · 평화생면산업재단 · 행복한 홈스쿨 ② 사회교육 · 기술교육 · 보건위생교육 · 문맹퇴치운동협회
⑦ 체육활동	① 대학축구협회 · 고교야구협회 등 ② 대한체육회 · 대한권투협회 · 세계태권도 청소년연맹
⑧ 경제활동	① 소비자보호협의회 · 상인조합 등 ② 대한경제인연합회 · 대한무역인협회 · 대한상공회의소 ③ 농업협동조합
⑨ 노동운동	① 산별노동조합 ② 노동조합지방연맹 · 노동조합전국총연맹
⑩ 예술활동	① 펜클럽 · 시인협회 · 대한문인연합회 ② 연극인협회 · 가수협회 · 영화인협회 ③ 미술인협회 · 만화인협의회
⑪ 기 타	① 각종 오락활동단체 · 국민건강운동본부 ② 재향군인회 · 향토예비군 · 비폭력세계평화운동연합 ③ 통일역사교육연구소 · 각족 NGO · 경실련

그리고 각 집단이 연합하는 이웃협의회나 새마을회를 조직하여, 지역주민의 교육, 직업보도, 각종 상담, 청소년활동, 부녀자 중심의 생활개선 및 소비자 보호운동, 어린이의 교육 및 건전교육운동, 건전오락회, 조기운동(축구 등) 등 지역사회활동을 종합적으로 전개해 나가며 매월 초하루 새마을의 날, 매월 실시하는 민방위의 날, 매월 25일의 주민총회 등에 주체적으로 참여하여 적극적으로 활동하는 일이다. 이와 같이 인보운동을 종합적으로 조직화하여야 도시새마을운동이 지속적으로 발전될 수 있을 것이다.

제5장

개발조사

제 1 절 사회조사의 제단계

하나의 조사가 시작되어 그것이 끝날 때까지의 절차는 각기 그 조사내용 및 목적에 따라 다를 수 있으나 대략 계획, 수업, 분석, 발표 등의 4개 단계로 구분하여 논할 수 있다.

[1] 1단계

우선 조사의 목적과 대상이 무엇이며 실증될 내용이 무엇인가를 정확히 규정하는 동시에 조사지역의 한정 · 조사방법의 결정 · 예산편성 및 기타 조사의 수행에 필요한 모든 구체적인 계획과 준비를 하는 단계이다.[1] 이러한 계획이 엄밀히 세워지면 세워질수록 조사결과는 더욱 정교해진다.

[2] 2단계

계획된 조사가 실제로 현지에 옮겨지는 단계로 이것이 곧 현지조사이며, 여기서 연구분석할 모든 자료가 수집된다.

---

1) 副武 直 編, 社會調査法, 有斐閣双書, 1967, pp. 20-22.

[3] 3단계

현지조사에서 수집된 자료를 분류하여 자료간의 관련을 짓고 그들을 체계적으로 정리하고 해명을 가함으로써 하나의 사회적인 의미를 발견하는 단계이다.

[4] 4단계

조사한 결과 파악된 사실을 도표 또는 보고서의 형식으로 발표하는 단계이다.

이상의 단계를 거쳐서 실시한 조사는 대체적으로 종결을 보게 되는데 이것이 단순히 조사결과의 발표로 그치는 수도 있고 밝혀진 조사내용으로부터 보편적인 이론 내지 법규를 제시하는 경우도 있다. 전자가 사회답사나 사회조사적인 태도이며 후자가 사회연구조사적인 입장이라고 말할 수 있다.

제 2 절 조사계획의 단계

1. 조사목적의 결정

조사의 목적 및 대상은 계획단계에서 명백히 결정되어야 한다. 그렇게 함으로써 문제의 요점이 분명해지고 조사활동이 그 범위 내에서 유지되며 조사자도 그가 해야 할 것을 뚜렷이 인식할 수 있다. 만일 목적 및 대상이 불분명하면 현지조사(field study)[2]의 효과가 감소될 뿐만 아니라 조사도중에 생기는 뜻하지 않은 난제는 그 조사 전체에 대한 의의를 상실하게 할 수도 있다.

조사목적이 결정되면 이에 수반해서 일반적으로 조사의 대상과 지역이 자동적으로 결정되기 마련이다. 이것은 대체로 하나의 조사가 일정한 대상

2) 이만갑, 사회조사방법론, 진명출판사, 1976, p. 34.

또는 지역에 따라 그 목적이 설정되기 때문이며 조사대상과 지역이 통상적으로 조사의 필수 조건이기 때문이다. 그러나 현실적으로 하나의 조사를 수행하는 데 있어서 조사대상(집단과 조사지역)을 확정짓는다는 것은 그리 쉬운 일이 아니다.

2. 조사계획위원회의 조직

한 조사의 전 과정을 통솔하는 조사계획위원회(이하 계획위)는 곧 그 조사운영의 핵심체이다. 계획위는 동조사를 수행하는 측의 각 전문가들에 의해서 구성되어야 할 뿐더러 가능하면 조사될 지역 내에서 동조사에 관심과 협조적인 뜻을 지닌 인사와 유지들을 참여시키는 것이 좋다. 그렇게 함으로써 현지인의 협조와 더불어 조사가 용이해지고 또한 좋은 조사결과를 가져올 수 있는 것이다.

계획위는 조사가 요구되는 목적과 대상 그리고 연구내용이 사회조사방법에 적절한가의 여부, 조사 수행에 필요한 재정문제 등을 검토하기 위해서 분과위 내지 자문위를 설치할 필요도 있다. 조사표 또는 질문서의 작성[3]·예산편성·실시계획표·표본추출 등의 전문적이고도 기술적인 면을 취급하기 위해서는 이 문제에 관계되는 전문가나 학자들을 조치할 경우도 있다. 예컨대, 한 보건관계의 사회조사는 보건사회부(현, 보건복지부) 장관·차관·경제학자·생화학교수·정부통계관 및 보사부(현, 보건복지부)로부터 나온 2인의 감독자에 의해서 실시되었으나 이재는 통계청의 업무이다.

3. 조사지역의 한정

조사될 지역의 선정 내지 한계설정은 조사의 시초에 결정되어야 한다. 이렇게 함으로써 조사자는 일정한 지역에 그들의 노력과 주의를 집중시킬

3) 질문서와 조사표는 구별되지만 편의상 질문서를 조사표까지 포함하는 개념으로 취급한다.

수 있다. 일정한 지역의 선정은 일반적으로 요구되는 자료의 종류, 요구되는 현지조사의 양, 시간 및 재정관계, 지역개체의 특수성 등에 대한 고려를 통해서 결정된다. 한 예를들면 일본의 수예무라촌이 하나의 종합적인 연구대상으로 선택된 이유는 다음과 같은 점이 고려되었다.

① 기본적으로 이 촌락은 미곡생산촌으로 잠업을 부업으로 하고 있는데 이 두 가지 요소는 일본농촌의 전반적인 주요특질이다.

② 비교적 소규모의 촌락으로 두 사람의 요원으로 조사수행이 가능하다.

③ 일본농촌이 가지는 일반특질과 흐름을 가지고 있다.

④ 대도시와 격리되어 있으므로 일본의 전형적인 농촌으로 볼 수 있다.

⑤ 군사기지로부터 격리되어 있어 외국인의 조사에 지장이 없다.

전술한 바와 같이 조사대상과 조사지역은 때때로 그 선정에 있어서 일치되기 어려운데 문제점이 있다.

예컨대, 서울시의 출산력 조사를 한다고 가정하면, 서울시라는 행정구역이 자동적으로 조사지역으로 확정되고 남은 문제는 조사 대상의 선정뿐이다. 그러나 가령 서울시의 저소득층 지역조사라고 할 경우는 그 지역의 확정 및 조사 대상의 선정에 많은 난점이 제기된다.

4. 조사절차 및 조사방법의 결정

조사내용과 더불어 조사지역의 한정은 조사절차 및 방법의 결정과 더불어 현실적인 작업계획 및 이를 뒷받침하는 예산편성에 도움을 준다. 조사를 계획하는 사람들의 일반적인 경향은 시간 및 경비가 허용되는 이상의 조사를 계획하기 때문에 요구되는 작업량을 정확히 계산한다는 것은 매우 중요하다. 즉 자료의 수집으로부터 조사된 내용의 분석 및 결과발표는 하나의 긴 과정으로 조사진행 중의 작업진도는 끊임없이 예정표와의 대비를 통해서 검토・수정되어야 한다.

조사방법의 선택은 조사내용・시간・경비・정도 등의 여러 요인과 밀접하게 관련되어 있다. 만일 우리가 도시사회에서의 어떠한 조사를 위해서 질문표를 사용한다면 그 경비는 면접이 요구되는 농촌사회에 있어서의 조사보다 훨씬 적게 든다. 그리고 조사방법의 선정은 조사원의 선택과 훈련을 위해서 가능한 한 빨리 결정되어야 한다. 또한 필요하다면 조사방법의 선정을 위해서 전문가의 지도를 받아야 하며 만일 일정한 조사에 대해서 이미 그 전에 조사한 보고서 등이 있으면 그 보고서의 내용과 조사방법 및 절차를 연구하는 것은 가치 있는 일이다.

5. 예산편성

경비문제도 매우 중요한 것으로 조사위는 예산편성을 지도하여 총경비는 각 항목에 대한 지출에 의해서 추산되어야 한다.

예컨대, 지출항력은 다음과 같이 구분되어 있다.

① 조사원 및 감독의 인건비

② 교통비 및 현지조사에 필요한 비용

③ 지급물: 조사표 및 제표양식의 인쇄, 용지 및 문방구

④ 사무소 유지비: 사무소 차용비, 기타 사무용 기구(책상・의자・타자기・계산기 등)

⑤ 제표・도표・차트 작성비

⑥ 보고서 출판비

⑦ 예비비

또한 우리 나라의 정부와 과학기술처를 통해서 지급하는 조사연구비의 예산내역은 인건비, 여비, 수용비, 수수료 및 수선비, 회의비, 기타(예비비 및 기관수입금) 등으로 구분되어 있고 각 항목에 대한 세부 내역을 밝히게 되어 있다. 또한 조사가 끝나기 전에 자금이 고갈되는 위험성도 과소평가해서는 안 된다.

조사가 정부 기관에 의해서 실시될 때 내정문제는 일반적으로 문제시되지 않으나 개인의 재정 및 후원에 의한 조사는 흔히 그 결과에 따라 중단되는 수가 많다.

6. 조사원의 조직과 교육훈련

현지조사에 임할 조사원과 이를 지도하는 간부 및 전문가의 구성·훈련에 관한 문제이다.

조사원이 필요한 것은 주로 하나의 조사에 있어서 조사표를 가지고 그 설문내용을 조사자와 응답자간의 면접상태에서 메워간다든가, 한 지역에 대한 조사연구에 참여를 필요로 할 때이다. 조사총수는 물론 조사의 성질 및 목적과 조사대상자의 분포 그리고 경비 등의 요인에 따라 다르다.

조사를 성공적으로 수행하기 위해서는 조사요원들이 조사기간 중 조심스럽고 효과적인 실제적 교육, 예컨대, 조사목적 및 내용에 대한 아카데믹한 오리엔테이션, 조사표의 기입요령, 면접요령, 현지에서의 표본추출이 필요한 경우의 추출 방법 등을 받아야 하며, 그들이 습득한 모든 기술과 절차가 현지조사의 전반적인 작업과정에서 여하히 적용되며 소수의 오류가 조사의 성패에 얼마나 영향을 주는가를 인식해야 한다. 다시 말해서 정확한 조사를 하기 위해서는 조사에 참여하는 조사원들이 현지작업에 있어서 편견과 비판적 습성을 없애고 필요한 조사항목에 요구되는 답이 정확히 기재되도록 훈련되어야 한다.

7. 조사에 대한 모집단의 대비

효과적인 조사를 위해서 조사대상지역의 사람들이 어느 정도 조사에 대해서 대비태세를 갖추도록 하는 것은 매우 좋은 일이다.

공보기관을 통해서 조사대상자들에게 조사의 목적과 계획을 알리고 그 내용에 대해서 사전에 지식을 가지도록 하며 또한 조사진행 중 정기적으로 시청각적 전시를 통해서 작업의 진도와 중간결과를 알려 주는 것은 매우 유익하다.

조사에 대한 설득이 필요한 지역에 대해서는 지역민에게 사전에 조사계획이 통고되어야 하며, 그 지역 내의 유지·새마을지도자·종교지도자 등에게 조사내용을 설명함으로써 조사실시에 있어서 협조를 얻어야 한다.

제 3 절 자료의 수집

조사 계획이 완성되면 현지로 옮겨서 현지조사, 즉 자료의 수집이 시작된다. 현지조사는 곧 조사원들이 조사표에 기재된 내용을 메우기 위하여 관내 또는 면접을 통해서 조사대상자들과 접촉하는 과정을 말하는 것이다.

조사자와 응답자와의 관계는 자연과학자가 물질을 대상으로 연구하는 태도와는 달리 인간 대 인간의 접촉이기 때문에 거기에는 필연적으로 감정이 교류되는 인간관계가 성립한다. 이러한 인간관계는 양자간의 성격차이·성장상의 환경차이 등에 의해서 다양성을 띠게 된다. 그러나 이러한 인간관계의 다양성에도 불구하고 조사될 내용이 여러 조사원들을 통하여 많은 응답자에게 일률적으로 전달되어야 한다는 데에 문제가 있다.

또한 조사원이 응답자로부터 문제에 대한 정확한 답을 얻기 위해서는 무엇보다도 양자간에 정상적인 인간관계가 성립되어야 하는데 이러한 인간관계에 있어서 그 주도권은 응답자측에 있는 것이고 조사원은 응답자와의 조심스러운 접촉을 통해서 어디까지나 수동적으로 대인관계를 정상적으로 이끌어야 한다는 데 문제가 있다.

1. 자료수집의 방법

자료의 수집은 자료의 정리·요약·보편화 및 기타의 처리 방법과 구별되어야 하며 자료수집 후에 이를 처리하는 데 사용되는 방법은 자료수집에서 사용된 방법에 의해서 크게 좌우된다. 사회과학에 있어서의 자료수집의 일반적 방법은 그 범위·출처·수집기술에 의해서 분류될 수 있다.

연구범위에 관해서 차핀(F.S. Chapin)은 다음 세 가지로 분류한다.[4]

① 사례연구 ② 표본추출[5] ③ 전수조사

자료가 얻어지는 출처에 관해서는 통상적으로 다음과 같은 출처가 인정되고 있다.

① 역사적 출처: 문서·서류, 지층·화석

② 현지출처: 현존하는 개인으로부터 특정 정보, 행동과정의 직접관찰

역사적 출처는 과거의 사건이 남겨 놓은 기록을 말하는 것으로 인간이 외적 도구를 통해서 기록 보존하는 것이다. 특히 현지조사를 시작하기 전에 계획된 연구에 관한 모든 문헌적 자료를 검토해야 한다. 이것은 연구의 중복을 피하고 또한 접근방법-예상할 수 있는 결함·난점-등을 시사해 주는 의미에서 매우 중요하다.

2. 응답자와의 접촉

현지조사에 있어서 최초의 가장 중요한 문제는 응답자와의 친목을 유지하는 일이다. 접촉에서 일어나는 상호간의 오해는 곧 시정되어야 하며 지방사람들에게 쉽사리 반응을 주는 조사원의 매너리즘 태도는 피해야만 한다. 이러한 태도는 응답자와의 친목을 파괴하기 때문에 가능하면 그러한 조사원은 자료정리와 같은 일을 맡김으로써 다른 현지조사원과 교체하는 것이 좋다.

조사원은 이와 같은 응답자와의 친목을 유지하는 동시에 문제에 대한 응답자의 곡해, 조사목적, 간부의 소재 등에 유의하고 있어야 한다. 그럼으로써 현지조사는 원활하게 수행될 수 있으며 비록 예기하지 못했던 곤란이 자료의 수집 과정에서 일어날지라도 침착과 신념으로 이를 극복할 수 있다.

---

4) Chapin, F. Stuart, Experimental Designs in Sociological Research, New York: Harper, 1947, Chaps. 1.2 and 7; Geode & Hatt, Methods in Social Research, McGraw-Hill, Chapter 16, pp. 243-249.

5) Frederick F. Stephan, "History of the use of Modern Sampling Procedures," Journal of the American Statistical Association, Vol. XIII 1948, pp. 12-40.

3. 면밀한 현지감독

현지감독은 만일에 동일한 조사표가 사용되고 있을 경우 각 조사원들이 ① 동일한 소개말을 하고 있는가? ② 반응의 통일성을 기하기 위하여 동일한 방법으로 문제를 묻고 있는가? 하는 점들을 정기적으로 점검해야 한다. 동시에 조사원들은 조속히 면접을 끝내기 위해서 응답자에게 답을 암시해 주거나 어떤 방향으로 응답자를 의식적으로 유도하는 것을 절대 피해야 한다. 만일 조사원이 응답자와 새로운 친목을 가지기 위해서 조그만 답의 암시라도 주게 되면 그의 진술은 다른 응답자에게도 전파되어 결국은 진실의 여부를 가릴 수 없는 답이 나오고 만다.

현지감독은 모든 제공된 정보가 응답자의 강력한 신념에서 제공된 것인지 항상 유의하고 있어야 한다. 또한 조사원이 제시할지도 모를 편견(지역차·교육차에서 나오는 편견)을 시정하기 위하여 매일 조사원과 접촉을 가져 작업의 진도과정에서 나타나는 긴장을 검토하고 이에 대한 해결책을 제시해 주어야 한다. 조사원이 요구할 경우 현지감독은 그에게 해당 문제에 관한 역사적·사회적·경제적 설명을 해줄 수 있어야 한다.

4. 수집된 자료의 검토

현지에서 모집된 매일매일의 자료는 적절한 사실이 기재되었는가, 모든 공란이 메워졌는가, 조사된 모든 대상과 접촉되었는가 등의 사실을 각 항목에 따라 검토해야 한다. 중요한 항목에 대한 기재의 누락은 특별한 비용을 필요로 할 경우가 많다.

특히 중요한 사항에 관한 답이 예기했던 결과와 상반될 때 그 사항에 대한 검토는 응답자가 설문을 곡해하고 있는가, 틀린 답을 제공하기 위해서 응답자들이 암암리에 합의했는가의 여부를 밝히는 방향에서 진행되어야 한다. 예를 들어 이러한 현상은 지주가 미리 소작인에게 자의적인 답을 요구한다거나 농민들의 편견 내지는 허위진술 등으로 일어날 수도 있다.

제 4 절 자료의 분석

수집된 자료를 단순히 분류함으로써 그 사회조사가 끝나는 것은 아니다. 경험 있는 조사자들은 능숙한 분석으로서 차디찬 자료 속에 생기를 불어넣고 잡다스러운 통계적 내용으로부터 문제의 핵심과 특질을 밝혀낸다.

분석의 단계는 다시 다음과 같은 편성, 집계, 분석의 3단계로 구분할 수가 있다.

① 조사표 자료의 편성 ② 자료의 분류	편성
③ 자료의 기호화 ④ 도표[6]	집계
⑤ 비교연구 ⑥ 사회학적 보편화	분석

1. 조사표의 편집

편집은 수집된 자료를 집계하기 위해서 조사표 내의 여러 항목들이 일률적으로 기입되어 있는가, 자료가 가능한 한 정확하고 신뢰성이 있는가, 자료간에 일관성이 있는가, 제표하기에 적절한가, 부호화 및 도표화하기에 용이한가의 여부를 점검하는 과정이다.[7]

다시 말해서 조사표의 자료 편집은 얻어진 자료가 가지는 오류를 제거하고, 도표를 위해서 그 자료를 정리해 주는 두 가지 목적을 가지고 있다. 그러나 현실적으로 편집작업은 매우 단조롭고 인내가 요구되는 과정인 동시

6) 福武 直, 전게서, p. 124.
7) Pauline V. Young, Scientific Socal Surveys and Research, University of Washington, Prentice-Hall, Inc., 1967, pp. 252-254.

에 기계적인 것으로서 이는 필연적으로 편집상의 오류를 가져오기 쉬우므로 편집은 극히 소수의 훈련된 조수에 의해서 하는 것이 좋다.

조그만 지역사회에서 실시되는 소규모의 조사를 위한 조사표도 일반적으로 1회 이상 편집한다. 완성된 조사표를 검토하기 위해서 일정한 절차가 인정되어야 하며 조사원은 항목들을 채우고 기호화 및 제표를 위해서 기록된 내용을 처리하는 데 있어서 일정한 규준에 익숙하여야 한다. 만일 이것이 안 되면 제표에 사용될 조사표의 최종수가 필요수에 미달할 우려가 생긴다.

2. 자료의 분류

조사의 가치는 수집된 모든 사실에 대한 종합적이고 건전한 분류에 크게 의존하고 있다. 분류란 장소·시간·관계·행위 및 기능·태도 등의 요인에 따라 자료를 모으는 것을 의미한다. 또한 사회생활에 있어서의 유사·변화·상이 등의 요소에 의해서도 분류가 이루어진다.

이러한 자료의 분류는 자료를 분석하는 데 있어서 양적·통계적 도표, 질적 자료의 기록, 도표화의 준비 등을 위한 것이다. 또한 분류는 두 말할 나위도 없이 연구자의 분석방향에 따라 결정되는 것이며 가치 있는 분류와 이에 따른 분석은 필연적으로 연구자의 능력에 크게 의존하고 있다.

3. 자료의 기호화

기호화는 분류항목에 들어갈 조사표 내의 각 대답에 번호 또는 기호를 붙이는 것을 말한다. 기호화는 기계적 집계를 하는 데 불가결한 절차이다. 즉 기호화함으로써 조사표의 답을 간단하고 비교적 협소한 지면에 기재해서 통계적 조작을 용이하게 할 수 있다.

기호화는 응답자, 조사원, 사무실에서의 전문가에 의해서 행하여지는 세 가지 방법이 있으며, 그 선택에 있어서는 수집계 또는 기계집계 중 어느 것이 사용되는가 하는 문제를 고려해야 한다.

하나의 기술적 절차인 기호화는 전문적 지식이 요구되므로 단순하고 소규모적인 조사에서는 생략하는 것이 좋다. 자료의 기호화는 조사의 대상이 되는 사례수가 많을수록 그리고 조사항목이 많은 조사, 통계적 조작이 복잡하게 설계된 시설일수록 그 자료의 정리를 용이하게 하기 위하여 사용된다.

기호화의 구체적 과정을 살펴보면 다음과 같다. 가령 문제에 대한 대답이 2문 선택일 경우 대답의 기호는 다음과 같이 매겨진다.

〈문〉 댁에서는 기독교를 믿습니까?	
〈답〉 예	①
아니오	②

기호에는 대개 숫자를 사용하며 위의 경우 "예"의 응답에는 기호 ①, "아니오"의 응답에는 기호 ②로 표시한다. 그런데 각 질문항목에 기재되어 있는 응답을 기호로 옮기려면 먼저 각 응답자 · 질문항목 및 각 항목 내의 각 부문을 구별할 수 있는 기호 내지 부호를 나타낸 기호표가 작성되어야 한다.

그럼으로써 응답자의 답은 기호표에 따라 조사표로부터 옮겨서 기호지에 기입되며 다시 엑셀이나 한글(hwp)프로그램에서 코딩작업을 통해 통계프로그램이 인식할 수 있도록 한다.

4. 도 표

도표는 총계적 형식으로 조사 결과를 요약하는 것을 말한다. 즉 자료의 편집 · 기호화를 끝내고 기계적 조작에 의한 집계를 마친 자료는 제작되어 해석이 가능한 상태로 정리되어야 한다.

통계적 방법에 의한 자료도표의 이점은 숫자적 자료가 공중에게 표현하는 명백성과 간결성에 있다. 즉 사회적 현업에 관한 양적 분석은 일반적으로 질적 연구보다 더욱 납득이 가고 다른 연구사업과 쉽게 비교할 수 있다.

더욱이 통계표는 설명과 기술을 최소한으로 감소시키고 지면을 절약하게 하며 상호간의 비교와 표현의 과정 및 자료의 기억을 용이하게 한다. 또한 항목의 개요와 일면 오류 및 누락의 발견에 편리하며 나아가서는 보완의 기초를 마련해 준다.

도표는 단순집계표와 교차분석표로 대별하는데 단순집계표는 한 종류의 항목에 관해서 조사가 각 부문간에 어떻게 분포되어 있는가를 보는 것이며, 교우도표는 2종 이상의 요인 또는 변수를 교우시켜 그 요인 또는 변수간을 검토하는 것이다.

1) 통계표의 형식

통계표는 그 형식에 따라 대체로 2종으로 나눌 수 있는데, 그 하나는 주요농산물·인구동태통계 등 일반적으로 작성되는 기본적인 통계표이며, 다른 하나는 선정될 자료간의 중요한 상관관계를 표시하기 위한 특수한 목적으로 사용되는 부차적·분석적 통계표이다. 후자는 분석적·종합적·혜택적 및 파생적인 것이다.[8]

2) 통계표 작성법

통계표의 작성규칙은 완전히 표준화되어 있지 않으나 일반적으로 다음과 같은 규정을 내세울 수 있다.

① 통계표의 세 가지 중요한 부분은 표제·항목 및 난이다.

② 모든 통계표는 표제를 가져야 하며 표제는 표의 상위에 위치한다. 그리고 표제는 표의 내용을 간결히 나타내야 한다.

③ 모든 표는 용이하게 감정하기 위하여 숫자로 기입한다.

④ 모든 항목의 설명은 간단명료해야 한다.

⑤ 난은 일반적으로 수직선 및 수평선으로 분할된다.

⑥ 총계는 난의 상위 아니면 하위에 기입된다.

⑦ 표에 관한 주가 필요할 때는 참조부호를 준 다음 표의 바로 아래에

8) 김광웅, 사회과학연구방법론, 박영사, 1976, p. 107.

붙여야 하며 자료의 출처도 역시 표밑에 기입한다.

3) 교차분석표

교차분석표(cross-tabulation)는 현재까지의 평면적 · 2차원적 통계표에 대해서 2개 또는 그 이상의 요소간의 상호관계를 표시할 때 사용된다. 예컨대, 한 지역사회의 보건상태를 파악하기 위하여 교육별 · 수입별 및 성별 요인의 상관관계를 보는 것이 이에 속한다.

5. 통계의 사용

자연과학은 그 단위 · 척도 및 용어에 있어서 점차 양적으로 되어가는 경향을 가지고 있는데 사회과학에 있어서의 주제는 아직도 질적이고 주관적인 성질을 띠고 있다. 사회조사에 있어서의 통계적 방법을 사용하는 것은 사회적 현상의 양적 분석을 통한 해명을 기하는 데서 나오고 있으나 동시에 그 한계도 인식되어야 한다.

사회적 현상을 표현하고 해명하는 데 있어서 수적 통계표 및 도표 등에만 의존하려는 시도에는 아직도 곤란성과 위험이 있다. 그 이유는 사회적 조건과 인간행동의 다양성이 숫자 및 기계에 의한 계산만으로는 불충분하고 정확하게 될 수 없다는 근거에서 나오고 있다. 예컨대, 일정지역에 거주하는 인구수 · 주택 및 방수 · 관혼예식에 사용되는 금액 · 소작료 · 부채 등의 사실은 통계적 측정이 가능하다. 그러나 사회적 관습 · 개인의 태도 · 대인간의 은혜 · 인간의 애정 등의 사실은 통계를 통해서 완전히 연구될 수 없다. 그러므로 사회조사 다시 말해서 인간생활 및 사회문제에 대한 연구는 결국 객관적이고 양적인 자료를 다루는 통계적 방법뿐만 아니라 사회현상에 있어서의 개인의 비양적인 기술 역시 고려되어야 한다.

황금해안(Gold coast)에 대한 한 사회조사에 있어서 여러 사실들은 가능한 한 통계적 방법에 의해서 설명되었다. 그러나 이러한 통계적 표현들은 그 마을의 사회생활을 구성하고 있는 사회적 관계에 대한 내성적 의의를 밝히는 데서 구체적 해명이 가능하였다. 이러한 사실은 도수분포[9] · 산술평균중간치 · 중립 · 평균편차 · 표준편차 · 상관계수 등의 통계적 기초절차가 사회적 사실의 양적 기술 및 비교에 있어서 유용한 방법임에 틀림없으나 일면 사회적 사실의 해명에 있어서 비양적인 면의 중요성도 간과할 수 없음을 말해 주는 것이다.

6. 비교연구

사회조사에 의해서 수집된 자료의 적절한 분류집계는 조사자로 하여금 조사된 사실을 다른 유사한 사실과 비교하게 해 준다.[10] 그럼으로써 조사자는 결과에서 차이가 나타나는 상이한 요인들을 발견할 수 있다.

예컨대, 중국 복건성의 한 촌락에서 이루어진 사례연구에 있어서 그 마을의 가구들이 지방신(local god)에 바치는 비용의 다양성이 조사되었다. 이러한 행동의 주요인은 그들의 씨족조직과 밀접히 관련되어 있었다. 일부 가구에서는 이 항목에 대한 비용이 소액에 지나지 않았는데 그 아유는 씨족적 조직에 관심이 적었고 이미 그러한 제사를 모색한 도시의 친척과 잦은 접촉이 있었다. 다시 말해서 도시접촉 및 씨족조직과의 밀접한 관련에서 나오는 행동과 지방신에 미치는 비용간에는 뚜렷한 상관관계가 성립되는 것이 밝혀졌다. 물론 개인적 가치판단에서 나오는 해명에는 많은 곤란성이 개재하고 있다. 왜냐하면 어떠한 사회적 자료해명에도 주관적 요소가 개재하기 때문에 개인적 편견을 제한하기 위해서는 조사 내용의 객관화 · 표준화가 요구된다.

7. 사회학적 해명(평가)

사회조사의 최종목적은 조사된 사실로부터 사회학적인 보편성을 발견하는 데 있다. 즉 구체적 자료를 분석하여 그것을 기초로 보편성을 밝히고 그것을 현행하는 과학적 이론과 비교하는 것이다. 그러나 직접적이고 실천적

9) Pauline V. Young, op. cit., pp. 256-257.

10) 安田三郎, 社會調査計劃と解析, 東京大學出版會, 1970, pp. 82-91.

목적에 사용하는 어느 사회조사에 있어서는 사회학적 이론 및 법칙의 형성이 일반적으로 강조되지는 않는다.

사회일반문제의 개념이나 사회학상의 통칙의 성립과정을 보여 주는 한 예를 든다면, 미신적 목적을 위해서 과다한 지출을 하는 가구와 그렇지 않은 가구가 발견되었을 때, 이 사실로 부족사회에 있어서 씨족제도의 지배하에 있는 개인은 도시접촉 및 현대적 요소를 갖춘 개인보다 전통적인 관습 및 제도로부터 벗어나는 힘이 약하다는 가설을 세울 수 있다. 이 가설을 다르게 표현하여 어느 촌락에 있어서의 세속화 정도는 도시 접촉의 빈도와 비례한다고 보고, 만일 이 가정이 다른 촌락에 대한 조사에서도 농촌 생활이 다른 조건하에서 같이 적용된다는 것이 증명된다면 여기에서 하나의 사회학적 일반법칙이 성립되는 것이다.

제 5 절 조사보고서의 작성

1. 일반적 고찰

조사서가 집계 및 분석을 통해서 결과보고서로 작성되어 조사된 사실이 발표됨으로써 하나의 조사는 완성을 보게 된다. 그리고 많은 조사의 가치는 일반적으로 시효성을 가지기 때문에 하나의 조사는 자료가 수집된 후 비교적 짧은 기간이지만 그 가치가 적용되는 것이다. 따라서 보고서는 이 시효성을 상실하지 않는 기간 내에 발표되어야 한다.

다음에 고려되어야 할 점은 조사보고서의 독자대상에 관한 문제이다. 만일 보고서가 조사절차 · 용어 및 사회조사 자체에 대해서 조예가 깊지 않은 독자층을 위해서 작성된다면 그 계획 · 강조점 · 형태 등에 있어서 전문가를 대상으로 하는 보고서와는 달라져야 할 것이다.

조사의 결과를 보고서로 작성하는 데 일반적으로 두 가지의 방법이 있다.

그 하나는 전통적인 논문의 형식으로 서론·본론·결론의 순서로 내용을 전개해 나가는 것이며, 또 하나는 단순히 조사의 과정 및 결과만을 요약하여 기술하는 조사보고서의 양식이다. 전자는 흔히 문헌조사를 통한 이론 전개에 사용되며, 후자는 실태조사의 보고서로 널리 쓰인다. 그러나 본질적으로는 동일한 요소를 포함하고 동일한 과정에 따라 기술된다.

2. 보고서의 일반적 양식

보고서의 일반적 양식(논문양식)은 대략 다음과 같은 형태를 갖추는 것이 보통이다.

[1] 전문

전문은 제목, 요약, 서문, 목차, 도표목차 등으로 구성된다.

[2] 본문

(1) 서론: ① 목적(문제의 서술 및 정의), ② 범위(시간·장소·조사내용), ③ 조직과 절차(사용한 방법과 기술, 사용한 조사표사본의 경우는 부록에 넣는 경우가 많음, 적절한 역사적·비교적 자료)

(2) 본론: ① 사실의 보고(자료·제표·도표 등의 제시), ② 자료의 분석 및 해석

(3) 결론: ① 얻어진 자료에 의한 결론 및 의견, ② 중요 내용의 요약

(4) 추가자료: ① 부록(조사에 사용된 표본추출 및 기타 방법의 평론), ② 참고 문헌(페이지 기재), ③ 색인, ④ 용어해설

실태조사의 보고서는 조사가 학문적으로 어떠한 위치와 관련을 가지며 어떠한 방법으로 시행되었고 그 결과는 얼마나 신중히 유도되었는가를 제시해야 한다. 따라서 적어도 다음의 4가지 항목은 반드시 포함되어야 한다.

즉, 문제의 제기 및 진술, 조사의 절차, 조사결과, 결과에서 도출된 결론 등이다.

3. 통계내용의 표현

조사된 통계내용을 표시하는 데 사용되는 가장 일반적인 방법은 통계표, 도표, 그림도표, 지도, 지도표, 스케치 및 사진, 색표, 기록표와 부록이다.

제 6 장 개발관리

제 1 절 자원관리

1. 지역사회에 있어서의 자원문제

자원은 지역개발의 대상으로서 지역 내의 이용가능한 제자원을 최대한 효율적으로 이용하고 관리·개발함은 지역개발의 목표달성을 위한 수단이며 목적이라고 하겠다. 자원이라 하면 자연자원·인력자원·물적 자원을 포함한 다음 [도표 6-1]과 같은 개발과정에서 동원해야 할 넓은 의미의 제자원을 포함한다고 하겠다.

따라서 당해지역에 있어서 자원실태의 정확한 조사·파악 및 개발방식의 연구, 자원동원의 방향과 대책의 연구가 동시에 뒤따라야 하였다. 특히 경제발전과 자원과의 관계를 보면[1] 다음과 같다.

① 급속한 경제성장단계에서는 부존자원이 필요하다.

1) Irwin T. Sanders, The Community; An Introduction to a Social System, University of Kentucky Press, 1958, pp. 58-60.

[도표 6-1] 개발과정을 도시한 개발차륜(M. L. Albertson)

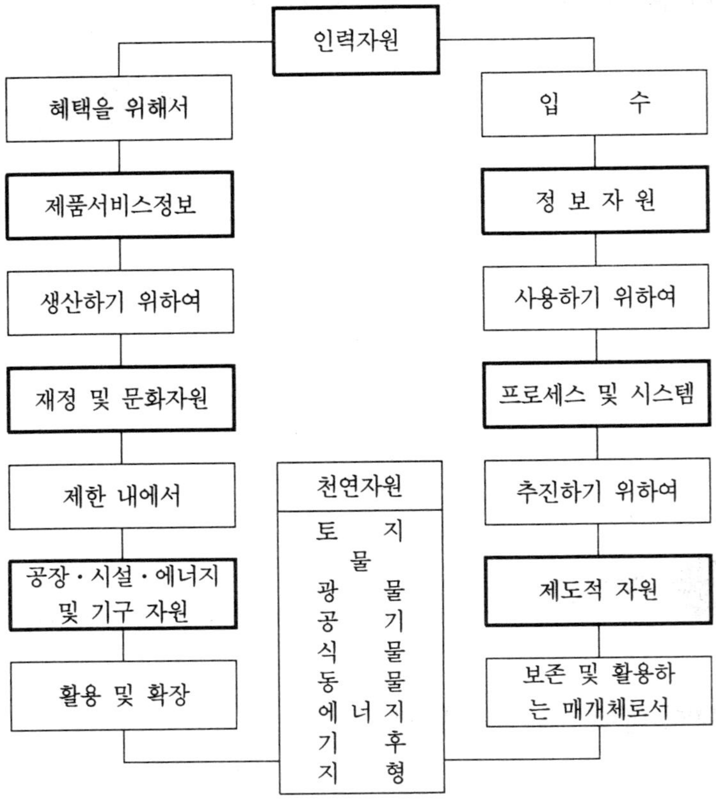

② 쉽게 개발할 수 있는 풍부한 자원은 자본 축적의 주요 수단이 될 수 있다.

③ 자연자원은 경제발전을 위해 잠재적인 효능성과 경제발전의 가능성이 될 수 있다.

④ 정상적인 상태하에서는 자원이 많고 다양하면 할수록 급속한 경제발전의 기회는 더욱 많아질 것으로 가정하는 것이 타당성이 있다고 본다.[2)]

⑤ 부존자원에 대한 중요성은 자본이 풍부하고 숙련된 노동력·기술·

2) Norton Ginsburg, "Natural Resources and Economic Development," in Ian Burton & Robert W. Kates(ed.), Readings in Resource Mgt. and Government, The Univ. of Chicago Press, 1960, pp. 413-415.

경영능력을 가진 선진국보다 후진국이 더 크다.

⑥ 어느 경제개발계획이든간에 부존자원에 대한 개발, 기존자원이용체계에 대한 평가, 기존자원에 대한 수요와 자원이용도를 제고할 필요를 느낀다. 그러므로 보다 체계적으로 주요 자원의 수요전망과 자원동원의 대책을 살펴볼 필요가 있다.

2. 자원의 분류와 특성

1) 분 류

[1] 농촌지역사회 · 도시지역사회

지역적 위치에 따른 구분으로, 전자에서는 주로 자연자원이 개발대상이 되며 후자에서는 물적 자원이 가장 중요한 개발대상이 될 것이다.

[2] 시간적 영속성

[3] 부존자원 · 경제적 자원

자원이용여부에 따른 분류로서 부존자원은 지구상에 자연상태 그대로 존재하고 있는 자원이며, 경제적 자원은 실제로 인간이 이용하고 있는 자원을 말한다. 따라서 전자는 경제적 자원으로 전환하지 않으면 효용성이 없다.

[4] 비고갈성 자원 · 고갈성 자원

자원의 특성, 즉 자원의 고갈성 여부에 따른 구분으로서 비고갈성 자원에는 산림자원, 인력자원, 시설물, 산업설비 등의 물적 자원이 포함되며, 고갈성 자원에는 광물자원이 포함될 수 있겠다. 따라서 후자의 경우는 대체자원의 개발과 계획성 있는 자원이용의 방법이 연구되어야 할 것이다.

[5] 내부자원과 외부자원

자원이 존재하는 지역적 범위에 따른 구분으로서[3] 전자는 그 지역 내에

3) 최상철, "무엇을 개발할 것인가?" 지역사회개발론, 서울대 방송통신대학교재, 1974, p. 70.

부존되어 있는 자원을 말하며 후자는 그 지역 외에 부존되어 있는 자원을 말한다.

[6] 우량자원과 불량자원

이는 자원이 지역경제성장에 미친 결과에 의한, 즉 국가경제와 활발한 경제적 유대관계를 가질 수 있고 지역 내의 시장을 확대시킬 수 있는 능력이 있느냐 없느냐를 기준으로 구분된 것이다. 우량자원이란 전국적으로 요구되는 생산을 광범위하게 지원해 줄 수 있어야 하며, 입지와 관련된 전후방연관관계를 가져야 하며, 높은 지역승수효과를 가져야 한다.[4]

그런데 이상의 분류는 한 측면만을 기준으로 분류한 것이며 일반적으로는 자연자원·인력자원·물적 자원으로 대별하여 볼 수 있는 바, 이의 개별적 특성을 살펴보고자 한다.

2) 특 성

자원의 개발방법과 효율적인 자원이용방법을 모색할 수 있게 하기 위하여 자원이 갖는 몇 가지 특성을 살펴 보겠다.

[1] 자연자원

자연자원에는 토지자원·산림자원·수자원·농산자원·수산자원·지하자원·해양자원·관광자원·에너지자원·기상자원 등이 포함될 수 있다. 이들 중 몇 가지 주요 특성을 보면 대부분이 현재의 기술상태하에서는 인공의 힘으로 생산해 낼 수 없는 자원이 많다는 것이 특징이라 할 수 있겠다.

이 중 몇 가지 주요 자원별 특징을 보면 다음과 같다.

(1) 토지자원

① 불가분성·거대성을 갖고 있다.

② 인공적으로 만들 수 없다.

---

4) Harvey S. Perloff & Lowdon Wingo, Jr., Natural Resources Endowment and Regional Economic Growth, in Ian Burton & Robert W. Kates(ed.), op. cit., p. 412.

③ 토지는 보관료가 필요 없으며 오래 두어도 좋다. 썩지 않는 독성을 갖는다. 따라서 장기투자의 대상이 되기 쉽다.

④ 용도의 다양성을 가지고 있다.

⑤ 재생산도, 수입도 안 된다.

⑥ 토지는 국토의 일부이다.

⑦ 도시의 토지는 도로・교량・상하수도・전기・가스 등 공공투자에 의하여 그 가격의 진폭이 크며 토지 소유자나 투자자에게 불로소득을 결과하게 되므로 공평의 원리에서 또는 국토의 관리적 이용면에서 적절한 지가억제책이 강구되어야 하는 등의 특징을 갖는다.

⑧ 병합 및 분할의 가능성이 있다.

⑨ 토지의 이용형태로는 농지・임야・휴양지・용지(site purposes) 등으로 이용되고 있는데[5] 이 중 농지와 임야가 많은 비중을 차지하고 있는 특성이 있다.

(2) 수자원

① 순환과정을 겪는다.

② 부존자원은 많지만 실제로 활용되는 것은 일부이다.

③ 이동성이 높다.

(3) 수산자원

① 물을 떠나서는 존재할 수 없다.

② 인류에게 식량을 공급하여 준다.

③ 인간이 장기적 관점에서 조성해야 할 자원이다.

④ 인공으로 생산이 가능하다.

⑤ 부존자원이 방대하므로 그 일부만을 이용하고 있다.

(4) 산림자원

① 자원생산기간이 장기적이다.

---

5) Richard T. Ely & George S. Wehrwein, Land Economics, The Univ. of Wisconsin Press, Madison, 1964. p. 49.

② 인위적인 노력이 계속될 때 생산도 가능하며 혹은 고갈성 자원으로도 전환될 수 있다.

(5) **광물자원**

① 고갈성 자원이다.

② 인공적 생산이 불가능하다.

③ 부존자원의 파악이 어렵다.

④ 인간의 힘으로 다목적 이용이 가능하다.

[2] 인력자원

① 인력개발은 지역개발의 시발점이며 종착점이다.

② 인력자원은 지역사회의 중추적 주체이다.

③ 인력자원은 동원이 필요하다.

④ 인력자원은 형성과 배분 활용 및 보존을 필요로 한다.

⑤ 경제적인 측면에 한정되지 않으며 근대화와 직결되고 있다.

[3] 물적 자원

(1) **산업시설**

① 산업시설은 인공적으로 만들어진 것이다.

② 경제개발과 직접적인 관계를 가지고 있다.

③ 국가의 발전과 더불어 확장되어 가고 있다.

(2) **생활환경시설**

① 주거·교통·통신·보건위생시설·오락·문화시설 등으로 구분할 수 있다.

② 도시에서는 생활환경이 대부분 인공적 구조물인데 비하여 농촌은 자연적 경관이 많은 부분을 차지하고 있다.

③ 주민생활의 기초가 되며 개발의 효과가 빠른 시일 내에 나타나는 것이 대부분이기 때문에 지역개발 초기에는 생활환경개선사업에 중점을 두는 것이 일반적이다.

(3) 사회간접자본시설

① 공익을 위한 시설들이다.

② 국가의 예산에 의해서 확장된다.

③ 지역간의 균형적 발전을 가능하게 하여 경제발전을 촉진시킨다.

(4) 제도적 자원

① 제도: 지역사회에서의 제도는 교육제도・가족제도를 비롯하여 종교・예술・윤리・향토문화재 등이 있고, 주민들의 장기적인 경험과 공동생활을 통해서 형성된다. 자연발생적으로 형성되는 것이 많지만 외부의 자극에 의해서 변화가 촉진되기도 한다. 행위의 규범이며 일상생활에 필요한 가치판단의 기준이 되고, 조직을 통하여 유지되고 변화된다.

② 조직: 2인 이상의 협동활동을 통하여 형성된 마을조직이다. 목표달성을 위한 주민총회와 같은 수단으로서 존재한다. 공식조직과 자생적 조직이 있다. 조직을 통해서 개발사업이 추진된다.

3. 우리 나라에서의 자원의 이용방법

물리적 부존상태 및 이용상태를 보면 우리가 갖고 있는 자원의 파악과 이를 위한 탐색기술은 고도의 과학을 요구하므로 한계를 갖게 되며 자원에는 보존되지 않으면 고갈될 것도 있고 더욱 더 개발과 이용도를 높여야 할 것도 있다. 이 중 지역개발에서 주로 이용되어야 할 자원에 중점을 두면서 이용방법을 제시하겠다. 물론 방법은 지역사회에 따라 주민들의 욕구가 다르겠고 농촌과 도시는 구조와 입지인자의 특성 때문에 더욱 방법을 달리하여야 된다고 본다. 다만 여기에서는 일반적인 방법을 논술하겠다.[6]

① 지역사회에서 이용가능한 자원이 무엇인가에 대하여 정확하게 파악하여 둔다.

② 자원전체가 효율적으로 활용될 수 있도록 계획수립의 원칙을 살린다.

③ 내부자원으로 부족할 경우에는 외부자원도 동원시켜야 하며 지역사

---

6) 신대순, 지역사회개발론, 세영사, 1975, p. 258.

회가 가지고 있는 타자원과의 대체문제가 고려되어야 한다.

④ 자원의 이용은 기술과 밀접한 관계에 있으므로 지역자원을 개발하기 위한 주민들의 기술을 발전시켜야 한다.

⑤ 지역사회의 자원활용은 근면・자조・협동정신에 입각하여 활용되어야 한다.

새마을운동의 성공 여부도 지역자원을 어떻게 이용하고 얼마나 개발하느냐가 중요한 과제라고 하겠다.

4. 자원동원대책으로서의 인력관리

[1] 인력개발

인력과 인적자원은 대개 동의어로 사용된다. 따라서 과학기술 등 제능력의 질적인 측면과 노동량으로서의 인수적・양적 측면을 포함한다. 요컨대, 인력 또는 인적 자원이란 어떤 능력을 소유하는 인간의 존재라 할 수 있다. 따라서 인력개발 역시 종합적・포괄적인 개념으로 정의된다.

하아비슨과 마이어스(Frederick Harbison & Chales A. Myers)의 정의를 보면[7] 다음과 같다.

첫째, 새로운 인력의 형성과 재개발까지도 당연히 포함된다.

둘째, 인력개발은 도와 주고 조성하는 과정이나 민주사회에서는 개개인의 자유와 선택의 문제가 있으므로 국가가 제한하거나 자율적인 노동시장의 기능을 대치할 수는 없다.[8] 다만 심한 부족이나 과잉과 같은 인력불균형을 방지하면 되겠다.

셋째, 노동력의 창출과 경제적인 측면에 한정되지 않으며 근대화와 직결되고 있다. 따라서 인력의 개발과정, 즉 인력형성(직업훈련): 생산훈련・기능검정, 인력배분(직업안정): 적성검사・취업지도・인력진출, 인력활용(노

---

7) Frederick Harbison & Chales A. Myers, 교육과 경제성장(Education, Manpower and Economic Growth); 김종철 역, 서울 을유문화사, 1965, p. 4.

8) Richard A. Lester, Manpower planning in a Free Society, Princeton Univ., Press, Princeton: New jersey, 1966, pp. 4-6.

사협조): 노사관계 민주적 지도, 인력보전(재해예방): 산업안전 · 보건관리 · 근로기준 · 노동보험 등의 4단계가 포함된다고 하겠다.

1) 인력개발의 요건

인력계획 또는 인력행정은 국가에 따라 그 형식과 내용이 다양하겠으나 힐리아드(John F. Hilliard)가 전제한 기본요건을 추출해 보면 다음과 같다.[9]

① 급격한 경제발전에 따른 인력문제를 정부의 최고위층에서 충분히 인식하고 그 시급성을 느낄 것

② 정부내부에 이러한 문제를 효율적으로 다루기 위한 적합한 조직구조를 발전시킬 것

③ 국가발전의 단기 · 장기적 필요를 조절할 수 있는 통합적인 인력계획을 마련할 것

④ 그 계획을 최고정부수준에서 이해하고 충분히 지원할 것

⑤ 계획을 계속해서 수행할 수 있도록 정기적으로 평가하고 보완해 나갈 것을 제시하고 있는데 계획수립의 내용이나 절차도 상황에 따라 국가발전 목표에 따라 다르겠지만 총체적인 인력계획의 수립 단계는 연구설계에 따른 현황조사, 내부운영계획, 체제분석 및 자료의 수집 정리, 수요공급의 추정, 체제의 설계, 실행 가능성 평가, 체제의 재설계(조정)의 순서로 볼 수 있다.

2) 인력수급계획의 전략

[1] 고등인력수급계획

발전의 주도적인 역할을 하기 때문에 전략적 인력으로서 고등인력은 국가개발을 위해 중요하다고 하겠으며 지도적 계층의 인력을 효율적으로 개발하기 위해서는 보다 장기적인 예측과 계획을 필요로 한다고 본다.

고등인력의 범주를 대별하면 기업경영 및 행정요원, 과학기술계 인력, 각

---

9) John F. Hilliard, "Essentials of Manpower Planning in Economic Development," International Development Review Vol. Ⅳ, No. 1, March, 1962, pp. 6-7.

급학교 교사, 전문직·준전문직요원 등으로 보건대 다음의 특성을 갖는다.

첫째, 형성의 과정에서 장기계획의 성격을 띤다.

둘째, 전문적 능력을 요구한다.

셋째, 취업선택의 기회가 많으므로 수급계획에 있어 유인체제의 조성이 큰 비중을 갖게 된다.

[2] 인력수급계획의 통합성

인력수급계획은 타개발계획과는 물론 각 기관의 인력수급계획과의 긴밀한 연결 속에 수립되어야 하는 것이다.

계획간의 통합은 여러 가지 차원에서 이루어 질 수 있다. 그러나 가장 바람직한 것은 작성과정에서 활발한 정보교환을 통하여 상호 모순 없이 완전히 합치될 수급계획을 수립하는 형태이다.

3) 인력행정의 발전방향

[1] 노무관리의 적정화

미래의 산업사회에서는 노무관리는 특별권력관계에서 종업원·노동력 등의 개념에서보다는 조직과 참여자의 입장에서 이루어지게 된다. 그러므로 부문의 논리성 확보, 임금제도의 합리화(생산성 임금제를 채택하여야 함), 사기대책을 위해서 능률은 70% 이상이 의욕, 즉 사기에 기인하게 되므로 자극임금제도(Incentive System 및 Bonus System)가 도입되어야 하며 휴식·보건·위생 등 다각적인 복리후생이 제도화되어야 한다. 관리능력의 계발 등이 이루어져야 한다.

[2] 인력양성의 협동화

업종별로 산학협동과 정부의 적극적인 지원하에 인구·지역·직종을 비롯한 인력양성의 전반적인 문제를 검토하여야겠다.

[3] 제제도의 조정

(1) 세 제

산업계에 인력개발의 실천을 의무화하고 소요경비를 조세정책으로 감면해 준다(저리금융을 통한 혜택, 교육훈련 소요자재의 면세도입 등).

(2) 학 제

사회경제개발의 일선에서 활약할 전문가를 양성할 수 있는 일인일기의 교육을 시키도록 한다.

(3) 직업훈련제도의 강화(훈련공 취업보장)와 평생교육원의 활성화

(4) 노동관계법의 정비 등

4) 새마을운동을 위한 자원동원의 가속화 방안

[1] 새마을주도세력의 육성

자조마을의 경우나 자립마을 중 호당소득 140만원이 넘는 「승자마을」의 경우를 보면 새마을운동이 일부 강력한 몇 사람이나 또는 특수이익집단에 점거되지 않고 자생조직들의 적극참여와 여성층이나 청년층이 적극적인 참여를 한 마을이었으며, 관청소재지에서 4.5km권에 근접하고 있어 비교적 도시화요인이 쉽게 들어갈 수 있었다. 또한 도시문화가 접합되기 쉬웠고 지도자나 주민이 인구학적인 근대화가 되어 있는 마을로서 교육을 받은 계층의 조화가 있었던 마을임이 월간경제동향보고 마을의 생태 조사에서 나타났다. 그리고 어떤 동기가 부여되어 강한 자극을 받을 수 있었던 마을이기도 하다.

그러나 이 중에도 특히 주목되는 것은 마을권에서 한 두 사람의 지도자가 앞장서서 희생을 하고 자기와 자기 집안 그리고 마을 주민을 위하여 오늘과 내일에 대를 이어갈 후손을 위하여 피와 땀과 눈물을 흘린 마을이기도 하다.

여기에서 볼 때, 지도자를 믿고 따르며 공동운명체의식으로 협동할 줄 아는 주민이 있고 그 속에서 사업을 전개해야겠다는 의욕의 열기가 일어날 때 그 마을은 승자마을이 되었던 것이다. 이와 같이 새마을 지도자의 역할은 막중함을 할 수 있다. 그렇기 때문에 지도자의 사기앙양과 승계지도자의 양성이 요구된다.

하벨로크(Ronald G. Havelock)는 개발지도자는 공식적 직위·직명에 관계 없이 변화·발전의 촉진자로서의 담당해야 할 역할은 다음과 같다고 말

한 바 있다.[10)]

① 촉매자로서의 역할

② 해결제시자로서의 역할

③ 진행협조자로서의 역할이다.

이상의 기능을 갖는 지도력 행사가 지역주민에 침수되는 행태는 그 부락 내의 정부에서 지명한 지도자(Government Leader=GL=동장·조합장), 실질적으로 영향력을 갖고 이를 행사하는 지도자(Power Leader=PL=유지층, 관직퇴임자 등), 여론조성자(Opinion Leader=OL), 기술독농가(Technical Leader=TL)의 속성에 따라 다른데, 마을형태에 따라 그 존립가치와 기능반경이 달라지기도 하였다.

그리고 지역생태나 또는 지역주민의 ① 구성, ② 학력, ③ 신체적 조건과 성격, ④ 직업상태, ⑤ 관에 대한 태도, ⑥ 자치능력 등에 따라 지도방법도 달라야 하며, 지도자의 자질도 다르게 요구되겠으나 ① 신망과 존경의 대상, ② 헌신적 봉사정신, ③ 솔선수범하는 실천자, ④ 합리적인 생활을 하는 경제력 보유자, ⑤ 진취적이고 미래지향성을 지닌 개척정신의 소유자, ⑥ 실용을 숭상하고 개척정신에 투철하며 이를 행동으로 실천하는 자, ⑦ 고등학교 졸업 이상의 수준을 가진 지역사회 민주시민형 NGO 지도자를 육성해야 하겠다.

[2] 육성방안의 시안

(1) 동기부여관리의 제도화

모든 능률의 70%는 사기가 좌우한다고 한다. 지도자의 경우에도 사기앙양을 위한 대책을 강구하여야 하며 의욕이 멈추지 않고 더욱 정열과 성실을 발휘하기 위해서는 동기부여방법[11)]이 제도화되어야 하겠다. 이를 위하여 다음과 같은 제안이 가능하다.

① 지도자에게 최대한의 편의를 제공한다.

10) Ronald G. Havelock, A Guide to Innovation in Education: Ann Arbor, Michigan: Institute for Social Research, The Univ. of Michigan, 1970, p. 3.

11) 신윤표, 신행정학, 법정학회, 1974, pp. 232-233.

② 새마을운동이나 사업에 관한 문제라면 더욱 밀접하게 의논하고 마을권의 사업양결정이나 지원방법 등은 지도자를 결정에 참여시킨다.

③ 새마을지도자에 대한 사회적 평가를 높인다.

현재는 지도자에게 보수도 주지 못하면서 여러 희생이 많으니 심리적 수입이라도 있도록 급여 이상으로 기분이 좋도록 해 주어야 할 것이다.

④ 새마을사업에 매력을 잃지 않도록 기술지원이나 행·재정지원에서 배려를 해 줄 일이다.

⑤ 새마을운동 과정에서 우수마을 우선지원을 하고 있지만 자립마을이나 승자마을도 더욱 더 정신적으로 바람직한 의식이나 가치관을 갖고 새로운 문화창조와 역사의식 속에서 넓은 의미의 사회적 도전에 대한 응전세력이 될 수 있도록 분위기를 조성하는 일로서 소비지향적이 아니고, 생산지향적인 마을 분위기를 만드는 일이다.

⑥ 새마을사업평가나 특히 「새마을 다시 가꾸기」의 경우에도 상부 지침에 의한 획일적 지도는 다시 정부주도형이 될 염려가 있으므로 자율적으로 과제를 수행하도록 목표관리[12]를 하도록 한다.

⑦ 새마을지도자와 그 가족에게까지도 기술이나 지식을 필요로 한다면 기업체의 훈련기관이나 정부기관에서 우선 알선하여 자기계발의 기회를 준다든지 혹은 「새마을전문학교」를 세워 특수교육을 시키는 문제도 가능할 것이다. 특히 농협대학 활성화 방안을 추진할 필요가 있다.

⑧ 상당 기간 동안 지도자 생활을 한 사람으로서 공직을 희망하는 자는 채용에서 상당한 혜택을 주도록 한다. 여기에는 시험과목을 면제하는 방법 등도 고려할 수 있을 것이다. 단, 새마을 기술인력을 필요로 하는 직렬에 한할 것이며 일반직의 경우까지 확대함은 직업공무원제의 발전에 역효과가 있을 수도 있겠다.

⑨ 지도자 자신은 물론 지역문제로 걱정이 있다면 가능한 고충을 처리해 주는 일이다.

⑩ 새마을지도자도 사람이기 때문에 언제까지나 계속하지 못할 것이며

12) 신윤표, 발전행정관리체제, 중앙공무원교육원 신임관리자 과정 교재, 1975, p. 37.

혹은 자기 생활 때문에 지도자로서의 역할을 못한다든지 아니면 변질되어 더 이상 가면 주민과의 갈등이 심해질 가능성이 있다고 할 때 공무원에서 복무규율의 유지가 필요하듯이 주민의 입장에서 정도를 걸을 수 있도록 해 주고 아니면 승계지도자를 뽑는 방향으로 도와 줄 일이다.

[3] 지도자와 지역주민의 상호작용화

지도자는 주민들의 자율성에 의존할 준비가 필요하며 주민의 의사와 욕구를 이해하여야 한다. 더욱이 관료의식이나 전문가적 독선에 빠지지 말고 새마을운동에서 소외될 가능성이 있는 계층과는 특별한 면접을 하든지 참여의 새로운 통로를 열어 주어야 한다. 그리고 새마을지도자는 행정가나 명령자가 아니라 교육자·협조자로서 기능을 하며 주민총회를 원활하게 운영하여야 한다.

가령, 주민총회에서는 마을의 발전과 주민의 권리·의무에 관한 사항을 토의 결정하므로 다음 사항은 꼭 주민의 의결을 거쳐야 한다.13)

① 마을장기발전계획의 수립과 성과분석

② 새마을사업계획수립과 성과분석

③ 새마을공동재산의 취득·관리·처분에 관한 사항

④ 새마을규약의 제정과 개정

⑤ 새마을지도자의 선임

⑥ 기타 주민의 공동복지에 관한 사항 등

이와 같이 원만하고 합의된 일체감과 상호작용 속에서 발전사업을 선택하고 또 수행하여 나가도록 해야 할 것이다.

---

13) 내무부(현, 행정자치부), 새마을운동 길잡이, 1975, p. 1032.

제 2 절 공해관리(공해행정의 확립과 전망)

1. 공해문제의 배경과 공해현상의 양태

공해발생의 원인은 고밀도경제사회의 형성과 경제의 고도성장 · 도시화와 공업화 · 석유화학과 화력발전의 성행, 토지이용규제의 불합리와 생활환경시설(녹지 · 하수도 등)의 정비부족에서 온다고 하겠다.[14] 그리고 대도시의 경우는 도심공해와 산업장공해로 양분되는데 도심공해의 중심이 되는 것은 대기오염 혹은 가두소음과 하천오탁이며 일반적으로 대기오염이 크게 문제된다.

1) 대기오염

대기오염을 만드는 원인은 화력발전소(유황산화물 · 일산화탄소 · 질소산화물) · 각종 산업장의 노(검뎅이) · 자동차라 하겠다. 이와 같은 대도시에서의 대기오염의 주원인은 기상조건, 인구 · 산업시설의 증가, 연료사용량의 증가, 연소시설 및 연소방법의 불비라고 하겠다.

2) 소음문제

공해안전기준에서는 공업지역이 70폰, 준공업 · 상업지역이 65폰, 주택지역이 60폰으로 규정하고 있었다(1974년도 현재).

3) 수질오염

우리 나라에 있어서 공해방지법의 적용대상은 산업시설에서 배출되는 산업폐수만을 규제하고 있으며 생활폐수는 별도로 하수도법으로 수질을 규제하고 있었다(1974년도 현재).

---

14) 片山虎之介, 開發管理, 第一法規, pp. 309-310.

국민건강의 보호와 생활환경을 보전하기 위한 국가 · 지방자치단체 · 기업인은 공해행정의 진전과 대책전개가 필요하다고 본다.

2. 공해행정의 진전과 공해대책의 전개

1) 환경기준

[1] 업 무

사무자 · 국가 · 지역주민

[2] 환경기준

대기오염 · 수질오탁 · 소음 · 진동 · 지반침하 · 악취 등 6종류가 사람과 환경보전에 해를 끼치지 않도록 다음 시책을 세워야 한다.

[3] 시 책

① 배출에 관한 규제

② 토지이용 및 시설의 설치에 관한 규제

③ 공해방지에 관한 시설정비 등의 추진

④ 감시 · 측정 등의 체제정비

⑤ 조사의 실시

⑥ 과학기술의 진흥

⑦ 지식의 보급

⑧ 지역개발시책에서 공해방지의 배려

⑨ 자연환경의 보호

⑩ 공해방지계획의 작성과 실시

⑪ 공해분쟁의 처리 및 피해의 구제

⑫ 사업자부담 · 정부의 재정조치 등의 시책수립과 실시

따라서 공해문제를 완화하기 위해서는 이상에서 예시한 바와 같이 다양한 시책이 요구되며 관민협력으로 공해방지에의 지향은 물론 구체적인 공해관계법을 제정할 필요가 있다.

[4] 법 규

공해방지에 관해서는 선진공업국들의 공해로 인한 고민의 전철을 밟지 않도록 무공해화에 접근하도록 공장의 배치 및 설계의 개선은 물론 공해원을 막는 방향에서 각종 법규정립이 요구된다고 하겠다.

2) 공해행정의 신전개

[1] 사무내용[15]

① 공해대책에 관한 제도의 기획입안

② 환경기준의 설정: 국민생활에 밀접한 관계가 있는 재산과 동식물 및 그 생육환경을 말함

③ 공해의 조사연구

④ 공해대책을 위한 재정자금 · 세제조치

⑤ 공해처리기술의 개발

⑥ 규제기준의 설정 및 규제조치

⑦ 공해분쟁처리 및 피해구제조치

⑧ 공해방지사업의 실시

⑨ 공해의 감시 · 측정 등을 행하는 통일적 행정기구의 확립[16] 등

다만 정부소관부처의 결정과 지방행정의 기능구분, 지역주민 및 기업체의 협조한계 등이 더 연구되어야 한다.

제 3 절 새마을사업의 광역관리

1. 광역관리의 개념

새마을사업의 지원행정의 경우 현재의 동단위 · 면 · 군 · 시보다 넓은 지

15) 原 德安, 公害行政(1-38), 日本 明治大學校研修 텍스트, pp. 31-32.

16) 佐藤 竺, 「公害行政の問題點」, 公害行政, 日本行政學會編, 勁草書房, 1970, pp. 41-54.

역을 대상으로 해야 할 필요성에서 기존 행정구역을 넘어서 발생하는 행정수요, 예컨대 산업입지, 도시계획, 운수교통, 상하수도, 오물처리 등 광범위한 지역연관문제[17]가 많아져 이에 대응하여 가는 제도가 필요하고 운영이 새로이 요구되는 바, 이를 광역관리라 개념하겠다.

2. 광역관리의 필요요인

① 새마을사업의 추진권역을 마을단위에서 마을간 협동권역으로 확대함으로써 농촌사회의 협동적 생활권을 재형성시키는 방향으로 유도하기 위하여 행정의 광역화가 필요하다.

② 국토종합개발과 지방단위 지역개발을 연관시켜 국가적·총합적 견지에서 각 부처조직의 협력이 합리적으로 이루어질 수 있도록 할 필요도가 증대하기 때문에 광역관리가 필요하다.

③ 사회·경제적으로 밀접한 관계에 있는 영역 즉 권역[18]이라 할 수 있는 통근권·통학권·의료권·시장권·금융권 등이 교통·통신수단의 발달, 과학기술의 발달, 정부지방지원정책과 농공병진정책 및 사회개발정책으로 지역적으로 급격히 혹은 점차 확대되어 이에 따라 행정수요도 광역적으로 발생하게 되었으므로 행정구역을 행정수요발생범위와 일치시켜 권역구분도 다시 하고 통합기능을 수행하기 위한 새로운 행정운영방식을 찾아야 할 필요성 때문이다.

④ 사회의 균질화가 촉진되어 사업범위가 넓어도 좋다. 왜냐하면 농어촌전화사업이 완성되고 수리화·기계화가 전 지역권에서 해결되면 정보보급이 빠르고 교육수준이 높아지며, 지역적 이기주의가 줄어들고 「우리」라는 의식이 새마을운동으로 인하여 점차 확대됨으로써 광역관리가 필요하게 되고 있다.

⑤ 도시의 인구집중과 행정봉사의 광역성 증대를 들 수 있다.[19] 도시권

17) 用酉 誠, 廣域行政の硏究, 評論社, 昭和 47年, p. 4.
18) 村田敬次郎, 新廣域行政論, 東京, 第一法規, 1965, pp. 39-40.
19) 김규정, 행정학문제연구, 법문사, 1973, p. 172.

에서는 새로운 시가지화가 일어나고 있고 환경·소방·방범 문제 등은 기존행정구역별로 생각할 수 없게 되었기 때문이다.

⑥ 새마을사업 중 소득사업이나 환경사업 등은 각 부처가 밀접한 관련성을 갖고 총체행정수행을 필요로 하는 도가 높아지기 때문이다.

⑦ 주민의 사회적 생활권은 물론 경제규모에 맞도록 행정구역을 일치시킬 필요가 있다.

⑧ 취락의 재형성·생활환경정비·교육후생시설·공원녹지·도로 등 공공시설을 정비하여 국민의 문화적 수준을 높이고 복지의 증진을 도모하기 위하여[20] 광역관리가 필요하다.

⑨ 행정능률화를 위하여 필요하다. 예산절감과 인력의 활용·전문적 행정지원책, 특히 기술지원을 위해서는 현재의 면단위를 넓혀 대면으로 하고 군을 없애며 기존행정구역을 재편성할 필요성이 있는 바, 이를 위해서는 광역관리론을 적용하여도 좋을 것이다. 이와 같이 행정능력의 강화를 위하여 보다 광역을 관할하는 조장행정단위로 행정체제를 바꿀 필요가 있다.[21]

3. 광역관리의 추진방식

① 권한배분적 광역제를 적용한다. 이를 위하여 조장행정기관 중 면기능을 강화하고, 특히 기획기능을 강화하여 준다. 특히 군을 어느 시점에서 면에 그 기능을 통합하는 전제에서 추진하면 한다.

② 정치적인 광역제가 아니고 새마을공장지원의 경우와 같이 일면일공장의 경우 타당성분석에 의하여 합목적적인 지원이 요구되므로 행정적 지방주의[22] 방향으로 광역관리를 추진한다.

③ 지방행정 자체의 입장에서 상호 연락, 사업 선정의 추진 및 조정하는데 중점을 두는 방식을 취하면 한다.

④ 새마을사업을 추진하는 데 각 정부기관이 상호협력관계를 형성하여

---

20) 川西 誠, 전게서, p. 8.
21) 정세욱·최창호 공저, 행정학, 법문사, 1974, pp. 610-618.
22) 冲田哲也, 地方自治要論, 東京: 評論社, 1968, pp. 94-97.

광역행정사무를 공동처리하는 방식을 취하되 새마을운동중앙협의회와 같은 기능을 수행하도록 도단위(당분간은 도와 시·군단위로 하면 한다).

⑤ 전국에 획일적인 광역지역기관이 아니라 지역의 특수성에 상응하는 지역기관을 시범적으로 설치하면 한다.

⑥ 특별구제를 활용한다. 예컨대, 교육특별구제가 있듯이 단지권·유통권 등 특별구를 신설하여 광역관리를 할 필요도 있는 것이다.

⑦ 필요에 따라 영림서와 같은 특별기관을 세워 업무의 성격상 광역적인 처리를 하여 나가는 방식을 취하여도 좋을 것이다.

⑧ 수출단지나 공업단지 등 특정 지역의 경우는 합병의 방식에 의하여 광역행정문제를 신속히 해결하여 가며 비용도 절약하는 방식을 취하는 것도 가능할 것이다.

제 4 절 개발법제의 정비

지역개발의 기본목표를 달성하기 위한 법적 수단의 지원은 법적으로 주민들의 권리보호와 동시에 합리적인 계획기능의 확보와 강력한 계획수행의 수단이 되고 있다.[23] 더욱이 국토계획의 집행과정에서 공정력과 기속력을 부여한다는 의미에서뿐만 아니라 목표에 접근하는 방식을 규제하기도 한다.

현재 시행중에 있는 계획법제에 관한 문제점은 계획기능의 확보라는 면에서 볼 때

첫째, 계획법 체제의 미비를 지적할 수 있다.

둘째, 법규정 상호간의 충돌 내지 중복 현상을 지적할 수 있겠다.

이러한 관계법률들은 다음과 같은 문제점을 가지고 있다고 본다.

23) 건설부(현, 건설교통부), 국토개발의 장기전망과 개발방향, 1974. 12, pp. 686-688.

① 개발법률의 과다와 혼돈이다.

② 각종 개발법률은 지역개발을 총괄할 수 있는 법률이 아니라 부처별로 또 지역사회의 개별적인 변화에 따라 수시로 제정된 법률에 지나지 않는다.[24)]

③ 국토건설종합계획법은 전국계획, 도·군계획간의 기능 및 내용상의 구별 또는 관계가 불명확하다.

④ 민간의 토지이용과 개발에 대한 규제규정이 없다.

⑤ 법체제가 분산적이며 상호간에 혼란을 야기하는데 뚜렷한 관계법률의 모법이 없다.

⑥ 계획법들은 세부사항에 있어 상호간에 지침이 없고 한 개 이상의 법에 걸쳐 있으며 각 법에서는 또한 다른 규정을 하고 있다.

⑦ 계획기능에 있어서도 그 통합에 대한 규정이 없이 정부 각 부처에 산재하여 있다.

⑧ 계획권한에 관한 법규정이 모호하여 상호 충돌하는 현상을 드러내고 있다.

⑨ 규정된 기준조차도 계획권한의 행사를 통제하는 데 미약한 실정이다.

예컨대, 토지수용법·도시계획법·건축법·도로법에서는 모두가 장래 공용을 위한 토지지정에 대해서 여러 가지 형태로 규정하고 있다.

⑩ 각각의 규정들은 그 법적 효력과 행정의 수단을 상호 달리 규정하고 있다.

이상과 같은 문제점을 고려하고 시대적 여건변화를 감안하여 다음과 같은 원칙하에 개발법제가 정비되어야 한다고 본다.

첫째, 국토종합개발계획의 여건과 법구조에 따라 정비되어야 한다.

둘째, 개발전망과 기반구축을 위한 조사작업을 토대로 보완되어야 한다.

셋째, 계획의 구분에 따라 달리 개정되어야 한다.

넷째, 계획의 단위를 행정구역위주에서 생활권·규모경제권 위주로 전환

---

24) 영남대, 지역사회개발과 행정의 역할, 문교부(현, 교육인적자원부), 1969 학술연구조성비에 의한 연구보고서, 사회과학계 7, p. 45.

하도록 법률정비가 되어야 한다.[25]

다섯째, 잡다한 법들을 주관 부처별로 통합한다.

여섯째, 국토개발에 직접적인 참여수단을 제공하고 있는 법률은 가능한 민간기업이 합류하여 지역개발에 참여하도록 행·재정지원을 강화하는 방침하에 보완한다.

일곱째, 새마을운동의 목표달성을 위해서 합리적이고 효율적인 차원에서 개발법률이 보강되어야 하겠다.

여덟째, 개발계획을 전체적으로 총괄하는 일반법으로서의 기본법을 제정하여 모든 개발계획에 대한 모법의 기능을 담당하도록 하여야 할 것이다.

제 5 절 새마을사업발전을 위한 유통관리

1. 농촌지역유통의 현상과 과제

1) 주요유통기능

유통기능이란 상품이 생산자로부터 소비자에게 흘러 가기 위해서 상인이든 협동조합이든 간에 반드시 수행하지 않으면 안 되는 활동을 말하는데[26] 이에는 구매기능과 판매기능·운송기능과 보관기능·표준화기능·금융기능·위험부담기능·시장정보기능이 있다. 이와 같은 기능을 효율적으로 수행함으로써 새마을 소득증대에 도움을 주는 것은 물론 농어촌과 도시를 연결하는 기능까지도 하게 될 것이다.

특히 새마을협동권 시험사업으로서 농산물유통구조를 개선함으로써 얻을 수 있는 효과가 크다고 하겠다.

---

25) 국토계획조사연구단 간, 국토개발을 위한 법제지원의 체제확립, 1970. 6, p. 22.

26) 오상락, 새마을운동과 유통구조, 80년대를 향한 당면과제와 장기전략, 국무총리기획조정실(현, 국무총리 국무조정실), 1975, p. 240.

2) 협동권중심의 농산물 유통관리개선을 할 때의 기대효과

새마을사업의 추진권역을 마을단위에서 마을간 협동권역으로 확대함으로써 농촌권사회의 협동적 생활권과 경제권을 점차 확대·발전시켜 가기 위하여 농업통운수단을 도입, 유통구조를 협동권 중심으로 일차적인 개선을 시도할 때 국민경제환경에 알맞은 새로운 유통기능을 발휘할 수 있을 것이다. 따라서 기대효과를 요약하면 다음과 같다.

① 투자의 분산으로 인한 비경제성을 막고 유통비용을 감소시킨다.

② 마을과 마을간의 쓸 데 없는 경쟁을 피하고 협동연대의식을 고취하며 물가비용의 증대를 막는다.

③ 단위지역을 중심으로 하는 광역종합개발체제를 형성하여 소비생활을 합리화하고 생산활동의 침체를 막는다.

④ 수출촉진활동을 돕는다.

⑤ 집단재배농산품을 대도시 소비시장에 직송 내지 직판한다.

⑥ 산지직송 내지 직판에 의하여 유통 마진을 절감하여 농가수취가득액을 늘린다.

⑦ 대도시 소비층의 농산물구입에 있어 보다 저렴한 값이 보장되는 농산물시장기반을 구축하게 될 것이다.

⑧ 새마을운동의 실질적이고 기능결합적인 도시·농촌간의 긴축성을 높여줄 것이다.

2. 지역유통의 근대화

1) 문제점과 대책

① 유통구조의 대형화·협동화를 통한 영세성을 탈피하도록 한다.[27]

② 농수산물의 유통구조…수산물의 유통경로를 보면 도소매업 대형화에 따른 대량구매와 각 기능의 전문화가 요구되며 독립점포조직화에 의한 지

27) 안태호, 유통구조의 개선, 80년대를 향한 당면과제와 장기전략, 전게서, p. 139.

역개발유통센터를 형성하여 중간단계의 통합과 대형화로 유통 코스트를 절감하여야 한다.

③ 상인과 농수협간의 알력을 지양하고 중앙도매시장의 운영권은 상사법인에게 맡기면 좋을 것이다.

④ 중앙도매시장의 시설을 근대화한다.

⑤ 협동권지역 주민의 공동주관하에 유통시설 또는 수송수단을 갖추게 하여 판매거래의 우월한 지위를 확보하게 한다.

⑥ 지역주민들의 집하·출하·거래에 대응하는 유통지도행정의 개발로 유통중심의 지역개발 전략수행 체계를 구축한다.

⑦ 현존 농산물유통의 다단계과정에서 오는 시장거래의 불합리, 자유거래시장과 농협공판시장 간의 역할 불균형에 의한 생산자 피해를 방지한다.

⑧ 협동권새마을지역의 유출인구를 농산물유통관련 담당인력으로 유도·정착시켜 권역 내 고용효과를 창출하면서 동지역과 특정소비처 사이에 적절한 결연상태의 생산↔소비직결로 계약생산기반을 촉성하는 등 주민측의 유통자율화 추진력을 강화한다.

⑨ 산지모집상의 차량과점, 수송자의 과다부담 등 주산지 출하의 긴박한 당면수송애로를 타개하기 위하여 새마을협동권 공동농업차량을 구입하도록 지원한다.

⑩ 단위협동권 중심으로 시범지역을 선정하여 운영하는 방법을 채택한다.

제 7 장

개발평가 및 반추

지금까지 추진하여 오고 있는 개발사업과 새마을운동의 목표가 어느 정도 달성되었는가를 측정하여 보고 추진전략과 행정지원전략은 지금대로 좋은가를 분석하여 봄으로써 새로운 해결책·개선방안을 강구하는 동시에 「총람 카드」를 중심으로 평가의 평가를 시도하여 도시권 새마을운동의 평가문제와 제사업의 타당성 분석의 기본모형을 시론적으로 제시하여 보겠다.

제 1 절 새마을운동의 평가 의의

새마을운동의 지속적인 발전을 위해서는 목표가 성공적으로 달성되어야 할 것이며, 바람직한 방향으로 나아가야 할 것이다. 특히 평가를 매년 계속하되, 비판을 위해서가 아니라 발전사업의 선택과 추진 및 지원방법의 개선에 활용하여야 할 것이다. 물론 평가방법이나 도구는 평가목적에 따라 적절하게 응용되어야 할 것이나 새마을운동의 평가는 일반적인 평가기준을 가지고는 무척 어려운 점이 있다는 것도 사실이다. 그러나 켈시(Lincoln

David Kelsey)가 말한 바와 같이 평가는 어떤 사업의 가치가 파악되는 과정, 즉 주민·집단·계획·여건·방법·과정의 상대적인 장단점을 이해하고 판단할 수 있는 분석법이며 어떤 활동이 얼마나 진척되었고 그것이 목표를 달성하기 위하여 얼마나 더 수행되어야 하느냐를 결정하는 방법이라고 할 때[1)]역시 평가를 하여 봄으로써 다음과 같은 효과를 얻을 수 있다고 본다.

① 새마을사업 역점시책이 무엇인가 그 내용을 파악하게 된다.
② 지역별 현재의 실정을 파악하는 데 도움이 된다.
③ 계획이 얼마나 추진되고 있는가를 알 수 있다.
④ 사업추진의 중점방향을 이해할 수 있다.
⑤ 사업의 효율성을 나타내어 준다.
⑥ 지역별 수준을 파악하여 새로운 행정지원전략을 세우는 데 자료를 제공하여 준다.
⑦ 어떤 사업계획의 장·단점을 파악하는 데 도움을 준다.
⑧ 지역주민의 욕구를 파악할 수 있고 주요사업실적을 알 수 있다.
⑨ 마을육성상황의 전반을 할 수 있다.
⑩ 새마을지원태세를 파악할 수 있다.
⑪ 새마을운동에 대한 주민의 수용자세와 반응을 알 수 있다.
⑫ 지도자의 능력파악과 어떤 역할이 더 필요한가를 알 수 있게 된다.

더욱이 평가과정에서 새마을사업에 대한 단위지역별 목표사업에 대한 심사·분석을 함으로써 ① 다음 계획수립의 자료로 사용한다. ② 계획 자체의 진전도를 높인다. ③ 성공적인 행정지원이 되도록 관계지도공무원을 자극·격려한다. ④ 기술을 개선한다. ⑤ 활동계획의 우선순위가 바르도록 한다. ⑥ 지역주민들로 하여금 새마을운동에 대한 가치론적 신념을 갖도록 하여 주며 신뢰와 만족을 가져 오도록 한다. ⑦ 국제사회에 우리의 새마을운동에 관한 홍보자료로 이용한다.

---

1) L. D. Kelsey and Cannon Chiles Hearne, Cooperative Extension Work, 3rd ed., New York: Comstock Publishing Associates, 1963, p. 251.

따라서 새마을장기발전계획과 지침 및 방향에 따르는 한편 지역상황에 맞는 종합평가기준을 세워 점검하고 새마을정신과 목표달성을 위해 평가내용을 발전적으로 반추(feed-back)하여야 하겠다.

제 2 절 새마을운동 평가사례

1. 농촌새마을사업실적평가

1) 1970년도 평가모형

마을기준에 따라 기초→자조→자립마을로 승급시키고 마을능력에 따른 우수마을 우선지원을 통하여 새마을에의 의욕을 제고시키며, 군의 새마을운동실적을 확인 평가함으로써 일선 공무원의 책임감과 사명감을 높이고 지방행정을 새마을총력행정체제로 집약하여 새마을운동의 생활화를 촉진한다는 목적하에 내무부(현, 행정자치부)에서는 <표 7-1>과 같은 평가항목과 평가요소를 가지고 평가를 하였던 바, C도 D군의 경우 자립마을 1개 부락을 무작위추출하여 평가사례로 제시하였었다.

위와 같은 33개 항목의 주요사업을 기준으로 <표 7-2>와 같은 평가요령에 의거 176새마을운동 실속을 평가하였다. 이리하여 800점 이상을 득점하고 마을수준별 필수기준사업을 완료한 마을에 대하여는 수준별로 승급조치하였었다.

〈표 7-1〉 마을승급 평가항목

1. 마을 승급을 위한 필수 기준 사업평가(10개 항목)

수준별 / 사업별	자조마을 승급요건	자립마을 승급요건
마을안가로망	간선안길의 정비(하수구 포함)	지선안길까지 완성(하수구 포함)
농촌도로	마을 진입로의 완성	간선농로의 완성
소교량	10m 미만 교량완성	20m 미만 교량완성
소하천	마을안 세천정비	마을 주변소하천정비
농업용수	수리율 80% 이상	수리율 85% 이상
공동이용시설	회관, 창고, 구판장 등 1건 이상	회관, 창고, 구판장 등 2건 이상
지붕개량	전 가구의 50% 이상	전 가구의 80% 이상
마을기금	마을당 30만원 이상	마을당 50만원 이상
새마을저축	농가당 1만원 이상	농가당 2만원 이상
소득수준	호당 70만원 이상	호당 90만원 이상

〈표 7-2〉 단위사업 평가항목

2. 단위사업평가(4개부문 33개사업)

구 분	생산기반사업	소득증대사업	복지환경사업	정신계발사업
33개사업	12	7	7	7
평가사업명	농로정비	벼단지영농	마을안길정비	리동개발위운영
	소교량가설	보리증산	하수구정비	반상회운영
	소하천정비	퇴비증산	지붕개량	민방위활동
	농업용수시설	공동소득사업	주거환경정비	부녀활동
	협동생산시설	마을양축	간이급수시설	마을기금조성
	마을공동창고	유축농가육성	우물관리	새마을금고운영
	농경지확장	농어촌부업	마을회관	마을청소실시
	마을식수	—	—	—
	선착장시설	—	—	—
	협동권사업	—	—	—
	농어촌전화	—	—	—
	마을통신	—	—	—

〈표 7-3〉 주요단위사업의 평가사례(C도 D군 '76새마을총람)

생산기반사업	① 채점계	② 가중치	③ 평 점
	840	400	367

1. 농 로 정 비	①	②	③
	100	60	60
○ 40 노폭 5m 이상	○ 20 구 조 물 완 성		
○ 20 노면 측구정비	○ 20 사 후 관 리		

2. 소교량가설(5m 이상)	①	②	③
	100	50	50
○ 30 교폭 4m 이상	○ 20 관 련 공 사 완 성		
○ 30 가공규모 및 기술	○ 20 필 요 개 소 완 료		

3. 소하천정비	①	②	③
	85	50	43
○ 20 제 방 정 비	○ 20 다 목 적 시 공		
△ 30 하 상 정 비	○ 30 사 후 관 리		

4. 농업용수시설	①	②	③
	100	50	50
○ 20 우선순위별 정비	○ 30 시 공 규 모 및 기 술		
○ 30 수 리 효 과	○ 20 기 존 시 설 물 관 리		

5. 협동생산시설(공동창고 제외)	①	②	③
	85	100	85
○ 20 필요한 시설	○ 30 생 산 적 활 용		
△ 30 다목적시설	○ 20 연 중 이 용		

6. 마을공동창고	①	②	③
		–	
□ 30 30평 이상 규모	□ 30 수 익 성 보 장		
□ 20 완벽한 시설	□ 20 관 리 자 지 정		

7. 농경지확장	①	②	③
	70	20	14
× 30 유휴지개간(200평 이상)	○ 20 저 습 답 개 량		
○ 30 하천부지개간(200평 이상)	○ 20 마 을 공 동 경 영		

8. 마을식수 및 사방	①	②	③
	100	20	20
○ 20 공한지식수	○ 30 나 지 언 덕 손 질		
○ 30 경계림식수	○ 20 절개지포락지 등 손실		

9. 선착장시설

①	②	③
	–	

□ [40] 적정한 규모
□ [40] 견실한 시공
□ [20] 관 련 사 업 완 성

10. 협동권사업

①	②	③
100	35	35

○ [20] 권역설정의 타당성
○ [30] 마을주민의 참여도
○ [20] 사 업 내 용 의 경 제 성
○ [30] 사 업 규 모 및 기 술 성

11. 농어촌전화

①	②	③
100	10	10

12. 마을통신

①	②	③
–	5	–

소득증대사업	① 채점계	② 가중치	③ 평 점
	520	300	276

13. 벼단지영농

①	②	③
100	70	70

○ [10] 단지영농회운영
○ [20] 단지회원교육참여
○ [40] 공 동 영 농 관 리 상 황
○ [30] 벼 단 지 의 작 황

14. 보리증산

①	②	③
100	70	70

○ [20] 증산목표설정
○ [30] 우수종자확보
○ [30] 파 종 면 적 확 대
○ [20] 주 민 협 동 작 업

15. 추비증산

①	②	③
100	70	70

○ [30] 농가당 목표설정
○ [50] 풀베기공동작업
○ [10] 추 비 관 리 상 황
○ [10] 공 동 추 비 장 운 영

16. 공동소득사업(마을양묘 제외)

①	②	③
80	30	24

○ [30] 사업의 규모
○ [30] 사업의 경제성
○ [20] 사 업 의 지 속 성
× [20] 마 을 기 금 적 립

17. 마을양묘

①	②	③
	–	

□ [20] 계획(계약)생산
□ [20] 기술대책
□ [20] 육 묘 관 리
□ [40] 500평 이상 양묘

18. 유축농가육성

①	②	③
60	30	18

○ 20 한우생산전환
○ 30 1농가 1가축
○ 40 공 동 사 육
× 10 건 초 및 매 초 생 산

19. 농어가부업

①	②	③
80	30	24

○ 30 마을여건에 맞는 부업
△ 40 일손의 연중 생산화
□ 20 주 민 1/3 이 상 참 여
○ 30 주 민 1/2 이 상 참 여

복지환경사업

① 채점계	② 가중치	③ 평 점
575	200	193

20. 마을안길정비

①	②	③
100	50	50

□ 40 간선만 정비(폭 5cm)
○ 50 지선까지 정비(폭 3m)
○ 30 측 구 및 노 면 정 리
○ 20 사 후 관 리

21. 하수구정비

①	②	③
90	30	27

○ 40 간선만 정비
□ 50 전 마을 정비
○ 20 주 요 지 복 개
○ 30 사 후 관 리

22. 지붕개량

①	②	③
100	50	50

□ 30 50% 이상 개량
○ 50 80% 이상 개량
○ 20 주 택 개 량 병 행
○ 30 지붕도색(30% 이상)

23. 주거환경정비

①	②	③
100	30	30

○ 30 축사정비
○ 30 변소개량
○ 20 추 비 사 정 비
○ 20 담 장 정 비

24. 간이급수시설

①	②	③
	–	

□ 20 수원확보
□ 30 수질관리
□ 30 4/5 가 구 이 상 급 수
□ 20 관 리 자 지 정

25. 우물관리

①	②	③
100	10	10

○ 30 공동우물정비
○ 30 펌프 및 유개화
○ 20 우 물 주 변 정 비
○ 20 우 물 소 독 상 황

26. 마을회관

①	②	③
85	30	26

○ 10 적정한 위치 ○ 30 일상적 이용
○ 30 다목적구조 △ 30 앰프 및 비품 완비

정신계발사업	① 채점계	② 가중치	③ 평 점
	680	100	96

27. 리동개발위운영

①	②	③
100	10	10

○ 30 각급 조직의 통할기능 ○ 20 지도층의 자진참여
○ 30 마을사업의 주관추진 ○ 20 개발위원의 활동상황

28. 반상회 운영

①	②	③
100	20	20

○ 20 월례 1회 이상 개최 ○ 30 지도층중심운영
○ 30 주민참여상황 ○ 20 결정사항자율실천

29. 민방위활동

①	②	③
100	10	10

○ 30 방위시설병행추진 ○ 40 비상연락망정비
○ 30 민방위훈련참여

30. 부녀활동

①	②	③
100	10	10

○ 30 구판장 운영 ○ 20 폐품수집
○ 20 절미저축 ○ 30 소득사업추진

31. 마을기금조성

①	②	③
100	10	10

□ 40 50만원 이상 □ 80 200만원 이상
□ 60 100만원 이상 ○ 100 300만원 이상

32. 새마을금고 운영

①	②	③
80	20	16

□ 40 호당 3,000원 이상 ○ 80 호당 10,000원 이상
□ 60 호당 5,000원 이상 □ 100 호당 30,000원 이상

33. 마을청소

①	②	③
100	20	20

○ 20 월1회 이상 실시 ○ 20 주거 내의 청소상태
○ 30 전 주민이 참여 ○ 30 마을의 청소상태

종합(조정)평점

구분	분야별평점					조정평점	종합평점
	생산기반	소득증대	복지환경	정신계발	계		
평점	367	276	193	96	932	–	932

※ 조정점수는 현지실정에 밝은 총열반장이 평점하되
(1) 주민의 협동심(실적건수, 사업종목, 자부담률 등)
(2) 정부시책 수용태도 기타상황을 종합하여 임의평점한다.
단, 분야별 평점합계의 10%를 초과할 수 없음.

2) 1976년도 평가모형과 방법

1976년도 새마을총람 카드(마을분)를 1975년도와 비교할 때 차이가 있는 점은 다음과 같다.

[1] 주요단위사업 평가의 질적 변화

(1) 생산기반사업의 경우

① 평점비율이 달라졌다.

② 사후관리문제가 사업에 들어갔다.

③ 사업의 관련성을 중시했다.

④ 관리자의 책임문제를 중시하고 있다.

⑤ 마을 공동경영문제가 평가기준에 들어 있다.

⑥ 협동권사업문제가 평가되고 있다는 점이다.

(2) 소득증대사업

① 단지영농회 등 자율적인 조직의 기능화가 평가되고 있다는 점이다.

② 주민협동작업이 평가되고 있다.

③ 사업의 부당성이 평가되기 시작하였다.

(3) 복지환경사업부문

① 주거환경정비가 평가되고 있다.

② 마을회관과 같은 시설물의 경우 규모가 정해 있지 않고 적정한 위

치·규모 등 신축성을 두었다.

(4) 정신계발사업부문

① 리·동개발위원회 운영과 같은 조직의 기능화가 평가되기 시작하였다.

② 반상회 운영이 평가되고 있다.

③ 자위새마을사업 대신 민방위 운영상태가 평가되고 있다.

④ 새마을금고운영이 평가되기 시작한다.

⑤ 확성기 시설 활용상황 대신에 마을정보문제가 평가되고 있는 등, 제 기준이 질적인 변화를 하였다고 보여진다.

[2] 필수기준사업의 평가의 비중변화

① 자조마을 승급요건과 자립마을 승급요건에 주안점을 두고 평가하기 시작하였다.

② 군분평가를 두어 새마을지원태세를 총점검하여 새마을운동 총체행정을 시도하고 있었다.

제 3 절 새마을운동 평가모형의 발전화

1. 추진면 평가의 발전모형구상

1) 농촌권사업평가

[1] 평가의 중점방향의 합목적화

도시새마을운동의 평가가 보완되어야만 5대 역점시책인 새마을소득·새마을교육·도시새마을운동·공장새마을운동·문화복지 농촌건설의 목표를 달성할 수 있으므로 평가도 이 방향에 중점을 두어야 할 것이다.

① 새마을사업은 지속사업으로서 장기개발사업이 늘어나는 바, 사업의

타당성분석에 중점을 두어야 할 일이다.

② 자립마을이 된 후의 주요사업을 어떻게 주민총체적 참여로서 지속하고 있는지에 비중을 두고 평가할 일이다.

③ 협동권 새마을사업을 잘 추진하는지에 비중을 두어야 할 것이다.

[2] 평가기준 및 평가단위사업 선정의 합리화

① 산촌·평야·어촌·근접마을 등으로 구분하여 필수기준사업을 정하며 획일적으로 마을수준을 구분하지 않고 주요사업을 선정해서는 안 될 일이다.

② 마을이나 협동권의 특징적인 입지에 따라 사업의 우선순위가 결정되어야 하며 조장행정기관에서 정해 놓은 평가대책사업이 주민의 욕구와 관계없이 추진되어서는 안 될 것이다.

[3] 평가방법의 과학화

① 추상적인 평가방법을 지양하고 계량적인 분석방법에 의한 평가를 한다.

② 평가주체가 관일방으로 되어서는 안 되며 새마을지도자들의 상호평가가 있어야 할 것이다.

③ 사업평가의 경우는 직위중심의 평가반구성이 아니라 기술직도 혼성타임으로 구성하여 평가의 전문화를 기하여야 할 것이다.

④ 기초마을·자조마을·자립마을은 각 수준에 따른 주요사업과 우선순위가 달라야 할 터인데 동일한 사업을 놓고 비교 평점하는 것은 적절하지 못하므로 평가기준을 다시 설정하여야 할 것이다.

2) 도시권 새마을운동 중 직장 새마을운동의 평가

① 새마을운동의 지속적 실천 — 내실화

② 성공사례의 도입발전 ——— 분발경쟁의식의 고취

③ 전 관서의 자립관서화 ——— 최우수국 수준으로 평준화

④ 새마을 “핵”요원 양성 ——— 확산전파

⑤ 직장-가정-마을-지역 단위운동으로 확대

[1] 직장의 기능에 따라 정한 목표 평가

예를 들면 다음과 같은 기준을 정해 놓을 수도 있다.

[2] 효율적인 지도체계의 수립 · 추진여부 평가

그 기준과 요소를 제시한다면 다음과 같다.

(1) 기준

- 새마을정신 계발상황
- 업무의 내적 충실도
- 환경 개선 실적
- 봉사행정 실적

(2) 횟수

• 정기평가 → 연 1회 • 분기평가 → 육성관서 중심 • 임시평가 → 필요시	담당자 상호교류 · 순회 비교평가

[3] 지도평가의 점검내용을 정해 실천여부 평가

이를 예시하면 다음과 같다.

◇ 건전한 직장운동 ◇

(1) 정신계발

(2) 건전한 생활실천

• 내몫 내가 내기 • 도시락 지참 • "한셈"운동 • 푼돈 모으기	건실한 생활자세 확립(사치 및 낭비풍조 일소)
• 시간엄수 • 남의 말 안하기 • 가정의례준수 • 추임새 운동	인화단결(생활의 내적 충실)

(3) 환경 개선

- 개인생활 ┌ 자기 집 앞 쓸기
  └ 휴지 · 꽁초 안버리기
- 직장환경미화 ┌ 꽃동산 가꾸기
  └ 진입로 꽃길 가꾸기
- 도시환경미화 • 녹색운동

[4] 주요실적 평가

◇ 생산적 직장운동 ◇

(1) 소비절약운동

- 폐휴지 모집 매각 • 유류 절약 • 사무용품 절약 • 공공요금 절약

(2) 경영관리

- 묘목분양판매 • 소득수식재(유실수) • 유휴지 작물
- 양잠사업(양돈 · 양면 · 양봉 · 양어 · 양계)

(3) 경영관리 개선

- 사무운영의 합리화 ┌ 국별 문제점 카드 관리
  └ 월 1건 업무개선
- 종사원 자질향상 ┌ 직장훈련강화-직무처리능력향상
  └ 하루 한 가지 배우기 운동
- 새봄맞이 단장 새마을운동전개

[5] 봉사활동강화

(1) 1일 1건 봉사운동

- 운동개선 민원봉사실 운영

(2) 인보운동의 생활화

- 이웃돕기 • 지역 새마을 돕기
- 행복가나안운동(가꾸고, 나누고, 안전하게 지키기)

(3) 성공사례 발표

- 장소
- 발표자 및 횟수

이상과 같은 내용을 구체적으로 부문별 평가표를 만들어 주기적으로 평가하면 직장새마을운동의 내실화를 기할 수 있을 것이다.

그리고 이를 종합적으로 점검할 수 있도록 평가하고 평가보고서를 작성하도록 한다.

2. 행정지원평가의 이상모형구상

앞에서 설명한 새마을지원태세를 평가함과 동시에 새마을사업 효과를 체제분석의 기법으로 분석평가하도록 한다.[2)]

① 새마을지원사업의 우선순위가 합리적으로 결정될 수 있다.

② 경제성이 없는 투자의 억제와 부실사업의 사전예방이 가능하다.

③ 기술적 타당성·재무면의 건전성을 분석하면서 사업을 지원할 수 있다.

④ 착상은 좋으나 계획내용이 미비한 사업계획을 보완·선도할 수 있다.[3)]

⑤ 사업의 계획단계와 집행단계간의 유기적인 연결을 기할 수 있다.

⑥ 적격성이 있는 사업에 대한 차관 또는 융자신청의 지원자료를 제시하는 데 이용한다.

⑦ 개발전략을 위한 정책자료를 꾸준하게 보완하여 갈 수 있다.

---

2) 신윤표, 신행정학, 법정학회, 1974, pp. 449-452.

3) 경제기획원(현, 재경부와 예산처), 투자사업조사편람, 1970, p. 5.

[1] 지원사업에 대한 평가기준

(1) 시장성

① 과거의 국내 소비실적과 장래의 수요 및 대체수요 등을 감안한 시장성에 대한 타당성

② 수출시장여건을 감안한 수출수요의 타당성

③ 시장점유율추정의 적정성

④ 현행 유통체계 · 무역제도 · 세제 및 각종 제도면에서의 제약여부를 고려할 때 적절한 지원을 하는가를 평가

[2] 시설규모와 건설비의 적정성

시설규모와 건설비의 적정성에 대한 심사 평가의 기준으로 고려해야 할 사항은 다음과 같다.

① 공용건물이나 협동권시설 등의 경우 장래 수급전망 및 국내와 기존시설규모에 비추어 본 규모의 적정성

② 소요건설비의 적정성 및 도입기자재의 적정성과 타당성

③ 건설단가의 타당성

[3] 입지조건 및 기술성

(1) 입지조건

① 공공지원시설(전화사업 · 용수 · 수송 등 여건)

② 노동력 확보문제(교육수준)

③ 제품 판매시장에의 거리(인구 25만 이상 도시)

④ 공해문제

(2) 기술적 타당성

① 건설공정 및 증설시기의 적정성

② 생산공정의 효율성을 가지고 있는가 여부 평가

[4] 수익성

① 생산원가분석을 통한 판매가격의 적정성을 유지시키는가.

② 생산비용 및 판매가격을 기초로 한 투자수익률의 타당성[4] 평가

[5] 자금조달능력

① 자금 및 물자운용의 건전성을 평가한다.

② 원리금 상환능력이 있는 자에 자금지원을 하였는가를 평가한다.

③ 국민경제적 효과와 연관효과면에서 본 타당성을 갖고 지원했는가를 평가한다. 따라서 연도별 부가가치효과 국민소득증가에 대한 기여도, 외화획득 및 수입대체면에서 본 국제수지효과, 고용효과, 경제개발계획과의 관계, 타산업에 미치는 연관효과가 높은지의 여부를 고려하여 지원하고 있는지 평가함이 이상적이라 하겠다.

3. 새마을지도자의 리더십 평가

새마을지도자의 유형을 여러 가지로 구분할 수 있겠으나 지역주민과 조

[도표 7-1] 리더십 유형(3차원적 관리이론)

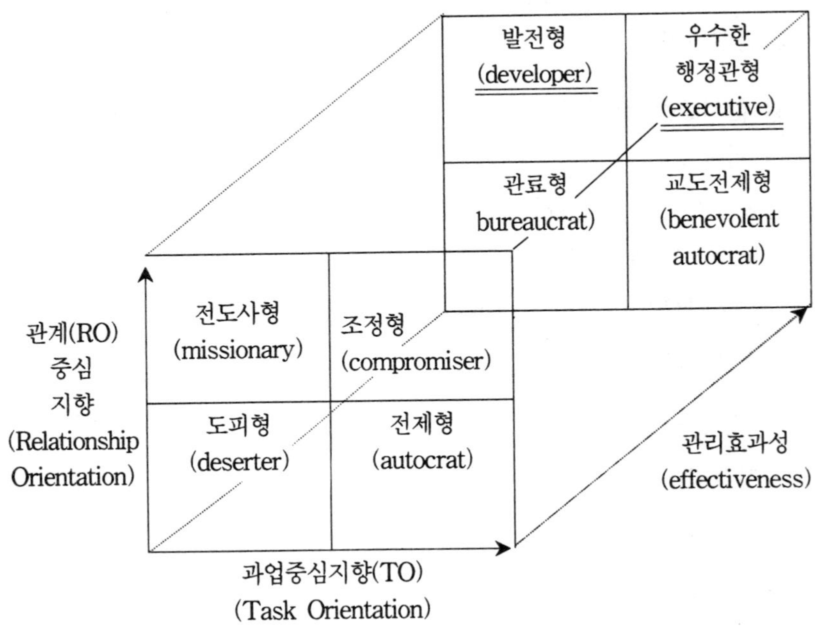

4) 윤상, 투자효과분석, 중앙공무원교육원, 1974, p. 3.

장행정기관의 관계권형성이 잘 되었느냐와 지역개발에 대한 적극성 내지 입체관리능력이 있느냐의 여부를 가지고 볼 때 [도표 7-1]과 같이 유형을 구분할 수 있겠다.

따라서 위 유형 중 발전형이나 우수한 행정관형 리더십을 가질수록 바람직한 지도자라 하겠으며 개발위원들 중에는 종교새마을지도자가 같이 구성되어 전도사형 리더십을 발휘하여도 도움이 될 것이나 새마을지도자로서는 과업수행과 관계권형성에 능력과 경험을 발휘하여 올바른 사람(right man)이라고 주민의 존경을 받을 수 있는 지도자이면서 개발관리효과를 제고하려는 문제의식과 열성을 가진 지도자이면 좋을 것이다. 그리고 지도자는 <표 7-4>와 같은 자기평가표를 이용하여 각 사항별로 자기를 평점하고 총득점을 산출함으로써 발전형지도자가 되려는 노력이 있어야 새마을운동이 지속적으로 추진될 수 있을 것이다.

위 표에 의한 평가에 있어서는 각 설문에 대하여 새마을지도자들끼리 모여 서로 비교하면서 평가하는 것이 좋다. 그리고 자기를 0점 또는 1점에 기입하는 데 주저하여서는 안 된다.

자기평가에 자신이 없으면 마을담당 행정공무원이나 같은 마을 개발위원에게 그 평가를 부탁하여 보는 것도 좋은 방법이다. 평가가 끝난 후에는 현저하게 낮은 점수를 받은 요소를 몇 개 선발하여 일정한 기간 그 교정에 노력한다. 총득점에 대한 판단기준은 다음과 같다.

- 80점 이상: 지도자로서 극히 우수한 경지에 도달해 있다.
- 70점 이상: 지도자로서 비교적 우수하며 지도성의 효과는 크다.
- 60점 이상: 지도자로서 발전성이 있으나 아직 발전해야 할 점이 많다.
- 50점 이상: 개인의 조력을 구하여 자기도야에 노력할 필요가 있다.
- 50점 이하: 자기가 지도자를 계속해야만 되느냐를 근본적으로 검토하고 다른 우수한 지도자의 조력을 구함과 아울러 깊은 자기반성이 있어야 한다.

〈표 7-4〉 지도자의 자기평가표

평가요소		평점		
주요항목	점검사항	우수 2	보통 1	열등 0
1. 지도이념	1. 주민들과 잘 어울리는가 아니면 그들에 군림하는가 2. 항상 주민을 설득하여 교육·훈련시키고 있는가 3. 주민들에게 모범적인 행동을 하고 있는가 4. 언행이 항상 일치하는가 5. 지도에 자신을 가지고 감정의 안정을 확보하고 있는가			
2. 개인의 지도	6. 주민들을 개성 있는 인간으로 취급하고 있는가 7. 개개인에게 관심을 가지고 그들의 복지에 진력하는가 8. 주민과 항상 밝은 표정으로 대하고 있는가 9. 솔선수범하고 있는가, 좌우명을 지키고 있는가 10. 주민들을 신뢰하고 있는가 아니면 의심하고 경계하는가 11. 주민에게 그의 능력에 상응하는 책임 및 권한을 위임하고 있는가 12. 주민들에게 성공감을 주도록 노력하고 있는가 13. 주민들과 일 때문에 논쟁하고 있지는 않는가 14. 자신이 공정한가, 자기 자신을 존경할 만한가 15. 주민들을 마음 속으로부터 사랑하고 있는가			
3. 집단의 지도	16. 주민들의 공통적인 소망이 무엇인지를 알고 있는가 17. 집단의 구체적 목표를 명확히 하고 있는가 18. 주민들의 지위를 개선하기 위하여 항상 노력하고 있는가 19. 주민들간의 상호교섭을 장려하고 있는가 20. 집단규정을 충분히 활용하고 있는가 21. 주민들간의 「팀워크」를 강조하고 있는가			
4. 적극성(사기)의 앙양	22. 주민의 제안을 얻는 데 성공하고 있는가 23. 주민의 제안에 대하여 그 가치만큼의 칭찬을 해주는가 24. 주민들의 뛰어난 행적을 찬양·평가해 주고 있는가			

	25. 주민들에게 항상 적절한 휴양과 오락을 갖게 해주고 있는가			
5. 계획의 입안	26. 타인보다 앞서 계획을 입안하고 있는가 27. 입안에는 많은 사람을 참여시켜 그 내용의 설명에 노력하고 있는가			
6. 조직의 운영	28. 조직의 원칙에 기하여 조직을 항상 검토하고 있는가 29. 조직도(기구표)를 완비하고 그것에 기하여 주민들의 협력을 구하고 있는가 30. 각인의 책임 및 권한의 한계를 명확히 알고 있는가 31. 각인의 직무를 합리적으로 할당하고 있는가			
7. 명령과 지시	32. 오해가 발생하지 않도록 명확한 명령지시를 하고 있는가 33. 명령을 발할 때가 주민들의 적극성을 유인해 내는 데 호기라는 사실을 알고 있는가 34. 특별직무를 항상 적절히 할당하고 있는가			
8. 감독과 교정	35. 칭찬과 꾸중이 항상 밸런스를 유지하고 있는가 36. 주민들의 행적을 적절히 점검하고 있는가 37. 주민들의 과오를 비판하고 있는가, 그것을 지도하고 있는가			
9. 조정	38. 조정의 목표와 범위를 전면적으로 세심하게 조정하는 데 두는가 39. 주민들의 요구·요망·원망을 통합하여 조화시키고 있는가			
10. 통제의 기준	40. 철저한 점검과 사실에 기한 통제를 하고 있는가 41. 과잉통제를 하고 있지는 않는가 42. 전체업무에 있어서 시간·경비·자재의 낭비는 없는가 43. 통제기준은 명확히 설정되어 있는가			
11. 교육훈련	44. 주민에 대한 교육훈련에 열의를 가지고 있는가 45. 일을 가르치는 데 있어서 솔선하여 시범을 보이고 있는가 46. 승계지도자를 육성하고 있는가			

12. 책임관념	47. 자신의 일을 적극적으로 찾아 그것을 인수하고 있는가 48. 자신이 해야 할 일에 최대한의 노력을 경주하고 있는가 49. 도덕적 용기를 가지고 있는가 50. 주민, 마을조직에 대하여 충성 봉사하고 있는가			
총득점				

제 8 장

지역복지의 과제와 수행전략

제 1 절 지역복지문제의 논의와 방향

1. 지역복지의 개념

지역은 가족과 이웃이 서로 같이 살고 있으며 생활정주의 터전이 되고 있는 토지·위치·거리 등으로 연결된 장소적 관계권이 되며 자연적 요소와 인문적 요소를 갖는다[1]고 보며, 이에 대하여 R. M. Maciver는 사람들의 공동생활의 영위되는 일정지역으로 지역사회를 정의하고 있다.[2] 따라서 한 지역사회는 다른 지역사회와는 다른 사회적·문화적 특성을 지니게 되며, 그들 사이에 공통된 관습과 규범을 형성하여 자기들 집단의 독자적인 생활양식과 문화의 체계를 이루고 이것에 의하여 그들의 생활이 지배되게 된다.

그러므로 한 지역의 구성원들은 친밀하고 전인격적인 관계를 가지며, 공

1) 신윤표, 「지역개발행정론」, 대왕사, 서울, 1984, p. 13.
2) R. M. Maciver, *Society: A Textbook of Sociology*, Rinehart and Co. Inc., 1937, pp. 8-10.

동일체의식과 귀속의식, 생활규범의 지배성들이 모두 공면적이고 강력한 존재의미를 갖게 되겠다.

지역복지는 이러한 지역의 특수성과 성격에 따른 생활정주권 운동이나 지역사회센터 운동과 사업으로 전개될 수 있는 범주의 복지로서 지역사회 사업이나 지역사회개발을 포괄하는 영역으로서 지역사회 서비스는 물론 지역주민의 복지를 도모하고 지역주민의 생활향상을 목적으로 하는 것이다[3] 라고 할 수 있다. 그래서 지역복지는 지역사회의 자원활용의 충실성이 필요하며 지역주민의 사회적 상호작용 내지 인간관계를 규정하는 사회의식구조의 바람직한 변화를 수반한다고 보며, 이와 같은 지역성의 원칙[4]을 갖고 지역주민은 생활인으로서 주민의 입장에서 복지문제를 위한 평가와 해결에 주체성과 자발적 공동성으로 참여하여 복지증진을 위한 행동을 계획하고 실천하여 감을 원칙으로 하는 데 그 특성이 있다 하겠다. 그러나 국가복지에서의 소위 복지방법에서 말하는 생활보호법, 아동복지법, 모자복지법, 노인복지법, 신체장애자복지법, 정신박약자복지법의 내용과 고령자의 실업, 공해, 교통재해, 주택난, 생활환경의 악화, 빈곤, 자살, 범죄까지도 지역복지의 범주에 포함하는 보완적인 성격을 갖게 된다고 본다.

따라서 지역복지는 지역사회복지로서 일정한 지역을 단위로 하는 집단 및 지역주민들의 육체적·정신적인 기본 수준의 복리와 생활의 질을 향상시키고 인지된 지역사회개발 과제를 수행하고 행정지원을 받으면서 상호관련된 지역사회단체와 지역체계의 원만한 기능을 위해서 기회균등과 지역근대화 및 배분을 실현하는 지역사회의 노력이라고 개념을 규정하는 바이다.

2. 지역복지의 성격

지역복지라는 용어는 일반화되어 있지 않으며 영국과 미국에서 그 원형을 찾아볼 수 있으나 시론적 접근으로 몇 가지 그 성격을 규명한다면 다음

3) 眞田是, 「社會福祉論」, 有斐閣, 1968, p. 216.
4) 同村重夫, 「地域福祉研究」, 柴田書店, 1970, p. 10.

과 같다.

첫째, 지역복지계획의 성격을 갖는다. 그리고 여기에서는 지역인구의 구조적 측면, 즉 성장률·인구이동·직업별 인구구성과 분포유형 인구학적 근대화의 정도에 따른 제반문제가 지역복지의 차원에서 해결되어져야 한다는 점이다.

둘째, 산업구조의 고도화와 자원의 활용·배분의 합리화가 이루어져야 한다는 점이다. 즉 지역복지가 이루어지려면 지역사회 자원이용이 극대화되어야 하고 경제구조·시장구조·소득구조에 질적 변화를 가져와야 한다는 것이다.

셋째, 사회구조적 형평성 속에서 이루어져야 한다는 점이다. 사회적 구조란 구성원 상호간의 인격적·기능적인 상호작용 관계의 제도화된 모습을 나타내는 것이다. 이러한 사회구조는 권력구조·계층구조·집단구조·신분구조·역할구조 등으로 대분할 수 있는 바, 지역복지는 이들의 상호관계 속에서 순기능이 이루어지고 구성원들의 친밀한 유대 속에서 이루어질 수 있으며, 구조의 형평성 확보 위에 실현될 수 있다는 것이다.

넷째, 환경복지적 성격을 갖는다. 인간의 입장에서 본 환경은 크게 물리적 환경과 사회적 환경으로 분류할 수도 있고, 자연환경과 인공환경으로 분류할 수도 있다.[5] 그런데 현대사회는 자원부족현상이 생기며 공업화로 인한 환경오염과 함께 환경의 유지보존·개발과 관련하여 환경의 개선, 공해방지와 보전 및 여가를 선용할 수 있는 전 국토의 공원화 등 새로운 환경복지가 요구되고 있는 바, 지역복지는 곧 이러한 성격이 뚜렷함을 볼 수 있다.

다섯째, 지역사회교육을 통한 지역인력의 사회적 성격을 갖는다.

여섯째, 사회보장을 중시한다. 사회성원의 생활안정을 기하고 최저임금제도의 도입, 실업보험제도의 실시, 국민복지연금제도의 실시, 의료보호·보험제도의 확대 등이 우선되는 복지라는 점이다. 따라서 위와 같은 성격을 갖는 것이 지역복지라고 볼 때 자연히 다음과 같은 성격을 갖게 된다.

---

5) 김안제, 「환경과 국토」, 박영사, 서울, 1980, pp. 25-26.

3. 지역복지의 특성

우리의 경우 사회가치는 공동체로서의 가족이나 지역을 중심으로 하는 지역사회 단위가 중요시되어 왔으며 일정지역을 중심으로 공동생활을 통하여 생활권·경제권·교통권, 학교권·문화권이 형성되어 왔기 때문에 지역사회개발로서 이루어지는 지역복지의 경우 그 특성을 알아야 보다 바람직한 지역복지의 과제수행을 할 수 있다고 본다. 따라서 그 특성을 요약하면 다음과 같다.

(1) 지역주민의 공동이익 추구형이며 연대성 강화에 초점

현대사회변동 속에서 사회해체의 상태는 많은 지역문제를 노정하고 있으며 지역사회의 동일화작용과 주민의 운명공동체의식의 증대배양은 지역복지의 과제가 갖는 특성이라 하겠다.

(2) 지역주민주도형

추진주체는 어디까지나 주민이며 지역사회의 주인의식을 갖고 지역문화를 바탕으로 창조되는 복지이다.[6]

(3) 기초자치단체에 의하여 지원되는 복지

효율적인 지역복지의 실현을 위해서는 지방자치가 필수적인 것이며 지역사회개발에 주민이 참여하여 지역주민 스스로가 해결하여 이룩하는 복지라는 점이다.

(4) 가족복지와 가장 밀접한 관계성을 갖는 복지

기본적인 사회단위로서의 가족은 4가지 기능, 즉 애정기능·자녀양육의 기능·경제적 기능·정신위안의 기능을 갖는데, 물질사회의 급속한 변화 속에서 가족구성원간의 역할 충돌과 기대 차이, 경제적 독립 등으로 가족기능이 점차 무너져가고 있다.[7] 이리하여 가족복지가 새로이 사회복지에서

6) 신윤표, 주인의식과 지방문화, 「지방행정」, 1983, 5월호, p. 73.
7) 한영춘, 「한국가족실태와 청소년문제」, 어문각, 서울, 1979, p. 73.

떠맡아야 할 경우가 생기므로 해서 예방적 성격의 사회제도적 복지, 치료적인 성격으로서의 지역복지가 역할대행을 하게 되는 점을 특성으로 갖는다고 본다.

제 2 절 지역복지의 과제

2000년대의 지역복지는 오늘의 과제와는 엄청난 차리를 갖게 될 것임은 분명하다. 왜냐하면 복지국가의 상태가 달라질 것이고, 지역개발이 주민주체로 달성되는 지역사회개발을 동반하여 이루어질 것이며, 자치체행·재정의 새로운 지원이 있게 된다는 점이다. 뿐만 아니라 관료적 지배의 지역권력이 재편성될 것이고 도시·농촌관계가 변모하게 되며 그 외에도 공해문제, 상대적 빈곤문제, 주택문제, 노인문제, 장애자문제, 비행, 범죄 매춘문제, 아동문제, 문화교육문제, 노동자·농민문제가 새로운 양태로 대두될 것이다. 이에 연관된 복지지표의 전망과 현실적 과제도출을 위한 기준발전지표를 몇 가지 예시함으로써 광역시·도·시·군·동 단위의 지역복지의 실상과 과제 및 문제의식을 환기하고자 한다.

1. 지역복지의 시책면

지역복지의 시책은 정부와 광역시·도·시·군 및 동단위의 경우 목표와 방향, 규모의 면에서 차이가 있고 지역간의 격차가 있다. 그리고 논의되는 내용은 역점시책과 특수시책·일반시책으로 지역복지의 시책을 대별할 수 있다.

지역복지시책의 중점방향은 그 중요도와 시급도에 따라 예산과 기타 지원내용이 다르나 대체적으로 보면, 영세민 자활능력 배양, 경로·애유의식의 정립, 의료시혜의 확충과 보건향상, 위생시설 수준향상, 건전가정육성과 청소년선도에 방향을 두고 경로효친 두레운동, 영세민 종합보호, 인구증가장려, 방역대책, 만성병관리강화, 수자원보호, 청소년 도덕운동, 윤락여성선도, 주거환경의 선진화 복지시설의 확충, 시민교양교육의 강화 등의 시책을 추진 및 지원하는 일이다.

2. 지역복지의 실태면으로 본 문제점

첫째, 제도면에서 중앙정부 주도적이며 지역현실이 감안되고 있지 못하고 있다.

둘째, 기본수요가 충족되지 못하고 있으며 보호비지원 등에 있어 절대빈곤의 상태 속에 너무 미흡하다.

셋째, 핵가족화와 개인주의 발달로 시설의 점증이 예상된다.

넷째, 사회복지예산 대부분이 국고보조사업이므로 더욱이 지역주민이 책임을 별로 느끼지 않아 문제이며, 지역사회개발운동이 마을 단위로 되어 지역복지개발이 광역화되지 못하므로 해서 규모에 맞는 지역복지사업의 전개가 어려운 실정이다.

다섯째 저소득층의 부담능력을 감안, 의료보호 확대가 요망되는 점이다.

여섯째, 기술교육 등의 설비보조가 더욱 지원될 필요가 있다.

일곱째, 영세민 생업자금이자율과는 일반대출 이자율과 큰 차이가 없어 곤란하고 자금이 부족하여 사채의존이 많다.

여덟째, 노동부 지방사무소 기능이 약하여 취업알선이 잘 안 되고 있다.

아홉째, 지역경제가 활성화되고 있지 못하며 복지의 사각지대가 많다.

열번째, 지역복지를 지역주민 스스로 해결하려는 주민 수준, 즉 시민정신이 있지 못하다는 점을 들 수 있다.

3. 지역복지의 전망과 과제

1) 지역복지 주축의 전환

기본적으로 주권재민이기 때문에 지역사회에 있어서의 개발의 결정권은 주민이 주체적으로 해결적 역할을 해야 한다[8]고 본다. 그렇게 될 때 지역주민들과 관련된 사업의 수행이 가능하며, 정부보조금형 부분복지가 아닌 실질적인 종합복지가 될 수 있으며, 다양화되는 주민들의 욕구와 필요가 스스로의 책임으로 이룩될 수 있으며, 정부기능을 지역주민이 역할분담을 하게 되고 명실공히 지역주민을 위한 지역복지가 될 수 있을 것이다.

2) 지역사회조직의 개발과 활성화

지역복지에 있어서의 조직은 지역·형태·기능에 따라서 분류할 수 있다. 일반적으로 조직개발의 개념은 지역사회가 갖고 있는 제과제를 사회문제해결모형을[9] 통해서 해결하려는 장기적 노력이며 지역사회 내 주민의 행동양식과 태도를 변화시키는 효과적인 방법이고, 조직의 역할을 개선하는 수단이다[10]라고 할 때 지역복지는 이를 통하여 지역주민의 자치의식을 향상시키고 주민참여로서 동원이 아닌 자율과 자조와 협동생활이 되도록 할 때 이루어진다고 하겠다.

3) 지역산업의 육성

지역사회는 그 지역사회 나름대로 역사적·정치적·경제적·사회적·문화적 특성을 가지며 지역입지에 따라 특화산업이 전개되어야 한다.

이와 같이 지역산업이 개성있게 육성되어야 취업기회도 창출되며 지역산업을 위한 경제환경의 변화로써 자연환경과의 조화, 자주성·다양성의 존중, 중앙·지방정부의 보완, 소비요구수준의 고도화, 문화사업의 신전개, 첨단기술산업 등을 추구하며 그 지역의 인재를 양성하여 지역의 자원을 충분히 활용함으로써 지역의 특성과 자주성이 존중되는 사업[11]을 전개하여 그 지역형복지의 정체성을 갖도록 하는 일이다.

---

8) 住俗聲·右田紀ヌ惠, 「現代の地域福祉」, 法律文化社, 1983, p. 272.

9) Robert Perlman and Arnold Curin, *Community Organization and Social Planning*, John Wiley & Sons, Inc., New York, 1972, pp. 61-75.

10) 신윤표, 「지역개발론」, 법정학회, 서울, 1979, p. 420.

11) 田園都市構想硏究 クルーフ, 「田園都市國家の構想」, 行政硏究會, 日本, 1983, pp. 21-24.

4) 지역문화의 창조

21세기의 우리 국가의 체제는 과도하게 중앙집권화된 정부체제의 분화와 분권이 이루어지고 지역별로 다극분산형 체제로 이행되어 '지방의 시대'[12]가 도래하며 지방에로 권한위양과 지방정부에 재원배분도 이루어져 각 지역마다 생활정주권이 형성됨으로써 다양한 문화활동에 대한 욕구가 증대되어 그에 따라 지역문화를 창조함으로써 물질적 생활의 풍부 외에 생활의 질과 정신적 만족을 희구하게 되어 경제권과 행정구역, 통근·통학권별로 지역주민이 일상거주하는 장을 기초로 문화활동권을 제반시책으로 이루어가는 일이 지역복지의 과제가 될 것이다.

5) 사회교육의 강화

생활과 사회의 구조변화에 따라 지역연대감이 상실되어 가며 인간관계의 단절이 심해지기 때문에 이웃정신을 길러야 하며 지역지도자를 양성하여 "타인화 경향"[13] 속에서 생기는 사회병리를 제거하는 일이다. 그리고 지역경영·사회기술·집단자결·과제해결·집단결합, 각 사회단체의 유대강화, 인간교육 등을 촉진할 수 있도록 인구학적 근대화와 고급 인력개발을 위한 지역사회학교의 창설로서 사회교육을 강화하는 것이 지역복지의 실천을 위한 과제라고 하겠다.

6) 생활환경의 정비

지역복지의 과업을 생각할 때 산업도시화의 인간적 피해를 방지하고 생활환경의 질이 주민들에게 공평하고 수혜될 수 있도록 포괄적인 인간적 배려가 있어야 하겠다. 특히 불량주거지역의 문제·공해문제·교통불편·공원예지의 문제·인간 일상생활의 쾌적성과 분위기의 온화함, 환경시설물의 적정 배치, 환경용량을 고려한 공업화의 추진으로 생활환경을 정비하는 문제이다.

---

12) 礎村英一, 「地方の時代」, 東海大學 出版會, 日本, 1980, pp. 141-158.
13) 田邊員一, 「現代地域社會教育論」, トメヌ出版, 日本, 1972, pp. 236-278.

7) 사회보장의 확충

경제성장에 치중한 나머지 사회정책을 소홀히 하여서는 사회 갈등을 해소할 수 없을 것이며 격차해소를 위한 재분배정책이 요구될 뿐 아니라 일자리 창출과 빈곤의 사회적 양극화 현상을 막아야 할 것이다. 이 외에도 생활의 쾌적성 보장형과 노동환경보장 그리고 불평등 시정 등의 복지사회지향이 요구된다고 본다. 또한 의료보험제도의 전 국민 확대, 노령·사망·재해 등의 사회적 위험에 대비한 연금제도의 실시와 복지지표의 수준이 높아져야 하겠다.

제 3 절 지역복지과제의 수행전략

우리의 경우도 21세기에는 빈곤의 악순환은 적어질 것이며 정부의 힘으로도 영세민의 기본적인 생계욕구는 충족될 수 있을 것으로 본다. 그러나 지역사회개발을 통한 상당한 수준의 지역복지를 이루어야 할 것이다. 이를 위해서는 정부의 기능과 지역사회의 역할이 같이 필요하리라고 보며 이 두 측면에서 수행전략을 논하고자 한다.

1. 지역복지를 위한 행정상의 수행전략

1) 지역민주주의의 확립

지역복지는 주민의 인간다운 삶의 질을 향상시키고 기본적 인권을 최대한으로 보장하여 주민의 지역에로의 기여도를 극대화시키는 데 그 실질적인 의의가 있다. 따라서 이러한 지역복지를 실현하기 위해서는 정치 및 행정의 민주화가 이루어지고 민주적인 지역사회개발의 목표 그리고 민주적인 정책결정이 이루어지고 이러한 모든 활동의 주체인 지역주민이 주민성을 발휘하고 지역주의 사상[14] 위에 생활의 민주화가 먼저 되어야 하겠다.

이러한 지역민주주의의 확립을 위해서 지방행정은 지방정부체제가 되어야 할 것이며, 지방자치제의 확립과 자치적 의사결정기구가 수립되어야 하며, 주민의 의사와 요구가 지방정부에 의해서 수렴되어 정책에 반영되어야 하겠다.

2) 실태파악

우리 나라의 급속한 경제고도성장과 사회구조의 변화는 복지사회를 이룩하는 데 어려운 문제로서 특히 사회적인 불안요소가 생겼다. 소외계층이 생겼다. 인간화문제가 더욱 절실해지고 있다. 새로운 교육수요와 지역복지와 상관성을 가지는 다른 복지와의 조정 내지는 대립이 생기고 있다. 정부나 민간 이 모두 사회복지나 지역복지 프로그램을 위한 부담금이 늘어나고 있다. 건강한 국민을 만들기 위한 일이나 노력이 증대되고 있다.

그런데 문제는 이러한 변화의 실상과 양태가 정확하게 분석되고 있지 못하며, 과학적인 통계와 기초조사가 안 되어 미래 지역복지의 설계가 이루어지지 못하고 있으며, 목표 · 방향 · 정책 · 기획이 체계적으로 수립되지 못하고 있으며 이를 위한 조직의 뒷받침이나 동작화 · 평가분석 · 시정조치가 이루어지지 못하는 바 지역복지를 포함한 복지행정체제의 수립이 되도록 하여야 하겠다.

3) 한국형 지역복지모형의 수립

지역복지란 지역주민이 개발에 참여하고 지역사회 내의 제제도에 영향을 주며 지역사회의 문제를 예방하고 해결하고자 하는 사회적 노력이기 때문에 아동 · 청소년 · 노인복지라는 대상층 중심의 복지활동보다는 지역성이 뚜렷하다.[15] 그렇기 때문에 이상적인 지역복지는 이상적인 지역사회의 개발로서 이루어진다고 보는데 문제는 현실과 주어진 여건이라고 본다. 그 뒤에 노력과 의지의 결집이 요구된다고 할 때 몇 개의 시에서 볼 수 있는 실상과 모형수립을 위한 부문별 정책과제를 보면 다음과 같다.

---

14) 王野井芳郎, 地域主義の思想, 農産漁村文化協會, 日本, 1981, pp. 13-39.
15) 최일섭, 「지역사회복지론」, 서울대학교 출판부, 1985, p. 25.

첫째, 거주보호기준의 현실화이다. 현재의 부식비 연료비 외에도 피복비 · 생계보조비 등의 지원이 요망된다.

둘째, 의료보호범위의 확대이다. 의료비보장가구에 과중한 진료비 발생시 신청에 의거 장기간 균등 상환되도록 융자제도가 확립되도록 하는 일이다.

셋째, 교육비 및 직업훈련의 적극 지원이 요구된다. 특히 영세민 자녀로서 실업계 고등학교 진학자의 수업료 지원과 공단직업훈련기회 확대, 보호자의 기술능력을 향상시켜 취업기회를 부여하는 일이다.

넷째, 사회복지시설 수용기회확대와 운영합리화이다. 특히 정신질환자, 신체장애자, 노약자를 위한 사회복지시설을 확대하고 자활보호자에게도 무료 수용기회를 부여하도록 하는 일이다. 현행 사회복지시설의 유료환자 수용허가를 폐지하고 무료 사회복지시설의 확대를 위한 민간자본 참여를 유도한다.

다섯째, 영세민 집단지역 주택개량을 정책적으로 지원한다. 이를 위하여 ① 영세민 집단지역 주택개량 지원에 관한 법률을 마련하고 세제감면근거를 규정한다. ② 영세민 집단지역 주택개량 시공자에 대한 은행 특별금리로써 융자와 조세감면혜택을 부여 건설업자의 참여를 유도하고 영세민 자부담을 경감하도록 한다. ③ 부의 양극화 방지와 함께 최저리 도시영세민 주택자금을 융자하도록 한다.

여섯째, 생계자금융자 기회를 확대한다. 즉 생활보호대상자에 대한 자금융자기회를 확대하여 소득불안정으로 인한 사채사용을 억제함으로써 빈곤의 악화와 절대빈국으로부터 해방토록 한다.

일곱째, 사회복지 예산의 지방화이다. 중앙 · 지방간 세원을 재배분하여 사회복지의 시혜가 지역단위로 적절성을 기할 수 있도록 사회복지 예산의 지방화를 도모한다.

2. 지역복지를 위한 민간부문의 역할

지역사회의 복지를 향상시키려는 노력은 특수 전문분야에 국한되는 것이 아니고 사회사업, 공중보건, 성인교육, 공공행정, 도시계획, 정신건강 등의 전문가들과 민간단체나 정치·사회단체의 자원봉사자들에 의해서 광범하게 수행된다고 본다. 따라서 지역사회복지를 위한 역할은 다음 몇 가지를 생각할 수 있겠다.

첫째, 생활정주권 중심으로 지역사회개발운동의 전개와 함께 생활권 중심으로 민간 자선활동을 전개한다.

① 지역주민의 생명과 재산의 안전을 도모한다.

② 보건과 위생생활을 하도록 한다.

③ 여가시간을 건설적으로 활용한다.

④ 도덕생활운동을 전개한다.

⑤ 상호정보를 제공하여 사회복지법에 근거하여 설립된 민간단체들은 지역복지의 과제를 수행하도록 한다.

둘째, 기업별로 복지재단을 만들도록 하여 지역복지사업을 전개하는 방법이다.

셋째, 대학별·연구소별로 조사연구 프로그램을 개발하고 사회교육원 등을 설립 운영하여 지역복지사업과 운동을 전개한다.

제 9 장

지역개발재정의 강화방안

제 1 절 지역개발자금의 의의

지역개발자금은 지방재정과 유사한 개념을 가지고 있다. 즉, 지역은 지방을 단위로서 농촌과 도시를 모두 포함하는 것으로 이해될 때 지역개발자금은 그 주체가 정부와 구분되기 때문이다. 지역개발자금은 지방자치단체로 하여금 운영되고 투자되는 성격으로서 국가 재정과 구별되지만 상호 밀접한 관계가 있다고 생각될 수 있다. 지방재정도 필요한 재원을 조달하고 지출하는 경제활동을 하고 지역적인 성격을 갖고 있기 때문에 독점적인 재정운영을 할 의무가 있으나 실제적으로 국가 내의 지역이라는 점에서 그렇지 못한 면이 있다. 이것은 지역적인 격차문제가 발생되고 국가에 대한 직·간접의 통제를 부여하게 된다.

그러나 지역적으로 균등한 발전이 이루어지리라고 생각한다는 것은 불가능한 일이고 더구나 지역적 입지 조건이나 자연환경, 인적·물적 자원의 동원 능력, 역사적 배경에 차이가 있는 한 지역 간의 경제적 차이가 발생한다는 것은 불가피한 현상이다.

30여년간의 산업화연대에 있어서의 사회·경제 환경의 변동과 생활양식의 변화는 지방재정수요의 양적 팽창과 더불어 전에 없었던 새로운 부문에서의 재정수요를 창출하여 지방재정수요구성 및 발생요인에 있어서 변화를 가져왔는데, 이와 같은 지방재정수요구성 변화의 중요 원인을 살펴보면

첫째, 인구의 도시집중에 따른 '급격한 도시화' 현상이다. 1949년에는 17.2%였던 시부인구가 1960년 28%, 1970년 41.1% 그리고 1980년에는 57.3%에 달하게 되어 시부인구가 군부인구를 넘어서게 되었다. 또 전체인구대비 2만 이상 읍과 시의 인구비를 나타내는 도시화율을 보면 1960년 36%, 1970년 50% 그리고 1980년에 67%를 넘어 가속화되고 있다. 특히 대도시에서 인구집중이 극심하여 서울과 부산의 인구는 전체인구대비 1960년 14.4%, 1970년 23.5% 그리고 1980년에는 30.7%로 급상승하였다. 특히 광역도시 인구 변동률의 경우를 보면 <표 9-1>과 같다. 이와 같이 수도 서울의 인구 및 경제력 집중현상은 두드러져 서울시 재정의 엄청난 비대를 가져오기도 했다. 이러한 현상이 지역적 개발과 탈서울 중심이라는 정책과제에 이르게 된 것이고 반대로 지방의 경제나 사회적 구조는 빈약한 상태에 이르게 된 것이므로 이의 시정상 또한 지역개발자금의 확충과 건실화를 서두르게 되는 것이다.

〈표 9-1〉 광역도시 인구 증가율

지역	2002년	2003년	2004년	2005년	연평균 증가율	증가순위
수원	1,023,875	1,040,223	1,042,132	1,044,434	0.670	3
광주	1,387,360	1,400,683	1,406,915	1,408,106	0.500	4
대구	2,540,647	2,544,811	2,539,738	2,525,836	-0.190	7
대전	1,424,844	1,438,778	1,450,750	1,462,535	0.870	1
부산	3,747,369	3,711,268	3,684,153	3,657,840	-0.800	8
서울	10,280,523	10,276,968	10,287,847	10,297,004	0.050	6
울산	1,070,277	1,078,926	1,087,958	1,095,105	0.770	2
인천	2,596,102	2,601,278	2,610,715	2,632,178	0.460	5

* 자료: 각종 통계 종합 2005.

둘째, 지방재정의 관련 영역이 크게 증가되었다. 1960년대에는 치안 및 단순행정과 농업행정을 중심으로 한 초보단계의 지역단위 행정·관리 기능만이 주된 기능으로 지속되었으나 1970년대에는 새마을운동의 태동과 더불어 국가 차원의 경제개발계획에 부응하는 지역개발행정이 정착하기 시작하였다. 1980년대 이후부터는 개발개념은 시대적 요청에 따라 '경제' 단일개념에서 '경제·사회'개발 개념으로 확장·활용하게 되었다.

셋째, 생활 수준이 향상되므로 이에 준하는 시설과 복지, 보다 나은 행정서비스를 요구하게 됨으로써 지방재정의 확충요인을 지적할 수 있겠다. 이러한 여러 가지 사회요인을 해결하고 지방자치의 자주적 운영을 기하고 지역적 특수성을 살피면서 운영해 보고자 하는 의도에서 지역개발자금이 태동됐다고 볼 수 있는 것이다. 그러므로 지역개발 자금의 조달 주체는 국가 지방자치단체 및 공공단체, 공기업·사기업과 개인 등으로 분류할 수 있고 분류된 주체 간의 자금 조달과 액수는 지역 규모와 지방의 재정 변수에 따라 달라질 수 있는 것이다.

제 2 절 지역개발자금의 과제

효율적인 지역개발 경제기반에 의하여 생활권의 번영과 주민소득을 향상시키고 소득생활의 장이며 생존의 장으로서 취업기회를 확대시키고 지역경제의 활성화를 위한 지역경제기반확충을 하여야 할 것이다.

지역경제의 활성화 문제는 낙후지역의 소득을 증대시킴으로써 그 해결방안을 모색할 수 있다. 지역별 우선 투자대상과 가용 자원의 파악, 생산기반시설의 확충, 기반산업과의 합리화를 도모할 수 있도록 각 지역간 또는 각 지방간의 협동작용으로 활성화를 기한다. 이는 다음과 같은 문제점들을 해결하여야 할 것이다.

첫째, 지역경제의 활성화를 위해서는 경제기반이론의 도입이 요구된다.

둘째, 지역별 경제기반산업의 현황과 분석작용의 활성화이다. 현재의 각 지역별 경제분석은 상당히 미비한 상태에 있다. 각 지역별 전문성의 결여와 각 광역자치단체와 정부의 통계자료가 더욱 정교화되어야 한다. 이것을 해결하기 위해서는 지역 자체별로 전문요원양성과 과학적인 통계처리체계가 필요하다.

셋째, 지역산업의 경제규모가 영세하다. 즉 생산기반의 취약과 유통체계의 무질서, 자본과 인력자원 등의 과학적 배치의 결여, 자본의 축적과 생산시설의 영세성 등으로 기반경제가 빈약하므로 지역경제의 활성화를 기대할 수 없는 형편이다.

넷째, 지역경제가 중앙정부정책에 강한 영향력을 받고 있다. 이는 지방의 자치적인 사업이 그 지역의 재정과도 관계가 있지만 계획을 수립하더라도 중앙계획에 의하여 무시되고 흡수되는 경우가 많고, 재정 또한 국고보조금이나 교부금식으로 얽매이기 때문에 중앙의존적인 상태가 되어버린 것이다.

다섯째, 지역경제와 지방행정과의 긴밀한 상호관계가 요구된다. 이것은 그 지역이 안고 있는 문제를 그 지역행정이 처리할 수 있는 능력을 보유하여야 한다는 것이다. 그러나 실제적으로는 그러하지 못하다. 왜냐하면, 주요기업이나 산업시설은 국가에 의해서 운영되고 감독되기 때문이며, 지방행정관리자 또한 중앙정부에 의해서 인사권이 좌우되기 때문이다.

여섯째, 지역경제를 다룰 전문인력이 부족하다. 이는 지역행정이 안고 있는 최대의 난점이라 할 수 있으며, 창의력과 추진력이 강한 인력은 중앙으로 발령되거나 차출되어 지방정부는 계속 미숙한 상태로 남아 악순환이 계속된다.

일곱째 각 지역별로 특성화를 살릴 수 있는 산업의 육성이다. 각 요소별로 또한 경제구조분석을 통하여 지역공간을 최대로 활용하고 그 지역에 합당한 지역산업을 발전시킬 수 있도록 한다. 이를 위해서는 과학적인 토지조사는 물론 가용자원의 분석, 각 산업간 연계능력분석 등을 과학적으로 조사·분석하여야 한다. 이러한 것이 현재 지역개발을 실시하는데 중요한 경제적 변수인 것이다. 이를 극복하기 위하여 산업의 다양화와 지역적 발전을 할 수 있는 산업의 육성, 지역적 특수 산업의 육성 및 국가와 지방간의 세수 조정을 합리적으로 기할 수 있어야 할 것이다.

제 3 절 지역개발자금의 재정적 기능과 구성

1. 지역개발자금의 재정적 기능

재정은 대체적으로 자원분배기능과 소득재분배기능, 경기조정기능 등으로 분류된다.

자원분배기능은 사기업이 공급하기가 불가능하거나 적절치 못한 공공서비스를 제공하기 위한 기능이다.

소득재분배기능은 국민 개개인의 소득을 평등하고 합리적으로 재분배하기 위한 기능인데, 이것은 재정의 수입·지출의 양면을 통해서 그리고 지출면에 있어서 생활 보호 등 저소득자에 대한 이전지출을 중심으로 하는 경비 지출에 의해서 그것이 실현된다.

경기조정기능은 경제의 안정적 성장을 유지하기 위하여 경기변동을 가급적 억제·조정하는 기능으로써 경기변동에 수반되는 실업·도산 물가등귀 등의 국민생활에 영향을 미치는 요소를 적극 억제 또는 경제를 안정한 상태로 국민경제의 적절한 성장을 실현해 나가는 역할을 하고 있는 것이다.

그러나 지역개발재정이 갖는 이러한 기능 역시 국가재정과 밀접한 관련을 맺고 있고 유기적으로 협조하지 않으면 안 되는 것이다. 그것은 소득재분배기능은 전국적 규모로 실시돼야 하고 지역적으로 차이가 나면 안 되기 때문이며, 경기조정기능도 역시 어떤 특정한 지역에서만 이루어지는 것이 아니라 국가전체로서 이루어져야 할 것이다. 이렇게 볼 때 지역개발재정은 간접적인 지역경제를 구성한다고 볼 수 있고 국가재정과의 연관성을 부인할 수가 없는 것이다. 그러나 지역경제의 건실화는 지방자치의 초석이 될 수 있고 국가에의 의존성을 탈피함으로써 지역개발사업과 특수성에 맞는 사업 및 산업을 추진할 수가 있다.

2. 지역개발재정의 구성

1) 지방세

지방세는 지방자치단체가 재정수요에 충당하기 위해서 주민 또는 이와 동일한 지위에 있는 자로부터 특별한 개별적 보상없이 강제적으로 징수하는 재산이다. 따라서 지방세는 과세권의 주체가 지방자치단체인 점에서 국세와 다르다.

지방세의 특징은 첫째, 지방세는 지방자치단체가 공적 욕구충족에 필요한 일반적 경비를 얻기 위한 재원조달 목적으로써 징수하는 것이고 원칙적으로 특정한 필요에 의해서 징수하는 것이다. 둘째, 지방세는 지방자치단체가 과세권에 의해서 강제적으로 과하는 강제적 과징금이다. 셋째, 지방세는 특별한 급부에 대한 반대 급부의 성질을 가지지 아니하고 일반주민으로부터 일방적으로 징수하는 것이다. 넷째 지방세에 대한 주민의 납세의무는 금전으로 표시되고 그 납부도 금전으로 하는 것이 원칙이다.

이러한 특성을 가지고 있는 지방세는 지방자치단체의 자립적인 활동을 수행하는 데 중추적 역할을 하고 지역개발사업추진을 위한 기금으로써 역할도 수행하고 있다.

이 지방세는 크게 도세와 시・군세로 나누어 도세는 취득세・등록세・면허세, 시・군세는 다시 보통세와 목적세로 나눈다. 보통세는 주민세・재산세・자동차세・농지세・도축세・마권세로 구분되고, 목적세는 도시계획세・소방공동시설세・사업소득세 등으로 구분된다. 따라서 지방세는 지방자치단체의 독립성을 보호한다는 의미에서 독립재원이라고도 하며, 자립적 활동을 하는 데 중요한 재정자립도의 측정 기준이 되는 것이다.

그리고 지방자치단체주민은 지방세의 부담을 통해서 지방자치단체행정의 납세자로 관심을 가지게 되고, 이와 같이 지방자치단체의 서비스와 주민부담 사이에 직접적인 연결이 있음으로써 주민의 과대한 요구도 억제되어 건전한 지역개발재정이 육성되어 간다고 볼 수 있다.

2) 세외수입

세외수입은 지방자치단체의 독자적인 노력과 절차에 의한 수입이라는 점에서 자체재원에 속한다. 그러나 일반재원이냐 또는 특정재원이냐 하는 구분에 있어서는 일률적으로 말할 수는 없고 그 수입되는 근거에 따라서 달라질 수 있다. 예를 들면, 하천사용료는 하천에 관한 이용에 사용하여야 하고 공원사용료는 공원의 관계와 보수・개발 등에 연관해서 사용해야 한다(자연공원법 33조 2항)는 것과 같이 법규의 규정에 의하여 그 재원의 용도가 특정되는 경우가 있다. 즉 세외수입은 지방재정수입 중 지방세・지방교부세 및 국고보조금을 제외한 나머지의 수입을 지칭한다고 볼 수 있다.

이에는 부담금 및 분담금・사용료・수수료・재산수입・기부금・전입금・이월금 등으로 구별될 수가 있는데, 독자적인 성격을 지니고 있는 세외수입은 그 종류가 많고 지방자치단체의 업무성질과 경제활동에 따라 발생하는 것 등 그 수입구조면에서도 매우 다양한 것을 볼 수 있고, 전년도에 의한 세외수입의 성장 추세를 결정하기란 매우 곤란한 점이 있으며 지역경제성장의 변동에 따라 수수료나 이자 수입, 재산 매각료 등이 민감한 반응을 보이기 때문에 신축성이 확정적이지 못하고 변동가능성이 많다고 볼 수 있으며, 세외수입의 징수율 역시 불확정적이다.

이러한 이유는, 첫째, 지방사무 증대에 대한 세행정 등의 수요변동을 파악하지 못한다는 점, 둘째, 이용자 부담 원칙에 있어 너무 과중한 원칙을 적용한다는 점, 셋째, 행정목적상 공익추진주의에 입각한 것이 아니라 행정 기관 위주의 비합리적 정책, 넷째, 세원에 대한 분석・예측에 대한 불확정, 다섯째, 비전문가의 배치로써 전년도 증액주의에 대한 산물로의 측정, 여섯째, 지방업무나 지역개발사업 등이 경제정책과 국가행정의 관여에 민감하게 반응하기 때문이다.

3) 지방재정조정제도

지방재정조정제도란 각 지방자치단체별로 재정력과 조세 부담력, 지방재원의 부족력 등에 있어서 행정집행상 균형을 유지해 주기 위한 재원의 재배분 기능이라고 말할 수 있다.

우리 나라 지방정부는 국세에 의한 과중한 편익성과 지역간의 경제적 격차, 지방재정의 지방세 낙후성 등으로 인하여 지역간 재정적 격차가 매우 높다. 이러한 현실로서는 효율적인 지역개발사업과 지역의 행정적·사회적 향상은 물론 공공 서비스를 향유하는 지방재정적 기능을 수행하지 못하는 결과를 가져오게 된다. 그러므로 국가는 지방에 대한 균형화를 실시하여 사무 배분과 지원 배분 사이에 합리적 조정을 하게 되는데, 국가가 지방자치단체에 대하여 전국적 이익과 국가적 관심의 대상이 되는 업무를 수행하는 데 필요한 경비의 일부를 지불하는 국고보조금제도와 지방자치단체의 재정수요와 세수를 비교하여 부족 재원을 보충할 목적으로 국가가 지방 자치단체에 교부하는 지방교부세제도가 있다.

이러한 두 가지 요소를 포함하고 있는 지방재정조정제도는 지방재정력 격차를 해소하기 위한 균등화 작업과, 지방재원을 전국적인 차원에서 조정을 하는 기능 그리고 지방행정수준의 유지와 특정사업을 장려하려는 국가적 차원의 배려와 지방자치단체를 독립적인 지역단체로 인정하여 지방사무를 독립적으로 처리하려는 국가적 기능과 재정적 활동을 통하여 지방세원의 발굴과 지역경제의 활성화 또는 국가적 잉여 자본의 지방적 유출이라는 특징을 갖게 함으로써 지방행정의 계획적 수행과 지방재정의 강화를 촉진하려는 보다 합당한 재정제도라고 볼 수가 있는 것이다.

이 지방재정조정제도를 실시함으로써 지방정부가 갖게 되는 문제점이라면 국가에 대한 의존성의 강화, 지방고유사무의 전개력의 약화, 주민복지 및 공공 서비스의 일부 계층으로서의 편중, 지역특수성을 무시한 국가적 지시 사업의 전개, 우선순위사업이 보조금의 유무에 따라 업무순위가 뒤바뀔 가능성이 있고, 긴급사태의 재정을 요구할 때 신축성이 부족하므로 재정적 부담을 가중시키는 결과를 초래하게 되는 것이다.

이러한 특성을 가지고 있는 지방재정조정제도는 현재로서는 지방재정에 필요불가결한 요소로서 등장하고 있고 그 존재가치가 지방자치단체에 의하여 강력하게 인정받고 있는 실정이다.

먼저 지방교부세는 국세로서 전국적으로 징수하고, 이 세수입을 일정기준에 따라 시를 포함하는 지방자치단체에 교부함으로써 지방재정을 조정하려는 제도로서 어떠한 지방정부에서도 재정력 여하에 불구하고 일정한 비율로 과세만 한다면 지방정부가 보편적으로 담당하는 여러 종류의 지방공공 서비스에 대한 최저한의 공급률을 가능하게 하는 것이다.

또한 국고보조금이 지방재정에 미치는 영향은 매우 지대한 것이고 시나 군의 재정의 빈약성이 강하면 강할수록 국고보조금이 차지하는 비율은 증가하고 있다는 것을 알 수 있다.

국고보조금은 지방재정에 대한 이러한 배려가 국가재정상 필요하다고 인정될 때 교부되는데(지방재정법 제18조) 국고보조금제도는 다음과 같은 문제점을 안고 있다. 첫째, 중앙과 지방 간의 사무배분 및 경비부담기준이 설정되어 있지 않다. 둘째, 지방정부의 부담을 수반하는 국고보조를 하는 경우 국고보조기관의 형편에 따라 부담 비율이 결정되기 때문에 지방재정의 어려움을 초래한다. 셋째, 국고보조를 통하여 중앙정부의 지방정부에 대한 통제와 감독이 강력하여 지방자치단체의 결정 참여가 허용되지 않고 보조금의 용도를 세부적으로 지정하므로 예산집행의 신축성을 저해하며 사업효과를 떨어뜨리는 점 등이 있다.

제 4 절 지역개발재정의 조정과 강화

1. 지방세의 발전방향

지방 자치의 기준으로서의 지방재정은 지역의 균형적 발전과 주민생활환경의 개선, 민주행정을 실현하는 근원적인 문제라고 볼 수 있다.

지방재정은 공업의 지역간 불균형을 완화하고 지방공업을 육성하며, 공업화에 따르는 제발전적인 기능을 수행해야 하며, 낙후지역을 개발하여 공평성있는 발전을 도모해야 하고 지역생활권에 중점을 두어 시·군 도로를 적극 개발하고 지역간 연계 작용과 사회간접자본을 균형적으로 확충하는 기능을 수행해야 한다.

즉, 지방재정의 발전방향으로서 첫째, 자치재정을 기할 수 있는 기반확대와 주민통합에 정당성을 부여할 수 있는 민주세제의 확립과 자주적인 부담원칙에 의한 기초 확립, 둘째, 지역적 불균형의 완화로서 전체적 발전을 추구해야 할 것이고, 셋째, 지방산업의 육성과 지원으로서 지역주민의 소득이 증가되고 그 소득원으로 하여금 징수하는 세수입에 건실화를 기할 수 있도록 지역경제의 활성화를 추구해야 되며, 넷째, 투자 재원의 확대와 다변화로써 자체 수입을 증대시켜야 하고, 다섯째, 도시개발기금의 설치와 지역개발에 대한 재정 확보로써 자주적 기반을 확고히 해야 할 것이다.

이 지방세원의 증강문제는 최근의 지방 행정을 둘러싼 환경의 변화에서도 새로운 관점에서 이를 검토할 배경이 생겼다. 즉 이 때까지의 고도성장시대에는 중앙집권체제가 적합하다고 보는 면도 없지 않았으나, 복지나 생활환경 문제가 앞으로의 정치·행정의 중심과제가 된다고 본다면 그 직접적인 집행은 당연히 주민의 일상생활과 가장 가깝고 밀접한 관계에 있는 지방자치단체가 수행하여야 하며, 그렇게 하기 위해서는 재원이나 권한을 지방에 이양하여 지방분권체제로의 전환을 도모하는 것이 요청되는 것이다. 그러므로 지방 세제의 바람직한 방향을 제시해 보기로 한다.

1) 자주재원의 확충

지방자치의 건전한 발전을 도모하면서 균형있는 지역발전과 생활환경의 개선, 사회복지의 확충 등 보다 나은 주민 생활을 목표로 지방행정을 추진하기 위해서는 민주적인 행정·재정제도의 확립이 근원적이면서 시급한 과제라 하겠다. 주민의 자발적 부담에 의하여 주민선호에 따라 공공 서비스를 급부하는 자치행정의 구현이 우리 나라 지방행정의 궁극적인 목표라는 점을 감안할 때, 주민참여의 확대를 통한 점진적인 지방행정의 자율적 운영 기반의 구축은 전국의 균형있는 발전과 지역경제의 활성화, 더 나아가서는 국민통합을 유도하는 데 긴요할 뿐 아니라 자치능력의 향상을 통하여

지방자치실현의 실질적인 기반을 조성할 수 있다고 보겠다.[1)]

2) 지역적 불균형의 완화

지역개발사업을 추진하기 위해서는 지역적 불균형과 지역간 재정격차를 줄여야만 한다. 지역경제의 지역간 불균형은 지역적 불균형 성장과 경제활동의 둔화현상을 낳게 된다. 뿐만 아니라 주민국가에 있어서의 이러한 문제는 기회균등의 원칙에 의해서 인구이동이나 한 지역의 급속한 퇴보현상을 파생시킬 수가 있기 때문에 이의 조정은 상당히 중요하다고 볼 수 있다. 그러므로 이의 접근은 지역의 경제적 측면에서 지역간 연계적 측면에서 낙후지역에 대한 국가의 관여가 불가피하다고 볼 수 있다.

3) 과세자주권의 확대

과세자주권의 확대는 지방세제의 본질에서의 요청일 뿐만 아니라 오늘날과 같은 급격한 지역사회의 변화에 대처해 나가기 위해서도 절실히 요청되고 있다. 즉 과세자주권은 현재와 같은 획일적·경직적인 지방세제의 결함을 보완하는 소극적인 역할에 그치지 않고 비용부담의 사회적 공평의 확보와 같은 적극적인 기능도 수행할 수 있을 뿐만 아니라, 지방재정확충의 한계를 타개하는 돌파구의 역할도 할 수 있는 것이다.

첫째로, 과세자주권은 이의 활용을 통해서 사회적 공평의 확보 또는 지역개발의 촉진과 같은 적극적인 기능도 수행할 수 있을 것이다. 즉 도시재정에 있어서 비용부담의 공평화 또는 개발이익의 환원 등이 요청되고 있으나 현행 지방세제하에서는 지방자치단체의 독립적인 힘으로는 이에 대처할 수 있는 여지가 거의 없다. 그러나 과세자주권의 확대가 이루어지면 이러한 요청에 대응할 수 있는 유력한 수단으로 활용될 수 있는 것이다.

둘째로, 과세자주권의 확대는 지방세원의 확보를 위한 유력한 수단의 하나로 등장될 수 있을 것이다. 물론 과세자주권이 단순히 재원보전수단만으로 지방자치단체에 부여된 것은 아니지만 이의 효율적인 활용은 지방재원

---

1) 오연천, "지방자치기반조성을 위한 지방재정의 발전방향," 한국행정학보 제18권, 1984, p. 55.

확충에 크게 기여할 것으로 본다. 특히 현재와 같이 세원이 편재되어 있는 상태하에서는 지방세를 확충한다 할지라도 획일적인 세제가 전제로 되어 있는 한 단체간의 재정력 격차는 더욱 확대되게 마련인데, 과세자주권의 확대는 탄력적인 지방세체계를 통해서 재정격차확대의 상태를 회피하면서 그 지역 또는 그 재정력에 합당한 세원 확충을 기할 수 있는 길을 열어 주는 것으로 된다.

4) 지방세원 신장에 대한 분석

종래 지방세원의 강화와 관련해서 주로 제기되었던 과제는 안정성의 문제였다. 지방자치단체의 사무는 안정도가 높으므로 그 세입도 매해 변동은 될 수 있는 대로 적은 쪽이 좋다는 의논이다. 이 주장은 물론 일리가 없지 않으나 그것이 전적으로 타당했던 것은 옛날과 같이 지방자치단체의 사무가 정태적이었던 경우이고 오늘날과 같이 동태적인 양상으로 변모된 상태하에서는 벌써 그 타당성이 퇴색하기에 이른 것이다.

오늘날 지방재정수요는 날로 증가하고 있고 이에 따른 소요경비의 팽창은 피할 수 없는 추세에 놓여 있다. 여기에서 종래와 같이 지방세의 세원 선택에 있어 안전성의 조건만을 금과옥조처럼 고집해서는 도저히 지방재정수요의 팽창에 대응해 나갈 수 없다. 따라서 앞으로의 지방세제에 있어서는 안정성보다도 먼저 신장성을 선택해야 할 것이다.

5) 중앙재정과 지방재정의 상호연관성 강화

지방자치의 실시를 위한 자립기반의 조성을 위해서나, 중앙재정과 지방재정이 공히 국민경제적 목표를 효과적으로 달성하기 위해서도 중앙재정과 지방재정의 바람직한 관계가 정립될 필요가 있다. 중앙재정과 지방재정의 관계는 중앙정부와 지방정부 사이의 권한 및 행정·재정기능의 분담, 지방자치의 수준 등 제 문제와 관련하여 이해되어야 한다.

우리는 중앙재정과 지방재정의 관계를 논함에 있어 국민경제적 목표달성을 위한 유기적 연결의 현실적 필요성과 지방재정의 중앙재정으로부터의 자율성 유지라는 규범적 요구의 대립되는 명제에 직면하고 있음을 알 수 있다. 그런데 지방재정이 안정성장과 재정수지개선이라는 당면 국가 정책목표의 달성에 효과적으로 기여해 주도록 요망되고 있는 현재의 여건하에서 두 개 사이의 유기적 연결이라는 현실적 필요성이 더욱 강조되고 있는 실정이다.

2. 지역개발재정의 강화

1) 국세와 지방세간의 세원 재배분

지방재정을 건실화함에 있어 우선적인 과제는 중앙과 지방간에 현행 세원배분체계를 재검토하는 것이다. 우리 나라의 지방재정이 몇몇 지역을 제외하고는 빈약한 수준을 면치 못하고 있는 것은 세수의 신장성이 높은 소득 및 소비지출에 대한 과세가 국세에 집중되어 있는 반면, 세원 자체가 빈약하고 세수의 안정성이 낮은 재산 및 수익에 대한 과세가 지방세에 집중되어 있는데 그 원인이 일부가 있음을 알 수 있다. 따라서 중앙과 지방간의 세원배분에 있어서 엄격한 세원의 분리를 지양함과 동시에 중앙정부집중적인 세원배분이 근본적으로 시정되어야 할 것이다.[2] 그러나 중앙정부의 입장에서는 보조금이나 지방교부세 등에 의한 재원재분배에 보다 큰 관심을 갖지 않을 수 없기 때문에 지방행정에 대한 세원배분에 있어서는 대체로 다음과 같은 기준을 적용하는 경향이 크다고 할 수 있다.

첫째, 국세로 징수하는 소득세나 지출에 대한 세(일반매상세, 부가가치세)와 같은 주요 세종에 대한 중복을 제한한다.

둘째, 조세부담이 널리 타지역에 이전되는 세종의 지방이용을 제 한한다.

셋째, 적당한 탄력성을 갖는 재원을 지방에 배분함으로써 국고재원에 대한 요구를 봉쇄한다.

넷째, 지방정부로 하여금 역진세에 대한 의존을 회피하도록 한다.

다섯째, 지방수준에서 징세가 가장 용이한 세종의 활용을 장려한다.

여섯째, 도시의 사회간접자본 및 혼잡비용과 밀접한 관계가 있는 조세의

2) 차병권, “지방재정” 국가예산과 정책목표－1981년도 예산평가－K.D.I., p. 655.

이용을 장려함으로써 효율적인 투자결정을 유도하고 도시개발에 수반되는 외부불경제를 내부화하도록 한다.3)

2) 도시개발기금의 확대

이는 정부가 추진하고 있는 도시 개발과 공업의 지방분산정책을 효율적으로 달성하기 위하여 실시한다고 볼 수 있다. 국토의 균형적 개발과 공익사업비가 차지하는 비중이 커짐으로써 지역 자체가 실시하고 도시 격차를 해소하기 위해서도 도시개발기금의 확대는 중요한 것이다.

더구나 이 도시개발사업은 대도시에 지나치게 편중되어 있는 소도시의 투자액은 매우 영세한 관계로 지역적 사업의 전개가 불가능하고 도시간 불균형 현상을 초래하고 있다. 중소도시의 기술집약형 또는 복지형의 간접자본의 확장으로써 지역개발사업에 지속적인 확장이 요구된다.

3) 간접세의 확충

소비에 대한 과세는 세수 확보의 편의성, 조세행정의 효율성이란 점에서 지방세로서의 상대적 이점을 지니고 있다. 이에는 부가가치세와 전화세·주세·연료소비 등에 부과되는 세금이 있는데 이의 모두가 국세로 귀속된다. 그러나 전화나 주세 등은 지역적 성격이 강하고 생산단계나 소비단계에서도 국세로서 성격은 그 타당성이 없다 하겠다. 그러므로 문화적 성격을 띤 세금이나 지역 통과세 및 지역 선택적 소비에 대해서는 지방세로 이관함이 바람직하다.

4) 과세의 합리화가 필요

시·군단위 지방자치단체에서 지방세 수입은 차별적으로 과세해야 하겠지만 과세표준의 산정과 세율구조면에서 형평성을 결하고 있는 지방세는 개혁의 필요성이 있다고 본다.

---

3) 차병권, "지방행정기능의 재정립과 효율적 자원배분 방안," 국가예산과 정책목표, 1985. K.D.I., p. 155.

5) 재산세의 합리적 개편

현행 지방세의 재산과세 중에서 중요한 비중을 차지하고 있는 재산세는 종합재산세 문제를 떠나서라도 세율구조의 개편과 과세표준에 대한 평가방법의 현실화를 통하여 재원조달기능과 소득재분배기능을 보강하는 것이 바람직하다고 생각한다.

현행 재산세의 세율구조를 살펴보면, 형식상으로는 초과누진구조를 지니고 있으나 실질적으로는 비현실적인 과세단위로 인하여 각종 차등세율을 적용하는 정책효과가 크지 못함을 알 수 있다. 즉 누진구조가 의도하는 재분배효과가 비합리적인 과세물건 단위의 구분 때문에 재산과세에서는 그 실효를 거두지 못하고 있다고 본다.

6) 적절한 지방채 발행

지역개발재정을 확보하는 수단으로서 지방채의 발행을 들 수 있다. 이는 수익성 있는 사업의 자본조달이나 지방개발공사 등에 대한 출자 및 융자의 재원을 조달하기 위해서는 차입지방채의 발행이 적절한 수단이 된다. 지방공기업이나 지방개발공사 등이 자본지출을 대규모의 연속적인 사회간접자본에 대한 투자에 충당하고 사업수입에 의하여 상환 내지 회수되어야 하기 때문에 현재의 주택 또는 거주자의 조세부담에 의하여 그 재원을 마련하는 데에는 문제가 있는 것이다. 따라서 일시적으로 막대한 비용이 소요되는 투자사업은 그 소요 재원을 차입에 의하여 조달하는 것이 세대간 부담의 공평화를 도모할 뿐만 아니라 지방정부의 기능을 충실화하는 데도 기여할 수 있다.

참고 문헌

[국내 문헌]

강현수(2006), "참여정부 균형발전 정책의 평가와 향후 과제", 「한국지방정부학회 학술대회 논문집」, 219~240.

구본영(2004), 현대지역사회개발의 이해, 서울: 형설출판사.

권원용(1978), "한국의 거점도시선정을 위한 모델 접근방법", 국토계획, 제3권, 제1호, 대한국토계획학회.

김 영(2005), "지방균형발전을 위한 지역활성화정책과 지방 전문 인력의 양성 및 일자리창출", 대한국토・도시계획학회, 「국토계획」, 40(3): 3~5.

김남일(2005), "국가발전과 지역균형발전에 관한 연구: 경제성장과 지역균형발전의 상관관계를 중심으로", 「한국컴퓨터정보학회 논문지」, 10(2): 205~213.

김병진(1982), 현대사회과학조사방법론, 삼영사.

김석준(1980), "정주권의 개념과 국토개발의 정책적 의의", 도시문제, 대한지방행정공제회.

김안제(1979), 환경과 국토, 박영사.

김영모(1982), "지역개발의 학문적 분야", 지역개발논문, 제3집, 단국대학교.

김용웅 외(2001), 지역개발사업의 파급효과 분석기법 및 적용연구, 서울: 국토연구원.

김운태(1968), 현대관료조직론, 일조각.

김은순(2005), "지방분권정책의 평가와 과제", 「한국거버넌스학회보」, 12(2): 95~133.

김의원(1982), 한국 국토개발사연구, 대학도서.

김형국(1983), 국토개발의 이론연구, 박영사.

김홍기(1983), 행정국가와 시민참여, 대왕사.

노융희(1979), 신도시개발론, 박영사.

노정현(1976), "대도시 인구성장과 이입인구정책(수도서울을 중심으로)", 제1회 인구정책세미나, 한국개발연구원.

______(1980), 한국근대화론, 박영사.

류혜정 역(2005), 짐 아이프 지음, 지역사회개발, 서울: 인간과 복지.

박　경(2005), “지역균형정책인가 신성장정책인가? : 신지역주의의 문제점과 대안 모색”, 한국경제발전학회, 「경제발전연구」, 11(1): 79~105.

박동서(1980), 한국행정론, 법문사.

_____(1982), 한국행정의 발전, 법문사.

박문옥(1971), 행정학, 박영사.

_____(1981), 신한국정부론, 신천사.

박수영(1981), “한국의 도시성장과 국가정책”, 국토계획, 제16권, 제2호, 대한국토계획학회.

박연호(1977), 인간관계론, 박영사.

_____(1982), 인사행정신론, 법문사.

_____(1982), 행정학신론, 법문사.

_____(1982), 현대행정관리론, 박영사.

박우서(1982), “도계획의 합리성수립과 효율적 집행에 관한 고찰”, 국토계획, 제1권, 국토개발연구원.

박인호(1982), “우리나라 농촌중심도시의 현황과 문제”, 도시문제, 대한지방행정공제회.

박종화 외(2006), 지역개발론, 서울: 박영사.

박찬석(1982), “농촌중심도시개발전략”, 도시문제, 대한지방행정공제회.

백완기(1982), 한국의 행정문화, 고대출판부.

성경륭(2003), “참여정부의 국가균형발전 전략”, 「한국행정학회 · 중앙일보 2003년도 공동세미나 발표논문집」, 5~19.

소진광(2006), 지역특성에 따른 사회적 자본 측정지표 개발, 서울: 푸른솔.

송인성(1982), “농촌중심지와 농촌개발”, 도시문제, 대한지방행정공제회.

신동호(1998), “지역개발전략의 유형 비교연구”, 한국지방정부학회, 「지방정부연구」, 2(1): 197~212.

신윤표(1970), 도시근접 농촌의 개발전략, 한국행정학보, 제4호.

_____(1974), 신행정학, 법정학회.

_____(1979), 지역개발론, 법정학회.

_____(1987), 개발행정론, 대왕사.

_____(1999), 인사행정관리학, 법문사.

_____(2003), 행정학, 박영사.

_____(2006), 정부관리학, 박영사.

양영철(2005), “지역개발 유형 분류와 내생적 지역개발을 위한 방안 모색”, 「한국행정학회 학술대회 발표논문집」(Ⅳ): 111~131.

오세덕 · 박연호 공저(1982), 조직관리론, 법문사.

원종익(1983), "지역개발의 방향(최적방안접근을 위한 논문)", 지방행정, 대한지방행정공제회.
이미홍 · 김두환(2007), "지역개발 사업에 있어 거버넌스 구축 방안 연구", 「한국행정학회 · 구미시 2007년도 춘계공동학술대회 발표논문집」, 97~116.
이양재(1980), "소단위 지역개발과 정주권계획", 도시문제, 대한지방행정공제회.
이원일(2002), "지역 균형발전 전략으로서 분권적 지역개발에 관한 연구", 부산대학교 지방행정연구소, 「지방과 행정연구」, 14(1): 135~157.
이정식(2001), "지역균형발전의 새로운 패러다임", 대한국토 · 도시계획학회, 「국토계획」, 36(2): 3~5.
이종열 · 이재호 · 변일용 · 김인(2005), "주민중심적 지역개발 전략: 울산광역시 강동권 개발사례를 중심으로", 「지방정부연구」, 9(3): 139~153.
이한빈(1971), 국가발전의 이론과 전략, 박영사.
이한순(1977), "소도읍의 기능화와 개발방향", 도시문제, 대한지방행정공제회.
이호영(2006), "지역균형발전정책의 한계와 새로운 정책패러다임의 모색", 한국경제통상학회, 「경제연구」, 24(3): 167~195.
임재현 · 김용철(2002), "지역개발에 있어서 도시재정지출에 관한 주민의식 분석", 「정책분석평가학회보」, 12(2): 29~52.
장명수(1977), 도시와 지역개발, 창학사.
장태옥(1983), "도종합개발계획상에서 영주의 지위와 역할", 지역사회개발연구, 영주경상전문대.
정광섭(2003), 지역사회개발과 국제화, 서울: 우용출판사.
정옥주(2006), "프랑스의 국토균형발전과 지역경쟁력강화 정책", 대한국토 · 도시계획학회, 「도시정보」, 288: 15-17.
조정제(1980), "2000년대 지방도시 장기개발지표전망", 도시문제, 대한지방행정공제회.
최상철(1970), "소단위 지역개발개념과 기본전략에 관한 서설", 환경논총, 제6권, 서울대 환경대학원.
최양부(1980), "농촌공업의 개념과 농촌공업개발의 의미", 농촌경제, 제8권, 제1호, 한국농촌경제연구원.
최재선(1980), 지역경제론, 법문사.
한원택(1980), 도시행정론, 법문사.
황명찬(2001), 지역개발론(제3판), 서울: 법문사.
황인정(1980), 한국의 종합농촌개발, 한국농촌경제연구원.
강원사회연구회(2007), 강원지역의 인적자원관리와 개발, 서울: 한울아카데미.
건설부(1975), 국토계획의 장기구상.

———(1977), 수도권 인구재배치 기본계획의 파급효과에 관한 연구.
———(1981), 산업입지조사, 공업단지현황조사 편.
국토개발연구원(1980), 도시의 적정배치에 관한 기초연구.
———(1981), 지역분석을 위한 계획적 접근방법.
———(1981), 지역생활권 개발을 위한 기초연구.
———(1982), 전국 공업지역내 잔여지현황.
———(1982), 제1차 국토종합개발계획의 평가방법(자료집).
———(1982), 제2차 국토종합개발계획, 인구정착기반의 조성.
———(1982), 지역간 산업관련분석을 위한 기초연구.
대한민국정부(1971), 국토종합개발계획(1972~1981).
———(1982), 제2차 국토종합개발계획(1982~1991).
———(1992), 제3차 국토종합개발계획(1992~2000).
한국지역개발학회(2004), 지역개발학원론, 서울: 법문사.

[국외 문헌]

〈日本文獻〉

岡村重夫, 地域福祉研究, 柴田孝子, 1970.
天間征, 農村再開發と地域計劃, 明文書房, 1976.
小倉充夫, 開發と發展の社會學(現代社會學叢書), 東京大學校出版會, 1982.
田端光美, 日本の農村福祉, 勁草書房, 1982.
今村都南雄, 組織と行政, 東京大學出版會, 1978.
富田嘉郎, 人間關係管理論, 朝倉書店, 1971.
小川喜一 編, 社會政策の歷史, 有斐閣, 1977.
中本博通 編, 人口と社會問題, 東窓社, 1982.
余田博通・松原治郎, 農村社會學, 川島書店, 1983.
赤木須留喜, 行政責任の研究, 岩波書店, 1978.
小倉武一, 日本の農政, 岩波書店, 1971.
大戶元長, 東南アジアの農村開發, 日本國際問題研究所, 1968.
結成淸吾, 現代の都市・農村計劃, 經濟往來社, 1972.
河合悅三, 農村問題入門, 岩波書店, 1971.
築地文太郷, 農村革命, 中央公論社, 1970.
有本良彥・田邊裕, 都市と農村, 白水社, 1971.
加藤一明, 現代行政と市民參加, 學陽書店, 1978.
福武直, 日本の農村社會, 東京大學出版會, 1970.
日本建設省, 建設行政と技術, 建設工業調査會, 1971.

岡部史郎, 行政管理論, 學陽書房, 1971.
田村明, 渡邊保男, 地方自治團體, 21世紀に 向けこ, 總合勞動硏究所, 1984.
鹽原勉, 組織と運動の理論, 新曜社, 1981.
俊藤一郎外, 各國の地方自治制度, 敬文堂, 1971.
松井淸, 俊進國開發理論の研究, 有斐閣, 1958.
宮本憲一, 開發と自治の展望, 筑摩書房, 1979.
高寄昇三, 地方自治の經營, 學陽書房, 1983.
佐久間彊, 地方自治制度, 學陽書房, 1981.
三重野卓, 福祉と 社會計劃の理論, 白桃書房, 1984.
宮澤弘, 新國土計劃論, 有斐閣, 1968.
玉野井芳郎, 地域主義の思想, 農山漁村文化協會, 1980.
中野收, 現代人の情報行動, 日本放送出版協會, 1980.
木內信藏, 東大出版會, 1972.
星野光男, 市民のための 地方都市, 第一法規, 1979.
田口富久治, 主要諸國の行政改革, 勁草書房, 1982.
園田恭一, 現代ユミユテイ論(現代社會學叢書), 東京大學出版會, 1978.
恒松制治, 農村經營論, 學陽書房, 1968.
住谷磐・右田紀久惠, 現代の地域福祉, 法律文化社, 1983.
伊藤喜市, 都市化時代の開發政策, 春秋社, 1971.
田中守・加藤富子, 地方行政管理の新方向, 第一法規, 1972.
玉野井芳陽郎, 地域分權の思想, 東洋經濟新聞社, 1979.
久世公堯, 地方自治制度, 第一法規, 1970.
渡邊佑平, 民主的行政の理論, 大月書店, 1981.
宮元義雄, 住民のための地域自治, 第一法規, 1979.
內閣官房內閣審議室 編, 田園都市國家の構想, 大藏省印刷局, 1980.
金原左門外, 近代化と1人間の諸問題, 中央大學出版部, 1974.
瀨村尙司, 地域と共同體, 春秋社, 1980.
沼克彰, 地域文化の展開, 大明堂, 1983.
伊部英男, 福祉國家の展開, 川島書店, 1980.
足立忠夫, 地域市民自治の公共學, 公務職員硏修協會, 1981.
安藤喜久雄・梅澤孝, 現代社會の變動論, 新評論, 1983.
仲村優一, 社會福祉の法と行政(社會福祉 講座 6), 有斐閣, 1982.
西尾勝, 權力と參加, 東京大學出版會, 1975.
坂井秀司, 特定地域の振興對策, 第一法規, 1982.
小室豊允, 福祉改革の思想と課題, 新評論, 1981.

飯田鼎外, 社會政策の現代的 課題, 御茶の水書房, 1983.
吉富重夫, 現代の行政管理, 勁草書房, 1974.
本田弘, 市民參加の政治學, 日本評論社, 1975.
福武直, 地域開發の構想と現實Ⅳ, 東京大學出版會, 1965.
竹內正己, 轉型期の地域開發, 法律文化社, 1973.
西谷剛, 計劃行政の課題と展望, 第一法規.
山內一夫, 行政指導, 弘文堂, 1979.
田中角榮, 日本列島改造論, 日本工業新聞社, 1972.
松原治郎, 地域社會の形成と敎育の問題(ユミユニテイ叢書, No. 7), 地域東京大學出版會, 1971.
日本行政學會編, 開發行政(行政硏究叢書), 勁草書房, 1964.
______, 行政學の現狀と課題(年譜行政硏究 17), ぎょらせぃ, 1983.
______, 行政計劃の理論と實際, 勁草書房, 1972.
日本經濟新聞社, 地方の挑戰, 1983.
外務省 經濟局, 人間環境の諸問題, 大藏省印刷局, 1971.
氏原井治郎 編, 地域社會と福祉の展開(社會保障講座 6).
______, 生活と福祉の課題(社會保障講座 5), 1980.
關西經濟聯合會 事務局, 廣域行政の經濟效果, 學陽書房, 1968.
自治體問題硏究所 編, 地方づくり論の新展開, 自治體硏究所, 1983.
經濟企劃廳國民生活局, 自主的社會參加活動の意義と役割, 大藏省印刷局, 1983.
地方自治政策硏究會 編, 地方の時代の創造, 第一法規, 1980.
經濟企劃廳總合計劃局, 2000年の日本(各論), 大藏印刷局, 1983.
國土廳計劃調整局, 地域の個性を活がした居住環境整備の方向, 大藏省印刷局, 1983.
川名吉工門, 都市計劃, 大明堂, 1975.
國土廳計劃調整局, 安全で快適は國土創造への總合的有效利用, 大藏省印刷局, 1983.
______, 定住構想と地域の自主的 發展, 大藏省印刷局, 1983.
富永建一, 社會變動の理論, 岩波書店, 1971.
坂田期雄, 新しぃ都市政策市民參加(新時代の地方自治), ぎょらせぃ, 1983.
川西城, 廣域行政の硏究, 評論社, 1972.
國民生活ヤソタ, 現代日本のユミユニテイ, 川島書店, 1977.
福武直, 社會開發論(社會學 講座 14), 東京大出版會, 1980.
世谷昻, 現代社會學と組織論, 誠信書房, 1971.
西川大二郎 外 二人, 地方都市ュ, 勁草書房, 1971.
佐佐木撤郎, 現代社會の變動と動(現代社會硏究シリズ 5), 誠信書房, 1970.
日本行政學會, 地方自治の區域, 勁草書房, 1967.

______, 現代行政の實踐課題, 1968.
高橋正郎, 日本農業の組織論的 硏究, 東京出版會, 1973.
行政管理委員會, 行政計劃の現狀と課題, 1971.
金澤夏樹, 現代の農業經營, 東京大出版會, 1967.
片山虎之介, 開發管理, 第一法規, 1971.
日本農村生活硏究會, 農村生活の組織化, 明文書房, 1980.
福武直, 百萬都市建設の幻想と實態, 東京大出版會, 1965.
小谷義次, 現代福祉國家論(第二版 經濟學全集 32)筑, 摩書房, 1977.
今村都南雄, 組織と行動, 東京大出版會, 1978.
東京大學總合硏究會, 日本の都市問題, 東京大學出版會, 1971.
管野正, 現代の官僚制(現代社會硏究シリーズ 3), 誠信書房, 1971.
福武直, 日本農村の社會問題, 東京大出版會, 1972.
松本和良, 組織構造の理論, 學文社, 1979.
三宅太郞, 行政學と行政管理, 酒牛書店, 1974.
綿貫讓治, 現代政治と社會變動, 東京大學出版會, 1969.
横田光雄, 環境問題と地方公共團體, 第一法規, 1982.

〈中華民國 文獻〉
唐學斌, 社區一粗識與社會區發展, 室北市區發展學會印行, 1982.
黃哲眞, 地方自治槪論, 正中書局印行, 1980.
李裕寬, 組織行爲學, 正中書局印行, 1983.
魏 愕, 民生主義經濟學, 三民書局印行, 1983.
傳肅良, 行政管理學, 國立編譯館主編, 1982.
吳寄萍, 三民主義教育思像的 比較硏究, 中央文物供應社印行, 1977.
詹火生, 民生主義的社會安全理論與實施, 國立編譯館主編, 1983.
楊懋春編著, 鄕村社會學, 國立編譯館出版, 1982.
胡春惠, 民初的地方主義與聯省自治, 正中書局, 1983.
陳文旭編著, 民族精神教育, 生活教育與公民教育, 育英社, 1982.
白秀雄, 社會福利行政, 三民書局, 1981.
英・福德教授著, 火生譯, 社會行政槪論, 國立編譯館, 1982.
行政院經濟建設委員會, 二十五年來開發中國家經濟發展, 經濟硏究處, 1979.
內政部, 內政槪要, 內政部編印, 1983.
徐辰, 社區與社區發展, 正中書局, 1982.

〈西歐文獻〉

Adrian, Charles K., *Governing Urban America*, New York: McGraw-Hill Book Company, 1977.

Almond, G. and Powell, G., *Comparative: A Developmental Approach*, Boston: Little Brown and Co., 1966.

Altshuler, Alan A., *Community Control*, New York: Pegasus, 1970.

Alden, J. and Morgan, R., *Regional Planning: A Comprehensive view*, Leighton Buzzard, Kingswood: Leonard Hill Books, 1974.

Axline, W. A., *European Community Law and Organizational Development*, New York: Oceana Publications Inc., 1968.

Bagan, Mom and Breacher Irving, *Development Planning and Policy in Pakistan 1950-1970*, Pakistan: Karachi, Inc., 1973.

Batten, T. R., *Training for Community Development*, London: Oxford University Press, 1962.

Bellone C. J., *Organization Theory and the New Public Administration*, Boston: Allyn and Bacon, Inc., 1980.

Biddle, William W., *The Community Development Process, The Rediscovery of Local Instialtive*, New York: Holt, Rinehart and Wiston, Inc., 1965

Bendix, R., *Nation-Building and Citizenship*, New York: John Wiley and Sons, 1964.

Black C. E., *The Dynamics of Modernization*, New York: Harper and Row, 1966.

Boeckmann, Charles, *Our Regional Industries*, New York: Criterion Books, Inc., 1966.

Brara J. S., *The Political Economy of Rural Development*, New Delhi: Allied Publishers Private Limited, 1983.

Caiden Gerald, *The Dynamics of Public Administration: Guidelines to Current Transformations in Theory and Practice*, New York: Hott. 1971.

Chaturved, T. N., *Administration for The Disabled*, New Delhi: Indian Institute of Public Administration, 1981.

De Neufville, J. I., *Social Indicators and Public Policy*, New York: Elsevier Scientific Publishing Co., 1975.

Dye Thomas, R., "Governmental Structure, Urban Environment, and Education Policy," *Midwest Journal of Political Science*, No. 11, August 1967.

Donnison, David, *Social Policy and Administration Revisited*, London: George Allen and Unwin LTD., 1975.

Finkle, J. L. and Gable, R. W., (eds.), *Political Development and Social Change*, New York: John Wiley and Sons. 1971.

Friedmann, John, *Regional Development Policy*, Cambridge, Massachusetts: The M.I.T. Press, 1970.

Friedmann, John and Williams, Alonso(eds.), *Regional Development and Planning*, Cambridge: The M.I.T. Press, 1967.

Fredrickson H. G., *New Public Administration*, The University of Alabama Press, 1980.

Glasson, J., *An Introduction to Regional Planning*, London: Hutchinson, 1974.

Gelb, Joyce, *The Politics of Social Change*, New York: Holt, Rinehart and Winston Inc., 1971.

Ghose, Sankear, *Leders of Modern India*, New Delhi: Allied Publishers, 1980.

Golembiewski, R. T., *Public Budgeting and finance: Reading in Theory and Practice*, Itasca, Ⅲ.: F. E. Peacock, 1968.

Hagen, E., *On the Theory of Social Change: How Economic Growth Begins*, Homewood, Ⅲ.: The Dorsey Press, 1960.

Hall, Peter, *Urban and Regional Planning*, Midlesex Penguin Books, 1975.

Hamleton, Robin, *Policy Planning and Local Government*, London: Huchison and Co. L.T.D., 1978.

Hansen, N. M.(ed.), *Human Settlement Systems*, Cambridge: Ballinger Publishing Co., 1974.

Heroux. R. L. and Wallace, W. A., *Financial Analysis and the New Community Development Process*, New York: Praeger Publishers, 1973.

Heady, Ferrel, *Public Administration: A Comparative Perspective*, Engiewood Cliffs, N.J.: Prentice-Hall, 1966.

Hillhorst, S. G., *Regional Planning: A System Approach*, Rotterdam University Press, 1971.

Hillman, Arthur, *Community Organization and Planning*, New York: The Macmillan Company, 1954.

Hobbouse, L. T., *Social Development*, London: George Allen and Unwin L.T.D., 1966.

Jam, A. R., *Some Aspects of Income-Tax Administration in India*, New Delhi: Uppal Publishing House, 1983.

Jam, R. B., *District Administration*, New Delhi: Indian Institute of Public Administration, 1980.

Johnson, E. A. J., *The Organization of Space in Developing Countries*, Cambridge: Harvard Univrsity Press, 1974.

Katz, S. M., Menuhin, N., Ludner, H., *Regional Organization and Management of Development*, Israel: Rehovot, Inc., 1982.

Kaynor, R. S., Schultz, K., *Industrial Development*, New York: Praeger Publishers, 1973.

Kepner, C. H. and Tregoe, B., *The Rational Manager*, New York: McGraw-Hill Book Company, 1965.

Kweit, M. G. and Kweit, R. W., *Implementing Citizen Participation in a Bureaucratic Society*, New York: Praeger Publishers, 1981.

Lasswell, M. D., *A Pre-view of Policy Sciences*, New York: American Elsevier Publishing Company, Inc., 1971.

Lassey, W. R., *Planning in Rural Environments*, New York: McGraw-Hill, Inc., 1977.

Levy, M. J., *Modernization and the Structure of Societies*, Princeton: Princeton University Press, 1966.

Lewis, W. A., *Development Planning*, New York: Harper and Row Publisher, 1966.

Lindblom, C. E. and Braybrooke D., *A Strategy of Decision*, New York: A Devision of Macmillan Publishing Co., Inc., 1970.

Land, Kenneth C., "Theories Models and Indicators of Social Change," *International Social Science Journal*, Vol. 27, No. 1, 1975.

Maheshwari, Shriran, *The Teaching of Public Administration in india*, New Delhi: Indian Institute of Public Administration, 1979.

Marini, Frank(ed.), *Toward a New Public Administration*, New York: Chandler Publishing Company, 1971.

Mayer, Robert R., *Social Planning and Social Change*, New Jersey: Prentice Hall, Inc., 1972.

Mays, J. B., *The Welfare State*, New York: Longman, Inc., 1980.

Metha, S. R., *Emerging Pattern of Rural Leadership*, New York: Halsted Press, 1972.

Misra, B. B., *District Administration and Rural Development in India*, Delhi: Oxford University Press, 1983.

Mishra, R. P.(ed.), *Rural Development National Policies and Experiences*, Nagoya: Maruzen Asia, 1981.

Montgomery, J. D. and William, J.S.(eds.), *Approaches to Development: Politics Administration and Change*, New York: McGraw-Hill Book Co., 1966.

Mosher, A. T., *Creating and Progressive Rural Structure*, New York: Agriculture Development Council, Inc., 1969.

Motiwal O. P., *Changing Aspects of Public Administration in India*, Allhabad: Chugh Publications, 1976.

Muttalib, M. A. and Alikham, M. A., *Theory of Local Government*, New Delhi: Sterling Publishers Private Limited, 1982.

Nigaming, Harus(ed.), *Human Need and Regional Development*, Nagoya: Maruzen Asia, 1981.

Nigro, F. A. and Nigro, L. G., *Modern Public Administration*, New York: Harper and Row Publishers, 1980.

Papanek, G. F., *Development Policy-Theory and Practice*, Massachustetts: Harvard University Press, 1968.

Pearson, L. B., et al., *Patterns in Development*, New York: Frederick A. Praeger, 1969.

Perlmann, Robert and Gurin, Armold, *Community Organization and Social Planning*, New York: John Wiley and Sons, Inc., 1972.

Paul, E. D. and Portney, R., U.S. *Environmental Policy*, London: The Johns Hopkins University Press, 1978.

Quade, E. S., *Analysis for Public Decisions*, New York: Elservier North-Holland, Inc., 1975.

Rao, S. V., *Police Administration*, New Delhi: Indian Institute of Public Administration, 1982.

Redford, Emmettes, *Democracy in the Administrative State*, New York: Oxford University Press, 1969.

Richardson, H. W., "National Urban Development Strategies in Developing Countries," *Urban Studies*, Vol. 18, 1981.

Riggs, F. W., *Frontiers of Development Administration*, Noth Carolina: Duke University Press, 1970.

Riggs, F. W., *Adminitration in Developing Countries: The Theory of Primatic Society*, Boston: Houghton Miflfin Co., 1964.

Riggs, F. W., *Ecology of Public Administration*, Bombay: Asia Publishing Co., 1961.

Richardson, H. W., *Regional Growth Theory*, London: The Macmillan Press, L.T.D., 1973.

Sarkar, K. R., *Public Finance in Ancient India*, New Delhi: Abhinav Publications, 1978.

Selier, R. E., *Improving the Effectiveness of Reserach and Development*, New York: McGraw-Hill Book Company, 1965.

Shafritz, J. M., *Public Personnel Administration*, New York: Praeger Publishers, 1975.

Sharma, R. N., and Kuman, Devendra, *Municipal Govenment in India*, New Delhi: Indian Institute of Public Administration, 1981.

Sharan Parmatna, *Modern Public Administration*, New Delhi: Meenakshi Prakashan, 1970.

Smith, B. C., *Field Administration*, New York: Humanities Press, 1967.

Solesburg, William, *Policy in Urban Planning*, New York: Pergamon Press L.T.D., 1974.

Sullivan, D. G., *Cooperative Housing and Community Development*, New York: Praeger Publishers, 1969.

Tang, Shou-Pin, *Community Organization and Community Develpment*, Taipei City Community Development Society, 1982.

Thornhill, William, *The Case for Regional Reform*, London: Thomas Nelson and Sons, Ltd., 1972.

Tinbergen, Jan, *Development Planning*, New York: McGraw-Hill Book Company, 1967.

Tyagi, A. R., *Public Administration*, Delhi: Atma Ram and Sons, 1983.

Waterton, A., *Development Planning*, Baltimlore: The Johns Hopkins Press, 1969.

Weitz, Raanan, *Rural Planning in Development Countries*, London: Routledge and Kegan Paul, 1963.

Wilson, R. A., Schulz, D. A., *Urban Sociology*, N.J.: Prentice-Hall, Inc., 1978.

찾아보기

ㄱ

ㄴ

ㄷ

ㄹ

ㅁ

ㅇ

ㅈ

ㅊ

저자 소개

신윤표

[약 력]

- 동국대, 경희대 대학원, 동경대 대학원 국비수학(행정학사 · 석사 · 박사)
- 중앙공무원 교육원 교수
- 동경대학 법학부 객원교수
- 숭전대 지역개발 및 초대 새마을 연구소장
- 숭전대 행정학과 초대 학과장
- 숭전대 법경대학장
- 한남대 초대 법정학부장
- 한남대 초대 사회교육원장
- 한남대 지역개발대학원장
- 한남대 대학원장
- 한남대 총장
- (사법)대전 · 충남 행정학회장
- (사법)한국지역개발 · 자치학회장
- (사법)한국정치학회 부회장
- (미법)세계평화봉사단 한국총재
- 행정고시 · 외무고시 시험위원
- 행정개혁위원회 자문위원
- 대통령자문 민주평화통일위원회 위원
- 대통령 자문 제2건국위 중앙상임위원
- 대통령자문 교육혁신위원회 위원
- 대통령자문 국가균형발전위원회 자문위원
- 현 한남대 명예교수
  (사법)한국미래연구학회 회장

[저 서]

- 신행정학(서울: 법정학회)
- 지역개발론(서울: 법정학회)
- 지역사회개발학(서울: 법지사)
- 새마을운동 발전전략론(서울: 법정학회)
- 지역개발행정론(서울: 대왕사)
- 개발행정학(한남대출판부)
- 최신행정학연습(공저)(서울: 박영사)
- 인사행정관리학(서울: 법문사)
- 제2건국운동 무엇을 어떻게 할 것인가(서울신문사)
- 뜻과 길(한남대출판부)
- 행정학(서울: 박영사)
- 정부관리학(서울: 박영사)

지역개발과 새마을운동론
-새마을운동의 발전전략-

펴낸날 / 제1판 제1쇄 2007년 9월 20일
지은이 / 신윤표
펴낸이 / 임춘환
펴낸곳 / 도서출판 대영문화사
주소 / 서울 용산구 청파동 1가 178-2 ㊐ 140-869
등록 / 1975년 12월 26일 제3-16호
전화 / (02)716-3883, (02)714-3062
팩시밀리 / (02)703-3839
우체국 온라인 / 011353-02-009106

© 신윤표, 2007
ISBN 978-89-7644-244-4

〔값 25,000원〕

* 잘못된 책은 바꾸어 드립니다.
* 이 책의 내용은 저작권법의 보호를 받습니다.